JN353355

장로학

너희 중에 있는
하나님의 양 무리를 치되 억지로 하지 말고
하나님의 뜻을 따라 자원함으로 하며
더러운 이득을 위하여 하지 말고 기꺼이 하며
맡은 자들에게 주장하는 자세를 하지 말고
양 무리의 본이 되라
베드로전서 5:2-3

장로학

長老學

〈수정개정판〉

저자대표 임택진

김득용 김순주

박병진 박성겸

심관식 이찬영

임종만 임종헌

허일찬 벌코프

소망사

서 문

내가 목회자로서 바라고 기다리던 책이 바로 이 《장로학》이다. 나는 과거 노회원으로 노회 고시부장을 역임한 바 있다. 그때에 장로고시에서 얻은 느낌이 장로들에게도 가르칠 만한 책이 있어야겠다는 생각이었다. 응시자들 중 좋은 성적으로 합격된 분들이 있는가 하면 점수 미달로 합격되지 못한 유감스러운 일도 없지 않았다.

이는 응시자들 중에 긴장하여 실수도 있었겠지만 대체로 무지(無知)의 소치라 하지 않을 수 없다. 그래서 교회에서 장로로 피택된 분들이 배우고 준비할 수 있는 책이 나오기를 은근히 바라고 기다렸던 것이다. 그것은 응시자들만을 위해서가 아니라 목회자들과 이미 장로가 되신 분들에게도 다 필요한 책으로 교계에 출현되기를 바라고 있었던 것이다.

이와 같은 대망의 책이 교계 여러 중진 목회자들의 집필로 그 경험을 담아 주밀하게 엮어져 교계에 나오게 됨은 다행한 일이 아닐 수 없다. 이는 장로들이 기뻐할 일이요, 목회자들이 기뻐할 일이다.

이 책의 내용을 보면, 학(學)으로서 손색이 없이 전 9편으로 완벽하고도 치밀하게 편집되어 완성된 큰 책이다. 지면 관계로 그 내용을 다 거론할 수는 없지만, 조직적으로 그 내용이 주밀하다.

장로의 직무는 저 광야교회의 모세 시대에서 그 기원과 그 직무 이행을 색출하고, 그 자격을 성경과 헌법상으로 합리화시켰다. 뿐만 아니라, 장로는 장로의 권한을 장악하고 직무에 충실하여 누구에게 권리 침해와 유린을 당하지 않아야 될 것과, 또는 목사와 장로 간에, 장로와 장로 간에 올바른 자세를 가져야 할 것을 장로의 윤리관에서 지적하고 있다.

또는 예배의 의식과 기도생활, 교회행정에 관한 일체(조직행정, 인사행정, 재무행정, 부서조직에 이르기까지)의 정당성을 거론하고, 교회의 중심부분인 교회 교육의 충실한 내용으로 그 방향을 제시하고 있다. 특히, 교회의 지도자로서 마땅히 갖추어야 될 지식인 성경개설과 교회사와 기독교교리를 요약하여 간단명료하게 삽입하고, 겸하여 피택장로의 장로고시를 위한 고시예상문제까지 만들어져 있음으로써 장로고시를 준비하시는 분들에게 매우 적절한 책으로 그 가치가 인정된다. 뿐만 아니라, 목회자들에게도 교육교재와 목회자료로서 요긴한 책이라고 하겠다.

바라기는, 이 책이 교계 인사의 서재의 장서만 되지 말고, 장로와 목회자들과, 일반평신도의 손에 들어가 이 책이 헤어지도록 읽고 또 읽히기를 바란다. 그래야 장로가 장로답게, 또한 목회자가 장로들과 함께 보조를 맞추어 교회행정과 교회교육을 충실히 하므로 주님의 교회가 부흥되고, 화평하게 되는 성공적 사역이 될 것이다.

장로로 키움 받은 이들과, 장로로 피택된 분들과, 이미 장로로 시무하고 계신 모든 분들에게 교회는 이 책을 구하여 지급하고, 또 축하할 만할 때 이 책을 선물하여 훌륭한 주의 일꾼들이 되는 축복이 있기를 기원한다.

목사 박성겸

대한예수교장로회(합동) 증경총회장

수정 개정판을 내면서

교회의 장로는 구약시대의 장로제도를 모델을 삼은 교직의 하나로 오늘날은 교인들의 투표로 택함을 받은 교회 지도계층의 어른이다.

교회에서의 장로의 직무는 크고, 그 역할은 중요하다. 장로가 그 책임을 잘 감당하면 교회에 믿음의 씨를 뿌려 화평의 꽃이 피며, 사랑의 열매를 맺게 된다. 그러나 그렇지 못할 때는 혼란의 씨를 뿌려 무질서의 잡초가 무성하며, 독버섯이 돋게 된다.

그러므로 올바른 장로상을 심어주기 위해 여러 교단 목회자들이 공동으로 집필하여《장로학》을 출판하였다. 이 책은 학문적인 책이라기보다 교회에서 장로들이 실제적으로 활용하여 적용할 수 있는 내용으로 꾸민 책으로, 그동안 교계의 호응을 받아 여러 번 거듭 출판하여 한국교회 성장에 공헌하였다고 자부하고 싶다. 그러나 첫 번 책을 내놓은 지 벌써 십 수 년이 지나 내용도 수정 보완하며, 체제도 새롭게 할 필요를 느껴 이번 개정판을 내놓게 되었다. 특별히 벌코프의《기독교교리요약》을 첨가하게 되어 장로의 입장에서 확고한 교리적 바탕을 갖추도록 한 것은 매우 의미 있는 일이다.

이 책은 몹시 변질되어가는 교회 상황에서 희생적인 헌신과 효과적인 봉사로 교회를 새롭게 하려고 힘쓰는 장로의 실천신학서요, 지침서이다. 그러므로 하나님과 사람이 함께 일하려는 장로의 자세를 확립하는 데 도움이 되리라고 믿는다.

장로란 본래 '어른'이란 뜻을 지닌 말이다. 어른이 어른 구실을 하려면 많이 배우고 분명히 알아야 한다. 한국교회 장로 모두가 어른의 성숙성을 보여 장로직의 고귀성을 더욱 빛내기를 기대한다.

목사 임택진

대한예수교장로회(통합) 증경총회장

차 례

제3편 예배 <이찬영 목사>

제4편 교회행정 <허일찬 목사>

제5편 교회교육 <김득용 목사>

제6편 성경개론 <임종헌 목사>

제7편 요약교회사 <심관식 목사>

제8편 기독교 교리 <루이스 벌코프>

第9편 장로고시를 위한 예상문제

<김순주·박병진·임종헌·임택진 목사>

제1편

장로의 자격

1. 서 론

주의 몸 된 교회에 하나님께서 선택하여 세우신 귀한 직분인 장로들에게 한낱 피조물이요, 우둔한 것이 무슨 말로 권면하며 바르게 할 수 있겠는가? 그러나 분명한 것은 주께서 이미 쓰실 분들을 위하여 준비해 둔 규범과 법도와 예시가 있으니, 그것이 곧 성경말씀이다.

요즘 흔히 장로의 기준을 돈 있고, 말 잘하고, 정치 잘하며, 교회 일에 이것저것 나서서 간섭하여 소리를 내야 하는 것으로 잘못 생각하는 경향이 있는데, 하나님의 기준인 성경에 비추어볼 때 심히 안타까움을 느끼게 된다. 물론 교회가 정한 헌법상의 자격에 대해서는 다음 장에서 구체적으로 다룰 것이다.

그렇기 때문에 인간적인 입장에서 이것저것 미사여구(美辭麗句)를 잘 간추려 조리 있게 써서 펼쳐 보이느니, 보다 하나님의 말씀에서 합당한 이유와 주께서 원하시고 기뻐하시는 모형이 무엇인지를 성경에 입각해서 장로의 자격을 살펴보겠다.

이는 또한 성경이 "교훈과 책망과 바르게 함과 의로 교육하기에 유익"(딤후 3:16)하기 때문이다. 욥기 33장 16-17절에 "사람의 귀를 여시고 경고로써 두렵게 하시니 이는 사람에게 그의 행실을 버리게 하려 하심이며 사람의 교만을 막으려 하심이라"는 말씀과 같이, 혹 자신의 지식(知)을 바탕으로 귀중한 장로 직분을 맡아 행사하는 것이 아닌, 하나님의 말씀에 의한 방법을 배워 익혀야 할 것이다. 그러므로 필자는 성경 말씀을 내세워 그것을 강론함으로 "귀 있는 자는 듣는" 복이 여러분에게 임하기를 바란다.

2. 최고의 귀한 직분

"여러분은 자기를 위하여 또는 온 양 떼를 위하여 삼가라 성령이 그들 가운데 여러분을 감독자로 삼고 하나님이 자기 피로 사신 교회를 보살피게 하셨느니라"(행 20:28).

자기 직업에 만족하는 사람은 그리 많지 않은 것 같다. 그 때문에 일에 능률이 오르지 않으며 불행하게 지내는 이도 적지 않다. 그러나 자기가 하고 있는 일을 천직으로 알고 하는 사람은 일에 능률이 오를 뿐만 아니라, 행복한 일생을 보낼 수 있는 것이다. 이처럼 목사 장로의 감독직이 하나님이 주신 고귀한 직분임을 바로 안다면 결코 부득이, 혹은 억지로 하지 않고 기쁨으로 하게 되어 능률이 오르고 주께 영광이 돌아갈 것은 틀림없다.

그러면 감독직이 왜 고귀한 것인가?

1) 성령님이 세워 주셨기 때문이다.

본문 가운데 "성령이 그들 가운데 여러분을 감독자로 삼고"라고 하였다. 목사와 장로직의 고귀성은 바로 여기에 있는 것이다. 물론 선배 목사와 선배 장로가 안수 기도하므로 목사가 되고, 또 교인이 투표하여 뽑은 대표자를 목사와 선배 장로가 안수하므로 장로가 되는 것이지만, 이 일이 이렇게 되기까지의 과정을 섭리하신 분은 성령 하나님이시다. 그러므로 "성령이 그들 가운데 여러분을 감독자로 삼고"라고 못 박아 말씀하신 것이다.

이 때문에 목사·장로가 괴로운 중에서도 위로를 받는 것이고, 비겁해지다가도 용기를 얻게 되는 것이고, 주저하다가도 격려를 받고, 실망하다가도 소망을 갖게 되는 것이다.

만일 감독직이 사람이 세운 것이라면 어려울 때 낙심하기 쉬울 뿐만 아니라, 사람이 배경이라면 감독직이 고귀하다고는 볼 수 없는 것이다. 물론 감독직은 사도행전 14장 23절에 "각 교회에서 장로들을 택하여"라는 말씀과 같이, 교인 하나하나의 투표에 의해 뽑히는 것이지만, 이렇게 되게 하신 분은 성령님이신 것이다. 다시 말하면 교회가 하나님께 기도하고 택하여 세웠기 때문이며, 제비뽑는 것은 사람에게 있으나 일을 작정하신 이는 하나님이시기 때문이다.

그러므로 세운 장로를 함부로 판단하지 말아야 한다. 로마서 14장 4절에 "남의 하인을 비판하는 너는 누구냐 그가 서 있는 것이나 넘어지는 것이 자기 주인에게 있으매 그가 세움을 받으리니 이는 그를 세우시는 권능이 주께 있음이라"라고 하였다. 그러므로 교회는 감독자를 귀히 여길 줄 알아야겠다.

데살로니가전서 5장 12-13절에 "형제들아 우리가 너희에게 구하노니 너희 가운데서 수고하고 주 안에서 너희를 다스리며 권하는 자들을 너희가 알고 그들의 역사로 말미암아 사랑 안에서 가장 귀히 여기며 너희끼리 화목하라"고 하였다. 이 말씀은 감독직이 하나님께로 받은 것임을 인정하고 순종하라는 의미이다.

아무튼 성령님이 감독직을 세웠다는 사실은 굉장한 일이 아닐 수 없다. 그러므로 성직을 예사롭게 보는 사람은 그 직분을 주신 주님을 업신여기는 사람임을 알고 본인은 물론 온 양 떼도 조심해야겠다.

2) 하나님이 피로 사신 교회를 섬기게 하셨기 때문이다.

본문 끝에 "하나님이 자기 피로 사신 교회를 보살피게 하셨느니라"고 하였다. 창세기에서 요한계시록까지 '피'란 낱말이 700번이나 나온다. 특히 요한계시록에 보면, 영광을 얻은 성도들이 자기들의 아름다움이나, 율법을 지킨 일이나, 충성한 것을 찬송하지 않고 예수님의 피 공로를 찬송하였다. 이는 그리스도의 피가 영원히 고귀하다는 것을 증언하는 말이다.

피는 생명이다. 그러므로 하나님의 생명으로 사신 교회가 얼마나 귀중한가를 알아야겠다. 특히 피로 교회를 샀다는 사상은 영원 전부터 있어 온 것으로 구약에 많이 예언된 것이다. 그러므로 베드로전서 1장 19-20절에는 "오직 흠 없고 점 없는 어린 양 같은 그리스도의 보배로운 피로 된 것이니라 그는 창세 전부터 미리 알리신바 되신 이나 이 말세에 너희를 위하여 나타내신바 되었으니"라고 하였다.

이렇게 교회는 신약시대에 갑자기 생긴 것이 아니고, 영원한 지혜와 사랑과 진리에 뿌리박은 것이다. 그러므로 교회는 우주보다 더 무거운 만물 위에 있는 존재이니만큼, 이런 교회를 섬기는 감독직이 얼마나 고귀한가를 알아야 한다. 또한 교회의 일은 그리스도의 피의 공로와 권세와 감화로 되는 것이기 때문에, 어떠한 사람이라도 자기를 내세우지 말아야 할 것이다.

본문 초두에 "너희는 자기를 위하여 또는 온 양 떼를 위하여 삼가라"고 했다. 이 말씀은 감독자로 세움을 받은 자나 감독자를 대하는 사람이 다 함께 삼가야 된다는 의미이다. 다시 말하면 조심하라는 말이다. 감독자가 잘못할 때 그 본인의 잘못으로만 그치는 것이 아니고 주의 영광이 가린다는 것이다.

어느 교회 모 장로가 장립 받을 때 답사에서 "주께서 장로로 세우심은 이 이상 죄를 짓지 말라는 종지부를 찍는 것으로 알고 섬기겠습니다."라고 한 말은 우리가 다 함께 가슴에 담아둘 만한 귀한 말인 것이다.

3. 성경이 말하는 장로의 자격

1) 디모데에게 알려준 자격/ 딤전 3:2-7

"그러므로 감독은 책망할 것이 없으며 한 아내의 남편이 되며 절제하며 신중하며 단정하며 나그네를 대접하며 가르치기를 잘하며 술을 즐기지 아니하며 구타하지 아니하며 오직 관용하며 다투지 아니하며 돈을 사랑하지 아니하며 자기 집을 잘 다스려 자녀들로 모든 공손함으로 복종하게 하는 자라야 할지며 (사람이 자기 집을 다스릴 줄 알지 못하면 어찌 하나님의 교회를 돌보리요) 새로 입교한 자도 말지니 교만하여져서 마귀를 정죄하는 그 정죄에 빠질까 함이요 또한 외인에게서도 선한 증거를 얻은 자라야 할지니 비방과 마귀의 올무에 빠질까 염려하라"(딤전 3:2-7).

신약에서 교회의 두 가지 중요한 교직을 볼 수 있다. 하나는 장로요, 또 하나는 감독이다. 신약에서 장로와 감독은 동의어로 취급되고 있다(행 20:28; 딛 1:5-7). 그러나 감독은 차츰 직제화(職制化) 되어 장로 중에서 선택되어 지배적 위치에 오르게 되었다. 바울은 디모데에게 감독의 자격으로 소극적인 면과 적극적인 면을 제시했다.

(1) "책망할 것이 없으며"

장로는 훌륭한 인격자로 비난을 받을 아무 혐의도 없어야 하며, 남에게 책망 받을 일이나 비판받을 것이 없는 온전한 사람이어야 한다. 지도자는 언제나 누구에게나 트집을 잡히지 않게 살아야 한다. 그러므로 장로는 깨끗하고 고상한 생활로 세상에서도 모범이 되어 사람들에게 비방을 받지 않도록 힘써야 한다.

(2) "한 아내의 남편이 되며"

이 성구에 대한 견해는 여러 가지가 있다. 첫째로 축첩(蓄妾), 일부다처(一夫多妻), 일처다부, 또는 이혼 후의 결혼, 재혼, 즉 배우자가 죽은 뒤의 두 번째 결혼을 금지한다는 것이요, 둘째로 감독은 결혼한 사람이어야 한다는 것을 강조하며, 좀 더 일반적인 의미로 장로는 완전한 덕행의 소유자라야 된다는 것이다. 처자(妻子)를 가진 이는 이해력과 동정심이 독신자보다 많아서 지도자로서 사람을 바르게 지도하기가 좋다고 생각한다. 즉 장로는 한 가정에서 충실한 남편으로 순결한 가정관계를 보존해야 한다는 것이다. 장로는 부도덕한 이 세상에서 크리스천의 정조와 결혼의 영원성과 가정의 신성함을 만민에게 보여주어야 한다.

(3) "절제하며"

'절제'는 목회서신에서만 나타나는 말로(딛 1:8, 2:2), 본래는 음주의 절제를 가리켰으나 보다 넓은 의미로 절제생활을 뜻한다. 장로는 성욕, 식욕, 물욕, 명예욕 등의 욕망을 절제할 줄 알아야 한다.

(4) "술을 즐기지 아니하며"

옛날 사람들은 나쁜 음료수 대신에 술을 마시게 되면서 술 마시는 핑계를 삼았다고 한다. 유대인들은 자기 포도원에서 술 마시는 것을 이상으로 삼았다(암 9:14). 그러나 그들도 술의 위험을 모르는 것이 아니었다(잠 20:1, 23:29-35; 창 9:18-27, 30-38; 삼하 13:28-29). 교회에서는 물론 이방사회에서도 술에 취한다는 것을 수치로 여겼다. 술 자체를 악이라고는 할 수는 없겠으나 술은 여러 가지 부작용을 일으키고, 그것이 신앙생활에까지 치명적인 결함을 가져오기 때문에 금지하는 것이다. 크리스천 지도자는 쾌락에 빠져 신자의 생활을 허술하게 하거나 그 행위를 더럽혀서는 안 된다는 것이다.

(5) "신중하며 단정하며"

'신중'은 절제와 같은 말로서, '세심, 정숙, 육욕 제어, 근신' 등을 의미한다. 무절제와 방종의 반대로, 조심하며 깊이 생각하는 심적 자세를 가리키는 말이다. 신중한 사람은 세상의 아름다움과 위험 속에 다녀도 그 마음에 구원의 능력을 가졌기 때문에 자기만 구원하지 않고 환경 전체를 구원할 수 있다. 신중한 사람은 그 속에 계신 예수의 마음으로 그의 생활을 온전히 통제하는 자이다.

'단정'함은 행동을 단정히 한다는 뜻으로, '신중'이 내적 자세라면, '단정'은 외적 태도이다. 단정함은 질서정연하고, 정직하며, 예의 있는 몸가짐으로 사람들에게 칭찬과 사랑을 받는 생활태도이다. 교회지도자는 신중한 사람, 즉 그의 본능, 열정, 욕구가 온전히 통제된 사람인 동시에 단정한 사람, 곧 내적 통제가 밖의 아름다움으로 나타나며, 예수의 아름다움이 그의 생활에서 빛나는 사람이어야 한다.

(6) "나그네를 대접하며"

고대사회에서 공통적으로 나그네를 대접하는 것이 미덕으로 간주되었고, 초대교회에서도 이런 자취를 볼 수 있다(요삼 5). 그리고 나그네 대접을 신약에서도 강조하였다(롬 12:13; 히 13:2; 벧전 4:9). 길이 위험하고 숙박시설이 불완전한 옛날에는 손님대접이 큰 덕목의 하나였다. 손님대접을 잘하던 아브라함은 부지중에 천사를 대접했다(창 12:2).

신약시대에는 교회에 돌아다니는 전도인이 있어서 가는 곳마다 숙식이 요구되었다. 그리하여 신자 집에 들 수 있음은 큰 특권이었고, 교회지도자들은 그들을 대접하는 것을 의무로 알았다. 그러므로 신자의 집 문은 언제나 열려 있었으며, 그 집은 언제나 동지들의 모이는 곳이 되었다.

감독의 직분은 남을 돌보는 것이므로 남의 일을 자신의 일처럼 돌보는 자질이 있어야 한다. 그리고 그 행동 범위는 교회 안에서 뿐만 아니라 일반사회에까지 미쳐야 한다.

(7) "가르치기를 잘하며"

가르치는 직은 감독과 장로에게 공통되는 직무였으나(딤전 5:17; 딛 1:9), 제1세기말경에는 오직 감독의 직책으로 된 듯하다. 가르치기를 잘한다는 것은 단순히 말 잘하는 것을 의미하지 않고, 믿는 도리를 분명하게 밝히는 능력을 뜻하는 것이다.

현대교회의 단점은 신도 교양에 게으르다는 것이다. 전도자의 설교와 권면은 많이 들으나 기독교의 본질과 기독교인의 생활에 대한 체계적인 교육이 부족하다. 교회 지도자의 책임은 신자를 가르치는 일이다. 바울은 디모데에게 "너는 이것들을 명하고 가르치라 … 내가 이를 때까지 읽는 것과 권하는 것과 가르치는 것에 전념하라"(딤전 4:11, 13)고 하였다. 가장 효과 있는 가르침은 말보다 실행에 있다. 장로는 예수를 말로 전하기보다 생활로 보여주어야 한다. 말을 잘 못하는 지도자라도 그의 생활에 예수의 마음이 반영되어 사람들에게 예수를 알게 할 수 있다면 그것이 가장 좋은 지도자의 자격이다.

(8) "구타하지 아니하며"

'구타'는 음주에 따르는 부작용의 하나이다. 음주하지 않고도 천성적으로 포악하여 사람을 구타하는 경우도 많다. 신자가 잘못하거나 불신자가 해를 끼친다 하여도 감독이나 장로는 구타해서는 안 된다. 가정에서 부부끼리 구타해서도 안 된다는 것이다. 예수는 욕을 당하셨으나 욕하지 않으셨고 도리어 축복하셨으며, 구타를 당하셨으나 위협하지 않으셨다. 구타하는 일은 양식에 어긋나는 일이요, 더욱이 감독 같은 지도자의 역할은 담당할 수 없는 것이다. 오늘의 지도자들 중에 구타까지 할 사람은 없을 것이나 형제에게 대한 중상모략은 육체에 가하는 구타보다 더 큰 상처를 주는 행동임을 기억해야 한다.

(9) "관용하며"

'관용'은 합리적이고 포괄적이며 부드러운 것을 가리키는 말로 다투는 것이나 구타와는 반대되는 말이다. 아리스토텔레스는 "관용은 인간의 잘못을 용서하며, 법보다 법을 주신 이를 생각하고, 그 행동보다 본의를 생각하며, 부분보다 전체를 보고, 장본인의 현재보다 인격을 살피며, 악보다 선을 기억하고, 선을 행한 것보다 은혜 입은 것을 생각하며, 피해를 행동보다 말로 해결하기를 힘쓰는 것이다."라고 하였다.

신자들 사이에 말썽이 생기면 법에 호소하기보다 예수의 사랑에 호소하여 하나님의 자비하신 보좌 앞에서 해결해야 할 것이다. 교회 앞에 관용의 정신이 있으면 그 분위기는 크게 바뀔 것이다.

(10) "다투지 아니하며"

'다투지 아니하며'는 싸우기를 싫어한다는 뜻으로, 포악한 말과 태도로 투쟁하는 것을 금한다는 것이다. '다투지 아니하며'는 이해 문제에 대한 교훈이며, 진리를 위해 다투지 말라는 교훈은 아니라고 생각된다. 그 이유는, 믿음과 도리를 위해서는 힘써 싸우라고 교훈하셨기 때문이다(유 3). 세상에는 남과 싸우기를 좋아하는 사람들이 많으나, 지도자는 형제간에 화평하게 살아야 한다.

(11) "돈을 사랑하지 아니하며"

정당하지 않은 방법으로 돈을 벌거나 쓰는 것을 금한 것이요, 정당하게 돈을 벌어 정당하게 쓰는 것을 반대한 것은 아니다. 지도자는 돈 이상의 가치가 있음을 알고 돈을 사랑하는 마음을 가지지 않아야 한다. "돈을 사랑함이 일만 악의 뿌리"라고 하였다(딤전 6:10). 구약의 발람이나 신약의 가룟 유다는 돈을 사랑하다가 멸망하였다.

(12) "자기 집을 잘 다스려"

지도자로서 자기 가정을 세우고 다스리는 것보다 더 큰 일은 없다. 가정을 잘 다스릴 줄 아는 사람은 교회나 정부에서 공직을 맡았을 때도 잘할 수 있다. 로마사회는 자녀교육을 노예들에게 일임하였으므로 그 풍기와 정신상태가 말이 아니었다. 동양 도덕에 '수신제가(修身齊家) 치국평천하(治國平天下)'라고 가르쳤다. 교회의 지도자들은 먼저 자신의 집을 잘 다스려 자녀들을 복음을 따라 단정하고 순종하도록 하여야 일반교인을 지도할 수 있을 것이다.

자녀에 대한 부모의 책임은 크고 중대하다. 더욱이 교회의 지도자된 부모는 자녀에 대해 그 책임이 더욱 중하다. 그 자녀들로 하나님께 복종하게 하며, 예수의 마음에 일치하게 생활하도록 가르쳐야 한다. 자기의 작은 집 하나 다스리지 못하는 자가 어떻게 하나님의 집인 교회를 다스리겠느냐는 것이 바울의 사상이다. 지극히 당연한 논리이다.

(13) "새로 입교한 자도 말지니"

"새로 입교한 자"란 새로 세례를 받은 자란 뜻이다. 감독 직책은 시간이 경과함에 따라 도달하게 되는 것이므로 새로 들어오는 자는 순서 없이 그 줄에 끼어들어서는 안 된다는 것이다. 새 신자를 감독으로 세울 수는 없다는 것이다. 이러한 뜻에서 현재 교회에서도 장로의 연령을 제한하고, 세례 받고 무흡 5년(또는 7년)을 경과해야 한다고 규정하고 있다.

"새로 입교한 자"에서 '새로'라는 말이 얼마 동안이나 교회에 나온 사람에게 적용되는가는 대답할 수 없는 문제이다. 바울의 전도 초기에는 새로 입교한 자들이 교회의 직책을 맡았다. 바울이 이렇게 교훈하는 것은 새로 입교한 자가 감독이 되었다가 자만하여 떨어지는 것을 보고 자극을 받고 가르치게 된 것이라고 볼 수 있다.

(14) "외인에게서도 선한 증거를 얻은 자"

감독의 마지막 조건은 불신사회에서도 좋은 평판을 얻은 자라야 한다는 것이다. 일반사회의 도덕관은 단순하고도 도의적이며 윤리적이다. 그들의 판단에도 인정되지 못하는 생활로는 교회를 지도할 수 없다. 유대인에게나 헬라인에게나 거치는 자가 되지 말아야(고전 10:32;

벧전 2:12, 3:1) 한다는 것이 초대교회의 끊임없는 관심사였다. 교회의 지도자가 일반사회에서 악평을 받게 되면 그것 때문에 교회 내에 분규와 문제가 일어날 수 있다. 비난 받을 감독을 임명하는 것은 마귀가 교회의 성장을 방해하려고 만들어놓은 함정에 빠지는 일이다. 언제나 교회 비난자들이 교직자의 도덕적 실패를 무기로 교회를 공격하면, 그 교직자는 마귀의 올무에 빠질 것이다.

2) 디도에게 알려준 자격/ 딛 1:5-9

> "내가 너를 그레데에 남겨둔 이유는 남은 일을 정리하고 내가 명한 대로 각 성에 장로들을 세우게 하려 함이니 책망할 것이 없고 한 아내의 남편이며 방탕하다는 비난을 받거나 불순종하는 일이 없는 믿는 자녀를 둔 자라야 할지라 감독은 하나님의 청지기로서 책망할 것이 없고 제 고집대로 하지 아니하며 급히 분내지 아니하며 술을 즐기지 아니하며 구타하지 아니하며 더러운 이득을 탐하지 아니하며 오직 나그네를 대접하며 선행을 좋아하며 신중하며 의로우며 거룩하며 절제하며 미쁜 말씀의 가르침을 그대로 지켜야 하리니 이는 능히 바른 교훈으로 권면하고 거슬러 말하는 자들을 책망하게 하려 함이라"(딛 1:5-9).

바울이 교회를 세울 때 장로를 임명한 것은 조직과 지도자가 필요했기 때문이다(행 14:23). 디도는 그레데에서 장로와 감독을 세우고 조직이 미흡한 교회들을 건전한 조직체로 만들 중대한 임무를 사도 바울로부터 받았다.

지중해에 있는 그레데 섬에는 교회가 여러 곳 있었다. 그러나 "가정들을 온통 무너뜨리는"(딛 1:11) 거짓 선지자들이 강력함에 비해, 교회 조직은 허술하고 지도자들이 약했기 때문에 교회를 뒤엎는 무리들을 막아낼 능력이 부족하였다. 그러므로 바울은 그레데에 디도를 남겨두어 교회의 남은 일을 정리하고, 각 성에 장로들을 세우게 하려 하였다.

각 성에 장로들을 세우려는 디도에게, 바울은 장로와 감독은 이러한 사람으로 세워야 한다고 그 자격을 명시하였던 것이다.

(1) 장로의 자격

장로의 자격에 대해서는 디모데전서 3장의 감독의 자격과 같은 내용이며 그것을 요약한 것뿐이다. 바울은 디도에게 장로의 여러 가지 자격 중에서 그 가족을 믿음으로 양육하여 남의 비방을 받지 않는 자라야 한다는 것을 강조했다. 기독교는 자기 집에서부터 시작되어야 하기 때문에 가족을 돌보지 않는 지도자란 있을 수 없다. 카르타고 종교회의에서 "그 가족이 다 교인이 되지 않은 사람들은 감독, 장로, 집사가 될 수 없다."고 결의하였다.

자녀가 방탕하다는 비방이나 불순종하는 일이 없는, 즉 자녀가 잘 믿는 사람이라야 장로가 될 수 있다는 것이다. 방탕이란 사치하여 돈을 낭비한다는 뜻으로, 쾌락을 위해 재산을 낭비하는 것이다. 방탕한 자는 재산만 탕진할 뿐 아니라, 결국은 자기 몸까지 망치게 된다. 장로의 가족 중에 방탕한 자가 있어서 비방을 받아서는 안 된다는 것이다.

불순종하는 일이란 무궤도하게 산다는 뜻이다. 교훈을 거역하며 규모 없이 사는 자녀가 있어서는 장로가 될 수 없다. 장로의 직책 중에 자녀교육은 자신의 생활만큼 중요한 것이다. 자녀훈련은 부모의 첫째 가는 책임이다. 자기 집을 다스리지 못하는 자는 교회를 다스릴 수 없을 것이다(딤전 3:5). 장로의 가정은 화목한 분위기 속에서 사람들에게 기쁨을 주는 가정이어야 한다.

가정은 하나님 중심으로 "이 집의 주인이 예수 그리스도"라는 생각에서 날마다 하나님의 은혜에 감사하며 즐거워하는 생활을 해야 한다. 그러므로 장로의 가정은 그리스도를 중심한 사랑과 기쁨과 평화가 가득 찬 가정이 되어야 한다. 장로의 가정은 부부 관계와 부모와 자녀의 관계도 그리스도를 중심으로 한 신앙 윤리로 결합되어야 한다.

가정은 자녀를 교육하는 장소이다. 장로 가정의 자녀교육 방침은 성경의 교훈을 따라야 한다. 가정이 자녀를 신앙적으로 교육하는 장소가 되기 위해서는 가정에 영적 분위기가 조성되어야 한다. 사랑과 기쁨과 화평이 가득 찬 가정에서라야 신앙교육을 할 수 있다. 자녀를 그리스도인의 인격으로 교육하는 일은 장로 가정에서 가장 중요하게 힘써야 할 일이다.

(2) 장로가 해서는 안 될 일들은 무엇인가?

초대교회에서는 장로와 감독을 다 같은 교직이라고 생각했다. 그러므로 바울은 감독이나 장로를 동의어로 사용하면서 하나님의 집인 교회를 맡아 다스려야 할 청지기라고 했다. 청지기는 하나님의 일꾼이므로 장로가 해서는 안 될 일들이 있는 것이다.

① 제 고집대로 해서는 안 된다.

'고집대로'란 자신을 즐겁게 하기 위해 자기 마음대로 행하는 것이다. 고집대로 하는 자는 자기의 의견과 권리는 고집하면서도 남의 의견과 권리에는 관심이 없다. 제 고집대로를 '오만'이라고도 번역하지만, 일본어 성경에서는 '방종하지 않고'라고 했다. 고집쟁이는 아량이 없고 모든 것에 대하여 남을 원망하고 자기의 방식이 제일이라고 주장하며, 남의 감정을 살필 줄 모르고, 천국 가는 길을 저 혼자 아는 것처럼 떠든다. 고집 있고 오만한 자는 교회에서 지도자가 될 수 없다.

② 급히 분내지 않아야 한다.

장로는 자신의 감정을 억제할 줄 알아야 하며 성내기를 더디해야 한다. 분노를 오래 품는 자는 교직자가 될 수 없다. 사람의 성내는 것이 하나님의 의를 이루지 못한다(약 1:19-20). 제 고집대로 한다든지 급하게 분내는 것은 집권자의 권력 남용이다. 장로는 자기중심적인 독재를 안 하는 사람이어야 한다는 것이다.

③ 술을 즐기지 아니해야 한다.

술을 절제할 수 있는 자라야 감독이 될 수 있다는 것이다. 술에 삼킨바 되는 인간이라면 감독은 고사하고 평신도로서의 자격도 없을 것이다. "술을 즐기지 아니하며"는 부당한 것을 다 포함하는 말로, 술 취하지 않고도 술 취한 자처럼 부당한 일을 하는 것을 금하는 것이다.

④ 구타하지 아니해야 한다.

폭행하는 자는 감독이 될 수 없다. 범죄한 신자에 대한 벌로 구타하는 것을 정당화하는 일이 그 당시 사회 풍습이었으므로, 교회에서는 그렇게 해서는 안 된다는 것이다. 〈사도정경〉에 잘못한 자를 치는 감독은 면직시킬 것이라고 했다. 빰을 치는 것은 물론 말로 욕하는 것까지도 금지하고 있다. 자기가 직접 손을 대지 않더라도 권력자가 남을 시켜 구타해도 안 된다는 것이다. 형제를 사랑해야 할 감독이 사랑은 버리고 말이나 손으로 형제를 치는 행위는 있을 수 없다는 것이다.

⑤ 더러운 이득을 탐하지 않아야 한다.

수단 방법을 가리지 않고 돈을 버는 자는 감독이 될 수 없다. 자기 이득을 위하여 교회를 이용한다든지, 교인들의 순진한 신앙심을 자극하여 자기 이득을 증대시키는 것은 더러운 이득을 탐하는 일이다. 자기 생계를 부요하게 하기 위하여 자기 일에만 몰두한다든지, 이익을 탐하여 교회나 사회에서 지탄받는 직업에 종사하는 자는 감독이 될 수 없다. 감독은 재물을 모으는 것에 생의 유일한 목적을 삼아서는 안 된다. 바울은 스스로 물질에 결백하였다고 에베소 교회 장로들에게 간증한 바 있다(행 20:33).

4. 주가 쓰시는 사람

"무리가 몰려와서 하나님의 말씀을 들을새 예수는 게네사렛 호숫가에 서서 호숫가에 배 두 척이 있는 것을 보시니 어부들은 배에서 나와서 그물을 씻는지라 예수께서 한 배에 오르시니 그 배는 시몬의 배라 육지에서 조금 떼기를 청하시고 앉으사 배에서 무리를 가르치시더니 말씀을 마치시고 시몬에게 이르시되 깊은 데로 가서 그물을 내려 고기를 잡으라 시몬이 대답하여 이르되 선생님 우리들이 밤이 새도록 수고하였으되 잡은 것이 없지마는 말씀에 의지하여 내가 그물을 내리리이다 하고 그렇게 하니 고기를 잡은 것이 심히 많아 그물이 찢어지는지라 이에 다른 배에 있는 동무들에게 손짓하여 와서 도와 달라 하니 그들이 와서 두 배에 채우매 잠기게 되었더라 시몬 베드로가 이를 보고 예수의 무릎 아래에 엎드려 이르되 주여 나를 떠나소서 나는 죄인이로소이다 하니 이는 자기 및 자기와 함께 있는 모든 사람이 고기 잡힌 것으로 말미암아 놀라고 세베대의 아들로서 시몬의 동업자인 야고보와 요한도 놀랐음이라 예수께서 시몬에게 이르시되 무서워하지 말라 이제 후로는 네가 사람을 취하리라 하시니 그들이 배들을 육지에 대고 모든 것을 버려두고 예수를 따르니라"(눅 5:1-11).

여기 인용한 성경 본문에는 베드로와 그의 동역자인 야고보와 요한이 주께로부터 사람 낚는 어부로 부름 받는 놀랍고도 아름다운 내용이 수록되어 있다. 어부가 사도로 발탁이 되다니 그야말로 하늘과 땅 같은 차이라 해도 표현이 모자랄 것 같다.

'사도'는 헬라어로 〈아포스톨로스〉인데, 특별한 사명을 맡아 대표자로서 파견된 사절(使節)을 말한다. 그러므로 예수 그리스도의 사도란 의미는 천국 확장을 위해 인류 중에서 얼마를 뽑아 그리스도를 대신하여 보냄을 받은 복음의 전권대사를 말하는 것이다.

거칠고 천한 생선 비린내 나는 고기잡는 어부가 하늘의 천사들도 흠모하는 영적 최고직의 사도로 뽑혔으니 이 어찌 큰 축복이 아닐 수 있겠는가?

10절 끝에 "내가 사람을 취하리라"고 하셨는데, 이 말을 다르게 하면 "네가 사람을 사로잡으리라"고 할 수 있다. 이제 "사람을 사로잡을 자는 어떤 자인가?"를 살펴보기로 한다.

1) 주의 말씀에 복종하는 자

3-5절을 보니, 베드로는 주의 말씀에 순종한 정도가 아니라 복종했음을 알 수 있다. 이것을 두 가지로 나누어 생각해보자.

(1) 실패 중에도 주의 요청을 받아들였다.

2절 끝에 보면 "배에서 나와서 그물을 씻는지라"고 했다. '그물을 씻는' 것은 고기잡이 할 때에 흙과 모래도 묻었고, 바다풀도 붙었으니, 고기를 다 잡은 후에는 깨끗하게 씻어서 말려두어야 다음에 고기 잡을 때 편하기 때문이다. 이는 고되고 힘든 작업이 이제 끝나려는 때를 의미하는 것이다. 다시 말하면 밤새도록 헛수고한 끝이라 춥고 배고프고 피곤하여 만사가 귀찮아 빨리 집에 가서 쉬었으면 하는 때라고 할 수 있다.

이런 상황일 때, 주께서 군중이 너무 다가오므로 바다 쪽에서 육지를 향해 말씀을 전하시려고 베드로의 배에 오르시며 육지에서 조금 떼기를 요청한 것이었다. 웬만하면 다른 배로 가보라고 거절할 만도 했지만, 주의 권위와 인격에 압도당하여 노 젓는 수고와 말씀을 마칠 때까지 기다리는 시간을 주님을 위해 봉사한 것이었다. 한마디로 말하면 악조건 속에서도 복종했다는 것이다.

(2) 주의 말씀이 이해가 안 되어도 복종했다.

4-5절에 보니 "말씀을 마치시고 시몬에게 이르시되 깊은 데로 가서 그물을 내려 고기를 잡으라 시몬이 대답하여 이르되 선생님 우리들이

밤이 새도록 수고하였으되 잡은 것이 없지마는 말씀에 의지하여 내가 그물을 내리리이다"라고 했다.

베드로의 집안은 대대로 어부 노릇을 했고, 자기도 생의 절반을 어부로 지냈으므로 고기잡이 하는 일은 누구 못지않게 익숙했다. 그러므로 배를 육지에서 조금 떼기를 청하는 말에는 선뜻 응해줄 수 있었지만 "깊은 데로 가서 그물을 내려 고기를 잡으라"는 말에는 자기 경험에 비추어 "선생님 우리들이 밤이 새도록 수고하였지만 잡은 것이 없었습니다."라고 할 수 있었다.

그러나 베드로는 "당신의 말씀은 권위가 있음을 내가 믿습니다. 그래서 내 경험, 내 아는 것, 내 방법을 다 포기하고 당신의 말씀에 의지하여 내가 그물을 내려 보겠습니다."라고 한 것이다. 파스칼의 말대로 "믿음이란 이성을 십자가에 못 박는 것"이라야 하는 것이다.

그러면 주의 말씀이 어떤 것이기에 어렵고도 이해가 안 되어도 복종해야 하는가?

① 최고자의 말씀이기 때문이다.

이사야 55장 8-9절에 "이는 내 생각이 너희의 생각과 다르며 내 길은 너희의 길과 다름이니라 여호와의 말씀이니라 이는 하늘이 땅보다 높음 같이 내 길은 너희의 길보다 높으며 내 생각은 너희의 생각보다 높음이니라"고 하였다. 그러므로 말씀에 대한 우리의 자세는 수준이 높아 이해가 안 되어도 복종해야 되는 것이다.

② 아무것도 없는 중에서 천지만물을 만드신 권능의 말씀이기 때문이다.

요한복음 1장 1-3절을 보면 "태초에(시공계를 초월한 태초에) 말씀(예수님)이 계시니라 이 말씀이 하나님과 함께 계셨으니 이 말씀은 곧 하나님이시니라(곧 예수님이 바로 하나님이시니라) 그가 태초에 하나님과 함께 계셨고 만물이 그로 말미암아(예수님으로 말미암아) 지은 바 되었으니 지은 것이 하나도 그가 없이는(예수님이 아니 계시고는) 된 것이 없느니라"고 하였다. 그러므로 피조물인 우리는 창조주 되신 그리스도의 말씀에 복종해야 되는 것이다.

③ 생사를 좌우하는 말씀이기 때문이다.

요한복음 5장 25절에 "진실로 진실로 너희에게 이르노니 죽은 자들이 하나님의 아들의 음성을 들을 때가 오나니 곧 이 때라 듣는 자는 살아나리라"고 하였다.

주님은 이것을 입증하기 위해 회당장 야이로의 딸과, 나인성 과부의 아들과, 나사로를 죽은 자 가운데서 살려내셨으며, 말씀 한 마디로 무화과나무를 저주하시니 뿌리로부터 말라 죽게도 하셨다. 그러므로 생사를 좌우하는 이 말씀 앞에 우리는 복종해야 되는 것이다.

④ 영원한 말씀이기 때문이다.

이 말씀을 하시는 주님 자신이 영원한 분이시다. 그러므로 히브리서 13장 8절에 "예수 그리스도는 어제나 오늘이나 영원토록 동일하시니라"고 하였고, 마태복음 24장 35절에는 "천지는 없어질지언정 내 말은 없어지지 아니하리라"고 하였다. 그러므로 말씀에 대한 이해가 안 가도 복종해야 되는 것이다.

⑤ 불과 방망이 같은 말씀이기 때문이다.

예레미야 23장 29절에 "여호와의 말씀이니라 내 말이 불 같지 아니하냐 바위를 쳐서 부스러뜨리는 방망이 같지 아니하냐"라고 하였다. 우리는 이 말씀 앞에 내가 자랑하던 지식, 경험들이 아무것도 아닌 줄 알고 불태워 재 같이 날려버려야 하며, 방망이로 부스러뜨려 산산조각을 내야 할 것이다. 아직도 "내 생각에는" 하고 나를 앞세운다면 언제까지나 헛수고로 괴로운 인생을 보낼 수밖에 없을 것이다.

아람나라의 군대장관 나아만이 나병을 고치기 위해 하나님의 사람 엘리사를 찾아와 종을 통해 주시는 "너는 가서 요단강에 몸을 일곱 번

씻으라 네 살이 여전하여 깨끗하리라"는 주의 말씀을 받고는 노발대발하여 물러가면서 하는 말이 "내 생각에는" 하는 교만을 나타내며 주의 말씀을 거부했다. 만일 그가 그대로 돌아갔다면 일평생 자신의 나병을 고치지 못했을 것인데, 고마운 것은 종의 말을 받아들여 자기 생각을 버리고 시키는 대로 요단강에 일곱 번 몸을 씻었더니 깨끗이 고침을 받았던 것이다.

우리는 주의 말씀에 이유나 핑계를 붙이지 말아야 한다. 요한복음 2장에 물을 변화시켜 포도주가 되게 하신 이적이 나오는데, 하인들이 이유를 묻지 않고 주님이 시키는 대로 항아리에 물을 가득 채워 연회장에게 가져다준 것뿐이었다. 그랬더니 물이 포도주가 되었던 것이다.

우리는 우리의 신분을 바로 알아야 하나님은 창조주시오 우리는 피조물이며, 예수님은 대주재이시며 우리는 그의 종인 것이다. 그러므로 피조물이 조물주에게, 종이 주인에게 이유와 조건을 내세울 수 없는 처지임을 알아야 한다. 이젠 모든 주도권을 주께 맡겨야겠다. 개인이나 가정, 사업, 모든 문제를 주께 맡겨야 된다.

(3) 순종하여 복종한 결과는 어떠했는가?

본문 6-7절을 보면 "그렇게 하니 고기를 잡은 것이 심히 많아 그물이 찢어지는지라 이에 다른 배에 있는 동무들에게 손짓하여 와서 도와 달라 하니 그들이 와서 두 배에 채우매 잠기게 되었더라"고 하였다. 이것이 주의 말씀에 순종한 결과이다.

① 조금 청하시고 많이 갚아주시는 주님이시다.

3절에 보면, 베드로에게 배를 "육지에서 조금 떼기를" 청하셨다. 그리고는 많은 고기를 그 대가로 주신 것이다.

열왕기상 17장에 보면, 사르밧 과부는 적은 기름과 떡을 하나님의 사람 엘리야에게 대접했더니 흉년이 지날 때까지 병의 기름과 통의 가루가 없어지지 않는 놀라운 복을 받았다.

오늘날 교회 안에는 어렵게 사는 분들이 더러 있다. 그래서인지 목회자들은 그들에게 되도록이면 헌금을 안 해도 된다고 위로의 말을 해준다. 그러나 이것은 어디까지나 인간적인 생각이다. 그보다 오히려 주의 말씀을 믿고 가난한 분일수록 주께 더 정성을 다하여 바치라고 하고 싶다. 왜냐하면 그 사람들이 어서 복을 받아야 하기 때문이다. 속담에 "아무리 가난해도 딸 줄 것과 도둑에게 줄 것은 있다."는 말이 있다. 그러므로 가난해도 바치기를 바란다. 사도행전 20장 35절에 "주 예수께서 친히 말씀하신 바 주는 것이 받는 것보다 복이 있다 하심을 기억하여야 할지니라"고 하였다.

② 말씀에 복종하면 기대 밖의 복을 받는다는 것이다.

말씀 없는 밤중의 수고는 실패로 끝났지만, 말씀에 순종한 아침의 수고는 대성공이었다. 그가 잡은 고기가 너무 많아 그물이 찢어질 정도였다. 이를 보건대 주님은 수확의 주님이시며, 풍어의 하나님이신 것이다. 주가 주시려면 빈 창고에 알곡을 가득 채워주실 것이고, 빈 그물에 각종 고기를 가득 채워 주시는 것이다. 말씀에 복종한 베드로의 그물에 고기가 가득 차서 혼자서는 이것을 끌어올릴 수 없어서 친구를 불러 도움을 받지 않을 수 없었다.

이로 보건대 말씀에 순종하여 받은 성공은 보통의 성공이 아니라 비상한 성공인 것이다. 한 사람의 힘과 한 척의 배로써는 감당할 수 없는 성공이었다.

성공의 대(大)와 소(小)는 신앙의 대소(大小)에 의해 나누어지는 것이다. 그리고 비록 겨자씨 같은 작은 믿음이라도 믿음으로 한 효과는 우리의 예상을 훨씬 뛰어넘는 것임을 잊지 말아야겠다.

③ 한 사람이 받은 복을 옆의 사람도 받게 된다는 것이다.

베드로의 배뿐만 아니라 동무인 야고보와 요한의 배도 채우게 되었다. 한 사람이 순종하여 받은 복은 넘쳐서 남에게까지 나누게 되는 것임을 볼 수 있다.

"우리들이 밤이 새도록 수고했지만 얻은 것이 없었다."는 말대로, 오늘날도 힘껏 일하지만 고생 외에는 아무것도 얻지 못하고 실망 중에 그물을 씻는 사람이 적지 않다. 열심히 끈기 있게 일했지만 아무런 효과가 없을 때도 있다. 이럴 때 낙심하기 쉽다. 한 번 더 말씀을 의지하여 일어서기를 바란다. 과거의 경험에 구애받지 말고, 상식으로 판단하지도 말고, 오직 말씀에 의지하여 해보기를 바란다. 반드시 성공이 있을 것이다. 많은 사람들의 실패는 한 번 더 해보자는 정신이 부족한 데서 오는 것이다.

2) 주 앞에 죄인인 줄 아는 자

베드로는 주님이 말씀하신 대로 많은 고기가 잡혔을 때, 눈앞의 이익만을 가지고 기뻐하지 않았다. 도리어 본문 8절에 보면 "시몬 베드로가 이를 보고 예수의 무릎 아래에 엎드려 이르되 주여 나를 떠나소서 나는 죄인이로소이다"라고 했다.

우리는 여기서 몇 가지 교훈을 얻어야겠다.

(1) 자기를 볼 줄 아는 자

누가가 이 사건을 기록할 때, 특히 이 구절에 가장 중점을 두고 있었다고 생각한다. 그것은 다른 데서는 "시몬"이라고 다섯 번이나 말했지만, 이 구절에서만은 "시몬 베드로"라고 말하고 있기 때문이다. 두 이름을 결합시킨 이 형태는 누가가 기록한 누가복음과 사도행전 두 곳뿐이다.

그러면 왜 누가는 여기에 중점을 두었던 것일까? 그것은 베드로가 베드로 된 것이 바로 여기에 있었다고 알았기 때문이다. 다시 말하면, 베드로가 받은 복이 이적으로 잡은 고기에 있는 것이 아니라, 자기가 죄인인 줄 아는 베드로의 고백에 있었기 때문이다.

예수님의 지상강림의 목적이 바로 이것이다. 마태복음 9장 13절에 "나는 의인을 부르러 온 것이 아니요 죄인을 부르러 왔노라"고 했고, 또 누가복음 19장 10절에는 "인자가 온 것은 잃어버린 자를 찾아 구원하려"는 것이었다. 이로 보건대 예수께서 이적으로 많은 고기를 잡게 한 목적은 그의 육적 소유욕을 만족시키려는 것이 아니라 영적 만족을 주기 위한 것임을 알 수 있다.

사실 병자인 줄 알아야 의사와 약을 찾는 것처럼, 죄인인 줄 알아야 구주의 필요성을 알고 그 앞에 죄를 회개하고 구원을 받게 되는 것이다. 아무튼 그가 죄인인 것을 아는 그것이 너무 귀했기 때문에 누가는 이 구절에 중점을 두고 "시몬 베드로"라고 한 것이다.

(2) 예수를 볼 줄 아는 자

8절에 보면 "시몬 베드로가 이를 보고 예수의 무릎 아래에 엎드려 이르되 주여 나를 떠나소서 나는 죄인이로소이다"라고 했다. 베드로는 예수님은 사람만이 아니라, 우리의 경배를 받으실 대주재 하나님이심을 실감하고, "예수의 무릎 아래에 엎드려 이르되 주여"라고 고백한 것이다.

앞에 5절을 보면, 베드로는 예수님에게 "선생님"이라고 했다. 그러나 이적으로 고기가 잡힌 뒤에는 그가 사람만이 아니라 하나님이심을 깨달았던 것이다. 그래서 그는 해변에 서신 초자연적인 능력자 앞에 두려움을 느끼며 그 발아래에 엎드렸던 것이다.

그러면 그가 어떻게 예수님을 하나님으로 알고 죄를 회개했을까?

① 말씀하신 대로 되는 것을 체험했기 때문이다.

예수님은 고기잡이를 해본 분이 아니다. 기술이 있다면 목수 일이 전부였다. 고기잡이에 대해 전혀 경험이 없으신 이 분이 인간이 상상할 수 없는 놀라운 말씀을 하셨고, 또 베드로의 순종에 그의 말씀대로 많은 고기가 잡힌 것이다. 그리고 이 사실을 베드로 혼자뿐 아니라 여러 어부들이 목격했던 것이다.

무엇이나 말한 대로 된다면 그는 완전한 사람인 것이다. 그러므로 야고보서 3장 2절에 "만일 말에 실수가 없는 자라면 곧 온전한 사람이라"고 했다. 그러므로 말씀대로 틀림없이 되는 것은 그 말씀하시는 분이 완전한 사람, 즉 완전한 하나님이란 것이다. 그래서 그는 주의 말씀 앞에 벌벌 떨면서 "주여, 나는 죄인이로소이다 나를 떠나소서"라고 말하며 고꾸라진 것이다. 주는 이런 사람을 돌보시는 것이다. 이사야 66장 2절에 "무릇 마음이 가난하고 심령에 통회하며 내 말을 듣고 떠는 자 그 사람은 내가 돌보려니와"라고 하였다.

② 예수님의 전지(全智)하심을 깨달았기 때문이다.

게네사렛 호수가 비록 오염되지 않은 맑은 물이라 할지라도 깊은 곳을 육안으로는 볼 수 없는 것이다. 하물며 해변에서 어찌 깊은 곳을 볼 수 있었겠는가?

그러나 주님은 훤히 알고 보신 것이다. 베드로는 여기에 놀라서 회개한 것이다. 다시 말하면, 육안으로 볼 수 없는 바다 속 깊은 내용을 아시는 것을 보니 내 마음 깊은 곳에 숨어있는 죄악을 다 아는 분이심을 알고, 그 앞에 무릎을 꿇고 회개한 것이다.

③ 생사권을 가지신 주님임을 알았기 때문이다.

4절에 "깊은 데로 가서 그물을 내려 고기를 잡으라"고 하셨고, 6절에는 "그렇게 하니 고기를 잡은 것이 심히 많아 그물이 찢어지는지라"고 했다. 이는 살아 움직이는 고기들의 생사를 지배하는 대주재이심을 보여주는 말씀인 것이다. 베드로가 말씀에 의지하여 깊은 데로 노를 저어가서 그물을 던진 순간, 사방에 놀던 고기떼를 주께서 모아주신 것이었다. 베드로는 이것을 분명히 깨달았던 것이다. 고기떼의 생사를 마음대로 하시는 것을 보니 내 생사도 이 분의 수중에 있음을 깨달아 그 주님 앞에 살려달라고 부르짖은 것이다.

그런데 왜 살려달라고 하지 않고 "주여 나를 떠나소서 나는 죄인이로소이다"라고 했을까? 이것은 죄 값으로 인간이 망하기 때문이요, 또한 죄를 고백해야 용서를 받고 살 길이 열리기 때문이다. 잠언 28장 13절에 "자기의 죄를 숨기는 자는 형통하지 못하나 죄를 자복하고 버리는 자는 불쌍히 여김을 받으리라"고 했고, 요한일서 1장 9절에는 "만일 우리가 우리 죄를 자백하면 그는 미쁘시고 의로우사 우리 죄를 사하시며 우리를 모든 불의에서 깨끗하게 하실 것이요"라고 했다.

3) 모든 것을 버리고 따르는 자

10-11절에 보면 "예수께서 시몬에게 이르시되 무서워하지 말라 이제 후로는 네가 사람을 취하리라 하시니 그들이 배들을 육지에 대고 모든 것을 버려두고 예수를 따르니라"고 했다.

이 사건의 근본 목적은 이적으로 잡힌 고기에만 있는 것이 아니다. 한 사람(베드로)을 이런 이적으로 말미암아 구원하시고 그를 통해 많은 사람을 하나님께로 인도하여 구원하시려는 데 있었다. 그러므로 믿고 회개한 그에게 "무서워하지 말라 이제 후로는 네가 사람을 취하리라" 즉 "사람을 사로잡으리라"는 결론적인 복을 주신 것이다.

이로 보건대 기독교는 사람을 취하는 것, 곧 사람을 사로잡는 종교인 것이다. 결코 내가 따라가는 것이 아니라 사로잡혀 이끌려가는 것이다. 자석에 못과 바늘이 가서 붙는 것이 아니라, 끌어당기므로 붙는 것 같이, 기독교는 이끌려 믿고, 이끌려 신앙생활을 하다가, 이끌려 하늘나라로 가는 것이다. 그러나 교회생활에 있어서 "내가 믿고" "내가 모임에 나가고" "내가 헌금하고" "내가 무엇을 한다는 것"은 절대 금물인 것이다. "내가 한다"는 여기에 부작용이 일어나기 쉬운 것이다. 예를 들면, 인간중심의 행위는 남이 칭찬할 때 영광을 주께 돌리기보다도 자기가 취하기 쉽고, 또한 남이 알아주지 않을 때는 피곤과 권태와 나아가서는 낙심과 중단이 있기 마련이며, 설혹 계속한다고 해도 거기엔 억지와 부덕한 것이 있기 쉬우며, 라이벌이 생길 때는 약점을 잡아 깎아내리려 하고, 경쟁자가 칭찬을 받을 때는 공연히 시기와 질투와 미움이 생기며, 결국에는 파쟁으로 번지기 일쑤인 것이다.

주께 사로잡혀 자원해서 믿고 교회생활을 하는 사람은 남이 알아준다고 우쭐댄다거나 알아주질 않는다고 낙심하는 일 없이, 그저 주의 일에 묵묵히 부족한 줄 알고도 하는 것뿐이다. 이렇게 사로잡혀 믿는 자라야 어려워도 주를 떠나지 않을 것이며, 또 남들을 사로잡을 수 있는 것이다.

주께 사로잡힌 베드로를 보자. 하루는 주께서 대단히 어려운 말씀을 하신 적이 있었다. "인자의 살을 먹고 인자의 피를 마시지 않고는 나와 상관이 없느니라"고 하시니, 이적의 떡을 먹은 많은 무리들이 어렵다고 하며 거의 떠나갔다. 그때 주께서 제자들을 향하여 "너희도 가려느냐"라고 물으셨다. 요한복음 6장 68절에 "시몬 베드로가 대답하되 주여 영생의 말씀이 주께 있사오니 우리가 누구에게로 가오리이까" 하고 물러가지 않았다. 이는 그가 말씀에 사로잡혀 있었기 때문이다. 또한 그가 오순절 성령 강림 후에 말씀에 붙잡혀 외쳤을 때, 하루에 3천 명이나 회개하고 믿는 자가 생기는 역사가 일어났던 것이다.

설교자도 말씀에 붙잡혀야 능력 있는 전도가 되는 것이다. 사도행전 18장 5절에 보면 바울이 고린도에서 "하나님의 말씀에 붙잡혀 유대인들에게 예수는 그리스도라 밝히 증언하니" 8절에 "수많은 고린도 사람도 믿어 세례를 받더라"고 했다.

서양에서는 교역자에게 가장 큰 욕이 "은혜 없이 교역을 하시오!"라는 것이라고 한다. 이는 주님 없이 혼자 하라는 무서운 말인 것이다. 설교자가 종종 경험하는 일이지만, 주께 사로잡혔을 때는 피곤함 없이 잘 되지만 때로는 기도도 설교도 잘 안 될 때가 있다. 생각만 해도 끔찍한 일이 아닐 수 없다.

그리고 주께 사로잡힌 자는 주를 위해선 아까운 것 없이 바치게 되는 것이다. 다시 11절을 읽어보면 "그들이 배들을 육지에 대고 모든 것을 버려두고 예수를 따르니라"고 했다.

그러면 어떻게 모든 것을 버리고 주를 따를 수 있었는가?

(1) 주께서 주신 직분이 너무나 값진 것이었기 때문이다.

본문에 "사람을 취하리라"는 말씀은 사람을 산채로 잡는다는 뜻이다. 전도는 사람을 산채로 잡는 것이고, 또 잡아 살게 하는 것이다.

이때까지 베드로가 한 일들은 산 고기를 잡아 죽이는 일에 불과했던 것이다. 이와 같은 사람을 주님이 높여주셨으니, 그는 고기잡이 하는 일을 즉시 버리고 주를 따르지 않을 수 없었던 것이다. 좋은 것을 받으려면 손에 가진 더러운 것을 버려야 되는 것처럼, 하늘의 천사도 흠모하는 사람을 사로잡는 전도자가 되려면 세상일을 버려야 하는 것이다.

(2) 말씀에 순종하여 은혜 받은 체험이 있었기 때문이다.

고기 잡는 일은 당장 할 수 있는 일이었다. 그러나 사람을 사로잡는 일은 오랜 연단을 통과한 후에 하게 될 일이었다. 그것은 결코 쉬운 일이 아니었다. 그러므로 주님은 그에게 "무서워하지 말라 이제 후로는 네가 사람을 취하리라"고 하신 것이다. 베드로는 주께서 되게 하실 줄 믿고 즉시 순종하여 모든 것을 버려두고 주를 따랐던 것이다. 본문에는 없지만, 마태복음 4장 19-20절에 보면 "말씀하시되 나를 따라오라 내가 너희를 사람을 낚는 어부가 되게 하리라 하시니 그들이 곧 그물을 버려두고 예수를 따르니라"고 했다.

요한복음 21장을 보면, 예수께서 십자가에 죽으신 후 부활하사 여러 번 나타내보여 주셨지만 베드로 일행은 그래도 인간인지라 낙심하여 고기 잡으러 간 적이 있었다. 그때도 밤새도록 고기를 잡지 못하고 있었다. 그때 주께서 나타나 "그물을 배 오른편에 던지라 그리하면 잡으리라"고 하시고, 또 많은 고기가 잡혔을 때, 베드로는 이 분이 주님이신 줄 알고 그 앞에 자복하며 재출발할 수 있었다.

(3) 그리스도를 아는 것이 최고의 복인 줄 알았기 때문이다.

빌립보서 3장 8절을 보면 "모든 것을 해로 여김은 내 주 그리스도 예수를 아는 지식이 가장 고상하기 때문이라 내가 그를 위하여 모든 것을 잃어버리고 배설물로 여김은 그리스도를 얻고"라고 했다. 그러므로 그리스도의 참 가치를 인식할 때 모든 것을 자발적으로 버릴 수 있는 것이다.

여기 "모든 것"은 배와 그물, 가족과 인부들, 그리고 애써 잡은 고기들이다. 그는 예수관이 바로 서자 물질관도 확립된 것이다. 다시 말하면 모든 것이 주께로부터 오고, 주로 말미암고, 주께로 돌아가는 줄 알았기 때문이다(롬 11:36). 욥이 모든 것을 잃어버리고도 "주신 이도 여호와시요 거두신 이도 여호와시오니 여호와의 이름이 찬송을 받으실지니이다"(욥 1:21)라고 고백한 것은 그의 신관, 인생관, 물질관이 바로 서 있었기 때문이다.

그런데 여기 한 가지 문제가 있다. 그것은 디모데전서 5장 8절에 보면, "누구든지 자기 친족 특히 자기 가족을 돌보지 아니하면 믿음을 배반한 자요 불신자보다 더 악한 자니라"고 했다. 그러나 우리가 여기서 알 것은, 모든 것을 버렸다는 말은 주 외에 모든 것에 대한 애착을 끊었다는 의미인 것이다. 창세기 2장 24절에 "남자가 부모를 떠나 그의 아내와 합하여 둘이 한 몸을 이룰지로다"라는 뜻은, 부모를 문자 그대로 떠나라는 말이 아니라 부모의 도움을 떠나 자립생활 하라는 의미인 것과 같이, 여기 이 말씀도 애착을 끊는다는 뜻인 것이다.

물론 사도들은 전도에 지장되는 모든 것을 버렸다. 그러나 가족을 무시한 일은 없었다. 고린도전서 9장 5절에 보면 부인을 동반하고 전도했으며, 마태복음 8장 14-15절에는 베드로의 장모가 열병에 걸렸을 때 주님을 청하여 고침 받은 사실이 있는데, 이는 가족을 잘 보살폈다는 증거라 하겠다.

결론적으로, 마가복음 10장 28-31절에 "베드로가 여짜와 이르되 보소서 우리가 모든 것을 버리고 주를 따랐나이다 예수께서 이르시되 내가 진실로 너희에게 이르노니 나와 복음을 위하여 집이나 형제나 자매나 어머니나 아버지나 자식이나 전토를 버린 자는 현세에 있어 집과 형제와 자매와 어머니와 자식과 전토를 백 배나 받되 박해를 겸하여 받고 내세에 영생을 받지 못할 자가 없느니라 그러나 먼저 된 자로서 나중 되고 나중 된 자로서 먼저 될 자가 많으니라"고 했다.

여기 '백 배'는 문자 그대로의 말이 아니라, 주를 위해 모든 것을 버린 자는 그보다 훨씬 큰 복을 이 세상에서도 받는다는 뜻이다. 그리고 박해 중에도 받는다는 것을 보니 이 행복이 얼마나 큰가를 짐작할 수 있다.

장로로 부름 받은 자는 주의 일을 위하여 특별히 그 직분이 주어진 사람이다. 그러므로 이 직분을 기쁘고 충성스럽게 감당할 때, 위로부터 내리는 복과, 하늘나라를 향한 영원한 소망이 함께 주어질 것이다.

5. 장로의 바른 자세

"너희 중 장로들에게 권하노니 나는 함께 장로 된 자요, 그리스도의 고난의 증인이요 나타날 영광에 참여할 자니라 너희 중에 있는 하나님의 양 무리를 치되 억지로 하지 말고 하나님의 뜻을 따라 자원함으로 하며 더러운 이득을 위하여 하지 말고 기꺼이 하며 맡은 자들에게 주장하는 자세를 하지 말고 양 무리의 본이 되라 그리하면 목자장이 나타나실 때에 시들지 아니하는 영광의 관을 얻으리라 젊은 자들아 이와 같이 장로들에게 순종하고 다 서로 겸손으로 허리를 동이라 하나님은 교만한 자를 대적하시되 겸손한 자들에게는 은혜를 주시느니라 그러므로 하나님의 능하신 손 아래에서 겸손하라 때가 되면 너희를 높이시리라 너희 염려를 다 주께 맡기라 이는 그가 너희를 돌보심이라"(벧전 5:1-7).

어떤 기업인이 그 사업에 성공하려면 기업인으로서의 기본자세가 바로 되어 있어야 한다. 기업인이 아무리 높은 지능과 충분한 지식과 숙련된 기술과 풍부한 경험이 있다고 해도 그 일에 임하는 자세가 바르지 못하면 성공할 수 없을 것이다.

이런 자세는 기업인에게만 필요한 것이 아니라 교회의 장로에게도 요구된다. 그러면 자세란 무엇인가? 자세는 몸과 마음과 행동에 대한 바른 모양과 올바른 태도이다. 그러면 장로가 장로직을 감당할 수 있는 가장 능률적이며 효과적인 자세는 무엇인가?

1) 헌신의 바른 자세가 되어야 한다.

장로는 장로직을 위하여 몸과 마음과 생활을 바친 자이다. 바울은 "너희 몸을 하나님이 기뻐하시는 거룩한 산 제물로 드리라"(롬 12:1) 하였으니, 장로는 하나님께 드리는 제물 같은 자가 되어야 한다.

헌신의 바른 자세를 위해 몇 가지 유의할 점이 있다.

(1) 배우는 자세가 되어야 한다.

장로의 좋은 자세는 배우면서 일하는 데 있다. 장로직을 맡기 전에 장로직을 위한 충분한 지식을 습득해야 하지만, 그 자신이 하고 있는 일의 더 좋은 발전을 위해 많이 배우고 계속 배워야 한다.

장로직을 잘 감당하려면, 그 직의 의미와 책임이 무엇인가를 배워야 한다. 잘 알고 헌신하면 일에 기쁨도 있고 능률도 오르지만, 모르고 헌신하려면 자신도 괴롭고 다른 이가 보기에도 민망해진다.

배움에는 끝이 없다. 계속적으로 발전하고 존경받는 장로가 되려면 계속 배워야 한다. 예수님은 "나의 멍에를 메고 내게 배우라"고 하셨다(마 11:29). 여기서 배운다는 것은 지식 습득만이 아니라 도덕적 수양까지를 의미하는 것이다.

(2) 더불어 일하는 자세가 되어야 한다.

장로교 정치에 "장로는 목사와 협력하여 행정과 권징을 한다"라고 기록되어 있다. 장로의 직무는 교회의 행정과 권징으로, 그 직무는 장로 혼자서 할 수 있는 일이 아니라 목사와 더불어 하는 것이다.

장로는 결코 목사와 대결하거나 투쟁하기 위해 마련된 제도가 아니라 협력하기 위한 제도이다. 성경에 나타난 천사들의 노래나 장로들의 노래에는 독창이 없다. 길건 짧건 모두 더불어 부르는 합창뿐이다. 하나님을 찬양할 때는 천군천사가 더불어 찬양해도 부족한 것뿐이다. 더불어 일하는 장로가 기다려진다.

헌신하는 장로직은 배타적이거나, 독선적이거나, 분파적인 심성을 버리고, 목사와 더불어 교인들과 함께 일하는 자세가 되어야 한다.

(3) 종의 자세가 되어야 한다.

종은 아침부터 목장에서 종일 일하고 저녁에 돌아와서 주인의 식사를 위해 시중을 들고서도 "저희는 보잘것없는 종입니다. 그저 해야 할 일을 했을 따름입니다"(눅 17:10)라는 한마디로 일과를 마무리하는 종의 자세가 되어야 한다.

그런데 오늘날의 교회에는 논공행상을 바라고, 마르다처럼 불평하거나(눅 10:40), 품삯을 항의하듯(마 20:21-22) 대우하지 않는다고 항의하는 제직들도 있다. 그러나 예수님의 일행을 위해 유월절 잔치를 준비해드리면서도 이름을 밝히지 않은 사람처럼(마 26:18), 묵묵히 이름도 없이 빛도 없이 헌신하는 장로가 없는 것은 아니다.

2) 봉사의 바른 자세가 되어야 한다.

장로직은 지배하거나 명령하는 직이 아니라, 봉사하는 직분이다. 봉사란 다른 이를 섬기는 일이요, 다른 사람을 기쁘게 해드리는 일이다.

장로가 봉사하려면 자기의 희생과 고통이 따르기 마련이다. 봉사란 칭찬이나 명예나 대접을 기대하지 않는 일이다.

장로가 봉사를 잘하려면 몇 가지 유의할 점이 있다.

(1) 발을 씻기는 자세가 되어야 한다.

요한복음 13장에는 스승이신 예수께서 제자들의 발을 씻어주는 광경이 잘 묘사되어 있다. 세상에는 낮은 이가 높은 이를 위해 봉사하고, 가난한 자가 부자를 섬기는 일이 당연하다. 그러나 장로는 스승이 제자의 발을 씻기는 자세의 봉사자가 되어야 한다.

어떻게 이런 일이 있을 수 있는가? 스승이신 예수께서 제자들을 극진히 사랑하셨기 때문에 제자들의 발을 씻기신 것이다. 발을 씻기는 뜻도 몰랐던 베드로의 발도, 스승을 잡아 죽이려는 음모를 꾸미고 있던 가룟 유다의 발까지도 예수님은 씻기셨다.

교회는 높은 이가 낮은 이를 위해 봉사하고, 부자가 가난한 자를 위해 섬기고, 유식한 자가 무식한 자를 위해 일하는 장소이다. 그러므로 장로도 교인들을 섬기는 일을 하라고 선택된 것을 명심해야 한다. 봉사의 직무를 감당하려면 무엇보다 교회와 교인을 극진히 사랑하는 마음이 앞서야 한다.

(2) 기꺼이 일하는 자세가 되어야 한다.

베드로는 장로들에게 "하나님의 양 무리를 치되 억지로 하지 말고 기꺼이 하라"고 권면하였다.

어떤 일이든지 억지로 하면 자신도 괴롭고 일도 잘 안 되지만, 기꺼이 일하면 자신도 즐겁고 일의 성과도 있다. 공부하기를 싫어하는 학생이나, 마지못해 일하는 일꾼에게서 어떤 자세로 일해야 될 것인가를 깨닫게 된다. 노래를 부르고 싶어서 부르는 가수, 운동하기 좋아서 운동하는 선수처럼, 장로는 교회를 위한 봉사가 좋아서 즐겁게 일을 해야 하지 않겠는가?

삯을 받고 일하는 일꾼은 품삯 때문에 억지로 일하지만, 장로는 자진해서 기쁜 마음으로 기꺼이 일하는 봉사자가 되어야 한다.

베드로 당시 장로 중에는 더러운 이득(利得)을 위하여 일하는 자도 있었던 것 같다. 지금도 자기의 명예나 지위나 이익을 위해 일하는 자가 있을 수 있으나, 참된 장로는 즐거운 마음, 즉 마음에서부터 우러나오는 소명감에서 일하는 장로여야 한다. "하나님은 즐겨 내는 자를 사랑하시느니라"(고후 9:7)는 말씀은 헌금자만을 위한 교훈이 아니라, 하나님을 위한 모든 봉사자들에게 주시는 축복의 말씀이다.

(3) 옥합을 깨뜨리는 자세가 되어야 한다.

봉사하는 장로의 자세는 옥합을 깨뜨려서 나드 기름을 주님께 부어드리고 자기 머리털로 그의 발을 닦아 온 집안에 향유 냄새가 가득하게 한 마리아의 자세가 되어야 한다(요 12:1-8). 향유 냄새가 집안 가득하게 된 것은 옥합을 깨뜨리는 희생과 머리털로 그의 발을 닦아드리는 봉사가 있었기 때문이다. 장로의 향기가 교회 안팎으로 퍼지려면 자기의 몸을 쳐서 복종하게 하는 희생과 교인을 섬기는 생활이 있어야 한다.

어느 교회에 존경받는 장로가 있다. 그는 대학교수로서 정년퇴임 때까지 평일에는 대학에서, 주일이면 교회에서 봉사하는 동안 다른 곳에는 한 번도 가본 일이 없었다고 한다. 장로직을 감당하기 위해 한 주일도 교회를 떠날 수 없었다고 하니 그 향내가 교회 가득히 퍼져서 존경을 받는 것이다.

3) 모범의 바른 자세가 되어야 한다.

베드로는 장로들에게 "주장하는 자세를 하지 말고 양 무리의 본이 되라"(벧전 5:3)고 권면하였다. 장로는 교회의 형편을 살피며, 교인들이 교리를 오해하거나 도덕적으로 부패하지 않도록 권면하여야 할 자이므로 교인들로부터 존경을 받아야 한다.

(1) 교인들에게 사표(師表)가 되어야 한다.

수직적으로 하나님을 섬기고, 수평적으로 교인들을 봉사해야 하는 장로직은 인간의 지식이나 힘만으로는 감당할 수 없다. 그러므로 장로직은 성령의 도우심을 받아야 감당할 수 있다.

장로가 교인들로부터 지탄을 받으면 장로직을 감당할 수 없다. 그러므로 장로는 교인의 의무인 예배출석과 헌금과 교회치리의 복종과 아울러 신앙과 생활 그리고 인격 면에 있어서 언제나 교인의 모범이 되어야 한다.

(2) 가정에서 모범이 되어야 한다.

장로는 먼저 한 사람의 가정인이므로 모범적이기를 성경은 요구하고 있다. 그러므로 정상적인 결혼생활로부터 시작하여 부모에게 효도하고, 형제간에 우애하고, 자녀들로 모든 공손함으로 복종하게 하는 자라야 한다. 자기 가정도 다스릴 줄 모르는 사람이 어떻게 하나님의 교회를 돌볼 수 있겠느냐(딤전 3:5)라고 바울은 경고하였다.

(3) 교회 밖의 사람에게도 좋은 평을 받는 자이어야 한다.

교회는 세상 속에 있는 하나님의 집이기 때문에, 특히 장로는 교회의 장로이기 전에 사회 속에서 칭찬받는 장로가 되어야 한다. 그러므로 장로는 자제력과 신중성이 있어야 하고, 난폭하지 않고 온순하며, 남과 다투지 말아야 한다고 성경은 가르치고 있다. 그리고 돈에 욕심이 없어야 한다. 금전관계에서 명예가 좌우되고 있다. 교회의 권위와 장로의 명예를 위해서 장로들이 재정에 관해 시비를 듣지 않기를 바란다. 장로가 그의 직장이나 지역사회로부터 칭찬을 들을 때 교회 발전에 큰 도움이 된다. 그렇지 못할 때는 교회에 피해가 너무나 크다.

장로직은 영광스러운 직임임에는 틀림이 없다. 그러므로 장로직을 잘 감당하기 위하여 사람을 대할 때 겸손함과 진실과 덕망으로 교인들을 지도하는 장로가 된다면 장로직의 고귀성이 더욱 빛나게 될 것이다.

6. 장로와 헌금

"너희가 모든 일에 넉넉하여 너그럽게 연보를 함은 그들이 우리로 말미암아 하나님께 감사하게 하는 것이라 이 봉사의 직무가 성도들의 부족한 것을 보충할 뿐 아니라 사람들이 하나님께 드리는 많은 감사로 말미암아 넘쳤느니라 이 직무로 증거를 삼아 너희가 그리스도의 복음을 진실히 믿고 복종하는 것과 그들과 모든 사람을 섬기는 너희의 후한 연보로 말미암아 하나님께 영광을 돌리고 또 그들이 너희를 위하여 간구하며 하나님이 너희에게 주신 지극한 은혜로 말미암아 너희를 사모하느니라 말할 수 없는 그의 은사로 말미암아 하나님께 감사하노라"(고후 9: 11-15).

장로는 교인의 대표자이기 때문에 언제나 교인들의 사표(師表)가 되어야 하고 모든 일에 솔선수범해야 되겠지만, 특히 교회를 섬기는 하나님의 백성으로서 최저한도의 십일조 헌금에 대해선 그 교리를 확실히 알아야 하고, 이 헌금에 대해서만은 목사가 권하기보다 장로의 직무에서 언급한대로 개인 심방을 하여 장로가 교인들을 가르치는 것이 더 효과가 크리라고 생각한다. 그래서 장로와 헌금(십일조)에 대해 언급하고자 한다.

크고 작은 무슨 단체이든 간에 그것을 운영하려면 법과 재정, 이 둘은 필수조건으로 병행되어야 하는 것이다. 법은 질서유지와 잡음을 없애기 위해서 필요하고, 재정은 인건비, 사무비, 교제비, 교통비, 기타 잡비 등 그 운영의 구체적인 지불이 따라야 하므로 필요한 것이다. 마치 법이 자전거의 앞바퀴라면 재정은 뒷바퀴와 같은 것이라 하겠다. 앞바퀴와 뒷바퀴가 같이 움직여야 자전거가 앞으로 나아갈 수 있는 것같이, 공동체 운영에는 반드시 법과 재정이 있어야 되는 것이다.

이와 같이 그리스도의 교회가 비록 영적인 보이지 않는 면을 중요시하긴 하지만, 역시 땅 위에 있는 동안은 보이는 유형적인 교회를 가지고 있으므로 이것을 육성 발전시키려면 교회 운영의 이 원리를 적용하지 않을 수 없을 것이다.

이것을 기독교적인 용어로 바꾼다면 법은 성경을 말하고, 재정은 헌금을 말하는 것이다. 그러므로 말씀이 충실하고 헌금이 풍성해야 안과 밖으로 교회로서의 면모를 갖출 수 있다는 것은 아무도 부인할 수 없을 것이다.

아이를 잘 먹여야 튼튼히 자라서 공부도 잘하고 사회 각 분야에 필요한 인재가 되는 것처럼, 교회는 목사가 하나님의 법인 말씀에 붙잡혀 맛있게 요리하여 교인들에게 영적 영양가를 충분히 공급해줘야 하고, 또한 말씀에 은혜 받은 성도들이 힘껏 헌금을 해야 교회가 윤택하게 자랄 수 있을 것이며, 사회적인 존재 가치도 드러날 것이고, 하나님께 영광이 돌아가게 되는 것이다.

오늘날 이 땅에 교회가 곳곳에 서는 것은 매우 기쁜 일이지만, 그 개척한 교회가 자라지 않고 건물도 초라하고 교역자와 교인이 가난에 지쳐 맥없이 지난다고 한다면 공연히 불신자들 앞에 범죄한 것처럼 부끄러워지는 것이다. 그러므로 교회는 말씀의 은혜와 재정의 복이 함께 해야 하는 것이다. 우리가 경험한 대로 아무리 좋은 계획과 예산을 세웠더라도 말씀의 은혜가 없으면 헌금을 잘 바치지 아니하므로 시험에 들고 마는 것이다.

구약시대 여호와 종교의 골자는 멀리 그리스도를 바라보고 흠 없는 양과 소와 비둘기를 죽여 그 피를 제단에 뿌리며, 고기를 불태워 바치는 각종 희생의 제물이었다. 그리고 이 제사를 집행하는 제사장들과 수종드는 레위 사람들은 형제인 열한 지파가 바치는 십일조로 말미암아 성전봉사를 전무하게 했다. 이것이 원만히 실행되는 동안은 하나님이 기뻐하사 복을 내리시므로 이스라엘이 왕성하고 형통했었다. 그러나 십일조 바치는 것을 등한히 하였을 때, 제사장들과 레위 사람들이 생활문제 해결을 위해 부득이 성전을 떠나게 됨으로 말미암아 일시적이긴 하지만 여호와 종교가 쇠퇴한 적이 있었다.

느헤미야 13장 10절에 보면 "레위 사람들이 받을 몫을 주지 아니하였으므로 그 직무를 행하는 레위 사람들과 노래하는 자들이 각각 자기 밭으로 도망"하였다고 하였다. 이로 말미암아 여호와의 징계를 받아 안으로는 신앙과 생활의 타락이 왔고, 밖으로는 외적의 침입으로 말미암아 귀중한 생명과 막대한 재산을 잃게 되었으며, 많은 인재들이 이방나라의 포로가 되는 비참한 결과를 초래하고 말았다.

바울 사도는 교회봉사에 대해 언급하기를, 구약시대와 신약시대는 비록 양식은 다르지만 원칙적으로 이 제도가 신약시대에도 적용이 된다고 고린도전서 9장 13-14절에서 밝히고 있다. 곧 "성전의 일을 하는 이들은 성전에서 나는 것을 먹으며 제단에서 섬기는 이들은 제단과 함께 나누는 것을 너희가 알지 못하느냐(곧 십일조와 헌금) 이와 같이 주께서도 복음 전하는 자들이 복음으로 말미암아 살리라 명하셨느니라"고 하였다. 그러므로 여호와의 교회가 왕성하려면 교회가 십일조 이행을 철저히 하여 교역자의 생활보장을 해주어야 되는 것이다. 오늘날 교인들이 인색하여 십일조를 잘하지 아니하므로 교역자들이 어려워서 딴 길로 가기도 하고, 또한 기진맥진한 교역자가 많아 교회가 홍역을 치루는 예가 적지 않다.

또한 헌금이 쓰여야 할 중요한 곳은 선교라는 큰 작업장이다. 이 공사는 지상의 어떠한 큰 공사보다도 더욱 중요하고, 보람 있고, 급하다. 이 공사는 끝이 없으며 준공이 없다. 예수님이 이 땅에 오실 때까지 우리는 모두 기술자가 되어야 하며, 노동자가 되어야 하는 것이다. 어느 공사든지 막대한 돈이 들게 마련이지만, 특히 우리가 진행하는 이 선교의 공사는 무제한의 재정을 필요로 한다. 이 많은 재정은 차관을 얻어 오는 것도 아니요, 은행에서 빌리는 것도 아니요, 다만 주의 부름을 받고 사명을 가진 성도들이 감당해야 하는 것이다.

전쟁터에서 소대장이 적진 속을 먼저 뛰어들면서 부하들을 이끌어 모범을 보이듯이, 이 벅차고 거대하고 영광된 복음전파사업을 그 누가 앞에서 지휘하고 이끌고 모범을 보여야할 것인가? 많이만 내라는 이야기가 아니다. 언제, 어떻게, 왜 내야 할 것인지에 본과 규범과 절도를 가지라는 말이다. 그것은 곧 주님이 기뻐하시는 방법대로 하라는 것이다.

흔히 생각하기를 십일조만 하나님의 것으로 오해하기 쉽다. 그러나 고린도전서 4장 7절에 보면 "네게 있는 것 중에 받지 아니한 것이 무엇이냐"라고 했으니, 모든 것이 다 주의 것이다. 그러므로 십일조를 구별하여 바치는 것은 받은 모든 것이 하나님의 것임을 고백하는 신앙적 표현에 불과한 것이다. 첫 은혜 받은 야곱이 자기의 신앙고백을 십일조 하는 것으로 표현하지 않았는가? 창세기 28장 22절에 "하나님께서 내게 주신 모든 것에서 십분의 일을 내가 반드시 하나님께 드리겠나이다"라고 하였다.

따라서 장로는 권위로 직무 수행을 하는 것이 아니고 스스로 본을 보이되, 헌신하는 것과 아울러 헌금에 있어서도 교인들을 바로 가르치고 바로 이끌어야 할 것이다. 무엇보다 성경이 보장하는 복이 십일조를 드리는 장로에게서 증거로 드러나서 하나님께 영광을 돌려야 하는 것이다.

7. 여호와께서 싫어하는 사람

> "여호와께서 미워하시는 것 곧 그의 마음에 싫어하시는 것이 예닐곱 가지이니 곧 교만한 눈과 거짓된 혀와 무죄한 자의 피를 흘리는 손과 악한 계교를 꾀하는 마음과 빨리 악으로 달려가는 발과 거짓을 말하는 망령된 증인과 및 형제 사이를 이간하는 자이니라"(잠 6:16-19).

예수 그리스도로 말미암아 죄악에서 구속받은 우리는 다함께 하나님의 자녀가 되었다. 그러므로 하나님께서 좋아하시는 것은 나도 좋아해야 하고, 하나님께서 싫어하시는 것은 나도 싫어해야 한다. 더욱이 교인의 사표(師表)가 되는 장로야 말할 것이 있겠는가?

하나님은 여기 본문에 나오는 죄악들만 미워하시는 것이 아니라, 다른 죄악들도 미워하시는 분이시다. 그러나 주님은 여기의 죄악들을 더욱 미워하시기 때문에 "여호와께서 미워하시는 것, 곧 그의 마음에 싫어하시는 것"이라고 거듭 말하는 것이다. 주님은 이 죄악들을 미워하실 뿐 아니라 그 마음속에서부터 그것들을 싫어하신다. 그것은 하나님이 본질적으로 이 죄악들과는 정반대가 되시기 때문이다.

신자는 특별히 하나님께서 미워하시는 죄악들을 중심에서부터 미워해야만 하나님과 사귈 수 있다. 왜냐하면 주님은 죄악을 미워하는 자와 함께 해 주시기 때문이다. 그러므로 시편 5편 4절에 말씀하시기를 "주는 죄악을 기뻐하는 신이 아니시니 악이 주와 함께 머물지 못하며"라고 했다.

그러면 여호와께서 미워하고 싫어하시는 것이 무엇인가?

(1) 교만한 눈이다.

하나님이 가장 미워하시는 대상은 타락한 천사, 곧 마귀이다. 마귀가 교만하였기 때문에 천계(天界)에서 쫓겨났다. 교만은 마귀가 하나님을 거역한 행동이기 때문에 가장 미워하시는 것이다.

교만의 죄란 어떤 것인지를 구체적으로, 유다서 1장 6절에서 살펴본다면 "자기 지위를 지키지 아니하고 자기 처소를 떠난 천사들을 큰 날의 심판까지 영원한 결박으로 흑암에 가두셨으며"라고 했으니, 교만은 자기 위치를 지키지 아니하고 분수에 넘치게 행동하는 것을 말한다.

타락한 천사, 곧 마귀는 하나님과 같이 되려다가 쫓겨났으며, 아담과 하와도 하나님과 같이 된다는 유혹을 받아 선악과를 먹음으로 에덴에서 쫓겨난 것이다. 그러므로 하나님께서 범죄한 아담을 찾으실 때 "아담아 네가 어디 있느냐"라고 하셨다(창 3:9). 곧 "아담아 인생아, 네가 선 위치가 어디냐"란 의미이다. 다시 말하면 왜 위치를 지키지 아니하고 하나님과 같이 되려고 범죄했느냐라는 뜻이다.

사울 왕은 제사장 사무엘만이 할 수 있는 일을 월권하려 하다가 왕의 나라가 길지 못하리라는 선고를 받았으며(삼상 13:8-14, 10:8), 웃시야 왕도 제사장만이 할 수 있는 일을 분수 넘게 하려다가 나병이 발하여 성전과 왕궁에서 쫓겨나고 말았다(대하 26:16-23).

베드로전서 5장 5절에 "젊은 자들아 이와 같이 장로들에게 순종하고 다 서로 겸손으로 허리를 동이라 하나님은 교만한 자를 대적하시되 겸손한 자들에게는 은혜를 주시느니라"고 했다. 이 말씀은 기름부음 받은 종들, 곧 설교와 치리를 겸한 장로인 목사와 치리만 하는 장로들에게 대해서 젊은이들이 자기 위치를 지키지 아니하고 교만하게 되면 하나님이 너희들을 가만히 두지 않고 반드시 대적하고야 말겠다는 경고이다. 또한 시편 105편 15절에는 "나의 기름 부은 자를 손대지 말며 나의 선지자들을 해하지 말라"고 했다.

따라서 교만은 흔히 자만하는 것과 남을 멸시하는 정도로 생각하기 쉽지만, 주께서 미워하는 교만은 마귀적인 교만이니, 곧 하나님에게 대항하는 것과 그가 세우신 종들을 무시하고 대적하는 행동인 것임을 잊지 말아야겠다.

(2) 거짓된 혀와 거짓을 말하는 망령된 증인이다.

두 번이나 '거짓'을 말씀하신 것을 보아 '거짓'을 얼마나 미워하고 싫어하시는가를 알 수 있다. 합하면 여섯 가지이고, 나누면 일곱 가지가 되기 때문에 "여호와께서 미워하시는 것 곧 그의 마음에 싫어하시는 것이 예닐곱 가지이니"라고 말한 것이다.

여기서 말하는 거짓은 흔히 말하는 거짓의 의미와 다르다. 이것은 진리이신 주님을 믿지 못하도록 하는 마귀적인 거짓이기 때문에 미워하시는 것이다. 그러므로 주님은 끝끝내 자신을 믿지 않고 대항하는 바리새인과 서기관들에게 "너희는 너희 아비 마귀에게서 났으니 너희 아비의 욕심대로 너희도 행하고자 하느니라 그는 처음부터 살인한 자요 진리가 그 속에 없으므로 진리에 서지 못하고 거짓을 말할 때마다 제 것으로 말하나니 이는 그가 거짓말쟁이요 거짓의 아비가 되었음이라"(요 8:44)라고 하셨던 것이다.

이 거짓의 아비인 마귀는 아담과 하와에게 나타나 거짓으로 유혹하여 선악과를 먹게 하므로 하나님과 맺은 행위계약, 즉 선악과를 먹지 말라는 계명을 지키면 나중에 생명과를 먹고 영생하리라는 이 복을 스스로 파기하도록 만들고 말았다(창 2:15, 17, 3:1-6).

그 후 하나님은 하나님 편에서 자비를 베풀어 누구든지 독생자 예수 그리스도의 십자가와 부활을 믿는 자는 영생을 주겠다고 은혜계약을 허락하셨다(롬 3:20-22). 그러나 마귀는 이 일에도 인간을 거짓으로 속여 믿지 못하도록 지금도 노력하고 있는 것이다. 누가복음 8장 12절에 "마귀가 가서 그들이 믿어 구원을 얻지 못하게 하려고 말씀을 그 마음에서 빼앗는 것이요"라고 했다. 사도 요한은 요한일서 2장 22절에 밝히기를 "거짓말하는 자가 누구냐 예수께서 그리스도이심을 부인하는 자가 아니냐"라고 했다.

한마디로 말하면, 예수님이 인성과 신성을 가지신 구주이심을 부인하는 것이 거짓말하는 자라는 것이다. 그러므로 아이들에게 "거짓말하면 지옥 간다!"라는 말을 하는 그 자신이 거짓말쟁이인 것이다. 물론 거짓말하는 것은 죄이지만 구원 문제에 결부시키는 거짓말은 그리스도를 믿지 않는 것을 말하는 것이다. 그러므로 진리이신 그리스도를 믿는 자가 주를 기쁘시게 하는 자요, 그리스도를 믿지 않는 자는 거짓말하는 자로서 주께서 미워할 자인 것이다. 그러므로 믿음 없는 장로가 거짓말하는 장로라는 것이다.

(3) 무죄한 자의 피를 흘리는 손이다.

이것도 마귀적인 죄악이기 때문에 주께서 미워하고 싫어하는 것이다. 역시 요한복음 8장 44절에 "너희는 너희 아비 마귀에게서 났으니 너희 아비의 욕심대로 너희도 행하고자 하느니라 그는 처음부터 살인한 자요"라고 했다.

그러므로 사탄이 가룟 유다 속에 들어가 죄 없는 예수님을 은 삼십에 팔아 넘겨 십자가에 피 흘리게 하지 않았던가! 주께서 탄식하며 말씀하시기를 "그 사람은 차라리 태어나지 아니하였더라면 제게 좋을 뻔하였느니라"(마 26:24)라고 하셨다. 이는 그가 나중에 목매어 죽으므로 후대인들에게 오명(汚名)을 남기게 되는 것을 두고 하는 말이 아니라, 영원한 지옥의 형벌 받을 것을 아시고 하시는 말씀인 것이다.

물론 사죄 받은 신자를 박해하여 죽이는 것도 말한다. 그것은 주께서 보실 때 그리스도의 공로로 의롭다함이 된 신자를 무죄자로 간주하시기 때문이다. 그러므로 예수를 구주로 믿는 자를 죽이는 것은 바로 여기에 해당하는 것이다.

마태복음 23장 35절은 밝히기를 "그러므로 의인 아벨의 피로부터 성전과 제단 사이에서 너희가 죽인 바라갸의 아들 사가랴의 피까지 땅 위에서 흘린 의로운 피가 다 너희에게 돌아가리라"고 했다.

(4) 악한 계교(計巧)를 꾀하는 마음이다.

이것도 연약하여 범죄하는 따위의 성질의 것이 아니다. 계획적인 범죄, 곧 마귀적인 죄악이기 때문에 여호와께서 미워하고 싫어하시는 것이다.

에덴동산에 있던 아담과 하와를 유혹한 마귀는 계획적이었다. 연약한 여자만 있을 때에 시험했으며, 행복에 젖은 그에게 불만을 일으켜 불평을 말하니 그것을 교묘하게 유도하여 먹어도 죽지 않는다고 속여 범죄하게 했던 것이다. 창세기 3장 1절에 "뱀은 여호와 하나님이 지으신 들짐승 중에 가장 간교하니라"고 했다. 이는 뱀 자체가 그렇다는 말이 아니라 뱀의 배후 조종자 마귀를 두고 하는 말이다.

마지막 아담이신 주님께서 광야에서 시험 받으실 때도 마귀의 계획임을 알 수 있다. 예수님이 주린 틈을 타서 돌을 떡이 되게 하라고 했으나 하나님의 말씀으로 산다고 하셨고, 발이 돌에 부딪치지 않을 터이니 성전 꼭대기에서 뛰어내리라고 했을 때도 예수님이 하나님을 시험하지 말라고 하셨으며, 그러면 내게 엎드려 경배하면 만국의 영광을 다 주겠다고 시험했던 것이다. 다시 말하면 마귀는 경제적 시험이 안 되면 종교적인 것으로, 그것도 안 되면 정치적으로 교묘하게 예수님을 시험한 것이다.

이 마귀가 가룟 유다 속에 들어가니 그도 계획적으로 악당들과 짜서 주를 잡아주는 범죄를 저지르고 말았던 것이다. 그러므로 주께서 너는 차라리 태어나지 않았더라면 좋을 뻔했다고 말씀하신 것이다. 시편 1편 1절에 "복 있는 사람은 악인들의 꾀를 따르지 아니하며 죄인들의 길에 서지 아니하며, 오만한 자들의 자리에 앉지 아니하고"라고 하였다.

(5) 빨리 악으로 달려가는 발이다.

이것도 마귀적인 죄악을 의미한다. 마귀는 악의 근원자요, 조작자요, 집행자이기 때문에 악에 대해서는 대단한 열성을 갖고 있다. 그러므로 영안이 밝은 베드로 사도는 마귀에 대하여 우리에게 경고하기를 "근신하라 깨어라 너희 대적 마귀가 우는 사자 같이 두루 다니며 삼킬 자를 찾나니 너희는 믿음을 굳건하게 하여 그를 대적하라"(벧전 5:8-9)고

했고, 마태는 마귀의 앞잡이인 "거짓 그리스도들과 거짓 선지자들이 일어나 큰 표적과 기사를 보여 할 수만 있으면 택하신 자들도 미혹하리라"(마 24:24)고 했다. 이 마귀에 속한 자는 악을 대담하게 행하는 것이 그 특징이다. 전도서 8장 11절에 "악한 일에 관한 징벌이 속히 실행되지 아니하므로 인생들이 악을 행하는 데에 마음이 담대하도다"라고 했다.

그러면 왜 이렇게 악에 열심이며 담대한가? 그것은 그들의 마음속에 하나님이 없기 때문이다(시 14:1). 따라서 그들은 하나님을 섬기는 자들을 박해하기를 시편 14편 4절과 같이 "떡 먹듯이 내 백성을 먹으면서"라고 했다.

물론 신자들도 별 수 없다. 부지중에 또는 연약하여 죄를 짓기도 한다. 그러나 다른 점은 불신자처럼 담대하지는 못하다는 것이다. 하나님의 생명의 씨가 그 속에 있기 때문에 죄를 짓고는 견딜 수 없는 것이다. 마치 먹지 못할 것을 삼킨 것처럼 갑갑하여 살 수 없는 것이다. 그래서 마침내는 회개하고야 마는 것이다. 이것이 불신자와 신자의 차이점이다. 우리는 악을 어떤 모양이라도 버리는 순진한 자가 되어야 한다(살전 5:22).

(6) 형제 사이를 이간하는 자이다.

우리는 그리스도 안에서 부모요, 형제요, 자매가 되었다(마 12:46-50). 그래서 주님은 우리의 모임을 아름답게 보시는 것이다. 시편 133편 1절에 "형제가 연합하여 동거함이 어찌 그리 선하고 아름다운고"라고 했다. 하나님은 신자의 공동체인 교회를 아름답게 보실 뿐 아니라 그 가운데 친히 함께 하시는 것이다. 그러므로 마태복음 18장 20절에 "두 세 사람이 내 이름으로 모인 곳에는 나도 그들 중에 있느니라"고 했다. 그러므로 하나님의 원수요, 우리의 원수인 마귀는 이 교회를 파괴하려고 백방으로 노력하는 것이다. 때로는 권력자를 통하여 박해하며, 때로는 지식자를 통하여 회의를 일으키게 하며, 때로는 안에서 말씀과 다툼을 일으켜 파괴하려고 하는 것이다.

특히 한국교회는 말썽이 많아서 교역자의 이동이 심함으로 교회가 질적으로 자라지를 못하는 예가 적지 않다.

레위기 19장 16절은 경고하기를 "너는 네 백성 중에 돌아다니며 사람을 비방하지 말며 네 이웃의 피를 흘려 이익을 도모하지 말라 나는 여호와이니라"고 했고, 잠언 16장 28절은 "말쟁이는 친한 벗을 이간하느니라"고 했고, 26장 20절은 "나무가 다하면 불이 꺼지고 말쟁이가 없어지면 다툼이 쉬느니라"고 했다. 특히 갈라디아서 5장 15절은 "만일 서로 물고 먹으면 피차 멸망할까 조심하라"고 했다.

교회는 화평을 이루는 사람이 반드시 필요하다. 불화를 일으키는 자는 어떠한 이유에서건 주님이 싫어하시는 자이다. 간혹 불화를 일으키고도 정당화할 수 있는 구실을 찾고, 또 만들어내지만, 주님 앞에서는 결코 용납되지 않는다. 장로는 반드시 교회의 화평을 힘쓰는 자리에 서야 한다.

제2편

장로의 직무

1. 교회정치

정치(政治)라면 혐오증을 느끼는 사람들이 그리스도인 중에 있어서, 교회정치에 종사하는 자체를 신앙인으로서 옳지 못한 것으로 보는 풍조가 간혹 있다.

본래 종교인에게는 구도자(求道者)적인 면과 관리자(管理者)적인 면의 두 가지 특성이 요청되지만, 종교인으로서 평가할 때는 구도자적인 면을 더욱 중시하게 된다. 그러나 기독교의 신앙생활은 언제나 교회라는 테두리 안에서 공동체적으로 영위되는 것을 본질로 하기 때문에, 교회가 지상에서 하나의 제도적 조직으로 있는 한 올바른 의미에서 정치는 피할 수 없으며, 성경에서도 그것을 요구하고 있다. 교회정치에 있어서 혼란의 참 원인은 교회 스스로가 교회정치에 관해서 명확한 이념을 가지지 못한 데 있는 것이다.

교회정치의 이념이란, 교회정치에 대한 성경의 교리이지, 교회정치 운영의 기술은 아니다. 교회정치의 기술에 숙달하는 것은 바른 교회정치를 위해서 필요하지만, 교회정치의 교리가 확립되지 않은 기술 편중은 기독교 세속화의 온상이 되기 쉽다. 교회정치가 교회관리 기술과 혼동되어온 것은 불행한 일이다. 교회가 어떠한 정치형태를 취할 것인가 하는 것도 성경에서 결정하는 것이 옳다.

1) 교회정치의 규범인 성경

교회정치의 규범인 성경에 관해서는 웨스트민스터 신앙고백 제1장 6항에 분명하게 보여주고 있다.

> "하나님 자신의 영광과 인간의 구원과 믿음과 생에 필요한 모든 것에 관하여 하나님이 가지시는 모든 계획은 성경 안에 분명히 나타나 있거나, 그렇

> 지 않으면 좋고 필요한 구절로써 성경에서 찾아낼 수 있다. 이 성경에 대하여는 어느 때를 막론하고 성령의 새로운 계시로나 인간의 전통으로써도 더 첨가할 수 없다(딤후 3:15-17; 갈 1:8-9; 살후 2:2). 그리고 우리는 또한 하나님의 영의 내적 비침이 말씀 안에 계시된 그것을 이해하는 데 필요하다는 것을 인정한다. 그와 동시에 하나님을 예배하는 데는 여러 가지 형식이 있으며, 교회정치나 인간의 행동과 사회에도 여러 가지 종류가 있다는 것도 인정한다. 이와 같은 예배와 교회정치는 언제든지 지켜야 할 그 말씀의 일반적 규칙에 따라서 자연의 도리와 신자의 사려분별을 통해서 조직되어야 한다."(고전 11:13-14, 14:26, 40), [웨스트민스터 신앙고백 제1장 6항]

그러나 교회정치가 그 구체적 세목에 이르기까지 성경에 의해서 분명하게 규정되어 있다고는 주장할 수 없다. 성경은 신앙과 생활의 완전한 규범으로 성경의 말씀에 분명하게 가르쳐 놓았든지, 또는 필연적으로 연역되는 것 이외에는 어느 것도 우리를 속박하지는 못한다. 그러나 하나님께 대한 예배와 교회정치의 어떤 사정에 관해서는, 성령에 이끌려서 말씀의 원칙을 가변적(可變的) 상황에 적용하는 신앙적 이성의 기능을 인정하고 있다.

2) 교회의 구별

교회에는 두 가지 구별이 있다. 첫째는 유형교회(有形敎會)요, 둘째는 무형교회(無形敎會)이다. 무형교회의 교인은 하나님만 아시고, 유형교회는 온 세계에 흩어져 있는 교회로, 그 교인을 '그리스도인'이라 부르고, 성부, 성자, 성령 삼위일체 되신 하나님을 예배한다.

(1) 무형교회와 유형교회

① 무형교회

무형교회는 하나님이 선택한 하나님의 자녀들만의 영적 집회로, 즉 불가견적(不可見的) 교회이다. 보이지 않는 교회라는 것은 과거, 현재, 미래의 모든 시간에 걸쳐서 전 세계적으로 그리스도 아래에 모인 신자들의 단체를 말한다. 이것은 인간의 눈에는 감추어져 있어서 볼 수 없다. 이와 같이 무형교회는 교회 전체를 포괄하고 있을 뿐만 아니라, 현재라는 시점에서 지상에 존재하는 신자의 단체까지도 보이지 않는 교회라고 부를 수 있다. 그것은 현재 지상에 존재하지만 선택이란 점에서 여전히 인간의 눈에는 숨어 있기 때문이다.

② 유형교회

유형교회의 구성원은 주 예수 그리스도를 구주로 신앙고백 하는 계약의 자녀들이다. 성부 성자 성령의 삼위일체 되신 하나님을 믿노라고 신앙을 고백하는 자들이 모인 교회이므로, 가견적(可見的) 교회라고 한다. 무형교회 교인은 반드시 유형교회 안에 있고, 또한 거짓 고백의 가능성도 있기 때문에 유형교회에는 하나님의 선택을 받은 자와 선택과 상관없는 자가 함께 있을 수 있다.

보이는 교회의 회원이 되는 것이 구원의 필수조건이 되느냐에 대해 로마 가톨릭교회는 그렇다고 본다. 로마 가톨릭교회는 유형교회와 무형교회를 동일시한다. 그러나 성경에 의하면 구원 받는 것은 교회의 회원이 되는 것으로 되는 것이 아니라, 그리스도께 대한 믿음으로 되는 것이다. 그러므로 프로테스탄트에서는 보이는 교회의 회원이 아니라도 구원받을 가능성을 인정하지만, 교회원이라도 구원받지 못할 가능성도 긍정한다.

(2) 교회의 정치 형태

교회정치의 원리는 성경에서 정당하게, 또는 필연적으로 연역되었으나, 교회정치 형태는 여러 가지로 되어 있다. 교회정치 형태는 교회의 존재에 있어서 본질적인 것이 아니고, 교회 형성의 향상을 위해서 필요한 것이다.

교회정치의 모든 형태를 분명하게 구분하기는 곤란하다. 그 이유는 첫째, 교회정치는 어느 형태도 고정적인 것이 아니고 역사적으로 변하고 있기 때문이다. 둘째, 교회정치의 형태에 관한 주장은 국가와 교회에 관한 견해와 연결되어 있기 때문이다. 셋째, 현재 많은 교회가 모든 형태의 여러 가지 요소를 혼합한 방식을 취하고 있기 때문이다. 그러나 교회의 정치는 대략 다음과 같이 구분할 수 있다.

① 교황정치(教皇政治)

교황이 교회를 관리하는 정치로, 주로 로마 가톨릭교회와 희랍 정교회에서 쓰는 것인데, 교황이 전 세계 교회를 주관하는 정치이다. 교황은 교회의 교리와 예배와 통치를 결정하는 권능을 가지고 있다.

② 감독정치(監督政治)

이 정치는 감독이 교회를 감독(監督)하는 정치로, 감리교회와 영국감독교회가 쓰는 정치이다. 교인들은 감독이 사도 때부터 전래(傳來)하는 전권을 맡아 교회를 주관하는 줄로 알고 그 주관하는 정치에 복종한다.

③ 자유정치(自由政治)

이 정치는 다른 회의 관할과 치리를 받지 아니하고, 각 지교회가 자유로 행정하는 정치이다.

④ 조합정치(組合政治)

조합정치는 자유정치와 비슷하나, 다만 지교회의 대표로서 조직된 연합회가 있어서 피차 유익한 문제를 의논하는 정치이다. 그러나 그 회가 의논은 할 수 있으나 주관하는 권한은 없고, 모든 치리하는 일과 권징과 예식과 교리해석을 각 개교회가 자유로 하는 정치이다.

⑤ 장로회 정치(長老會政治)

이 정치는 지교회 교인들이 장로를 선택하여 당회를 조직하고, 그 당회로 치리권을 행사하게 하므로 주권이 교인들에게 있는 민주적 정치이다. 당회는 치리장로와 설교장로(목사)로 조직되어 지교회를 주관하고, 그 상회로 노회, 총회의 삼심제의 치리회가 있다. 이 모든 회가 각각 자기 구역 안에 있어서는 전권으로 일을 처리하나, 교인 중에 누구든지 압제를 받으면 상회에 소청할 수 있다.

장로회 정치는 루터의 종교개혁 이전부터 있었으며, 세 조목으로 되어 있다. 첫째, 각 교회 안에 장로 여러 명을 투표하여 세우는 것. 둘째, 목사들은 다 동등한 것. 셋째, 삼심제도의 치리회가 있다. 이 세 조목의 정책은 모세 때부터 있던 것이다(출 3:16, 18:25-26; 민 11:16).

장로회 정치는 영국의 웨스트민스터 헌법을 기본으로 하는 정치이다. 1572년 영국 런던 부근 완트셔윗이란 곳에서 노회가 시작하여, 1643년 런던 웨스트민스터 예배당에서 120명의 목사와 30명의 장로들이 모여 장로회 헌법을 초안하고, 영국 각 노회와 대회에 수의 가결한 후에 총회가 교회헌법으로 채용 공포하였다. 웨스트민스터 헌법에는 예배모범, 장로회신경, 소요리문답, 대요리문답, 교회정치 등이 있다.

대한예수교장로회 헌법도 1912년 총회가 조직된 후, 1917년 총회 때 웨스트민스터 헌법을 기초로 하여 수정 편찬한 것이다.

3) 교회의 권능(權能)

교회의 머리 되시는 그리스도는 교회를 영적으로 통치하신다. 그 통치는 말씀과 성령에 의해 하시지만, 그리스도는 사람들을 쓰셔서 교회를 통치하게끔 교회에 권위를 주셨다. 마태복음 16장 18-19절은 그리스도가 교회에 통치권을 주신 말씀이다. 18절의 '교회'와 19절의 '천국'은 같은 의미로서 베드로의 신앙고백에서는 보이는 교회를 가리키고 있다. '천국의 열쇠'란 이사야 22장 15-22절에 있는 것같이 권능의 상징이고, 집의 관리권을 의미하고 있다.

(1) 교회 권능의 소재

그리스도로부터 통치권의 위임을 받은 교회는 교회정치의 각 형태에 따라 교회 권능의 소재에 대한 견해를 달리하고 있다. 감독정치에서는 사도단(使徒團)의 후계자로서 사교단(司敎團)에게 교회통치 권능이 위임된 것이라 하고, 회중정치에서는 전 회중이 하는 것이라고 주장한다. 장로회 정치에서는 임원과 회중을 포함한 교회 전체에 교회통치 권능이 주어져 있다고 생각한다.

신약의 최초교회에서는 회중이 있기 전에 열두 사도가 임원으로 임명되었다. 그러나 임원선거에 있어서는 회중의 참여가 있어야 했다(행 1:15-26). 따라서 교회가 탄생될 때에는 임원과 회중이 다 포함되었다(행 6장).

최초 교회의 정치를 살펴보면, 임원인 사도들이 독단으로 할 것이 아니고 전 교인인 회중의 의견을 묻고 결정하였으니, 이것이 교회정치의 기초이다. 그러므로 회중은 선거를 통해 그들에게 주어진 교회의 통치권을 행사한다.

장로회 정치는 교회통치 권능이 치자(治者)인 임원과 피치자(被治者)인 회중 쌍방을 포함하는 교회 전체에 주어졌다. 따라서 장로회 정치는 어느 한 쪽을 주장하는 감독주의나 회중주의의 중간에 있어서 그리스도의 주권적 권능과 신도의 보편적 직무론을 보기 좋게 표명하고 있다.

예루살렘 회의에서도 교회통치의 회의는 사도와 장로에 의해서 구성되었으나(행 15:6), 그 회의 결정에는 사도와 장로와 온 교회가 가결하였다(행 15:22).

(2) 교회 권능의 성질

교회 권능이 영적이라는 사실은 성령적이라는 말이 된다. 이 권능은 하나님 안의 영에 의해서 주어지는 권능이요(행 20:28), 그리스도의 이름과 성령의 힘에서만 행사되어(요 20:22-23; 고전 5:4) 영의 사람인 신자에 대해서 행해지고(고전 5:12), 말씀과 성례라는 도덕적 방법으로 행사된다(고후 10:4).

선지자, 왕, 제사장이란 그리스도의 세 가지 직무적 기능에 따라 교회의 권능도 가르치는 권능, 다스리는 권능, 섬기는 권능으로 나눈다.

① 가르치는 권능

교회는 진리에 대한 사명이 있다. 교회 밖의 사람들에게 진리의 증인이 되고, 교회 안의 사람들에게 진리를 가르치고 증언할 의무가 교회에 있다. 또한 교회는 하나님의 말씀을 지키기 위하여 진리에 적대하는 사상으로부터 하나님의 말씀을 수호하며 충실하게 전파해야 한다(딤전 1:3-4).

교회의 사명은 하나님의 말씀을 설교하여 죄인을 회개시키며, 성도들을 그리스도의 분량에 이르도록 교육하는 것이다. 전도와 목회는 말씀을 설교하고 가르치는 것으로 수행하게 된다.

성례는 보이는 말씀으로 복음의 진리를 표상하고 증언한다. 그러므로 성례는 눈으로 보는 말씀의 설교이다. 진리를 깊이 배우는 동시에 믿는 바를 고백해야 한다. 신조(信條)가 하나님의 말씀은 아니지만, 복음의 진리를 간결하게 표명한 것으로서 계시된 하나님의 말씀에 대한 교회의 이해이며 고백이다. 그러므로 교회는 신조를 가르칠 의무가 있는 것이다.

② 다스리는 권능

교회의 다스리는 권능은 입법과 사법의 두 권능으로 나타난다. 교회의 입법권은 성경에 있는 그리스도의 율법을 넘어설 수 없다. 교회는 그리스도의 율법을 해석하고 적용할 뿐이다. 교회가 정치와 예배와 훈련에 관해 여러 가지 규정을 만들지만, 이러한 것들은 그리스도의 율법을 강조하는 것으로서 법규는 아니다. 그리고 교회의 사법권능은 권징에 관한 것으로서 교회의 순결과 질서를 위해 중요한 것이다.

구약에서는 첫째, 교육적인 징계를 의미하여 가정에서의 교육이 한 수단이었다. 둘째, 가정 밖에서 훈련교육이라는 의미로 죄에 대한 벌이라는 면이 강하게 나타났다(시 6:1).

신약에서는 한편으로 훈련과 교육이 연결되어 있고, 다른 편으로는 비난과 시정과 벌과도 관련되어 있다. 권징은 교회가 교회원에 대해 실시하는 훈련, 교육, 보호, 조사, 관리 등을 의미하고, 다른 하나는 징계와 벌이다. 전자는 전체를 포함하는 목회적 훈련이고, 후자는 교회 권위로 징계를 가할 경우 재판적 권징이라 불린다.

③ 섬기는 권능

그리스도는 70인을 선택하여 보낼 때, 선교적 사명만 아니라 악령을 쫓아내고 모든 병과 모든 약한 것을 고치는 권능을 주셨다(마 10:1-8; 막 3:15; 눅 9:1-2, 9-10, 17). 사도시대의 신자들은 신유의 능력을 가진 자도 있었다(고전 12:9, 28-30).

이러한 초자연적 선물은 신약 계시가 완성되는 때 없어졌으나, 구원이 단지 영혼 구원뿐만 아니라 영혼과 몸을 가진 전인(全人)의 구원이란 원칙은 조금도 변하지 않고 있다. 그러므로 교회는 하나님께 대한 신앙과, 이웃에 대한 사랑과 봉사를 나타내어 복음의 증거자가 되어야 한다. 섬기는 권능은 사도시대 당시 교회에서 아름답게 실천되었다(행 4:34, 20:35; 고전 16:1-2; 고후 9장).

4) 장로회 정치 원리

예수교장로회 정치에는 원리 6개조가 있다. 이것을 이해해야 교회의 성질을 알고 잘 다스릴 수 있다.

(1) 양심의 자유

양심을 주관하시는 이는 하나님뿐이시다. 그가 양심의 자유를 주어 신앙과 예배에 대하여 성경에 위반하거나, 지나친 교훈이나 명령을 받지 않게 했다. 누구든지 신앙에 관한 여러 가지 사건에 대하여 속박을 받지 않고 각각 그 양심대로 판단할 권리가 있다. 그러므로 누구든지 양심의 자유를 침해하지 못한다.

첫째, 사람은 누구나 다 양심의 자유가 있다. 하나님께서 양심의 주재가 되사 인간에게 양심의 자유를 주셨다. 하나님이 창조하신 사람의 얼굴이 다 같지 아니한 것처럼, 또한 하나님이 사람에게 주신 재능이 각각 다른 것처럼, 양심의 판단도 각각 다르다. 사람마다 자기 양심대로 판단할 자유권이 있다. 이것이 양심의 자유이다.

둘째, 누구든지 신앙에 관한 여러 가지 사건에 대하여 속박을 받지 않고 각각 그 양심대로 판단할 권리가 있다. 하나님께서 모든 사람에게 양심의 자유를 주셨으므로 모든 사람이 다 성경을 공부하고 그 참뜻을 판단할 권리가 있다. 개인의 분별력은 하나님이 주신 것으로, 믿는 도리에 대하여 양심에 따라 옳은 것은 옳다 하고, 아닌 것은 아니라고 할 자유가 있다. 누구에게든지 속박을 받지 않고 판단할 양심의 자유가 있다.

셋째, 양심의 자유를 침해하지 못한다. 신앙에 대하여 누구에게도 침해 받지 않을 자유가 있고, 다른 사람의 신앙을 침해해서도 안 된다. 어떤 이는 신앙을 강요하지만, 이것은 양심의 자유를 침해하는 일이다. 양심의 자유는 그 어떤 개인이나 국가의 힘으로도 침해할 수 없는 것이다. 그러므로 하나님과 나 사이의 관계는 양심의 자유대로 판단하여 믿고 실행할 권리가 있으며, 누구도 침해할 수 없고 침해 받아도 안 된다.

(2) 교회의 자유

개인에게 양심의 자유가 있는 것같이, 어떤 교파 또는 어떤 교회든지 교인의 입회규칙, 입교인의 자격, 교회의 정치조직을 예수 그리스도가 정하신 대로 설정할 자유권이 있다.

첫째, 개인의 양심의 자유가 있는 것같이 교회에도 자유가 있다. 왜냐하면 교회란 양심의 자유를 지닌 개인들이 모인 공동체이기 때문이다. 어떤 교회는 학습제도가 있고, 어떤 교회에는 학습제도가 없다. 이것이 교회의 자유이다. 어떤 교회는 장로 중심제도요, 어떤 교회는 감독 중심제도이다. 이것도 교회의 자유이다. 장로교회는 예정에 중점을 두지만, 어떤 교회는 예정보다 자유의지에 치중한다. 이것도 교회의 자유이다.

개인의 자유는 원칙적으로 성경 외에는 아무런 제약을 받을 필요가 없지만, 단 교회의 자유는 단체이기 때문에 성경 외에 받아야 할 제약이 있다. 공동예배를 위해서는 다수 의견을 따라서 자신의 자유가 속박을 받게도 된다. 양심의 자유와 교회의 자유는 본질적 의미에서는 아무런 차이가 없지만, 공동생활에서는 자유에 제약을 받는다(고전 11:18-22, 14:26-33).

둘째, 교회는 교인의 입회 규칙, 입교인의 자격, 교회정치의 조직을 설정할 자유권이 있다. 교회는 교인의 자격을 원입교인, 학습교인, 세례교인, 유아세례교인으로 규정할 자유가 있고, 교회정치를 장로회 정치, 감독정치, 교황정치, 조합정치, 자유정치 등으로 설정할 자유가 있다. 이것을 교회의 자유라고 한다. 그러나 대한예수교장로회는 장로회 정치가 가장 좋은 교회정치 체제로 알아 이것을 교회의 자유로 채택한 것이다

그러나 이 교회의 자유에도 범위가 있고 한계가 있다. 신구약 성경이 곧 그것이요, 교회의 머리이신 예수 그리스도께서 정하신 바가 곧 그것이다. 교회가 국가의 세력을 빙자하거나, 의지하거나, 비호를 받는 것도 교회의 자유에 어긋나는 것이다. 그러므로 국가권력이 교회의 자유를 침해해서도 안 된다.

(3) 진리와 행위

진리는 믿음과 행위의 기초이다. 또한 진리는 사람을 성결하게 한다. 그러므로 진리와 행위는 일치되어야 한다.

첫째, 진리는 믿음과 행위의 기초이다. 진리는 선행의 근본이 되고, 선행은 진리의 열매이다. 진리의 터 위에 있는 믿음은 든든한 믿음이다. 그러므로 진리에 기초한 행위는 아름답고, 그 믿음도 좋은 열매로 나타난다.

둘째, 진리는 사람을 성결하게 한다. 허위는 사람을 부정하게 하지만 진리는 사람을 성결하게 한다. 진리의 증거는 사람을 성결하게 하는 것으로 "그 열매로 그 나무를 안다" 하신 말씀과 같다(마 7:20).

셋째, 진리와 행위는 일치되어야 한다. 신앙과 행위는 서로 연결되어 떨어질 수 없는 관계에 있다. 진리에는 반드시 선행의 열매가 맺히게 된다. 선행의 열매가 맺히지 않는 진리는 진리가 아니며, 또한 진리로 말미암지 않는 선행은 결국 하나님 앞에서 선행이라고 할 수 없다.

그러므로 장로회 정치는 진리를 빙자하여 감행되는 온갖 악행을 배제하며, 선행을 빙자하는 온갖 비진리도 배격한다. 신앙과 행위는 진리의 양면으로 별개의 것이 아니며 서로 분리할 수 없다.

(4) 교회 직원의 선택

교회의 머리되신 예수께서 그의 지체되는 교회에 덕을 세우기 위하여 직원을 두셨다. 복음을 전하고, 성례를 행하며, 신도로서 진리의 본분을 준수하도록 하셨다. 그러므로 교회의 직원은 교회를 완전히 신봉하는 자를 택할 것이다. 그 직원을 선정하는 권리는 그 교회에 있다.

① 교회가 직원을 왜 세우는가?

교회의 머리되신 예수께서 교회에 덕을 세우기 위하여 직원을 두셨다. 예수께서 산에 올라 자신이 원하는 자들을 부르사 열두 제자를 세워 자기와 함께 있게 하시고, 보내어 전도도 하며 귀신을 내쫓는 권세도 있게 하셨다(막 3:13-15). 바울은 교회에 모일 때에 모든 것에 덕을 세우기 위하여 하라(고전 14:26)고 했다.

② 교회 직원의 책임은 무엇인가?

복음을 전하기 위함이다. 농부가 밭 갈고 씨 뿌림은 가을에 추수하기 위함인 것처럼, 교회가 목사를 청빙하고 장로와 권사와 집사를 세우는 것은 복음을 전파하기 위함이다. 복음전파의 사명은 교인 모두에게 있지만, 특별히 교회의 직원은 복음전파의 사명이 크고 중한 것을 인식해야 한다.

교회 직원의 책임은 성례를 행함에 있다. 성례는 세례와 성찬이다. 세례는 '적신다' '잠근다'는 뜻의 헬라어 〈밥티스마 Baptisma〉에서 나온 말이다. 유대인들은 개종자에게 세례를 베풀었고, 세례 요한은 요단강에서 세례를 베풀었다. 예수님도 세례를 받으셨고(마 3:16), 예수님이 승천하실 때도 아버지와 아들과 성령의 이름으로 세례를 베풀라(마 28:19)고 하셨다.

세례의식은 침례(浸禮), 관례(灌禮), 적례(滴禮)의 세 가지 형식이 있다. 세례 집행자의 자격에 대해 신약에서는 아무런 증거를 찾아보기 힘들다. 예수는 사도들에게 "세례를 베풀라" 하였고(마 28:16-20), 아나니아는 평신도이면서 바울에게 세례를 베풀었고(행 22:16), 빌립은 사도가 아니었으나 에디오피아 내시에게 세례를 베풀었다(행 8:8). 세례가 성례전으로 확정되면서 교회의 일치와 질서를 위하여 말씀의 교사, 즉 목사가 집행하는 것이 타당하다고 여기게 되었다.

성찬은 예수님의 몸과 피를 기념하는 예식이다. 성찬을 '성만찬' 또는 '주의 만찬'이라고 부르는데, 그 이유는 예수님이 잡히시기 전날 밤에 제자들을 만찬에 모으시고 그의 죽음을 기념하기 위하여 떡을 떼며 포도주를 마신 예식을 세우셨기 때문이다.

로마교회에서는 화체설(化體說)을, 루터교회에서는 공재설(共在說)을, 츠빙글리는 상징설(象徵說)을 주장하나, 장로교회에서는 기념설(紀念說)

을 주장한다. 성례는 당회가 거행하나 세례와 성찬을 나누는 특권은 목사에게만 있다.

직원은 신도로서 진리와 본분을 준수하도록 관리할 책임이 있다. 교우 중에 거짓 도리를 신앙하거나 행위가 악한 자가 있으면 교회를 대표한 직원과 치리회가 마땅히 책망하거나 출교해야 한다. 그러나 항상 성경의 교훈한 법례대로 행해야 한다.

③ 교회 직원의 자격은 어떠한가?

교회는 어떤 사람을 교회의 직원으로 선택해야 하는가? 교회의 도리를 완전히 신복하는 자를 선택해야 한다. 그러므로 교회 직원은 지켜야 할 법도가 있다. 그 법도란 성경과 교회의 교리 신조만 아니라 정치, 권징조례, 예배모범에 대하여, 그리고 교회의 연합과 화평과 성결함을 위하여, 본직을 위하여 범사에 각종 충성할 맹세가 있어야 한다. 만일 그렇게 믿고 지키지 아니하는 자가 교회의 직원이 된다고 하면 이는 명백히 교회의 자유원리에 어긋나는 처사로서 마땅히 제적되어야 한다.

그러나 성격과 주의가 다 같이 선한 자라도 진리와 교규(教規)에 대한 의견이 불합할 수도 있다. 이런 경우에 의견이 다르다고 징계하기보다는 서로 용서하면서 인내하는 것이 옳으며, 그 조건과 방침은 다음과 같다.

a. 그 사람의 신앙과 교회적 성질과 관계를 상당한 줄로 알 일.

b. 주의 도의 이치를 더욱 상세히 가르칠 일.

c. 도(道)의 교리를 자기가 보호하며 행할 일.

d. 범사에 흠 없이 지내고 다른 사람을 비방하지 말 일(갈 3:3-14; 롬 14장; 고전 10:32; 고후 6:3; 마 7:1; 약 4:11). [장로회 정치문답조례 8문 참조].

④ 교회 직원을 선정하는 권리는 그 회에 있다.

교회 직원의 성격과 자격과 권한과 선거와 위임하는 규례는 성경에 기록되어 있다. 그러므로 어느 회에서든지 그 직원을 선정하는 권한은 그 회에 있다. 교회 직원은 교회가 자율적으로 선거할 수밖에 없는 것이 성경의 교훈이요(행 6:1-6, 1:21-25), 또한 교회 자유의 원리에 적합한 일이다. 나를 다스리거나 대표할 교회 직원은 나의 양심의 판단을 따라 선택하는 것이 양심의 자유에 합당한 일이다.

그러므로 공동의회에서 목사, 장로, 집사, 권사를 투표 선정한다. 임시직은 교회를 대표한 당회에서 선출할 수 있다.

(5) 치리

치리(治理)란 '다스린다'는 뜻으로 치리권은 온 교회가 택하여 세운 대표자로 행사한다. 치리권의 행사는 하나님의 명령을 준봉하며 전달하는 것뿐이다.

① 치리권은 온 교회가 택하여 세운 대표자가 행사한다.

'온 교회'란 입교인들이 모인 공동의회를 의미하고, '택하여 세운 대표자'란 당회, 노회, 총회를 의미한다. 교회가 전체적으로 치리권리를 행사할 수 없음은 민주주의 국가에서 대의원을 선거하여 권리를 행사하게 함과 같다. 공동의회에서 교회의 대표로 선택된 장로와 노회에서 파송된 당회장이 당회로 모여 치리권을 행사한다. 그리고 노회는 당회에서 파송한 장로와 목사가 모여 치리권을 행사하고, 총회는 노회에서 대표로 파송한 목사와 장로가 모여 치리권을 행사한다.

② 치리권 행사는 하나님의 명령을 준봉하여 전달하는 것뿐이다.

하나님의 말씀에 의지하지 않고서는 교회의 신성이나 질서를 유지할 수 없다. 교회의 치리권 행사란 하나님의 명령대로 준봉(遵奉) 전달하는 것뿐이다. 그러므로 교회의 치리는 어디까지나 성경에 근거하여 행사되어야 한다. 성경의 교훈보다 더 엄하게 하는 일도 어긋나는 일이요, 성경의 교훈보다 경미하게 처리해도 어긋나는 일이다.

치리는 감정으로 행사해서도 안 되고, 사랑으로 한다고 성경의 교훈을 따르지 않는 것도 잘못이다. 그러므로 치리권은 하나님을 대신하는 권리로 알고 하나님의 말씀대로 공정하게 행사되어야 한다. 목사 한 사람, 장로 한 사람으로 조직된 당회에서 장로를 치리하게 될 때에는 목사 단독으로 치리권을 행사하지 말고 노회에 의탁하여 처리하는 것이 좋다. 장로와 목사가 의견을 합치하지 않을 때도 노회에 의탁 처리하는 것이 유익하다. 그러므로 치리는 감정적으로 하지 말고 누가 보든지 공정하게 시행되어야 한다.

(6) 권징(勸懲)

이 권징은 신앙과 도덕에 관한 것이지 국법에 관한 것이 아니다.

① 교회는 질서를 유지하기 위하여 권징을 행사한다.

이 세상에는 죄인과 악인이 있고, 신자와 불신자가 있다. 그러므로 교회에도 때로는 질서를 문란하게 하거나 파괴하는 자가 있다. 이런 때는 교회의 질서를 유지하기 위하여 권징을 행사한다.

교회의 권징이 효과를 거두기 위해서는 그 권징이 공정하다고 시인할 수 있도록 공평하게 처리되어야 한다. 권징해도 순복하지 않으면 주께 맡기고 기도할 수밖에 없다. 그러나 불공평한 판단은 회개할 마음을 더 완악하게 하는 구실이 되기 때문에, 권징은 두려운 마음으로 공평하게 행해야 한다.

② 권징은 신앙과 도덕에 관한 것이요 국법에 관한 것은 아니다.

교회의 권징은 그리스도를 믿는 신앙과 계명에 표시된 도덕생활에 관해 다스린다. 신자는 바른 신앙과 옳은 도덕관을 갖고 살아야 할 의무가 있다. 국법을 위반한 것에 대해서는 교회보다 국법이 다스린다. 교회의 권징은 수찬정지, 출교, 면직 등으로 교회의 질서를 유지하기 위한 것뿐이다.

5) 장로회 정치의 특색

장로회 정치의 원리는 성경에서 필연적으로 연역된 것이지만, 교회 존재에 있어서 본질적인 것은 아니고, 교회 형성의 향상을 위해서 필요한 것이다. 장로회 정치의 특색에는 세 가지가 있다.

(1) 장로들에 의한 통치

교회는 장로들에 의해서 통치된다. 이것은 구약시대 이스라엘에서도 행해진 것으로(출 4:29; 왕상 8:1-3; 겔 8:1, 14-15), 바벨론 포로 후에 회당에 계승되어(행 4:5, 22:5) 신약교회에 이르렀다. 바울과 바나바는 교회마다 장로를 임명했다(행 14:23, 15:2, 6, 22:23, 20:17).

장로들은 회의를 구성하여 교회의 일치와 평화를 위해서 공동적 권위를 행사한다. 구약시대 장로들의 직무는 재판관과 함께 사법, 행정 양면에 관계했지만(신 21:2 이하; 에 7:25, 10:14), 특히 모세와 아론을 도와서 하나님의 말씀을 백성에게 전하는 중개를 하는 동시에(출 3:14, 4:29, 19:7), 하나님 앞에 백성을 대표한다는 종교적 기능을 수행하고 있었다고 생각된다(출 17:5, 24:1).

이와 같이 복음시대에는 말씀의 사역자 이외에 교인 중에서 치리의 임무를 맡길 수 있는 사람을 세워서 교회를 다스렸으니 디모데전서 4장 14절에 나오는 "장로의 회"란 장로들의 회이다. 초기교회에서 장로가 존재한 것은 바울이 제3차 전도여행 때 밀레도에서 에베소 교회 장로들을 초청한 사실로도 알 수 있다(행 20:17). 이 장로회에는 바울 자신도 참여한 것으로 보인다(딤후 1:6). 이 장로의 회에서 디모데도 안수를 받고(딤전 4:14) 임명되었다. 그러므로 장로회 정치는 장로들에 의한 정치이기 때문에 당회나 노회나 총회는 모두 치리장로와 설교장로(목사)로 구성되어 있다. 장로회 정치는 목사와 장로로 구성된 치리회에서 교회를 다스리는 특색이 있다.

(2) 교직의 평등

감독주의를 채택한 로마가톨릭교회, 희랍정교회, 성공회 등 여기서 파생한 교파는 교직 중에 계급의 차이를 인정하고 있다. 그러므로 교직을 주교(主敎; 司敎, Bishop), 사제(司祭, Priest), 조제(助祭; 副祭, Deacon) 등으로 나누고 있다. 사제(司祭)는 각 교회에서 설교, 기도, 성례를 맡아보고 사죄의 선언을 하며, 조제(助祭)는 사제의 보조자이다. 주교(主敎)는 일정한 구역 내의 교회와 사제와 조제를 관할하고, 임직과 견신(堅信)을 맡아보고, 교구의 통치 임무를 맡는다.

구약의 교회에는 제사장에 위계(位階)가 있어서 레위인은 성전의 잡무를 맡고, 제사장은 그 위에서 제단에 희생을 드리는 임무를 맡고, 대제사장은 제사장직의 대표로서 전체를 통괄하는 동시에 일 년에 한 번 지성소에서 봉사했다.

신약의 교회는 의식 중심이 아니라, 예수 그리스도의 십자가를 통하여 예배드리기 때문에 제사장의 위계제도가 필요 없게 되었다. 신약성경에 '감독'과 '집사'라는 말이 나오나(빌 1:1), 바울은 여기서 장로를 감독으로 부르고 있다. 바울이 에베소 장로들에게 설교할 때에도 장로와 감독은 동의어로 사용하고 있다(행 20:17-18). 그러므로 장로는 같은 직무를 가리키고 있어서 장로는 연령, 권위, 지혜에 관해서, 감독은 신자들의 영적 지도라는 기능을 가리키는 말로, 사도시대는 감독과 장로의 통일성을 인정하고 있었다.

장로회 정치의 교직의 평등은 설교, 임직, 권징, 교회회의의 법칙, 권위의 평등성이 있다. 위임목사, 임시목사, 부목사라고 부르나, 그 명칭은 직무의 차이뿐이지 권위의 차이가 있는 것은 아니다. 위임목사는 지교회의 청빙으로 노회의 위임을 받은 목사이다. 또한 임시목사란 노회의 허락을 받아 임시로 지교회를 시무하는 목사이며, 부목사는 위임목사를 보좌하는 임시목사이다.

노회장, 또는 총회장도 그 맡은 직무의 차이뿐이지, 법적 권위의 평등성에는 차이가 없다. 그러나 목사의 은사와 능력에 있어서의 평등성을 의미하는 것은 아니다. 목사가 각자 갖는 능력이 다르고, 그의 지도적 영향력의 범위에는 차이가 있다. 그러나 모든 목사는 목사로서의 동등한 권위를 가진다. 교직의 평등이 장로회 정치의 특색이다.

(3) 삼심(三審)제도의 치리회

장로회 정치는 주권이 교황이나 감독 등 성직자에게 있지 않고, 교인에게 있는 민주정치이므로, 그 주권 행사는 교인에 의해 선택된 장로들로 조직되는 치리회에 의해 다스리는 공화정치이다. 치리회를 위계적(位階的)으로 조직하여 교회 통치의 권능은, 첫째로 각 교회 당회에 있고, 다음이 노회, 그 다음이 총회에 있는 삼심제도로 되어 있다.

장로회 정치는 치리회를 위계적(位階的)으로 조직하여 동일한 사건을 동일한 사람에게만 맡겨 처결하지 않고, 그 처결사안을 상급 치리회로 재심하여 신중을 기하도록 제도적으로 규정하고 있다.

그러나 재심만으로도 만족하다 할 수 없어서 다시 그 위의 치리회를 두어 삼심제를 채택하였다. 삼심으로도 완벽하다고는 할 수 없으나 초심이나 재심으로 끝내기보다는 삼심의 경우가 과오를 범하는 일이 적다고 본다. 삼심제도로 과오를 막을 수 없다고 무한심(無限審) 제도를 채택한다면 종결이 없어서 오히려 무질서하게 될 것이다. 합동측 헌법에는 노회와 총회 사이에 대회를 두고 있으나 역시 삼심제이며, 현재는 대회가 열리고 있지 않다.

장로회의 위계적 조직은 성경에 근거한 제도이다. 유다 왕 여호사밧 때 성(城)마다 재판관을 두어 재판하게 하였고(대하 19:4-7), 예루살렘에 최고회의가 있어서(대하 19:8-11) 여호와께 속한 모든 일은 대제사장이 다스리고 일반회의는 왕의 일을 했었다(대하 19:11). 예수시대에는 3인 내지 23인의 재판관으로 구성된 지방의 교회회의가 시너고그(회당)를 설치하고, 71명으로 구성된 산헤드린이 예루살렘에 있어서 다스렸다. 이와 같이 이스라엘에 있어서는 각 시너고그에서 국가적 사건에 이르기까지 단계적으로 구성된 회의에서 다스렸다.

사도행전 15장의 예루살렘 회의는 오늘의 노회와 같다고 볼 수는 없지만, 안디옥 교회에서 제기된 할례 문제 때문에 모인 회의였다. 이 회의는 교회의 공적 회의였고, 구성원은 사도와 장로들이었다. 그리고 회의의 결정은 권위가 있어서 안디옥 교회 이외의 교회에도 적용이 되었다(행 15:23, 28, 16:4).

치리회가 위계적으로 조직된 것은 교회가 형제애를 갖고 서로 감독하므로 교회의 순결을 지니고, 또 상소의 터전을 가지므로 교회의 공정성을 유지하고 교회의 통일성을 보존할 수 있기 때문이다.

2. 장로의 기원

원시 사회의 단위는 씨족이거나 대가족이어서 그 중의 연장의 대표자는 씨족을 지배하는 구성원이 되었다. 그러므로 히브리 가족의 어른은 사회에서는 물론 종교제도에서도 주요 인물이었다. 원시 히브리 사회에서 가족은 종교와 깊은 뜻이 있어서 가장(家長)은 가족의 종교생활에 대해서도 책임자로서 종교적 행사의 주재자였다. 그러므로 가장(家長) 또는 가부(家父, House Father)에 대해서도 하나님께 대하는 것과 같이 존경하였다. 그렇기 때문에 부모를 치는 자는 반드시 죽였던 것이다(출 21:15, 17).

가장의 세력 범위 안에서 그의 권위는 절대적이어서(창 18:12), 그는 추장(chief)이며, 장로(elder)이며, 아버지(father)였다. 이러한 가장들이 히브리 사회의 장로(elder, 늙은 자〈the ancient men〉)를 구성하여 그들의 협의와 계획은 부락 행정의 기초가 되었다. 한 가족에서 가장이 대표가 되는 것처럼, 장로는 공동사회의 권위적인 존재였다. 원시 이스라엘의 사회에서 씨족의 장로들은 국민을 대표하였다.

장로라는 히브리어 〈시르〉의 일반적인 의미는 '턱수염'이란 뜻으로, 장로는 수염이 많은 사람으로 그 외관을 추측할 수 있다. 영어로는 '엘더(elder)'라고 하는데, '늙은 사람'이라는 뜻이다. 장로는 연장자요, 지도자요, 경험이 많은 사람이었고, 지도권을 소유한 사람이었다.

1) 모세 시대의 장로

장로직의 기원에 대하여 정치문답조례(제86문답)를 보면, 치리장로의 직분은 아브라함 때부터 있었고(창 50:7, 24:2; 출 3:16, 4:29-30, 12:21, 18:21; 신 5:23; 시 107:32), 모세 때에 이르러 백성의 대표로 장로를 세우되, 재판소처럼 등급을 나누어 백성의 재판을 심판하게 하였는데, 그 수는 70인(출 18:21-25; 민 11:16-25)이라고 하였다.

요셉 당시 애굽과 바로 궁중에도 장로가 있었는데, 시민적 종교적 지도자를 의미하였고(창 50:7), 이스라엘에도 장로가 있었으니(출 3:16, 4:29), 장로는 지도자이다. 모세의 장인 이드로는 미디안의 제사장으로 모세에게 사법 임무를 지도자들에게 분담시킬 것을 제안하여, 모세는 천부장, 백부장, 오십부장, 십부장을 임명하였다. 이 제도는 미디안의 대표적 권력제도로, 이스라엘이 호렙산에 이르기도 전에 이 제도가 생겼다고 전한다.

모세의 장인 이드로는 모세에게 다음 네 가지로 지도자의 자격을 설명하였다(출 18:21). 첫째, 능력 있는 사람. 둘째, 하나님을 두려워하는 사람. 셋째, 진실한 사람. 넷째, 불의한 이익을 미워하는 사람이라고 했다. 이것을 다시 새겨보면 첫째, 실력을 가진 사람. 둘째, 신앙의 사람. 셋째, 진실한 사람. 넷째, 부당한 이익을 미워하는 사람이다.

모세가 장인 이드로의 제안대로 지도자를 선출하기 전에도 장로가 있었다(민 11:16; 신 29:10, 30:28; 수 8:33, 23:2, 24:1). "백성을 지도해 온 장로 칠십 명과 함께 나아오라" "그들을 데리고 회막으로 와서 서 있으라"(민 11:16) 한 것을 보아 장로들 중에서 70인을 선정하여 이스라엘의 장로회를 구성한 것을 알 수 있다.

이 특수한 장로들은 회막회의에서 구름으로 회막이 덮일 때 선택하고 임명했다(민 11:17, 25). 이렇게 선택받은 장로들의 지도력은 하나님께로부터 왔으며, 그들의 직무는 백성의 짐을 담당하는 것이었다(민 11:17). "여호와께서 구름 가운데 강림하사 모세에게 말씀하시고 그에게 임한 영을 칠십 장로에게도 임하게 하시니 영이 임하신 때에 그들이 예언을 하다가 다시는 하지 아니하였더라"(민 11:25) 하였으니, 장로들이 하나님의 능력으로 예언을 했던 것을 알 수 있다.

장로들은 종교적인 역할 이외에도 여러 가지의 일이 있었는데 전투의 지휘관으로, 논쟁의 재판관으로, 충고와 권면자, 혹은 행정의 증인

등 다양한 기능을 가졌으나, 가장 중요한 기능은 공동체를 유지하는 대표자라고 할 수 있다(레 4:13-21; 신 21:1-9). 장로는 씨족 사회의 연장자, 또는 국가의 대표자였다. 장로의 수는 그 공동체의 규모에 따라서 달라지는데 숙곳에서는 77인의 장로가 있었다(삿 8:14).

장로들은 선지자의 친구요(왕하 6:32), 왕들의 고문이요(왕상 20:8, 21:11), 국무에 있어서 방백들을 돕는 자였다(스 10:8). 도시와 촌락에도 장로들이 있어서 성문 앞이나 장터에서 민사를 재판했다(신 25:7).

2) 초기교회의 장로

신약성경에서는 장로직의 기원을 특별히 언급한 사실이 없는 것은 이 직무가 신약교회 사람들에게 생소한 일이 아니기 때문이다.

예수 당시 사법문제의 최고회의는 산헤드린으로, 이 회의에는 장로가 다수였으며 대제사장, 서기관, 다음으로 장로가 중요한 위치에 있어서 법적 규제에 의하지 않은 성원이라고 한다. 신약교회의 예배양식과 정치양식은 유대인 회당에서 계승된 것이 많지만, 장로직도 유대인 회당에 의한 제도였다(마 5:22, 26:3; 눅 7:3; 행 4:8, 23, 5:21, 6:12, 23:4, 24:1, 25:15). 회당장은 예배를 맡아보았지만, 장로는 회당의 질서유지와 회원 훈련의 책임을 지고 있었다.

초기 교회의 신자가 거의 유대인들이요, 혹은 유대인 회당 전체가 교회로 들어왔기 때문에, 초기교회 정치체제는 자연히 장로에 의한 통치라는 유대인 회당의 정치형태가 교회에 계승되고(행 11:30), 다시 그것이 이방인 교회에 확대되어(행 14:25, 20:17; 딤전 5:17, 19; 딛 1:5; 약 5:14; 벧전 5:1-5), 바울은 그가 세운 교회마다 장로를 세움으로써 교회는 사귐과 친교 속에서 성장하게 되었다(행 14:23).

예루살렘 회의에서 장로들은 사도들과 동등한 권위를 가지고 지도적 역할을 했다(행 15:2, 16:4). 바울과 바나바는 신도들을 위한 구제금을 장로들에게 맡겼으니(행 11:30), 장로들은 교회의 재정을 담당했고, 교인을 심방하며(행 20:28), 병자를 위해 안수기도(약 5:14) 하며, 교회를 다스리며, 권면하며(살전 5:12), 말씀을 전하고 가르치는 일에 수고하며(딤전 5:17), 심령을 돌보아주는 기능을 가진 자들이었다(히 13:17, 24).

장로의 본질적인 직능은 다스리거나 주관하는 일이므로, 설교나 가르치는 일보다는 행정적인 일을 맡고 있다. 가르치기도 하였다면 그는 보통 이상으로 상급을 받았다. "잘 다스리는 장로들은 배나 존경할 자로 알되 말씀과 가르침에 수고하는 이들에게는 더욱 그리할 것이니라"(딤전 5:17) 하였으니 "배나 존경"은 '풍부한 보수'라고 번역할 수도 있고, '배나 지불한다'는 뜻도 된다.

바울은 디도를 각 도시에 장로들을 임명하기 위해 그레데에 두었으나(딛 1:5), 바울의 서신 가운데 목회서신 외에는 장로라는 말이 나오지 않는다(딤전 5:17-19; 딛 1:5). 그러나 베드로는 자기를 사도라고 부르지 않고 장로라고 부르기를 주저하지 않은 것은 두 가지 뜻이 있다(벧전 5:1). 첫째, 교회의 봉사자라는 겸손한 뜻이요. 둘째, 다른 장로와 똑같은 책임이 있다는 것이다. 그래서 다른 장로들과 운명을 같이 하겠다는 뜻을 표시한 것이다.

초기교회에서의 장로 선출 방법은 택하여 세우고 금식하며 기도했다(행 11:24). "택했다"는 말은 '손으로 지명하여 선택했다'는 뜻으로, 당시의 선거방법을 엿볼 수 있다(행 10:41). 각 교회에서 장로를 택하는 것은 교회를 조직하는 일이요, 택하는 방식은 금식하며 기도를 통해 했다. 공식적으로 택하고 임명했으니(딛 1:5) 장로는 사사로이 세울 것이 아니라 사람들 앞에서 택해 직분을 맡겨 사람들로 그 지위를 알게 하여 존경하게 하며, 교회의 명예를 공적으로 그에게 맡겼다.

초기교회에서 사도는 발의(發議)하고 온 무리가 이 말을 기뻐하여 결정했으니(행 6:2-5) 이것이 장로교 헌법, 정치 가운데 공동의회의 시초이다. 초기교회에서 유대교까지 4천년이 소급되는 가장 오랜 종교적인 장로직은 영예로운 직위로서 하나님의 양 떼의 목자요, 믿음의 수호자로 존경을 받는 직책이다. 그러므로 하나님의 보좌에는 24 장로가 둘러서서 경배하며 하나님께 영광을 돌리고 있다(계 4:10-11).

3) 감독과 장로

감독은 오랜 역사를 가진 것으로, 구약의 "감독"(출 5:6, 10)을 헬라어로 번역할 때 "감독자"라 했다(대하 34:17). 감독이란 헬라어 〈에피스코포스〉는 본래 '감독관' '직공장'이라는 일반적인 뜻과 '무슨 일을 감독치리한다'는 뜻과 '자기를 임명한 상관에게 책임을 진다'는 뜻이 있다.

신약성경에는 "감독"이란 말이 다섯 번 나오는데, 성령이 감독자로 삼아주신 에베소 장로에게(행 20:28), 바울이 빌립보 교회 인사말에서 감독과 집사들에게(빌 1:1), 디모데에게 "감독은 책망할 것이 없으며"라고 그 자격을 말했고(딤전 3:2; 딛 1:7), 베드로는 예수를 "영혼의 감독"으로 비유했다(벧전 2:25).

감독은 교우들을 돌보는 직으로 높은 교권적 위치와 섬기는 직책이었다. 유대인의 회당에 감독은 없었다. 장로는 교회의 오래된 교직으로 회당마다 장로가 있어서 공동체의 지도자들이었다.

초기교회에서는 감독과 장로를 동의어로 사용했던 것 같은데, 감독과 장로는 어떤 관계를 가졌는가? 두 가지 직이 같다는 견해가 있다. 그 이유는 첫째, 바울과 바나바가 세운 교회에 장로를 세웠다(행 14:23). 디도는 그레데 각 성에 장로들을 세울 명령을 받았다(딛 1:5). 둘째, 바울은 감독이나 장로의 자격을 동일하게 말했다(딤전 3:2-7; 딛 1:6-9). 셋째, 바울이 빌립보 교회에 문안할 때 "감독과 집사들에게"라고 했는데(빌 1:1) 장로라는 말을 쓰지 않은 것은 감독과 장로를 동일하게 보았기 때문이라고 한다. 넷째, 바울이 에베소 장로들을 밀레도에 청했을 때(행 20:17) 성령이 그들을 교회의 감독자로 삼았다고(행 20:28) 했으니 처음에는 "장로"라 하고 다음에는 "감독"이라 한 것은 감독이나 장로는 동일한 직분이기 때문이다. 다섯째, 베드로는 "장로가 장로들에게" 편지한다고 하면서(벧전 5:1) 장로들은 하나님의 양 떼를 감독하는 것이라(벧전 5:2) 했으니 신약시대의 감독과 장로는 같은 직이었음을 알 수 있다.

그러나 같은 직이지만 다르게 불리기도 했다. 장로는 교회의 지도자를 가리키는 말로 공동체에서 연로하고 경험 있는 지도자로 존경을 받는 이라는 뜻이 있고, 감독은 교회의 생활과 사업을 감찰하는 직능과 직무를 가리키는 말이다. 따라서 감독은 광범위한 일을 주관하는 직분으로, 장로는 어떤 특수한 일을 주관하는 직분으로 보았다.

감독과 장로가 원래 같은 직이었다면 어떻게 달라졌는가? 장로들은, 의장 같은 지도자가 요구되고 교회의 조직이 강화되면서 장로들 중에서 지도자로 나타난 것을 감독이라고 불렀다. 그러므로 감독은 장로보다 그 책임과 직위가 상위였다. 감독은 자기 교구의 장로들을 훈련시키고, 감독 자신은 다른 감독에 의해서 훈련을 받았다.

감독의 의무는 두 가지로 구분될 수 있다. 하나는 일반적인 관리자요, 다른 하나는 가르치는 자의 의무이다. 전자의 경우는 디모데전서 3장 5절에 자세히 나타나 있고, 로마서 12장 8절에는 권위를 가지고 지도하는 자로 명시되어 있다. 그리고 후자의 경우에는 주 안에서 지도하고 훈계하는 자로(살전 5:12), 가르치는 자로(딤전 3:2), 남을 잘 지도하는 자로(딤전 5:17) 그 의무가 명시되어 있다. 이와 같이 장로와 감독은 때로는 동의어(同意語)로 사용되었으나 감독은 보다 넓은 치리체제의 중심인물로, 장로의 개체 단위 교회의 치리책임과는 분리된 직무로 인식된다.

3. 헌법상 장로의 자격

장로는 교인의 선택을 받아 교인의 대표로 목사와 협력하여 교회의 행정과 권징을 관리하는 자이므로, 교회헌법에 장로의 자격을 이렇게 규정하고 있다.

"장로의 자격은 상당한 식견(識見)과 통솔의 능력이 있고, 무흠(無欠) 입교인으로 7년(합동, 고신 5년)을 경과하고, 30세 이상 된 자로서 디모데전서 3장 1-7절에 해당한 자라야 한다."고 했다(합동, 고신에는 '남자'라고 명문되어 있으며, 고신은 30~65세로 상한선을 두고 있다).

장로의 자격을 간추리면 네 가지로 요약할 수 있다.

첫째, 상당한 식견과 통솔의 능력이 있는 자.
둘째, 무흠 입교인으로 7년을 경과한 자(합동, 고신 5년).
셋째, 30세 이상 된 자(남자, 고신은 30-65세).
넷째, 디모데전서 3장 1-7절에 해당한 자.

1) 상당한 식견과 통솔의 능력이 있는 자

장로는 목사와 협력하여 교회의 행정과 권징을 하며, 교인의 신령상 관계를 살펴야 할 직무가 있기 때문에 상당한 식견과 통솔의 능력이 있어야 한다. 그렇다고 학자나 지식인만이 장로가 될 수 있다는 말은 아니다. 장로라면 교인들을 지도하며, 교회의 신령상 형편을 살필 정도의 식견은 있어야 한다. 그러므로 장로는 세상 학문도 있어야 하지만 성경지식도 풍부해야 한다. 장로야말로 새로운 상황에 대처할 수 있는 판단과 능력의 소유자여야 한다.

장로는 교인들이 교리를 오해하거나 도덕적으로 부패하지 않도록 권면하며 지도할 통솔력이 있어야 하는 동시에, 교인의 대표자요 많은 사람을 지도하는 지도자이므로 사람을 통솔할 지도력이 있어야 한다.

'지도력'이란 무엇인가? 지도력은 비전, 곧 꿈을 제시할 수 있는 깊은 독창력이요, 풍부한 상상력이다. 꿈이 없는 지도자는 발전이 없고 향상이 있을 수 없다. 장로는 각 교인에게 산재해 있는 능력을 하나의 목적을 위해 결속시키는 통솔력이 있어야 한다. 하나의 초점을 향해 집중시킬 수 있는 지도력이 필요하다. 여기에 있어서 통솔력은 자연히 권위의 성격을 띠게 된다. 참된 지도력은 합리적 권위인데, 합리적 권위는 권모술수나 감언이설에 의해서가 아니라, 이성(理性)과 이해(理解)에 호소함으로써 사람들의 온갖 능력을 총동원 할 수 있는 힘이다.

2) 무흠 세례교인(입교인)으로 7년(5년)을 경과한 자

(1) 무흠 세례교인(입교인)

무흠 세례교인(입교인)으로 7년(5년)을 경과한 자란 세례 받은 후 흠 없이 7년(5년)을 경과했다는 뜻이다. "흠이 없다"는 말은 교회의 권징조례에 의해 징계를 받은 일이 없다는 뜻이다. 다만 이렇다 저렇다는 풍설(風說)이 있는 정도를 흠이라고 볼 수는 없다. 그런데 "투표 받는 교회에서 7년(5년)을 흠 없이 지냈어야 하는가?"라는 의문을 가지는 이가 있는데, 가령 A교회에서 2년을 지내고 투표 받는 B교회에서 5년을 흠 없이 지냈다면, A교회에서 2년과 B교회에서 5년을 합쳐서 7년이 되어 장로 자격 규정에 어긋남이 없지만, 그 A교회가 '여호와의 증인' 같은 이단으로 규정된 교회라면 A교회의 생활을 인정할 수 없을 것이요, 장로 자격 요건 중 흠 없이 7년(5년) 미만으로 피선거권이 없다고 할 것이다.

장로의 피선거권은 장로의 자격요건을 갖춘 교인이라면 누구나 투표 받을 권리가 있다. 그러나 교단에 따라 장로의 피선거권을 남자 교인에게만 제한하기도 한다. 교회헌법이 교인의 권리와 의무를 남녀 평등하게 규정하면서도, 안수하는 장로직이나 안수집사직에는 제한을 둔 것이다.

다른 교회에서 이명(移名)으로 전입된 교인이 6개월이 지나지 않으면 선거권이나 피선거권이 없는 듯이 생각하는 이가 있으나, 이명증서를 당회가 받았으면 그 교인은 교인의 권리와 의무가 있다. 그런데 이러한 오해가 생긴 이유가 무엇인가?

교회에서 장로를 선거하는 일은 가장 신중하게 해야 함에도 불구하고 너무 인위적인 방법이 개입되기 때문이 아닌가 생각한다. 즉 어떤 교인이 이명 온 지도 얼마 되지 않았는데 투표를 받는 일이 있어서 인간적인 계략이 있다고 생각되기 때문에 6개월이 지나지 않으면 선거권이나 피선거권이 없다는 오해가 생긴 듯하다.

여기에서 장로 자격의 요건인 입교인의 의무와 권리 등을 생각해 보아야 하겠다. 교인의 의무는 공동예배의 출석과 헌금과 교회치리에 복종해야 한다. 교인이 이사하거나 기타 사정으로 교회를 떠날 때에는 6개월 이내에 소속한 당회에 이명을 청원하여야 한다. 그리고 교인이 학업, 병역, 직업 등의 이유로 교회를 떠나 6개월 이상 지날 때에도 소속한 당회에 신고해야 한다.

교인이 신고 없이 교회를 떠나 교인의 의무를 행하지 않고 1년 이상을 지나면 자연 회원권이 정지되고, 2년 이상을 지나면 실종 교인으로 된다. 그러나 회원권이 정지되었다가 다시 본교회로 돌아왔을 때에는 6개월을 경과한 후 당회의 결의로 복권이 될 수 있고, 실종 교인이 되었던 교인은 1년이 지난 다음에야 당회가 복권할 수 있다.

장로의 피선거권이 안수집사나 서리집사에게만 있는 듯이 생각하는 이도 있다. 그러나 교인이면 누구에게나 피선거권이 있다. 물론 안수집사나 서리집사가 교회생활에서 인정을 받아 투표 받는 것이 현재의 실정이다. 안수집사로 봉사하는 이는 장로로 피선 받을 만큼 교인들에게 인정을 받게 일을 해야 한다.

(2) 7년(5년)을 경과한 자

"새로 입교한 자도 말지니 교만하여져서 마귀를 정죄하는 그 정죄에 빠질까 함이요"(딤전 3:6)의 말씀에 근거하여 세례교인으로 7년(5년)이 지난 교인이라야 장로가 될 수 있다고 했다.

바울의 전도 초기에는 새로 입교한 자들이 장로 직책을 맡아서 교회에 물의를 일으키는 일이 있었던 듯하다. 그러므로 바울은 디모데에게 새로 입교한 자에게는 장로의 직을 맡기지 말라고 한 것 같다. 장로의 직책은 말과 생활로 교회의 본이 되어야 하고, 교회의 행정과 권징을 해야 하기 때문에 세례교인으로서 상당한 기간 경험을 쌓은 사람이라야 감당할 수 있다는 것이다.

오늘의 교회 실정으로는 무흠 입교인으로 7년(5년)이 지난 교인은 안수집사 또는 서리집사로 교회생활의 경험을 쌓게 된다. 그래서 장로 투표에 거의 안수집사나 서리집사 중에서 선택되고 있다.

3) 40세(30세) 이상 된 자

장로는 교회의 어른이요, 지도자요, 교회를 다스리는 자이므로 그 직책을 감당하려면 연령이 40세 이상은 되어야 한다는 것이다.

1994년(제79회) 총회에서 여성안수가 가결되면서 과거 30세에서 40세로 상향 조정되었다(합동과 고신측은 그대로 30세 이상이다). 좀 더 원숙한 나이가 필요했기 때문이다. 반면에 "디모데전서 3:1-7에 해당되는 자"라는 항목도 자연 남녀의 성 구별이 없어짐으로 삭제되었다(합동과 고신측은 살아 있다).

그러나 그 말씀의 정신은 장로의 품격에 살아 있어야 한다. 즉 사회에서나 가정에서 모범적이어야 하며, 절제, 근신, 착함, 경건, 온유, 관용, 화평, 고상함 등의 덕목을 가지고 있어 그것이 믿지 않는 사람들에게까지 인정받는 사람이어야 한다.

장로가 교회를 위해 봉사하려면 사회에서 많은 경험을 쌓아야 한다.

사람은 누구나 실제 경험 없는 사람에게서 지도를 받으려 하지 않는다. 지도자가 되려면 "내 말대로 하라"(벧전 5:1-4)기보다는 "내가 한 대로 하라"(빌 3:17)고 말할 수 있어야 한다. 따라서 40세, 또는 30세의 장년이라도 겸손하게 배우기를 힘써야 할 것이다.

4) 디모데전서 3장 1-7절에 해당되는 자

본서 제1편 3장 〈성경이 말하는 장로의 자격〉을 참조.

4. 장로의 임직과 사임

장로는 목사와 협력하여 행정과 권징을 관리하는 항존직이므로 그 임직과 사업은 법으로 규정되어 있다.

1) 장로의 임직

(1) 장로의 청원

장로직은 교회의 고귀하고 소중한 직책이기 때문에 아무나 함부로 세우지 못하고 교회의 규정된 법에 따라 세워야 한다. 교회가 설립된 후 세례교인이 30명(합동 25명: 이하 동일)을 초과할 경우에 그 교회가 장로 세우기를 원하면 소속노회에 장로선거를 청원할 수 있다. 처음에는 세례교인 30명에 장로 2인을 청원할 수 있지만(고신, 합동은 세례교인 25명에 1명을 청원할 수 있다), 그 다음부터는 세례교인 30명에 장로 한 사람씩 청원할 수 있도록 되어 있다.

통합측에서 처음 장로를 세울 때에 세례교인 30명에 장로 두 사람을 세울 수 있게 한 것은, 당회를 구성할 때 당회장인 목사 한 사람과 장로 한 사람으로써는 완전한 회의를 할 수 없기 때문이다. 당회에 당회장과 회원인 장로 두 사람이면 어떤 사건을 의논하고 결정할 때 다수로 가부를 결정할 수 있기 때문이다.

장로는 교인의 대표자로 특별히 세례교인 30명을 단위로 선거할 수 있기 때문에 가장 이상적인 것은 자기 자신이 부지런히 전도하여 적어도 30명 이상의 세례교인을 만들어놓고 장로로 선출되는 일이다. 물론 이것이 결코 쉬운 일은 아니다. 그러나 교회의 장로가 될 사람이 전도의 열매도 없이 어떻게 교인의 대표자가 될 수 있겠는가? 그러므로 많은 사람을 주께로 인도하여 교회를 부흥하게 하고 장로로 선출되어야 한다.

장로를 처음 세울 때에는 당회장이 장로 선거 청원서를 시찰회를 거쳐 노회에 제출하되, 당회가 조직된 교회에서는 당회가 장로 선거 청원하기로 결의하고 시찰회를 거쳐 노회에 제출해야 한다. 이때 세례교인 수를 따라 선거할 장로 수를 선정하되, 세례교인 수가 된다 해도 장로 될 사람이 있는가도 살펴야 한다. 선거해 보지 않고서는 누가 당선될는지 모르지만, 당회는 교인들의 의향과 장로 될 가능성이 있는 사람이 어떤 사람인가를 미리 살펴보아야 한다.

어떤 교회에서 세례교인 수가 된다고 장로 다섯 명을 선거 청원하고 공동의회에서 겨우 한 사람이나 두 사람을 선출했다고 하면 당회가 교인들을 잘 살피지 못했다고 보아야 한다.

(2) 장로의 선거

장로는 상당한 식견과 통솔의 능력이 있고, 무흠 세례교인(입교인)으로 7년(합동, 고신 5년)을 경과하고, 40세 이상 된 자라야 한다(합동, 고신은 30세 이상이고, 딤전 3:1-7에 해당하는 자라야 한다).

노회에서 장로 선거 허락을 받은 후에 당회는 공동의회를 모이기로 결의하고, 장로를 몇 명 선거할 것인지 한 주일 전에 교회에 광고해야 한다. 헌법에는 공동의회를 소집할 때 일시, 장소, 안건을 한 주일 전에 교회에 공고하기로 규정되어 있지만, 장로선거는 가장 중요한 안건이므로 몇 주일 전부터 공동의회 모일 것을 광고하되, 장로의 자격, 선거방법 등을 널리 알리어 세례교인들이 선거에 참여하도록 힘씀으로써 기권을 막아야 한다.

선거용지는 미리 인쇄하여 견본을 교회게시판에 제시하되, 선거용지는 당회가 잘 보관하여 불미한 일이 일어나지 않도록 해야 한다. 투표용지에 당회장의 직인을 찍는 것은 말할 것도 없다. 공동의회에서 선거할 때에 선거관리는 장로들이 하되, 계수를 분명히 하고 발표해야 한다.

장로선거는 공동의회에서 투표수의 3분의 2 이상의 찬성표를 받음으로 당선이 확정된다. 첫 번 투표에서 당선이 되면 그보다 더 좋은 일이 없겠으나, 장로선거는 입후보를 하거나, 추천을 하거나, 배수공천하고 투표하는 것이 아니기 때문에 도시교회 등에서는 첫 번에 당선자가 결정되기는 어려운 실정이다. 그렇기 때문에 투표하기 전에 당회가 선거를 몇 번 할 것인가를 확정하고 실시하는 것이 교회에 덕이 된다(통합측 제75회 총회에서는 당회가 항존직 후보를 천거할 수 있도록 하였는데, 이는 도시의 큰 교회가 대개 무작위로 1차 투표하여 청원 허락된 수의 배수 내지 3배수를 득표순대로 잘라서 재투표에 붙일 수 있게 한 것이다).

당선자가 확정되면 교회 앞에 알리고 위하여 기도하며 장로로서 봉사할 준비를 하도록 해야 한다.

(3) 장로의 고시(考試)

장로로 피택된 사람은 6개월 이상 당회 지도 아래 교양과 훈련을 받은 후, 노회가 시행하는 장로고시에 응시하여 합격해야 한다.

장로로 피택된 사람을 위하여 당회는 신앙과 생활, 그리고 성경, 헌법 등과 장로로서 갖추어야 할 모든 식견을 잘 지도해 주어야 한다. 피택된 사람들을 위해 온 교회가 위하여 기도하며, 그 가족들에게도 장로직이 얼마나 귀중한 것임을 알려주어 장로 가정으로서 가져야 할 의무와 책임을 가르쳐 주어야 한다. 특별히 매일 성경 읽는 일과 교회 봉사와 헌금하는 일에 대해 더욱 교회에 본이 되도록 지도해야 한다. 그렇게 함으로 장로로서의 마음의 준비가 되어야 한다.

노회에서 시행하는 장로고시 과목은 대략 다음과 같다(교단에 따라 다소 다를 수 있다).

① 성경

② 대한예수교장로회 헌법

③ 신경 및 요리문답

④ 일반상식(혹 논문)

⑤ 구술(면접)

그러므로 장로로 피택 된 사람은 6개월 동안 고시 준비를 착실히 해야 합격할 수 있다. 장로고시 준비를 위해 통합측 교육부에서는 성경통신대학을 운영하고 있다. 과목은 신구약성경, 장로회 신조, 예배모범, 신학, 장로회 정치 헌법, 교회사, 제직론, 청지기직, 기독교윤리 등이다. 자기 교회에서 장로로 선출되었어도 만일 노회의 장로고시에 합격이 되지 못하면 장로임직을 받을 수 없게 된다. 간혹 장로로 피택되었다고 피택장로라고 부르기 때문에 장로인 것 같이 생각되기도 한다. 그러나 피택장로는 장로가 아니기 때문에 장로라고 부를 수는 없는 것이다.

(4) 장로의 임직

노회에서 장로고시에 합격된 사람은 그 당회가 실시하는 날짜에 장로임직을 받아야 한다. 장로 임직식은 중요한 행사로 하나님께 드리는 예배가 되어야 한다. 당회장은 여러 주 전에 순서를 맡겨서 임직식이 정중하고 거룩하게 진행되도록 준비해야 한다. 당회와 온 교회가 기도로 준비하여 그리스도의 형상이 나타나는 임직식이 되어야 한다. 안디옥 교회에서 사울과 바나바를 전도자로 임직할 때 금식하며 기도하고 두 사람에게 안수하여 보냈다(행 13:3).

장로 임직식에 중요한 절차는 다음과 같다.

임직을 위한 설교 후에 장로 임직 받는 사람과 교인들이 서약을 한다.

① 서약

장로로 임직을 받는 사람이 당회장 앞에 일어서서 다음과 같은 물음에 오른손을 들고 서약한다.

a. "신구약성경은 하나님의 말씀이요, 신앙과 행위에 대한 정확무오한 유일의 법칙으로 믿습니까?"

b. "장로회 신경과 요리문답은 신구약성경에 교훈한 도리를 총괄한 것으로 알고 성실한 마음으로 받아 순종합니까?"

c. "본 장로회 정치와 권징조례와 예배모범을 정당한 것으로 승낙하십니까?"

d. "이 지교회 장로의 직분을 받고 하나님의 은혜를 의지하여 진실한 마음으로 본직에 관한 범사를 힘써 봉행하기로 맹세합니까?"

e. "본 장로회의 화평과 연합과 성결을 위하여 진력하기로 맹세합니까?"

임직자의 서약이 끝나면 당회장의 다음과 같은 물음에 교인들이 오른손을 들고 서약한다.

"○○교회 회원들이여! ○○○, ○○○, ○○○ 씨를 본 교회의 장로로 받고, 성경과 교회정치에 가르친 바를 좇아서 주 안에서 존경하며, 위로하고, 복종하기로 맹세합니까?"

임직 받는 이가 한평생 그 물음의 말을 잊어버리지 않게 깊이 듣고 진실된 대답이 되어야 한다. 그렇게 되기 위해 그 물음은 주님이 들으시는 권위가 나타나야 하고, 그 대답에는 순종의 뜻이 깊이 드러나야 한다. 임직을 받는 이의 대답이 자기 평생에 남아 있지 않다고 하면 그 임직은 아무 의의가 없게 된다. 임직을 시키는 당회장이나 임직을 받는 자가 이 같은 마음의 준비가 되어 있어야 한다.

② 안수기도

안수위원(임직식 순서 맡은 이와 본 교회 당회원)들이 장로로 임직 받는 사람의 머리 위에 오른손을 얹고 당회장이 안수기도를 한다. 안수는 '기름 붓는다'는 뜻으로 성령의 지배 아래 둔다는 말이다. 구약시대에 왕이나 제사장이나 선지자를 세울 때 기름 부어 세웠다. 또한 제물을 제단에 바칠 때에 희생제물의 머리에 안수했다. 이때 안수는 '죄를 전가(轉嫁)한다'는 뜻으로, 짐을 나누어지는 의미가 있다.

이렇게 안수하는 것은 성직의 사명을 많은 감독자들이 자기들이 이미 받은 직을 새로 맡을 자에게 나누어 맡긴다는 뜻이기도 하다.

안수기도는 당회장이 하는 것이 원칙이라고 생각된다. 그러나 특별한 관계가 있는 사람이 할 수도 있다. 안수기도에는 임직자를 성령의 지배 아래 맡기는 뜻이 밝히 드러나야 한다(딤후 1:6). 안수기도는 짐을 갈라지는 일이니 짐을 지는 시간이며, 짐을 지우는 시간이다. 안수기도는 임직자에게 성령이 부어지고 짐이 지워지는 순간의 기도이므로 사명감에 충성할 각오가 일어나야 한다(가급적 교단에서 발행한 「예식서」에 의해 기도하는 것이 중언부언이나 실수하는 것을 피할 수 있다).

③ 악수

기도가 끝나면 당회장을 비롯한 안수위원들이 당회장을 시작으로 차례로 신임장로를 악수로 환영하며 축복한다.

④ 공포

악수가 끝난 다음 당회장(안수기도 한 이)은 분명하고도 엄숙하게 다음과 같이 공포해야 한다: "대한예수교장로회 ○○교회 당회장인 나는 ○○○, ○○○, ○○○ 씨가 본 교회 장로된 것을 성부와 성자와 성령의 이름으로 공포하노라. 아멘."

⑤ 권면

당회장 또는 당회장에게 위촉받은 위원이 신임장로와 교우에게 각각 권면한다. 권면은 직을 맡은 장로나 교우들이 그 일을 감당하는데 날마다 살아 있고 그 피에 흐를 수 있어서 평생 잊지 않는 교훈이 되어야 한다. 임직 받는 자의 성격, 생활, 신앙생리 등을 착안한 뜻 깊은 권면이어야 한다. 말의 기교나 인기 끄는 말로 권면이 되는 것은 아니다. 권면은 간단명료하여 일생을 두고 명심하도록 감명 깊은 말이 되어야 한다.

⑥ 답사

임직식 때 거의 답사가 있다. 서약할 때 묻는 말에 "예"라고 대답하였으니 그 시간의 감격을 하나님께 드려야 한다. 답사가 자기중심의 영광을 감사하는 표시가 되어서는 안 된다. 참으로 감격에 넘쳐서 눈물어린 답사를 들을 때 자연히 "아멘"으로 화답하고 청중은 그 장본인을 위해 기도드리고 싶은 생각이 들게 된다.

2) 장로의 사임

장로는 항존직이다. 그러나 다음과 같은 경우에 시무를 계속할 수 없다.

(1) 정년

통합측 교회에서는 교회의 다른 직원과 같이 장로는 70세에 정년 은퇴한다. 단, 은퇴장로는 당회와 제직회에서 언권회원이 될 수 있다. 이 경우 교인들은 은퇴장로를 정당한 예절로 대해야 하며, 은퇴장로는 교회 일에 지나치게 관여하여 물의를 일으키지 않도록 피차 조심해야 한다.

(2) 사임

장로가 노혼(老昏)하거나 기타 사정으로 시무를 계속하기 어려울 때에는 정년 전이라도 사임원을 당회에 제출할 수 있고, 당회는 이를 심사하여 처리한다. 이때 사임(辭任)은 본인의 의사에 따라 사임되는 것이다.

장로가 이단이나 악행을 범하지 아니했을지라도 교인 반수 이상이 그의 시무를 원하지 않을 때에는 당회의 결의로 시무 사임을 권고할 수 있다. 전항의 경우는 자진 사임이지만, 이 경우는 권고 사임이다. 그러므로 만일 사태가 이에 이르게 될 경우에는 권고 사임을 받기 전에 장로 자신이 먼저 사임하는 것이 덕스러운 처사이다. 형편에 따라서는 본인의 휴직을 당회에 청원할 수도 있다.

(3) 사직

장로가 범법은 하지 아니하였지만 노혼(老昏)하거나 교회에 덕이 되지 못한 줄로 알면 자의로 사직할 수 있고, 또 당회가 그 사직을 권고할 수 있다. 당회가 휴직이나 사직을 결정할 때 본인이 원하지 아니하면 상소할 수 있다.

사임과 사직의 차이는, 사임은 시무를 사퇴하는 것이요, 사직은 장로직을 사퇴하는 것이다.

5. 장로의 직무

장로는 교회의 택함을 받고 치리회원이 되어 목사와 협력하여 행정과 권징을 관리하며, 교회의 신령상 관계를 살피며, 교인들이 교리를 오해하거나 도덕적으로 부패하지 않도록 권면하며, 회개하지 않는 자가 있으면 당회에 보고한다(고신; 정치 제5장 24조, 통합; 정치 제34조, 합동; 정치 제5장 4조 참조).

1) 목사와 협력해야 한다.

(1) 교회의 택함을 받아야 한다.

장로는 교회에서 교인의 선택을 받아야 한다. 장로교회 정치의 주권은 교인들에게 있는 민주정치이므로 주권자인 교인들의 선택을 받아야 한다. 주권자인 교인들이 자기들을 대표할 대표자를 뽑아 당회를 조직하여 치리권을 행사하도록 위탁하는 일이 가장 효과적인 민주정치 제도요, 구약시대부터 사용해 온 성경적인 제도이다.

장로를 택하는 것은 교인의 대표자를 선택하는 것이다. 교인들에게 보장된 양심자유의 원리를 따라 교인을 대표해서 주권을 행사할 장로를 공동의회에서 선거하되, 투표수의 3분의 2 이상의 가표를 얻어야 한다. 그러나 당회장만은 교인이 선거하지 못하고 노회가 택하여 파송하는 것은, 장로회 정치는 양심의 자유만 아니라, 교회의 자유도 존중하기 때문이다. 교인을 대표할 장로는 교인들이 양심의 자유를 따라 공동의회에서 선택하고, 교회를 대표할 당회장은 교회의 자유를 따라 목사인 성직자를 관리하는 노회에서 선택하여 파송한다. 교회의 자유는 "어떤 교회든지 교인의 입회 규칙, 입교인의 자격, 교회의 정치와 조직을 예수 그리스도의 정하신 대로 설정할 자유권이 있다."(장로회 헌법 원리 제2조)고 했다.

그러므로 양심의 자유의 원리를 따라 선택된 교인의 대표자인 장로와, 교회의 자유의 원리를 따라 치리회가 선택한 당회장은 권리가 서로 동등하며, 또 서로 견제를 이루는 것이 장로회 정치이다. 교인의 대표자인 장로가 없는 교회는 노회가 선택한 당회장이 홀로 교회를 치리하게 된다. 그러나 이것은 어디까지나 불가피한 경우에 되는 일이요, 장로회 정치의 일시적 방편이다.

① 교인의 대표자

장로는 교인의 대표자요, 대리자이다. 그러므로 교인의 대표자로 선택을 받을 사람은 교인의 의무를 잘 알고 지키는 자여야 한다. 교인의 의무는 다음과 같다.

첫째, 공동예배에 출석해야 한다.

둘째, 헌금을 드려야 한다.

셋째, 교회의 치리에 복종해야 한다.

그러므로 장로는 먼저 교인의 의무부터 성실하게 이행해야 한다. 공동예배에 빠짐없이 참석하고, 헌금은 십일조 이상을 드리며, 교회의 결정은 솔선해서 지켜야 한다. 만일 장로가 교인의 의무도 제대로 이행하지 못하게 되면 장로의 권위를 상실하게 되므로 장로직을 감당할 수 없고 교인의 대표가 될 수 없다.

장로는 교인의 의무를 잘 지키며, 교인의 의사를 살펴 공정한 대변자가 되어 정당한 대표자 구실을 해야 한다. 그러나 교인들의 의사라고 해도 불신앙적이거나, 불법이거나, 부도덕하거나, 부당한 의사에 대해서는 대표자가 되거나 대변자가 되어서는 안 된다. 이러한 때에는 도리어 선도하고 권면하여 도덕상 부패에 이르지 않도록 해야 한다.

② 치리회원

장로는 치리회원이 된다. 치리회는 당회, 노회, 총회이며, 치리회 회원은 목사와 장로로 구성한다. 각 치리회의 등급은 있으나, 각 치리회의 회원은 목사와 장로로 조직하여 권리가 같으며, 목사는 교회가 청빙하여 노회가 허락한 교회의 대표자요, 장로는 교인이 선택한 교인의 대표자이다.

(2) 목사와 협조한다.

장로의 직무인 치리권 및 치리권과 관계되는 직무는 장로가 독단으로 할 수 없다. 목사도 가르치는 직무 외에 치리하는 직무가 있으므로 목사와 협력하지 않고 장로가 독단으로 치리할 수는 없다. 그러므로 장로는 마땅히 목사와 협력하는 협동체가 되어 교회의 행정과 권징을 해야 한다. 장로는 결코 목사와 대결하거나 투쟁하기 위해서 제정된 제도가 아니다. 아론과 훌이 모세의 팔을 좌우에서 부축하여 이스라엘이 승리한 것처럼, 장로는 목사와 협조하여 하나님의 교회가 승리하게 하기 위한 직책이다(출 17:8-15).

치리회에서 목사와 장로의 권리는 같으나 목사가 주체가 되고, 장로는 협력체가 되어야 한다. 교회에서 치리하는 일이나 봉사하는 모든 일은 말씀 전파를 위한 직무이다. 그러므로 모든 일은 말씀 전파가 중심이 되어 치리되어야 한다. 치리하는 장로의 행정과 권징의 직무가 모두 말씀 전파의 직무를 전담하고 수행하는 목사와 협력해야 한다는 사실이 명백하다. 장로가 무슨 일을 하든지 단독으로 치리하는 것은 잘못이다.

말씀 증언하는 목사가 주체가 되고, 치리하는 장로가 협력하는 것이 장로회 정치의 정신이다. 따라서 그와 반대로 치리하는 장로가 주체가 되고 말씀 증언하는 목사를 협동체로 삼고 일하려는 것은 장로의 직무에 어긋나는 일이다. 그러나 이것은 어디까지나 치리자의 자세를 두고 하는 말이요, 치리회에서 목사가 장로보다 우월하다는 뜻은 아니다.

목사가 주체가 되고 장로가 협력해야 하는 것은 목사도 교회의 대표자이기 때문이다. 목사는 교인들이 양심의 자유에 따라 공동의회에서 선택되어 노회에서 그 교회의 목사로 허락을 받은 교회의 대표자이다. 그러므로 목사는 행정과 권징의 대표자요, 책임자이다. 장로도 당회에서 목사와 같은 회원이지만, 목사는 그 교회 당회장이 되어 교회를 관장하는 이유가 여기에 있다.

(3) 행정과 권징을 관리한다.

장로가 목사와 협력하여 할 일은 행정과 권징을 관리하는 일이다. 행정이란 교회헌법 중 정치에 의해 다스리는 일, 즉 재판사건 이외에 다스리는 일을 가리키는 말이요, 권징이란 교회헌법인 권징에 의해 다스리는 일, 즉 재판건의 처결을 가리키는 말이다. 장로는 치리권을 행사하는 자이므로 자기 자신이 치리 받을 비행을 저지르거나, 비방 받을 만한 부도덕한 일을 하지 않아야 한다.

2) 교회의 신령상 관계를 살핀다.

교회의 '신령상 관계'란 무엇인가? 헌법 제1장 6조에서 권징은 "신앙과 도덕에 관한 것이요, 국법에 관한 것이 아니다"라고 하였으니, 신령상 관계란 우선 교회법에 의한 관계요, 국법에 관한 것이 아니라고 할 수 있다. 교회법은 하나님나라 관계를 다스리고, 국법은 세상나라 관계를 다스린다. 교회법은 신앙관계, 즉 신령한 문제를 다스리고, 국법은 육적인 관계를 다스린다. 그러므로 장로는 목사와 협력하여 신앙관계, 즉 영적인 문제를 다스려야 한다.

장로는 먼저 자기 자신이 신령해야 하고, 다음은 교회적인 관심이 다른 사람보다 특별히 깊어야 한다. 자기 자신이 신령하지 못하면 교회의 영적인 형편을 살필 자격이 없으며, 교회적인 관심이 없으면 교회의 형편을 잘 살필 수가 없다. 교회의 영적인 형편을 살피는 사람은 교회의 일반적인 형편도 잘 살피는 사람이라는 것을 의미한다. 교회적인 관심이 희박한 사람은 교회 일에 방관하기 쉬우므로 이런 사람은 장로로서는 합당하지 않다. 장로는 지교회만 아니라 전국교회의 영적인 관계도 살펴야 한다.

교회의 영적인 관계를 살펴야 할 장로는 신령한 눈이 뜨인 사람이어야 한다. 이사야는 신령한 눈으로 스랍들을 보았고, 예레미야는 살구나무 가지에서 하나님의 역사하심을 보았다. 신령한 눈으로 자기 자신이 얼마나 죄인인가를 볼 수 있어야 하고, 신령한 곡식이 이미 익어 휘어져서 추수할 때를 기다리고 있는 사실을 신령한 눈으로 볼 수 있어야 교회를 바로 살필 수 있다. 바울은 에베소 교회에 편지할 때 마음의 눈을 밝게 해 달라고 기도했다(엡 1:18). 신령한 눈이 뜨인 장로가 되어야 하나님의 역사를 보고 교회의 미래를 내다볼 수 있다.

장로가 교회의 영적인 관계를 살피려면, 다음의 몇 가지를 힘써야 한다.

(1) 교우를 심방해야 한다.

심방은 목사나 전도사가 하는 일이요, 장로와는 아무 상관이 없는 것처럼 생각하는 이들이 간혹 있다. 그러나 교인의 실정을 알지 못하고 양 무리를 다스리거나, 교리의 오해나 도덕상의 부패를 막을 수는 없다. 교인의 실정을 알지 못하고 잘못 파악하면서 교인들을 다스린다는 것은 어리석은 일인 동시에 위험한 일이다.

장로는 부모의 심정으로 교인들을 살펴보아야 한다. 부모가 자녀를 사랑하듯, 장로는 교인을 사랑하며 그리스도의 몸 된 교회의 한 지체로서 친밀한 관계를 가져야 한다.

장로는 교인들의 친구가 되어야 한다. 교인들이 마음의 문을 자진해서 열 수 있도록 친구로서 만나주어야 한다. 바울은 한 사람이라도 더 얻으려고 자유인도 되고, 종도 되고, 약자도 되고, 강자도 되었으니(고전 9:19-23), 장로는 교인들의 사정을 알고 잘 인도하기 위해 교인의 사정을 이해할 줄 아는 친구가 되어야 한다.

장로는 병자와 슬픔 당한 자와 무식한 자와 어린이들을 돌보고, 성도들을 위로하며 격려하며 가르치는 일을 해야 한다. 장로가 부지런히 병상과 근심 중에 있는 교우들을 찾아 위로하고 권면하면, 교인들의 신앙은 약동하고 교회는 건전하게 발전하게 된다. "너희 중에 병든 자가 있느냐 그는 교회의 장로들을 청할 것이요, 그들은 주의 이름으로 기름을 바르며 그를 위하여 기도할지니라"(약 5:14)고 했으니, 장로가 교인들을 심방하는 것은 장로의 직무상 선행(先行)의 요건이다.

장로의 심방은 목사의 목회적 심방을 위한 예비적 심방이므로 병자나 슬픔 당한 자나 회개한 자나, 특별히 도움을 필요로 하는 자를 심방하거나 정보를 갖고 있다면, 즉시 목사에게 보고해야 한다. 교인 심방에도 장로는 목사를 협력하여 교회가 은혜 중에 성장하도록 힘써야 한다.

(2) 교인의 신앙을 살피고 기도해야 한다.

장로가 교인을 돌보는 중에서 최대의 직무는 교인의 신앙을 살피는 일이라고 할 것이다. 그러므로 장로는 교인과 함께 기도해야 한다. 장로가 교인을 위해 노력하는 중에 하나님께 아뢰며, 위해 기도하는 것보다 더 유익하고 효과적인 방법은 없을 것이다.

또한 장로는 목사의 설교에 교인들이 어떤 반응을 갖는가도 살펴보아야 한다. 목사의 설교는 교인들의 신앙성장에 깊은 관련이 있다. 설교를 잘못해서가 아니라, 설교를 이해하지 못하는 교인이 있는가, 오해하지는 않는가를 살펴서 교인들의 신앙성장에 유익이 되도록 해야 한다.

장로가 목사의 설교 결과를 찾아보는 것은 더 좋은 설교의 효과를 얻기 위한 신령한 직무이다. 결코 목사의 설교를 비방하거나 비난하기 위함이 아니다. 장로는 목사와 교인 사이에서 목사의 목회 방향과 방침을 교인에게 이해시키고, 교인의 요구와 희망사항과 교인의 형편을 목사에게 알려줄 필요가 있다. 장로가 목사와 교인 사이에서 다리 역할을 잘하는 것이 또한 교회의 영적인 관계를 잘 살피는 일인 것이다.

3) 교인을 권면해야 한다.

장로는 교인들이 교리를 오해하거나 도덕적으로 부패하지 않도록 권면해야 한다. 또한 장로는 교인의 대표자만이 아니라 교인의 인도자가 되며 권위자(權慰者)가 되어야 한다. 교인들이 교리를 오해하거나 도덕상으로 부패함을 막기 위하여 당회로나 개인적으로나 지도하며 권면하여야 한다.

교리 오해란, 믿는 도리와 신조에 대해 그릇 생각하는 일이다. 교파마다 신조가 있다. 대한예수교장로회에는 12 신조가 있다. 간혹 성경지식이 부족하거나 불건전한 집회 등에서 잘못 교육을 받아서 오해하는 교인이 있을 수 있다. 장로는 믿는 교리에 오해하는 교인을 바로 가르치며 지도할 직무를 맡은 자이다.

장로는 교인의 도덕상 부패를 막아야 할 직무가 있다. 교인의 도덕적 부패란 대개 이성교제에서 오는 부패, 금전거래에서 생기는 부패, 파당관계에서 일어나는 부패 등을 들 수 있다. 바울은 디모데에게 "늙은 여자에게는 어머니에게 하듯 하며 젊은 여자에게는 온전히 깨끗함으로 자매에게 하듯 하라"(딤전 5:2)라고 남녀관계에 있어서 깨끗할 것을 강조하였다. 교인은 다 같은 형제요, 한 지체이므로 의남매나 수양남매의 관계를 가지거나, 교인 간에 의부모 의형제 맺는 일을 장로교총회에서 금지하기로 결정한 것은(제4회 총회 1915년) 도덕상의 부패를 방지하기 위한 일이다. 성경은 고리대금을 금하고 있으므로(레 25:37, 신 23:19-20) 금전거래로 말썽을 일으키거나 파당문제로 어지러워지는 것을 장로는 미리 막아야 한다.

장로가 교인들이 교리를 오해하지 않게 가르치며, 도덕상의 부패를 미리 막기 위해서는 무엇보다 지도력이 있어야 하고, 또한 분별력이 있어야 한다. 장로가 지도력이 없으면 무능해서 교인들의 잘못에 끌려가기 쉽고, 또 분별력이 없으면 교인들을 도리어 그릇 인도하기가 쉽다. 그러므로 장로는 교회의 신앙노선과 교인의 여론과 교회의 분위기를 건전하고 정당하고 은혜로운 방향으로 선도해 나갈만한 지도력과 분별력이 있어야 한다.

4) 교인의 사정을 당회에 보고해야 한다.

장로는 교인 중에 교리를 오해하거나 도덕상 부패를 막기 위해 권면하였으나 회개하지 않는 자가 있으면 당회에 보고해야 한다. 장로가 교리의 오해나 부패에 이르지 아니하도록 교인들을 잘 권면하였으나, 개인적 권면을 듣지 아니하면 치리회로 권면하도록 당회에 보고할 것이요, 당회의 권면도 듣지 아니하면 교회의 권징을 통해서라도 교회에서 악을 제거하도록 해야 한다. 그러나 이러한 일이 있기 전에 장로는 교회에 쓴 뿌리가 나지 않도록 미연에 방지하기 위해 교회의 신령상 관계를 세심히 살펴야 한다.

6. 장로의 권한

대한예수교장로회(합동측) 헌법 제5장 2조에 장로의 권한을 이렇게 규정하고 있다.

"강도와 교훈은 그의 전무 책임은 아니나 각 치리회에서는 목사와 같은 권한으로 각 항 사무를 처리한다."(딤전 5:17; 롬 12:7-8).

1) 목사와 장로가 다른 점

장로는 교회의 항존직으로 두 가지, 즉 설교와 치리를 겸한 자를 '목사'라 하고, 치리만 하는 자를 '장로'라 한다고 헌법에 규정하여 목사와 장로의 다른 점을 명시하고 있다.

목사는 하나님의 말씀으로 교훈하며, 성례를 거행하고, 교인을 축복하는 특권을 지니고 있으나, 장로는 설교와 성례 거행과 교인 축복의 직무를 맡지 않았다. 그렇다고 목사가 아니라고 장로가 전도하지 않으며, 말씀을 전하지 않으며, 진리수호의 책임이 없다는 말은 아니다. 목사가 아니라도 예수 믿으라고 전도하며, 가족과 함께 성경을 읽고 말씀을 전하며, 성경의 교훈대로 살아야 한다. 초대 예루살렘 교회에서도 사도들로 하여금 오로지 기도하는 것과 말씀 전하는 것을 힘쓰게 하고, 구제와 봉사의 일을 위해 선택 받은 스데반과 빌립도 말씀을 증언한 것을 볼 수 있다

설교란, 원칙적으로 교회에서 드리는 공동예배의 설교를 의미한다. 공동예배의 설교는 마땅히 목사가 할 본분이요, 권리이다. 그러나 목사가 없거나 특별한 사정이 있을 때에는 다른 목사를 청하여 설교하도록 하되, 청할 목사가 없을 때에는 장로가 친히 인도할 것이라고(정치문답조례 제89문) 하였으니, 설교와 교훈이 장로의 전무 책임은 아니

지만, 설교할 목사를 구하지 못했을 때에는 직접 설교할 수도 있다고 했다.

여기에 교회정치 문답조례 제5장 치리장로 직분론에서 몇 문답을 소개하여 목사와 장로의 다른 점을 살펴보고자 한다.

[87문]: "목사와 치리 장로에 분간이 있느뇨?"

답: 목사와 치리장로에 분간이 있으니 그 자격과 택하는 회가 같지 아니하느니라. 장로는 목사가 장립하고, 목사는 노회에서 장립하나니 장로는 당회 관할에 있고, 목사는 노회 관할 하에 있느니라.

목사를 장립할 때에 장로들이 안수하지 못하고(통합측에서는 "목사 안수는 노회가 한다"로 해석하여 노회가 안수위원을 선정할 때 따르고 있다), 장로는 성찬과 세례를 베풀지 못하느니라. 미국 남장로회에서는 목사를 장립할 때에 장로들도 안수하느니라.

장로장립을 받은 자가 목사가 될 때에는 목사장립을 다시 받아야 할 것이요, 특별한 일 외에는 목사가 치리장로의 직분을 임시라도 행치 못하며, 타교회의 청함을 받아서 임시회장은 될 수 있으나 타교회에서 치리장로의 직무는 행할 수 없느니라.

[88문]: "목사와 장로가 이것 외에 무슨 분간이 있느뇨?"

답: 명칭과 직분에 대하여서도 분간이 있으니, 목사는 '하나님의 사자'라 칭하며 혹은 '그리스도의 사신'이라고도 칭하나, 장로는 '교인의 대표'라고만 칭하며, 장로의 직분은 목사를 도와 함께 일할 수 있으나, 세례, 성례 및 다른 일에 자의로 행치 못하느니라.

[89문]: "장로가 행하는 시무가 무엇이뇨?"

답: 장로가 행하는 사무는 목사와 더불어 당회와 노회와 대회 및 총회에서 교회를 치리하고, 교인을 교육하며, 심방하는 모든 일에 교회를 유익하게 할 것과, 연합하게 할 것과, 거룩하게 할 것을 구하여 행할 것이요, 목사가 없을 때에는 목사를 구할 동안에 노회위원과 협의하고, 주일마다 인도할 강도인을 택청(擇請)하며, 택청할 사람을 얻지 못하면 자기가 친히 인도할 것이니라.

2) 목사와 장로가 같은 점

장로가 치리회에서는 목사와 동등한 권한이 있다. 장로회 정치는 목사의 성직권(교리권 및 교훈권을 겸한 치리권)과 평신도의 기본권을 대표하는 치리장로의 치리권을 서로 동등하게 하여 이를 서로 견제하게 함으로써 교회의 건전한 발전을 도모하는 정치이다. 장로의 치리권이 약해지면 감독정치나 교황정치일 수는 있어도 장로회 정치는 아니다. 목사의 성직권이 약해지면 조합정치나 자유정치일 수는 있어도 장로회 정치는 아니다.

당회장은 그 교회 목사가 되는 것이 원칙이요, 장로가 되지 아니하며, 교회재판의 재판장은 역시 목사가 되고 장로가 되지 아니하며, 목사는 마땅히 노회원이지만 장로는 총대로 보냄을 받았을 때에만 노회원이 되는 등, 동등이면서도 목사권을 더 존중하는 입장이 된다는 사실을 부인할 수 없다. 그러나 이것은 어디까지나 목사권을 존중하는 입장뿐이요, 결코 장로보다 목사의 권한이 우월하다는 것은 아니다. 그러므로 목사도 장로보다 배나 겸손한 마음을 가지고서 목사권을 존중하는 장로에게 주장하는 자세를 하지 아니해야 할 것이다.

정치문답조례의 "당회장이 누가 되는 것이 합당한가"(200문)에 이렇게 대답하고 있다.

"본교회 목사가 항상 그 당회의 회장이 되나니 이는 자기의 직분과 노회에서 위임한 권세로 회장이 되느니라"

목사가 회장으로 시무하는 중에는 본 교회나 본당회 치리권 하에 있지 아니하므로, 혹 잘못이 있을지라도 노회 앞에서만 답변할 것이다. 그러므로 당회 때에 회장이 노회에 공고하여 재판하기로 청할 것이요, 당회나 본교회 사무회에서는 논단할 수 없다.

목사와 장로가 치리회에서 치리권은 동등하지만 목사가 노회의 관할에 있기 때문에 목사는 노회에서 치리되고, 장로는 당회 치리 하에 있기 때문에 당회에서 치리된다. 그러나 장로가 피고가 되어 소송하는 경우에는 노회가 마땅히 그 재판을 주관해야 한다.

3) 시무장로와 무임장로의 권한

시무장로는 본교회 치리장로로서 당회에서 목사를 도와 치리권을 수행할 수 있다. 그러나 장로는 시무하는 본교회와, 총대로 파송 받은 노회와, 총회에서만 그 직무를 행할 수 있고, 두 교회를 겸하여 치리할 수는 없다.

무임장로란 택하여 세움을 받은 본교회를 떠나서 타교회로 이명하고, 아직 그 교회의 투표로 취임을 받지 않은 장로이다. 그 교회에서 투표를 받기까지는 아무 권리가 없고 상회에 파송하는 총대도 될 수 없다. 당회에서 무임장로를 제직회의 회원으로 출석하게 하여 교회를 봉사하게 할 수는 있다. 장로직은 항존직이므로 시무하던 교회를 떠나도 장로직은 있으나 시무하는 교회가 없는 무임장로가 된다. 그러므로 장로는 자기를 투표하여 시무하게 해 준 교회를 떠나지 않아야 한다.

휴직(休職)장로란 장로직무를 쉬는 장로이다. 가령 본교회에서 여러 장로가 있어서 윤번제로 시무하기로 정한 규례가 있기에 그 순번에 따라 직무를 쉬는 장로이거나, 혹 자기의 사정 때문에 직무를 사면한 장로이다. 휴직장로는 본회로부터 특별히 청함을 받지 아니하면 참여할 필요와 권리가 없다. 정치문답조례에 휴직장로가 상회에 파견하는 총대는 될 수 있다고 했다(93문 참조).

장로는 항존직이지만 다음과 같은 경우에 면직, 혹은 정직이 된다(정치문답조례 제98문 참조).

(1) 세상을 떠나는 때.

(2) 연로하든지 신병(身病)으로 시무하지 못할 때. 이러한 경우에는 그 직무는 쉬고 본직은 그대로 가진다.

(3) 범죄한 일이나 이단을 가르치는 일이 없을지라도 사고로 말미암아 본교회 모든 회원과 서로 불합하여 본인이 당회에 제의하여 사직하거나, 당회가 노회에 제의하여 노회의 허락을 얻어 휴직할 때.

(4) 범죄한 일이 있든지, 이단을 가르침으로 당회에서 재판하여 정직, 휴직 당한 때.

(5) 노회, 대회, 총회에 복종하지 아니하므로 면직된 때.

(6) 노회나 대회, 혹 총회가 교회를 평온하게 하기 위하여 장로에게 사면하는 것이 좋은 줄로 권고하여 사직하게 하는 때(이런 경우에 장로는 사직청원서를 본당회에 제출하고 본당회는 이를 허락할 뿐이다).

(7) 이명증서를 받아 타교회에 이거한 후 투표하여 취임식을 받지 못한 때와 본교회로 돌아왔을지라도 투표하여 취임식을 받지 못한 때.

(8) 특별한 병이나 특별한 사고로 직무를 감당하기 어렵거나 교회에 수치까지 됨으로 정직 혹은 면직된 자.

(9) 본교회의 규례에 의하여 휴직된 자(규례란, 윤번 시무하기로 정한 규례).

이상과 같은 경우에는 장로의 직무를 잃거나 직무를 행하지 못하게 된다.

범죄로 인하여 정직만 당한 장로가 회개하면 본당회가 교인의 가부를 기다릴 것 없이 해벌하고 직무를 복귀할 수 있으나, 정직과 성찬참여를 금지하는 벌까지 당하였으면 당회가 때때로 심사하여 합당하면 해벌하고 성찬에 참여함을 허락할 수 있다. 그러나 직무에 대하여는 교회의 가부결정에 의하여 처리하되, 불가라고 결정되면 다만 정직장로로만 있을 것이다(정치문답조례 99, 100문 참조).

장로가 광질병 같은 특별한 이유로 직무에 방해가 되고, 교회에 수치까지 될 경우에는 퇴직을 명할 수 있으나, 성찬에 불참하는 벌까지는 줄 수 없고, 큰 죄로 말미암아 면직과 성찬 불참하는 벌을 당한 후에 진실로 회개하면 당회가 해벌하고 성찬에 참여하게 할 수 있다. 그러나 복직할 도리는 없고, 교회가 다시 투표하여 취임식을 행한 후에야 장로로 임직하게 된다(정치문답조례 제101문답 참조).

장로가 다른 교회로 이사하면서 그곳 교회에서 장로시무를 했다가 다시 본교회로 돌아왔어도 본교회의 투표와 취임식을 거행한 후에야 직무를 행할 수 있다.

한 교회에서 20년 이상 시무하던 장로가 노후에 시무를 사면할 때, 교회가 그 명예를 보존하고자 하면 공동의회의 결의로 원로장로로 추대할 수 있다. 원로장로는 시무를 사면했기 때문에 장로의 명예는 보존되지만 장로로서의 권한은 없다.

장로는 항존직이므로 시무는 사면해도 장로의 명예는 영구히 보존된다. 투표 받아 시무하던 교회를 떠난 장로도 명예는 보존되지만, 장로의 직무를 감당할 교회가 없으므로 장로의 권한이 없다. 이렇게 볼 때 장로는 투표 받아 시무하던 교회를 불가피한 경우를 제외하고는 떠나서는 안 된다.

7. 치리회와 장로

교회를 치리함에는 명백한 정치와 조직이 있어야 한다(고전 14:40). 교회의 치리권(治理權)은 개인에게 있지 않고 단체(治理會)에 있다. 치리권이 개인에게 있으면 소신을 따라 신속히 다스려 나아갈 수 있는 장점도 있지만, 치리권자인 개인의 실수와 과오를 범할 단점도 있다. 그러나 치리권이 단체(치리회)에 있으면 여러 회원이 중지(衆智)를 모아 치리권을 행사함으로 잘못을 범하는 일이 적다고 볼 수 있다. 그렇기 때문에 성경 교훈과 사도시대 교회의 행사가 교회의 치리권은 치리회에 있음을 명시하고 있다(행 15:6).

교회의 치리권은 당회(堂會), 노회(老會), 총회(總會)에 있다. 국가에는 입법, 사법, 행정의 세 부로 구분하여 하지만, 교회의 치리는 세 부의 기능을 모두 치리회가 가지고 처리한다. 당회, 노회, 총회 세 치리회 중 총회가 최고의 치리회이며, 어느 치리회든지 장로가 회원이 된다.

교회의 각 치리회에는 등급(等級)이 있어서, 하급 치리회인 당회는 상급 치리회인 노회에, 상급 치리회인 노회는 최고의 치리회인 총회에 각각 문서를 전달하며, 하급 치리회에서 상급 치리회에 보내는 안건문서를 '헌의(獻議)'라 하고, 상급 치리회에서 하급 치리회에 보내는 안건문서를 '수의(垂議)'라고 한다.

장로회 정치는 치리회를 위계적(位階的)으로 조직하여 동일한 사건을 동일한 사람들에게 맡겨서 처리하지 않고, 그 처리 사건을 상급 치리회로 재심하여 신중하게 치리하도록 제도적으로 규정하고 있다. 그러므로 교회는 치리회를 당회, 노회, 총회 셋으로 구분하는 삼심제도(三審制度)를 채택하고 있다. 삼심제도로도 완벽하다고는 할 수 없으나 초심(初審)이나 재심(再審)으로 끝내는 경우보다는 삼심의 경우가 잘못을 범하는 과오가 감소된다고 보아 이 같은 제도를 갖는 것이다.

모든 치리회는 목사와 장로로 조직하며 서로 연결된다. 장로회 정치의 최하 말단 기본 치리회는 당회이다. 그러나 교회를 설립하거나 당회를 조직하는 일은 노회에 있으므로 장로회 정치의 중심 치리회는 노회이다. 개 교회를 지교회(支教會)라고 부르는 이유도 노회가 장로회의 중심 치리회이기 때문이다. 장로회 각급 치리회는 성직권을 가지는 노회원인 목사와, 교인의 기본권을 가지는 평신도의 대표인 장로로 구성하여 같은 권리를 가지고 서로 견제하도록 조직되어 있다. 그러므로 각급 치리회는 권한이 동등한 목사와 장로가 회원으로서 동등한 치리회를 감시하며, 감시 받는 다스림에 참가하게 된다.

각급 치리회는 교회 헌법이나 규칙에 대하여 의견이 있을 때는 성경의 교훈대로 교회의 성결과 평화를 위하여 치리한다. 각급 치리회는 고유한 특권이 있다. 예를 들면, 교인을 다스리는 치리권은 당회에 있어서 상고나 상소하지 않는 한 당회의 고유한 특권 중의 하나이다. 노회는 목사에 대한 치리권이 있고, 총회는 헌법을 제정하거나 해석하는 고유한 권리가 있다.

각 치리회의 교회를 다스리는 법은 국법이 아닌 교회법이다. 교회법은 육신상의 사정에 대하여는 아무 권세가 없고, 다만 도덕상 또는 신령상 일에 대하여 처리하는 권세만 있을 뿐이다(정치문답조례 제183문답 참조). 치리회는 교회의 평화와 질서를 유지하며, 교회 행정과 권징(勸懲)에 관한 것을 재판회(裁判會)로 처리한다. 교회의 치리권은 하회(下會)와 개인 회원을 대상으로 치리하며, 그들로 그리스도의 법에 순종하게 한다. 그러므로 치리회는 교회법에 의한 재판권을 가지고 예수 그리스도의 교훈에 따라 치리한다.

1) 당회와 장로

(1) 당회의 조직

당회는 지교회에서 시무하는 목사, 부목사, 장로 2인 이상으로 조직한다. 당회 조직은 세례교인 30명(합동 25명: 이하 동일) 이상이 있어야 한다. 당회 조직에 세 가지 요건이 있다.

첫째, 세례교인 30명(합동 25명) 이상이 있어야 한다. 목사의 치리권을 견제할 만한 동등의 치리권은 최소한 기본권자인 세례교인 30명(합동 25명) 이상이어야 한다는 것이다.

둘째, 교인을 대표하는 장로가 있어야 한다. 당회 조직에는 독주하는 목사의 치리권을 막고, 서로 협의하여 건전한 치리를 하기 위해 교인을 대표하는 장로가 있어야 조직된다. 처음 당회가 조직될 때에는 세례교인 30명에 장로 2명을 택할 수 있고(합동, 고신에는 명시되지는 않았음), 장로를 증원할 때는 세례교인 30명마다 한 명씩 더 택할 수 있다.

셋째, 당회에는 당회장이 있다. 당회장은 노회로부터 당회장권을 임명받은 목사이다. 그 교회 당회장이 신병(身病)이나 기타 사정이 있을 때에는 당회의 결의로 관할 노회에 있는 목사를 대리 당회장으로 세울 수 있다. 시무목사 없는 교회에는 노회가 임시 당회장을 임명한다.

장로 없는 교회를 '미조직 교회'라고 하는데, 미조직 교회에서는 당회장이 그 교회 모든 일을 처리한다. 미조직 교회를 '준당회'라고 한다. 위임목사나 임시목사는 교회 청빙으로 노회에서 허락되면 그 교회 당회장이 된다. 대리 당회장이나 미조직 교회의 치리회장(당회장)은 은퇴목사에게도 맡길 수 있다.

(2) 당회의 성수(成數)

당회의 개회 성수는 당회장과 당회원 과반수의 출석으로 한다. 당회를 조직하는 지교회의 상황이 일정하지 아니하므로 자연히 여러 가지 문제가 생길 수 있다.

첫째, 장로 2인이 있는 당회는 당회장인 목사와 장로 1인의 출석으로 성수가 된다. 장로 1인만 있는 당회에서도 모든 당회 일을 행하되 장로 치리 문제와 다른 사건에 있어서 의견이 합의되지 않을 때에는 노회에 보고하여 처리하여야 한다. 이것은 목사의 성직권과 장로의 치리권이 동동함을 실증하는 장로회 정치의 모습이다.

둘째, 장로 3인이 있는 당회에서는 당회장과 장로 1인만 출석하면 과반수가 되지 못함으로 성수가 되지 않기 때문에 당회를 개회할 수 없다.

셋째, 장로 4인이 있는 당회에서는 당회장과 장로 2인이 출석하면 과반수가 되어 개회 성수가 된다.

부목사는 위임목사를 보좌하는 임시목사로 당회원이 된다. 임시목사는 일 년마다 노회의 허락을 받아 계속 시무할 수 있다.

(3) 당회의 직무

당회의 직무를 다음과 같이 몇 가지로 분류할 수 있다.

① 신앙과 행위를 통찰한다.

당회는 교회의 신성 유지와 성결 유지가 그 본무(本務)이다. 그런즉 이 일을 수행하기 위해서는 교인들의 신앙적인 지식과 그 행위를 항상 세심하게 살펴야 한다.

당회가 본 교회를 치리하는 중에 교인들의 지식과 행위를 살피는 것이 당회의 권리(權利)이다. 그러므로 당회는 교인들이 교리에 대하여 어떻게 믿으며, 진리 중에 성장하는지 모든 행위를 살펴 위반되는 일이 없도록 주의하여야 한다(행 3:17; 살전 5:12-13; 딤전 5:17).

교회학교는 교인을 교육하는 기관이다. 그러므로 교회학교의 교사와 교육과정과 부서와 임원의 선정을 당회가 주관한다. 가정과 학교에서 어린이를 교육하는 일에 당회가 힘써서 기독교교육을 하도록 해야 한다.

② 교인의 입회(入會)와 퇴회(退會)를 주관한다.

당회가 본 교회를 치리하는 중에 교인이 들어오고(入會) 나가는(退會) 일을 주관하는 것은 당회의 '고유한' 권리이다. 당회는 교회 밖에 있던 사람이 죄를 회개 자복하고 예수를 믿을 때 그의 신앙을 문답하여 학습교인, 세례교인, 유아세례교인으로 입교(入敎)하게 하는 일을 한다. 이 권리는 다른 치리회(노회, 총회)에는 없고 당회에만 있는 권리이다.

다른 교회에서 본 교회로 이명서를 가지고 오는 교인을 회원으로 받기도 하고, 다른 교회로 이사 가는 교인에게 이명증서를 주어 보내기도 한다. 규칙에 위반이 없는 이명서는 받되 발급된 지 1년 이상이 되었으면 그대로 받지 못하고 문답 후에 받아야 한다. 다른 교파에서 이사 온 교인이 이명서를 가지고 오지 못했으면 그 행위와 신앙에 대해 문답하여 받을 것이다.

교회 회원이 되는 자격이 셋 있다.

첫째, "교회 입교인의 소생 자녀는 다 교인이라"(합동, 권징 제1장 6조 참고)고 하였으니, 입교인이 된 부모가 낳은 자녀는 출생 때 교인이 된다.

둘째, 교회에서 이명서를 가지고 온 교인을 당회가 받음으로 교회 회원이 된다. 이명서를 접수하면 접수 통지를 발송한 당회에 발송해야 한다.

셋째, 당회 앞에서 신앙을 문답하고 세례를 받음으로 입회가 된다. 세례는 당회 앞에서나 교회 앞에서 행한다.

당회는 교인을 퇴회(退會)시키는 권리가 있다. 퇴회하는 것을 제명(除名)이라고 하는데, 헌법상 제명에 두 가지 종류가 있다.

첫째는 행정적인 제명이 있다. 즉 이명증서를 발급하여 그 이명서를 접수했다는 회보가 왔을 때, 교인이 사망했을 때, 교인이 다른 교파에 가입하였을 때 등이다.

둘째, 권징조례에 의해 책벌(責罰)하는 제명출교 했을 때이다. 즉 교인이 재판에 의해 출교가 확정되었을 때는 제명이 된다. 당회가 주관하는 입회와 퇴회는 가장 중요한 일이므로 당회가 규칙대로 회집했을 때 이를 작정함이 좋다.

③ 예배를 주관하고 소속 기관과 단체를 감독한다.

당회는 교회의 모든 예배를 주관하여 시간, 장소, 설교자 등에 대하여 신령한 유익을 얻도록 도모해야 한다. 신자는 택하신 족속이요, 왕 같은 제사장이므로(벧전 2:9) 누구나 예배드릴 수 있다. 그러나 예배를 위해 세운 직분이 있으니 그 직분을 맡은 자가 목사이다. 그러므로 목사가 없을 때에는 당회가 다른 목사를 청해서 설교하도록 규정하고 있다. 그러나 다른 목사를 청할 수 없을 때에는 장로는 물론 다른 이로 예배를 드리게 할 수는 있다.

성찬식도 일 년에 몇 번 거행하든지 당회가 작정하되 덕을 세우기 합당한 대로 정해야 한다. 성찬식 때 준비하는 일과, 잔과 떡을 나누는 일과, 성찬식 후의 모든 일체를 장로가 잘 보살펴야 한다.

당회는 소속 기관과 단체를 감독한다. 교회에는 기관도 있고 단체도 있다. 기관은 찬양대나 교회학교와 같이 당회에서 그 임원과 운영을 관리하는 모임이요, 단체란 여전도회, 평신도회, 청년회 등 자치하는 모임을 의미한다고 볼 수 있다. 또 당회가 조직하고 인준하는 건축위원회, 장학위원회, 인력위원회 같은 특별위원회 등의 기관이나 단체는 모두 당회의 지도와 관리를 받아야 한다. 교회 안의 각 기관과 단체를 지도 감독함에 있어서 여러 가지 어려운 점이 있으나, 당회는 신령한 유익을 얻기 위하여 운영기구와 운영방침을 항상 연구 개선해 나가야 한다.

④ 직원의 임직

당회는 장로, 집사, 권사를 임직한다.

교회의 직원은 항존직(恒存職)과 임시직(臨時職)이 있어서 안수 받는 직분을 항존직이라고 한다. 그러나 권사는 안수 받지 않는 항존직이다. 항존직이란 종신토록 가지는 직분이며, 임시직이란 서리집사를 말한다. 당회는 장로, 집사, 권사의 임직을 주관하며, 직원을 선택할 때 교회의 규정을 따라 한다.

장로나 집사나 권사는 공동의회에서 선거하고, 서리집사는 당회에서 임명할 수 있다. 당회는 직원을 선정할 때 교회의 유익과 발전을 위해 신중히 해야 한다.

장로선거는 노회에서 선거허락을 받고 공동의회를 열어 선거하여 투표수의 3분의 2 이상의 득표를 얻은 자를 피택하여 노회의 고시를 거쳐 장로의 자격을 얻은 후에 교회에서 장립(將立)한다. 그러므로 장로는 노회에서 선거허락과 자격고시를 받지 않고서는 장로로 장립할 수 없다.

⑤ 각종 헌금의 수립과 실시

재정에 관한 일반수지 결산을 제직회의 직무로 규정하면서도 각종 헌금을 수립하는 방안과 실시는 당회의 직무로 규정하고 있다. 그 이유는, 헌금은 교인들의 신앙문제와 관계 깊은 신령적 문제이기 때문이다. 믿음이 독실해도 바칠 능력이 없거나, 재정적 능력이 있어도 믿음이 없이는 헌금할 수가 없다. 헌금으로 인하여 신앙성장에 방해가 되어서는 안 되므로 당회는 각종 헌금의 수립방안과 실시를 작정하여 교인들의 신앙성장에 유익이 되도록 해야 한다.

교회를 대표하여 전도비와 선교비, 또는 노회나 총회, 그리고 전국적인 문제를 위해 헌금해야 할 때는 당회가 주관해야 한다.

⑥ 노회에 총대 파송

노회는 목사와 장로로 조직하는데, 장로는 당회가 택하여 파송한다. 당회는 노회에 참석할 장로를 택할 권리가 있고, 당회가 총대를 파송하지 않으면 노회가 그 당회를 살피어 총대를 파송하도록 해야 한다. 당회가 총대를 택할 때 총대의 기한과 차례를 정할 수 있다. 한 번 택함을 받은 총대는 1년간 노회에 참석할 수 있으므로 임시 노회가 개회할 때도 그 총대가 참석할 수 있다.

당회는 상회의 치리에 순복해야 하지만 상회를 향하여 청원할 권리도 있다.

⑦ 범죄자 소환 및 심문과 증언 청취

당회는 범죄자를 소환, 심문하여 증인의 증언을 청취하며, 범죄증거가 명백한 자는 권징한다. 당회는 본 교인 중에 범죄가 있으면 그 범죄자와 증인의 증언을 청취하여 재판하는 권리가 있다. 개인에 대한 사건은 당사자를 원고로, 교회나 당회에 대한 사건은 대표자를 원고로 출석하게 하여 심판해야 한다.

당회가 재판할 때 피고를 변호할 사람을 둘 수 있다. 피고는 본 치리회에 속한 목사나 장로에게 위탁하여 변호를 구할 수 있으며, 증인의 증언을 당회가 청취할 수 있다. 증인이 다른 교파 교인일 때에는 그 소속 회장에게 서면으로 출석을 요구해야 한다. 그러나 증인이 불신자일 때에는 신중히 살피고 작정해야 한다.

당회가 재판하여 범죄의 증거가 분명하면 판결로써 벌을 정한다. 판결로써 정하는 벌은 권계, 견책(근신), 수찬정지, 출교(제명), 정직, 면직 등이 있다.

⑧ 교회의 부동산 관리

당회는 지교회의 부동산을 관리한다. 지교회의 재산은 원칙적으로 노회 재단법인에 가입하고 당회가 관리한다.

(4) 당회의 회집

당회는 다음의 경우에 당회장이 소집하되 연(年) 1차 이상을 회집해야 한다. 그러나 세례식과 성찬식이 1년에 두 차례 있고, 그 밖에 여러 가지 일들이 있어서 각 교회에서는 거의 매달 당회가 모이고 있다.

첫째, 당회장이 당회를 소집할 필요를 느낄 때.

둘째, 당회원 반 수 이상이 당회 소집을 요구할 때.

셋째, 상회(노회)가 당회 소집을 지시할 때.

장로회 각 치리회는 공개회의로 모인다. 그러나 비밀회의로 모이려면 회원 3분의 2 이상의 가표를 얻어야 한다(정치문답조례 258문).

(5) 당회록

당회록은 회집 일시, 장소, 회원, 결의 안건 등을 명백히 기록하고, 당회장과 서기의 날인을 요하며, 연(年) 1차씩 노회의 검사를 받아야 한다.

당회에서 결의한 일이 교회정치와 규칙대로 하였는가, 그 결정한 일이 교회에 덕을 세우도록 지혜롭고 공평하게 되었는가, 회록은 규칙대로 기록하였는가 등을 노회가 검사한다.

〈당회록 기록의 예〉

제51회 당회

1991년 4월 27일 오후 4시에 본 당회가 제51회로 본 교회 당회실에서 회집하여 ○○○ 장로가 기도한 후 회원을 점명하니 ○○○, ○○○, ○○○ … 전원이 출석하였으므로 회장이 개회됨을 선언하다.

1. 서기가 전 회록을 낭독하니 채용하기로 가결하다.
2. ○○○씨의 이명은 ○○교회로 보내기로 가결하다.
3. 5월 첫 주일에 선교비를 위해 헌금하기로 가결하다.
4. 5월 셋째 주일에 세례식과 성찬식을 거행하기로 가결하다.
5. 5월 25일(토) 오후 3시부터 5시까지 당회실에서 학습, 세례, 입교, 유아세례 문답하기로 가결하다.
6. 폐회하기로 가결하고 ○○○ 목사의 기도로 폐회하니 동일 오후 6시 30분이었다.

당회장 ○○○ (인)
서　기 ○○○ (인)

(6) 당회가 비치할 명부

당회는 아래와 같은 명부를 작성하여 보관하여야 한다.

- 세례교인(입교인) 명부
- 이명교인 명부
- 유아세례교인 명부
- 혼인 명부
- 책벌 및 해벌교인 명부
- 별세교인 명부
- 실종교인 명부
- 비품대장

2) 노회와 장로

(1) 노회의 조직

지교회가 서로 연합한 기관이 노회이다. 예루살렘 교회도 하나였으나(행 8:1-3) 지교회로 회집하였고(행 9:31, 21:20), 이 여러 지교회가 다 상회의 관할 하에 있었다(행 15:4, 11:22, 30, 21:17-18).

지교회가 연합하는 뜻은 교회의 진리를 보존하고, 각 지교회가 처리하는 방법을 공평하게 하며, 신령한 도리를 널리 전파하고자 함에 있다.

이러한 뜻에서 일정한 지역 안에 있는 목사와 지교회에서 총대로 파송하는 장로가 모여 노회를 조직한다. 노회를 조직하는 요건은 교단마다 다르다. 장로회(통합측)에서는 일정한 구역 안에 있는 시무 목사 15인 이상과, 당회 15처 이상과, 입교인 2,000명 이상이 있어야 노회를 조직할 수 있다(합동측은 목사 5인 이상이고, 고신은 목사 5인 이상과 당회 5처 이상). 총대 장로는 입교인의 비례를 따라 파송된다.

당회에서 노회 총대 파송하는 규정은 다음과 같다.

① 세례교인(입교인) 100명까지 1인.

② 세례교인(입교인) 101~200명까지 2인.

③ 세례교인(입교인) 201~500명까지 3인.

④ 세례교인(입교인) 501~1,000명까지 4인.

⑤ 세례교인(입교인) 1,000명을 초과할 때는 매 1,000명당 1인씩 증원 파송한다. [합동측은 세례교인 200명 미만이면 1인, 200명 이상 500명 미만은 2인, 500명 이상이면 3인씩이고, 고신측은 200명 이상 2명, 500명 이상 3인이고, 매 500명마다 1인씩 증파되고 있다.]

노회의 모든 목사는 언권, 선거권, 피선거권이 있고, 원로목사, 공로목사, 은퇴목사는 언권회원이 된다. 총대장로는 서기가 천서를 접수 호명하면 회원권이 성립된다. 노회는 노회원 중 시무목사 과반수와 총대장로 과반수가 출석해야 개회할 수 있다.

(2) 노회의 직무

노회에서 목사와 총대장로는 동일한 치리권으로 다음의 직무를 수행한다. 목사와 장로가 당회원으로서 상회인 노회의 감독을 받지만, 노회에서는 상회의 회원으로 하회인 당회를 감독할 권리와 의무가 있다. 노회의 직무를 간추리면 다음과 같다.

① 노회 안의 교회와 소속 기관을 총찰한다.

② 각 당회에서 제출한 문서를 접수 처리한다.

③ 각 당회에서 제출한 재판안건을 접수 처리한다.

④ 각 당회록을 검사하며, 권징에 대한 문의를 해석 답변한다.

⑤ 신학생, 신학 졸업생을 관리하며, 목사에 관한 사항을 처리한다.

⑥ 각 지교회의 장로 선택, 임직을 허락하며, 장로와 전도사의 자격을 고시한다.

⑦ 지교회를 설립, 분립, 합병, 폐지하고, 당회를 조직하며, 목사 청빙, 전도, 교육, 재정, 관리 등을 지도한다.

⑧ 총회에 제출한 청원, 헌의, 문의, 진정, 상소, 위탁, 판결에 관한 사건을 상정하고, 노회 상황을 보고하며, 총대를 선정 파송하고, 총회

의 지시를 실행한다.

⑨ 소속 지교회와 산하 기관의 부동산을 관리하고, 재산 문제로 사건이 발생하면 처결한다.

(3) 노회의 회집

정기노회는 회장이 한 달 전에 시일과 장소를 기록하여 통지한 후 회장이 소집한다. 임시노회는 시무처가 다른 목사 3인, 장로 3인의 소집 청원에 의하여 회장이 소집하되, 10일 전에 서면으로 소집통지를 내고, 통지한 안건만 처리한다.

노회장이 유고로 참석하지 못하면 부회장이 사회하여 개회하고, 부회장도 참석하지 못하면 가장 최근에 물러난 증경노회장이 사회하여 개회하고 모든 순서를 진행한다.

당회장은 목사여야 되지만, 노회장이나 총회장은 장로도 될 수 있다.

(4) 노회록

노회록은 후세까지 보관되도록 정확하게 기록하여 잘 관리하며, 매년 총회에 제출하여 검사와 교정을 받아야 한다. 노회록은 인쇄 배부하여 교회와 교역자와 총대장로들이 참고하게 해야 한다.

(5) 노회가 비치하여야 할 명부

① 위임목사 명부

② 임시목사와 부목사 명부

③ 기관목사 명부

④ 전도목사 명부

⑤ 원로목사 명부 및 공로목사 명부

⑥ 무임목사 명부

⑦ 은퇴목사 명부

⑧ 신학생 및 신학 졸업생 명부

⑨ 장로 명부
⑩ 전도사 병부
⑪ 지교회 명부(설립, 분립, 합병, 폐지 연월일을 명기할 것)
⑫ 책벌 및 해벌 명부
⑬ 목사이명 명부
⑭ 별세목사 명부
⑮ 선교사 명부
⑯ 비품 대장

(6) 시찰위원

통합측에서는 노회에 시찰구역을 정하고 시찰위원을 두어 구역 안에 있는 교회와 교역자, 사이 또는 교회 사이, 혹은 교역자 사이에 일어나는 여러 가지 문제를 해결한다.

시찰위원은 ① 교회의 신령상 형편, 재정 형편, 전도 형편, 교회학교 등의 기관 형편을 시찰하고, ② 목사가 일하는 형편과, ③ 당회와 제직회의 의견과 그 밖의 여러 가지 형편을 살필 의무가 있다.

시찰구역과 시찰위원의 수는 노회가 정한다. 시찰위원은 목사와 장로로 정한다. 노회적 성격이 있으므로 목사와 장로가 잘 협력하여 교회발전에 유익을 도모해야 한다.

시찰위원회는 치리회가 아니기 때문에 당회가 노회로 상정하는 문서를 기각할 수는 없으나, 합법적으로 제출하도록 지시는 해야 한다. 노회에 상정하는 문서는 시찰회에서 1차 심사해야 한다.

3) 총회와 장로

(1) 총회의 의의

총회는 각 치리회의 최고 치리회이다. 총회에는 당회, 노회에서 결정한 사건에 대하여 억울한 자들이 상고할 수 있고, 총회가 심의하여 결정한 후에는 다시 변경할 치리회가 없다. 그러므로 총회는 최고 치리회이다. 장로회정치 중에 기초될 만한 공리(公理) 셋이 있는데, 이는 사도가 교훈한 법규이다.

① 전국 지교회가 합하여 한 교회가 되고, 이 연합한 교회는 그리스도 교회가 됨.

② 교회 중 여러 가지 사건과 쟁론(爭論)되는 것을 회중의 과반수로써 결정하고, 소수는 복종할 것.

③ 과반수가 결정할 때에 자기의 지교회만 위하는 것이 아니요, 곧 각 교회를 위한 것인즉, 그 결정은 연합한 교회들이 마땅히 복종할 것이요, 만일 그 결정에 대하여 불복하면 계층(階層)을 따라 상고하되, 결국 총회의 결정은 반드시 복종할 일(정치문답조례 424문답).

(2) 총회의 명칭과 조직

대한예수교장로회 총회의 이름이 다음과 같이 변경되어 왔다.

① '대한국 예수교장로회 노회'(1907년 전국을 한 노회로 조직한 제1회 독노회 때, 이 때는 구한국 시대이다.)

② '조선예수교장로회 총회'(1912년 제1회 총회 때. 이 이름이 오래 사용되었다.)

③ '대한예수교장로회 총회'(1948년 제35회 총회 때부터 지금까지). 해방 이후 장로회가 분파되었어도 총회 명칭을 다 같이 사용함으로 이를 구분하기 위해 대한예수교장로회 총회 〈통합측〉, 〈합동측〉, 〈고신측〉 등으로 부르고 있다.

총회는 각 노회에서 동수로 파송한 총대목사와 총대장로로 조직한다. 총회 총대 파송하는 규칙은 교단마다 다르다. 통합측은 각 노회당 목사, 장로 각 4인을 기본수로 배정하고, 나머지는 무흠입교인 비율에 따라 목사, 장로 동수로 배정하되 회원 총수는 1,500명 이내로 한다. 총회 총대는 노회가 투표 선거하여 총회 개회 2개월 전에 그 명단을 총회 서기에게 보내야 한다. 2개월 전에 보내는 이유는 총회 개회를 원만히 준비하기 위함이다.

노회에서 부총대를 선정하는 경우는 원총대가 유고하여 총회에 불참하게 될 때 원총대를 대리하여 참석하게 하기 위함이다.

(3) 총회의 성수

총회의 개회성수는 노회수 과반의 참석과, 총대 목사와 장로 각 과반의 출석으로 한다고 되어 있다. 그러므로 노회수가 30이면 노회는 16 노회가 참석해야 하고, 총대 목사 장로가 각 과반수가 참석해야 개회할 수 있다.

(4) 총회의 직무

대한예수교장로회 총회는 산하 교회 및 치리회와 산하 교육기관, 의료기관, 기타 모든 단체를 통찰한다. 총회는 합법적으로 제출한 모든 서류를 접수 처리하며, 각 노회록을 검사한다.

총회는 헌법(신조, 요리문답, 정치, 권징조례, 예배모범)을 해석할 전권이 있고, 교리와 권징에 관한 쟁론을 판단하며, 지교회와 노회의 오해와 부도덕한 행위를 경책하며, 권계하며, 변증한다.

총회는 노회의 설립, 분립, 합병, 폐지하는 것과, 목사 자격을 고시하는 것과, 다른 교파와 연락하는 것과, 교회간의 분쟁을 종식시키는 일과, 교회로 덕을 세우도록 지도한다.

총회는 교역자 양성을 위해 신학대학을 세워 경영하며, 선교사업을 위하여 선교사와 전도목사, 군목, 원목, 교목 등 특수 전도목사를 파송하며, 교육사업을 위해 병원과 사회사업기관을 설치한다.

총회는 노회재산에 대한 분규가 있을 때는 이 문제를 해결하여 처리한다. 지교회의 부동산을 당회가 관리하고, 동산은 제직회가 관리하고, 교회재산은 노회 유지재단에 편입 보존되어 있다. 그러나 노회재산 중 분규가 있어서 상고할 때 지교회 재산처분권은 총회에 있다.

총회에는 여러 부서가 있어서 사업을 계획하고 추진한다. 그 부서에는 목사와 장로가 부원이 되어 일한다. 장로는 각 부서에서 경험과 지식을 살려 총회사업에 많은 유익을 도모해야 한다.

(5) 총회 회집

총회는 매년 1회 예정된 일시와 장소에서 정기적으로 회집한다. 총회장은 총회 개회 2개월 전에 소집공고를 하고, 각 노회에 통지한다. 총회는 임시총회가 없고 행정적 사건만 총회장과 총회 총무가 집행한다.

총회총대는 서기가 회원명단을 호명한 후에 회원권이 성립되고, 개회가 선언된 후에야 발언을 할 수 있다. 그러나 회원권에 대하여 해결해야 할 문제가 있으면 개회 전이라도 발언할 수 있고, 동의 재청도 성립된다. 총대 회원권 문제가 있으면 개회 전이라도 발언할 수 있고, 동의 재청도 성립된다. 총대 회원권 문제 이외에는 일체의 발언권을 허락할 수 없다.

총회는 기도로 개회하고 기도로 폐회한다. 총회뿐 아니라 노회, 당회, 제직회, 공동의회, 각 분과 회의, 각 단체가 하는 회의도 다 기도로 시작하고 기도로 폐회한다. 치리회가 의논할 안건은 그것이 바로 하나님의 일이기 때문에 하나님의 뜻을 찾아 해야 하므로 하나님께 기도하고 시작하고, 기도하고 끝마치는 것이다.

8. 장로와 윤리

기독교는 윤리성을 가지는 종교이므로, 교회의 장로는 윤리적 행위자가 되어야 한다. 기독교 윤리의 표준이 무엇인가를 묻는다면, 그것은 예수 그리스도의 교훈이나 그 사업보다도 그의 인격 그 자체라고 말할 수 있다. 그러므로 예수 그리스도 그 자체가 모든 윤리의 기준이 되고 표준이 되는 것이다.

장로의 생활과 행동의 반영으로 교회가 교회다워지기 때문에, 교회와 사회에서 장로는 가장 윤리적인 존재여야 하며, 장로는 하나의 윤리적 존재로 손색이 없어야 한다. 그러므로 장로는 지도자이며, 치리자이며, 교인들의 대표자이기 전에 진정한 바른 양심인이요, 건전한 생활인이요, 모범적 윤리인이어야 한다.

1) 장로의 정신적 자세

교회의 장로직이란, 초대교회에서는 교회의 관리와 행정 이외에 목회와 설교 등도 겸하였다. 그러나 오늘날에는 초대교회의 장로직을 양분하여 치리장로와 설교장로로 구분하고 있다. 신약에는 장로에 대한 언급은 많으나 그 임직의 절차나 직무의 내용에 대한 명확한 언급은 보이지 않는다. 그러나 장로직에 대한 정신적 자세는 여러 번 언급되었다. 그 중에도 베드로는 "나는 함께 장로 된 자요 그리스도의 고난의 증인이요, 나타날 영광에 참여할 자니라"(벧전 5:1-4)고 장로의 자세를 강조했다.

(1) 억지로 하지 말고 자원함으로 하라.

베드로는 장로의 자세를 세 가지의 주의로 열거했다. 그 세 가지는 모두 소극과 적극으로 대조되어 있다. 부득이 하는 선은 무가치한 것이기 때문에 자원하는 마음으로 하되, 자기의 마음대로 하는 것도 바른 자세는 아니다. 장로의 마음은 하나님의 뜻에 지배되며 성화되어야 한다.

장로직은 억지로나 부득이 함으로 받을 것이 아니라, 기쁨으로 자원하여 일할 것이다. 크리스천은 자기의 부족과 무가치함을 생각하고 성직 수임에 주저할 것이지만, 어느 정도의 의무감을 가지게 된다. 바울은 "만일 복음을 전하지 아니하면 내게 화가 있을 것이로다"(고전 9:16)라고 했다. 그러나 장로직은 기쁘고 감사한 마음으로 할 것이요, 무겁고 고달픈 짐으로 생각해서는 안 된다.

(2) 더러운 이득을 위하여 하지 말고 기꺼이 하라.

"더러운 이득"이란 바르지 않은 방법으로 수입을 얻은 것이란 뜻으로, 개인의 이득이나 권위나 명성을 위해 하는 것을 가리키는 말이다. 신성한 교회의 문제를 개인의 사욕에 결부시켜 행사하는 것처럼 가증한 일은 없다.

초기교회에 더러운 이득에 팔려 일한다는 비방을 받는 자들이 있었기 때문에, 바울은 아무것도 탐하지 않고 자기 손으로 일하여 자기와 동역자들의 생활을 보장하며, 아무에게도 짐이 되지 아니했다고 하였다(행 20:33; 살전 2:9; 고전 9:12; 고후 12:4). 장로는 가정이나 교회와 사회, 그리고 국가에서 무엇을 얻느냐 보다 무엇을 줄 수 있느냐를 생각해야 한다.

장로직은 기꺼이 해야 한다. 마음속에서 우러나오는 기쁨이란 하나님의 소명감을 확신하는 데서만 있을 수 있다. 부름을 받은 장로는 자기가 마땅히 이 일을 해야 한다는 굳은 결심과 확고한 신념이 있어야 기꺼이 장로직을 감당할 수 있다.

장로는 자기의 명예나 지위를 위해 일하면 기꺼이 일을 할 수 없다. 장로가 장로 일에 기쁨을 얻지 못한다면, 그는 장로직에 대한 그릇된 생각과 충분한 준비 없이 시작했다고 볼 수 있다. 장로직은 육적, 영적으로 많은 곤고를 겪으면서도 하나님의 일을 기꺼이 한다는 즐거움이 있어야 한다.

(3) 주장하는 자세를 하지 말고 양 무리의 본이 되라.

장로는 회중에게 권위를 내세우는 독재자가 되려고 할 것이 아니라, 하나님의 양들의 본보기가 되어야 할 것이다. 장로들은 행정적으로 주권행사를 하여 강압적 태도를 취하지 말고, 실천생활에 모본을 보여 교우들이 마음으로 순종하도록 하라는 것이다. 교회가 타락하면 교권이 난무하지만, 교회가 그 빛을 나타낼 때에는 성실한 실천자를 찾아볼 수 있다.

교권은 장로는 물론 교회도 부패시킨다. 썩은 종교처럼 추한 것은 없다. 이방인들은 권리를 쓰지만 크리스천은 권리를 써서는 안 된다(막 10:43). 권리 욕으로 인하여 언제나 교회에 큰 위험이 뒤따른다. 교회에는 권위는 필요하나 그 권위는 진리와 사랑으로 사람들을 설득시키는 것이 되어야 한다.

장로는 교인의 지도자요, 모본자이다. 그러므로 교인들에게 본이 되어야 한다. 선한 장로는 그 교인들을 위해 앞서가며 양들로 따르게 한다. 한 교회 성도들의 신앙생활은 그 교회 장로의 신앙생활을 넘어설 수 없다고 한다. 바울은 디모데에게 "말과 행실과 사랑과 믿음과 정절에 있어서 믿는 자에게 본이 되어"(딤전 4:12)라고 하였으니, 장로는 교인들의 본이 되어야 한다. 희생적으로 교인들을 섬긴 장로는 폭력을 쓴 군왕들보다 더 큰 감화를 끼친다고 한다. 충성된 장로들은 목자장이 나타나실 때에 시들지 아니하는 영광의 관을 얻을 것이다(벧전 5:4).

2) 장로와 목사와의 관계

장로와 목사는 교회의 항존직으로 강도와 치리를 겸한 자를 목사라고 하고, 치리만 하는 자를 장로라고 한다. 장로는 교인의 대표자이다.

교리권 내지 교훈권은 목사가 지켜 수행해야 할 교회의 최대 직분이요, 치리권은 목사와 장로가 함께 수행해야 할 교회의 최대 직분이다. 장로는 교회의 택함을 받고 치리회원이 되어 목사와 협력하여 행정과 권징을 관리하는 자이다. 그러므로 장로는 목사의 협력자가 되어야 할 윤리성이 있다. 어떻게 협력해야 할까?

(1) 목사로 하여금 오로지 기도하는 일과 말씀 전하는 일에만 힘쓰도록 협력해야 한다.

목사는 교인들의 영적 생활을 전담한 자이므로, 교회의 대표인 장로는 목사의 육적 생활을 전담하는 것이 협력하는 일이다. 목사가 사도 바울처럼 자비량으로 교회를 섬기기를 바라서는 안 된다. 바울은 교인들에게 누를 끼치지 않기 위해 손수 일을 하면서 복음을 전했던 것이다(행 20:33). 그러나 바울도 교회 개척 당시에는 자비량하면서 교회를 섬겼으나, 교회가 장성한 후에는 여러 교회가 연보로써 바울을 도왔다. 바울은 빌립보 교인들에게 "너희가 한 번뿐 아니라 두 번이나 나의 쓸 것을 보내었도다"(빌 4:16)라고 감사했다.

목사를 삯꾼으로 보아서는 안 된다. 교회가 목사를 어떻게 보느냐에 따라 목사의 목회생활과 관계가 깊다. 목사에 대한 칭호가 성경에는 여러 가지로 기록되어 있다. 양 무리를 치는 자로 보아 "목자"라 부르고(벧전 5:2-4), 그리스도를 봉사하는 자로 보아 "그리스도의 종, 사역자"라고 부른다(빌 1:1; 고전 4:1; 고후 3:6). 장로가 목사에 대해서 "교회를 치리하는 종"(행 20:18; 롬 1:1), "복음의 사신"(고후 5:19), "하나님의 동역자"(고전 3:9), "여호와의 사자"(말 2:7; 계 2:1), "양의 목자"(요 10:11)라고 생각할 때 협력을 잘할 수 있다.

선지자의 이름으로 선지자를 영접하면 선지자의 상을 받는다고 예수님은 말씀하셨다(마 10:41). 그러기에 바울은 "무엇이든지 그에게 소용되는 바를 도와줄지니"(롬 16:2)라고 했다.

(2) 장로는 정신적으로 목사의 협력자가 되어야 한다.

목사도 사람인 이상 근심이 있다. 육에 속한 근심도 있지만 주와 교회를 위한 근심이 있다. 교회가 작으면 작은 대로 근심이 있고, 크면 큰 대로 근심이 있다. 그러므로 장로는 목사로 하여금 근심하지 않도록 협력해야 한다. 히브리서 기자는 "그들로 하여금 즐거움으로 이것을 하게 하고 근심으로 하게 하지 말라 그렇지 않으면 너희에게 유익이 없느니라"(히 13:17)라고 했다. 목사로 용기를 잃게 하고 마음을 아프게 하는 사람이 장로 자신이 아닌가를 늘 살펴보아야 한다.

목사가 교리나 진리에 특별한 모순이 없는 한, 목사의 목회 방향에 순종하고 복종해야 한다. 목사가 진리에 모순이 없고 과오가 없는 이상 따라가면서 순종하는 것이 협력이다. 장로가 자기 의견을 앞세우고 고집하면 목사는 목회에 힘과 용기를 잃게 된다.

목사를 협력하는 최상의 방법은 기도해 주는 일이다. 바울은 자기를 위해 기도해 달라고 기도를 요청했다(엡 6:19). 목사를 위해 기도하는 것은 목사 개인을 위한 일이 아니라 교회를 위한 일이요, 주를 위한 일이요, 그리고 자신을 위한 일이기도 하다. 기도는 마귀의 세력을 막는 최상의 무기이므로 목사를 위해 기도하는 장로는 자신도 은혜를 받는다.

3) 장로 사이의 윤리

장로들은 당회의 치리회원으로서 다 같은 자격을 가졌지만, 각자의 개성과 지식의 차이, 또는 직업과 연령 및 환경이나 취미 등이 다양하기 때문에 조심하지 않으면 본의 아니게 불화를 조성하여 교회봉사에 큰 지장을 일으킬 수 있다.

장로들 사이에 서로 돕는 윤리성이 요구된다. 한 교회 안에서 이해가 상반되는 일이 있을 수 있으나, 비방과 중상이 있어서는 교회발전에 지장이 된다. 각각 받은 달란트가 다르고, 받은 은사가 같지 않기 때문에 처리 방법이나 의견이 다를 수 있으나, 섬기는 종으로서 서로 이해하며 사랑할 수 있어야 한다.

장로들 중에는 연령의 차이가 있어도 서로 예의를 지키면 노년층의 경험과 젊은 층의 추진력이 함께 조화를 이룰 수 있어서 도리어 치리회로서의 기능을 잘 발휘할 수 있다. 노년층의 오랜 공로와 풍부한 경험과 원숙한 지혜를 젊은 장로들이 인정하고 존경하며, 연장자인 장로들은 연소자인 장로들을 자녀처럼 아끼며 위로하고 권고하면 당회로서의 권위와 공평성을 교회에 보일 수 있다.

장로 중에는 고참 장로도 있고, 장로 된 지 얼마 안 된 장로도 있다. 따라서 최근에 장로 된 장로 중에는 다른 교회에서 이주해 온 장로도 있을 수 있다. 여기에 문제가 생길 수 있다. 오래된 장로들이 텃세를 하고 배타적으로 나오거나, 신참 장로들이 득세하여 고참 장로들이 도태될 경우가 생기기도 한다. 그렇게 되면 교회는 암초에 걸리게 된다. 그러므로 피차 조심해야 한다. 교회는 어느 특정인의 소유물이 아니다. 고참이거나 신참이거나를 막론하고 어느 한 쪽이 교회의 주도권을 독점할 수는 없다. 고참 장로들은 편협한 배타심을 버리고 신참 장로들을 포용하여 교회의 저력을 더 증강해 나가야 한다. 그리스도의 피로 세운 교회 안에서 암투가 있다면 부끄러운 일이다.

장로는 서로 자기의 책임을 감당할 줄 알아야 한다. 한 사람에게 너무 여러 가지 책임을 맡기지 않아야 하며, 또 한 사람이 같은 직책을 너무 오래 붙잡고 있어서도 안 된다. 될 수 있는 대로 책임을 분담하는 것이 교회를 위해 현명한 방안이다.

한 사람이 너무 여러 가지 책임을 맡으면 그의 비중과 발언권이 너무 강해지고 그 밖의 사람은 너무 약화될 우려가 있다. 그리고 한 사람이 같은 직책에 오래 있으면 그 사람은 그 일에 능숙해질 수는 있어도 다른 사람은 그 일에 문외한이 되기 쉽다. 그러므로 할 수 있는 대로 책임을 서로 돌아가면서 맡는 것이 지혜롭고 덕스러운 일이다.

4) 장로와 교인 사이의 교제

장로는 교인에게 세움을 받은 자이므로 교인과의 윤리를 잘 지켜나가야 한다. 장로와 교인 간의 윤리는 성도의 교제이다. 교제는 초대교회의 생활이요, 신앙이다. 그러므로 장로교에서는 성도의 교제를 교리와 신조로 삼아 "거룩한 공회와 성도가 서로 교통하는 것"을 믿는다고 고백한다.

(1) 교제의 본질은 무엇인가?

장로와 교인 사이에 교제를 하되 진리 안에서 해야 한다. 성경은 교회의 단일성과 사랑을 강조하지만, 진리를 떠나서는 무의미한 것이다. 그러므로 바울은 에베소 교회 장로들에게 "여러분을 감독자로 삼고 하나님이 자기 피로 사신 교회를 보살피게 하셨느니라"(행 20:28) 하며 양 떼를 해하려는 사나운 이리를 삼가라고 경고했다.

다음은 "우리나 혹은 하늘로부터 온 천사라도 우리가 너희에게 전한 복음 외에 다른 복음을 전하면 저주를 받을지어다"(갈 1:8) 하였으니, 성도의 교제라고 무분별하게 할 수는 없다. 진리 안에서의 교제이므로, 장로는 교인들이 이단을 따르거나 주장할 때는 잘 지도해야 할 것이다.

(2) 교제의 방법은 무엇인가?

초대교회와 같이 "날마다 마음을 같이 하여 성전에 모이기를 힘쓰고 집에서 떡을 떼며 기쁨과 순전한 마음으로 음식을 먹고 하나님을 찬미하며 또 온 백성에게 칭송을 받으니"(행 2:46-47)라는 것이 성도의 교제 방법이다.

바울은 디모데에게 "네 연소함을 업신여기지 못하게 하고, 오직 말과 행실과 사랑과 믿음과 정절에 있어서 믿는 자에게 본이 되어"(딤전

4:12)라고 했으니, 장로는 대인관계에 있어서도 교인의 본이 되어야 한다. 장로는 "말과 혀로만 사랑하지 말고 행함과 진실함"으로 교제의 모본자가 되어야 한다(요일 3:18).

(3) 교제의 목적은 무엇인가?

장로와 교인 사이의 교제의 목적은, 첫째는 하나님의 영광을 위함이요, 둘째는 사랑으로 서로가 유익을 얻기 위함이다. 성도의 교제는 일방적인 유익을 위해서 이루어질 수는 없으며, 건전한 덕을 무시한 교제는 좋지 않은 것이다.

교회는 하나님 자녀의 신분으로 주를 섬기는 곳이므로, 장로는 교인들과 평등한 위치에서 교제해야 한다. 편파적이거나 이기적인 교제로써는 그리스도의 뜻을 성취할 수 없다.

교제의 뜻은 협조, 동참(빌 2:1, 3:10), 교제(갈 2:9; 고후 6:14), 헌금(롬 15:26; 고후 8:13; 히 13:6) 등이다. 그러므로 교회 안에서 장로와 성도간의 교제는 사도의 가르침을 받아 서로 교제하는 생활이며(행 2:42), 떡을 떼는 동참이며, 기도에 동참하는 교제이며, 헌금에 동참하는 교제이며(행 2:45, 4:32, 35), 찬송에 참여하는 교제이며(엡 5:19), 전도에 참여하는 교제이다(행 2:14, 42). 그리스도는 세상에 있는 사람들을 끝까지 사랑하셨기 때문에(요 13:1) 장로와 교인간의 교제도 어디까지나 지속성을 가지는 교제여야 한다.

(4) 교인이 장로를 대하는 예절

장로가 되려면 세례 후 무흠 7년(또는 5년) 이상 경과하고, 공동의회에서 투표를 받고도 당회에서 6개월 훈련을 받아야 하고, 노회에서 장로고시에 합격한 다음에 임직되므로 장로는 빨라도 10년의 세월이 지나야 될 수 있다. 그러므로 교인들은 장로를 아끼며 존경해야 한다. 성경에도 장로에 대한 송사는 경솔히 취급하지 말아야 한다고 했고(딤전 5:19), 잘 다스리는 장로들을 배나 존경할 자로 알라고 했다.

장로는 목사와 협력하여 교회의 행정과 권징을 관리하는 봉사자이다. 또한 시간과 물질을 바쳐 교회를 섬기는 항존직이므로, 여간한 일로 장로를 비난하기보다 격려하며 존경해야 한다(딤전 5:17).

장로는 교회의 신령상 관계를 살피며, 신앙생활과 도덕생활을 바르게 인도하는 지도자이며 감독자이므로, 장로로서 그 직책을 잘 감당하도록 교인들은 장로를 위해 기도하며 순복하는 것이 장로에 대한 교인들의 합당한 예절이다(벧전 5:5).

제3편

예 배

1. 총 론

1) 예배의 일반적 의의

(1) 서 론

교회에 있어서 예배는 우선적이요, 근본적이요, 당위적인 요소이다. 하나님을 공경하고 예수 그리스도를 믿는 모든 성도들은 예배를 매우 존중히 여기며 경건하게 시행한다. 사실 예배는 기독교 신앙생활의 기초적 행사인 동시에 가장 중점적인 위치를 차지한다.

그러므로 교인이라면 누구나 이 문제를 심사숙고하고 연구해야 할 것이며, 더구나 교인들의 신앙 지도와 영적 육성을 책임 맡은 당회원(특히 장로들)으로서는 예배에 대한 관념과 예배 행위에 있어서 언제나 일반 교인들에게 모범이 되어야 하겠다. 특히 장로는 법적으로 책임이 있다는 것을 명심해야 하겠다.

다음에 소개하는 법적 조문을 살펴보자. 각 교단별로 그 내용이 대동소이하므로 예장(합동)의 헌법만을 살펴보기로 하겠다.

<u>대한예수교장로회 헌법 정치</u>

제9장 : 당회

제5조 : 당회의 직무

1. 교인의 신앙과 행위를 총찰: 당회의 직무는 신령상 모든 사무를 처리하는 것이니(히 13:7), 교인의 지식과 신앙상 행위를 총찰한다.
2. (생략)
3. 예배와 성례의 거행: 목사가 없을 때에는 노회의 지도로 다른 목사를 청하여 강도하게 하며 성례를 시행한다.

제6조: 당회의 권한: 당회는 예배 모범에 의지하여 예배의식을 전관(專管)하되, 모든 회집 시간과 처소를 작정할 것이요(주; 당회원인 장로로서는 의례히 예배에 관한 모든 행사를 목사와 더불어 책임을 지고, 준비하고, 관장하고, 진행하며 수행해야 할 것이다).

제7조: 교회 예배 의식(儀式): 교회는 마땅히 교회의 머리되신 그리스도의 설립하신 예배의식을 준수해야 할지니, 그 예식은 아래와 같다.

1. 기도(행 6:4; 딤전 2:1)
2. 찬송(골 3:16, 4:6; 시 9:11; 엡 5:19)
3. 성경 낭독(행 15:21; 눅 4:16-17)
4. 성경 해석과 강도(딛 1:9; 행 9:20, 10:4; 눅 24:47; 딤후 4:2)
5. 세례(마 28:19-20; 막 16:15-16)
6. 성찬(고전 11:23, 28)
7. 금식과 감사(눅 5:35; 빌 4:6; 딤전 2:1; 시 50:14, 96:2)
8. 성경 문답(히 5:21; 딤후 3:14, 17)
9. 헌금(행 11:27, 30; 고전 16:1-14; 갈 2:10, 6:6)
10. 권징(히 13:17; 살전 5:12-13; 고전 5:4-5; 딤전 1:20, 5:12)
11. 축복(고후 13:13; 엡 1:2)

(2) 예배란 무엇인가?

보통 '예배(禮拜)'라고 하는 말은 매우 평범하고 쉬우면서도, 가장 뜻이 무겁고 깊은 맛을 가지고 있다.

첫째, 예배라고 쓰인 용어 중 대표적인 몇 가지만을 생각해 보자.

성경에 나타난 용어도 많으나 그 중에서 대표적인 단어는 예수님께서 처음으로 사용하신 것인데, 헬라어 원어 〈푸로스쿠네오〉라고 하는 동사(動詞)로, 그 뜻은 '복종(服從)한다' 또는 '예식을 갖추어 절을 한다'는 등의 뜻이 내포되어 있다고 한다. 이는 어디까지나 예배하는 자(신자)가 예배 대상자(신)에게 절대적으로 복종하되 노예적 입장에서 억지로 하는 것이 아니고, 예의(禮義)와 법식(法式)을 갖추어 가지고 절을 하는 것이니 가장 경건하고도 마땅한 예배 행위다.

또 구약에 나타난 히브리어 원어에는 〈솨-하〉라는 단어가 있는데, 그 뜻도 '경배(敬拜)한다' 또는 '따르다' '엎드리다(俯伏)' 등의 뜻이 내포되어 있다. 이 말의 뜻도 예배자가 대상자인 신에게 순종하여 따를 뿐 아니라, 가장 크고 높은 자에게 하는 예의인 '엎드려 절하는 것'을 의미한다.

둘째, 구약시대 신도들은 하나님께 예배를 드림에 있어서 주로 번제(燔祭)나 속죄제(贖罪祭) 등에서부터 시작했는데, 이 구약의 제사 행위는 예수님께서 십자가에 못 박혀 죽어 주심으로 대속(代贖) 사업이 완성된 셈이다. 그리고 신약시대에 와서는 구약의 제사 행위가 비로소 예배 행위로 바뀐 것이다.

셋째, 우리 한국 사람들은 옛날부터 무엇을 '한다'고 하는 적극적인 정신과 태도보다는, 무엇을 '본다'고 하는 방관적이고 비협조적인 태도로 나가는 일이 많이 있다. 예를 들어 말하면 '집을 지킨다'를 '집을 본다'고 하거나, '장에 가서 물건을 사고팔고 하는 것'을 '장 보러 간다'는 식으로 일종의 구경거리 삼아 간다는 식이 되고 말았다.

이런 까닭에 교회에서도 흔히 "예배 본다"고 예사로이 말하고 있다. 아마도 우리나라에 처음으로 서양 선교사들이 전도하러 와서 예배를 인도하는데, 한국 사람들은 일종의 구경(보러) 가는 관념에서 이런 술어가 생겨난 듯하다. 그래서 속담에 "굿이나 보고 떡이나 얻어먹자"는 말과 같이, 예배에 참석하는 당사자인 신자들이 제삼자적인 입장에서 예배를 한낱 구경거리로 삼는 과오(過誤)가 생긴 것이라고 하겠다.

넷째, 우리는 이제 이 용어를 고쳐 "예배 본다"에서 "예배 한다" 혹은 "예배드린다"라는 말로 고쳐 불러야 하겠다. 아니 부르는 말에서보다 그 마음 자세인 정신과 태도부터 고쳐야 하겠다.

교회 지도자급 위치에 있는 장로들부터 "예배 보러 교회에 간다" "예배 보는 시간을 지키자"라는 등등의 말을 쉽게 무심히 하고 있다. 이런 식의 그릇된 관념과 용어부터 고치고, "예배 한다" "예배드린다"고 하는 바른 말을 사용하는 동시에, 교인들의 그릇된 관념을 고쳐주고 틀린 말을 바로 잡아 주도록 힘써야 하겠다.

(3) 예배 대상자

예배드리는 일은 사람과 사람 사이에서는 있을 수 없는 일이며, 또 사람에게서 예배를 받을 자도 없다. 어디까지나 사람과 신과의 관계이다. 옛날 로마 사람들이 그들의 황제를 신이라고 숭배하였고, 근래에 일본 사람들이 그들의 천황(天皇)을 신이라고 참배하게 한 일들은 제국주의 독재정치를 감행하기 위하여 사람인 왕을 신처럼 우상화(偶像化)한 미련한 일일 뿐이다.

옛날 문화가 가장 발달되었다고 자랑하던 헬라의 수도 아덴에는 우상이 가득할 뿐만 아니라 "알지 못하는 신"에게 제사하는 무리들까지 있어서 바울이 책망하는 전도를 하였다(행 17:16-23). 우리의 참 예배 대상자는 오직 하나님 아버지일 뿐이다.

"기약이 이르면 하나님이 그의 나타나심을 보이시리니 하나님은 복되시고 유일하신 주권자이시며 만왕의 왕이시며 만주의 주시요 오직 그에게만 죽지 아니함이 있고 가까이 가지 못할 빛에 거하시고 어떤 사람도 보지 못하였고 또 볼 수 없는 이시니 그에게 존귀와 영원한 권능을 돌릴지어다 아멘"(딤전 6:15-16).

"너희는 알지 못하는 것을 예배하고 우리는 아는 것을 예배하노니 이는 구원이 유대인에게서 남이라 아버지께 참되게 예배하는 자들은 영과 진리로 예배할 때가 오나니 곧 이 때라 아버지께서는 자기에게 이렇게 예배하는 자들을 찾으시느니라 하나님은 영이시니 예배하는 자가 영과 진리로 예배할지니라"(요 4:22-24).

또한 "이러므로 내가 하늘과 땅에 있는 각 족속에게 이름을 주신 아버지 앞에 무릎을 꿇고 비노니"(엡 3:14-15)라 하였다. 즉, 우리의 기도의 대상자도 하나님 아버지뿐이시다.

그 하나님은 어떠한 신이신가?

"하나님은 빛이시라"(요일 1:5).

"하나님은 사랑이시라"(요일 4:8).

"하나님은 영이시라"(요일 4:24).

빛 되신 하나님께 예배하면서 어둠 가운데 행하면 거짓말 하는 자가 되고, 사랑이신 하나님께 예배드리면서 형제를 미워하는 자의 예배는 헛된 일이 될 것이며, 영(靈)이신 하나님께 거룩하게 예배드리지 아니하면 도리어 진노의 벌을 받기 쉽다.

영이신 하나님이시니 영원부터 영원까지 시간을 초월하신 신이시요, 공간(空間)을 초월하시되 일시에 어디나 공존(共存)해 계신다. 무소부지(無所不知)하시며, 무소부재(無所不在)하시며, 무소불능(無所不能)하신 신이시니 만왕의 왕이시요, 만주의 주님이시요, 하늘에 있는 자들과(영물, 천군 천사들, 구원받은 성도들의 영들), 땅에 있는 자들과(지상에 사는 만국 인간들과 각종 생물과 모든 피조물들), 땅 아래 있는 자들(바다와 땅 속에 있는 모든 피조물들, 마귀와 지하에 잠든 죽은 자들)에게서 경배를 홀로 받으시기에 합당하신 하나님이시다(빌 2:10).

그러므로 예배 대상자를 똑바로 인식하고 오직 그에게 합당한 예배를 드려야 할 것이다.

(4) 예배 장소

예배의 장소 문제도 대단히 중요하다. 여기에 대해 성경은 예수님과 사마리아 여인과의 대화에서 밝히 교훈해 주고 있다(요 4:19-21). 사마리아 여인은 예수님께 이르기를 "우리 조상들은 이 산에서 예배하였는데 당신들의 말은 예배할 곳이 예루살렘에 있다 하더이다"라고 했을 때, 예수께서는 "여자여 내 말을 믿으라 이 산에서도 말고 예루살렘에서도 말고 너희가 아버지께 예배할 때가 이르리라"고 말씀하셨다.

사마리아 여인이 지목한 "이 산"은 그리심 산이며, 그것은 축복의 산으로서 저주의 산 에발 산과 마주보고 있다(신 27:11). 이 산에는 사마리아인들이 포로에서 돌아온 후 B.C. 400년경 성전을 세워 예배하였고, 그것은 힐카누스에 의해 B.C. 129년에 무너지고 말았다.

그들은 예루살렘 성전보다도 이 산이 참 예배의 장소라고 주장하고, 아브라함이 아들 이삭을 바친 곳도(창 22:2) 이 산이요, 멜기세덱을 만난 곳도 이 산이라고(창 14:18) 주장한다.

이와 반대로, 유대인들은 처음부터 예루살렘에서 예배하여야 할 것을 주장하였다(신 12:8, 16:2). 그러나 하나님은 그리심 산의 사마리아인의 하나님도, 예루살렘에서의 유대인의 하나님도 아닌, 모든 장소를 초월하시는 만인의 신앙의 대상자이신 유일하신 하나님 아버지시다.

"하늘은 나(하나님)의 보좌요 땅은 나의 발등상이니"(행 7:49)라고 하였으니, 어디서든지 겸허하게 회개한 양심을 가지고 예배하는 것을 하나님께서 받으신다. 그러나 이러한 원리를 아전인수격으로 해석하여 예배드리려고 꼭 교회에 가야 할 필요가 없다고 하여 무교회주의(無教會主義)를 주장하거나, 교회에 출석할 의무를 부인하거나, 성전의 존엄성을 망각하는 일이 있어서는 안 되겠다.

오늘날 교회(예배당)는 그리스도의 피로 값 주고 사신 곳이요, 거룩하게 성별하여 하나님께 드린 곳이요(獻堂), 하나님께서 특별히 성령으로 임재(臨在)하시는 성소이다. 그러므로 성별된 장소인 교회당(성전)에서 성도들이 함께 예배드리면서, 주의 사자를 통해 말씀에 응답하고, 함께 찬양하고, 함께 헌신하고 기도하는 것이 가장 은혜롭고 복된 일이다.

(5) 예배의 원리

예배드리는 자가 예배의 원리도 제대로 모르고 있다면, 이는 미신이나 맹신(盲信)이 되기 쉽다. 우리의 예배 대상자는 사람도 아니고, 어떤 우상도 아니며, 오직 살아계신 하나님(지정의, 知情義)이시기 때문에, 이 거룩한 하나님께 경배를 드려 영광을 돌리는 것이 예배드리는 근본적인 원리인 동시에 첫째 되는 목적이다.

장로교의 가장 근본적인 교리서(教理書)인 소요리문답 제1문에는 "사람의 제일 되는 목적이 무엇인가?"라는 물음에 대하여 "사람의 제일 되는 목적은 하나님을 영화롭게 하는 것과 영원토록 그를 즐거워하는 것이니라"고 답하였다. 그러므로 하나님께 예배드리는 모든 행사의 궁극적인 목적은 하나님을 영화롭게 하는 데 있으며, 이것만이 진정한 예배의 원리가 되는 것이다.

어떤 사람들은 예배는 "은혜를 받는다" "축복을 받는다"라는 데만 목적이 있는 것처럼 오해하고 착각을 하고 있다. 만약 그렇게만 생각한다면 자기의 취미에만 맞도록 예배를 드리고, 자기의 생리에 맞는 방법을 취할 것이며, 자기가 원하는 설교를 요구하게 되어 예배가 일종의 자기 도락(道樂)의 도구로 사용되기 쉽고, 자기만족을 충족시키는 데 불과할 것이다. 예배는 어디까지나 인본주의(人本主義)가 아니라, 신본주의(神本主義)여야 하며 신령 본위로 해야 한다.

또 한 가지 생각할 원리는, 예배는 구약시대의 번제와 같다는 것이다. 이 번제를 드릴 때에 제물로 사용하는 양(羊)은 완전히 죽어서 희생되어야 제물(祭物)이 되게 마련이다. 제물인 양이 자기중심으로 죽을 수가 있겠는가? 자기 마음대로 드리고 싶으면 드리고, 드리고 싶지 않으면 그만 두는 것이 아니다. 오직 제물을 받으시는 이는 어디까지나 하나님이시니 예배를 드리는 자는 자기중심의 생각이나 주관(主觀)을 앞세워도 안 되고, 자기 취미대로 예배를 하려고 해도 안 된다.

현대인들은 간혹 자기중심의 인본주의 정신으로 예배하려고 하기 때문에 예배당을 지어도 사람들의 눈으로 보기에 아름답고 훌륭한 모습으로만 지으며, 예배순서를 작성하는 데 있어서도 하나님께 영광 돌리는 데 목적을 두지 않고 사람들의 생각에 재미있고 흥미로운 순서를 주로 하여 만들기 때문에 예배의 목적과 원리에 어긋나고 있는 경우가 종종 생긴다.

예배는 시종일관 하나님께 영광을 돌리고 하나님을 기쁘시게 하는 정신과 목적을 가지고 예배드려야 하며, 예배 순서를 작성하여 진행해야 한다.

2) 예배모범의 교훈

(1) 예배모범의 본문

대한예수교장로회 헌법에는 각 교단이 다음과 같은 내용을 담고 있다.

1. 신조.
2. 성경, 소요리문답.
3. 정치.
4. 헌법적 규칙.
5. 권징조례.
6. 예배모범 등.

이상 6 조항 중에서 맨 마지막에 예배모범을 헌법 항목에 넣어 제정한 것은 기독교인들이 신앙생활에 있어서 예배가 얼마나 중요한 것인가를 새삼스럽게 교훈해 주는 것임을 알 수 있다.

예배모범은 전체 18장으로 된 것인데, 다 인용하거나 해석할 수는 없고, 다만 직접 예배와 관련성이 있는 제1장과 제2장의 본문을 먼저 이곳에 소개하겠다[예장 합동의 헌법을 옮겼지만, 통합, 고신, 기장의 경우도 근본 원리는 같다].

〈예배모범〉

제1장 주일을 거룩히 지킬 것

1. 주일을 기념하는 것은 사람의 당연한 의무이니 미리 육신의 모든 사업을 정돈하고 속히 준비하여 성경에 가르친 대로 그 날을 거룩히 함에 구애가 없게 하라.

2. 이 날은 주일인즉, 거룩히 지킬지니 공동회집으로나 개체로 예배하는 일에 씀이 옳으며, 종일토록 거룩히 안식하고, 위급한 일 외에 모든 사무와 육신적 쾌락의 일을 폐할지니 세상 염려와 속된 말도 금함이 옳다.

3. 먹을 것까지라도 미리 준비하고, 이 날에는 가족이나 집안 사환으로 공동예배 하는 일과, 주일을 거룩히 함에 구애가 되지 않도록 함이 좋다.

4. 주일 아침에는 개인으로나 혹 권속(眷屬)으로 자기와 다른 사람을 위하여 기도하되, 특히 저희 목사가 그 봉직하는 가운데서 복 받기를 위하여 기도하고, 성경을 연구하며 묵상함으로 공동예배에 하나님과 교통하는 것을 준비하라.

5. 개회 때부터 일심 단합함으로 예배 전부터 참여하기 위하여 정한 시간에 일제히 회집함이 옳고, 마지막 축복기도할 때까지 특별한 연고 없이는 출입함이 옳지 않다.

6. 이와 같이 엄숙한 태도로 공식예배를 마친 후에는 이 날 남은 시간은 기도하며, 영적 수양서를 읽되 특별히 성경을 공부하며, 묵상하며, 성경문답을 교수하며, 종교상 담화하며, 시편과 찬송과 신령한 노래를 부를 것이요, 병자를 방문하며, 가난한 자를 구제하며, 무식한 자를 가르치며, 불신자에게 전도하며, 경건하고 사랑하며, 은혜로운 일을 행함이 옳다.

제2장 교회 회집과 예배 때 행위

1. 예배시간이 되면 예배당에 들어가 각기 좌석에 앉되 단정하고 엄숙하며, 건강한 모양을 지키며, 자기와 목사와 그 참석한 모든 사람과 참석하지 못한 사람들을 위하여 묵기도로 복을 빌라.

2. 예배시간에는 모든 사람이 엄숙한 태도와 공경하는 마음으로 예배하고, 목사가 낭독하거나 언증하는 성경 외에 다른 것을 읽지 말 것이다. 귓속말이나 출입하는 자에게 인사나 곁눈질이나 졸음이나 웃거나, 그 밖에 모든 합당치 못한 행동을 일체 하지 말 것이요, 어린이들은 각기 부모가 데리고 있는 것이 좋으니 한 가족이 하나님의 집에 같이 모여 앉는 것이 가장 마땅하며, 유년예배회로 따로 모일 때는 당회원이 반드시 출석 인도하라.

[제3장 이하 본문 소개는 생략함]

이상과 같이 주일에 예배 참석하는 일의 중대성을 강조, 권고하고 있다.

(2) 예배자의 정성

예배드리는 교인들의 정성 문제가 가장 중요한 문제이겠지만, 여기서는 예배모범에 명시된 대로만 조목별로 간단하게 설명하겠다.

① 예배를 위한 준비기도

"주일 아침에는 개인으로나 혹 권속으로 자기와 다른 사람을 위하여 기도하되, 특히 저희 목사가 그 봉직하는 가운데서 복 받기를 위하여 기도하고…"[예배모범 1:4].

주일 아침에는 교인들의 가정마다 아침기도회를 가지되, 자신들과 교인들과 특히 예배를 인도할 책임자이신 목사를 위하여 기도하는 것이 마땅하다 했다. 만일 목사 한 사람의 부족이나 실수가 생기면 그 교회에 참석한 모든 교인이 은혜를 받을 수가 없으니, 곧 교회 전체적인 손해가 되기 때문이요, 또 설교할 목사를 위하여 기도하는 것은 곧 자신이 은혜 받을 준비를 갖추는 것이다.

② 예배 시간을 지키라.

"개회 때부터 일심 단합함으로 예배 전부에 참석하기 위하여 정한 시간에 일제히 회집함이 옳고…"[예배모범 1:5].

예배시간은 곧 하나님과의 공식 약속이다. 그러므로 예배시간을 어기는 일은 벌써 하나님과의 약속을 일방적으로 이행하지 않고 위반하는 일이 된다. 조금만 성의를 내고 부지런히 서두르면 예배시간 전에 교회에 나올 수 있는데 공연히 게으르고 성의 없이 하다가 예배시간보다 5분, 10분 늦어질 때가 종종 있다. 예배시간 늦어지는 일이 결국이 다음에 천국에 들어갈 때에 아차하고 5분쯤이나 10분 늦어진 까닭에 영원한 천국에 들어가지 못하고 쫓겨날 예표(豫表)라고 생각해 본다면 어찌 등한시 할 수 있겠는가?

미련한 다섯 처녀가 결국 시간이 지나 문이 닫힌 후에 와서 "주여 주여 우리에게 열어 주소서"(마 25:11)라고 애원하였으나 헛수고였다.

우리는 적어도 예배 개회시간 10분 전에는 반드시 참석해야 한다. 특히 장로가 예배시간에 늦으면 교인들을 지도할 자격이 벌써 상실되는 것이니 솔선수범하여 시간을 엄수해야 할 것이다.

③ 자기 좌석에 앉으라.

"예배시간이 되거든 예배당에 들어가 각기 좌석에 앉되…"[예배모범 2:1].

예배시간이 되어서도 예배당 뜰에서나 문 밖에서 서성대거나 잡담을 계속하는 것은 크게 잘못된 일이다. 이는 특히 제직원이나 장로들이 범하기 쉬운 잘못이다. 그 주일의 안내위원 외에는 모두 입당하여 각기 좌석에 앉아서 예배드릴 마음의 준비를 갖추어야 한다.

특히, 좌석 문제에 있어서 교회에 일부 특수한 자리(당회원석, 찬양대원석, 안내위원석 등) 외에는 개인의 좌석이 고정되지는 않았어도 대개 오래된 교인들은 평시에 늘 앉는 자리가 정해져 있다. 자기 자리에 앉지 않으면 마음이 안정되지 않아 예배시간에 은혜를 받지 못하게 되는 경우가 많다.

또 어떤 때는 예배시간에 늦게 들어와 이미 자기 좌석에 다른 교인이 앉았을 경우에 자기 자리를 양보해 달라고 수선을 피우는 경우도 있는데 이것도 잘못된 일이다. 그러므로 그런 폐단이 없도록 일찍 출석하여 늘 자기가 고정해 놓고 앉는 자리를 고수(固守)하고 은혜를 받는 일이 매우 좋다. 될수록 앞자리와 자리 안에서부터 질서 있게 앉도록 피차 노력해야 할 것이다. 장로는 이런 예배 분위기를 조성하도록 안내와 정돈에 힘써야 한다.

④ 엄숙한 태도를 취하라.

"이와 같이 엄숙한 태도로…"[예배모범 1:6].

"단정하고 엄숙하여 건강한 모양을 지키며…"[예배모범 2:1].

개신교(新教) 교인들의 예배자세는 너무 속화되고 무질서해서 탈이라고 자타가 평한다. 구교(舊敎) 교인들의 예배자세만 못하다고 하니 부끄럽기 그지없다.

예배드리는 자의 몸가짐은 단정하고 엄숙해야 할 것이다. 몸을 좌우로 흔들거나 비틀거나 허리를 너무 펴서 뒤로 보기 흉하게 기대거나, 한쪽 발을 다른 무릎 위에 올려놓거나, 발을 앞 의자 뒷머리에 걸치거나, 비스듬히 기대앉거나 하는 따위의 불경건한 태도는 예배자의 성의 부족이요, 다른 사람이 볼 때에도 눈에 거슬린다. 하물며 하나님 앞에 서랴! 또한 예배 인도자에게 대해서도 실례가 된다. 그런 문란하고 불경건한 태도의 사람이 어떻게 복을 받을 수 있겠는가? 단정하고 엄숙한 태도를 취함이 마땅하다.

특히 장로석에 앉았을 때에는 더욱 조심하여 예배시간에 존다든지, 무슨 서류를 뒤적인다든지, 옆 장로와 수군댄다든지 하는 모습은 많은 교인들의 시선을 끌어 더욱 드러나니 조심하고 조심할 일이다.

⑤ 공경하는 마음을 품으라.

"…공경하는 마음으로 예배하고…"[예배모범 2:2].

태도는 엄숙해야 하며, 마음은 공경하는 생각을 품어야 한다. 외모보다도 내심(內心)의 단장이 귀하다.

하나님은 영이시기에 공경하는 마음으로 예배해야 한다. "영과 진리로 예배하는 일"(요 4:23-24)이란 곧 공경심에서 하라는 뜻이다. 뿐만 아니라, 예배를 인도하는 목사에게도 공경심으로 대해야 그가 인도하는 모든 예배 순서를 통하여 은혜를 받고, 목사의 설교를 통하여 진리를 깨닫고, 그의 축복 기도를 통하여 참된 복을 받아 누릴 것이다. 목사에 대한 공경심이 없으면 결국 예배를 통해서 받는 은혜는 기대할 수 없을 것이다.

특히 장로로서 조심할 일은, 혹 목사에 대한 나쁜 감정을 가졌다든지, 당회에서 갈등이 있었다고 해서 건성으로 앉아 있다고 한다면 전능하신 하나님께 불경스러운 일이요, "네 형제에게 원망들을 만한 일이 있는 것이 생각나거든 예물을 제단 앞에 두고 먼저 가서 형제와 화목하고 그 후에 와서 예물을 드리라"(마 5:23-24) 하신 예수님의 말씀을 어긴 것이니, 예배는 헛것이 될 것이다.

⑥ 묵기도(默祈禱)로 복을 빌라.

"…자기와 목사와 그 참석한 모든 사람과 참석하지 못한 사람들을 위하여 묵기도로 복을 빌라"[예배모범 2:1].

예배를 시작함에 있어서 먼저 묵기도로 복을 빌되 자기 자신을 위하여 먼저 기도하고, 예배 인도자인 목사를 위하여 간구하고, 참석한 모든 교인과 참석하지 못한 모든 교인들까지라도 위하여 기도해야 한다. 이는 주님의 피로 값 주고 사신 거룩한 한 교회에 한 피 받아 한 몸 이룬 형제자매이기 때문이다.

⑦ 그날의 성경 본문만 읽으라.

"...... 목사가 낭독하거나 인증하는 성경 외에 다른 것을 읽지 말 것이다"[예배모범 2:2].

예배당에서 예배시간에 성경 외에 신문이나 잡지나 메시지 같은 것을 읽는 것은 크게 잘못된 일이다. 그러기 위해서는 교회로 배달되어 오는 교계 신문이나 개인 앞으로 오는 편지 같은 것들은 예배시간 전에 본인에게 전달하지 말고, 예배를 마치고 돌아가는 시간에 배부하도록 안내원들이 특히 주의해야 할 것이다. 이는 오히려 장로들이 범하기 쉬운 여지가 있으니 조심할 일이다.

심지어는 그날 목사가 본문으로 선택한 성경이나 인증(引證)하는 성구 외에 될수록 다른 성경이라도 예배시간에만은 읽지 않는 것이 합당하다. 물론 예배가 폐한 후, 오후에는 많이 읽어도 상관이 없겠지만 예배 시간에 다른 성경을 읽으면 설교의 뜻이 분산되기 쉬우니 읽지 않도록 주의한다.

⑧ 일체 다른 대화를 하지 말라.

“귓속말이나 출입하는 자에게 인사나 곁눈질이나 졸음이나 웃거나 그밖에 모든 합당치 못한 행동을 일체하지 말 것이요”[예배모범 2:2].

예배는 하나님을 상대로 해서 드리는 제사 행위이니만큼 다른 사람과 관계되는 일체의 행위는 삼가야 한다. 아무리 귓속말이라도 옆 사람과의 대화는 삼갈 것이다. 설교자에게는 무척 신경이 쓰이고 혼란을 야기하게 된다. 다른 사람이 보기에도 결코 좋은 모습이 아니다. 늦게 출석하는 교인을 향하여 인사를 하거나 손짓이나 곁눈질까지도 금지해야 한다. 이는 하나님께 정성을 집중하지 못했다는 증거가 된다.

또 예배시간에 졸거나 웃는 일도 삼가야 한다. 칼빈은 예배시간에 웃는 자를 책벌했다고 한다. 예배시간에 조는 일은 유두고의 전철을 밟기 쉽거니와(행 20:9) 하나님 앞에 벌 받을 일이다. 따라서 목사의 설교하는 영력을 감소시키는 죄가 되고, 다른 사람의 은혜 받는 길을 방해하는 과오요, 자신이 막대한 손해를 본다. 아무리 피곤하더라도 졸아서는 안 된다. 더구나 무성의함으로 조는 일은 이중적인 잘못이 되니 조심하자. 그 밖에 모든 합당하지 못한 행동들을 삼가고 예배드리는데 정성을 기울이자.

⑨ 어린이들은 부모가 책임지라.

“어린이들은 각기 부모가 데리고 있는 것이 좋으니 한 가족이 하나님의 집에 같이 모여 앉는 것이 가장 마땅하며…”[예배모범 2:2].

어린이들은 천진난만하고 귀여우나, 예배시간에 부모를 따라와서 떠들거나 뛰어 다니거나 하면 예배 분위기를 망쳐놓기 쉽다. 교회에서는 가능하면 영아실을 설치하여 구별된 방에서 예배드림으로 대중에게 피해가 없도록 함이 좋다. 그런 시설이 없는 교회에서는 아이의 부모나 데리고 온 보호자가 절대적으로 책임을 지고 옆에 앉히거나 떠들지 못하도록 단속할 책임이 있다. 부모가 등한시할 때 안내위원이나 다른 교인들이 제재를 하면 말도 잘 안 듣고, 어떤 때는 역효과를 내는 일도 있으니 꼭 부모가 책임을 져야 한다. 그렇다고 해서 어린이를 핑계대고 교회 출석을 안 하거나 거부하는 일이 없도록 조심해야 한다. 가능하면 예배 시간에라도 한 가족의 어른과 어린이가 같이 참석하여 예배드리는 것은 매우 기쁜 일이요, 감사한 일이다.

⑩ 축복기도 전에 나가지 말라.

"…마지막 축복기도할 때까지 특별한 연고 없이는 출입함이 옳지 않다."[예배모범 1:5].

예배순서에 어느 하나 불필요하거나 허술한 것이 없겠지만 마지막 축복기도는 매우 귀중한 순서이다. 축복기도는 목사가 하나님을 대리하여 복을 내리는 순간이므로 가장 엄숙한 시간이요, 송영이 끝날 때까지 경건미를 풀지 말고 끝난 후에 조용히 퇴장해야 한다. 어떤 교인들은 꼭 축도시간에 교회 문을 먼저 나서려고 소란을 피우고 분위기를 어수선하게 만들기도 한다. 안내위원이나 예배인도자는 강력히 단속하여 이런 일이 절대로 없도록 해야 한다.

⑪ 예배 후에 할 일들

"이와 같이 엄숙한 태도로 공식예배를 마친 후에는 이 날 남은 시간은 기도하며 영적 수양서를 읽되, 특별히 성경을 공부하며, 묵상하며, 성경문답을 교수하며, 종교적인 담화를 하며, 시편과 찬송과 신령한 노래를 부를 것이요, 병자를 방문하여 가난한 자를 구제하며, 무식한 자를 가르치며, 불신자에게 전도하며, 경건하고 사랑하며, 은혜로운 일을 행함이 옳다."[예배모범 1:6].

예배 후의 주일 시간 사용에 대한 구체적인 지시이다.

a. 기도하는 일.

b. 신령한 책을 읽는 일.

c. 성경을 공부하는 일.

d. 묵상하는 일.

e. 성경문답을 교수하는 일.

f. 종교적인 담화를 하는 일.

g. 시편과 찬송과 신령한 노래를 부르는 일.

h. 병자를 심방하는 일.

i. 가난한 자를 구제하는 일.

j. 무식한 자를 가르치는 일.

k. 불신자에게 전도하는 일.

l. 경건하고, 사랑하며, 은혜로운 일을 행할 일 등등이다.

별도로 해석할 필요도 없이 구체적이다. 이 모든 것이 구별된 날을 거룩하게 지내는 방법이요, 주님을 위해 영광을 돌리는 차원에서 시간을 쓰는 방법이다. 분명한 것은 이레 중에 하루를 구별하여 하나님께 드리는 날로서 하나님을 기쁘시게 하는 날로 삼아야 하는 것이다.

이상과 같이 교인생활에 있어서 예배드리는 일은 가장 중요한 요소이다. 장로는 당회원이므로 이 예배를 주관해야 할 책임자다. 또 예배 순서의 일부를 담당하는 인도자다. 그러므로 장로직을 맡은 사람으로서 무엇보다도 그 교회의 예배분위기를 엄숙하고, 경건하며, 은혜롭게 조성하여 목사로 하여금 교회 모든 예배행사를 잘 인도하도록 보필하는 동시에, 모든 교인들에게 예배를 통하여 신앙의 질적 향상을 도모하며, 복된 생활을 하도록 인도해야 할 사명이 있다.

2. 기 도

1) 기도의 일반적 의의

(1) 서론 : 기도에 대한 격언(格言)

- "기도는 신앙의 유모(乳母)다."[매튜 헨리]
- "기도는 독백(獨白)이 아니라 대화(對話)다."[앤드류 머리]
- "우리가 일할 때, 일하는 건 우리 자신이지만, 우리가 기도할 때 일하는 건 하나님이다."[오스왈드 스미스]
- "기도가 죽은 습관이 되어버림을 두려워하라."[톨스토이]
- "기도는 아침에 열쇠요, 저녁에 자물쇠다."[그레이엄]
- "사탄이 무서워하는 것은 오직 기도뿐이다."[鄭亞力]
- "금일 세계를 위협하고 있는 악의 세력을 물리칠 수 있는 힘은 오직 기도뿐이다."[宋美齡]
- "가장 명심할 점은 기도의 응답이 내리기까지 결코 물러나지 않는 일이다."[뮐러]
- "기도는 우리들 전신에 뿌리는 향수(香水)다. 그리고 값비싸고 확실한 효과를 나타내는 치료제다."[아미엘]
- "기도는 바로 성도들의 검(劍)이다."[프랜시스 탐슨]
- "기도는 주무시는 하나님을 깨우는 일이다."[마르틴 루터]
- "입술로 기도해도 마음이 그것에서 멀면 무익하다."[토트 티하메르]
- "기도는 사업의 반려(伴侶)다."[페니]
- "기도는 교회의 생명이다. 기도 없는 곳에는 생명도 없고 부흥도 없는 것이다."[朴炫明]
- "세계는 기도가 많으면 많을수록 미화(美化)된다."[폰드]
- "기도는 보좌 위에 계시는 왕과, 그 발아래 좌정한 교회를 맺어주는

사슬이다."[머리]

- "기도는 세상을 지배하는 손을 움직이는 힘이다."[스미드]
- "먼저 힘써 일하고, 그 후에 도와주기를 기도하라."[安昌浩]
- "기도란 하나님과 쉬지 않고 담화함으로써 하나님이 실재하신다는 생각을 확립하려는 것이다."[로렌스]
- "하나님은 그의 영으로 우리에게 내려오시고, 우리는 기도로 말미암아 그에게 올라간다."[토머스 왓슨]
- "기도는 하나님과 친교를 맺는 위대한 예술(藝術)이다."[토머스 아 켐피스]
- "하나님과 인간의 교제는 두 가지로 이루어지는데, 하나님은 성경말씀으로 우리에게 말씀하시고 우리는 기도로써 하나님께 아뢴다."[헤럴드 린젤]
- "기도는 하나님께서 우리 안에 말하실 수 있도록 기회를 드리는 것이다."[해리 E. 포스틱]
- "그림에 있는 불은 불이 아니요, 죽은 사람은 사람이 아니요, 간절하지 않는 기도는 기도가 아니다."[브룩스]
- "무슨 큰일을 하고자 하는 자는 기도를 제일 큰일로 알고 하여야 한다."[P. 해밀턴]
- "기도는 하나님의 은혜와 능력이 가득 쌓여 있는 창고 문을 여는 열쇠이다."[R. A. 토리]
- "애통하는 기도는 언제나 승리를 가져온다."[박윤선]
- "기도는 신자의 중요한 일이다. 나는 이 힘으로써 다른 일도 해나간다."[토머스 후커]
- "위험에 빠진 때는 짧은 기도로 충분하다."[스펄전]

(2) '기도'의 뜻

'기도(祈禱)'라는 말의 뜻은 그리 단순하지가 않다. 많은 어원적(語源的) 유래와 다양한 뜻을 가지고 있는 것이므로 몇 마디 말로써 표현하기는 매우 곤란하지만, 기도라는 말은 보통 '빈다'(祈: '빌 기', 禱: '빌 도'=마음에 바라는 바가 이루어지기를 신에게 비는 것)라는 뜻 그대로라면 제일 바른 것이다. 이제 그 말의 뜻을 몇 가지로 풀어 본다.

① '희생(犧牲)의 향기(香氣)'라는 뜻

첫째, 창세기 8장 20-21절에는 "노아가 여호와께 제단을 쌓고 모든 정결한 짐승과 모든 정결한 새 중에서 제물을 취하여 번제로 제단에 드렸더니 여호와께서 그 향기를 받으시고 그 중심에 이르시되 내가 다시는 사람으로 말미암아 땅을 저주하지 아니하리니"라고 하였다. 이는 하나님께서 홍수로 죄악을 덮어 없이하신 후에 방주에서 구원 받은 노아가 방주에게 나와 처음으로 새 땅을 밟으면서 하나님께 감사의 제사를 드린 제물이다. 이 제물을 하나님께서는 향기롭게 받으셨던 것이다.

둘째, 출애굽기 8장 30절에 "모세가 바로를 떠나 나와서 여호와께 간구하니"라고 했는데, 여기서 "간구"란 말은 히브리 원어에는 〈아탈〉이라고 하는데, 이 단어는 아랍방언에 '희생을 드리기 위하여 살육한다'는 뜻과 같은 말이라고 한다. 다시 말하면, 구약의 번제는 사람의 죽을 몸을 대신한 짐승을 죽여 불태워서 그 향내를 여호와께 올려 보내는 것이 제사의 의식이었다는 것이다.

셋째, 요한계시록 5장 8절에 "그 두루마리를 취하시매 네 생물과 이십사 장로들이 어린 양 앞에 엎드려 각각 거문고와 향(香)이 가득한 금 대접을 가졌으니, 이 향은 성도의 기도들이라"고 했다. 여기에 거문고는 찬송의 표요, 향이 가득한 금 대접은 기도의 상징이다.

이상 세 가지 뜻을 종합하여 보면, 희생의 향기인 성도의 기도가 하나님께 응답받는 것을 예표로 가르친 것이다.

② '속삭인다'는 뜻

이사야 26장 16-17절에 "여호와여 그들이 환난 중에 주를 앙모하였사오며 주의 징벌이 그들에게 임할 때에 그들이 간절히 주께 기도하였나이다 여호와여 잉태한 여인이 산기가 임박하여 산고를 겪으며 부르짖음 같이 우리가 주 앞에서 그와 같으니이다"라고 하였다.

여기에 "기도"라고 번역된 히브리 원어는 '속삭인다' 혹은 '귓속말로 한다'라는 뜻으로 많이 사용되는 단어다. '속삭인다'라는 말은 은밀하게, 또는 조용하게 한다는 뜻인데, 이는 기도하는 자가 기도의 대상자이신 하나님을 공포의 대상으로 보지 않고, 다정다감한 사랑의 대상자로 알아서 자기중심의 바라고 원하는 소원을 소곤소곤 속살거리는 모습으로 표현했다. 마치 정다운 부부간에 있어서 사랑하는 아내가 남편에게 무엇을 요청하며 애교 있게 속삭이는 모습을 연상할 수 있다.

③ '만나본다'는 뜻

헬라어 원어로 기도를 번역하면 〈엔튝시스〉라고 하는데, 이 말의 뜻은 '간구한다'는 뜻이 포함되어 있기는 하나 '대화한다' '만나본다' '동행한다'라는 등의 뜻이 강하게 내포되어 있다.

"나를 사랑하는 자들이 나의 사랑을 입으며 나를 간절히 찾는 자가 나를 만날 것이니라"(잠 8:17)라고 한 것같이, 하나님을 사랑하여 간절히 찾고 사모하는 자가 얻는다. 그렇기 때문에 예수님은 구하는 자가 얻고, 찾는 자가 만나고, 문을 두드리는 자에게 열린다고 기도를 교훈하셨다(마 7:7-8).

"여호와께서 말씀하시되 오라 우리가 서로 변론하자 너희 죄가 주홍 같을지라도 눈과 같이 희어질 것이요 진홍 같이 붉을지라도 양털 같이 희게 되리라"(사 1:18)고 한 것은 서로 변론하고 의논하고 대화하자는 뜻이다.

④ '간청한다'는 뜻

영어로 기도라는 말은 'Prayer(프레어)'라고 하는데, 이 뜻은 '간청(懇請)한다' '탄원(歎願)한다'라는 뜻이 내포되어 있다.

창세기 19장 3절에 “롯이 간청하매 그제서야 돌이켜 그 집으로 들어오는지라 롯이 그들을 위하여 식탁을 베풀고 무교병을 구우니 그들이 먹으니라”고 했는데, 이 말씀은 소돔 성을 치러 온 두 천사를 롯이 간청하여 자기 집에 모신 내용의 기사이다. 이는 우리의 간절한 기도로 하나님을 우리 마음속에 모시는 심정의 뜻이다.

예레미야 37장 20절에 “내 주 왕이여 이제 청하건대 내게 들으시며 나의 탄원을 받으사 나를 서기관 요나단의 집으로 돌려보내지 마옵소서”라고 한 말은 예레미야가 시드기야 왕에게 간청하고 탄원한 말이다. 그 말의 내용과 모습 속에 하나님께 기도하는 뜻이 내포되어 있다.

(3) 기도의 정당한 정의(定義)

기도는 그 정의에 따라서 기도의 형식, 방향, 목적이 결정되는 것이므로 자기의 주관이나 체험을 위주로 정의해서는 잘못되기 쉽다. 오직 성경적인 입장에서 정의를 내려야 한다.

성경적인 정의를 가장 쉽고도 간단명료하게 내린다면 “예수를 믿는 사람이 성령의 도우심과 예수님의 중보로 하나님 아버지께 가지는 영적인 교제의 한 방편이다.”라고 할 것이다.

기도하는 자는 곧 신자다. 우리는 오직 성령의 도우심으로 하나님을 아버지라고 불러서 기도할 수 있다.

또 예수님께서는 자기의 이름으로 기도하면 이루어 주신다고 확약(確約)하셨다.

“너희가 내 이름으로 무엇을 구하든지 내가 행하리니 이는 아버지로 하여금 아들로 말미암아 영광을 받으시게 하려 함이라 내 이름으로 무엇이든지 내게 구하면 내가 행하리라”(요 14:13-14).

“너희가 나를 택한 것이 아니요 내가 너희를 택하여 세웠나니 이는 너희로 가서 열매를 맺게 하고 또 너희 열매가 항상 있게 하여 내 이름으로 아버지께 무엇을 구하든지 다 받게 하려 함이라”(요 15:16).

“그 날에는 너희가 아무것도 내게 묻지 아니하리라 내가 진실로 진실로 너희에게 이르노니 너희가 무엇이든지 아버지께 구하는 것을 내 이름으로 주시리라 지금까지는 너희가 내 이름으로 아무것도 구하지 아니하였으나 구하라 그리하면 받으리니 너희 기쁨이 충만하리라"(요 16:23-24).

이와 같이 기도의 대상자는 하나님 아버지시니 그에게 기도해야 옳은 응답을 받을 수 있는 것이다. 혹 공중기도 하는 중에 하나님 아버지를 찾지 않고 미사어구로 장식하다보면 누구를 불러서 기도하는지 모를 경우가 있다. 분명하게 기도 서두에는 기도를 들으실 하나님 아버지를 찾아서 모신 다음에 기도해야 할 것이다.

(4) 기도에 관한 상징적인 뜻

기도를 좀 더 쉽게 이해하려면 다음과 같은 상징적인 뜻으로 표현하면 될 것이다.

① 영혼의 호흡(呼吸)과 같다.

성경을 읽는 것과 공부하는 일, 성경을 듣고 묵상하는 일 등을 영혼이 음식을 먹는 것이라고 한다면, 기도는 '영혼의 호흡(呼吸)'이라고 하겠다.

여기에는 크게 두 가지 뜻이 내포되어 있는데, 먼저 객관적으로 생사(生死)를 판단할 수 있다. 즉, 영적 생명이 살았느냐 죽었느냐 할 때 호흡이 정지되고 있다면, 그는 벌써 영적으로 죽은 심령이다. 사람마다 호흡을 안 하고는 살 수 없을 터인데, 어찌해서 기도하기가 그렇게 어렵다고들 하는가? 살아 있는 사람이라면 호흡을 자연적으로 해야 하는 것처럼, 살아 있는 심령이라면 기도는 자동적으로 해야 할 것이다. 기도를 하지 않거나 못한다면 그는 벌써 죽은 심령이라고 하겠다.

또 주관적으로는 호흡은 항상 규칙적으로 해야만 건강하다는 원리가 될 것이다. 호흡을 한꺼번에 많이 해두고 얼마 동안 중단할 수는 없다. 그러므로 살아 있는 심령은 언제나 호흡과 같은 기도를 지속적으로 해야 한다. 사무엘은 "나는 너희를 위하여 기도하기를 쉬는 죄를 여호와 앞에 결단코 범하지 아니하고"(삼상 12:23)라고 했다.

② 영혼의 씨름과 같다.

호흡은 남의 도움을 받지 않고서도 혼자서 할 수 있는 일이다. 결코 다른 사람이 내 호흡을 대신 해 주거나, 또는 내 호흡을 방해 놓을 수는 없으나, 씨름이 반드시 상대가 있는 것처럼 기도도 싸워야 할 상대가 있다.

첫째 상대는 사탄이다. 우리가 기도를 시작하자마자 사탄은 이를 방해하려고 달려든다. 사탄은 사람보다 더욱 영리하고 지혜롭기 때문에 나쁜 뜻과 악한 목적을 가지고 우리로 하여금 기도를 하지 못하도록 온갖 수단 방법을 총동원하여 덤벼든다.

어떤 때는 전면 도전해 올 때가 있는가 하면, 어떤 때는 감언이설(甘言利說)로 꼬이며 유혹해 올 때도 있다. 그러므로 우리는 항상 사탄과 씨름을 하고 있다. 그 시험과 유혹에 지면 만사가 실패요, 신앙생활이 큰 곤경에 빠진다.

둘째 상대는 하나님이다. 우리가 하나님을 이길 수 있는 방법은 기도뿐이다. 우리는 하나님과 싸워서도 안 될 뿐 아니라, 또한 싸워서 이길 수도 없다. 그러나 야곱은 얍복 나루터에서 천사(하나님의 사람)와 날이 새도록 씨름하였다. 아니 허벅지 관절이 어긋나기까지 씨름하면서 기어코 복을 받고야 말았다. '야곱'이 '이스라엘'이 되기까지 씨름하여 마침내 이겼다. 결국 하나님과 씨름하여 이긴 셈이다(창 32:24-32). 마치 철없는 자식이 아버지에게 무리한 요청을 떼를 쓰며 할 때에 아버지는 귀여워서라도 허물하지 않고 허락해 주는 것과 같은 것이다.

호세아 선지자는 이 사실에 대하여 기록하기를 "힘으로는 하나님과 힘을 겨루되 천사와 겨루어 이기고 울며 그에게 간구하였으며"(호 12:3-4)라고 했다.

③ 만능열쇠와 같다.

엘리야 선지자는 우리와 같은 성정의 사람이지만, 이 기도의 열쇠를 가지고 하늘 문을 잠그니 삼년 육 개월 동안 땅에 비가 한 방울도 아니 오고, 또 다시 이 열쇠로 여니 하늘이 비를 주고 땅이 열매를 맺었다고 했다(약 5:17-18).

오늘날도 이 열쇠만 가지면 모든 잠긴 문제의 자물쇠를 무난히 열 수 있을 것이다. 모든 자물쇠는 번호가 맞는 열쇠만이 열 수 있는 것이지만, 이 기도의 열쇠는 안 맞는 자물쇠나 안 열리는 자물쇠가 없는 것이다. 아무리 든든하게 잠기고 헝클어진 문제라도 기도의 열쇠를 법대로만 돌리면 무난히 열리고 만다.

의심하여 하는 기도나(약 1:6-8), 정욕으로 쓰려고 잘못 구하는 기도는(약 4:3) 응답을 받지 못한다. 이런 마음의 소유자는 주께 얻기를 구하지 말라고 경고하고 있다.

(5) 기도의 대상자: 하나님

누구에게 기도하느냐? 즉 기도의 대상자가 누구냐 하는 문제가 나타난다. 종교학으로 볼 때 아무리 미개한 민족, 즉 정부도 없고 법률이나 교육도 없는 야만족의 세계에도 제단(祭壇)은 반드시 있다. 이는 종교가 없는 민족은 없다는 뜻이고, 따라서 기도하지 않는 사람은 없다는 뜻이다.

성경 역사상에도 구약시대에 바알 우상에게 열심히 기도한 미친 선지자들이 있는가 하면(왕상 18:26), 덮어놓고 잡다한 신에게 급한 대로 기도한 무리들도 있으며(욘 1:5, 요나의 탄 배가 풍랑을 만났을 때 사공들의 기도), 신약시대에서는 바울이 전도 다닐 때 그 당시 세계적으로 가장 문명이 발달되었다고 자타가 공인하던 헬라의 아덴에 갔을 때에 온 성에 우상이 가득 찼을 뿐만 아니라, 어떤 자들은 대상이 누구인지 무엇인지도 모르고 "알지 못하는 신"에게까지 열심으로 기도한 자들도 있었다(행 17:23). 그러나 우리의 기도 대상자는 하나님 아버지이심이 너무나도 분명하다.

"생명의 하나님께 기도하리로다"(시 42:8).

"그런즉 너는 오늘 위로 하늘에나 아래로 땅에 오직 여호와는 하나님이시요 다른 신이 없는 줄을 알아 명심하고"(신 4:39).

"너는 기도할 때에…은밀한 중에 계신 네 아버지께 기도하라"(마 6:6).

"이러므로 내가 하늘과 땅에 있는 각 족속에게 이름을 주신 아버지 앞에 무릎을 꿇고 비노니"(엡 3:14-15).

"예수께서 이르시되 너희는 기도할 때에 이렇게 하라 아버지여 이름이 거룩히 여김을 받으시오며"(눅 11:2).

이와 같은 말씀 등은 다 하나님 아버지가 기도의 대상자임을 분명하게 말해 준다.

또 예수님이 기도의 대상자라고도 할 수 있다. 누가복음 23장 42절에는 십자가 위에서 회개한 강도가 "예수여 당신의 나라에 임하실 때에 나를 기억하소서"라고 기도했으며, 사도행전 7장 59-60절에는 스데반이 돌에 맞아 순교하면서 부르짖기를 "주 예수여 내 영혼을 받으시옵소서 하고 무릎을 꿇고 크게 불러 이르되 주여, 이 죄를 그들에게 돌리지 마옵소서 이 말을 하고 자니라"고 했다.

예수님도 삼위일체 중에 제2위이신 성자 하나님이시기 때문에 기도의 대상자라고 할 수 있다. 왜냐하면 여호와만이 상천하지(上天下地)에 참 하나님이시요, 다른 신이 없기 때문이다(신 4:39; 수 2:11).

그 하나님은 어떠한 신이신가?

하나님은 우리 생명의 창조자시요(창 1:27), 만물을 지으시고 통치하시고, 섭리하시며, 지배하시는 생명의 하나님이시다(시 89:9; 사 44:24; 히 1:3).

또 영원히 살아 계셔서 졸지도 아니하고 주무시지도 아니하시며(시 121:4), 피곤하지 아니하시며, 곤비하지 아니하시는(사 40:28) 하나님이시요, 만유의 아버지시고 위에 계시고 만유를 통일하시고 만유 가운데 계신(엡 4:6) 하나님이시다. 유일하신(막 12:29; 요 5:44) 하나님이시기 때문이다.

2) 장로직과 기도

(1) 예배 행위의 대표가 기도다.

교회에서 시행하는 예배순서 중에는 찬송, 기도, 성경봉독, 설교, 헌금, 축도 등등의 순서가 있는데, 그 중에도 성경 봉독과 설교는 한 번씩만 있으나 찬송이나 기도는 여러 번 있게 마련이다.

더구나 기도는 예배를 시작할 때 하는 인도자의 기원(祈願)이나, 다 같이 드리는 묵도(黙禱)를 위시하여 예배 마지막에 목사가 하는 축도(祝禱)와 헌금을 드릴 때 하는 헌금(獻金)기도 외에 설교자가 설교를 전후하여 하는 간단한 기원 등이 있으며, 가장 대표적인 목회(牧會)기도가 있다.

기도 순서를 담당하는 데는 교회마다 다를 수 있을 것이다. 어떤 교회에서는 예배를 인도하는 목사가 대표기도인 목회기도를 하는 경우도 있으나, 대부분의 교회에서는 장로가 교인들을 대표하여 이 기도순서를 맡게 된다. 물론 교회나 교단의 제도와 전통에 따라서 다를 수 있다. 그러나 장로가 대표기도를 담당하는 일이 가장 많고, 또 타당성이 있다고 본다. 이 기도는 매우 중요할 뿐 아니라 그 책임도 매우 중요하다.

장로가 대표로 기도할 때에는 언제나 자기 자신의 문제보다는 교인들이 각각 기도할 문제를 혼자서 대신하여 하나님께 기도한다는 사실을 잊어서는 안 된다. 다시 말하면, 전체 교인들의 제사를 도맡아가지고 지성소에 들어가 백성을 위하여 제사를 드리는 제사장과 같이, 모든 사람의 죄를 대표하여 고백하며, 모든 사람의 요구를 망라해서 올리는 귀중한 사명임을 명심해야 할 것이다. 그러기에 모든 사람들이 다 같이 "아멘" 하며 공감(共感)할 수 있어야 한다(고전 4:16).

장로는 대표기도를 할 때에 교회의 실정과 교인들의 형편과 특수한 사정들을 상세하게 바로 파악하여 뚜렷한 기도 제목으로 기도해야 하며, 공연히 중언부언(重言復言)하지 말고 조리 있게 하므로 모든 교인들이 공감하도록 해야 한다. 또한 그 사용하는 용어(用語)도 누구나 알아들을 수 있는 평범한 말이면 족하다. 유별나게 지나친 전문술어나, 독특한 말이나, 방언으로 기도하는 일들은 피해야 한다.

또 기도하는 시간도 조절할 줄 알아야 한다. 어떤 장로의 기도는 너무 길기 때문에(7분 이상이면 길다. 3~5분 정도가 적합함) 예배 분위기를 망치게 하며 목사의 설교시간을 빼앗는 결과를 가져오게 된다.

(2) 장로의 기도 책임

예루살렘 초대교회가 크게 부흥되어 많은 교인들이 모이게 되자 교회조직의 필요성이 생겼고, 사도들은 "하나님의 말씀을 제쳐 놓고 접대를 일삼는 것이 마땅하지 아니하니 형제들아 너희 가운데서 성령과 지혜가 충만하여 칭찬 받는 사람 일곱을 택하라 우리가 이 일(접대하는 일: 빈민 구제와 교회 봉사) 그들에게 맡기고 우리는 오로지 기도하는 일과 말씀 사역에 힘쓰리라"(행 6:2-4)고 한 것처럼, 기도하는 것과 말씀 사역은 사도들의 양대 책임이다. 여기서 기도의 중요성을 다시 한번 재인식하게 된다.

마르틴 루터가 부패한 가톨릭교의 신앙을 개혁할 때 종교개혁의 삼대 원리를 세웠다. 그것은 첫째, 성경 절대권, 둘째, 믿음으로 의롭다함을 얻음, 셋째, 만인제사장 등이다.

여기에서 마르틴 루터는 신자는 누구나 다 제사장의 자격을 가지고 하나님께 기도할 수 있는 자격자들인 것을 강조하고 있다. 즉 신자는 누구나 기도해야 할 책임이 있는데도 대개 일반적으로 인식하기를, 목사는 설교하는 책임이 있는가 하면, 장로는 기도해야 할 책임이 있다고 한다. 따라서 장로로서 기도할 줄 모르거나, 기도를 등한시 한다면, 이는 직무유기가 되고, 하나님 앞에 불충할 뿐더러 교인들이 선출하여

중임을 맡기고 기도해 달라고 부탁한 것을 배신하는 셈이 되니 큰 잘못이다. 장로는 기도의 책임을 막중하게 여기고 귀중한 사명을 완수하도록 최선을 다해야 할 것이다.

(3) 예배모범이 가르치는 공식기도

대한예수교장로회 헌법 중에 「예배모범」란이 있으며, 그 중에서도 공식기도에 대한 조문이 있다. 참고로 전문(全文)을 다음과 같이 소개한다(합동측의 것이나, 타교단도 그 내용이 같은 뜻으로 되어 있다).

제4장 공식기도

1. 개회 기도

교회당 공식예배를 시작할 때는 간단한 기도로 함이 옳으니 겸비한 태도로 영생하신 하나님의 무한한 권위를 숭배하며, 우리가 육정을 인하여 하나님께 멀리 떠났던 것과, 죄인이 되어 공로 없는 것을 고하고, 그의 은혜롭게 임하심을 겸손한 마음으로 간구하며, 예배에 대하여 성령의 은조(恩助)와 우리 주 예수 그리스도의 공로로 우리를 용납하시기를 구하라.

2. 목회 기도

시나 찬송을 부른 후, 강도하기 전에 신자의 일체 소원을 포함한 기도를;

첫째, 영광을 돌림: 하나님께서 세상을 창조하시고 권고하시는 중에 나타내시는 것과, 성경말씀 가운데 분명하고 완전하게 나타내신 영광과 완전하심을 존중할 것.

둘째, 감사: 하나님의 주신 각양 은혜를 사례할지니 보통 은혜와, 특별 은혜와, 신령적 은혜와, 육체적 은혜와, 단체적 은혜와, 개인적 은혜를 감사하되, 모든 은혜 위에 초월한 은혜, 곧 말할 수 없는 선물되신 예수 그리스도와 그로 말미암아 영생의 소망을 얻은 것과, 성령을 보내 주심과 성령의 역사하신 것을 크게 감사할 것.

셋째, 자복: 원죄와 자기 범행한 죄를 자복하되, 함께 예배하는 모든 사람으로 하여금 죄라는 것은 그 성질이 하나님에게 분리되는 것이니 심히 악한 것으로 깨닫게 하며, 또한 죄 뿌리에서 나는 각 죄를 말할 것이니 하나님을 거역하는 죄와, 이웃을 해하는 죄와, 자기를 해하는 죄와, 사언행(思言行)으로 범하는 죄와, 은밀한 죄와, 참담한 죄와, 우연히 범하는 죄와, 습관으로 범하는 죄며, 또 죄에 죄를 더하는 것도 말할지니 가령 짐짓 범하는 죄와, 분별할 도리가 있는데 범죄하는 죄와, 특별한 자비를 받고 범하는 죄와, 특권을 받은 후 범한 죄와, 맹세한 후 범한 죄 들이다.

넷째, 간구: 여러 가지 간구할 것이 있으니, 곧 구속하신 보혈의 공로로 죄 사함을 받는 것과, 하나님으로 더불어 화평을 얻는 것과, 거기서 발생하는 중대하고 쾌락한 결과요, 또 사람을 성결하게 하시는 성령과, 우리의 직임을 성취하기 위하여 만족할 능력 주심과, 인간이요 죄인인즉 마땅히 받을 고난 중에서 권고하시며 안위하심과, 이 비참한 세상을 지내기 위하여 적당한 자비를 베푸시기 위하여 기도할 것이니 이 모든 것을 간구할 때에 이 은혜는 하나님의 언약하신 사랑에서 나는 것이요, 우리의 신령적 생활을 보호하며 진보하게 하시기 위하여 주시는 것으로 알고 간구할 것 .

다섯째, 간구할 근거: 기도할 때에 우리의 간구하는 바를 응락하실 연고는 온 신구약에 모든 허락한 원리와, 우리의 부족함과, 하나님의 풍성하심과, 예수의 공로와, 우리를 위하여 간구하심과, 자기 백성의 위로와, 희락에서 나타낸 하나님의 영광을 위함이다.

여섯째, 다른 사람을 위하여 기도: 다른 사람, 곧 온 세계 모든 인류를 위하여 기도할 것이니, 모든 인류에게 성령을 부어 주실 것과, 하나님의 교회의 화평과 정결과 흥왕함을 위하여 기도하며, 여러 목사와 각처에 있는 선교사를 위하여 기도하며, 의를 인하여 해 받는 모든 사람들과, 본 교회와, 우리와 교통하는 각 교회와, 병인과 죽게 된 사람과, 비참한 사정을 당한 사람과, 가난하고 궁핍한 자와, 나그네와 옥에 갇힌 이와, 남녀노소와, 수륙(水陸)에 여행하는 사람과, 본 교회 소재 지방과 각 관리와, 군인과, 그 밖에 필요한 이를 위하여 기도할지니, 이상에 기록한 제목 중에 어느 것을 더 말하고 덜 말할 것은 주장하는 목사가 깊이 생각하여 작정한다.

3. 설교 기도

강도한 후에 하는 기도는 그 강도한 말씀에 관계되는 것을 들어 기도하고,

그 밖의 모든 공식기도는 그때 모든 정형(情形)에 의하여 한다.

4. 이상과 같이 기도 제목은 그 범위가 넓고 종류가 많으니 그 택하는 것은 당직한 목사의 충성과 생각에 맡긴다. 우리 장로회가 공식 기도의 일정한 모범을 좇을 것은 아니나, 목사가 예배석에 나오기 전에 반드시 그 강도를 준비하는 것과 같이, 또한 기도할 것도 준비하는 것이 옳다. 목사는 반드시 성경을 숙독하고, 기도에 대한 서책을 연구하고, 묵상하며, 하나님으로 더불어 교통하므로 기도하는 능력과 정신을 얻을 것이요, 그뿐 아니라 아무 때나 공식기도를 하려할 때에는 그 전에 자기 마음을 안돈하고 기도할 것 중 어떠한 말이 좋을지 마음 가운데 차례로 준비할 것이니 이렇게 하여야 기도하는데 그 위엄과 예의를 갖추며, 또 같이 예배하는 사람들에게도 유익이 될 것이요, 무미하고 불규칙하며 부주의한 행동으로 중대한 예식을 오손(汚損)하지 말라.

5. 공식 기도에 참여한 모든 사람의 자세는 항상 경건한 태도를 가질 것이요, 회중은 가급적 일정한 태도를 가지는 것이 당연하니 기립 기도하는 자세는 성경에 말하고 옛날 교회의 실행하던 일이요, 장로교회의 예법이다. 그러나 기립하든지 바로 앉든지 다 무방하다.

---

3) 장로의 기도생활

그리스도인이라면 누구나 다 그러해야 하겠지만, 특히 장로는 기도생활을 등한히 할 수 없다. 언제나 전체 교인들에게 시범적 입장에 있으니 모든 면에 열심으로 충성해야 하겠지만, 특히 기도생활만은 철저히 하지 않으면 안 된다. 사무엘 선지자는 "나는 너희를 위하여 기도하기를 쉬는 죄를 여호와 앞에 결단코 범하지 아니하고"(삼상 12:23) 했으며, 바울은 "쉬지 말고 기도하라"(살전 5:17)고 했고, 또 "모든 기도와 간구로 하되 항상 성령 안에서 기도하고 이를 위하여 깨어 구하기를 항상 힘쓰며"(엡 6:18)라고 권면했다.

예수님께서도 "항상 기도하고 낙심하지 말아야 할 것을 비유로 말씀하여"(눅 18:1)라고 교훈하셨다.

쉬지 말고 항상 기도할 것은 성도의 의무인 동시에 장로들에게는 절대적인 책임임을 분명히 인식해야 한다.

(1) 새벽기도에 힘써야 한다.

새벽기도야말로 모든 기도 중에 중요한 기도가 된다. 보통 교회에서 보면 새벽기도회에 참석하는 교인들이야말로 그 교회의 신령적으로 대표되는 중심인물들이요, 1급 신앙생활자들이라고 하겠는데, 이 반열에 장로가 누락되어서는 안 될 것이다.

자기 자신이 새벽기도를 하지 않으면서 어떻게 교인들을 가르치며, 더구나 새벽기도 문제에 대하여 무슨 말로 교인들을 권면하겠는가? "나는 못해도 여러분은 하시요!" 해서는 안 될 것이다.

필자가 부산에서 목회하던 어느 해 여름, 교직자 수양회가 부산 해운대에서 모인 일이 있었다. 그 때의 강사는 좀 완고하신 모 목사님이셨는데 새벽기도회 인도가 너무 길어서 지루한 감이 생겨 불평들이 있었다.

마침 쉬는 시간에 끼리끼리 모여 앉아 잡담들을 하는데, 모 교회 젊은 장로 한 분이 새벽기도회에 대한 불만을 터뜨리면서 한다는 소리가 "새벽기도회는 대관절 어떤 놈이 시작했기에 사람을 이렇게 못 살게 구는지 모르겠다."고 떠들었다. 사실 장로가 새벽기도를 연중무휴(年中無休) 계속하려면 얼마나 힘드는가? 새벽기도에 참석 안하면 교인들의 여론이 두렵고, 목사 보기에도 민망하고, 계속하자니 죽을 지경이다. 새벽기도회는 휴가도 없고 졸업도 없이 계속되기 때문에 사실 해보면 힘들다.

마침 옆에서 이 불만을 듣고 계시던 연로하신 S목사님 대갈일책(大喝一責) 왈 "장로님, 무슨 말을 그렇게 망령되게 하시오. 마가복음 1장 35절을 찾아 읽어 보시오."라고 했다. "새벽 아직도 밝기 전에 예수께서 일어나 나가 한적한 곳으로 가사 거기서 기도하시더니"라는 성구를 찾아 든 그 장로는 벌벌 떨면서 그 목사님 앞에 자복한 일을 목도한 바가 있다.

사실 새벽기도는 매우 힘든 사명 중에 힘든 사명이다. 그러나 그렇게 힘든 사명을 맡아 수고해야 할 사람이 곧 양 무리의 목자가 되고 감독자가 되는 장로인 것이다.

(2) 철야기도도 종종 해야 한다.

철야기도는 밤을 새워가며 하는 기도를 말한다. 이 기도는 매일 밤마다 계속하기는 힘들지만 종종 해야 할 기도다. 더구나 장로가 되어 모든 교인들의 지도자가 되며 신앙생활에 본을 보이려면 밤을 새워 기도하는 일이 자주 있어야 할 것이다. 이 일을 감당하지 못한다면 기도를 너무 등한시 하는 격이 된다.

예수님께서는 종종 밤을 새워가며 기도하셨으니, 누가복음 6장 12절에 보면 열두 사도를 선택하기에 앞서 철야기도를 하셨다. 즉 "이때에 예수께서 기도하시러 산으로 가사 밤이 새도록 하나님께 기도하시고"라고 했다. 또한 평상시에 생활 중에서도 "낮에는 성전에서 가르치시고 밤에는 나가 감람원이라 하는 산에서 쉬시니"라고 했으니, 곧 기도하신 것이다(눅 21:37).

옛날 야곱이 얍복 강변에서 철야기도하며 하나님을 이겼던 사실(창 33:24)이나, 어린 사무엘이 하나님의 계시를 받았던 일이나(삼상 3:1), 베드로가 옥에 갇혔을 때 교인들이 모여서 밤새도록 기도한 일(행 12:5) 등은 다 철야기도하면서 이루어진 거룩한 역사요, 큰 사명을 받은 순간들이다.

하나님께서는 졸지도 아니하시고 주무시지도 아니 하신다고 했으니(시 121:4), 이렇게 늘 깨어서 우리를 지키시는 하나님께 기도하는 자가 깨어 밤새도록 기도하는 일은 오히려 당연하다 하겠다.

베드로는 겟세마네 동산에서 깨어 기도하라고 하신 예수님의 명령을 받았음에도 불구하고 졸고 자다가 마귀의 유혹에 넘어갔다. 우리가 밤새워 기도할 때는 마귀가 꼼짝하지도 못할 것이며, 바라는 바 소원은 반드시 성취되고야 말 것이다.

장로가 고요한 밤중에 성전 제단 앞에 엎드려 기도하는 모습을 하나님께서 내려다보실 때, 가장 아름답고 귀하게 보실 것은 분명하다. 또 우리 주님께서 가장 귀하게 보시고 기뻐해 주실 것이다. 그 기도하는 조목조목 하나하나를 다 들으시고 기억하시고 응답해 주실 것으로 믿는다.

(3) 금식기도의 경험이 있어야 한다.

우리는 기도생활을 어떻게 해야 가장 잘 한다고 할 수 있을까? 이는 우리 주님께서 하신 기도를 본받으면 되는 것이다. 예수님께서 천국 복음 사업을 시작하실 때 광야에서 음식을 전폐하시고 40일간 금식기도 하며 마귀의 시험을 이기셨을 뿐더러, 능력을 얻어 막중한 천국 건설 사업을 힘차게 수행하셨다.

금식기도는 결코 인기나 의식으로 해서는 안 된다. 그러므로 예수님께서도 금식에 대한 교훈을 하시면서 금식할 때에는 머리에 기름을 바르고 단정한 모습으로 하여 금식한다는 자체를 다른 사람들이 모르도록 은밀하게 하는 것이 옳다고 가르치셨다.

장로는 교회에서 가장 귀한 어른이다. 그런 분이 적어도 금식기도(금식 기간의 장단은 불가하고)의 체험만은 있어야 하겠다. 체험을 통해서 큰 은혜를 받을 수 있기 때문이다.

사람이 음식을 먹는다는 것이 육신의 생명을 보존하는 일이기에, 금식기도를 하면서 먹지 않음은 자기의 몸과 생명까지도 희생시켜 가면서 그야말로 "죽으면 죽으리라"는 각오와 결심으로 하는 기도이기 때문에, 매우 의미심장한 기도다. 이 때에 특히 회개와 겸비, 애통함과 자신을 쳐서 복종시키며, 주님의 십자가 고난에 동참하는 심정이 생기게 된다. 이 얼마나 귀한 믿음의 축복인가?

그 뿐만 아니라 우리의 생명이 하나님의 권능의 손 안에 달려있다고 생각하여 더 큰 은혜를 받게 된다. 장로 자신이 금식기도의 경험을 가짐으로써 교인들의 적극적 신앙을 유도하고 이끌 수 있게 된다.

(4) 삼일기도회에 반드시 참석해야 한다.

삼일기도회는 현대교회에서 드리는 공식예배 중의 하나다. 미국교회는 삼일기도회가 없는 교회도 많다는데, 한국교회는 아직 삼일기도회를 폐지한 교회가 별로 없는 줄 알고 있다. 그러나 그 실정은 어떠한가?

현대는 우리들의 주위환경이 너무나 복잡다단하고 생활상태가 분주해지고 있어 삼일기도회에 모이는 성도의 숫자가 점점 적어지는 추세이다.

교회마다 집회되는 통계를 살펴보면 일반적으로 주일 낮 예배를 정상적인 표준(100%)으로 삼을 때, 주일 저녁예배는 출석률이 50%, 삼일기도회 참석률이 30%, 새벽기도회는 10% 정도가 보통이다. 이보다 높은 비율의 회집이면 성적이 좋은 편이고, 이하가 되면 나쁜 편이다.

이렇게 교인 평균 30% 밖에 참석이 안 되는 삼일기도회 시간에 사업이 분주한 것을 핑계 삼거나, 집이 먼 것을 이유로 하여 장로의 직분을 받은 몸으로 삼일기도회에 참석을 소홀히 한다면 매우 부끄러운 일이다.

이유 여하를 막론하고 장로 된 입장에서 삼일 기도회에는 반드시 참석해야 한다. 장로로서 삼일기도회에 나오지 못할 때에는 그만큼 권위와 존경의 도수가 약해지고, 자신의 신앙도 약화되고 말 것이다. 그러므로 장로는 삼일기도회에 모범적으로 참석하여 교인들에게 좋은 인상을 주며, 하나님의 교회를 바르게 인도해 나가는 지도자가 되어야 한다.

주일 낮예배 기도 <1>

주님의 뜻을 이루기 위한 기도

만왕의 왕으로서 역사를 주관하시고 나라와 권세를 주장하시며, 인간의 생사화복을 홀로 주관하시는 하나님 아버지, 오늘도 하나님을 공경하는 주의 백성들을 거룩한 성전에 불러 주시고, 저희들로 하여금 사랑의 하나님을 경배하게 하시니 감사를 드립니다.

죄로 말미암아 죽었던 저희들을 독생자 예수 그리스도를 통하여 구속하시고, 하나님의 특별하신 은혜로 자녀의 권세를 주셔서 주님의 인도와 보호를 힘입어 살아가도록 은총 베풀어 주셨음을 진심으로 감사합니다.

그러나 망극하신 그 은혜와 그 크신 사랑을 누리고 사는 저희들이지만, 우리의 삶 속에서 주님을 영화롭게 하지 못하고 오히려 욕되게 하여 주님을 슬프게 했으며, 우리의 욕심을 채우기 위해 형제를 오히려 미워하며 시기하며 해롭게 한 일들이 무수히 많았음을 이 시간 고백합니다.

또한, 주님의 뜻을 이 땅 위에 이루기 위해 마땅히 그 도구가 되어야 할 저희들이건만 불순종한 요나와 같이 저희들이 좋아하는 모습대로 육체의 쾌락을 따라 살았던 죄를 회개하오니 이 모든 불충하고 불순종한 허물과 죄를 불쌍히 여기시사 자비를 베푸시어 용서해 주시기를 기도합니다.

선악 간에 심판하실 주님, 지금 이 나라는 흉악한 범죄로 인하여 많은 사람들이 불안과 공포 속에서 살고 있습니다. 어린 생명이 무참히 죽어가며, 부녀자가 집을 나서기가 두려운 무서운 세상, 참으로 어둠이 짙게 깔린 암흑 속을 저희들이 걸어가고 있습니다. 주님, 저희들을 악으로부터 보호해 주시고 유혹으로부터 지켜 주시기를 간절히 기도합니다.

저희들로 하여금, 죄악 가운데 있는 저 불쌍한 형제들을 위하여 기도하게 하시고, 저들을 그리스도의 품으로 인도할 수 있는 신앙의 용기와 믿음을 허락해 주시옵소서. 오히려 강도 만난 자의 친구가 될 수 있도록 저희들을 권고해 주시기 바랍니다.

사랑의 하나님 아버지, 오늘날 사치와 낭비, 무책임과 개인주의가 만연되어 이 사회는 크게 병들어 가고 있습니다. 이러한 때에 우리 신앙인들이 경건 생활과 절제 생활의 본을 보여 이 사회를 이끌어 나가는, 역사의 책임 있는 역할을 감당할 수 있기를 원합니다. 우리에게 힘과 용기와 능력을 주시옵소서.

특별히 교회가 주님의 특별한 소명의식을 갖고 이 부패한 사회, 부정한 인간들을 건져내고 치유하는 역사를 행할 수 있도록 하시고, 우리 천만 성도들이 이를 위해 주께 헌신하는 마음으로 희생과 봉사를 감당할 수 있기를 원합니다.

교회에 머리가 되시며 주인이 되신 주님, 몸 된 제단을 축복하시되 특별히 연로하신 주의 사자 목사님을 강건하게 하시고, 성령의 능력이 충만하게 하셔서 맡겨진 양떼들을 생명의 양식으로 먹이시기에 부족하지 않게 하시고, 병든 자, 위로 받아야 할 자를 돌아보고 저들을 위해 간구하실 때 합당한 복으로 응답해 주시고, 가르치고 다스리실 때마다 솔로몬의 지혜를 더하여 주시기를 원합니다.

오늘도 병석에 누운 형제자매들을 긍휼히 여기시어 주님의 은혜와 위로의 영을 부어 주시고, 해외나 군에 나간 주의 자녀들에게도 가는 곳, 있는 곳마다 주님의 가호가 함께 하기를 원합니다.

특별히 오늘 있을 제직회를 주님이 친히 주관하시고, 우리의 생각과 계획을 성령 하나님께서 주장해 주셔서 주님이 기뻐하시는 일들을 이루어 드리는 저희들이 되도록 인도해 주시옵소서.

이 시간 단 위에 세우시는 주의 사자 목사님을 통하여 주시는 말씀에 능력을 더하시고, 하늘의 신령한 복으로 저희들을 충만케 하시며, 우리의 소원을 주께 아뢸 때, 귀를 기울이사 응답 얻게 하옵소서.

찬양대를 통하여 올려드리는 찬미의 제사를 기뻐 받으시기를 간절히 소원하면서 성령께서 이 한 시간 온전히 주장해 주실 것을 믿사옵고, 우리 주 예수 그리스도의 이름으로 기도 드리옵나이다. 아멘.

주일 낮예배 기도 <2>

우리로 감사하게 하소서

영원부터 영원까지 세세토록 경배 받으시기에 합당하신 여호와 하나님 아버지, 존귀와 찬양을 올립니다.

거룩하고 복된 성일을 저희들에게 베푸시고, 우리로 하여금 하나님을 찾아 이 성전에 오를 수 있도록 특권과 힘을 주시니 감사를 드립니다. 오늘도 하늘 문을 여시사 하늘의 신령한 복으로 저희를 충만하게 하시고, 저희가 드리는 감사와 찬송과 헌신을 기뻐 받으시기를 원합니다.

죄로 물든 추하고 더러운 심령, 불순종과 교만과 위선의 모습으로 산 저희의 허물과 죄를 주님의 십자가 앞에 내려놓습니다. 주님, 자비와 긍휼을 베푸시사 사유의 은총을 내려 주셔서 이 시간 산 제물로 드리기에 부족함이 없는 저희 심령이 되도록 은총을 내려 주시옵소서.

사랑의 주님, 오늘은 기쁨과 감격이 넘치는 추수감사주일로 저희들이 지키고자 합니다. 지난 1년 동안 주님께서 베푸신 그 크신 은혜를 생각할 때 적은 저희의 물질로는 감히 다 감사하지 못할 것입니다. 갖가지 무서운 질병의 만연 속에서 저희를 보호해 주시고, 한 순간 앞의 불행을 알 수 없는 연약한 저희를 순간순간마다 인도해 주시고, 보살펴 주신 분이 주님이신 것을 생각하면서 참으로 감사를 드립니다.

또한 저희들의 경영하는 생업과 일하는 직장을 돌보아 주시고, 또한 이 나라를 안보해 주시고 이끌어 주신 주님의 은혜를 감사드리오며, 우리의 가정에 필요한 복을 주시되 부모와 자녀들이 믿음으로 살게 하시고, 경제적으로 어려움에 처하지 않도록 필요한 것으로 넉넉하게 채워 주셨으니 감사를 드립니다.

특별히, 저희들에게 잠시 당하는 괴로움의 순간이 있었지만, 믿음으로 넉넉히 이길 수 있게 하시고, 연단을 위한 시련의 때가 있었을 때에도 삶에 용기와 위로를 주셔서 극복하게 하신 주님의 은혜를 더욱 감사드립니다. 끊임없이 도전해 오는 불의의 유혹과 쾌락의 유혹을 물리칠 수 있도록 성령께서 저희의 심령을 지키신 것을 감사드립니다.

주님, 더욱 감사드리는 것은 주의 몸 된 교회가 사랑과 화평 가운데 날로 부흥하고 발전한 것을 감사드립니다. 세우신 기관 기관이 성장하고, 주님의 선교 사명과 교육의 책임을 감당할 수 있도록 모든 회원들, 그리고 많은 교사들을 축복하심을 감사드리오며, 하나님의 성호를 온 힘을 다해 찬양하는 찬양대 대원들을 축복하심을 감사합니다.

무엇보다 이 교회를 담임하시는 ○○○ 목사님을 주님께서 붙잡아 주셔서 선포하시는 말씀마다 능력과 은혜가 넘침을 감사드립니다. 보필하는 교역자들에게도 성령으로 충만하게 하셔서 우리들로부터 사랑과 존경을 받으실 수 있도록 축복하심을 감사드립니다.

오 주님, 만입이 있어도 주님이 베푸신 그 크신 은혜를 다 감사하지 못하겠습니다. 다만 오늘 저희들이 정성을 다해 감사의 표시로 주께로부터 받은 것 중에서 구별하여 드리오니 받으시옵소서. 가난한 과부의 동전 두 개도 기쁘게 받으신 주님, 그러나 오늘 이 시간 주 앞에 가진 것이 없어 바치지 못한 손길과, 적은 것으로 드려 죄송한 마음을 가진 가난한 심령에게 위로의 은총을 더하시기를 간절히 소원합니다.

이제 이 수확의 계절에 우리 성도들도 믿음과 사랑과 봉사의 열매로 주님을 기쁘시게 하는 권속들로 삼아주시고, 연초에 주님께 서원한 그 모든 것들을 남은 기간에 최선을 다해 갚아 드리는 저희들이 되도록 도와주시기를 기도합니다.

이 시간 단 위에 세우신 주의 사자 ○○○ 목사님께 성령의 크신 능력을 내리시사 은혜 충만케 하시고, 찬양대의 찬양과 우리의 찬송을 흠향하시고, 우리의 소원을 주께 아뢰오니 응답해 주시기를 간절히 빕니다.

전능하신 성삼위 하나님께서 홀로 이 시간 영광을 받으시옵소서. 이 모든 말씀을 우리 주 예수 그리스도의 이름으로 감사하며 기도드리옵나이다. 아멘.

3. 설 교

1) 설교의 일반적 의의

(1) 설교란 무엇인가?

설교(說教)는 영어로 'sermon(썰몬)'인데, '강연(講演)'이라는 뜻이 있다고 한다. 설교에 대한 정의(定義)가 많으나 그것들을 다 소개할 수는 없고 가장 대표적인 정의 하나를 여기에 소개한다.

우리나라의 가장 전통 깊은 평양신학교에서 36년간 교수를 하시며, 더구나 실천신학 교수로 18년 간 '설교학'을 강의하여 한국에 많은 설교자를 양성한 곽안련(郭安連, C. A. Clark) 목사가 쓴 《설교학》 중에서 소개된 정의를 여기에 인용한다.

"설교는 하나님의 말씀에 기초(基礎)하고, 사람을 구원하려는 계획과 목적에서 사람을 감동하도록 권면(勸勉)하는 법 있는 종교적 강화(講話)다."[헤릭 존슨, Herrick Johnson의 말].

그 뜻을 간단히 풀어 보면 다음과 같은 해석을 할 수 있다.

① 하나님의 말씀에 기초해야 한다.

설교의 직무는 '하나님의 말씀'을 전하는 것이요, 또 그 말씀을 듣는 사람들은 설교자의 개인적 견해에 특별한 주의를 하지 않는 것이 특색이다. 다만 그들은 하나님께서 무엇을 말씀하시는가를 알고자 원하는 것이다. 이것이 설교자의 설교의 한계이다.

"기초를 둔다"는 것은 설교에 있어서 구절마다 반드시 성경을 이용해야 한다는 것이 아니다. 물론 그렇게 하는 것도 좋으나 그 설교의 정신적 바탕을 하나님의 말씀에 고정시켜 놓고, 그것을 근거로 하여 모든 말씀이 구성(構成)되어야 한다는 것이다.

어디까지나 설교의 근본적 정신은 성경이다. 그러므로 설교의 교훈은 곧 성경의 교훈이며, 성경적 진리이다. 다만 단순히 다른 말로 설명하여 배열되고 진술된 것뿐이다.

② 사람을 구원하려는 계획과 목적에서 이루어져야 한다.

'구원(救援)'이란 말은 두 가지 큰 뜻이 있다. 첫째는 불신자를 죄의 형벌에서 구원하기 위하여 지옥에서 건져내는 일이고, 또 하나는 다시 천국에 들어갈 수 있도록 신앙을 훈련시켜 천국시민이 되기까지 양육하는 일이다. 이런 모든 뜻이 '구원'이라는 낱말에 함축되어 있는 것이다.

라스킨(Raskin)은 설교에 대하여 말하기를 "30분간을 우리에게 준다면 30분간에 죽은 자를 부활시키고, 이 30분간에 지옥으로부터 그들을 끌어 올릴 것이다."라고 하였다.

설교자는 설교할 때마다 그것이 최후의 설교, 최후의 기회인 줄로 생각해야 한다. 또다시 그들을 만날 수 없다는 각오로, 막 죽어가는 사람에게 하듯 열심과 간절한 성의로 그 사람의 영혼구원을 책임진 입장에서 설교해야 한다. 설교는 어디까지나 그 목적이 사람을 구원하려는 데에 있다는 것을 설교자도, 설교를 듣는 자도 절감해야 한다.

③ 감동하도록 권면하여야 한다.

설교는 듣는 사람의 의지(意志)에 호소하는 것이므로, 새로운 믿음, 새로운 회개, 진리에 대한 새로운 파악, 경건한 생활에 대한 새로운 결심이 일어나도록 하지 않으면 안 된다.

학교의 교사(敎師)는 가르치는 것만으로 만족할는지 모르나, 설교자의 목적은 상대방이 그 설교를 듣고 깨달을 뿐만 아니라, 감동을 받아서 새로운 결심으로 옮기도록 변화를 일으켜야 한다. 그렇기 때문에 항상 인내력을 가지고 꾸준히 계속하는 설교자의 심정과 설교의 과정이 이뤄져야 할 것이다. 아무리 설교를 잘하고 훌륭한 내용을 발표하였어도 듣는 사람에게 감동이 없으면 허공을 치는 데 불과하고, 일시적으로 울려 퍼지는 꽹과리가 될 것이다.

④ 법(法) 있는 종교적 강화(講話)라야 한다.

노방전도나 즉석설교와는 달리, 통일된 순서와 과정을 가진 수사학적(修辭學的)으로 꾸며지고 조직된 강화이다. 같은 내용의 설교라도 순서 있게 조직을 잘하면 이해하기가 쉽고, 쉬운 용어와 아름다운 문장(文章)은 듣는 사람으로 하여금 더 듣고 싶어지게 되는 것이다.

법 있는 설교 조직은 설교가 무게를 더하고, 알찬 내용을 그대로 듣는 자에게 전달할 수 있기 때문에 귀한 것이다.

'종교적 강화'라는 말은 설교의 내용이 종교적 진리 테두리 안에서 구성되어야 한다는 것이며, 다른 말로써는 사람의 영혼을 구원하려는 큰 목적이 달성될 수 없다. 그러므로 설교는 '법 있는 종교적 강화'라야 한다.

(2) 예배에 있어서의 설교의 중요성

설교는 예배드리는 한 시간 중에 가장 귀중한 시간이며, 가장 요긴한 순서이다. 예배순서 중에서 혹 다른 순서는 한두 가지 빠지는 일이 있어도 설교만은 빠질 수 없으며, 설교가 없는 예배는 예배라고 할 수 없다.

예배에도 대표적인 두 가지 요소가 있는데, 한 가지는 사람 편에서 하나님께로 올라가는 요소가 있고, 하나님 편에서 인간에게로 내려오는 요소가 있다.

① 올라가는 요소

a. 찬 송

장로교헌법 예배모범에서는 다음과 같이 규정하고 있다(합동측 헌법의 것이나 각 교파의 것도 내용문구가 다를 뿐 근본 뜻은 같다).

"예배당에서 공동으로나, 혹은 한 가족끼리나, 시와 찬미로써 하나님을 찬송하는 것은 모든 신자의 마땅한 본분이니 성경에 합한 말과 하나님께 영광 돌리는 언사를 사용하라."

"하나님을 찬송하는 노래를 부를 때는 정성으로 하며, 그 뜻을 깨달으며, 곡조를 맞추어 주께 우리 마음을 다해야 할지니, 음악의 지식을 연습하여 우리의 마음으로 하나님을 찬양하는 동시에, 또한 우리 음성으로도 하나님을 찬송하는 것이 옳고, 교우는 반드시 찬송책을 준비하여 함께 찬송하는 것이 마땅하다."

이는 곧 찬송을 받으시는 분이 거룩하신 하나님이시니 정성과 기능을 연마하여 마음으로부터 찬양해야 함을 말한다.

b. 기 도

장로교헌법 예배모범에서 다음과 같이 규정하고 있다.

"예배시간이 되거든 예배당에 들어가 자기 좌석에 앉되 단정하고 엄숙하며, 경건한 모양을 지키며, 자기와 목사와 그 참석한 모든 사람과 참석하지 못한 사람들을 위하여 묵기도로 복을 빌라."

예배를 받으시는 분도 하나님이시요, 주관하시는 분도 하나님이시니 오직 하나님께 영광이 되도록 기도해야 하며, 특히 말씀을 대언할 사자 목사와 자신의 심령 밭을 위해 기도하고, 이웃을 사랑하는 심정으로 불참한 형제자매를 위해서도 안타까운 마음으로 기도해야 한다.

c. 헌 금

장로교 예배모범에서 다음과 같이 규정하고 있다.

"성경에 분명히 가르친 대로 교회의 비용을 지변하며, 내지(內地)와 외지(外地)에 복음을 전하며 빈궁한 자를 구제하기 위하여 정기로 조리 있게 단 마음으로 헌금하는 것을 힘쓰되, 은혜 받을 목적과 예배의 한 부분으로 알고 행할 것이요, 시간은 당회에서 의정하여 예배 시간 중 편리한 때를 택하여 행함이 옳다."

"교회의 각 신도는 주께로부터 받은 재물을 가지고 정칙대로 헌금하는 일을 배양할지니 이로써 주 예수 그리스도의 명하신 대로 복음을 천하 만민에게 전파하는 일을 도움이 옳으니, 주일마다 이 일을 위하여 회중으로 헌금하는 기회를 정하는 것이 합당하고 매우 아름다운 일이라 성경에 가르치신 대로 이와 같이 헌금하는 것은 전능하신 하나님께 엄숙히 예배하는 일부분으로 한다."

"헌금은 어느 예배회에서 할 것과 그 순서는 목사와 당회의 결의대로 할 것이요, 목사는 헌금하는 일을 예배의 한 부분이 되게 하기 위하여 헌금 전, 혹은 후에 특별히 간단한 기도로 복 주시기를 구하고 주의 물건으로 봉헌한다."

헌물(獻物)도 헌신(獻身)의 한 표현이니, 주께로부터 받은 것을 주께로 돌려 드리는 소중하고 의미 있는 순서이다. 따라서 마음과 몸을 드리는 것이 예배이다.

② 내려오는 요소

예배시간에 하나님께로부터 내려오는 요소로서 세 가지를 들 수 있으니, 설교 말씀과 성령의 감화와 축복 기도를 통한 은혜이다. 그러므로 말씀을 들을 때는 마음을 완고하게 하지 말 것과(히 3:15), 성령의 감화를 소멸하지 말 것과(살전 5:19), 축복기도에 끝까지 참여하는 것이다. 그 중에서도 설교의 말씀을 듣는 귀한 요소가 대표적일 것이다.

장로교헌법 예배모범에서 다음과 같이 규정하고 있다.

"강도(講道=설교)는 사람을 구원하는 하나님의 방침이니 크게 주의하여야 한다. 목사(설교자)는 전심전력하여 부끄럽지 아니한 일꾼이 될 만하게 힘써 진리의 말씀을 옳게 분해해야 한다."

"강도하는 자는 방법을 많이 연구하고, 묵상하며, 기도하고, 조심하여 예비함이 옳으니, 결코 주의(主義)와 예비 없이 하지 말고(삼하 24:24), 복음의 단순한 것을 따라 그 언어가 성경에 적합하고, 듣는 사람 중 무식한 자라도 알아듣기 쉽게 말할 것이요, 자기의 학문이나 재예(才藝)를 자랑하지 말고, 자기 행실로 자기의 가르치는 도리를 빛내게 하고(딛 2:10), 생각과 말과 사랑과 믿음과 정결함으로 신자의 본이 되어야 한다."

설교가 하나님이 하시고자 하는 말씀을 대신한다는 입장에서 준비하고 행한다면, 그것이 얼마나 두려운 일인지를 알게 된다.

2) 장로의 설교 책임

(1) 장로는 설교 전무자는 아니다.

초대교회가 크게 부흥되어 교회의 조직이 필요하게 되자 사도들이 집사를 선택하여 세우게 되었다. "열두 사도가 모든 제자를 불러 이르되 우리가 하나님의 말씀을 제쳐 놓고 접대를 일삼는 것이 마땅하지 아니하니, 형제들아 너희 가운데서 성령과 지혜가 충만하여 칭찬 받는 사람 일곱을 택하라 우리가 이 일을 그들에게 맡기고 우리는 오로지 기도하는 일과 말씀 사역에 힘쓰리라"(행 6:2-4)고 하여 사도들은 기도와 말씀 사역의 신령한 일만을 전담하였다.

오늘의 당회원은 옛날 사도급에 속하는 직원이니 말씀 전하는 것은 당회원급 직원들의 전담사이다. 그러나 "강도(설교)와 치리를 겸한 자를 목사(牧師)라 일컫고, 치리만 하는 자를 장로(長老)라 일컫나니 이는 교인의 대표자이다"라는 말과, 장로의 직무에 대해서는 "강도와 교훈은 그의 전무 책임은 아니나 각 치리회에서는 목사와 같은 권한으로 각항 사무를 처리한다."(딤전 5:17; 롬 12:7-9)라고 장로교헌법에 명시되어 있으니, 장로는 분명 설교를 전무하는 직원은 아니다.

(2) 장로는 설교를 언제나 해야 한다.

장로는 설교를 전무하는 직분은 아니라고 해도 어디까지나 말씀을 전해야 할 책임은 있다는 것을 인식하고 여기에 대비하는 생활을 해야 한다.

설교는 교인들을 신앙으로 훈련시키고 양육하는 방법이니만큼 장로로서 "나는 설교에 책임이 없다"고 할 수는 없다. 경우에 따라서는 갑

자기 종종 설교를 해야 할 경우도 생긴다. 만일 그런 때에 설교를 못하게 되면 장로 개인적으로는 심히 부끄러운 입장이 되는 동시에 교인들에게 크게 실망을 주며 교회발전에 저해가 되기 쉽다.

목사는 설교를 해야 할 원칙적인 사명도 있거니와 여기에 따르는 기본적인 연구와 훈련이 되어 있고, 따라서 계획적으로 준비를 하고 있으니만큼 그렇게 어려운 문제는 아니다. 또는 설교를 하다 보면 오랜 경험이 설교를 익숙하게 할 뿐더러 언제 어디서 무슨 설교를 부탁받거나 해야 할 경우에도 크게 당황하거나 두려워할 일은 아니다.

그러나 장로는 설교에 대해 전문적으로 신학수업을 받지 않았기에 적어도 설교원리와 조직에 대해 습득하는 자구적 노력이 있어야 하며, 기회 있을 때마다 심혈을 쏟아 설교의 경험을 쌓아야 한다. "유비무환(有備無患)"이라고 하는 말이 있듯이 장로의 설교는 "유비무치(有備無恥)"라고 하겠다.

(3) 장로의 설교는 더욱 귀하다.

목사는 으레 직무적으로 설교하기 때문에 물론 잘 하지만, 장로의 설교는 비록 목사의 설교만큼 잘하지 못해도 귀하고, 때로는 인생 경험을 예증으로 삼아 강론함으로써 은혜가 많은 법이다. 대개 장로는 다음과 같은 설교를 담당하게 된다.

① 구역예배 설교

대개의 경우 장로는 구역장 책임을 맡아 구역예배시에 설교를 주로 맡게 된다. 자기가 분담 맡은 구역이나, 혹은 다른 구역에 초청을 받거나, 순회적으로 예배를 인도하게 될 때 설교를 한다. 대개 구역예배 시에 할 설교는 다음 몇 가지를 염두에 두고 준비해야 하겠다.

a. 교인들이 신앙생활상 알아야 할 기본적인 지식.

b. 하나님의 말씀인 성경에 대한 바른 이해.

c. 신학과 교리에 대한 올바른 상식.

d. 말세에 대비하여 갖추어야 할 확고부동한 신앙체계.
e. 실제적인 교회 봉사방법과 자세.
f. 기독교인으로서 지녀야 할 기본적인 품성.
g. 지역 사회에 이바지해야 할 그리스도인의 사명감 등등이다.

② 심방설교

담당구역 심방은 물론 전체 교인들의 가정을 심방해야 할 책임이 있는 이상 심방 시에 설교를 해야 할 것이다. 물론 목사를 수행하여 심방할 때에는 목사가 설교를 하겠지만, 목사와 동행하지 않는 경우에는 장로가 설교를 책임져야 한다.

설교할 것을 예상하고 미리 준비된 설교는 잘하지만 예측하지 않은 설교를 해야 할 때는 그 때와, 그 가정과, 그 심방에 대한 목적에 적합한 설교를 하도록 기지(機智)를 발휘해야 한다. 따라서 우선 장로는 성경을 많이 읽어야 하고 요절도 많이 암송하고 있어야 한다. 긴 설교보다는 5분 내지 10분 정도의 짧은 설교로 은혜를 끼쳐야 한다.

③ 새벽설교

새벽설교는 목사가 전담하게 되는데, 혹 유고하거나 교대로 인도하는 경우 대개 전도사들이 대행하는 일이 많으나, 오히려 존경받는 장로가 감당하는 것도 좋다. 장로가 새벽기도회에 열심히 나오는 촉진제도 되고, 교인들에게 시범을 보이는 뜻에서도 매우 바람직한 일이다.

④ 각종 소집회 설교

장로는 교회교육을 담당하는 일선 책임자다. 각급 주일학교에서 예배드릴 때 주로 장로들이 설교를 담당하게 되며, 각종 소위원회나 소집회(예를 들면, 각 기관의 월례회 등)로 모일 때마다 간단한 설교가 있게 마련이다. 이 때에는 그 모임의 목적과 사업내용과 행사내용에 맞는 간결한 말씀을 전하도록 해야 하며, 산적한 회무(會務)를 앞두고 지루한 설교를 한다든지, 개인적 포부나 요망사항을 곁들여 장황하게 전하지 않도록 주의해야 한다.

⑤ 대집회 공식설교

주일 낮 예배나, 저녁 찬양예배, 삼일기도회 예배 시에도 장로가 간혹 설교를 담당해야 할 때가 있다. 그러나 설교는 자기의 지식과 경험으로 하는 것이 아니고, 하나님의 말씀을 선포하는 일이니 만큼 성령의 능력을 의지할 때 많은 은혜가 된다. 그러나 조심할 일은, 평소 어떤 감정을 설교에 담거나, 비판과 비난을 담거나, 자기 개인에 관한 이야기를 해서는 안 된다. 또한 목소리의 고저(高低)나, 마이크 사용에 대한 지식과 자세, 그리고 시간 사용 등을 잘 점검해야 한다.

목사의 설교는 대개 명령적인 설교가 되기 쉬운데 비하여, 장로는 대개 권면적인 설교를 하므로, 교인들에게 부드럽고 좋은 인상과 상쾌한 느낌을 주어 은혜가 더욱 넘치게 될 것이다.

설교자는 설교를 하기 전에 자신을 점검해야 한다. 회개하지 않은 일은 없는지, 전할 말씀의 내용에 비추어 자신의 신앙생활은 어떠한지를 돌아보아야 한다. 물론 주님 앞에 완전무결한 자만이 설교한다면 그 누가 강단에 설까마는, 그래도 겸허한 마음으로 자신이 먼저 회개와 새로운 결단을 한 후에 강단에 서는 것이 먼저 자신이 은혜 받는 길이요, 듣는 이에게 큰 은혜를 끼치는 결과가 될 것이다.

그러므로 장로가 설교 책임을 맡는 일은 매우 무거운 짐 같으나, 맡아 순종하고 헌신할 때 큰 복이 임할 것이다.

4. 성 례(聖禮)

1) 성례의 신학적 의미

※ 이하 '성례의 신학적 의미'의 내용은 대한예수교장로회 통합측 예식서의 내용 중에서 발췌한 것이다. 타 장로교단도 무리 없이 적용될 내용이다.

(1) 성례란 무엇인가?

설교와 같이 예배에 있어서 중요시되는 것은 예전(sacrament)이다. 예전은 하나님의 말씀을 보이게 만드는 것(verbum visible)이라고 묘사한다. 예전은 하나님의 말씀의 보이는 표징이기 때문에 말씀을 떠나서는 아무런 의미를 갖지 못한다.

예전에는 두 가지가 있다. 즉 세례와 성찬이다. 세례와 성찬에 대해 언급하고자 한다.

(2) 세 례

① 세례의 기원

세례는 옛날부터 다른 종교에서도 거행되었고, 또 유대교에서도 세례의식이 있었는데, 부정한 사람에게 행하는 결례의 의식이다.

요한의 세례는 회개한 자에게 베푸는 것이었고 도덕적 성결의 표로 행했었다. 요한의 세례는 어디까지나 '주의 날'의 오심에 대한 준비 작업이었다.

기독교의 세례는 부활하신 예수께서 세상을 떠나실 때 즈음하여 "너희는 가서 모든 족속을 제자로 삼아 아버지와 아들과 성령의 이름으로 세례를 베풀라"(마 28:19)고 하신 때부터 세례를 베풀었다. 세례는 예수님께서 친히 요한으로부터 세례를 받은 후 제자들에게 세례를 베풀라고 명하심으로 기독교 세례는 시작되었다.

② 세례의 의미와 목적

신약성경에서는 회개와 신앙에 의해 정당한 절차를 밟아서 받은 세례는 여러 가지로 효과가 있으며 의미가 있다고 가르치고 있다. 세례를 통해 우리의 신앙이 다음과 같은 특전을 얻게 되는 것이다.

a. 세례는 깨끗하게 씻음을 받았다는 상징의 증거로 주님이 주신 것이다. 세례는 하나님께서 우리 인간의 모든 죄를 소멸시키시고 삭제시키시고 잊으셨다는 확증으로 받은 것이다(막 7:4; 눅 11:38). 그리고 세례는 구원의 약속으로(막 16:16) 받는 것이다.

b. 세례는 예수 그리스도 안에서 우리의 죽음과 새 생명을 보여 주는 것이다(롬 6:3-4).

c. 세례를 통해 그리스도의 모든 은사에 동참할 수 있다는 확실한 증거를 얻게 된다(갈 3:26-27).

d. 세례는 죄에 대해 죽고, 도덕적으로는 새 생명으로 다시 산다는 뜻이다(골 2:9-13).

세례의 현대적 의미는 세례 받음으로 교인으로 하여금 교회생활과 교회연합의 성장을 위해 활기를 불러일으키는 동력이 되며, 성도로 하여금 세계 속에서 선교적 사명을 감당하기 위해 부름을 받았다는 것을 확실하게 하는 표징이라는 것이다.

세례는 그 받는 자가 그의 생명을 바치기 위한 부름의 표이다. 생명뿐만 아니라 그의 생활, 시간, 물질, 기술까지도 주를 위해 바치고 섬기는 자가 된다는 약속으로 받는 것이다.

세례는 첫째로 그리스도 안에서 살고 그리스도를 위하여 산다는 뜻이 있고, 둘째로 그리스도의 몸 된 교회 안에서 의무와 책임을 다하여 교회를 위하여 산다는 뜻이고, 셋째로 세계 속에서 책임 있게 살며 세계를 위하여 산다는 뜻이 있는 것이다.

(3) 성 찬

성찬은 예수께서 잡히시기 전날 밤에 제자들과 함께 만찬을 잡수신데서 시작되었다(막 14:22-24).

① 성찬의 삼중적인 의미

a. 성찬은 그리스도 안에서 하나님의 구원 역사를 기념하는 것이다.

b. 성찬은 단순히 하나의 기념만이 아니고, 그리스도와의 현재적인 거룩한 영교(holy communion)이다(고전 10:16).

c. 성찬은 소망의 선포이다.

이 예식을 통해서 우리는 "주의 죽으심을 오실 때까지 전한다"(고전 11:26)는 것이다. 성찬은 주님의 왕국에서 주님의 식탁에 같이 앉아 주님과 함께 떡과 잔을 먹고 마시는 것을 소망으로 기다린다는 뜻이 있다.

② 성찬의 해석문제

a. 천주교의 견해: 성찬에서 떡과 포도주는 예수의 살과 피로 화한다고 믿는다. 그것을 '화체설'이라고 한다.

b. 루터의 견해: 성찬에서 떡과 포도주 속에, 그 밑에, 그와 함께, 그리스도가 실제적으로 임재한다고 믿는다. 이를 '공재설'이라 한다.

c. 츠빙글리의 견해: 성찬에서 그리스도가 실제로 임재하는 것이 아니고, 성찬은 그리스도의 죽음에 대한 기념이요 상징이라고 한다. 이를 '상징설'이라 한다.

d. 칼빈의 견해: 칼빈은 성찬을 단순한 상징으로 보는 츠빙글리의 견해에도, 또한 성찬에서 그리스도가 실제로 임재한다는 루터의 견해에도 동의하지 않는다. 칼빈은 성찬에서 그리스도가 영적으로 임재하신다고 믿는다. 눈으로 보이는 실재와 형식의 깊이에 있어서 영적 실재를 보아야 한다고 주장한다. 칼빈의 견해를 '영적 임재설'이라 할 수 있다.

③ 성찬의 교훈

성찬은 주님의 죽으심의 상징적 계시요(고전 11:26), 십자가에 못 박히신 그리스도의 고난에 참여한다는 상징이며, 영혼에 생명과 능력과 희열을 주는 영적 양식의 효과를 제시하고, 예수 그리스도의 신비적 몸의 지체로서의 신자들의 상호 연합을 상징하며, 성도들이 감사한 마음으로 참여한다는 뜻이 있다.

성찬에 참여하는 자에게 십자가의 사랑을 인식케 하고, 성찬에 참여하는 자들에게 복음이 제시하는 풍부한 은혜를 맛보게 하며, 신앙고백의 휘장이 되는 것이다.

이러한 성찬을 교회는 가능한 한 매달, 또는 분기별로 거행하여 예수의 죽으심과 부활을 기념하고 신자들로 참여하게 해야 한다. 교회의 분열을 막고 일치를 위해서도 종종 성찬식을 거행해야 한다.

2) 장로의 성례 책임

(1) 성례 시행 책임자

성례는 아무나 함부로 행하는 예식이 아니다. 교회에서 가장 귀중한 직분을 맡은 목사가 책임지고 시행하는 일이며, 장로는 이에 보필하는 역할을 감당한다.

대한예수교장로회 헌법(합동) 제9장 당회, 제5조 당회의 직무, 제3항에 보면, 예배와 성례를 시행한다는 조문이 있다. 그러므로 당회는 성례시행의 책임을 지니고 있으니만큼 당회원 된 장로가 당연한 책임자이다.

(2) 성례 준비는 장로가 해야 한다.

성례 중 특히 성찬예식을 시행함에 있어서 떡과 포도즙을 준비하는 일부터 장로가 책임지고 행할 것이요, 결코 아무에게나 함부로 취급하지 못하도록 해야 한다. 어떤 교회에서는 여전도사나 권사, 혹은 여집사들이 봉사한다는 뜻으로 준비하는 일을 하거나, 당회원들이 위임을 해서 준비하도록 시키는 일이 있다. 심지어는 교회 관리집사에게 맡겨 버리는 일도 있다. 이는 크게 잘못된 일이요, 성례를 모독하는 죄가 된다. 성찬 준비는 어디까지나 당회원들이 해야 하며, 책임진 장로가 해야 한다.

떡과 포도즙을 준비하는 데도 정성을 기울여야 한다. 될 수 있으면 시장에서 판매하는 빵(카스텔라)이나 상점 포도주 등을 사다가 하지 말고, 성찬용으로 교회에서 미리 준비해 두면 더욱 좋을 것이다.

떡을 써는 일이나 포도즙을 잔에 따라 준비하는 일 등은 그리 쉬운 일이 아니다. 모두 정성과 성의를 기울여야 하고 시간이 걸려야 한다. 분주한 생활 속에 사는 장로들이라도 성찬 준비에는 많은 시간을 내서 손수 책임지고 준비해야 할 것이다.

장로 자신을 위해 미리 몸을 정결하게 하고 의복도 깨끗하게 입어야 하며, 특히 겉옷은 검은 색이나 감색 계통의 단색으로 입을 것이며, 와이셔츠는 백색으로 입고 넥타이는 검은색이 좋을 것이다. 교회 형편에 따라 장로도 가운을 입는 것이 좋다.

(3) 성례 거행의 보필

성례를 시행함에 있어서 목사를 보필하여 책임 있고 경건하게 베풀어야 할 것이다. 세례를 베푸는 일에도 장로는 물그릇을 들고 목사에게 시종할 것이며, 성찬을 시행할 때에도 떡과 포도즙을 교인들에게 일일이 분배하는 일들은 모두 장로가 해야 한다.

여기에는 미리 당회에서 목사와 더불어 성례시행에 대한 세밀한 계획과 준비 기도와 서로 봉사 협조하는 정신으로 사전에 만반의 준비를 갖추어 조금도 차질이 없도록 세심히 주의해야 한다.

(4) 성례 후의 뒷정리

성례를 거행한 후에 뒷정리도 준비 때와 같이 다른 제직원이나 관리집사에게 시킬 것이 아니라, 장로들이 친히 봉사해야 한다. 특히 떡이나 포도즙이 남았을 때 함부로 먹어버리거나 되는 대로 쓰레기통에 버리거나 해서는 안 된다. 나머지(떡)는 정한 종이에 싸서 깨끗한 곳에 묻거나 불태워 없애는 것이 합당하다. 그리고 성찬 기구들도 잘 정리하여 깨끗이 보관해야 한다.

5. 심 방(尋訪)

1) 심방의 일반적 의의

(1) 심방이란 무엇인가?

'심방(尋訪)'이란 사람을 찾아보는 일이다. 즉 어떠한 목적을 가지고 상대방을 방문하여 담화하며 교제하는 일이다. 교회에서는 주로 교역자(목사, 전도사들)가 교인들을 찾아보는 일을 맡게 된다. 또는 교역자가 아니더라도 교직자(장로, 권사, 집사, 권찰 등)들이 일정한 담당 구역을 심방하는 일도 있다.

특히 장로는 심방을 해야만 할 직무적 책임이 있을뿐더러, 이렇게 감당할 때 장로 자신이나 목사에게나 또는 교인들에게 큰 유익이 되며, 교회 부흥과 화평에도 크게 이바지하게 된다.

(2) 심방의 원리

모든 심방은 주 예수님께서 행하신 것을 본받아 해야 한다. "예수께서 온 갈릴리에 두루 다니사 그들의 회당에서 가르치시며 천국 복음을 전파하시며 백성 중에 모든 병과 모든 약한 것을 고치시니 그의 소문이 온 수리아에 퍼진지라"(마 4:23-24)고 했으니, 예수님 자신이 친히 온 갈릴리 지방에 두루 심방하여 전도와 구제, 치료, 봉사하는 일을 하셨다.

사도행전 8장 4-8절에 보면, 빌립이 사마리아 성에 내려가 전도하여 신자가 많이 생기게 되자 계속하여(행 8:14-17) 예루살렘 교회가 베드로와 요한 사도를 사마리아에 특파하여 심방하게 했고, 그들이 성령 받기를 위하여 안수 기도하니 성령을 받았다고 소개하고 있다.

또 이방 전도에 나섰던 바울과 바나바도 전도하여 신자가 생긴 지역에 심방할 필요를 느끼면서 다시 찾아간 기사가 있다. 사도행전 15장 36절에 보면, "며칠 후에 바울이 바나바더러 말하되 우리가 주의 말씀을 전한 각 성으로 다시 가서 형제들이 어떠한가 방문하자"라고 했다.

심방은 교인들에게 복음 진리의 교수와, 신앙생활의 훈련과 지도, 신령한 위로와 격려 등을 행할 수 있으며, 특히 연약한 자와 보호를 필요로 하는 자와 문제성을 내포하고 있는 자들을 개인적으로나 가정적으로 찾아가서 해결해 주는 일이다.

이로써 교인들의 모든 실정을 교회적으로 상세하게 파악하게 되며, 그들에게 각기 필요 적절한 조치를 수시로 시행하여 목회행정에 빈틈이 생기지 않게 해야 한다. 한 단체의 지도자가 소속된 회원들을 찾아봄으로써 교회 안에서의 성도간의 아름다운 신앙교제가 이룩되며, 진정한 은혜와 평강과 화목이 유지되어 나간다.

(3) 과연 장로의 심방은 필요한가?

심방의 필요성이 과연 있는가? 더구나 장로가 교인심방을 할 필요가 있겠는가? 목사는 심방할 필요성이 있지만 장로가 무엇 때문에 심방할 것인가 하는 의문을 제기할 사람도 있겠으나, 장로의 교우심방은 그 나름대로 중요한 것이다.

① 교인들의 실정을 잘 파악한다.

교회 안에서의 집단적인 신앙생활로는 교인들의 실제적인 생활 내용, 가족 형편, 사업 관계, 경제적인 실정, 자녀 교육문제, 지식 정도, 사교의 범위, 정신적 문제 등, 즉 남에게 말하기 어려운 사정들을 잘 알 수가 없다.

의사가 환자의 병의 원인이 무엇인가를 분명하게 똑바로 진찰할 때에 잘 치료할 수 있는 것 같이, 장로가 교인 가정을 심방하고, 교인들과 개인접촉을 함으로써 실정을 바로 파악하고, 여러 가지 문제점들을 알아서 각기 적절한 대응책을 세워 나갈 수 있는 것이다.

② 기도 제목을 바로 정하게 된다.

교인 가정을 심방하지 않고는 장로가 교인들의 어려운 사정이나 시험당하는 일, 걱정되는 일들을 모르고 있기 때문에 위하여 기도를 해도 막연한 기도가 되며, 소극적이요, 추상적이며, 따라서 간구하는 힘이 약하고 기도의 정성이 간절하지 못하게 된다.

그러나 심방을 세밀하게 하게 되면 교인들의 실정을 잘 파악하게 되므로 아무개가 어떤 시험 중에 있고, 어떤 가정에 무슨 시험이 있으며, 아무 집사가 어떤 일이 생겨 어렵고, 언제 어떤 일이 있었음을 구체적으로 알고 기도하게 되므로 지명된 당사자들도 감격하게 되고 합심해서 하는 공식기도나 개인적인 사적기도에서 기도의 제목이 뚜렷이 서게 되어 큰 도움이 된다.

③ 예배 참석하지 않은 자를 접촉할 기회가 된다.

한 가족 중에도 믿지 않는 불신자가 있고, 예배시간에 고정적으로 잘 출석하지 못하는 교인들을 심방을 통해서 접촉하여 전도하고, 신앙생활의 권고를 하게 된다. 예배시간에 아무리 좋은 설교나 말씀이라도 참석하지 않은 자들에게는 들리지 않는 것이다.

상대자가 교회에 나오지 못할 경우에는 목사나 장로가 찾아 가서라도 말씀을 들려주고, 가르치고, 권고해야 할 것이다. "누구든지 주의 이름을 부르는 자는 구원을 받으리라 그런즉 그들이 믿지 아니하는 이를 어찌 부르리요 듣지도 못한 이를 어찌 믿으리요 전파하는 자가 없이 어찌 들으리요 보내심을 받지 아니하였으면 어찌 전파하리요 기록된 바 아름답도다 좋은 소식을 전하는 자들의 발이여 함과 같으니라"(롬 10:13-15).

잃은 양을 찾고, 방황하는 양을 이끌어 내고, 그들을 인도할 책임을 완수하기 위해서 장로에게도 심방은 꼭 필요하다.

④ 교역자를 위하여 필요하다.

교회 안에서 시험이 생기는 일들 중에 교역자(목사나 여전도사)와 교인들 사이에 감정이 상하여 담이 막히고, 오해로 인하여 교제가 끊어지는 경우가 생긴다. 교역자를 원망하고, 시비하고, 심지어는 욕을 하고, 교회출석을 거부한다. 당사자인 교역자가 심방을 하면 오히려 역효과가 나서 교역자도 어떨 수 없이 그 교인을 포기하는 상태에 이르는 경우가 간혹 있다.

이런 때 장로의 덕스러운 심방은 교역자와 교인들 사이에 중보적인 역할을 하게 된다. 그러나 이런 때 자칫 잘못하여 어느 일방적인 편을 든다는 오해나 인상을 가지게 되면 실패하게 된다. 꼭 공정한 제삼자적 입장에서 양편의 인격과 신앙을 존중하면서 화목하도록 성령의 능력을 의지하고 말씀에 따라 권면할 필요가 있다. 장로가 이런 심방을 하려면 많은 기도로 준비해야 한다.

심방은 매우 어려운 일이지만, 잘하면 크게 효과를 거두게 되니 명심하여 시행하도록 노력할 것이며, 장로가 여러 명일 경우에는 서로 의논하여 대표로 한 분이 하거나, 혹은 두세 분이 같이하는 것도 유익할 것이다.

2) 장로의 심방 책임

(1) 직무상의 책임

헌법 제5조, 제4조 3항서부터 살펴본다(합동측 헌법이지만, 장로교 각 교단의 내용과 뜻은 거의 같다).

> 3. 교우를 심방하여 위로, 교훈, 간호한다.
> 교우를 심방하되, 특별히 병자와 조상자(弔喪者)를 위로하며, 무식한 자와 어린 아이들을 가르치며 간호할 것이니, 평신도보다 장로는 신분상 의무와 직무상 책임이 더욱 중하다.

4. 교인의 신앙을 살피고 위하여 기도한다.
장로는 교인과 함께 기도하며, 위하여 기도하고, 교인 중에 강도(講道)의 결과를 찾아본다.
5. 특별히 심방할 자를 목사에게 보고한다.
병환자와, 슬픔을 당한 자와, 회개하는 자와, 특별히 구제받아야 할 자가 있을 때에는 목사에게 보고한다.

이상과 같이 헌법적 조문을 따라 장로의 직무가 명시되었으니 그 조목을 따라 다음에 간단하게 해석하겠다.

(2) 위로자로서의 책임

많은 사람들이 모이는 교회에는 때때로 병자들이 생겨난다. 그런데 신자들 중에서 이 병에 대하여 잘못된 생각을 갖고 있다. 즉 예수를 잘 믿으면 병에 걸리지 않으므로 병에 걸린 것은 믿음이 없거나 죄가 있기 때문이라고 극단적인 편협한 판단으로 남을 정죄하거나, 스스로 그렇게 생각하여 공포에 떠는 자들이 있으니 잘못된 일이다.

반면에 또 한 가지의 지나친 생각은, 믿음으로 기도만 하면 만병이 고침을 받으니 의사의 치료나 약을 쓸 필요가 없다고 고집적인 해석과 강조를 한다. 이런 생각도 매우 염려되는 경우이다. 성경에는 사람에게 병이 생기는 원인을 여러 가지로 말씀하셨다.

① 하나님의 징계로(신 28:56)
② 마귀로부터(욥 2:6-7)
③ 죄로 말미암아(요 5:14)
④ 하나님의 영광을 위하여(요 11:4)
⑤ 불경건한 생활로(고전 11:30)
⑥ 과로로 인하여(빌 2:25-30)

이상과 같으므로 교인들의 발병 원인을 죄 값으로만 단정하면 위험하다. 또 의사의 치료법이나 약도 하나님께서 인간을 불쌍히 여기사 허락하신 은사인 것을 믿고 기도하는 마음으로 의탁하고, 다만 고치시는 분은 우리 몸을 조성하신 하나님이신 것을 믿고 기도하는 신앙이 되어야 한다.

□ <u>병자를 심방할 때 인용할 성구</u>

- 각종 병을 고치심(마 4:23-25).
- 병을 짊어지신 예수님(마 8:16-17).
- 예수님을 찾으라(요 11:2-3).
- 주의 종을 모시라(약 5:13-18).
- 치료하시는 여호와(출 15:26).
- 만병의 의사 예수님(마 9:9-13).
- 아들의 병 고침을 위해 간청함(요 4:46-54).
- 딸의 병을 고치려함(마 15:21-28).
- 죽을병이 아님(요 11:1-4).
- 병을 꾸짖으신 예수님(눅 4:38-39).

(3) 무식한 자를 가르친다.

교회는 세상 학교와 같이 일정한 교육 수준의 사람들로 구성된 단체는 아니다. 가령 100여 명쯤 모이는 교회라도 대학 졸업자와 재학생이 있는가 하면, 초등학교 졸업도 하지 못한 문맹자들도 있다. 그렇기 때문에 이들의 지식수준이란 천차만별이라고 하겠다.

또 세상 일반 지식은 학교를 다녀서 취득하였다 할지라도 교회 안에서의 교육은 또 다르다. 성경이 가르치는 진리의 지식과, 교회생활의 규칙과, 영적 지식들은 각양각색이다. 어떤 사람은 믿은 기간은 얼마 안 되지만 자신이 힘쓰고 노력함으로 단시일 내에 많은 것을 배워 아는 자가 있는가 하면, 수십 년 교회에 출석하여도 학습, 세례 받기조차 힘들 정도의 신앙지식이 박약한 자도 있다.

그러므로 이들의 교육 문제는 대단히 중요하며 어려운 것이다. 이들을 심방하며 찾아 가서 가르치는 일을 하는 것이 장로의 책임이다. 물론 교회 안에서도 장로는 교육위원회에 가담해야 하며, 각급 주일학교의 책임자나 교사의 임무를 반드시 져야 한다고 생각한다.

가르침에는 먼저 성경의 진리를 단계적으로 가르치되, 성경을 공부할 수 있는 교재를 마련해 주고, 방법을 교수하며, 편의를 도모해 주어야 한다.

(4) 조상자(弔喪者)를 위로해야 한다.

교인 가정에 초상(初喪)이 났을 때 즉각 장로가 심방 가서 위로해 주는 일은 매우 큰일이요, 유익된 일이다.

교역자(목사, 전도사들)는 으레 심방하는 것으로 알고 또 사실 심방을 하지만, 장로는 고정된 사업이나 일정한 직장을 가지고 있기 때문에 시간의 여유도 별로 없고 생각도 하지 못할 때가 있다. 또한 교회에서 시무하는 장로가 여러 명이 되는 경우에 서로 다른 장로에게 미루고 핑계하게 되어 자신은 심방을 안 해도 되는 것처럼 생각하거나 심방을 못하면서도 미안한 생각조차 없다면 이는 자격 상실자다. 그러므로 적어도 장로는 교인 가정에서 초상이 났을 때 반드시 심방하여 그 유족을 위로해야 할 직무상 책임이 있다.

"즐거워하는 자들로 함께 즐거워하고 우는 자들로 함께 울라"(롬 12:15)고 하였는데, 실제로 즐거워하는 자를 방문하여 함께 축하해주면 그 기쁨이 배로 늘어나고, 슬퍼하는 자를 방문하여 그 슬픔을 위로하여 주면 그 슬픔이 절반으로 줄어든다. 장로로서 자신의 개인적 일을 뒤로 하고라도 수고와 헌신을 통해 형제의 슬픔을 줄이는 결과를 초래한다고 생각할 때 마다할 수 없는 것이다.

그러므로 전도서 7장 2절에는 "초상집에 가는 것이 잔칫집에 가는 것보다 나으니"라고 하였다. 그러므로 장로는 잔칫집(결혼식이나 고희연 같은 축하 위주의 모임)에는 혹시 못 가는 일이 있어도 초상집에는 꼭 심방하도록 해야 한다.

(5) 교인과 함께 기도한다.

장로가 심방 가서 교인과 함께 기도하는 일은 매우 아름다운 일일 뿐만 아니라 얼마나 바람직한 일인가? 그 가정의 형편을 따라 간절히 기도하며, 특히 가족 식구들의 이름을 하나하나 불러가며 축복 기도를 하는 것이나, 믿지 않는 가족의 영혼을 위하여 그 가족 식구와 함께 기도하는 일은 참으로 보람된 일이다. 전도에도 효과적이다.

가족들의 건강을 위하여, 그 가정에서 경영하는 사업이나 혹은 근무하는 직장을 위하여, 자녀들의 교육 문제를 위하여, 가족의 화목을 위하여, 가정예배를 드리기 위하여 등등 기도 제목은 얼마든지 많다. 함께 기도하는 가정 식구들과는 우선 마음으로 하나가 되기 때문에 얼마나 좋은 일인지 모른다.

(6) 회개하는 자를 선도한다.

"내가 너희에게 이르노니 이와 같이 죄인 한 사람이 회개하면 하늘에서는 회개할 것 없는 의인 아흔아홉으로 말미암아 기뻐하는 것보다 더하리라"(눅 15:7)고 하신 말씀과 같이, 교회가 죄인 한 사람의 회개를 반가워하며 크게 환영해야 할 것이다.

장로는 특히 이런 사람을 잘 색출하여 즉시 목사에게 보고하고 선도(善導)하도록 힘써야 한다. 수시로 심방하며 돌보아서 그 믿음이 잘 자라날 수 있도록 가르치고 격려하며 권고하고 붙들어 주어야 하겠다.

특별히 장로는 이러한 가정과 개인을 심방하여 권면하고 지도할 때 그 사실을 유포하거나, 이야기꺼리로 삼거나, 멸시하지 않도록 조심해야 하며, 다만 회개자를 그리스도의 사랑으로 선도하도록 각별히 마음을 써야 한다.

(7) 구제 대상자를 보고한다.

"그 때에 제자가 더 많아졌는데 헬라파 유대인들이 자기의 과부들이 매일의 구제에 빠지므로 히브리파 사람을 원망하니"(행 6:1).

이 말씀은 초대교회가 크게 부흥하는 단계에서 구제사업의 균등을 상실하므로 일부에서 원망이 일어난 상황을 보여준다.

장로들이 교인 가정을 자주 심방하지 않고서야 실제로 그 가정의 딱한 형편이나 괴로운 문제 등을 제대로 알 수 없으므로 평소 그러한 가능성이 있는 가정을 특별히 관심을 갖고 살펴 구제를 필요로 하는 가정은 교회에 보고하여 대책을 세워야 할 것이다.

구제 대상자가 되는 교인의 입장에서 보면 가징 믿음이 식어지는 때요, 가장 마음이 약해지는 때요, 가장 경제적으로 궁핍한 때이다. 이런 때 교회가 관심을 가지고 지체하지 말고 심방하여 도와주면 얼마나 힘이 생기고 위로가 되겠는가? 물질적인 혜택보다 정신적으로 큰 위로를 얻어 새로운 힘을 얻게 될 것이다.

이런 때 장로는 자기 자신의 힘(주로 경제력)으로 구제하는 일을 하는 경우가 종종 있다. 그러나 이것도 덕스럽게 하지 않으면 개인적으로 부담감을 주거나, 장로 자신이 인심 쓰는 것이 되기 쉬우니 은밀하고 조용하게 시행하여 신덕(信德)에 결손 되지 않도록 주의해야 할 것이다.

제4편

교회행정

1. 서 론

교회는 헬라어로 〈에클레시아 Ekklesia〉라는 말이 의미하듯이, 하나님으로부터 세상에서 불러내어 모인 백성들의 집합체이면서, 또한 〈퀴리아콘 Kuriakon〉이라는 단어의 의미처럼 그리스도에게 속한 신적 기구이며, 그리스도의 몸이며, 하나님의 선교를 위해 형성된 공동체이다. 그러므로 교회는 수직적인 신인(神人) 관계의 카리스마적인 기관이면서도 또한 인간들의 단체인 인간 공동체로서 다른 사회적 기관과 같이 조직을 가지고 있는 단체이다.

어느 단체에나 그 공동체의 질서유지와 발전을 위해 합리성을 가진 집단적 행위인 행정이 필요하다. 그럼에도 불구하고 우리 교회는 경건을 앞세워 교회행정이나 교회정치는 불경건한 행위로 오인하여 외면하거나 무관심했다. 더욱이 신학교육에 있어서도 목회자의 자질훈련을 시킬 때 단체 활동의 관리자로서, 조직생활의 지도자로서, 또는 교회 전반 생활의 집행자로서의 훈련시간은 거의 없었다. 그러므로 우리 교회는 많은 잠재력을 가지고 있으면서도 무능하고 무력했었다.

그 이유는 우리가 가지고 있는 힘을 합리적으로 조직화하지 못하고, 능력을 효율적으로 체계화시키지 못하는 행정 부재의 현상이 빚은 결과라고 할 수 있다. 그러므로 우리 교회는 시급히 교회의 행정을 체계화하고 우리 교회가 가지고 있는 거대하고 전통적인 잠재력을 조직화하여 교회의 본래적인 임무를 바로 수행하는 교회가 되기 위해 교회 지도자인 목사와 장로가 교회행정에 깊은 관심을 가져야 할 것이다.

1) 교회행정이란?

행정을 'Administration'이라 하는데, 이 말은 Administrare에서 온 말

로서 '봉사한다'는 뜻이다. 교회행정이란 교회의 목적을 달성하기 위한 봉사활동이라 할 수 있을 것이다. 즉 교회가 교회되게 하는 데 필요한 수단과 방법이라고 할 수 있다.

또한 '행정'이란 다스리는 것이다. 다스린다고 할 때 우리는 정치(政治)와 혼동하기 쉬운데, 정치와는 다른 개념의 다스림이다.

구체적으로 교회의 목적을 달성하기 위해서 목회적인 일과 책임의 한계를 ① 규정(Doctrine)하고, ② 계획(Planing)하고, ③ 조직(Organization)하고, ④ 명령(Commending)하고, ⑤ 통제(Controling)하는 것을 다스린다고 한다.

교회정치가 교회의사의 최고의 결정 및 수행, 창조의 권위를 형성하는데 비해, 교회행정은 구체적으로 실현하는 과정이며 수행하는 방법이라고 할 수 있다. 즉, 교회행정은 교회의 목적과 의사를 실현시키고, 맡겨진 과업을 수행하기 위한 기술과 능률의 학문이라 할 수 있을 것이다.

데오나르드 메이어(Deonard Mayor)는 행정을 정의하기를 "임무를 결정하며, 또 그것을 명확하게 하며, 정책을 공식화하여 이를 진행하며, 권위를 위임하며, 관리자 또는 책임자를 선정하며, 직원을 훈련하며, 이를 위해 모든 유효한 조직과 조직의 목적들을 달성하기 위한 방법과 자원의 동원"이라고 정의하였다.

또한 트래커(Trecker)는 "교회행정은 회중과 함께 목표를 수립하여 조직체들의 유기적 관계를 수립하며, 의무를 분배하고, 모든 계획과 사업을 지휘하며, 달성한 바를 검토하는 것이다."라고 정의했다.

2) 교회 안에서의 행정의 필요성

교회 구조는 성경적인 근거에서 시작되었다. 그리고 그 구조는 단순했었다. 그러나 여러 세기를 거치는 동안 교회가 처한 그 시대와 그 시대의 문화적 정황의 변천에 따라 조직과 운영의 방식이 변했으며,

더욱이 종교개혁과 함께 교회의 구조는 다양화 되었다.

교회 구조는 그 조직구조의 관리기능을 달성하기 위해 항상 합리적으로 갱신하고 개선하려는 노력이 끊임없이 계속되어야 한다. 더욱이 장로교회의 구조는 민주적인 유수한 성경적 조직과 구조이지만 의결기구에만 치우치고 행정 기능이 체계화 되지 못하여 비능률적인 교회가 되었다. 그러므로 결정 기능에만 치우치고 집행 기능이 무시된 교회의 기능을 합리적으로 개선하기 위해 교회행정의 확립이 필요하다.

늘어나는 구역관리, 새신자의 보호와 육성, 직원훈련, 교회학교의 효과적인 운영과 관리, 평신도회, 여전도회, 청년 대학생들의 생활지도와 관할, 청지기 훈련과 재정출납의 조정, 회계의 기강과 출납사무의 체계화, 교회건물의 유지 및 관리 등을 위해 의무와 권리가 공평하게 분배되며, 생소한 임무에 대하여는 지도하고 탈선을 제재해야 한다. 이런 직무들을 명확히 규정하여 효율적으로 관리 지도하기 위해 행정이 요구되는 것이다.

이러한 행정 기능이 결여되었을 때; ① 교회의 잠재력을 효과적으로 활용 못하고, ② 교인 전체를 교회 일에 참여시키지 못하고, ③ 교회의 재정과 인적 자원의 낭비와 ④ 권리와 의무가 편중되기가 쉽다.

3) 교회 행정의 기능

구체적으로 교회재정의 기능은 무엇인가?

교회행정의 기능은 기획(Planning), 조직(Organization), 인사(Staffing), 지휘(Direction), 조정(Coordination), 예산(Budgeting), 보고 기록(Reporting) 등이다. 그러나 오늘날 다원화 되고, 세분화 되고, 대형화 된 교회행정에서는 각종 정보의 수집과 분류를 비롯하여 대외적 홍보와 타 교회와의 유대강화, 교회 안에서 일어나는 관혼상제의 협조와 관리, 구역행정관리와 구역지도자 육성 등으로 점점 그 기능과 영역이 넓어져 가고 있는 추세이다.

2. 조직행정

교회행정은 3대 주축으로 이루어져 있다. 즉 조직행정, 인사행정과 재무행정이다.

1) 조직의 본질

현대사회는 조직사회이며 인간은 조직인(Organization Man)이다. 인간은 요람으로부터 무덤에 이르기까지 운명적으로 조직과 끊을 수 없는 관계에 있다.

현대를 조직시대라 하는 이유는, 우리 인간 생활의 대부분이 협동을 필요로 하기 때문이며, 인간의 가장 기본적인 욕구의 충족도 조직을 통하여 이루어지기 때문이다.

조직은 인간이 어떠한 생활에 적응하기 위해서는 필요불가결한 것이며, 또한 조직은 어떠한 공동체든지 그 공동체를 발전시키는 동체적 요인이 되는 것이다.

2) 조직의 정의

조직은 공동목적을 달성하기 위한 모든 인간의 협동체를 이룬 형태를 말한다. 어위크(Urwick)는 "조직은 통치 과정에 있어서 어떤 목적을 수행하기 위하여 존재하며, 조직의 각 부분은 그 목적에 대하여 명확하고 권위 있는 기여를 하여야 한다."고 했다.

버나드(Chester I. Barnard)는 그의 유명한 저서 《관리자의 기능 The Function of the Executive》에서 "조직은 일정한 목적을 실현하기 위한 2인 이상의 의식적으로 조정된 활동(Coordinated Activities) 또는 세력의 체계"라고 정의했다. 그리고 또한 고오스(John M. Gaus)는 조직이란 "여러 기능과 책임의 분배를 통하여 어떤 합의된 목적수행을 촉진시키기 위한 인원의 배치(Arrangement of Personnel)"라고 했다.

이상의 정의를 종합해 보면, 조직은 일정한 목적을 수행하기 위한 인간관계이며, 또한 목적수행을 위한 업무조직이며, 조직은 제도화를 의미하며, 동시에 의무와 의무간의 내적 관계를 포함한 절차라고 보아야 할 것이다.

3) 조직의 원리

조직의 원리(Principle of Organization)란 주어진 일과 목적을 수행하는데 있어서 어느 것이 가장 합리적인 조직이냐 하는 문제를 과학적으로 고찰함으로써 인식되는 조직에 관한 근본 이론과 원리 원칙을 말한다. 그러나 일의 성질에 따라 달라진 조직은 항상 다음 사항에 유의해야 한다.

① 조직의 가장 중요한 요소는 인간자원의 채용가치를 결정하는 것.
② 물자 자원의 적절한 사용.
③ 지리적 조건을 충분히 고려하는 것.

그러므로 새로운 조직을 함에 있어 사전에 유의해야 할 문제점들은 다음과 같다.

첫째, 인원을 조정하고 지배하는 조직상의 조건은 어떠한가?

둘째, 최대의 능률과 최대의 성과를 구현하기 위해서는 어떻게 조직할 것인가?

셋째, 최소의 노력과 최소의 비용으로 목표 달성을 위한 조직은 어떻게 해야 할 것인가?

넷째, 주어진 목적을 가장 짧은 시간에 완수하기 위한 조직은 어떠한 것인가?

다섯째, 인원과 사업의 관리에는 어떠한 관리제도를 적용할 것인가 등의 문제가 고려되어야 할 것이다.

그러나 이 모든 요구가 완전히 충족되는 조직은 있을 수 없다. 그러므로 그 단체나 교회의 구성요소와 능력과 지역적 정황을 고려하여 조정의 원리가 강조되는 조직을 하든지, 계단적 통제원리가 강조되는 조직을 하든지, 기능이 강조되는 조직을 하든지 등을 선택하여야 할 것이다.

조직의 원리로서는 셋으로 구분하는가 하면, 다섯 가지로 구분하기도 한다.

첫째로, 세 가지로 구분할 때에는;

① **조정의 원리**(Coordination): 공동의 목적을 수행함에 있어서 행동이 통일로 구현되도록 집단적 노력이 질서 있게 배열되고 통합 정리되는 것을 말한다. 그리고 이러한 조정을 위해 서로 권위(Authority)와, 상호봉사(Mutual Service)와, 사무규정(Doctrine) 등의 요소들이 포함되어야 한다.

② **계단적 통제 원리**(Hierarchy): 직능상 차이의 구분에 따라 그 권한과 의무와 책임의 구분을 말하며, 그 조직의 목적이나 크기의 정도에 따라 계층 정도의 차이를 달리할 수 있다.

③ **기능 원리**(Functional): 직무의 종류에 따라 구분하고, 또 과업의 전문화에 따르는 분업제를 실시하는데 필요한 원칙을 말한다. 이것은 직능과 의무의 종류 간에 인식되는 차이를 명확히 하여 기능의 분화를 체계화하는 것이다.

두 번째, 다섯 가지로 구분할 때에는;

① **전문화** 또는 **분업의 원리**(Specialization or Division): 조직은 가급적 전문화 하고 세분화 하는 것이 효과적이라는 설이다. 왜냐하면 동질성이 있을 때 동화 내지 응집력이 강하기 때문이다.

② **조정의 원리**(Coordination of Work): 조정의 기능이 잘 되어 있어야 각자의 역할을 명확하게 해 주고, 모든 집단이 마찰 없이 공통으로 협력하고, 그리고 서로간의 의사소통이 잘 되고, 지도력도 발휘하게 되며, 공동체의 규율을 확립하여 책임 소재를 분명히 할 수 있기 때문이다.

③ **통솔의 원리**: 권한과 의무를 분명히 해주는 가능이다.

④ **명령통일의 원리**(Command)

⑤ **계층제의 원리**(Hierarchy)

4) 조직의 형태

조직을 함에 어떠한 형태로 해야 될 것인가를 생각해야 하는데, 최소의 비용과 인적 자원을 가지고 최대의 능력을 발휘할 수 있는 조직 유형을 택하여야 할 것이다.

조직의 유형을 네 가지로 분류할 수 있는데;

① **계선조직**(Line Organization): 지휘 및 명령계통이 직선식을 이루고 있는 것으로, 계선을 통해 제반 지휘나 명령, 지시를 받는 것이 특징이다. 그러므로 이 조직은 상사의 명령에 절대 복종하는 것을 원칙으로 한다.

② **막료조직**(Staff Organization): 전문적인 지식을 통하여 조언, 권고, 협의상의 정보제공, 계획 등으로 촉진적 조력의 역할을 하는 조직을 의미한다.

③ **비공식조직**(Informal Organization): 그룹 조직이나 특별활동을 위한 조직에 이용되는 조직의 형태로서, 어떠한 원리나 규정에 얽매이지 않고, 그 때의 상황과 형편에 따라 융통성 있게 조직하는 형태를 의미한다.

④ **보조조직**(Auxiliary Organization): 이 조직은 특수한 임무를 담당하

는 기관이며, 협조 조력하는 기관조직으로 봉사기관을 말한다.

또 다른 조직의 형태로서는;

① **강제적 조직**(Coercive Organization): 이 조직은 힘에 의해 조직되고 힘에 의해 유지되는 조직이다.

② **공리적 조직**(Utilitarian Organization): 이 조직은 소위 이익집단이라고 할 수 있는데, 자기에게 이익이 있다고 느껴서 참여한 사람들에 의한 조직이다.

③ **규범적 조직**(Normative Organization): 이 조직은 이념에 공감하여 형성된 조직이다.

이러한 조직 형태 중에서 우리 교회의 조직은 비공식조직이며, 규범적 조직이라 할 수도 있으나, 교회 조직은 그런 것보다 더 높은 차원의 조직 형태이다.

5) 교회 조직

교회조직은 조정과 계단적 통제의 기능이 잘 조화된 조직이라고 할 수 있다. 이것을 성경에서는 "그리스도의 몸"(엡 1:23)이라고 표현했다. 즉 몸의 조직처럼 유기체적인 조직이다. 그러므로 교회의 조직은 여러 종류의 사람으로 구성되었다. 유대인이나 헬라인이나 자유인이나 모든 사람이 이 교회의 구성원이 될 수 있다. 그러면서도 구성원 각자가 지체와 같이 여러 가지 직임을 가지고 있다. 몸은 하나인데 많은 지체가 있고(고전 12:12), 그 지체가 각기 사도로, 선지자로, 교사 또는 능력 행함, 병 고치는 은사, 돕는 일, 다스리는 일(고전 12:28-)을 담당하고 있는 것이다.

이 지체들은 서로 깊은 관계를 가지고 있는 유기적 조직체이다. 눈이 손더러 쓸데없다 하거나, 머리가 발더러 내가 너를 쓸데없다 하거나 할 수 없고(고전 12:21-), 서로가 연관 속에서 조직된 구조가 몸의 구조이다. 그러면서 이 지체들이 똑같이 귀한 것이다. 즉 몸에서 약하게 보이는 지체가 도리어 요긴하고, 우리 몸에서 덜 귀히 여기는 그것들을 더욱 귀한 것으로 입혀, 아름답지 못한 지체는 더욱 아름다운 것으로(고전 12:22-24) 여기는 것이 몸의 특수한 구조이다. 그러므로 교회의 조직은 계선조직이 아니라 상호 협력하는 조정조직인 것이다.

또한 이 지체들이 협력하여야 몸의 목적을 달성할 수 있다. "발이 이르되 나는 손이 아니라든지, 귀가 나는 눈과 관계없으니 할 수 없다"고 하면 기능은 마비된다. 듣고, 보고, 냄새 맡는 각 기능들이 협력하고(고전 12:15-17), 몸의 역할, 지체의 역할을 할 수 있도록 서로 봉사하는 조정기능이 몸의 구조이다. 그러면서 각 지체가 서로 존경해야 하며, 무엇보다도 모든 지체는 머리에게 순종해야 한다. 그리스도는 교회의 머리이시다(골 1:18).

그리스도의 말씀에 순종하여 서로 깊은 관계 속에 각기 임무를 충실히 하며, 서로 협력하고, 의지하고 존경하며 수행할 수 있는 조직이 바로 교회의 조직이며, 이러한 조직이라야 생동하는 조직이 될 수 있을 것이다.

교회는 그리스도를 머리로 하는 계선조직체이며, 제직회나 찬양대, 그리고 각종 위원회 등의 막료조직을 가지고 있으며, 여전도회, 평신도회, 학생회, 청년회 등의 보조조직을 가지고 있으며, 그밖에 다양한 클럽 활동을 위한 비공식 조직체 등으로 구성된 가장 합리적인 조직체이다. 그러나 우리의 교회들은 각기 그 교회의 역사적 특성과 문화적 배경 때문에 조직의 유형을 달리하고 있다.

다음에 몇 가지 유형을 참고로 관찰해 볼 수 있다(〈표1〉 〈표2〉 〈표3〉을 참고).

<표 1>

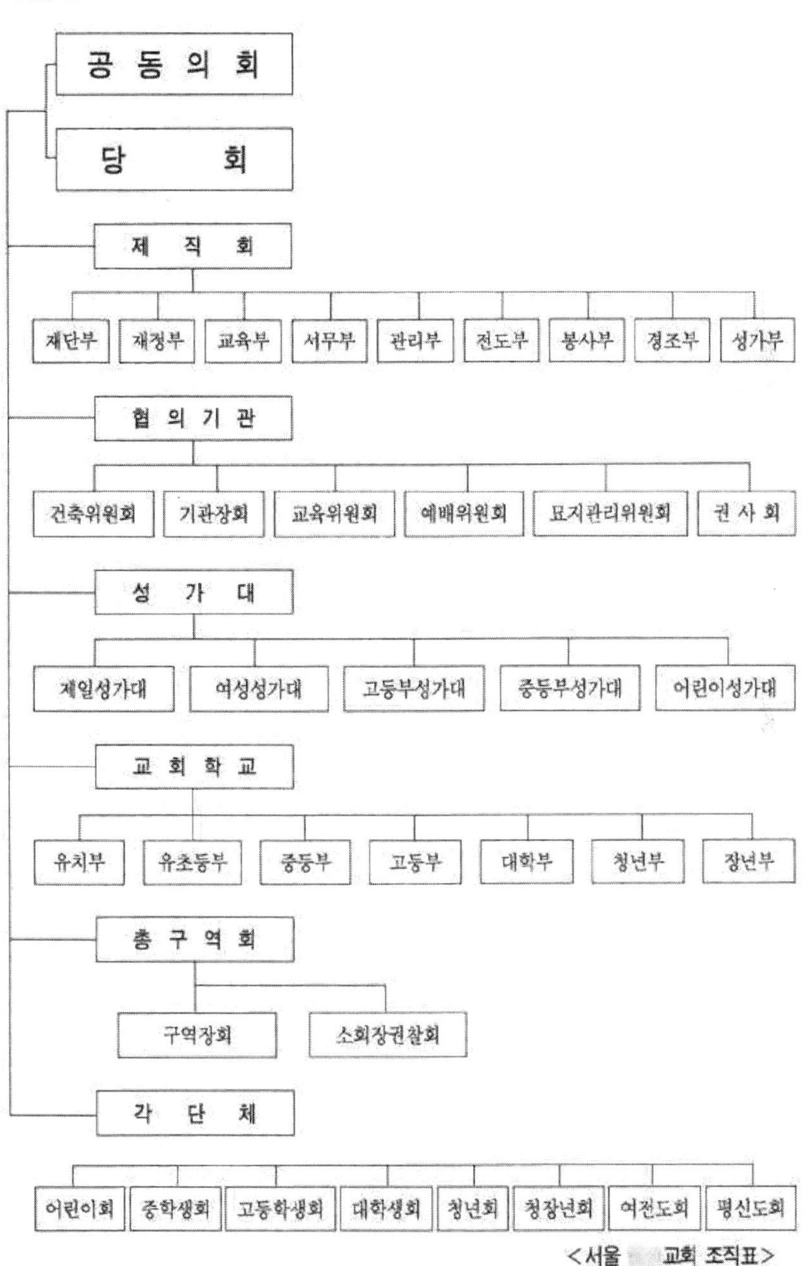
공 동 의 회
당 회
제 직 회
재단부
재정부
교육부
서무부
관리부
전도부
봉사부
경조부
성가부
협 의 기 관
건축위원회
기관장회
교육위원회
예배위원회
묘지관리위원회
권 사 회
성 가 대
제일성가대
여성성가대
고등부성가대
중등부성가대
어린이성가대
교 회 학 교
유치부
유초등부
중등부
고등부
대학부
청년부
장년부
총 구 역 회
구역장회
소회장권찰회
각 단 체
어린이회
중학생회
고등학생회
대학생회
청년회
청장년회
여전도회
평신도회

<서울 교회 조직표>

<표 2>

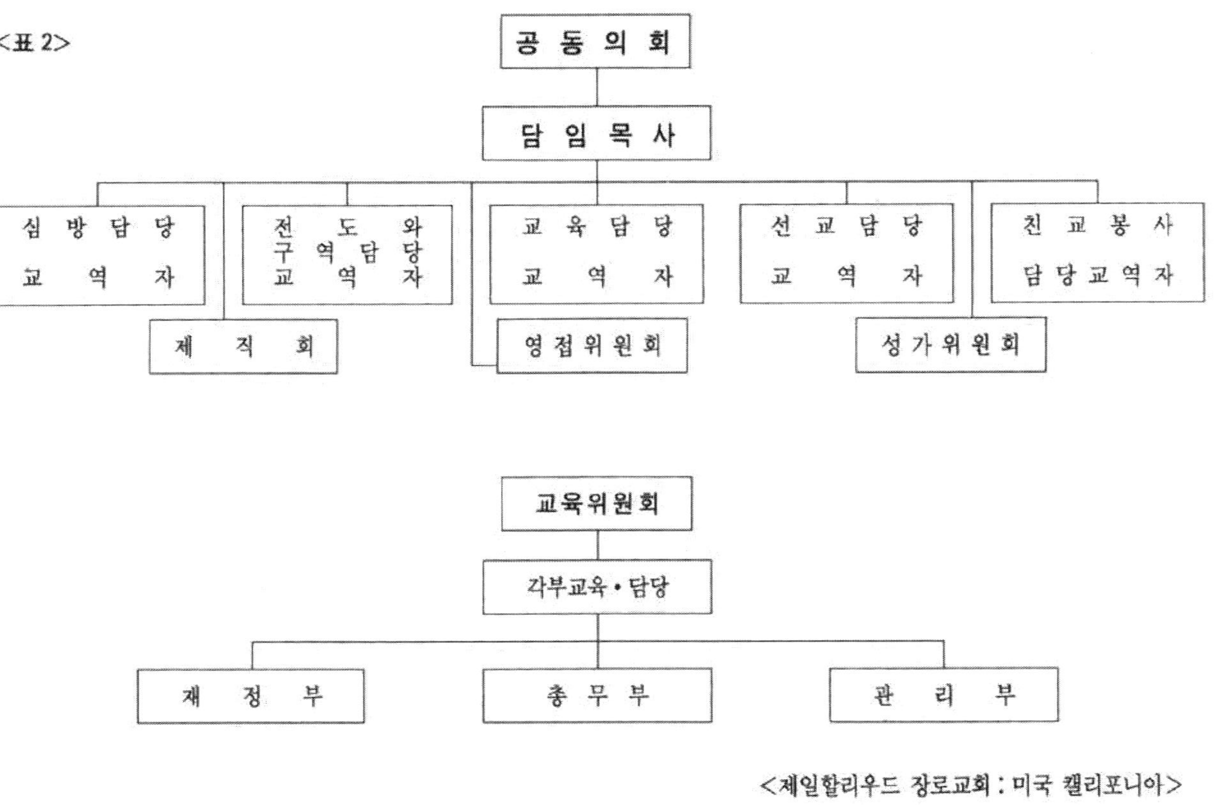

<제일할리우드 장로교회 : 미국 캘리포니아>

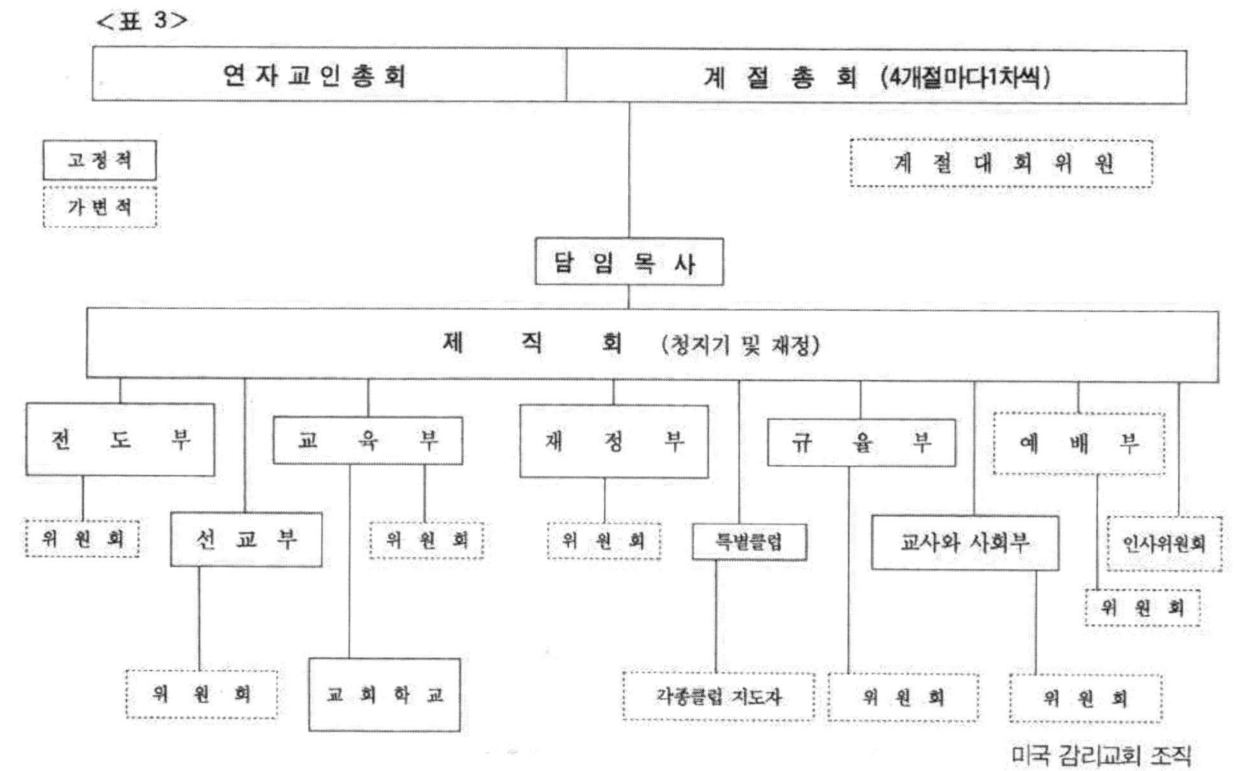
<표 3>
연자교인총회
계 절 총 회 (4개절마다1차씩)
고정적
가변적
계 절 대 회 위 원
담 임 목 사
제 직 회 (청지기 및 재정)
전 도 부
교 육 부
재 정 부
규 율 부
예 배 부
위 원 회
선 교 부
위 원 회
위 원 회
특별클럽
교사와 사회부
인사위원회
위 원 회
위 원 회
교 회 학 교
각종클럽 지도자
위 원 회
위 원 회
미국 감리교회 조직

3. 인사행정

교회를 이룬 공동체가 모두 봉사와 일에 참여하도록 일꾼을 찾아 택하고 훈련하여 적재적소에 배치하고, 일정한 책임과 권한을 위임하는 일은 교회의 중대한 임무 중의 하나이다.

교회가 항상 생동하는 교회가 되기 위해서는 유능하고 민첩한 일꾼들을 항상 확보해 가지고 있어야 한다. 뿐만 아니라, 현재 일하고 있는 일꾼들의 재능(talent)과 역량(ability)에 대한 계속적인 연구와 검토가 있어야 한다. 이러한 업무를 관장하고 계획 집행하는 행정이 곧 인사행정이다. 그러므로 인사행정은 교회행정의 중심이라 할 수 있다. 건강한 교회는 적극적인 지도력과, 일치되고 화목한 분위기와, 영감 있는 말씀 선포와, 문화적 정황에 적응하는 교회이며, 시대 지향적이며 삶으로 증언하는 교회여야 하며, 조직과 관리가 잘 되어 있는 교회여야 하고, 잘 훈련된 일꾼이 많은 교회여야 한다.

이 중에 잘 훈련된 일꾼이 많은 교회가 가장 바람직한 교회이다. 그런데 좋은 일꾼이란, 선천적인 것이 아니고 후천적인 것이다. 즉 훈련시켜서 만들어지는 것이다.

교회 안에서 필요한 좋은 일꾼이란; ① 진리에 대한 확신 ② 통찰력 ③ 창의력 ④ 문제의식과 해결 능력 ⑤ 의사소통과 결단력 ⑥ 경영능력 ⑦ 화합과 용납의 능력 ⑧ 강한 의지력 ⑨ 선견지명 ⑩ 조직능력 ⑪ 도덕적 순수성 ⑫ 영적 능력을 갖춘 사람 등을 의미한다.

더 나아가서 일할 때, 정열적이고, 위기에 초연하고, 위협에 비겁하지 않고, 결단 앞에 확신 있고, 조직 앞에 치밀하고, 실패 앞에 좌절하지 않고, 유혹 앞에 방심하지 않고, 정죄나 비판보다 용서와 사랑을 베풀고, 부정적이기보다 긍정적인 사람이 교회가 필요로 하는 좋은 일꾼이다. 이런 일꾼은 어떻게 키워 낼 수 있을까! 이것이 인사 행정의 과제이다.

1) 인사개발

우리는 흔히 교회 안에 일꾼이 부족하다고 한탄한다. 그러나 실상은 부족한 것이 아니라 개발하지 못한 것이다. 교회는 많은 인적 잠재력을 가지고 있으면서도 개발하지 못하고 방치했거나, 노출된 인적자원에만 의존해 왔기 때문에 인적 자원의 부족을 느끼곤 한다. 그리하여 일시적인 미봉책으로 즉흥적인 인사행정을 해왔다.

이제 우리는 교회의 인사행정에 대해 근본적인 재검토와 함께 장기적이고도 새로운 인사행정 체제를 시급히 수립해야 할 것이다.

인사개발을 위한 당회의 역할로 크게 세 가지 면에서 배려해야 할 것이다.

첫째는 자세이다. 당회는 모든 교인을 다 좋아하며, 모든 회중에게서 가능성을 발견해야 한다. 우리는 특히 주관적인 선입관으로 교인을 대하기 쉽다. 그러나 하나님께서는 모든 사람에게 각기 재능을 주셨으며, 또 그 재능은 하나님 나라와 교회를 위해 꼭 필요한 것이다.

어떤 이들에게서는 그 재능이 노출되지 않은 채 사장되어 있어 외적으로는 무능하게 보일 때가 있다. 그러나 모든 사람에게 하나님께서는 재능을 주셨다는 확신을 가지고 그들의 재능이 무엇인가를 발견하도록 노력해야 하며, 교인들의 재능이 노출되도록 자주 자극을 주도록 해야 할 것이다.

둘째는, 일을 맡길 줄 알아야 한다. 능력이 좀 부족하다고 느낄지라도 부족을 보충해 주면서 일을 여러 사람에게 맡겨 교회 안에서의 의무와 권리의 분배가 균형을 이루도록 힘써야 할 것이다.

셋째로, 당회는 교인의 관심과 능력을 분별하도록 항상 주의를 게을리 하지 말아야 한다. 교인들의 관심과 요구를 분별하지 못하고는 효과적인 인사운영이나 합리적인 인사행정을 하기가 어렵다.

당회는 자주 앙케트 등을 통해서나 의견함을 통해 교인의 관심사에 귀를 기울여야 하며, 일을 맡긴 후에는 그 일에 임하는, 그리고 감당하는 자세와 능력을 주시하여, 부족한 것을 보충하고 장점을 더욱 드러내어 고무시켜 주어야 할 것이다.

넷째는, 개인 개인에게 관심을 가져야 한다. 교회는 대중을 보는 눈만 가지고 있고, 개인을 보는 눈이 어두워 양적인 성장에만 급급한 나머지 개인의 성장에는 무관심하기 쉽다.

오늘처럼 세분화되고 다양화된 시대에 있어서는 교회 안에 들어와서도 항상 이주민이나 피난민 같이 느껴져서 자기의 설 땅을 찾지 못하고 허탈감을 느끼고 있는 교인이 허다하다.

교회는 한 사람 한 사람의 독특한 개인이 그리스도를 머리로 하여 성령에 의하여 항상 서로 의존하는 존재이다. 그러므로 개인 문제에 깊은 관심을 가질 때 생기 있는 교회가 될 것이다.

다섯째는, 인사행정을 계획 추진할 때는 장기적인 안목으로 인내력을 가지고 다루고 추진해야 한다. 사람들이 가지고 있는 능력이나 개성은 하루아침에 형성되지 않듯이, 잘못이나 부족한 점을 고치는 데도 하루 이틀에 이루어지지 않는다.

훌륭한 한 사람의 교회지도자를 키우기까지는 많은 시간과 정신과 물질적 투자를 해야 하며, 그 결과는 서서히 완만하게 나타난다는 사실을 기억해야 한다.

마지막으로, 인사행정을 함에 있어 잊지 말아야 할 자세는 타인의 감정을 잘 받아들이는 넓은 아량이 필요하다는 것이다. 모든 사람이

나와 같지 아니하고, 그들 나름대로의 개성과 습성, 그리고 특징과 다른 장점이 있음을 인정해야 한다.

2) 인력수급 계획

인사개발을 위해 당회는 인력수급 계획을 수립해야 할 것이다. 그동안 교회는 계획 없는 일을 되풀이 했다. 연말에 새해의 직원을 임명하려 할 때에야 비로소 어느 부서에 어떠한 일꾼이 필요한지를 찾고, 그 때에야 비로소 교인들에게 눈을 돌려 일꾼을 찾다가 마땅한 일꾼이 없을 때 일꾼이 없다고 한탄하거나 궁여지책으로 부적격한 일꾼을 세워놓고 일을 그르치게 하거나 교회 안에 고민거리를 만들어 놓는 실수를 많이 범하곤 했다. 이제 교회도 장래에 대한 전망을 보고 계획성 있는 일을 하도록 해야 할 것이다.

요즈음 대부분의 교회들이 완전하지는 못하나 목회계획이나 교육계획을 세우는 노력을 시도하지만, 아직도 인사계획을 위한 교회 인력수급 계획을 세우는 교회는 그리 많지 않은 것 같다.

인력수급 계획이란 교회가 해마다 필요한 일꾼들의 직능별 수급계획을 미리 계획해 놓는 것을 말한다. 예를 들면 1년 후에 교사는 몇 명, 찬양대원은 몇 명, 집사는 몇 명, 권사는 몇 명 필요할 것인가를 미리 선정하는데, 적어도 5, 6년 후에 필요한 교회직원을 구체적으로 계획을 세우는 일이다.

이를 위해서는 종합계획과 개인카드 작성, 이렇게 두 가지 면으로 분류해야 할 것이다. 종합계획을 예로 들어 작성한다면 다음의 〈표 4〉와 같다.

그리고 개인카드에는 언제, 어디에, 무슨 일로, 얼마동안, 어떻게 사용할 수 있는 사람인지가 명시된 카드 〈표 5〉를 작성하여 항상 비치하고 있어야 한다.

<표 4>

인력수급현황 및 계획

구분	연도	년도			년도			년도			년도			경향			년도 계획			년도 계획			비고
		재임	신임	계	재임	신임	계	재임	신임	계	재임	신임	계	+	현재	−	재임	신임	계	재임	신임	계	
당회	교역자	4	0	4	3	1	4	4	0	4													
	장로	9	2	11	11	0	11	11	0	1													
권사	시무권사	8	−1	7	7	0	7	7	0	7													
	명예권사	20	2	22	20	1	21	21	0	21													
집사	안수집사	10	0	10	10	0	10	10	0	10													
	남집사	25	−5	26	26	6	32	32	5	37													
	여집사	70	−3	67	67	13	80	80	4	84													
구역	구역장	19	1	20	20	0	20	17	2	19													
	부구역장	20	0	20	20	0	22	22	10	32													
	소회장	58	−2	56	56	0	56	56	5	61													
	권찰	13	6	19	19	0	19	15	12	27													
교사	유치부	6	−1	5	5	1	6	6	1	7													
	유년부	24	0	24	24	2	26	26	6	32													
	중등부	9	−1	8	8	0	8	8	8	12													
	고등부	8	−1	7	7	1	8	8	3	9													
	대학부	2	0	2	2	0	2	2	0	2													
	청년부	1	1	2	2	0	2	2	1	3													
성가대	고등부	24	3	27	27	3	30	15	7	22													
	제일	28	17	35	35	9	44	44	9	53													
	여성	28	3	31	31	2	33	33	1	34													
기타																							

<표 5>

교인 신상 카드

( )구역 · · ·

성 명		성별	남·여	생년월일	년 월 일생(음·양)
주 소	서울 구 동 － 호 통 반			전화	
직 업		결혼여부	미혼·기혼·별거·이혼		
신 급	원입·학습·세례	교회출석 동 기	부모때문·전입·새로믿기로·기타		
여배참석 상 황	규칙적 참석·불규칙적 참석·낮예배만·밤예배만·거의 참석 못함				
교회교육 상 황	유년부 수료·새신자교육 수료·지도자교육 수료·통신교육 수료·중고등부 수료				
교육정도	국졸·중졸·고졸·대졸·대졸이상·박사 및 전문직				
재 능	악기( )·성악·미술·연극·꽃꽂이·기타( )				
능 력	교사·서도·전공·목공·배관·전도·안내·운전·기타( )				
흥 미	교육·사회활동·관리·조사·봉사·선교·도서·시청각·기타( )				
교직경험	장로(년). 권사(년). 집사(년). 교사(년). 구역장(년). 소회장(년). 기타위원(년).				
특기사항	언 제		어 디 에		
	무슨일		얼마동안		
비 고					

3) 인사위원회 운영

인력개발을 위하여 당회는 당회 안에서나 또는 당회를 보좌하는 기관으로 인사위원회를 설치 운영하는 것이 좋을 것이다.

인사위원회의 업무는 인사개발 업무는 물론, 평가 등의 직무를 관장하여 당회가 필요할 때 자료의 제공, 그리고 인적자원의 공급 등의 업무를 담당한다. 이 위원회는 위원장 1인, 서기 1인, 위원 5명 정도의 구성원으로 설치함이 적합할 것이며, 이 위원회의 업무를 구체적으로 설명하면 다음과 같다.

(1) 인사개발 업무

인사위원회의 제일차적이며 기본적인 업무는 교회 안에 숨겨진 일꾼을 발굴하는 업무이다. 일꾼을 찾을 때 필요한 기본적인 기준은 다음과 같다.

첫 번째는 능력과 감수성인데, 어떠한 기회를 신속히 포착하여 바로 활용할 수 있는 능력과 분별력이 있는가를 살펴야 한다.

두 번째는 잠재력인데, 자기에게 주어진 임무를 얼마나 감당하고 있으며, 경험하지 않았던 일에는 얼마나 감당할 능력이 있는가를 살펴야 한다.

세 번째가 융통성인데, 남을 얼마나 이해하며 자기의 감정을 얼마나 조절할 수 있는 사람인가를 살펴야 한다.

네 번째는 동기인데, 이것을 다른 말로 소명의식이라 한다. 교회봉사의 동기유발이 바르게 형성되었는가를 살펴야 할 것이다. 교회봉사는 일시적인 감정이나 영웅심으로만은 오래 감당할 수 없을 것이다.

바울의 고백처럼, 그리스도의 사랑이 우리를 강권하는 체험이 있어야 지속적으로 말할 수 없는 은혜를 인하여 감사함으로 감당할 수 있을 것이다.

이와 같은 기준에 의해 교회 안에서 일꾼을 찾는 방법에는 다섯 가지가 있을 수 있다.

① 인력조사서를 통해서 찾는다.

교회 일을 자원하는 사람으로 하게 하여야 한다. 교회 일을 맡길 때 대부분의 경우 사양을 한다. 그러나 교회는 사양을 미덕으로 알고 별로 신경을 쓰지 아니했으며, 때로는 억지로 굴레를 씌우듯 교회의 귀한 성직을 위임하곤 했다. 그러나 자원하는 사람이 교회의 일꾼으로 활용되어야 한다.

베드로 사도는 분명히 "억지로 하지 말고 하나님의 뜻을 따라 자원함으로 하며 더러운 이득을 위하여 하지 말고 기꺼이 하며"(벧전 5:2-3)라고 했다.

그러므로 가급적 교회일꾼을 찾고 택할 때 자원하는 사람 중에서 찾고 택해야 성경적이다. 그런 의미에서 일 년에 두 차례 정도 인사위원회는 교회봉사를 위한 인력조사를 실시해야 한다.

인력조사는 다음 면에 있는 〈표 6〉의 조사서에 온 교인이 자기가 희망하는 □ 안에 √표를 하게 하여 이를 수집, 분류, 평가하여 자격이 갖추어진 사람은 단기훈련을 거쳐 필요한 직무를 맡길 것이며, 희망은 했지만 자격이 부족하거나 희망한 직분에 자리가 없을 때에는 따로 분류했다가 장기 인력수급 계획에 의한 훈련을 시켜서 대비하게 할 것이다.

② 새 교인 중에서 찾아야 한다.

교회에는 교회생활을 처음 시작하는 새 교인도 많다. 이들 중 타 교회에서 잘 봉사하던 분들도 생소한 교회에 들어오면 대부분의 경우 자기의 정체를 감추고 조용히 예배에만 참석하려고 한다. 이러한 사람 중에는 유능하고 성실한 일꾼들이 많이 있다. 이들을 잃어버리지 않고 찾아 계속적인 교회생활에 동참하도록 이끄는 것이 인사위원회의 과제이다. 교회는 새 교인을 맞이할 때 대체적으로 다음 여섯 가지 과정을 거쳐야 할 것이다.

a. 그 첫째가 등록 절차이다. 새 교인을 등록 받을 때에는 사전에 충분한 인적사항을 검토한 후 정식 교인으로 등록해야 할 것이다. 그리고 가급적 등록은 본인들이 등록 용지에 기록하도록 하며, 등록 카드란에 자세하게 기록하도록 지도해야 한다.

<표 6>

교회봉사를 위한 인력조사서

이　　름	성　별 : 남 □　　여 □
생년월일　　년　월　　일생	신　급 : 학습 □　　세례 □
주　　소	직　업 :　　　　전화 :

현재 봉사하고 있다.	직　　책	봉사하고 싶다.	현재 봉사하고 있다.	직　　책	봉사하고 싶다.
1. □	서류심사	□	26. □	여름성경학교교사	□
2. □	회계심사	□	27. □	성 가 대 (장　년)	□
3. □	서　　무	□	28. □	성 가 대 (여　성)	□
4. □	교육위원	□	29. □	반　　주 (장　년)	□
5. □	재정위원	□	30. □	반　　주 (중고등부)	□
6. □	전 도 부	□	31. □	구 역 장	□
7. □	구 제 부	□	32. □	권　　찰	□
8. □	경 조 부	□	33. □	특활지도	□
9. □	봉 사 부	□	34. □	문서관리	□
10. □	주교부장(유 년 부)	□	35. □	도서관리	□
11. □	주교부감(　〃　)	□	36. □	장　　치	□
12. □	주교과장(　〃　)	□	37. □	전기공사	□
13. □	주교서기(　〃　)	□	38. □	프로그램위원	□
14. □	주교교사(　〃　)	□	39. □	등　　사	□
15. □	학생상담(　〃　)	□	40. □	타이프 라이터	□
16. □	음악지도(　〃　)	□	41. □	편　　집	□
17. □	주교부장(중고등부)	□	42. □	도　　안	□
18. □	주교부감(　〃　)	□	43. □	사　　진	□
19. □	주교과장(　〃　)	□	44. □	캠프지도	□
20. □	주교서기(　〃　)	□	45. □	의료봉사	□
21. □	주교교사(　〃　)	□	46. □	오락지도	□
22. □	학생상담(　〃　)	□	47. □	시청각교육지도	□
23. □	음악지도(　〃　)	□	48. □		□
24. □	유치부교사	□	49. □		□
25. □	주교심방	□	50. □		□

대한예수교
장 로 회　○ ○ 교 회

<표 7>

교회학교 봉사자원서

No.

본 적:
주 소: 서울시 구 동 리 통 반
성 명:
생년월일: 년 월 일생(만 세)

본인은 본 교회 유치 / 유년 / 중등 / 고등 부 로 봉사할 뜻이 있어 자원하오니 허락해 주시기 바랍니다.

년 월 일

자원자 성명 ㉯
부 장 ㉯

○○교회 당회장 귀하

b. 다음 단계로 심방은 교역자와 함께 인사위원회 위원이 반드시 동반해야 될 것이다. 교역자들은 초신자의 신앙지도와 신령한 생활면에 더 치중하여 관찰하게 된다. 그러나 인사위원은 심방하여 인적사항을 조사하고, 교인신상카드를 작성하여 인사행정에 필요한 기초자료를 작성하는 계기로 삼아야 한다.

<표 8>

교인등록카드

<전면>

구역 소회 년 월 일

새로나오신분, 특별심방, 목사와 면담을 원하시는 분은 이 카아드에 기록하셔서 안내위원이나 교역자에게 제출하여 주시기 바랍니다.

이 름 ______ 남·여

인 도 자 ______ 관계

생년월일 년 월 일(음·양)

본 적 ______

주 소 서울특별시 구 동 – 통 반

전화(집) (직장)

직 업 ______

현주소에 전입년월 년 월 전입

신 급 세례 ☐ 학습 ☐ 유아세례 ☐ 입교 ☐

신앙경력 직분 년

※원하시는 곳에 V표 하십시오.

☐ 귀 교회 신도로 등록합니다.

☐ 특별심방을 원합니다.

☐ 목사를 면접하고자 합니다.

처 리 ______

대한예수교 장로회 ○○교회

가 족 상 황

<뒷면>

번호	관 계	이 름	생 년 월 일	음·양	신 급
1					
2					
3					
4					
5					
6					
7					
8					
9					
10					

부근 약도

c. 상담자를 선정하여 연결시켜 주는 일이다. 새로 믿기로 작정한 새신자이거나 타 교회에서 이거해 온 교인이거나를 막론하고 그 교회의 제도나 규범을 익히기까지는 시간이 필요하다. 더욱이 새로 믿기로 한 새신자는 모든 일에 생소하다. 이런 신자를 바로 지도하기 위해서는 들어온 신자와 가까운(지역의 교우를 택하거나 인척관계, 또는 직장관계) 교우를 택하여 신앙상담을 맡기는 일이다. 그리고 이 상담자에서 새신자 육성 지침(〈표 10〉)을 주고 계속적인 상담보고서(〈표 9〉)를 내도록 하는 것이다.

d. 구역에 배치하여 공동체 의식을 확립시킨다.

e. 해당 선교회에 연결시켜 선교회 활동에 동참하도록 이끄는 일이다. 선교회에 참여케 하는 것은 새신자로 하여금 확실한 소속감을 갖도록 하여 안정감과 생동력을 얻게 하며, 교회의 본질인 사랑과 신뢰의 공동체의식을 확립시키는 데 도움이 된다. 그러므로 가급적 모든 새신자를 그들의 동질선교회에 소속하도록 이끄는 일은 매우 중요한 일이다.

f. 마지막 단계가 새신자를 교육하는 단계이다. 이 새신자 교육은 몇 개월에 한 번씩 교회생활과 신앙생활의 기초, 그리고 그리스도인의 가정생활과 사회생활을 교육하는 일인데, 이 때에 새신자 환영회를 하는 것도 좋은 방법일 것이다.

③ 적성검사를 통해서 찾는 방법이 있다.

④ 청지기 훈련을 통해 찾는 방법이다.

모든 사람에게 하나님께서 각기 재능을 주심은 주님을 위해 봉사의 일을 하게 하려 함인데, 이 재능을 자기를 위해서만 사용하고 우리의 몸과 영의 주인이시고 우리에게 재능과 시간, 물질을 맡겨주신 주님을 위해 사용하지 않는 일이 얼마나 큰 죄악인가를 깨닫도록 교육하고 훈련하는 일이다.

<표 9>

결재	당회장	전도사	서 무	구역장	상담자

새신자를 위한 상담 보고서

년 월 일

상담자						
구 역	구 소회	이 름		성 별	남·여	새 신자와의 관계
직 분		직 업		연 락 처	전 화	기타방법
신앙경력	신급:	신 앙 년 수	년	특 기		

새신자		가족관계													
구 역	구 소회	관 계	성 명	성별	연령	신급	교육	비고	관 계	성 명	성별	연령	신급	교육	비고
이 름															
성 별	남 여														
생년월일	년 월 일 음 양														
직 업															
인 도 자															
등 록 일	년 월 일														

믿게된 동기		신앙경력	신급	이전출석교회		직분	

집회출석상황		첫째주	둘째주	셋째주	넷째주	다섯째주	새신자의 문제점 :
예배	주 일 낮						
예배	주 일 밤						
예배	수 요 밤						
구역	구 역 예 배						
새벽기도회							

신앙성장상황	
성경에 대한 자세	성경책은 ① 신구약( ) ② 신약( ) 갖고 있다. 성경은 ① 매일 읽는다( ) ② 주 1회 읽는다( )
기도에 대한 자세	기도에 대해 ① 이해( ) ② 아직 모른다( ) 기도를 ① 매일한다( ) ② 하지 않는다( )
헌금에 대한 자세	헌금에 대해 ① 이해한다( ) ② 못한다( ) 헌금은 ① 주정( ) ② 십일조( ) ③ 감사헌금( )한다.
봉사에 대한 자세	교회내 부서 활동 ① 한다( ) ② 안한다( ) 한다면 ____부 직책____
기 타	

○ ○ ○ 교 회

⑤ 개인상담을 통해서 새롭고 유능한 교회직원들을 찾아낼 수 있다.

여러 가지 방법을 적절하게 동원하여 교회 안에 숨어있는 지혜 있고 충실한 일꾼들을 찾아내는 일이 교회의 과제요, 이 교회적인 과제를 담당한 기관이 인사위원회이다.

〈표 10〉

새신자 육성지침

1. 새신자 상담의 목표

○ 몸도 하나요 성령도 하나입니다. 그와 같이 부르심을 받은 여러분의 그 부르심에 따르는 희망도 하나입니다(엡 4:4).

○ 갓난아기 같이 되어 순수하고 신령한 젖을 사모하시오. 그리하면 그것을 먹고 자라 구원을 얻게 될 것입니다(벧전 2:2).

2 새로운 신자와의 관계

○ 여러분도 아는 대로 우리는 아버지가 자녀에게 하듯이 여러분 하나 하나를 권면하고 위로하고 경계했는데, 그것은 그의 나라와 영광에 여러분을 이르게 하시는 하나님께 합당한 생활을 하게 하려는 것이었습니다(살전 2:11).

○ 나의 자녀들이여, 나는 여러분 속에 그리스도의 형상이 이루어지기까지 다시 해산의 고통을 겪습니다(갈 4:19).

3. 새신자의 영적 발전의 근거

○ 믿음을 통하여 그리스도께서 여러분의 심정 속에 머물러 계시기를 바랍니다. 결국 여러분이 사랑 속에 뿌리를 박고 사랑의 터전 위에 세워지게 되어 모든 성도와 함께 사랑의 너비와 길이와 높이와 깊이가 어떠함을 깨달아 알 수 있게 되기를 바랍니다. 또 인간의 지식을 초월하는 그리스도의 사랑을 알게 되기를 빕니다. 그리하여 하나님의 모든 충만으로 여러분이 충만해 지기를 바랍니다(엡 3:17-19).

○ 여러분을 향한 우리의 사랑이 풍부한 것처럼 주께서 여러분 서로의 사랑과 모든 사람을 향한 여러분의 사랑이 더욱 풍성하게 되게 해 주시기를 빕니다(살전 3:12).

4. 봉사를 성숙해야 하는 이유

○ 시간으로 본다면 여러분은 이미 선생이 되었어야 할 터인데 하나님의 말씀의 초보적인 원리를 남에게서 다시 배워야하게 되었습니다. 곧 단단한 음식을 먹지 못하고 젖을 먹어야 할 사람이 되었습니다(히 5:12).

○ 형제들이여, 내가 여러분에게 영에 속한 사람에게 하듯이 말할 수 없어서 육에 속한 사람, 곧 그리스도 안에서의 어린아이 같이 사람에게 하듯이 말할 수밖에 없었습니다. 나는 여러분에게 젖을 먹였고 굳은 음식을 먹이지 않았습니다. 여러분은 아직 그것을 먹을 때가 되지 않았기 때문입니다. 사실 아직 여러분은 그것을 먹을 때가 되지 않았습니다. 여러분은 지금도 육적인 인간성에 속해 있기 때문입니다. 여러분들 사이에 시기와 다툼이 있다는 것은 여러분이 단순히 육에 속하여 인간의 본능대로 살고 있기 때문이 아닙니까?(고전 3:1-3).

5. 새신자를 육성시키는 데 필요한 것

○ 그리고 내게서 배운 것과 받은 것과 듣고 본 것들을 실행하시오. 그리하면 평화의 하나님께서 여러분과 함께하실 것입니다(빌 4:9).

○ 내가 그리스도를 본받는 것 같이 여러분은 나를 본받기를 바랍니다(고전 11:1).

6. 새신자에게 기대할 것

○ 그대가 많은 증인 앞에서 내게 들은 것을 진실한 사람에게 전하시오. 그래서 그들도 다른 사람들에게 가르칠 수 있게 하시오(딤후 2:2).

○ ○ 교 회

(2) 평가분류

인사위원회의 두 번째 과제는 찾아낸 교회의 일꾼들을 평가 분류하는 일이다. 평가를 위한 기준은 다음과 같다.

첫째, 능력이 있는가?

둘째, 희망하는 직임을 좋아하는가?

셋째, 사생활에 장애가 없는가?

넷째, 책임의식이 있는가?

다섯째, 다른 사람과의 인간관계는 원만한가?

이러한 일반적인 기준에 의해(질문서를 통해서나 인터뷰를 통해, 또는 기록을 통해) 평가한 후 적합하다고 느낄 때에는 교사, 찬양대, 또는 집사, 권사 등으로 분류하여 정리하는 일이다.

(3) 후보훈련

무슨 일에나 교육과 훈련 없이 할 수 있는 일은 없다. 교회의 일은 더욱 그렇다. 그러므로 교회직원은 어느 직임이든지 교육과 훈련을 거친 후에 그 직에 임하도록 해야 한다.

이 직원 교육은 인사위원회가 직접 할 수도 있고, 교육위원회에 위탁하여 교육 또는 훈련할 수도 있다. 훈련에는 예비훈련과 봉사훈련이 있다.

예비훈련은 앞으로 일을 맡길 일꾼에게 미리 교육을 하고 준비하게 하는 것이다. 예를 들면 교사를 희망하는 사람에게는 교사양성반에 입학시켜 교사 양성 교육을, 집사를 희망하는 사람에게는 제직훈련반에 입교시켜 제직훈련을 시키고, 찬양대를 희망하는 사람에게는 찬양대반에 들어가 훈련받도록 하여 일정기간의 교육을 마친 사람에게만 일을 맡겨야 한다.

봉사훈련이란 훈련이나 교육을 받지 않은 채 현직에서 봉사하는 사람들에게 일정기간을 정하여 훈련과 교육을 시키는 것을 말한다.

4) 직원의 선택과 임명

앞에서 언급했듯이 교회직원의 선택도 반드시 인사위원회에서 개발하여 육성한 사람 중에서 선택하도록 해야 한다.

당회는 직원을 선택하기에 앞서 인사위원회에서 제출된 자료를 토대로 선택하되 반드시 추천을 받도록 하여야 하며, 해당기관의 제청과 또는 인준을 거친 후에 서약(〈표 11〉)을 받고 임명해야 한다.

〈표 11〉

<u>취임 서약서</u>

교회의 머리되신 예수 그리스도의 부르심을 입어 _____가 된 ○○○은(는) 살아계신 하나님 앞에서 교회가 나에게 맡겨준 _____ 직무에 대하여 아래와 같이 지킬 것을 서약합니다.

(1) 정규예배나 특별한 예배에 빠짐없이 참석하되, 늦지 않도록 정성을 다하여 참여하도록 힘쓰겠습니다.
(2) 모든 회의에 빠짐없이 출석하겠습니다.
(3) 기도에 항상 힘쓰며, 신령한 생활을 위해 힘을 다하겠습니다.
(4) 헌금과 시간적 봉사에 본이 되겠습니다.
(5) 일상생활에 도덕적으로 남에게 본이 되도록 힘쓰겠습니다.
(6) 병든 자와 슬픔 당한 자를 돌아보기를 힘쓰겠습니다.
(7) 친절과 사랑으로 교우들을 대하고, 안내와 접대에 힘쓰겠습니다.
(8) 교회의 모든 사업에 지혜와 노력을 기울여 직접 참여하겠습니다.
(9) 맡은 일뿐 아니라, 남의 일도 돌아보아 모든 직분들이 협조할 수 있도록 힘쓰겠습니다.

20 년 월 일

서약인 ㉿

_______________ 귀하

5) 인사와 그 관리

인사행정에는 인사개발이나 임명, 또는 선택 못지않게 인사관리가 중요하다. 한 사람이 다룰 수 있는 인원은 20명 이내이며, 30명을 넘으면 바른 관리를 해낼 수 없다. 그러므로 효과적인 인사관리 체제를 확립하여야 한다.

관리란 조직체에 부과된 사업의 활동을 능률적으로 계획하고 지도하는데 대한 책임으로서, 다음과 같은 두 가지 기능을 포함한다.

첫째, 계획대로 수행한 것을 확보하기 위한 적절한 절차를 설정하고, 또한 이것을 유지하는 것과,

둘째, 조직체의 사업과 활동을 수행하는 사람들을 지도, 통합, 감독하는 것이다.

좀 더 구체적으로 설명한다면, 관리기능은 계획, 조직, 실천, 통제 등의 작용을 의미한다고 할 수 있다.

교회 안에서의 인사관리도 이러한 원리 아래 적절한 관리를 통해 직무의 편중이나 직원간의 불화나 충돌이 없도록 힘써야 한다.

4. 재무행정

교회는 영적인 집단인 동시에 사회적인 집단이므로 경제문제에 끊임없이 직면하게 된다.

모든 교회활동이 재정의 뒷받침 없이는 그 성과를 거둘 수 없다. 교회의 임무와 기능을 바로 수행하기 위해서는 많은 재원이 필요하다. 이 재원을 효과적으로 취득하고 운영, 관리하기 위해서는 재무행정이 필요하다. 교회에서의 재정결핍은 청지기훈련 부족과 교인들의 무관심, 재정관리의 소홀, 바르지 못한 경영, 합리적 예산 편성의 결여에 원인이 있다고 할 수 있다.

교회 안에서의 재무행정은 ① 예산(Budgeting), ② 회계(Accounting), ③ 감사(Auditing), ④ 구매와 조달(Purchase and Supply), ⑤ 재정 조달(Fund Raising), ⑥ 재정정책(Financial Policy) 등으로 구분할 수 있다.

재정부 또는 재무행정이라고 하면 우리는 예산문제만 신경을 쓰는데, 사실은 예산 작성의 기능보다는 재정정책이나, 재정조달, 감사에 더 많은 관심을 기울여야 할 것이다.

1) 예산안 작성

(1) 예산의 의의

예산이란 일정한 기간(보통 1 년)에 있어서의 교회의 수입 및 지출의 예정액 또는 계획안이며, 교회의 임무와 기능수행에 필요한 활동범위를 반영시킨 표시인 교회 재무행정의 도구로써 사용되는 지침인 것이다.

교회예산은 일반 다른 공공기관의 예산과 그 성격이 다르다. 일반기업체의 예산이 그 목적을 이윤추구와 재화축적에 둔다면, 국가 예산은 국민의 복리증진과 국가 유지에 그 초점을 맞춘다.

그러나 교회예산은 교회의 목적인 선교와 교육과 봉사를 뒷받침하는 데 있다. 따라서 많이 남기는 데 관심을 두거나, 교회 유지에 관심을 많이 기울이면 교회 예산 원리에 어긋난다. 교회는 해마다 예산을 세우는데 깊은 관심을 기울여야 한다. 그 이유는 예산을 통해 그 교회의 목적을 뚜렷하게 선언하는 것이며, 각 기관의 책임과 임무를 명확히 해주는 것이며, 교회사업의 조정과 조화를 이루고 교회 자원의 효과적인 사용과 보전을 교인들에게 약속하는 도표이기에 교인들로 하여금 교회의 헌금생활과 교회사업에 능동적으로 참여시킬 수 있기 때문이다.

(2) 예산 분류

예산분류는 교회활동 관찰에 대한 수단이며, 교회활동의 형태와 구조를 분석하는데 불가결한 정보를 제공해 주는 것이다. 따라서 예산분류는 용의주도하고 합리적인 예산을 위한 구조적 관건(structural key)이 된다고 보아야 한다. 그리고 예산분류는 다음과 같은 목적을 충족할 수 있어야 한다. 즉,

① 사업계획 수립은 용의하게 하여야 하며,
② 효율적인 예산집행에 이바지 할 수 있어야 하며,
③ 회계책임을 명확히 할 수 있어야 한다.

2) 예산 분류의 유형

예산분류 방법은 다양하다. 그러나 그 교회의 활동 규모에 따라 달리할 수 있다. 예산 분류의 유형은;

첫째, 사업계획 수립을 목적으로 한 분류법으로는 ① 기능별 분류(functional)와 ② 사업계획별(program)이 있다.

둘째, 경제적 분석을 목적으로 한 분류법(economic analysis)으로는 ① 경제성(economic character)과 ② 목표별(object)이 있다.

셋째, 예산집행과 회계책임을 목적으로 한 분류로써 ① 성립주의 분류(performance)와 ② 조직체별(organizational unit) 등이 있다.

(1) 기능별 분류

기능별 분류는 교회예산의 세출에 관한 분류방법으로, 목회자의 목회계획을 용의하게 하고, 제직회 공동의회의 예산심의를 촉진시키는데 도움이 된다.

이 분류는 얼마나 일을 하느냐를 알 수 있도록 분류하는데, 국가예산 분류에서는 이 분류법을 '시민분류'라고 한다. 이유는 이 예산 분류는 개괄적인 국가사업의 윤곽을 알려줄 수 있기 때문이다.

이 방법을 교회가 채택할 때 교인의 헌금의욕을 높이고 교회활동에 대한 교인들의 능동적인 참여를 기대할 수 있을 것이다.

교회의 기능별 예산분류법에 의한 분류는 다음 〈표 12〉와 같다.

① 예배를 위한 경비
② 교육을 위한 경비
③ 교회관리와 행정을 위한 경비
④ 재단관리 및 유지를 위한 경비
⑤ 전도와 봉사를 위한 경비
⑥ 특별행사 및 사업비
⑦ 예비비 등으로 구분하는 방법이다.

〈표 12〉

년 10월수지보고서

. 11. 3

수입부 경상회계 재정부

내 역	예 산 액	기수입누계	금월수입	수입누계	예산잔액	비 고
1. 십일조헌금	3,000,000,000	284,418,810	30,309,450	314,728,260	△ 14,728,260	131%
2. 주정헌금	95,000,000	85,074,430	7,896,760	92,971,190	2,028,810	108%
3. 주일헌금	24,000,000	20,931,685	2,074,110	23,005,795	994,205	112%
4. 유치부	650,000	349,160	115,750	464,910	185,090	231%
5. 유년부	950,000	944,480	225,230	1,169,710	△ 219,710	308%
6. 소년부	1,100,000	825,820	157,550	983,370	116,630	186%
7. 생일헌금	4,300,000	4,491,000	573,000	5,064,000	△ 764,000	173%
8. 감사헌금	51,000,000	47,527,200	3,837,000	51,364,200	△ 364,200	97%
9. 미수금	1,000,000	2,080,000	50,000	2,130,000	△ 1,130,000	
10. 잡수입	1,000,000	1,078,834	-0-	1,078,834	△ 78,834	
11. 거년도조월금	7,000,000	7,000,000	-0-	7,000,000	-0-	
12. 부활절	16,000,000	19,095,800	-0-	19,095,800	△ 3,095,800	
13. 성탄절	16,000,000	-0-	-0-	-0-	16,000,000	
14. 감사절	60,000,000	-0-	70,455,210	70,455,210	△ 10,455,210	
15. 특별헌금	1,000,000	5,512,000	707,000	6,219,000	△ 5,219,000	
계	579,000,000	479,329,219	116,401,060	595,730,279	△ 16,730,279	123%

지출부

내역	소관	예산액	기지출누계	금월지출	지출누계	예산잔액	비고
(1) 예배를 위한 경비		125,005,400	88,595,180	8,301,5000	96,896,680	28,108,720	
1. 목사	서무부	27,800,000	20,850,000	1,750,000	22,600,000	5,200,000	
2. 부목사	〃	53,200,000	38,700,000	3,250,000	41,950,000	11,250,000	
3. 목회훈련비	예배위	500,000	117,500	—0—	117,500	382,500	
4. 성례비	〃	200,000	75,180	—0—	75,180	124,820	
5. 주보	〃	6,000,000	2,538,000	273,000	2,811,000	3,189,000	
6. 성가대지휘자	서무부	17,880,000	13,410,000	1,490,000	14,900,000	2,980,000	
7. 성가대반주자	〃	7,560,000	5,630,000	620,000	6,250,000	1,310,000	
8. 성가대유지비	성가부	11,865,400	7,274,500	918,500	8,193,000	3,672,400	
(2) 교육을 위한 경비		37,729,250	25,746,350	2,259,500	28,005,850	9,723,400	
1. 교육전도사	서무비	16,800,000	13,200,000	1,200,000	14,400,000	2,400,000	
2. 영아부유지비	교육 I	1,019,600	373,200	40,000	413,200	606,400	
3. 유치부지도비	〃	2,019,350	1,419,100	133,500	1,552,600	466,750	추수감사절 등
4. 유년부지도비	〃	2,583,500	1,984,350	240,000	2,224,350	359,150	상회비 등
5. 소년부지도비	〃	2,733,500	1,906,750	231,500	2,138,250	594,750	상회비 등
6. 중등부지도비	〃	2,707,000	1,880,700	98,000	1,978,700	728,300	추수감사절 등
7. 고등부지도비	〃	1,918,000	1,454,200	16,500	1,470,700	447,300	
8. 대학부지도비	교육 II	2,052,200	1,305,050	40,000	1,345,050	707,150	
9. 청소년유지비	〃	990,000	205,000	56,000	261,000	729,000	체육대회 등
10. 청년부지도비	〃	1,906,000	1,226,000	180,000	1,406,000	500,600	미스바의 밤
11. 교육부지도비	〃	3,000,000	792,000	24,000	816,000	2,184,000	
(3) 교회관리와 행정을 위한 경비		44,540,000	28,345,170	4,486,160	32,831,330	11,708,670	
1. 사무장	서무부	9,600,000	7,200,000	600,000	7,800,000	1,800,000	
2. 운전기사	〃	8,320,000	6,240,000	520,000	6,760,000	1,560,000	
3. 사무직원비	〃	5,120,000	3,840,000	320,000	4,160,000	960,000	

내 역	소 관	예 산 액	기지출누계	금월지출	지출누계	예산잔액	비 고
4. 사무실유지비	서무부	6,000,000	3,415,000	1,253,360	4,668,780	1,331,220	교회투시도 등
5. 교 통 비	〃	2,000,000	634,000	700,000	1,334,000	666,000	강사료
6. 차량유지비	〃	10,000,000	6,315,750	352,800	6,688,550	3,333,450	
7. 기획부유지비	기획부	3,000,000	700,000	740,000	1,440,000	1,560,000	빛과 소금
8. 회 의 비	서무부	500,000	−0−	−0−	−0−	500,000	
(4) 재단관리 및 유지를 위한 경비		188,520,000	231,159,680	102,580,380	333,740,060	△145,220,060	
1. 사 찰	서무부	15,520,000	11,640,000	970,000	12,610,000	2,910,000	
2. 영 선 비	영선부	20,000,000	14,322,310	324,000	14,646,310	5,353,690	피아노조율등
3. 청 소 비	관리부	3,000,000	1,538,890	73,500	1,612,390	1,387,610	
4. 제세공과비	〃	15,000,000	13,735,270	1,179,080	14,914,350	85,650	
5. 연 료	〃	10,000,000	2,903,320	33,800	2,937,120	7,062,880	
6. 시설및비품비	〃	25,000,000	27,019,890	−0−	27,019,890	△ 2,019,890	
7. 재 단 기 금	〃	100,000,000	160,000,000	100,000,000	260,000,000	△ 160,000,000	수익증권계정
(5) 전도와 봉사를 위한 경비		90,720,000	42,562,200	2,298,900	44,861,100	45,858,900	
1. 여 전 도 사	서무부	9,720,000	7,290,000	620,000	7,910,000	1,810,000	
2. 수양관유지비	관리부	1,000,000	572,370	80,000	652,370	347,630,	
3. 선 교 비	선교부	50,000,000	12,550,000	1,200,000	12,750,000	36,250,000	
4. 지역사회봉사비	봉사부	5,000,000	300,000	30,000	330,000	4,670,000	
5. 혼·상·축·조의금	경조부	3,000,000	1,670,000	180,000	1,850,000	1,150,000	
6. 교우부유지비	교우부	5,000,000	3,571,000	71,000	3,500,000	1,500,000	
7. 접 대 비	서무부	2,000,000	978,830	169,900	1,148,730	851,270	
8. 상 회 비	〃	15,000,000	15,630,000	90,000	15,720,000	△ 720,000	
(6) 30주년기념경비	재정부	40,000,000	23,965,050	−0−	23,965,050	16,034,950	
(7) 예 비 비	〃	52,485,350	22,119,280	100,000	22,219,280	30,266,070	
합 계		579,000,000	462,492,910	120,026,440	582,519,350	△ 3,519,350	
		※ 595,730,279−582,519,350=			현금잔액	13,210,929	

(2) 품목별 분류

이 방법은 지출의 대상과 성질을 기준하여 세출예산의 금액을 분류하는 방법이다. 즉 봉급, 여비, 등수비, 심방비, 수리비, 전도비, 시설비 등으로 분류하는 방법인데, 지금까지 한국교회가 많이 사용해 온 방법이다.

(3) 경제성 분류

경제활동의 구조와 수준이 미치는 영향을 측정하는데 필요한 자료를 얻기 위한 분류방법인데, 이 방법을 교회예산 분류에 적용시킬 수는 없다.

(4) 기관별 분류

이 방법은 예산집행보다 예산심의 과정에서의 도움을 위한 방법으로 예배위원회, 교회학교, 봉사부, 전도부, 찬양부, 서무부 등으로 부별 또는 기관별 세출예산을 할당 배정하는 것인데, 통제가 어려워 교회예산에 많은 낭비를 가져오는 폐단이 있다.

그 밖에도 여러 분류법이 있으나 교회 나름대로 사용할 수 있는 방법을 이상에 열거한 네 가지 분류법 중 하나를 택하거나, 이 방법들 중에 장점들만 취사선택하여 독자적인 예산분류 방법을 채택할 수 있을 것이다.

3) 예산의 종류

예산의 종류는 일반회계와 특별회계로 나누고, 본예산과 수정예산, 추가경정예산, 준예산, 잠정예산 등으로 분류될 수 있다.

① **일반예산**이란, 교회활동에 대한 세입, 세출을 포괄적으로 편성한 예산을 말한다.

② **특별예산**은 교회가 특정한 세입으로 특정한 사업에 충당하기 위

해 일반예산과 구분하여 관리할 필요가 있을 때 설치하는 예산이다.

③ **본예산**이란 회계 연도의 모든 수입 지출을 총망라하여 작성된 예산을 말한다.

④ **수정예산** 또는 **추가경정예산**은 이미 작성된 본예산에 어떠한 변경을 가해야 할 필요가 있을 때 편성하는 예산을 말하며, 수정예산은 이미 확정된 예산의 일부분을 부득이한 사유로 일부분을 수정하고자 할 때 작성하는 예산을 말한다.

⑤ **준예산** 또는 **잠정예산**이란 회계 연도가 지났는데도 예산작성이 늦어지거나, 예산심의 과정에 차질이 생겼을 경우에 세입의 범위 안에서 긴급을 요하는 부분에 세출집행을 하는 예산을 말한다.

4) 교회예산의 편성과 심의

예산요구서 제출, 예산안 작성과정, 예산편성 및 제출, 승인 과정으로 이어지는데 그 과정을 살펴본다.

(1) 예산요구서 제출

예산편성은 먼저 교회내의 각 부서나 기관이 사업계획서와 함께 필요한 예산안을 교회재정부에 적어도 회계 연도말 2개월 전에 제출하여야 한다〈표 13〉. 각 부서에서 제출된 예산요구안을 종합 검토하기 위해 특별위원회를 구성할 수도 있고, 재정부가 심의할 수도 있다.

여기에 앞서 목회자의 목회계획이 먼저 발표되어야 한다. 모든 교회내의 부서와 기관들은 목회자의 목회계획에 맞게 사업계획을 수립해야 하며, 그 사업계획을 효과적으로 뒷받침하기 위한 예산 편성이 되어야 하기 때문이다.

<표 13>

년도　　　부 예산서

[1] 수입 : ① 교회보조 ________ 원
② 회　　비 ________ 원
③ 기　　타 ________ 원
④ 　계　 ________ 원

1년전년도 ________ 원
[2] 지출 ________ 원　　금년도 ________ 원

항　　목	내　　역	금　액	소　계
예배를 위한 경비			
서무를 위한 경비			
교육을 위한 경비			
특별 행사를 위한 경　비			
기　　타			
예　비　비			
합　　계			

행사 세부계획

구분 / 월주제	일	절기	행　사	주요내용	주무과	예 산
의 달						
의 달						
의 달						

(2) 예산초안 작성

이와 같이 요구된 예산안은 목회자의 심의와 인준을 거쳐 재정부는 교회 세입예산 부분 안에서 각부의 요구를 심의 조정하여 예산초안을 확정한다. 재정부는 필요한 때에는 각 부서의 부장이나 기관장의 제안 설명을 들을 수 있으며, 가급적 제안 설명을 할 수 있는 기회를 주는 것이 좋다.

(3) 예산심의

재정부가 조정 확정한 예산안에 대한 예산의 제1차 심의는 예산위원회가 한다. 예산위원회의 구성은 교회의 형편에 따라서 구성할 수 있다.

예산위원회는 재정부의 제안 설명을 듣고, 항목별로 심의하여 분명한 산출근거를 위한 자료도 요구할 수 있다. 그리고 가급적 교회예산은 예산위원회 위원의 전원합의로 함이 좋고, 여의치 못할 때는 투표로 결정할 수도 있을 것이다.

제2차 심의는 제직회의 심의이다. 제직회에서 통과된 예산안은 공동의회로 회부되어 제3차 심의를 거쳐야 확정된 예산으로 집행할 수 있다.

5) 예산의 개발

교회재정의 결핍은 물론 교인수에도 기인하지만 교회가 재정적인 가능성(financial potentiality)을 가지고 있으면서도 청지기 훈련의 결핍이나 재정관리의 소홀, 철저하지 못한 경리 등으로 인하여 교인들이 능동적으로 교회 재정활동에 참여하지 못하고, 교인들이 가지고 있는 경제적인 가능성을 효과적으로 동원 집약시키지 못하는 데 원인이 있고, 또한 교회를 이끌어 가는 지도층들과 교인들 간에 생긴 간격 때문에 신뢰도가 없다든지, 교인들이 교회재정 사정을 실감 있게 느끼고 받아들이지 못하는 데 기인할 수도 있다.

그러므로 지금까지 재정조달을 위해 부흥회에 의존했던 구습을 탈피하고, 교회는 예산의 재원을 꾸준히 개발하도록 진취적인 노력으로 제도적인 개선과 청지기훈련 등에 힘써야 한다.

(1) 청지기훈련

청지기훈련이란 모든 인간들이 가지고 있는 물질적 소유는 물론 시간, 재능, 생명, 가정, 자녀까지를 포함해서 이 모든 소유의 주인이 하나님이시라는 하나님의 소유권(ownership)을 인정하는 것이며, 이 소유주이신 하나님께서 우리에게 이 모든 것을 위탁하심을 인정하는 것이다. 그러므로 우리가 가진 모든 소유의 주인이신 하나님과 의논하면서 주인의 입장에서 사용해야 하며, 내 마음대로, 내 욕심대로가 아니라 주인의 뜻대로 사용해야 하고, 감사한 마음으로 그러면서도 심판대 앞에서 결산할 때가 있음을 깨닫고 두렵고 떨리는 마음으로 사용해야 할 것을 확신하도록 하는 훈련이 청지기훈련이다.

그러기 위해서는 철저하고 건설적이고 포괄적인 청지기 직분을 가르치기 위한 장기적인 교육과 훈련계획을 수립하여 끊임없이 추진시켜 나가야 할 것이다. 이러한 훈련으로 교인들이 영적으로 성장하고, 하나님의 동업자로서 더욱 풍성한 생활을 하게하며, 교회 유지에 모든 교인이 참여하도록 개발하는 것이다. 이를 위한 프로그램으로 청지기에 대한 설교를 할 수 있고, 또한 청지기의 밤 예배 프로그램을 마련하여 장식, 연극, 토론회, 좌담회, 웅변대화, 포스터 등으로 고취할 수 있으며, 교회학교 교육과정으로 청지기직 교육을 할 수 있다.

또한 청지기교육을 위한 특별주간을 설정하여 일정한 기간, 교육계획을 위해 조직화하여 효과를 거두도록 집중훈련과 행사를 시도해 보는 것도 좋은 방법 중 하나이다.

(2) 홍보활동

효과적인 홍보활동을 통해 교인들이 능동적으로 교회재정활동에 참여하도록 하므로 교회예산재원을 개발할 수 있다.

교회가 교회예산집행은 물론 집행과정을 비공개로 이끌어 가면 교인들과 재정을 집행하는 지도자들 사이에 간격이 생기고 심지어 불신의 담마저 쌓일 경우가 있다.

교회는 전 교인에게 일 개월에 한 번씩은 교회재정상황을 공개해야 한다. 그리하여 온 교우가 신뢰하고 기쁘고 감사한 마음으로 헌금에 참여할 수 있도록 해야 할 것이다.

6) 예산집행

사람들이 성공적인 예산집행은 적자를 방지하고 회계 연도 중에 많은 잉여금을 내야 성공적인 예산집행을 했다고 생각한다. 그러나 성공적인 예산집행은 지출을 억제하는 것이 아니라, 효과적인 지출을 하도록 하며, 돈을 지키는 것이 아니라 교회목표 달성을 위해 뒷받침해야 할 의무가 있다는 것을 알아야 한다. 그러므로 예산의 바른 집행은 재정적 한계성 유지를 위해 재정통제(financial control)가 제1차적 기능이지만, 신축성의 유지(flexibility)도 집행기능에 귀중한 요소임을 알아야 한다.

그러면 구체적으로 교회 안에서 이 두 기능과 원리에 맞게 예산을 집행하는 과정은 어떠한 것인가?

(1) 회계 규정

신도들이 봉헌한 헌금을 관리하는데 성실하고도 신빙성 있는 관리를 위해 합법적인 절차규정을 제정해야 한다. 규정 내용에는 헌금의 계산, 보관, 예입, 지출, 기장(記帳) 등에 따르는 모든 절차가 명문화 되어야 한다.

(2) 헌금의 계산

재정부는 집사 중에서 신실하고 정직한 사람을 선택하여 헌금 계산위원으로 위촉하고, 이들은 예배가 끝나면 지정된 장소에게 계수작업을 질서 있게 진행시켜야 한다. 그리고 헌금을 분류 계정하여 수입결의서를 작성한 후〈표 14〉 회계에게 넘긴다.

(3) 헌금의 보관

수입결의서의 결재과정이 끝나면 헌금은 회계에게 넘기고 헌금은 지정된 은행에 예금한다. 그리고 기장에 정확히 기록한다.

(4) 예산 지출

예산 지출은 해당부서의 부장 또는 기관장이 제직회에서 승인된 한도 안에서 적어도 10일 전 지출결의서〈표 15〉를 작성하여 재정부에 제출해야 한다.

이 때에 반드시 증빙서류를 첨부해서 신청하여야 한다. 재정부는 여러 부서나 기관의 청구서를 받아 우선순위를 정하고, 심의 조절하여 지출을 승인하면 회계는 이를 지불하게 된다.

7) 회계검사와 결산 및 감사

모든 사람이 다 정직하다고 해도 사람들의 부주의로 인하여 교인들의 기도로 드린 헌금이 유출되고 낭비되는 경우가 있다. 이를 막기 위해 개체교회의 재정을 담당한 사람들을 감사하는 회계감사제도를 교회는 충분히 활용해야 한다.

신도들의 헌금의욕의 상실은 보고의 생략이나 회계검사의 기피로 기인될 수 있다. 감사는 회계검사, 연말결산 및 감사로 나누어 생각할 수 있다.

<표 14>

수입결의	부회계	회계	재정부장

주일헌금계산서

년 월 일

항 목	금 액	비 고	액면별 금액
십일조 헌 금			수표× 매 원
월 정 헌 금			10,000× 매 원
자 유 헌 금			5,000× 매 원
생 일 헌 금			1,000× 매 원
감 사 헌 금			500× 매 원
미 수 금 헌 금			100× 개 원
특 별 헌 금			50× 개 원
유 치 부 헌 금			10× 개 원
유 년 부 헌 금			
중 등 부 헌 금		헌금집계위원	
고 등 부 헌 금			㉧
합 계			㉧

대한예수장로회 ○○교회

<표 15>

원 부

년 월 일

내 역	금 액
합 계	

청구 및 지출 결의서

부서명	부(회)		년 월 일	지출결의
부 장	항 목	내 역	금 액	재정부장
회 장				회 계
회 장				부회계
		합 계		

회계검사는 매달, 제직회 또는 교회 앞에 1 개월간의 수입지출 상황을 보고하기 전에 실시하는 조사인데, 이 범위는 다음과 같다.

① 수입과 지출된 장부 조사

② 전월과의 비교 조사

③ 은행예금과 장부와의 대조 조사

④ 증빙서류의 법적 절차 확인여부 조사 등인데, 즉 사업재정, 기금재정 동의 재정관계 영수증, 지출명세서, 지출에 관한 은행거래 등의 검사가 된다. 이러한 검사는 충분한 시간을 가지고 완전한 검사를 하여야 하며, 검사가 끝난 뒤 제직회, 또는 전 교인 앞에 공개될 수 있게 제도적으로 규정해야 한다.

8) 감사보고

감사보고서의 목적은 감사 그 자체의 목적의 성문화라는 것이다. 교회회계의 감사는 교회의 구성원인 교인들에 대해서 교회회계의 내용을 보고하는 것이기 때문에 교인들이 알고 싶다고 생각하는 것에 대답하지 않으면 안 된다. 거기서 구체적으로 교인들의 알고 싶은 것을 요약하면, 예컨대 헌금이 교인들의 총의의 표시인 예산서에 따라서 교회활동을 위해 적정하게 효과적으로 사용되어 있는가, 교회재산이 회계적으로 적정하게 관리되어 있는가, 교회 회계면에서의 교회의 과제나 반성할 점은 무엇인가라는 것이다.

따라서 교회회계의 감사보고서에는 일정한 감사수속에 의해 알아내었던 것에 의해서 교회의 여러 활동과 예산집행의 결과가 회계적으로 어떠한 실적을 올렸는가, 교회재산의 상태가 어떻게 변화하고 현재 어떤가에 대해서 언급하는 것 외에, 감사 실시 중에 알게 되었던 문제점에서 교인들에게 널리 철저히 알리는 편이 좋다고 생각되는 사항을 지적하고, 혹은 논평하고, 권고하는 등의 것을 포함해야 할 것이다.

다음에 감사보고서에 포함시킬 사항에 대해서 구체적으로 적어보기로 하겠다.

(1) 감사보고서에는 작성날짜가 기재되고, 또한 감사위원이 서명날인을 하지 않으면 안 된다.

(2) 감사보고서는 감사대상이 되었던 계산서류와 회계기간 및 실시된 감사범위에 대해서, 또한 일반적으로 타당하다고 인정되는 감사수속에 따라서 감사가 행해졌는가에 대해서 기재하는 것이 원칙이다.

(3) 감사보고서는 감사대상이 되었던 계산서류(수지계산서, 대차대조표, 재산목록)가 일반적으로 인정된 회계원칙에 따라서 적정하게 작성되었는지 어떤지를 인정하는 의견을 표시하는 것이 원칙이다. 더욱이 교회회계의 감사의 성질상, 감사위원의 의견에 유보사항이 있어서는 곤란하게 된다. 관계자는 그런 사태에 빠지지 않도록 유의해야 한다.

문장은 전문가가 아니면 이해할 수 없는 특수한 용어는 가급적 피하고, 모든 교인들이 용이하게 이해할 수 있도록 힘써야 한다.

9) 교회예산의 재원과 그 분석

교인들은 언제나 재정자원의 원천에 대해 알고 있어야 한다. 대부분의 교인들의 교회재정 원천내용과 자기와 관련시켜 자기가 바치는 헌금의 상대적인 중요성을 인식할 때 헌금에 대한 의욕을 가지게 된다.

우리 교회의 예산재원의 원천은 주일헌금, 십일조헌금, 감사헌금, 절기헌금, 유산헌금, 선교헌금, 증여 및 기념품, 특별행사 및 모금운동금, 묘지사용료, 신탁 및 투자이익금, 은행이자 등으로 구분될 수 있다.

대부분의 교회가 교회의 가장 큰 수입원을 주일헌금(주정헌금)에 의존하고 있다. 교회는 이 헌금에 참여하는 사람들에게 서면 서약을 통해 작정하게 할 때, 교인 각자가 자기의 서면 작정액을 어느 것에 기준하여 정할 것인가로 고민하게 된다. 그러므로 교회는 서약서와 함께 작정 기준표를 제시하여 교인들의 헌금을 작정하는 데 필요한 자료를 제공하는 것이 효과적이다. 〈표 16〉

〈표 16〉

십일조 및 주정헌금 참고 일람표

※ 온전한 십일조를 드리도록 합시다.

1. 헌금의 자세

① 결코 부득이 하여서나 억지로 체면을 위하여 드려서는 하나님 앞에 드리는 것이 못 됩니다.
② 기쁜 마음과 자진하는 정성에서 드리시면 하나님께서 받으시고 복을 내리십니다.
③ 믿음의 분량만큼 하시되, 최소한 십일조 이상이 되도록 힘씁시다.
④ 반드시 빠짐없이 봉헌서약을 하고 헌금봉투에 의하여 드리도록 합시다.
⑤ 그동안 드려오던 나와 내 가정의 헌금생활이 거짓, 부족, 인색함이 없었는지 반성합시다.
⑥ 헌금은 신자의 의무인 동시에 하나님을 사랑하는 실제 표현이며 사명에 대한 충성입니다.
⑦ 새해에는 보다 바치는 일에 성심을 다하고, 하나님께서 주시는 큰 복을 기대합시다.

2. 주정헌금의 표준

① 매주일 드릴 액수를 가족들이 적당히 분할하여 다 같이 참여할 수 있습니다.
② 이 헌금은 반드시 기도하면서 은혜롭게 작정하십시다.
③ 작정할 때와 똑같은 믿음으로 매주일 성심껏 바치십시다.

미국 루터교회는 헌금능력 계산표라는 카드를 사용하기도 한다. 그리고 아직 많은 개발의 여지가 있는 예산재원은 역시 십일조헌금이다. 십일조헌금은 성경적인 교훈이 분명하므로 성경적 교육의 철저한 훈련으로 쉽게 성과를 거둘 수 있으며, 교회의 재원은 십일조만으로도 충당될 수 있어야 한다.

10) 재정부의 임무

재무행정을 이끌어가는 주무부서는 재정부이다. 이를 위해 재정부는 다음과 같은 임무를 담당한다.

(1) 교회 자금의 수입과 지출을 감독 승인한다.
(2) 회계 담당자와 재무 책임자가 사용하는 회계절차와 제도의 승인.
(3) 계산 방법과 계산위원회의 명단 확정을 포함한 헌금취급 절차의 확립.
(4) 모든 교회자금의 안전한 보관과 재정문제에 관한 각 활동부서의 책임자들과의 협의.
(5) 제직회, 당회, 공동의회에 정기적인 보고.
(6) 헌금 및 회비 납입 절차의 확립과 권유.
(7) 연차적인 교회사업 계획과 예산확립의 절차 확립.
(8) 사업계획과 예산의 전개 및 집행을 위한 일정표 확립.
(9) 사업계획 및 성과에 대한 정기적인 평가 검토.
(10) 예기치 못한 재정적 요구에 대한 처리방법의 구상과 처리 등이다.

5. 교회 부서 조직

우리 교회는 사람 몸과 같은 구조로 되어 있다. 이렇듯 많은 지체를 가지고 있으며, 이 지체는 교회 안에 부서나 각 위원회가 그 직능을 성실하게 감당하고 생동하는 부서가 되어야 비로소 교회를 교회되게 할 수 있다.

우리 교회 안에 여러 부서와 위원회가 있는데, 예를 들면 제직회 안에 있는 부서, 그리고 각급 위원회 등으로 구분할 수 있다.

1) 예배위원회

교회는 하나님과 인간이 만나는 장소이다. 사람들로 하여금 하나님의 임재하신 자리로 이끌어 만나게 하고, 바로 응답하게 하는 것이 예배이다.

예배위원회는 이러한 교회의 예배직무에 대한 직무를 관장하는 기관이다.

(1) 예배위원회의 임무

예배생활의 중요성을 가르치고, 그 예배의 실행과 조력에 도움을 주는 임무를 계획, 연구, 지도, 집행하는 임무를 가지고 있다.

(2) 예배위원회의 구성

예배위원은 풍부한 영력을 가진 사람들로 구성해야 하며, 위원회 안에 안내위원, 헌금위원, 찬양담당, 강단장식담당 등의 부서를 두는 것이 좋다.

2) 교육위원회

예배와 함께 교육은 우리 교회의 주된 기능 중 하나이다. 우리 교회의 교육기능을 지도 관장하는 기구가 곧 교육위원회이다.

(1) 교육위원회의 임무

교회의 전체 교육프로그램을 계획하여 그 방안을 모색한다.

본회는 기독교교육을 목적으로 하는 아래와 같은 여러 가지 교회사업을 지도 감독한다.

① 교회 학교 사업, 기독교가정생활, 주간종교교육, 전도사업에 대한 교육, 지도자교육 등 중요한 사업이 잘 실행되도록 지도할 책임이 있으며, 그 프로그램을 교회 전체의 프로그램과 유기적 관계를 가지도록 지도할 책임이 있다.

② 프로그램 진행에 대한 견해와 방법의 의견차이 및 상호 간섭을 피하기 위하여 기독교교육 프로그램의 모든 요소를 조정한다.

③ 기독교교육을 위해 사용될 교재와 특수한 재료를 준비한다.

④ 교회학교 예산을 편성 조정하며, 전체 예산위원회에 제출한다.

⑤ 개체 교회구역에 있어서 교육상 필요한 사항을 조사하여 그 모든 요청에 비추어 현재 진행 중인 교육프로그램을 평가하여 때때로 이를 필요에 따라 변경하거나 개선에 방법을 제시한다.

⑥ 건물, 도구 및 비품을 조사하여 교육사업을 성공적으로 성취하기 위하여 무엇이 필요한지 찾아내야 한다. 그리하여 교육사업에 필요한 설비를 갖추기 위한 도구 등의 구입 및 대차에 대하여 당회에 요청한다.

⑦ 여러 분야에서 활동한 지도자를 찾아내어 훈련시킨다.

⑧ 다음해에 도달해야 할 교육목표를 세우고 프로그램을 계획 지도한다.

⑨ 교회 교인 전체에게 교육에 대한 인식을 높이며, 가치 있는 교육 프로그램을 작성하여 당회의 지지를 얻도록 노력한다.

(2) 교육계획 수립

교회교육은 모든 사람으로 하여금 그리스도인의 품격으로 성장하도록 돕는 일이며, 교회교육의 실제는 이러한 목적을 달성하기 위한 인간 행동의 계획적 변용작용이라 하겠다. 더욱이 교회학교교육은 제도적인 교육으로서 의도적이며, 의식적이고, 조직적이며, 계통적인 교육이기에 교육계획이 먼저 마련되어야 바람직한 교육적 효과를 기대할 수 있는 것이다.

그러한 의미에서 교회교육을 이끌어 가는 목회자나 교육지도자는 모든 교인들이 바르게 그리스도인으로 성장하도록 목표를 제시하고, 그 목표에 도달하기 위한 전략을 수립하고, 더 나아가 구체적으로 교회와 교인들이 도달해야 할 궁극적 목표에 이르는 일 년간의 좌표와 그 한계, 또는 최선의 방법모색을 구체화시키는 교육계획을 수립하는 일을 최대의 임무로 느껴야 할 것이다.

물론 계획이 바로 그 목적 성취를 의미하지는 않는다. 더욱 교육계획을 수립함에 있어서도 인간교육의 가능성과 교육의 한계성을 고려해야 하는 어려움이 없지 않으나, 계획 없는 교육은 부분적인 효과밖에 기대할 수 없으며, 더욱이 교육을 이끌어 가는 과정에서 어느 한 지도자, 또는 그룹에 의해 지배되거나 교육방향이 변질될 위험이 있으며, 그럴 때에 전체 교육에 종사하는 교육자들이나 피교육자들이 교육에 능동적으로 참여하는 기회가 봉쇄되는 폐단이 생기기 쉽다.

교육적 바른 동기가 형성되기 위해서는 교육자나 피교육자가 능동적으로 학습에 참여할 수 있도록 바른 분위기를 조성하면서 이끌어야 하는데 그러한 의미에서도 분명하고도 구체적인 교육계획이 수립되어야 한다.

(3) 교육계획을 위한 준비

계획은 물론 가정(assumption)을 전제로 수립된다. 그러나 계획이 결코 환상이나 이상으로 동일시되거나 변형되어서는 안 된다. 그러기 위해 계획에 앞서 전제되어야 할 문제가 몇 가지 있다.

① 확실한 진단(diagnosis)

진단은 교육을 이끌어갈 교육주체인 교회 자체 진단이 선행되어야 한다. 진단을 하는 기관은 교육위원회나 특별위원회, 또는 기획위원회에 위촉할 수 있을 것이다. 진단을 위해서는 네 가지 질문을 설정하고 교회 자체 진단을 할 수 있다.

첫째, 우리교회 교육이 어디에 있는가라는 교회교육의 현 주소를 밝혀 보아야 한다.

둘째, 우리 교회 교육이 도달해야 할 궁극적 목표가 어디인가라는 교회 교육의 궁극적 목적 설정을 재확인하여 여기에서 크게 이탈되어 있는지 않은지를 검토해 보아야 한다.

셋째, 그 목표까지 어떻게 도달할 수 있을 것인가에 대한 가정을 해 보고 좀 더 현실적이고 구체적인 가능성을 탐색해 보는 노력이 있어야 한다.

넷째, 앞으로 일 년간에 도달할 수 있는 가능한 목표를 설정해야 할 것이다.

② 목회에 관한 분석

a. 하나님의 주권 중심: 목회전반에 걸쳐 하나님이 중심이 되어 있는가?

b. 하나님의 계시 중심: 목회전반에 걸쳐 하나님의 말씀이 중심이 되었는가?

c. 하나님의 형상 중심: 목회사역에서 모두 하나님의 형상이 나타나게 했는가?

d. 영원한 것에 중심: 목회사역에서 유한하고, 제한적이고, 임시적인 현세에 가치를 두지 아니하고, 영원한 나라와 영원한 현실의 가치를 두고 사역하고 있는가?

e. 그리스도 중심: 목회사역의 목적은 하나님께만 영광을 돌린 그리스도를 본받아 사역해야 하는 것이므로 그리스도를 중심한 목적 하에 사역했는가?

f. 성령 중심: 목회사역은 성령의 지도를 받아 사역해야 되는 것이다. 따라서 우리의 목회사역이 성령을 중심으로 지도자 구실을 했는가?

g. 사랑 중심의 상호작용: 목회방법은 성령을 중심한 까닭에 성령의 첫 열매인 사랑이 중심되었는가?

h. 평가론(성장 중심): 평가는 성장에 근거하므로 질적으로, 양적으로 큰 성장을 했는가?

③ 피교육자의 진단

다음에는 교육객체인 피교육자인 교인진단으로 여기에도 네 가지 진단기준을 세워서 진단함이 좋을 것이다.

첫째, 피교육자의 요구가 무엇인가를 진단해 보아야 한다.

둘째, 피교육자의 관심사가 무엇인가를 찾아 분석해 보아야 한다. 교육은 피교육자의 요구에서부터 시작되어 흥미와 관심으로 자극되고 증진되기 때문에 피교육자의 요구와 관심이 파악되어야 한다.

셋째, 피교육자가 해야 할 일이 무엇인가이다. 교육은 목적 있는 실천적 행동으로 성숙되어 간다. 피교육자에게 자극을 주고, 그들이 행해야 할 방향을 주어 발전을 도와주는 행동과 생활이 곧 교육이기 때문에 오늘에 해야 할 일이 무엇인가를 진단해야 한다.

넷째, 피교육자의 부족한 점, 즉 도와주어야 할 약점이 무엇인가를 찾아내어야 한다.

교육은 구성, 조형, 도야(陶冶)의 활동이라고 한다. 존 듀이(J. Dewey)

도 말하기를 "교육은 양육, 사육, 교양의 과정이다."라고 했다. 즉 교회의 교육적 기능은 그리스도인으로서 부족한 부분은 외부로부터의 지도와 조성을 통해 성숙시키는 과정이라 생각할 때에 피교육자의 약점과 부족한 점을 정확히 진단하여 부족하고 약한 점을 보충시켜 주는 교육이 되어야 할 것이다.

(4) 계획 과정

이러한 진단을 통해 얻은 결과를 종합 검토한 후 부분별로 평가 분류하여 다음과 같은 단계를 거쳐 구체적인 계획 작성에 임해야 한다.

① 제시된 문제를 순위별로 작성하고,

② 발견된 문제들의 교육적 해결방법을 모색하고,

③ 그 해결에 필요한, 그리고 관계된 데이터를 수집한 후,

④ 장래에 대한 전망을 검토하고,

⑤ 인적, 재정적 상황을 고려한다.

(5) 계획 과정의 검토사항

① 우리의 목표는 교회의 목표와 일치하는가?

② 우리의 계획은 무엇을 할 것이며, 무엇을 하지 말아야 할지를 명확히 제시하고 있는가?

③ 우리의 계획을 위해 계획과제를 전담하는 기구(기획위원회, 평가위원회)를 충분히 활용했는가?

④ 이 계획을 통해 우리가 성장(질적, 양적)한 모습을 나타낼 수 있는가?

⑤ 우리의 계획을 이끌어갈 지도력 개발 계획은 완벽한가?

⑥ 우리의 계획을 수행하는 방법이 복음적이며, 성경적인가?

⑦ 우리의 계획이 지난해 계획보다 새롭고 발전적인가?

⑧ 우리의 계획수행을 위한 조직과 구조의 변화는 시도하고 있는가?

20 년도 사업계획 및 집행 과정

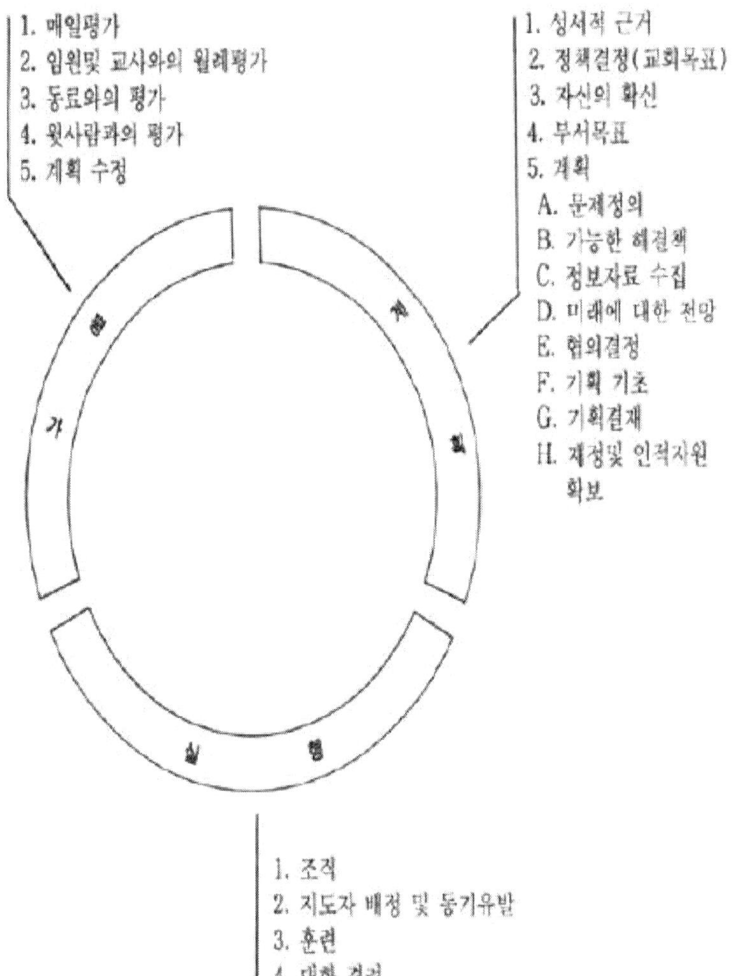

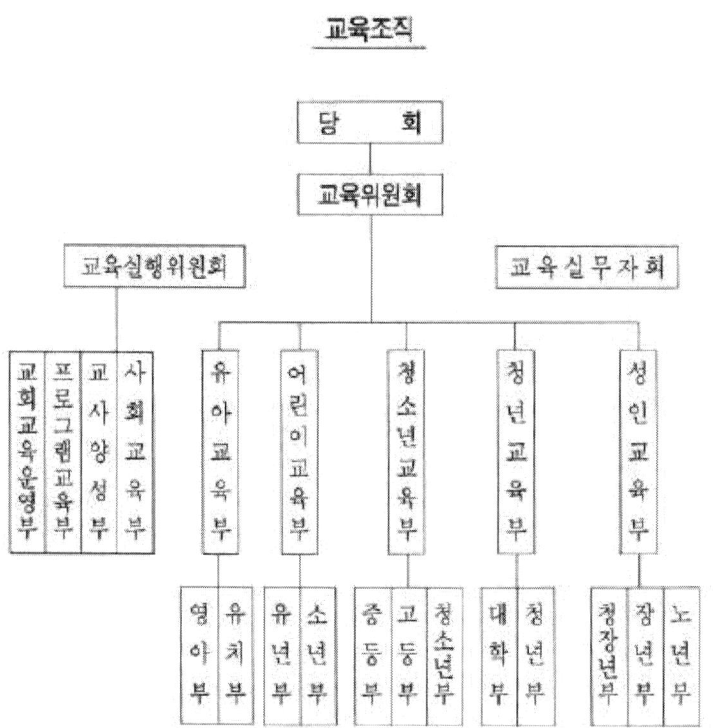

3) 선교위원회

(1) 임무

선교위원회의 사업은 교회생활 전체를 통하여 신도를 통원하는 기능과 관계가 있다. 우선 선교위원회가 해야 할 임무를 몇 가지로 나누어 보면;

① 모든 회중의 선교정신을 연구하여 그들이 더 큰 관심을 가지도록 지도하여 아직 말씀을 듣지 못한 자들에게 대하여 복음전파에 열

심을 가지게 해야 한다.

② 선교범위를 정하고, 동시에 그 도달 가능성에 대비해서 계획을 세운다.

③ 원만한 계획과 포괄적이고 연중 계속할 수 있는 프로그램을 세우기 위하여 할 수 있는 선교인원을 총동원해야 한다.

④ 선교집회를 계획하고, 지역적 선교구역에 가장 알맞은 대중집회, 또는 다른 집단적인 호소방법을 연구해야 한다.

이상의 직무에 대해 전 교회에서는 기본책임을 진다. 그리고 다른 위원회와 협력해서 원만하고 단일화한, 또한 전 교회적인 프로그램을 지도하도록 해야 한다. 이렇게 함으로써 교회의 성장은 현명하고 계획성 있게 진행될 수 있다. 이는 건설적인 선교위원회의 활동에 달려있는 것이다.

(2) 선교위원회의 인사

① 선교위원들은 교회에서 가장 강력한 인물들로 구성되어 전 회중을 대표하게 해야 한다.

② 위원들은 강한 선교정신을 가져야 하고, 다른 사람을 격려할 수 있어야 한다.

③ 선교위원은 교회사업에 대한 그들의 견해에 강력한 영향을 주어야 하고, 이 직무를 모든 교회사업에 관련시켜 설명할 수 있어야 한다.

④ 선교위원들은 조직화하는 능력을 소유해야 한다. 왜냐하면 그들이 해야 할 일은 단체를 지도하고 조직해야 하며, 선교란 무엇보다 성공적으로 성취되어야 할 사업들이기 때문이다.

⑤ 그들은 이 직무의 교육적인 바탕을 인식해야 하고, 이 분야에서 어떻게 건설적인 계획을 할 수 있는가를 연구하고 수업해야 한다.

(3) 선교를 위한 동원 계획

모든 선교 노력의 기초는 선교 대상자 명부이다. 이 명부는 선교하는 회중의 책임목록이 될 것이다. 이것으로 끊임없이 온 회중이 교회의 사업을 돌보도록 격려해야 한다. 이 명부는 잘 보관하여 상비적 참고로 사용해야 한다. 이 명부는 성명, 주소록 이상의 것이어야 한다.

그 명부에는 복음의 초대를 기다리는 사람, 그리스도만이 해결해 주실 수 있는 요구와 갈망을 가진 사람, 마음속에 하나님에 대한 숨은 사모의 정을 간직한 사람들이 기록되어야 한다. 이러한 사람들은 어느 때든지 그리스도의 메시지에 응답할 것이다. 믿을 가망이 있어 전도의 대상이 되는 사람의 명부는 기성 신도의 교적부만큼이나 중요하다.

그 명부는 루즈 리프(loose-leaf)식 기록에 영구히 철해 두되, 충분히 큰 종이를 사용해야 한다. 그 기록은 개인에 대한 근원적인 정보를 기재하여 이 정보를 기초로 사람들과 접촉을 가지도록 하며, 그 반응을 기록하고, 그 외의 모든 부가적 정보는 이 장부의 뒷면에 기재해 두는 것이 좋다. 이것은 각 개인의 성장상황기록(case record)이 될 것이다. 심방한 사람의 이름과, 심방한 날짜와, 또 그 얻은 결과를 이 종이에 기록해야 할 것이다. 또한 적절한 정보를 기재한 차드는 '방문록'을 사용해야 한다.

여러 교회의 경험에서 아래와 같은 것이 선교 대상자 명부로서 가장 효과 있었던 근거였다.

① 교적부의 전 가족을 가족별 열람(family survey)을 하여 이들 가족 중에서 성도가 아닌 각 사람을 발견하는 것.

② 주일학교 명부를 열람하여 이름만 기록되어 있고 교회는 출석하지 않는 학생과 믿지 않는 가족까지도 알아본다.

③ 예배시 무호명 출석카드를 신도석에 비치하여 신도 아닌 사람들이 서명하여 그 카드를 헌금대에 넣도록 하는 것이다. 이 방법으로 출석한 사람은 모두 카드에 서명하도록 해야 한다. 세계 성례주일이나, 오순절주일이나, 다른 특별한 때에 이 방법으로 등록하도록 하며, 카드에는 이름, 주소, 전화번호 등을 적을 여백을 마련해야 한다.

④ 교회의 현관문 안쪽에 방문자 방명록을 비치하여 안내위원회는

민첩하게 처음 온 사람을 발견하여 그들에게 서명하도록 부탁한다. 남녀 안내위원이 이 책임을 담당해야 한다.

⑤ 매 3년이나 4년마다 지역사회개요(community survey)를 조사 작성해야 한다. 이것은 그 지역 교회 공동으로 하는 것이 좋다.

⑥ 성도들에게 교회에 참석하지 않는 친구와 이웃에 관한 보고를 제출하도록 독려한다. 이것은 차후 유리한 정보원이 될 것이다.

⑦ 지역 내의 학교 학생들의 종교상황을 조사하기 위해 그 학교 당국들과 가끔 협력할 수 있어야 한다. 이것은 교파 연합으로 이루어질 수 있다.

⑧ 목사의 목회적 접촉, 즉 결혼식 주례, 장례식과 그 밖의 다른 개인적 봉사로써 유익하고도 새로운 접촉을 마련할 수 있을 것이다. 이러한 것은 교회가 하는 유익한 접촉이 될 수 있다.

⑨ 성도들이 자기 거주 구역으로 이사 온 사람들의 유무를 보살피도록 해야 한다. 구역제도를 사용하면 책임자는 각 가정으로 하여금 이웃이나 이사해 온 사람들로부터 얻은 정보를 기재하도록 할 수 있다. 이들 가정 근처에 거주하는 사람들에 관해 목사나 장로가 조회하는 것은 매우 유리하다. 이것에 의해 축호 심방을 계획해야 할 것이다.

선교 대상자들을 쉽게 포기해서는 안 된다. 추수 전에 오랫동안 보살펴 주는 일이 필요하다. 정보를 보관하고 그 결과는 표를 작성하여 모든 심방을 누계(累計)해야 한다. 호의를 가지는 사람과는 더욱 접촉을 가지는 것이 좋다. 목사와 장로는 대상자 목록을 잘 살펴야 한다. 목사와 장로는 심방자들에게 유용하고 격려적인 제안을 하여 좋은 결과를 얻도록 해야 한다.

(4) 선교를 위한 조직

① 70인 팀(The Seventy)

이 단체는 예수께서 70인을 보내심에 근거하고 있으며, 성경적인 교훈을 가지고 있다. 이와 같이 많은 사람을 두 사람씩 짝지어서 배속한다. 대부분의 경우 남편과 아내가 한 팀이 되거나, 두 사람의 여자, 두 청년을 한 팀으로 할 수 있다. 이들은 영구적 조직이 되며, 교회의 크기에 따라 20명부터 150명의 팀을 가질 수 있다.

또한 이들을 두 달에 한 번씩 모아 훈련을 받게 하고, 경험과 그 책임을 같이 하게 한다. 두 달 동안에 한 팀에 카드 둘씩만 주도록 하여 그들이 심방하여 만나본 사람과 친숙해지게 한다. 그들은 책임배당이 적으므로 맡은 대상을 충분히 심방할 시간을 낼 수 있을 것이다. 이렇게 하여 각 반은 카드에 기록한 것을 월례회에 가져오게 한다.

② 특별 방문 선교(Visitation Project)

연중 적어도 한 번은 교회가 방문전도 계획을 세워야 한다. 방문전도는 부활절, 또는 오순절이나 부흥회, 전도강연회 때에 하는 것이 좋다. 일꾼들을 동원하여 이 사업을 위해 미리 훈련시켜야 한다.

그들을 한 달 동안 한 주일에 하루, 둘씩 모아 기독교 메시지를 논의하고, 접촉방법을 연구하고, 인터뷰 방법을 논의해야 한다.

③ 주일학교 선교(Church School Evangelism)

전도사업에 있어서 주일학교를 왕성하게 하는 것은 가장 기본적인 방법의 하나인 것이다. 선교위원회는 교육위원회와 협동해서 초등부, 중등부, 고등부 교사와 선교위원회에서 일하는 직원들과 회합하여 그리스도인의 인격과 기독교적 방법을 논의하여 어린이들로 하여금 구주이신 그리스도와 생명적 관계를 가지도록 지도해야 한다. 공과사용도 논의하고 다른 재료도 마련해야 한다.

④ 통신 선교(Mail Evangelism)

우편사용법은 흔히 무시되고 있는 방법이지만, 실상은 결실될 수 있는 전도방법으로 정선한 문헌을 동봉해야 한다. 원만한 회견을 가진 2,

3일 후에 믿을 가망 있는 사람에게 개인적으로 써서 보낸 편지가 가장 결정적인 요인이 될 때가 있다.

⑤ 성도 특별 교육기간(Membership Classes)

부활절이나 그 밖의 다른 특별기간에 미성년들을 위하여 특별교육기간을 실시하는 것은 좋은 일이다. 중등부나 고등부 학생들에게 성도의 참뜻을 가르치기 위한 목적으로 마련한 특별주간수업에서 성도의 참뜻이 무엇인지를 가르쳐야 한다.

⑥ 결정의 날(Decision Days)

회심일을 의의 깊게 인상적 강조기간으로 할 수 있다. 크리스마스는 그리스도의 탄생의 기념일이다. 그의 오심을 감사하는 표시를 하도록 하는 결심의 때로 강조할 수 있다. 이 날의 체험이 뜻 깊은 경험이 되도록 준비해야 한다.

⑦ 이웃 초대의 날(Visitor's Day)

요즘 여러 교회는 '초대의 날'을 때때로 가져 많은 성공을 거두었으며, 어떤 교회는 계절마다 한 번씩 회중들을 독려하여 이웃을 초청해 오도록 한다. 이렇게 함으로 선교를 전 교회의 사업으로 하여 믿을 가망이 있는 사람을 초청해 오도록 하는 기회를 준다.

⑧ 문서 선교(Literature)

많은 교회들이 매우 효과 있게 문서를 사용하지 못하고 있다. 교회 현관 서식 진열 책상에 좋은 선교 문서를 비치하여 요구하는 사람이나 친구에게 주기를 원하는 교인이 자유롭게 사용하도록 해야 한다.

⑨ 부동성도(Members Elsewhere)의 대책

선교위원회는 그 외의 모든 교인들과 이루어야 할 많은 사업을 발전시켜야 할 것이다. 대대적인 협동운동을 하여 출석하는 교인 중에 아직 작정하지 못한 교인이 있다면 권면한다. 교회 등록 미작정으로 임시적인 교인이 없도록 해야 한다.

⑩ 공중 선교(Public)

선교 예배나 선교 강연회 같은 회중의 협조를 바라는 강력한 노력이 교회를 부흥시키기 위해 계획되어야 한다. 때때로 이 특별 예배에 유능하고 능력 있는 강사를 초청하는 것도 좋고, 또 목사의 강단교류(exchange of pastors)도 유익하다. 또는 목사가 자기 교회 예배를 특별한 방법으로 인도하도록 노력하여 전도의 효과를 거둘 수도 있다.

4) 건축위원회

선교가 교회에게 주어진 큰 사명이라면, 이것을 확충하고 수용하기 위해서는 교회건물의 확장과 신축은 필연적이다. 뿐만 아니라, 이 땅이 복음을 받아들인 지가 100년이 훨씬 지난 지금은 한 곳에 처음 세워진 교회건물의 수명이 다해가고 있다. 교인의 증가로 인해 본당을 확장, 신축, 개축을 시도하고 그 외에 교육과 선교를 위해 많은 부속건물을 필요로 하고 있다.

이에 각 교회마다 건축위원회를 구성하고 자금의 조성과 관리, 행정문제와 기술문제 등을 나누어 조직한다.

(1) 조직

① 건축위원회

우선 건축 계획을 수립하고 확정하는 건축위원회가 조직되어야 한다. 물론 당회가 조직의 구성원을 정한다. 담임목사를 비롯한 당회원과 안수집사, 권사, 집사(각 선교회와 교육기관의 대표자) 중에서 적정수를 선발하되 전 교인이 분야별, 기관별로 고루 참여할 수 있어야 한다.

② 건축추진분과(임원회)

위원장 외에 위원 6 명 정도가 가장 적합한데, 이 6명을 3개 담당으로 나누어 본다. 즉 회계담당, 행정담당, 기술담당이며, 이 3개 부문을 통찰하고 진행시켜 나갈 위원은 당회원 중에서 당회가 임명하고, 나머지 담당자들은 건축위원회에서 선출하는 것이 바람직하다.

③ 회계분과

은행이나 경리부문에 경험을 가진 교회 중진급의 집사, 장로로 택하되, 무엇보다 신앙생활의 면을 중요시해야 하며, 경제적 생활과 직업도 고려해야 한다. 그러면서도 시간에 융통성이 있는 것은 매우 좋은 조건임을 생각해야 된다. 숫자의 셈에 정확함은 물론, 많은 돈을 다루는 관계로 교인들로부터 신임을 받고 있는 사람이라면 헌금의 상승요건에 이바지 할 수 있을 것이다.

④ 행정담당

관공서나 아니면 부동산 관계, 사법서사 계통 등의 건축을 위한 행정적 처리에 도움을 줄 수 있는 요건을 갖춘 사람으로서 부동산 시제동향에 밝으며 대 관공서 문서수발 양식에 따른 경험과 식견이 있는 사람이 좋다. 서기의 역할을 담당하며, 각종 회의록과 관계서류를 정리 보관한다.

⑤ 기술담당

건축설계사무소, 토건업무, 건설공사의 경험을 가진 사람이나 그런 직무에 종사하고 있는 사람이 좋다. 건축학을 전공한 사람이면 더욱 유익할 것이며, 건축자재의 사용과 다룬 경험이 있는 사람이라면 매우 유리하다. 도표와 차트 등을 작성할 수 있는 소질이 있는 사람도 유용하게 쓰일 수 있을 것이므로 발굴하여 건축위원회에서 일할 수 있도록 하면 좋다. 설계, 공사감독, 자재검토 등의 업무를 담당한다.

(2) 운 영

① 계획의 설정

최초의 발의와 최종적인 계획의 확정은 교회의 최고기관인 당회가 할 것이지만, 그 계획의 구체적인 안은 건축위원회가 내놓아야 한다. 그리고 그것이 제직회에서 구체적으로 설명되고 예산규모를 채택토록 하고 재정집행을 건축위원에 일임토록 하는 절차를 갖는 것이 좋다. 흔히 우리는 교회의 계획을 상부기관에서 만들어 확정하고는 이를 실행시키고자 위원이나 특별기구를 구성하는 경우를 보는데, 이는 완전히 순서를 바꾼 것으로 신발에 발을 맞추는 격이 되고 말 것이다.

건축 규모와 설계는 각 기관(특히 교육, 선교, 봉사)의 의견이 고루 참여할 수 있도록 하고, 법적, 건축공학적, 인체적 분야의 세심한 검토가 있어야 한다.

건축규모를 확정한 후, 예산을 산출하는 데는 물론 건축될 연도를 몇 년 후로 하느냐에 따라 다를 것이다. 우리나라의 최근 수년간의 인플레의 동향을 알아보고 그것에 의한 상승비율에 따라 향후 몇 년 후의 물가상승을 측정해서 예산규모를 확정해야 할 것이다.

② 예산목표의 달성

당회와 제직회를 거쳐 예산규모가 확정되면 전체 교회에 공포하여 알리므로 교회 건축이라는 큰 목표를 향해 출범하는 것이다.

우선 건축위원회에서는 신축될 건물의 조감도를 그려 많은 교인이 볼 수 있는 위치에 걸어두는 것이 좋다. 이렇게 하므로 교회건축이 교인 각자의 일로 삼아지도록 해야 한다. 또한 주보의 첫 면에 도안해 넣는 방법도 있다.

교회가 다른 어떤 영리적 사업을 하지 않고 있는 한 건축예산은 교인들에 의한 헌금으로 충당될 수밖에 없는데, 이 방법은 당회가 정하겠지만 일단 건축위원회가 먼저 여러 가지 방안을 연구하여 위원장을 통하여 당회에 반영시킬 수 있는 것이 바람직하다. 간혹 이름 있는 부흥강사를 초청, 건축헌금을 위한 특별집회를 하여 한 번에 많은 헌금을 교인들로부터 작정하도록 하는 것은 생각해 볼 문제이며, 헌금은 어디까지나 깊은 신앙심에 의존할 수 있도록 평소에 신앙훈련을 계속하는 것이 바람직하다.

a. 건축헌금봉투 사용

일반적인 방법으로 연초에 교인 전체에게 헌금 방법과 액수를 정할 수 있도록 유인물을 나누어 주고, 자기가 원하는 방법(① 매주 헌금 ② 매월 헌금 ③ 연회헌금)에 따른 액수를 적어 내도록 한다. 회계부는 곧 원하는 방법대로 칸이 만들어진 헌금봉투(영수대용)를 각자에게 돌려주고는 별도로 종류별 카드를 비치하여 둔다.

회계부는 매주 헌금된 액수에 따라 교회 내에 그래프로 목표를 향해 뻗어가는 헌금현황을 표시함으로써 교인들에게 만족감과 자부심을 불러일으킬 수 있다.

좀 더 색다른 방법은 건축될 건물의 외곽선만을 그리고 그 안을 벽돌로 쌓아가는 모양으로 나눈 다음, 각 사각 모양을 만원 단위로 정하고는 색칠을 해 나가면 매우 실감 있게 보일 것이다.

b. 개인별 적금불입

시중은행의 적금불입표에 따라 각자 작정한 액수를 월별로 불입하되, 교회가 은행에서 적금통장을 일괄, 교부받아 적금봉투에 넣어 개인별로 지급하고, 그것을 사용하여 주일에 건축헌금함(별도함이 없으면 일반헌금과 함께 넣어도 회계부에서 구별할 수 있음)에 넣도록 한다. 물론 인장을 일괄적으로 건축위원회의 인장으로 정하고 통장은 불입자 개인 이름으로 한다. 회계부는 이를 그대로 모아 은행에 각각 불입한 다음, 주일에 비치하여 나누어 준다.

c. 구역별 적금 불입

이는 각 구역별로 적금액을 정하고 구역예배 때마다 모여 일정액을 헌금하여 은행에 적금시키는 방법인데, 구역 안에 건축회계를 두어 이를 담당하게 한다. 다만 은행의 적금가입 인장은 건축위원회의 회계부에서 가지고 있고, 구역건축회계는 적금통장만 가지고 있는 것이 합리적이다.

매 주 적금된 액수를 건축위원회 회계부에 보고함으로써 이를 교회의 적당한 장소에 각 구역별 적금액수를 막대그래프로 표시하여 서로 경쟁심을 일으키는 것도 좋은 방법이다.

(3) 관리

무엇보다 돈의 관리가 매우 중요하다. '묻어 두는 악하고 게으른 종'이 되어서는 안 되지만, 늘리는 재미에 원금까지 손해 보게 해서도 안 되겠다.

일단은 은행이 가장 안전하다고 보아야 할 것이며, 매주 헌금되는 액수를 보아서 그것에 적합한 적금을 드는 것도 바람직하다. 1~2년 사이의 것으로 택한 다음 만기에 인출된 돈을 다시 신탁하거나 아니면 산업채권, 주택채권 등의 나라에서 보증하는 채권을 사 두면 좋다. 이럴 경우 당초 건축계획 해당 연수에 맞추어 사야 목돈으로 쓸 수 있을 것이다. 기업체에 사채로 준다거나, 주식, 증권 등 투기성이 있는 것은 바람직하지 않다고 보아야 할 것이다.

회계부는 매달 당회에 보고하는 것은 물론 제직회에 정기적으로 집계상황을 상세히 보고하는 것을 잊지 말아야 한다. 또한 장부기재 하는 사람과 현금관리 하는 사람의 임무를 나누는 것이 좋다.

(4) 건축공사

매우 전문적인 문제라 상세히 다룰 수는 없으나, 다만 건축위원회로서는 마지막 단계이므로 맡은 바 소임을 다하되 자신의 집을 짓는 이상의 정성과 하나님의 집을 짓는다는 거룩한 사명감을 지녀야 한다. 또한 건축위원회 임원들은 타 교회 건축 경과에 대해 많은 청취를 해야 하며, 건축의 지식 습득을 위해서도 노력해야 한다.

건축시공은 청부를 주는 경우와, 교회가 직접 시공하는 두 가지가 있을 수 있다. 청부를 주는 경우는 부실건축을 최대한 방지하는 것이 건축위원회의 임무요, 자체시공은 사람 다루는 일과 물자 구입이 큰 과제이다.

청부를 줄 경우, 특히 기술부에서는 설계에 따른 합당한 시공인가에 점검을 수시로 해야 하며, 자재의 질과 양도 관심 있게 점검하여야 한다. 자체시공에는 특히 인건비와 싸워야 하는데, 그렇다고 무조건 많은 시간을 들여 시키는 것이 중요한 것이 아니라, 합당한 기술공이 적소에서 일하고 있는지를 살펴야 하며, 기능직들의 생태를 미리 알아 적절하게 일하도록 유도해야 할 것이다.

특히, 하나님의 교회를 건축함에 있어서 믿지 않는 업자나 기술자들과 다투는 일이 없어야 하며, 너무 인색하거나 완벽하기 위해 마음을 완고하게 하지 않는 것이 좋다.

오히려 저들에게 전능하신 하나님의 성전을 건축하는 것은 큰 복임을 강조하고, 성실과 공교한 기능을 다하도록 물심양면으로 유도해야 한다.

제5편

교회교육

1. 교회교육의 중요성

"주일학교(통합측 및 감리교단에서는 '교회학교'로 표기하지만, 본인은 이하 '주일학교'로 표기한다/ 필자)는 일반 교육기관에 부속되어 있는 기구도 아니며, 여유가 있을 때 할 만한 일이라든지, 또한 여러분의 정력을 소비하기 위하여 있는 기구(機構)도 아니다. 이것은 교인들을 위하여 완전한 교훈을 베풀 수 있는 절대적으로 필요한 기구인 것이다. 주일학교가 하고 있는 교육분야는 가정과 학교, 그리고 교회 안 어디에서나 큰 위치를 차지하고 있는 중대한 사명을 가진 기구이다. 또한 국민생활 중에서 중대한 위치를 차지하고 있는 주일학교로 말미암아 모든 기관들이 서로 연관을 맺게 되는 것이다."라고 프랑스의 어떤 사상문제 연구자료 수집회의 위원들은 진술하였다.

이것은 미국 주일학교를 시찰한 후 공정하게 평가를 내린 말이다. 그렇다고 미국에서만 주일학교가 중요한 위치를 차지하고 있는 것일까? 아니다. 우리나라를 비롯하여 복음이 선포된 나라는 어디에서나 주일학교 사업은 중요시 되어야 한다.

주일학교는 교회의 황금 밭이다. 그런데 아직도 많은 교회에서는 주일학교에 대한 인식이 매우 부족하여 유감스럽게도 주일학교가 황금밭이 됨을 부인하고 있는 것이다. 대체적으로 공정하게 교회를 관찰해 보면, 교육에 대한 관심이나 계획이나 정력을 추진하는 것이라든지, 재정적 뒷받침 등이 주일학교가 차지하는 것은 교회 전체의 10%도 되지 못하는 것이 실정인 듯하다.

복음진리가 이 땅에 들어온 지도 이미 130여 년이 지난 오늘날, 한국교회 신도들은 거의 다 주일학교를 다니지 아니한 이들이 없을 정도이다. 전국적으로 조사할 수는 없으나 서울을 비롯한 주요 도시 한 교회 교인 300명을 상대로 조사한 결과 주일학교를 거친 이들의 비율이 87%였다.

한편, 교회에서 봉사하고 있는 제직들이나, 주일학교 교사 및 찬양대원 등의 89%, 그리고 교역자가 된 이들의 92%가 주일학교를 거쳤다는 것을 알 수 있었다.

큰 주일학교는 반드시 큰 교회를 만들고 만다는 사실을 재확인하고 있는 것이다. 큰 주일학교를 가진 작은 교회가 점점 크게 확장되어 가는 반면에, 작은 주일학교를 가진 큰 교회는 점점 감소되어 가거나, 혹은 아주 약화되고 말 것이다. 비록 처음에는 작은 교회였지만 주일학교를 활발히 발전시킴으로써 큰 교회를 이룩하게 된다.

주일학교는 미래교회의 규모를 결정지을 뿐만 아니라, 교회의 전통적 정신을 크게 확대시킬 수 있을 것이다. 오늘날 교인들 가운데는 자주 결석을 하거나 다니다가 도중에 타락하는 책임성 없는 이들을 많이 볼 수 있는데, 그들은 대다수가 주일학교를 다녀보지 못했거나, 또는 다녀도 훈련을 잘 받지 못했거나 하는 사실들인 것이다. 만일 습관이 굳어지기 전인 어린 시절에 주일학교에서 온전한 양육을 받은 교인들이라고 한다면 예배시간도 규칙적으로 지킬 것이며, 출석도 잘하고, 약속대로 교회봉사도 잘하고, 경건한 신자가 될 수 있을 것이다. 실제에 있어서 현재와 미래의 교회를 양적으로나 질적으로 부흥 발전시키는 관건은 오늘의 주일학교를 발전시키는 여하에 달려있다는 것은 여러 가지 면으로 보아 부인할 수 없는 사실이다.

목회자와 더불어 지교회를 부흥 발전시켜야 될 장로의 입장에서 교회교육에 관심을 가져야 됨은 너무나 당연한 일이며, 누구보다 앞서서 계획하고 조직하여 몸소 실천에 옮겨야 할 것이다.

지면 관계상 전반적인 범위로 다루지 못하나 주일학교를 주로 하여 가장 근본적인 면에서 다루어 보기로 하겠다.

2. 주일학교의 조직

1) 조직의 유익

오늘날의 사회는 조직사회라고 한다. 누구나가 가장 효과적으로 조직의 짜임새가 잘 되어 있는 제도 아래서 살 수밖에 없기 때문이다. 이런 면으로 보면 기계화가 된 느낌이 없지 않으나 분업화된 이 사회에서는 조직된 제도 아래에서 벗어나기는 힘든 것이다.

모든 어린이와 청소년들도 이런 제도 아래에서 가장 좋은 방법으로 교육을 받고 있다. 이것이 오늘날의 사회생활이다. 이런 상황이기 때문에 주일학교 교육도 조직사회의 체제(體制)에 못지않게 잘 조직화하여 교육하지 않으면 안 된다. 왜냐하면 완전한 조직으로 지도하게 되면 아래와 같은 많은 유익을 가져다주기 때문이다.

(1) 통일성 있는 교육을 할 수 있다.

조직이란 상호 협조하는 팀원을 발전시키는 데 큰 의의(意義)가 있다. 개개인의 실력을 그대로 발휘하게 함과 동시에 그 힘을 분산시키지 않고 뭉쳐서 큰일에 동원시킬 수 있다.

주일학교 운영은 교장, 교감, 부장, 직원, 그리고 전 교사들이 자기가 해야 할 자리를 지키면서 충성을 다한다면 굉장한 발전과 성과가 있게 된다.

(2) 책임의 소재를 분명하게 한다.

조직이 잘 되어 있는 단체나 학교는 책임의 소재를 분명하게 하여준다. 책임의 소재가 분명하지 않다는 것은 조직이 비정상적이라는 증명밖에 되지 않는다.

다시 말하면, 조직이 잘 되어 있으면 각자가 자기들의 책임이 무엇인지를 잘 알게 하여 준다. 자기의 책임이 무엇인지 잘 알게 되면 자기의 책임을 다른 이들에게 전가(轉嫁)할 필요도 없고, 또 창피하게 뒤로 미룰 수도 없게 된다. 이렇게 되면 할 일이 없어서 빈둥거리는 사람도 없게 될 것이며, 1인 독재식의 비정상적인 일도 생기지 않을 것이다. 그러므로 조직을 잘 하게 되면 각자의 책임과 소재를 분명하게 만들어 주며, 누구는 무엇을 어떻게 하라는 업무 질서를 잘 유지하게 될 것이다.

(3) 효과적인 교육을 하게끔 마련하여 준다.

주일학교의 중요한 목적의 하나는 하나님의 말씀을 가르치는 일이다. 물론 주일학교에서 해야 할 목적이 여러 가지가 있다. 그러나 그 중에서 하나님의 말씀을 가르치는 일이야말로 주일학교에 있어서 첫째 되는 가장 큰 사명이다. 따라서 조직의 중요한 목적은 유능한 교사가 효과적인 교수를 할 수 있도록 교수진행에 알맞은 분위기를 만들어주는 데 있다.

조직이 잘 되어 있는 주일학교는 아늑한 분위기를 조성하여 분반공부와 원활한 순서 진행이 잘 되어 갈 것이다. 이런 주일학교는 출석과 시간 이행이 규칙적으로 잘 짜여 있을 것이며, 또한 진행도 계획대로 잘 될 것이다. 이런 조직체계 아래에서만이 크리스천의 올바른 성장과 발달이 있을 수 있다.

(4) 계단적인 원칙을 촉진시킬 수 있다.

조직은 효과적인 교과과정을 마련하는 데도 좋은 길잡이가 되기 때문에 좋은 커리큘럼의 목적과 형태를 주게 된다. 조직이란 확실히 교사들에게 무슨 이유로, 무엇을, 어떤 정도에 맞추어 가르쳐야 되는지에 큰 도움을 주고 있다.

다시 말하면 연령 그룹에 따르는 계단적인 조직을 통해서만이 계단적인 교수 및 학습지도, 방향과 바탕, 그리고 그 목적을 철두철미하게 살피고 집중시키는 데 큰 도움을 얻게 된다.

인간은 누구나 정도에 따라 알맞은 지식을 얻을 수 있게 되어 있다. 유치부 어린이들에게 유치부에 알맞게 가르쳐야 유치부 어린이들이 잘 깨달을 수가 있을 것이며, 유년부 어린이들에게는 그들에게 알맞은 지식을 제공해야 그들이 충분히 이해할 수 있을 것이다.

이 외에도 비활동적인 교인들을 등용하여 교회봉사를 하게 하는데도 큰 도움을 줄 수 있으며, 이를 조직적으로 사용할 때 그들의 숨은 재능을 마음껏 발굴할 수 있을 것이다.

2) 조직의 계획

조직의 계획은 교육의 정신, 즉 교육의 목적에 따라서 시도해야 하고, 계획의 설정에 맞추어 짜야 한다. 주일학교 교육의 궁극적인 목적은 하나님의 형상대로 새롭게 지음을 받게 하는 것인데, 곧 그리스도의 형상을 그대로 닮게 하여 우리의 인격이 그리스도의 인격의 장성한 분량에 이르기까지 자라게 하는 것이다.

주일학교는 전도사업과, 교육적인 기구로서는 기독교인으로서의 생활을 훈련하는 전당이 되어야 한다. 그리스도 안에서 성장하는 과정은 학생들보다 교사나 지도자가 먼저 앞장서서 나아가야 한다. 그러면 자연적으로 학생들을 그리스도의 인격의 장성한 분량에 이르도록 하는데 크게 도움이 될 것이다. 그래서 주일학교 운영에 대한 몇 가지 조직에 관하여 다음과 같이 논하고자 한다.

(1) 주일학교의 조직 계획

① 행정적 분야

교육의 근본적인 부분을 증진시키는 분야를 행정적 분야라 생각할 수 있다. 이 분야를 '총무처(또는 총무부)'라는 명칭으로 호칭함이 통상적인 일이라고 생각된다. 때문에 총무처를 맡은 사람은 행정적 사무를 처리할 수 있는 능력, 곧 사무진행에 대한 훈련과 기능의 숙련이 꼭 있어야 한다.

a. 사무상 정리 및 관리

㉠ 교회에 관한 사무 ㉡ 주일학교 전체에 관한 사무 ㉢ 주일학교 각부에 관한 사무 ㉣ 직원회에 관한 기록 정리 ㉤ 통신에 관한 사무.

b. 설비상에 관한 사무

㉠ 교실 ㉡ 집물 ㉢ 주일헌금 및 특별헌금 ㉣ 보충교재 구입 및 그 준비.

c. 재정처리 관리

㉠ 예산편성 ㉡ 결산심의 ㉢ 주일헌금 및 특별헌금 ㉣ 특별 보조금 ㉤ 재정문서 정리 및 관리.

② 교무적 사무분야

주일학교 교무처의 사무분야는 행정적인 사무분야와 분명히 구별되어야 하며, 또한 분리시켜야 한다. 주일학교에서는 비록 제각기 자기의 직책을 가지고 있다고 하더라도 서로 도와주고 도움을 받고 있다는 사실을 잊어서는 안 된다.

교무처의 사무분야는 다음과 같이 생각할 수 있다.

a. 전체 교육에 관한 교육 및 방안을 모색하는 일.

b. 부장과 지도자 및 교사 임명에 있어서의 적당한 인물을 교육위원회를 거쳐 당회에 전하는 일.

c. 직원배치에 있어서 적재적소주의로 인물을 배정하는 일.

d. 교회의 1년 계획을 살펴 주일학교에서도 교회 연중계획과 일치시켜 연간, 기간, 계간, 월간 계획을 체계 있게 작성하는 일.

e. 어린이, 청소년, 장년, 각 부에 따르는 주일학교 교육 목적에 적용할 수 있는 교육방법과 채택된 교재를 평가하는 일.

f. 최소한 1년에 두 차례는 각 부의 전체 교육을 평가하는 일.

g. 교사 양성반을 두어 보조교사를 양성할 뿐만 아니라, 교사의 재교육을 위하여 연구반을 설치하고, 지도자 양성에 주력하는 일.

h. 학기, 월별 주제를 토의 결정하는 일.

i. 매주 공과 예비부에 대한 대책을 잘 세우는 일.

③ 생활지도적 사무분야

어린이들을 주님께로 인도하여 구주로 믿게 하는 신앙생활에는 반드시 실생활 면을 특별히 고려하지 않으면 안 될 일이 너무 많다. 때문에 생활지도는 다른 분야에 못지않게 매우 중요하다.

주일학교 교육은 어린이들과 젊은이들의 생활에 큰 영향을 미치게 하는 놀랄만한 기회를 제공해 주기 때문에 무서운 죄를 범하지 않고 진실한 크리스천이 되게 할 수 있는 가능성을 내포하고 있다고 할 수 있다.

생활지도란 여러 가지 뜻을 내포하고 있다고 할 수 있다.

첫째로는 주님께로 인도하여 구주로 모시게 하는 전도활동과, 둘째로는 정상적인 신앙생활에 따르는 생활훈련 및 지도와, 셋째로는 개개인의 개성, 환경, 그리고 그때그때에 부딪치는 문제를 잘 처리하여 주는 것 등이 될 것이다. 그러므로 생활지도에 있어서는 다음과 같이 해야 할 사무를 알고 있어야 한다.

a. 개개인의 심령문제를 신중하게 다루되 죄의식을 분명하게 하여 주고, 철저한 회개를 통해 주님을 나의 구주로 모시는 구원의 확신과 중생의 체험, 그리고 성령의 은혜가 충만한 생활체험을 가지도록 지도해야 하는 일.

b. 교회생활과 주일학교 활동에 있어서 가능한 한 전 학생들에게 봉사할 기회를 제공하여 줄 수 있는 계획과 실천의 방안을 모색하는 일.

c. 반드시 정시에 시작하고 정시에 끝나도록 항상 열의와 질서를 유지하면서 지도할만한 분위기를 만들어 주는 일.

d. 집단지도와 개별지도를 할 수 있게끔 대책을 세우는 일.

e. 주일학교 학생들을 위한 심방계획을 세워 이를 실시하게 하는 일.

f. 각 구역별로 지도를 잘 하게 할 뿐만 아니라, 새로 나온 학생들에게 따뜻한 환영을 하여 주며, 또한 새로 이사 오거나 새집이 마련되었을 때에 이를 방문할 계획을 세워 지도하는 일.

g. 집단지도를 통하여 전도할 기회를 만들 뿐 아니라, 결정의 시간을 주도록 하는 일.

h. 개인상담을 하여 신앙지도 및 전도를 하도록 하는 일.

i. 영아부 소관으로 구역 안에서나 불신자, 신자 가정에서 어린아이가 출생하게 되면 방문하여 축하해 주는 일.

j. 항상 진실한 크리스천의 생활모습을 표현하도록 지도하는 일.

3) 조직의 실제

(1) 주일학교 분류

대개의 주일학교에서는 공통적으로 연령에 따라 다음과 같이 세 가지 주요한 시기로 분류하고 있다.

① 어린이 시기……출생 후~만 11세

② 청소년 시기……만 12세~만 17세

③ 청　년 시기……만 18세~만 24세

④ 장　년 시기……만 25세~노년까지

위와 같은 연령분류는 교수하는 면에 있어서나, 훈련 면에 있어서나, 봉사하는 면에 있어서 균형이 잘 이루어진 분류라고 할 수 있다.

이와 같은 각 시기 별 분류를 따르면 각 시기에 따라 특색 있고 적절한 지도를 할 수 있다. 비록 가장 작은 교회의 주일학교에 있어서도 위의 4 시기별(四時期別)로 교수와 훈련, 그리고 봉사의 프로그램을 가지고 진행하고 있음을 볼 수 있다.

(2) 부 조직과 반 편성

아래에서 위로 올라가면서 분류한다는 것은 각 부 및 반으로 나누는 것을 말한다. 각 부로 부 조직을 하는 것은 계통적으로 서로 잘 통할 수 있게 되어 주일학교 운영이 잘 되게 하기 위해서이다

구분	부 별	학교, 학년별	연령별
1	영 아 부		출생후~1세
2	유 아 부		2~3세
3	유 치 부	유치원생	4~6세
4	유 년 부	초등학교(1~3학년)	7~9세
5	초 등 부	초등학교(4~6학년)	10~12세
6	중 등 부	중학교(1~3학년)	13~15세
7	고 등 부	고등학교(1~3학년)	16~18세
8	청 년 부	대학생 및 결혼 전 청년	19~25세
9	장 년 부		26세 이상
10	가 정 부		연령 제한 없음
11	확 장 부	초등학교 혹은 중고등학교	새가족부라고 해도 좋음

각 반 편성은 연령, 취미, 그리고 학교 학년별로서 자연히 구분됨을 의미한다. 따라서 어린이들이 학교에 입학하게 되면 누나, 오빠, 동생이 연령에 따라 각 학년으로 나눠지게 되는 것처럼, 주일학교에서도 연령과 각 학년에 따라 한 집안 형제들이라고 하더라도 각 반별로 나누어져야 한다.

또한 중학교, 고등학교, 대학교 및 청년 그리고 장년별로 분반할 수 있다면 더욱 좋겠다. 물론 각 부 조직이나 각 반 편성은 각 교회의 실정에 맞추어 교회의 규모와 능력 및 시설에 따라서 해야만 한다. 그러나 이것도 조직과 편성의 원리원칙에 벗어나서는 안 된다.

특히 대학부를 대학생들만으로 구성할 경우, 대학에 다니지 않는 청년과의 우월감 문제가 야기되므로 조심해서 조직할 일이고, 가급적 일반학문을 배우는 교육이 아닌, 말씀을 배우는 교수이니 혼합하여 연령(19~25세)별로 나누는 것이 좋을 것이다.

다음 부 조직과 편성에 있어서 일반적으로 널리 사용하고 있는 것을 소개한다. 가정부나 확장부(신입부)는 주일학교에서 매우 중요한 부서이다. 교인 가정 중에서 연령 관계로 쑥스러워 주일학교에 나오지 못한다든지, 병중이라 출석하지 못한다든지, 혹은 직장 관계로 주일을 지키지 못한다든지, 또는 집을 지키느라고 출석을 못한다든지, 기타 여러 가지 이유로 출석하지 못하는 이들의 수가 적지 않은 줄로 안다. 우리는 이런 이들을 돌보지 않고 그냥 내버려 둘 수는 없는 것이다. 이런 일을 돌보는 부서가 주일학교 가정부(家庭部)이다.

우리나라에는 주일학교 가정부를 설치하여 교육하는 면에 힘을 쓰기보다는 구역관할을 통하여 교인을 빼앗기지 않기 위한 수단으로 구역회를 만들어 성도 교제에만 힘을 쓰는 인상을 주는 것은 비정상적인 목회 방법이라고 볼 수도 있다.

물론 이런 방법으로는 장년들 특히, 부인들은 잘 포섭이 될 수 있을지는 몰라도 청소년들은 매우 힘들 것이다. 그러므로 가정부를 조직하여 교인 가정의 자녀들에게 신앙교육을 잘 시킬 수 있는 길을 모색하여야 될 줄 안다.

다른 부서와 조금도 다름없이 교회의 소속됨과, 성도 간에 교제의 필요성을 절실히 느끼도록 지도해야 할 것이다. 이런 까닭에 만일 정상적인 교회출석을 하지 못한다고 하더라도 정상적으로 출석하는 것이나 다름없는, 다른 무엇을 할 수 있게 하는 조직이 반드시 있어야 한다. 이것이 가정부의 조직이다. 이런 조직을 하면 같은 장소에 모이지는 못한다 하더라도 정신적으로 서로 연락할 수 있는 기도와 서신으로 서로 교통할 수 있다. 따라서 언제나 교회에 대한 관심이 떠나지 않을 것이다.

‘확장부’를 ‘신입부’라고도 할 수 있다. 신입부는 새로 들어오는 어린이들을 따뜻하고도 아늑한 분위기를 만들어 새로 나온 어린이들이 교회에 대한 깊은 관심과 잊지 못할 좋은 인상을 주기 위하여서 그들을 환영해 주는 곳이어야 한다.

또한 새로 나온 어린이들이 교회가 어떤 곳이며, 예배를 어떻게 드려야 되는지, 기독교를 믿는 것이 무엇인지, 또는 앞으로 주일학교에 와서 어떻게 하여야 되는지 등 주일학교의 정규적인 학생이 되기까지의 예비교육을 배우는 것이다. 이런 의미에서 신입부 조직을 철저히 활용해야 할 것이다.

확장부라고 해서 신입부의 역할만 하는 것은 결코 아니다. 확장부는 본 교회가 아니고 가까운 동네나 마을에 교회가 없는 곳에 어린이나 중 고등 십대 소년 소녀들을 모아놓고 기독교교육을 하는 개척 주일학교를 의미하는 것이다.

이런 확장주일학교는 거리가 멀어 잘 선택할 수 없는 곳에 기도처소와 같이 시간을 달리하여 전도 겸 가르치는 일을 할 수도 있을 것이다.

(3) 생활지도 부서 조직

생활지도를 위한 조직은 ① 집단지도 ② 개인지도(상담) ③ 축하 ④ 심방 등으로 분류하여 임무 수행을 담당할 수 있게끔 하면 된다.

집단 조직에 있어서 각 반마다 반회를 조직하여 자발적으로 자치활동을 할 수 있도록 지도하게 한다. 이 반회는 담임교사를 중심하여 움직이게 되므로 담임교사가 반회를 지도하는 책임을 확실히 해야 한다.

초등학교마다 어린이회를 조직하여 자치활동을 하고 있다. 그러므로 이런 기술적인 방법을 이용함이 매우 유익하다. 특히 초등부(초 4~6 학년)에서는 기독어린이회(또는 신앙운동 어린이회 등)를 조직해야 한다. 왜냐하면 유년부 초등부는 생활지도의 조직이 거의 결핍되어 있고, 반면에 중 고등부는 주일학교 조직 운영보다 자치활동 조직에 너무 치우친 감이 없지 않기 때문이다.

(4) 반 편성

각 반(班) 편성은 출석하는 학생등록수와 각 반을 맡을 교사를 확보할 수 있는가의 여부를 살펴서 정확한 평가를 한 후에 하는 것이 가장 현명한 처리일 것이다. 이는 환경에 따라 각 주일학교 조직과 반 편성의 조건이 달라지기 때문이다.

유년부와 초등부 조직은 각 부마다 학생 등록수 평균 10명씩이면 교육과 관리상 이상적일 것이다. 또한 반 편성에 있어서 최하 7명에서 최고 15명, 평균 10명이면 적당하다. 그 이상이 되면 교수와 생활지도가 잘 되지 못함을 유의해야 하며, 중 고등부에 있어서는 평균 10명이 적당하다.

3. 주일학교 관리

주일학교를 참된 교육기구로 만들려면 교육기구다운 조직과 이에 따른 철저한 관리로 잘 갖추어야 한다. 아무리 훌륭한 주일학교라 하더라도 조직이나 관리에 있어서 철저하지 못한다면 훌륭한 주일학교라 할 수 없다. 따라서 주일학교 운영의 결과도 기대하기 어렵게 될 것이다.

이런 점으로 보아 조직과 관리가 얼마나 중요한 것인가는 짐작하고도 남음이 있다. 조직에 대하여는 이미 다룬 바 있으므로 여기에서는 관리를 논하고자 한다.

1) 주일학교 관리의 기준

(1) 기독교교육 목적과 목표를 달성시키고자 하는 정신이다

주일학교는 주일학교이지 주일학교 이상이나 이하도 아니다. 주일학교가 주일학교로서 지닌 기독교교육의 목적과 목표를 달성시키는 것만이 주일학교의 사명을 다하는 것이다. 그러므로 주일학교 관리의 기준도 무엇보다 먼저 주일학교가 지닌 사명을 다하고자 하는 정신에다 두어야 한다.

(2) 교회의 당회 행정에 순응하는 것이다.

주일학교란 교회 안에 있다. 그러므로 교회 안의 주일학교는 당회의 행정에 절대 순응해야 하며, 이런 정신에 입각해야만 주일학교 행정의 질서를 유지할 수 있는 것이다.

(3) 지도 교사의 신앙과 인격에 둔다.

기독교교육의 목적과 목표를 달성하고자 하는 정신이란, 지도자와 교사의 신앙과 인격에 의존되는 것이 사실이다. 또한 당회 행정에 순응하고자 하는 정신도 지도자와 교사의 신앙과 인격의 열매라 할 수 있다. 그러므로 지도자와 교사의 신앙과 인격은 주일학교 관리의 기준에 중요한 요소가 되는 것이다.

(4) 학교의 전체 분위기이다.

주일학교 교직원의 분위기는 교회 전체의 분위기에 좌우된다. 아무리 주일학교 관리를 잘하려고 하더라도 교회의 전체 분위기가 주일학교 관리를 잘할 수 있게 되어 있지 않다면, 주일학교 혼자만으로는 참다운 관리를 수행할 수 없을 것이다.

이와 같이 교회의 부속 기관들은 언제나 교회 전체의 분위기에 좌우되는 것이다. 그러므로 교회의 전체 분위기는 부속기관의 관리 기준에 중요한 요소가 되는 것이다.

(5) 교직원들의 분위기다.

어느 기관을 막론하고 교직원의 분위기가 그 기관의 관리에 큰 영향을 주는 것은 사실이므로, 주일학교에서도 교직원의 분위기가 없어서는 안 될 중요한 기준이 되는 것이다. 이러한 교직원의 분위기가 정상화될 때 무엇이나 제대로 관리가 되는 것이다.

(6) 각 부서 조직을 유지 확보해 나가는 것이다.

아무리 처음의 조직이 잘 되었다 하더라도 계속 이를 유지하지 못한다면 그 조직은 있으나마나한 것이 되고 만다. 따라서 주일학교의 부서 조직을 잘 확보 유지한다는 말은 주일학교 관리가 정상적으로 잘 되어간다는 말이 된다. 이러한 여러 가지 관리기준 밑에서 분류한 것이 조직체의 관리, 운영상의 관리, 분반의 관리이다.

2) 조직체의 관리

만일 주일학교 조직을 잘 유지하기 위한 계획과 노력이 없다면 그 주일학교는 결코 훌륭한 주일학교가 될 수 없다. 우리가 가끔 보게 되는 것은 외부에 있는 어떤 유능한 기독교교육 전문지도자를 일시적으로 초청하여 주일학교 조직과 운영을 해 보려는 것이다. 이런 것도 필요할는지 모른다. 그러나 아무리 전문적인 지도자의 의견과 지도대로 조직하였다 하더라도 그 조직을 계속 유지할 능력이 그 주일학교에 있느냐 하는 점을 고려하지 못했다면 그들의 일시적인 노력은 그만 수포로 돌아갈 수밖에 없다. 왜냐하면 전문가의 의견에 따라 조직된 조직이 그대로 유지된다는 것은 매우 어려운 것이기 때문이다.

그러므로 소화할 능력이 없는 데도 불구하고 일시적인 노력을 경주한다든가, 능히 소화할 능력이 있음에도 불구하고 노력하지 않는 것은 우리의 조직체에서 삼가야 할 병폐의 하나이기도 한 것이니, 특히 고려해야 할 것이다.

그러면 어떻게 하여야 잘 짜인 조직을 계속 유지할 수 있을까?

(1) 조직 책임 한계

부 조직을 세울 때의 중요한 것은 처음 출발을 잘 해야 한다는 것이다. 금방 부서 조직을 해 놓고 잘 되지 않는다고 하여 변경하거나 수정하는 일은 극히 삼가야 할 것이다.

어린이의 발달과정을 보게 되면, 연령에 따라 점차적으로 발달해 나아가지만 계단 구분이 어느 정도 분명하게 되어 있기 때문에 조직도 아래에서 위에 이르기까지 분명한 것이 좋다. 어린이의 각 시기에 알맞게 구별된 조직이 되지 않으면 교육에 있어서 어린이들에게 유익을 주지 못하게 된다. 과거의 통반도 좋지 않지만, 각 부서 조직을 수시로 변경하는 것도 좋지 못하다. 이는 그만큼 준비가 없이 일을 시작했다는 말 밖에는 안 된다. 그러므로 조직하기 전에 유의해야 할 점은, 그 조직을 유지 보존할 수 있는 방안을 확실히 모색한 후에 그 방안에 따라 조직을 추진해야 한다는 것이다. 이에 조직된 후에는 자기의 책임 한계를 혼돈하거나 월권하지 않는 것이 잘 유지하는 방안이 된다.

우리나라 사람들 중에는 공연히 남의 일에 쓸데없이 간섭하고 참견하는 이들이 있다. 주일학교에 있어서도 다른 단체에서와 같이 확실한 책임 한계에 의하여 자기의 할 일을 다 하고 서로 협조하여 절대로 책임 한계를 넘어서는 일이 없어야 하겠다.

이렇게 하는 것이 조직체를 잘 유지하는 최선의 방안이기 때문이다. 자기의 책임만을 잘 감당할 뿐이며, 남의 일에 참견하거나 주제 넘는 평가를 늘어놓는 일은 피해야 한다. 오직 자기의 맡은 일에만 각각 충성하게 되면 일의 능률은 물론, 서로 융화하여 조직을 잘 유지하게 되는 것이다.

(2) 정기적인 보고

조직된 부서를 잘 관리하려면, 각 부 책임자들로부터 정기적인 보고를 반드시 받아야만 각 부의 현황을 정확하고도 세밀하게 파악할 수 있다. 그렇기 때문에 언제나 현황을 정확하고도 세밀하게 파악하기 위해서는 정기적인 보고를 반드시 받아야 한다. 또한 정기적인 보고를 받음으로써 장단점을 알아낼 수도 있으며, 단점을 속히 시정할 수도 있다. 이렇게 하는 것이 각 부 조직을 잘 유지하는 방안인데, 오늘날 대다수 교회가 상회에 보고하는 일에 소홀한 경우가 많다.

요즘의 주일학교 지도자 강습회를 보면, 일반 사무를 취급하는 직원들을 위한 강습과목은 볼 수가 없다. 학습지도 강습과 병행하여 사무 담당 직원들도 기술적 강습을 받아 서류양식과 사무취급 방법을 이수하도록 하여 보고할 때의 양식 기재 방법을 서류서식으로써 구색을 갖추어 보고해야 한다.

보고를 적기 적소에 잘 한다는 것은 부 조직을 더 잘 유지하는 길이요, 유기적 관계를 갖는 맥을 원활하게 하는 것이다. 이렇게 될 때, 각부 조직 구분선이 흩어지거나 무책임하고 과욕적인 위험성을 방지하게 될 것이다.

(3) 정기적 회합

벤슨(Dr. Benson) 박사는 "계속적인 기도와 계획을 위한 정기적인 회합이 없이는 그 조직을 효과적으로 정리해 나아가기에 극히 곤란할 것이다."라고 했다. 훌륭한 조직을 그대로 잘 유지하여 나아갈 수 있는 유일한 열쇠는 교사들의 끊임없는 기도와, 교사들과 직원들이 정기적인 회합을 계속하는 것이다.

하나님께 기도하면서 훌륭한 조직체를 관리해 나아가면 하나님께서 반드시 복을 주신다. 이런 은혜를 바탕으로 한 교사월례회, 교사반성회, 부·처·과장회의 등 회합을 정기적으로 반드시 가져야만 한다. 이런 회합을 통하여 좋은 계획을 수립하는 일과, 그 계획을 실천하는 방안 강구와, 조직의 관리에 대한 평가를 철저히 할 수 있으므로 정기적 회합은 이루어져야 하는 것이다.

당회와 주일학교와의 정상적인 이해와 관련을 맺게 하기 위해서는 중간 역할을 담당할 수 있는 기관이 필요하다. 이 기관이 '교육위원회' 또는 제직회의 '교육부'이다. 이 교육위원회 및 교육부는 일반학교의 이사회(理事會)의 구실을 해야 하는데, 만일 교육위원회나 교육부가 조직만 해놓고 제 기능을 제대로 발휘하지 못한다면 그만큼 주일학교 관리에 차질이 생기게 된다.

이 기관의 기능이 마비되지 않게 하려면 역시 정기적인 모임을 가져야 한다는 것이다. 정기적인 모임을 계속하지 않으면 정상적인 기능도 살아나지 못할뿐더러 주일학교와 당회와의 상호관계가 원활하지 못하게 되어 운영에 많은 지장을 가져오게 되는 것이다.

이러한 기관의 모임이 그 기능을 제대로 발휘하는 데 있어서는 해당교회 담임목사에게 그 책임이 있다. 담임목사가 주일학교 교육에 대한 특별한 관심으로 적극 노력한다면 두말할 것 없이 교육위원회나 교육부의 정기회집이 잘 될 것이며, 따라서 전체적인 문제에 있어서 더욱 통일성과 기민성이 살아나게 되어 주일학교 사업이 활발하게 움직여 나가게 될 것이다.

교육위원회는 협의기관이므로 정기적인 회합을 통하여 협의적 임무를 수행해 나가야 한다. 교육위원회의 통합을 통하여 다음과 같은 협의상의 결과를 모색할 수 있다.

① 전체 교회교육에 관한 방안을 모색한다.

② 각 부장과 지도자 및 교사 임명에 있어서 적당한 인물을 선정하여 추천하고, 적재적소에 임명하도록 한다.

③ 교회의 연중계획에 따라 주일학교에서도 연중, 학기간, 절기, 그리고 월간계획을 체계 있게 세우도록 관장하여 준다.

④ 주일학교 각 부(영아부~장년부)의 계획에 따라 전 교인이 등록하도록 적극적으로 관장하여 촉진하도록 한다. 주일학교 교육이 정상적으로 잘 되는 교회는 등록한 전 교인의 75%가 출석하고 있다. 이에 미달되면 주일학교 교육이 원만하지 못하다는 것을 말하는 것이므로 담임목사와 당회원(장로)은 특별히 유념하여 시정해 나가도록 해야 한다.

⑤ 어린이, 청소년, 장년들에게 필요하고, 주일학교 교육 목적에 적응할 수 있는 교육 방법과 교재채택과 특활 및 행사를 평가한다.

⑥ 주일학교 재정처리 방안을 검토한다.

⑦ 교육적 계획과 교육적 사무진행을 지도, 감독, 평가한다. 즉 교장과 교감, 그리고 각 부의 부장은 교수와 생활지도, 그리고 모든 준비 및 검토를 위하여 월례회나 기타 회의를 소집하여 교사와 직원들이 똑같이 권리를 가지고 서로 협동하도록 지도해야 한다.

위에 열거한 여러 가지들이 훌륭한 조직을 유지 보존해 나아가는데 없어서는 안 될 중요한 요소들이다. 이런 모임에서 문제점과 새로운 의견들을 서로 교환하고, 친교와 영감을 얻어 조직관리가 잘 될 수 있도록 하는 데에 필요한 참고 요점을 아래에 몇 가지 지적해본다.

a. 교사들과 직원들은 한 달에 한 번씩은 월례회로 모여야 한다. 월례회 때마다 평균 75% 이상 참석해야 하는데, 모일 때마다 출석을 부르는 것이 좋다.

b. 학교의 모든 문제를 연구하고 의논하며, 또 도서를 읽고 연구하여 발표하게 한다. 회의는 언제나 즐겁고도 은혜롭게 진행하도록 해야 한다.

c. 사무적인 회의나 기타 모임에 있어서 주일학교 공과만 연구 토의하거나, 극단적인 토의를 전개하는 일 등은 가능한 한 피하도록 해야 한다. 모든 사무는 모이기에 앞서 임원회(실행위원회)에서 미리 의논하여 수긍이 되고 유익한 안건을 제출하는 것이 도움이 될 것이다.

d. 직원회에 필요한 준비는;

㉠ 연간의 계획을 세울 것이며, 각 분과위원회의 제의에 따라 보충되는 적당한 계획을 짜서 한다.

㉡ 각 부의 교육목표들을 자주 검토하며, 이미 달성한 일들을 평가 분석 미비한 점을 고치고, 다음 기회에 대비해야 한다.

㉢ 각 부는 직원회의에 앞서 해당 계획을 미리 충분히 연구 검토하는 것이 좋다.

㉣ 계획에 있어서 부장이나 지도 전도사는 언제나 교회 담임목사와 상의하는 것이 필요하다.

e. 회의에서의 주안점;

㉠ 주일학교의 모든 계획은 전체사업의 체계와 일치시켜야 한다.

㉡ 교사와 직원들의 사교적, 영적 친교를 증진시킬 것이다.

㉢ 교사와 직원들로 하여금 성령에 의지하고 말씀에 바탕을 둔 성실하고 진실한 사람으로 헌신 봉사하게 하며, 교수의 방법들을 잘 선용하도록 자극해야 할 것이다.

㉣ 교사와 직원들로 하여금 확실한 목표에 도달하게 하기 위하여 사업계획에 대한 주의와 관심을 갖게 한다.

3) 운영상의 관리

사무적인 일을 맡아 보는 이들을 직원이라 한다. 그러므로 직원을 관리한다는 것은 사무관리를 뜻하는 것이고, 사무를 관리한다는 것은 직원을 관리한다는 것이다. 운영상 관리의 직원이란, 3 처(총무처, 교무처, 생활지도처)의 사무담당자들을 말한다.

과거의 주일학교 조직은 총무제도로 되어 있었다. 총무제의 조직이란 자치활동체의 조직인 청년회, 학생회, 여전도회, 남전도회 등에 필요한 직책이지, 교육기구인 주일학교 직책상의 명칭은 될 수 없다. 그러므로 이러한 총무제는 시정되어야 하겠는데, 아마도 총무부라는 명칭 대신에 '부감'이란 명칭으로 바꾸는 것이 좋을 것 같다.

무료보수로 봉사하는 주일학교에서의 약점을 위해서는 한 사람이 많은 시간과 정력을 소비하지 않도록 서로 나누어 맡게 되면 많은 유익이 있게 될 것이다. 다시 말해서 여러 가지 면으로 알맞은 인물들로 하여금 전문적인 분야에서 성심껏 봉사하게 하자는 것이다.

운영상 전문적인 부서 책임자의 첫째가 총무처장이고, 둘째가 교육행정을 담당한 교무처장이며, 그 셋째가 생활지도처장이다.

(1) 총무처장

① 자격

총무처는 서류의 관리, 연락상의 관리, 재정관리를 맡아서 하는 곳이다. 그러므로 총무처의 장(長)은 사무행정에 능숙하고 재정처리에 능숙할 뿐 아니라 기민한 자여야 한다.

총무처장은 주일학교를 발전시키는 데 없어서는 안 될 중요한 인물이다. 교회 제직 중에서 독실한 신앙을 소유하고, 교육적 사명에 열의가 있는 분을 선임하여 담당하게 하므로 영구히 보관하는 기록통계

관계에도 철저하게끔 해야 할 것이다.

② 임무

총무처장은 다음과 같은 3 가지의 임무를 책임지고 관리해야 한다. 주일학교의 학생 수가 많아지고 각 부마다 사무가 복잡해지면 각 부마다 담당 서기를 두는 것이 좋다.

a. 재정에 관한 책임과 총무처 사무를 담당한 이들을 지도 감독한다.

과거에는 회계를 선출하여 재정을 관리하여 왔다. 이 회계라는 명칭을 재정담당(혹은 재정과)이란 명칭으로 바꾸어 놓은 것뿐이다. 이 회계담당자는 처장을 보좌하는 인물을 선정하여 금전을 취급하게 하면서 장부를 정리하게 한다. 처장은 이를 감독하되 전적으로 처장이 책임을 지고 주일학교에 필요한 모든 것을 뒷받침해 주어야 한다. 재정을 맡아보는 이는 매우 중요한 임무를 맡아보는 일이기 때문에 처장은 이를 잘 관리해야 할 임무가 있는 것이다. 이는 하나님의 재산을 맡아 관리하는 처지인 만큼 무엇보다 재정취급에 정직해야 하며, 잘 관리할 수 있는 기술(훈련)도 있어야 한다. 재정을 담당한 이는 장부정리, 현금출납, 모든 재정에 관한 서류와 업무를 처리해야 할 책임이 있다. 그리고 주일마다(혹은 월 1회) 재정부에 보고할 책임도 있다.

아무리 재정처리에 능숙한 인물이라 하더라도 주일학교의 중요성을 인식하지 못하고 있는 인물이면 적격이 아니다. 매년 연말마다 결산보고서와 신년도 예산서도 작성해야 하며, 자선사업도 추진할 줄 알아야 하고, 시상식을 중심하여 모든 행사에 필요한 비용을 지출하는 일을 담당한다.

b. 일반 사무 및 각종 문서를 정리하여 관리한다.

총무처장은 일반사무 및 각종 기록과 문서의 정리를 감독하는 총책임자이다. 과거에는 서기가 이 직무의 일부를 맡아 보았다. 과거에 속한 사무에 있어서 처장은 어떻게 처리해야 할까?

첫째, 모임이 있을 때마다 기록하는 총 책임이 있다. 예를 들면, 정기총회나 월례회, 평가회 등의 회록과 각 처장회, 그리고 그 밖의 집회의 회록을 기록하게 한다.

둘째, 모든 통신연락을 하게 한다. 다시 말하면 주일학교의 일반 통신 연락을 관리하게 한다. 곧, 교회와의 연락, 기타 연합사업 관계의 통신연락이다. 또한 교사, 직원들과의 연락, 그리고 주일학교 학생들과의 연락을 하게 한다.

c. 주일학교 교육에 관한 각종 통계표를 그리며 이를 관리한다.

이 일을 할 수 있는 사람을 뽑아 주일학교에 관한 각종 통계를 내게 하여 교육상 필요한 도표를 작성하게 한다. 위의 통계란 주계표, 월계표, 일년집계표를 말한다.

또한, 실태조사 결과의 통계를 내어 여러 가지 생활지도면에 많은 참고가 되게 한다. 일반학교에서와 같이 이런 구체적인 일을 어떻게 전문적으로 연구할 수 있는가가 문제이다.

이 시대는 생활이 복잡해짐에 따라 사회의 악영향을 심하게 받고 있다. 이러한 어지러운 시대에서 올바른 기독교교육을 실시하려면 무엇보다 세밀하고 정확한 통계, 조사 등 여러 가지 참고자료를 충분히 만들어야 할 것이다. 그러므로 주일학교의 전체에 걸친 통계는 물론 각 부별, 또는 개인별까지 기록통계를 마련하여야 할 것인데, 이것을 지도 감독할 책임이 총무처장에게 있는 것이다.

(2) 교무처장

교무처장은 인사행정을 제외한 교무행정을 맡는다. 실제적인 임무는 일선 교사들에게 도움을 주는 교육상 필요한 여러 가지를 뒷받침하는 일을 맡은 직책이다.

이런 직책을 혼자 할 수 없는 관계로 예배담당, 도서담당, 음악담당,

시청각담당, 학적담당 등으로 교무처의 일을 보좌하는 실무담당을 두고 그 임무들을 수행하는 실무역할을 하게 한다.

① 자격

교장, 교감이 가진 자격이나 다름없이 영적인 면은 물론 인격적으로도 자격을 갖추어야 한다. 생활면에서도 헌신적이고, 진취적이며, 침투적이고, 열정적이어야 한다. 물론 행정적이고 교육기능적인 자격까지 모두 갖추어야 한다.

이런 일들은 당회원이나 안수집사 또는 제직 중에서 선정하는 것을 원칙으로 하되 부득이한 경우에는 세례교인 가운데서 뽑아도 무방할 것이다.

② 임무

교무처장의 임무에는 여러 가지가 있다.

a. 주일학교 각 부에서 일률적으로 기독교교육(주일학교 교육)을 충실하게 실시하기 위한 연구와 계획을 세울 책임이 교무처장에게 있다. 처장의 임무를 잘 수행하기 위해서는 여러 담당(예배, 도서, 음악, 시청각, 학적) 직원을 1명 또는 2명을 뽑아 처장을 보좌하게 한다.

b. 교무부장에 따른 사업계획을 세우는 일을 관장한다. 그 일은 다음과 같다.

㉠ 운영안: 운영안의 내용인 반 편성, 반 담임 선정, 연중 행사계획 그리고 매주일 진행순서 작성 등이다.

㉡ 교재: 교재에는 3가지가 있다. 곧 교사용 교재, 학생용(어린이교본) 그리고 보조교재와 참고도서 등이다. 이러한 모든 교재를 마련하여 충실한 교육내용과 수업이 효과적으로 시행되도록 계획 관리한다.

㉢ 예배: 예배는 주일학교 교과과정에 중요한 부분인 만큼 신령한 예배를 드릴 준비와 분위기를 조성할 책임이 있는데, 부장과 지도자와 더불어 이 책임을 감당해야 한다. 곧 주일마다 예배프로그램과 순서담

당자의 일람표를 작성하여 미리 예배 준비를 하게 한다. 음악은 예배에 있어서 없어서는 안 될 중요한 순서이다. 더욱 어린이 주일학교 시간에는 음악순서 관계가 잘못되면 분위기가 산만해지기 쉽다. 그러므로 반주자와 찬송 인도자, 그리고 어린이(학생) 찬양대 지휘자 선정을 잘하여 모든 일에 유감없이 하도록 해야 한다.

㉣ 어린이나 중 고등학생의 등록, 수업, 등반, 졸업생 등 제반 교무: 이 같은 모든 것을 담당함과 아울러 학적부 정리, 그리고 각 반과 주일학교 학생 개인별 성적 정리와 관리를 맡는다.

㉤ 교구(教具), 시청각교재, 참고도서: 주일학교 교육상 필요한 교구와 시청각교재, 그리고 참고도서를 많이 준비하여 교회도서실에 비치하고 도서실을 관리하게 한다.

㉥ 팸플릿, 신문, 주보 등 발간: 어린이나 중 고동학생들에게 필요한 팸플릿, 신문, 주보 등을 발간하여 실생활과 주일학교 학생들의 견문을 넓히는 일을 맡게 한다.

㉦ 특별행사: 옛날 이스라엘 백성들이 자기 자녀들에게 교육시킬 때 유월절을 비롯한 절기를 통하여 그 정신과 생활을 교육하였다. 이와 같이 절기인 성탄절, 부활절, 추수감사절, 어린이주일, 어버이주일 등 특별한 의미를 갖는 날의 그 정신과 역사를 잘 살리도록 맡아 관리하게 한다.

(3) 생활지도처장

이미 총무처장과 교무처장의 사무 분장 설명을 통하여 그 자격과 임무를 논하였거니와, 생활지도처장 역시 중요한 위치를 차지하고 있어 그 비중을 무시할 수 없다. 그 이유는 교육이 인격 문제를 다루고, 실생활을 깊숙이 파고 들어가 생활을 개선해 줄 큰 책임을 지고 있기 때문이다. 기독교는 더욱이 신앙이 생활이기 때문에 신앙지도와 생활지도를 따로 생각할 수 없다.

이런 의미에서 우리 기독교교육은 생활을 더 철저히 지도할 책임을 지고 있다고 하는 것이다. 그래서 주일학교에 생활지도처란 부서를 두게 된 것이며, 이런 책임을 진 책임자가 생활지도처장이다.

① 자격

피교육자의 생활면을 깊숙이 파고 들어가 깊고 많은 신앙체험으로 영적 감화력을 줄 수 있는 사람이라야 한다. 그리고 인격적인 면에서도 어린이와 학생들에게 큰 영향을 줄 수 있어야 한다. 다른 처장의 자격과 같이 모범적 신앙의 소유자이면서, 특히 많은 사람에게 덕을 끼치는 사람으로 헌신적이며, 진취적, 침투적, 열정적인 성격의 소유자여야 한다.

또한 어린이와 청소년을 이해하는 데는 인정이 담뿍 담긴 이로서 자비와 겸손의 마음이 생활에 젖어 있는 분이라야 한다. 생활지도처장은 개인 개인에 대한 동정과 이해가 많은 분으로 개별상담과 그룹지도에 역량이 많아 추진력 있게 처리할 수 있어야 한다. 그리고 주일학교 교육을 위해 많은 시간과 정력을 소비할 수 있어야 한다.

어디에 이런 훌륭한 적격자가 있겠는가 하고 실망하거나 포기할는지 모르나 다소 부족한 점이 있더라도 하나님께서 살아계셔서 역사하여 주시는 것을 확실히 믿고 일하는 사람이면 적격이라 할 수 있다.

② 임무

생활지도처장의 임무에도 다음과 같은 것들이 있다.

a. 어린이 자치회나 학생 자치회, 반회(班會)들을 관리한다.

그룹지도란 집단지도를 말한다. 집단지도는 어린이 자치회, 중 고등학생 자치회, 반회, 특별그룹지도 등으로 나눌 수 있다. 이 모든 그룹들을 지도하는 일을 보좌할 담당자를 선정하여 그룹지도의 책임을 지게 한다.

집단지도 담당은 주로 자치회(어린이, 학생)를 전적으로 지도하게 하면서 반회나 특별그룹을 지도하는 분들을 도와주게 한다. 반회는 반 담임교사로 하여금 도맡아 관리하게 하되, 반드시 보고를 받도록 한다.

b. 개별지도를 관리하게 한다. 개별지도란, 개인지도 곧 한 사람 한 사람의 지도를 의미한다. 개별지도를 분류하면, 첫째로 개인상담, 둘째로 가정심방, 셋째로 어린이나 학생들의 학교를 방문하는 것 등이다.

개인상담에 있어서는 직접적인 상담(지시적), 간접적인 상담(비 지시적)이 있다. 지시상담이란 상담자가 직접 피상담자를 불러서 상담하는 것을 말하고, 비 지시상담이란 피상담자가 자발적으로 상담자에게 와서 상담하는 것을 말한다. 문제아 지도는 우선 상담이 선행되어야 선도할 방법이 포착된다.

c. 축하와 표창, 그리고 친목 등을 관리한다: 신입생 환영, 신입반에서 동반, 그리고 생일을 맞이한 교사와 어린이 및 학생들의 축하를 맡아 하게하며, 우승반, 모범반과, 모범 어린이 축하 및 특별선행을 축하하는 일 등을 맡긴다. 또한 교사 친목회와 어린이회와 학생회의 친목회도 돌보아준다.

이 모든 일을 맡아 보는 이를 '축의 담당'이라 하기도 한다.

4) 반의 관리

반 관리의 책임은 반 담임교사가 진다. 반 담임교사는 반 어린이나 중 고등학생들을 자신의 형제 자녀 같이 사랑하는 마음을 무기로 삼아서 반 관리를 하며, 교수하는 자질과 그 임무에 대한 사명감이 뚜렷해야 한다. 여기에 대한 구체적인 설명은 생략하기로 하고, 교사자격의 기준에 대한 것만 간단히 설명하기로 한다.

(1) 자격

a. 교사의 자격은 먼저 죄에 대한 철저한 인식을(시 1:1-2) 가지고 철두철미하게 회개하여 그리스도 안에서 새로운 피조물(고후 5:17)이 된

자아의식이 분명하고, 그 증거로 세례를 받아 구원의 확신(마 16:16; 행 4:12)을 가져야 한다. 그리고 중생의 체험(요 3:3)과 성령의 충만한 경험(행 4:31)이 있어야 한다.

b. 하나님께서 불러 세우심을 깨닫고 불타는 소속감으로 즐겁게 봉사하며, 모범적 생활을 하여 어떠한 일이 있든지 적극적이고, 헌신적이며, 열심 있는 자라야 한다.

c. 가능한 한 교사양성 전 과정을 이수하여 수료증을 받은 자라야 한다. 학생들을 이해하고 지도 관리할 교육자의 자질을 갖추는 것이 급선무이다.

(2) 임무

a. 반 담임교사는 자기 반 학생이나 어린이들에게 성경을 교수하면서 학생들과 어린이들의 신령한 면이 자라도록 힘써야 한다.

b. 교사는 반 어린이와 학생들의 심령을 구원하는 전도의 사명을 다하는 신앙을 지도하되, 그가 장성하여 사회인이 되어 살아가는 것까지 책임진다는 소명의식으로 임해야 한다.

c. 반 담임교사는 자기 반 어린이와 학생들의 생활을 전적으로 책임지고 관리하여야 한다. 생활지도는 심령과 심령, 마음과 마음이 서로 연결될 때에야 이루어진다. 다시 말하면, 크리스천으로서의 생활을 철저히 훈련시켜야 한다는 것이다.

반 담임교사에게는 반회 집단지도와 개개인의 생활을 잘 관리해야 할 책임이 있다.

4. 주일학교 인사행정

1) 주교 행정 책임자

(1) 교장 · 교감

교장과 교감은 주일학교의 행정, 교무, 생활지도 등 전반에 걸친 모든 책임을 진 사람이다. 교장은 미국교회의 경우 평신도 중에서 선택하는 것이 원칙적으로 되어 있으나 우리나라는 그렇지 못하다.

우리나라 장로교회에서는 특히 주일학교 교장은 그 교회 당회장, 혹은 담임 교역자가 되어야 한다는 것이 전통이 되어 버렸기 때문에 교육에 유능한 평신도가 있는 교회에서도 교장직이 명예직인양 목사에게만 맡기는 그릇된 풍토가 생기고 말았다. 그러므로 부득이 교장 대신 일을 맡아 볼 교감직을 필요로 하게 된 것이다.

교감은 평신도의 당회원이나 제직자 중에서 선정함이 좋을 것이며, 비록 기독교교육 전문지도자(교육목사, 교육 지도자)를 모신 교회에서라도 교육행정 책임을 진 교감의 직을 그들에게 겸직시키지 않는 것이 좋다. 그래야만 평신도 중에서 유능한 지도자를 발굴하여 그 기능을 발휘하게 할 수 있기 때문이다.

① 자격

교장이나 교감은 다른 일반 직원이나 교사들의 책임 이상의 것을 가져야 하기 때문에 교회에서 매우 중요한 위치에 있는 직분의 인물이다.

교회의 여러 지도자들은 기본적인 영적 생활의 자질을 갖추어야 함은 물론이거니와, 다음과 같은 자질도 갖추어야 한다.

a. 헌신적이어야 한다.

교장·교감 같은 중요한 직위를 받아들일 수 있는 사람은 하나님의 부르심을 받아 소명감에 불타는 신앙적 인물이어야 한다. 이런 소명감으로 자신의 시간, 재능, 재물까지도 아낌없이 다 바칠 수 있는 이들이어야 한다. 이러한 헌신적 인물이라면 교회뿐 아니라, 사회에까지 크게 공헌할 수 있는 것이다. 이런 헌신적 인물이 품은 열심과 충성심은 결코 일시적이나 임시적인 것이 아니라, 언제나 진실과 성실, 그리고 신실함이 결코 결여되지 않아야 한다.

b. 진취적이어야 한다.

교장·교감은 지도자이다. 지도자는 언제나 앞장서서 남을 지도해야 한다. 이들은 언제나 어떤 처지에서든지 도와줄 이들에게는 도와주고, 충고할 이들에게는 충고하고, 암시해 줄 이들에게는 암시해 주어야할 만반의 준비를 갖추도록 해야 한다.

지도자는 늘 새로운 것을 추구하고 계발할 수 있는 진취적 자세가 요구된다. 그렇다고 무조건 옛것을 버리라고 하는 것은 아니다. 옛것을 잘 평가한 후에 옛것과 관련을 맺을 수 있는 새로운 것을 생각함이 지도자의 할 일이다. 만일 전에 시행하던 것을 잘 살리지 못하고 무턱대고 새로운 것만 취한다면 시행착오나 예기치 못한 결과를 초래하기가 쉬우므로 조심해야 한다.

다시 말하면, 진취적이라고 해서 덮어놓고 새롭게 만들기를 노력하라는 것은 아니라는 말이다. 그러므로 교장·교감은 옛것, 혹 전임자의 운영방법과 체제에 대하여 올바른 평가를 한 후에 살릴 것은 살리고, 버릴 것은 버리면서 꼭 필요하고도 성취할 가능성이 있는 것만을 고치는 새로운 비전(vision)을 가져야 한다.

c. 침투적이어야 한다.

교장·교감은 결코 가만히 앉아 호령만 하는 이들이 아니므로 위대한 일의 성취를 달성하기 위하여 맹렬히 활동하는 활동가(活動家)로서 언제나 침투적인 강력한 정책을 세우기 위하여서는 누구보다 먼저 선수(先手)를 쓸 줄 알아야 한다.

또한 그는 모든 기독교교육 목적과 주일학교 목표를 완전히 성취시킬 때까지는 모든 교사들과 직원들을 지도할 충분한 지도역량을 갖추어야 한다. 이러한 지도역량만이 지도받는 이들의 힘을 북돋아 줄 수 있다.

d. 열정적이어야 한다.

열정은 지도자가 가질 가장 큰 보배의 하나이다. 이런 가장 큰 보배는 문자 그대로 "주님의 마음을 품을 때"에 있는 심적 상태를 뜻한다.

그러므로 교장, 교감, 담당교사, 그리고 모든 교회 일꾼들은 주님과 같은 열정적인 마음이 성품화되어야 한다. 단 한 사람만이라도 열심이 있다면 그 열심이 모든 직원들에게 미치는 영향은 클 것이다.

열심은 전염성을 가졌기 때문에 곧 주위 사람들에게 빠른 영향을 미치는 힘을 가진다. 이처럼 열정적인 지도자의 지도를 받는 교사나 직원들이 최선을 다한다는 것은 분명한 일이다.

e. 아동과 청소년에 대한 애정을 가져야 한다.

교장·교감은 모든 조직에 대한 깊은 관심과 문명에 대한 철저한 처리, 아동과 청소년 및 모든 사람들에게 특별한 관심을 가지고 언제나 심혈을 기울일 수 있어야 한다.

다시 말하면, 그의 심중(心中)이 어린이와 젊은이들을 위한 애정으로 가득 차 있어야 된다는 것이다. 어린이와 젊은이들을 사랑하는 정신은 어린이와 젊은이들과 같은 정서를 느끼면서 살 때에 생기는 것이다. 그러니까 어린이와 젊은이들의 친구가 되어 주어야 하는 것이며, 그러한 가운데 또한 존경받을 수 있어야 한다. 교장·교감은 모든 사람의 벗인 동시에 지도자인 것이다. 또한 어린이나 젊은이들뿐 아니라, 청년들을 위하여서도 심혈을 기울이는 관심과 애정의 소유자가 되어야 한다.

② 임무

a. 주일학교에 대한 관심을 증진시킨다.

교장·교감에게는 주일학교를 발전시킬 중대한 책임이 있다. 주일학교를 확장시키며, 개량시켜 나갈 모든 계획을 지휘하면서, 또한 직접 다루어 나아가야 한다.

그들의 제일 중요한 임무는 주일학교에서 수고하고 있는 모든 직원들에게 일을 분담시키는 것과, 그들로 하여금 주일학교 운영 전반 사항을 실제로 생각하게 하고, 생각한 바를 계획하고, 계획한 바를 실제로 운영에 적응하게 하는 것이다.

다시 말하면, 봉사하고 있는 교사들이나 직원들에게 자기 일에 대하여 큰 관심을 갖도록 여러 가지 계획과 분위기를 조성하여 줄 책임이 있다는 것이다.

또한 그 지방에 살고 있는 사람들에게도 주일학교를 통하여 교회와 주일학교에 대하여 관심을 갖게 할 중요한 사명도 있다. 때를 따라 교사들과 직원들이 협조하여 그 지역에 사는 어린이와 청소년들의 명단을 세밀하게 조사하여 1년에 한두 차례 축호전도를 할 계획을 세우는 것도 의의 있는 일이다.

교장·교감은 언제나 연중계획에 따른 행사를 적극적으로 지도하고 격려해야 한다. 교회로부터의 지원과, 성도들로부터의 협조, 그리고 온 교회의 관심을 갖게 하기 위해 교장 역할을 감당해야 한다.

주일학교가 성장하는 것은 교장·교감의 관심 있는 적극적 활동에서 비롯되는 것이라 할 수 있다. 그 이유는 그들이 모든 직원들에게 더 좋은 일의 성과를 얻게 하며, 아울러 새로운 관심과 열심을 증진시킨 결과이기 때문이다. 새로 나온 어린이나 청소년 그리고 장년들이 많이 등록하게 되면 이에 따라 새로 반이 편성되고, 교사가 임명되고, 주일학교의 기구도 많이 커지게 된다. 그러므로 언제나 교회나 사회에 대하여 주일학교에 대한 관심을 갖도록 힘쓸 책임이 교장과 교감에게 있는 것이다.

b. 주일학교의 모든 활동을 지도한다.

지혜로운 교장·교감은 주일학교의 모든 활동을 지도 관리함에 있어서, 직접 하지 않고 각 부 부장을 통하여 간접적으로 한다. 물론 명령계통을 잘 세우는 책임을 소홀히 해서도 안 되겠고, 각 부의 모든 활동과 실제 교육을 지도할 책임을 잊어서도 안 되겠지만, 이것저것 직접 나서서 하는 것보다는 각 부장과 교사들과의 개인접촉을 통하여 그들의 책임과 사명을 잘 감당하도록 도전하며 격려해 주는 책임이 더 크다고 할 수 있다. 조직체계와 행정일원화의 체계를 확립하여 각 부 부장들을 신앙적으로 직접 지도하는 반면, 일반 직원에게도 사랑과 덕으로써 간접적으로 잘 지도해야 한다.

확실한 조직체제 아래서 충고나 암시, 그리고 격려가 잘 이루어진다면 각 부장들과 직원들은 큰 힘을 얻어 자기의 책임을 성실히 능동적으로 완수할 수 있게 될 것이다.

c. 교사, 직원들의 정기적인 회합을 잘 유지한다.

교장과 교감은 교사와 직원들이 모이는 정기적인 회합을 잘 유지할 책임을 지니고 있다. 교육기관이 정기적인 회합, 곧 총회나 월례회, 직원회 같은 모임을 가지지 않는다면 효과적인 기능을 발휘할 수 없으며, 상하 좌우의 유기적 협조가 결여되어 독선과 시행착오가 유발할 가능성이 있게 된다. 그러므로 교장과 교감은 정기적인 모임을 제 때에 갖도록 실무진과 함께 일정표를 만들어 시행해 나가야 한다.

또한 기회를 갖고 좌담회나 수양회를 개최하기도 해야 한다. 이러한 특별 모임은 교사들과 일반 직원들로 하여금 생각과 행동이 일치되어 이상을 향하여 일할 수 있게 해 준다.

d. 교사들이 능률적인 교수를 하도록 뒷바라지를 해 주어야 한다.

주일학교를 가장 효과 있게 진행 발전시키려는 지도자라면, 교육을 잘할 수 있는 장소 문제를 특별히 고려하지 않을 수 없을 것이다.

교육을 제대로 실시하려면 그만한 교육시설(건물)이 있어야 하는 것이며, 알맞게 교육할 수 있는 환경이 마련되지 못하면 교육의 효과는 그만큼 저조할 것이다. 그러므로 각 교회마다 교육관이 절실히 요청되고 있는 것이다. 사실 우리나라의 대다수 교회의 실정으로는 넉넉하고 효율적인 교육공간 확보가 어려워 주일학교 교육이 많은 지장을 받고 있는 실정이다. 그러나 이러함에도 불구하고 많은 주일학교 지도자들은 주어진 환경에 맞는 프로그램을 만들어 미비한 시설 속에서도 나름대로 훌륭하게 교육하고 있는 것은 그들의 열심 때문이다.

그러나 언제까지나 여기에 만족할 수는 없다. 앞으로 교회당을 건축할 때에는 주일학교 교육을 특별히 고려하여 건축해야 할 것이다. 교육기자재의 사용이 용이하도록 설계하는 것은 물론, 음향과 조명도 청소년과 아동들의 교육활동에 맞게 설계되어야 할 것이다.

e. 재정관리를 잘해야 한다.

주일학교를 잘 관리하려면 교장·교감은 교육에 필요한 재정적 뒷받침을 잘 해주어야 한다. 주일학교가 효과적이고 발전적으로 성장하기 위해서는 신앙적인 생활 뒷받침도 있어야 하겠지만, 동시에 재정적인 뒷받침도 있어야 한다. 교장과 교감은 주일학교 운영에 필요한 재정을 알맞은 시기에 뒷받침하도록 교회와 긴밀히 협조하여 교육기자재 시설과 보조 교재를 마련하는 데에 노력해야 한다.

(2) 부장

주일학교 지도부(교장, 교감, 부장)들은 전적으로 교회를 위하여 봉사하는 당회원이나 제직자들이어야 한다는 것은 원칙이다. 부장은 지도자이기 때문에 보조적인 역할에서 그치거나, 목사(교장·교감)가 결석하였을 때 그 자리를 메우는 대용품이 되어서는 안 된다. 언제나 하나님과 같이 일하며 주님 대신 일하고 있음을 잊어서는 안 된다. 이들의 불규칙한 결석이나 지각, 그리고 무관심하고 무책임한 태도는 주일학교의 발전에 크나큰 걸림돌이 될 것이다.

기독교교육의 새로운 분야가 크게 확대된 것은 주일학교의 각 부가 조직되고, 부장직이 생기고 난 후의 일이다. 교장·교감도 없어서는 안 될 중요한 행정가들이지만, 부장은 이들 못지않은 큰 비중을 차지하고 있다. 비록 기독교교육을 전적으로 책임진 교육전문 지도자가 있어 기독교교육에 대한 전적인 책임을 진다고 하더라도 각 부장은 부장대로의 책임을 수행해야 한다.

다시 말하면, 부장은 교사 통솔과 훈련(강습), 교육자료 구비, 교육프로그램 진행 등을 전적으로 맡아 수고하는 중요한 행정 책임자이다. 특히 부장은 그 부의 인사행정은 물론, 교사와 직원들로 하여금 언제나 생명이 약동하는 추진력으로 봉사할 수 있도록 권장할 책임을 지고 있다. 아울러 부장은 교회 전체 프로그램에 관한 기독교교육의 한 부분을 도맡았다는 것을 잊지 말아야 한다.

① 자격

부장도 교장·교감과 다름없이 기본적인 영적 생활의 자질을 갖추어야 될 뿐만 아니라, 성격적으로도 헌신적, 진취적, 침투적, 열정적인 자질을 갖추어야 한다. 그는 맡은 부에 속한 피교육자들의 정신연령을 잘 파악하여 알맞게 지도할 수 있는 이라야 한다. 그는 기독교교육 전문 지도자와 교장·교감의 협조를 얻어 자기 부의 조직과 관리에 대한 관심과 노력을 아끼지 않고, 전적으로 책임지고 이끌어 나갈 사명감의 자격을 갖추어야 한다.

② 임무

a. 부의 활동과 관심을 촉진시킨다.

주일학교의 전체적인 조직에도 관련되어 있다는 것을 잊어서는 안 된다. 그러나 자기가 맡은 부의 계획과 프로그램을 촉진시킬 수 있는 자유 활동을 완전히 보장받고 있어야 한다. 그렇게 해야 자기가 지니고 있는 기능과 실력을 충분히 다 발휘할 수 있기 때문이다. 마음 놓고 자유롭게 일할 수 있는 분위기를 보장하여 준다는 것은, 주일학교 전체 조직에서 이탈하거나 지휘통솔에 따르지 않는다는 것을 뜻하는 것은 아니다.

이것은 전체적인 조직 안에서 일정한 공동목적과 목표를 살리기 위하여 각자가 지닌 기능과 실력을 충분히 발휘할 수 있는 분위기를 조성하는 것이다. 본래의 사명을 다하여 담당한 부의 발전을 도모하되, 전체 주일학교 운영방침이 일원화 되도록 하여야 한다는 원리에서 벗어나서는 안 된다.

b. 효과적인 예배를 드릴 수 있도록 준비를 잘 하며 진행시킨다.

오늘날의 주일학교 커리큘럼 가운데 중요한 부분을 차지하고 있는 것은 예배이다. 주일마다 진행되는 예배순서는 찬송, 기도, 요절, 어린이 설교 등 모두가 그 주일의 공과내용과 연관성 있게 진행하도록 되어 있다. 그러하더라도 개교회 실정과 개성을 따라 어린이들이 직접 예배 순서에 참여하도록 고려해야 한다. 기도와 헌금, 찬양, 특별순서 등에 어린이를 직접 참여시키는 문제를 검토하고, 그 당번을 사전에 조직하고 점검해야 한다.

c. 주일학교의 모든 활동을 지도한다.

주일학교에서 성경 공부하는 시간은 매우 짧다. 주일학교 시간 자체가 일반학교 시간에 비해 짧지만, 그 가운데서도 성경을 배우는 시간은 너무 짧다고 아니할 수 없다. 그래서 많은 주일학교에서는 부족한 성경공부를 보충하기 위하여 숙제를 내주는 일, 공작이나 노작교육, 발표회 등의 시간을 가진다. 이런 모든 실제의 교육면에까지 책임을 지는 이는 부장이다.

d. 자기 부의 교사나 직원의 회합을 인도한다.

각 부에서는 최소한 한 달에 한 번은 꼭 교사와 직원들이 회합하여 자기 부의 운영문제와 교육문제를 반성하여 연구 검토해야 한다. 부장은 단독으로 일을 추진하거나 독선적 지휘를 할 것이 아니라, 교사의 의견과 아이들의 반응을 수용할 수 있는 아량과 관심을 갖고, 아버지 같은 정성으로 맡은 직책을 감당해야 한다.

2) 각 부 모임

(1) 교사월례회

교사 월례회나 실무자회의는 주일학교에서 가장 중요한 회합 중의 하나이다. 이 모임에서 합심하여 기도하는 것과 계획하는 것과, 연구·평가·점검은 주일학교의 모든 교육적 효과와 성공이 결정되는 것이다. 그러므로 전 주일학교의 실무자들이나 교사나 보조원들이 전원 참석하도록 해야 한다. 전 교사들은 주일날 아침에 그들의 맡은바 직무수행을 위해 참석하는 것 같이 교사 월례회나 실무자회의에 참석하는 것도 중요하다는 것을 알아야 한다.

만일 교사들이 월례회에 참석하는 것을 소홀히 한다는 것은 교사의 기본적인 자세에 문제가 있다고 볼 수 있다. 주일학교에서 교사들에게 서약을 하는 제도를 사용하는 것은 전통인데, 이는 가르치기 전에 먼저 상하 좌우의 조직 속에서 협동할 수 있는 기회를 제공해 주는 데 가장 좋은 방법이다.

교사들이 출석하는 것만으로는 교사 월례회가 좋은 효과를 거둘 수 없다. 지도자들은 이를 위해 가치 있는 시간을 보낼 수 있도록 교사로서의 새로운 도전을 주고, 새로운 정보를 교환하며, 특히 말씀으로 사명감을 새롭게 하는 기회가 되어야 한다. 또한 중요한 문제도 추진되어야 한다. 목회자나 주일학교 각 부 부장은 이를 위하여 세심한 계획을 세워야 할 것이다.

(2) 부별 월례회

교사 월례회는 각 부의 교사들이 따로 나눠서 하는 부별 월례회 시간도 포함한다. 각 부의 부장은 이 월례회를 통솔해야 하며, 가장 좋은 시기를 선정해야 한다. 부장은 기독교 위원회의 적절한 행동과 각 부 부장에 의하여 적응될 정책, 다른 문제들과의 협의 등을 포함한 그들 자신의 보고를 해야 한다. 월례회가 이와 같은 형태를 가지게 된 주요 목적은 각 부의 현안 문제들에 대한 의논과 해결에 있다.

교사들에게 자신의 의견을 나타낼 수 있는 기회를 제공해 주고, 교사들로 하여금 그들의 가치와 중요성을 인식하게 할 것이다. 이 기회에 교사들은 교육계획과 행사계획에 따른 이해와 바른 교수를 위한 지침을 교육 받는 기회를 가지게 된다.

(3) 부장 월례회

적어도 1년에 두 번씩 부장은 교육목사 및 교장, 교감과 만나는 시간이 있어야 한다. 이를 통해 주일학교의 교육 방침의 설명과 추진, 모든 프로그램과 교육에 대한 특별한 지침 시달, 계절성경학교, 경연대회 등에 대한 대비와 계획이 설명되고 협의되어야 한다.

본 회의에서 교육위원회에 의하여 진행되는 활동들을 관찰할 수 있어야 하고, 이행되기 위한 방안이 마련되어야 한다.

(4) 실행위원 월례회

주일학교의 간부가 되는 지도자들은 정기적으로 모임을 가져야 한다. 이것은 교회에서 선출한 교육위원회로의 모임을 말하는데, 여기에서는 교회의 전체적인 기독교교육에 대하여 책임을 진다. 그러나 기독교교육위원회와 주일학교 실행위원회는 같지 않다. 주일학교 실행위원회는 단지 주일학교에 관계되는 일들만 책임을 지지만, 기독교교육위원회는 교회의 전반에 걸친 교육적 문제들에 대해서 책임을 진다.

기독교교육위원회는 기독교교육의 프로그램을 창안하고, 통일하고, 관리한다. 그렇게 하면 일이 겹치거나 의무의 전가나 삭제함이 없이 효과적이며 편리한 일을 할 것이다. 이 위원회의 권위는 교회에서 위임받은 것이며, 교회의 프로그램과 허용된 방침 안에서 그의 기능을 발휘하는 것이다. 주일학교 부장이나, 각 부의 기독교교육 지도자나, 또는 다른 단체들과 개인들의 행정적인 책임을 대표한다.

(5) 반회

청년이나 장년부에서 부원들이 월별이나 학기별로 주일 저녁에 모이게 하여 각 부별로 조직하게 할 수 있다. 이 반회에서는 자치회에 준한 자율적 과제와 친교에 관한 협의를 할 수 있으며, 실제로 친교 프로그램을 진행한다. 다른 방면으로는 평소 주일학교에 참여하지 않거나 열심이 식은 사람들을 초청하여 친교의 시간을 가짐으로써 그 기회를 통해서 다시 신앙생활 할 수 있게 하고 힘을 내게 한다.

제6편

성경개론

1. 서 론

성경 중심으로 산다는 사람들 중에 성경을 열심히 읽는 것에서 큰 가치를 찾으려고 하는 사람이 있다. 즉 무조건 읽기만 하면 큰 공적이 되는 것으로 생각하고 읽는 것이다. 그러나 그렇게 다독하는 것으로 성경을 잘 안다고 할 수는 없다.

한국교회는 하나님의 말씀인 성경을 존중하고 사랑하지만 그것을 바로 보고, 바로 적용하고, 바로 배우지 못하여 많은 사이비 종교가 일어나고 있는 것이다.

성경은 66권의 저자가 각각 다르며, 연대와 환경이 다르기 때문에 평면적으로 관찰하는 것으로 끝난다면 그 모습 전체를 보았다고 할 수 없다. 성경은 입체성을 가진 것이어서 여러 차원에서 관찰해야 옳은 지식을 얻을 수 있다. 돌팔이 의사가 제 나름대로 처방한 약으로 만병통치를 주장하는 약장사 격으로 오늘날 성경을 제 나름대로 해석하는 사람들로 인하여 교회와 사회가 혼란해진 것이다.

성경이 하나님의 말씀인 것과, 하나님께서 사람들을 통하여 영감으로 계시하신 사실을 발견해야 한다. 성경이 사람의 글이 아니라, 하나님이 사람을 통해 주신 하나님의 말씀인 것을 찾아내야 한다.

2. 하나님의 말씀

1) 말씀하신 방법

(1) 직접 음성으로

히브리서 1장 1-2절에 "옛적에 선지자들을 통하여 여러 부분과 여러 모양으로 우리 조상들에게 말씀하신 하나님이 이 모든 날 마지막에는 아들을 통하여 우리에게 말씀하셨으니"라고 기록되어 있다. 히브리서 기자는 하나님께서 여러 부분과 여러 방법으로 사람에게 말씀하셨다고 생각한 것이다.

먼저 생각해야 할 것은 하나님께서 말씀하신다는 것이다. 하나님께서 사람처럼 입이 있고, 어떤 특정 언어가 있어서 우리들이 입을 열어 말하는 것 같이 말씀하셨다는 것일까? 물론 그런 것은 아니다. 성경에 보면 여러 곳에 하나님의 직접적인 음성이 나타난 것을 알 수 있다.

이사야가 성전에서 들은 음성, 사무엘이 들은 음성, 예수께서 세례 받으실 때와 변화산에서 들으신 음성 같은 것 등이다. 그것들이 직접적인 하나님의 음성이라고 하더라도 그것은 성경의 극히 적은 부분을 차지할 뿐, 나머지는 그런 종류의 하나님의 말씀이 아닌 것이 분명하다. 실은 이사야가 들은 말씀이나(이것은 히브리말로 들렸을 것이다), 예수님과 세례 요한이 들은 말씀은(이것은 아람말로 들렸을 것이다) 하나님께서 인간에게 말씀하시는 일종의 방법으로 사람에게 계시하려는 뜻을 인간이 이해할 수 있는 언어로 들려주신 것이다.

우리가 흔히 생각하기를 하나님께서 사람의 언어를 통하여 직접적으로 말씀하시거나, 예언자나 사도들에게 말로써 들려주신 성경이라고 한다면, 이렇게 여러 부분에 걸쳐 여러 방법으로 말씀하셨다는 것은 무엇을 의미하는 것일까?

하나님께서는 사람에게 말씀하시되, 사람들이 알아들을 수 있는 방법으로 하셨다. 하나님은 영이시며 높은 차원의 존재이시기 때문에 그 영의 차원에서 영적인 말씀을 하신다면 사람은 도저히 알아들을 수 없는 것이다. 세상 평면에서 사는 사람들끼리도 나라가 다르고 언어가 다를 때 흔히 의사가 통하지 않는 경우가 많이 있는데, 하물며 존재의 차원이 다르며 무한한 간격을 가진 하나님과 인간 사이에서는 더욱 그럴 것이다. 그렇기 때문에 하나님께서 그의 신령하신 뜻을 역사하시는 공작을 하셔야만 했던 것이다.

(2) 역사적 사건을 통하여

하나님의 뜻이 인간에게 전달되기 위하여 인간이 보고, 듣고, 만지고, 느끼고, 깨달을 수 있는 여러 가지 형태를 도구화하여 구체적으로 나타났다. 사람의 생각 속에 들어있는 생각이나 사상은 보이지 않는다. 그것이 생각의 차원에 그냥 남아 있으면 남에게 전달되지 못하는 것이다. 일단 그것이 행동으로 표시되거나 말로 설명되거나 언어로 기록될 때, 즉 구체화하여 표현될 때 비로소 사상이 전달된다.

이와 같이 하나님의 뜻이 신령한 차원에 그냥 남아 있는 한, 사람에게 전달될 수 없는 것이기에 하나님께서는 여러 부분과 여러 모양으로 인간 역사의 수준에 내려와 그 속에 구체화하여 인간에게 말씀하셨다는 말이다. 그것 외에는 다른 방법이 없기 때문이다.

초월자이신 하나님, 거룩하신 하나님, 절대자이신 하나님께서 약하고 어리석고 상대적인 인간에게 그의 뜻을 전달하시려고 할 때 인간이 지각할 수 있는 방편, 곧 역사의 방편을 채택하셨다는 말이다. 하나님의 아들이 사람의 몸을 입고 오신 사건, 즉 말씀(로고스)이 육신을 입으신 사건만이 하나님의 역사화 작업이 아니고, 성경에서 주신 말씀은 모두 역사화한 하나님의 말씀이라고 말해야 할 것이다.

역사를 통한 하나님의 말씀은 또한 여러 가지 모양으로 분류될 수 있다. 사람들이 자기의 의사를 전달하는 데 사용하는 방편이 수다한 것처럼, 하나님께서 역사를 통하여 말씀을 전달하실 때 사용하신 방편도 여러 가지로 나타났다.

하나님은 우선 역사 속에 사건들을 일으키셨다. 생기고, 없어지고, 변하고, 움직이는 우주만물 어느 하나라도 하나님의 섭리에 의하지 않은 것이 있을까마는, 하나님께서 인간에게 주시는 특별한 말씀으로써 역사적 사건들을 일으켜 주셨다. 우리는 연극이나 영화에서 그 작가의 의도를 깨닫고 배우는 것처럼, 하나님께서 일으키시고 간섭하신 사건 하나하나에서 하나님의 마음과 뜻을 깨닫고 배우게 된다.

(3) 사람을 통하여

인간 역사의 주역은 대개 사람이다. 그러므로 하나님께서 역사 속에 일으키시는 사건들 중에 가장 중요한 부분은 사람을 택해서 그들의 생활과 말을 통하여 역사하시는 일이다.

모세, 여호수아, 사무엘, 다윗 같은 영도자, 제사장, 왕들을 택하여 그들을 통해 신앙생활, 국가생활, 도덕생활 등의 규범을 구체적으로 말씀하셨으며, 특히 예언자들을 세우셔서 그들을 통하여 역사를 해석하게 하시고, 하나님의 뜻을 받아서 사람의 말로 전달하게 함으로써 타락한 백성에게 각성하게 하며 소망을 주었다.

하나님께서는 많은 사람들 중에서 특별히 몇을 택하여 그들에게 영감을 주시고 신비한 능력으로 하나님의 뜻을 깨닫게 하셨다. 이렇게 신비스럽게 하나님의 뜻이 예언자들에게 이르자, 예언자들은 그것을 그 당시의 백성들이 알아들을 수 있는 언어와 기호로써 표현하여 전달해야 했던 것이다. 이를테면, 불가사의한 초자연적인 어떤 방법을 통하여 받은 하나님의 말씀을 이제는 역사적이고 자연적인 말로 바꾸어 사람들이 알아들을 수 있게 전달해야 하는 것이었다.

하나님께로부터 감동을 받고 예언자로 소명을 받은 후에, 그들은 하나님의 사람이라는 자각과 확신을 가지고 모든 사건을 진단하고 분석하며, 하나님을 대신하여 때로는 견책하고, 때로는 옹호하며, 때로는 위로했던 것이다.

이렇게 예언자들을 통하여 말씀하실 뿐만 아니라, 하나님은 또한 시인들과 지혜자들을 통하여 말씀하셨다. 예리한 감각과 통찰력을 가진 사람들을 통하여 하나님과 인간의 여러 가지 관계를 시적으로 아름답게 묘사하고 옳게 하셨다. 그뿐 아니라 지혜자들을 통하여 인간이 가져야 할 모든 실체적 지혜와 생활원리를 가르치고 보여 주셨다.

(4) 아들을 통하여

이와 같은 여러 모양으로 말씀하신 하나님께서 "마지막 때에는 아들을 통하여 말씀하셨다"라고 한 것은 하나님이 사람의 몸을 입으시고 세상에 오신 역사적 사건 그 자체가 하나님께서 우리에게 하시는 말씀이었다는 것이다.

예수라는 이름을 띄고 인간의 몸을 빌려 세상에 나시고, 자라시고, 말씀하시고, 가르치시고, 병을 고치시고, 기적을 행하시고, 고난을 당하시다가 십자가에 달려 죽으시고, 다시 살아나신 그 모든 사건들이, 곧 인간을 향한 하나님의 극적인 말씀이시다. 예수님의 입에서 나온 말씀만을 아들을 통하여 말씀하신 것으로 보아서는 안 된다. 요한복음 기자의 말과 같이 예수님이 곧 말씀이라고 보아야 한다.

예수의 사건 하나하나와 그의 말씀 한 마디 한 마디는 하나님께서 인간에게 말씀하시려는 뜻을 내포하고 있으며, 그것들도 역시 역사 속에 구체화한 하나님의 말씀의 일종이라고 볼 수 있다.

예수의 승천 후, 그의 약속에 따라 성령을 보내셔서 성도들을 일으키시고 교회를 이루게 하셨다. 그리고 사도들과 예언자들과 교사들을 감동시켜서 예수 그리스도의 사건과 말씀을 해석하여 가르치게 하셨다. 그리하여 하나님의 말씀은 사도들과 그 측근자들에 의해서 초대교회에 전달되었던 것이다.

이렇게 하나님의 계시가 여러 가지 모양으로 사도들에게 나타남과 동시에, 그것들이 하나님의 사람들을 통해서 문서화하게 될 때 더욱더 다양성을 갖게 된 것이다. 하나님의 말씀이 사람의 언어를 통하여 표현되려고 할 때, 각양각색의 표현 양식이 채용될 수밖에 없었다.

또한 성경의 계시를 인간에게 주시던 때는 지금부터 약 4천년 내지 2천년 전이었기 때문에 그 시대의 사람들이 가지고 있던 여러 가지 지식과 우주관과 제도와 표현 양식을 이용하는 수밖에 없었다.

우리 현대인은 과학적 지식을 가져서 사물을 과학적으로 관찰하고 과학적 정확성을 진술하려고 한다. 과학이 없는 옛사람에게는 과학적으로 사실을 설명할 수 없었기 때문에 자연히 신화적인 표현법을 써서 설명할 수밖에 없었던 것이다.

예수님은 비유를 많이 사용하셨다. 그 비유의 소재는 생활 주변에서 가져온 창작된 이야기로 역사 사건은 아니지만, 그 비유 속에는 황금과 같은 값진 진주가 담겨 있다. 구약의 시인들은 시로써 그들의 의사와 사상을 표시했고, 많은 예언자들도 시적 표현으로써 진리를 진술했다. 역사적 사건을 산문으로 기술한 부분도 있고, 개인이나 단체에게 보내는 편지도 있다. 희곡도 있고 묵시문학도 들어있다.

그러므로 성경을 처음부터 끝까지 모두 다 같은 성격의 것으로 보고 판단하는 것은 잘못이라는 것을 알 수 있다. 역사는 역사로, 시는 시로, 비유는 비유로, 격언은 격언으로, 이야기는 이야기로, 희곡은 희곡으로, 각각 분류하여 거기 해당하는 적절한 해석법에 따라 해석할 때 그 계시의 참뜻을 바로 깨닫게 되는 것이다.

하나님은 이와 같이 여러 부분과 여러 모양으로 인간에게 말씀하셨는데, 그 말씀이 수록되어 있는 것이 성경이다.

2) 성경의 권위

교회와 교인의 신앙생활의 절대적인 권위는 성령을 통하여 말씀하시는 그리스도시다. 그리스도 안에서 우리에게 말씀하시는 목소리를 들으려면 성경에서 들을 수 있는 것이다.

(1) 성경의 권위는 예수의 권위와 같다.

예수께서는 사람들 앞에서 자기 권위를 세우려 하지 않으시고 하나님의 말씀을 전하셨으니, 이는 보통 사람들이 하는 일에 반대되는 것이었으며, 이에 그의 권위가 있었다. 그리스도뿐만 아니라 사도들도 그리했다. 즉 외적인 권위보다 사랑의 설복으로써 신도들을 지도했다. 바울도 권위와 압력 대신에 권유와 설명으로 교회들을 대하였다.

주께서 우리에게 말씀하시는 데 쓰신 성경을 우리 생활의 형식적 표준으로 삼는 것은 예수께 대해 가장 불충분한 것이라 할 것이다. 우리가 성경을 읽을 때 가지는 심정은 우리가 주 앞에 나갈 때 가지는 것 같은 겸손한 믿음이어야 할 것이다. 주께서 우리와 만나시는 곳이라야 할 성경은 우리 생활상 최고의 진리이다. 이 진리를 우리 안에서 성취시키는 것이 그리스도의 목적인 동시에 성경의 목적이다.

(2) 식별과 해석

오늘의 성경학자들이 말하는 성경 내용에 대한 비판적 식별과, 객관적 최종적 묵시인 성장 내용에 대한 믿음을 똑같이 병행시켜야 한다.

① 성경을 읽을 때 거기 표현된 자연에 대한 기사는 그 시대의 산물로 보아야 옳을 것이요, 오늘의 과학적 서적으로 읽어서는 그 본의(本意)에 어그러지는 일이라 하겠다.

② 성경에 기록된 묵시의 내용과 그 묵시를 표현하기 위해 쓴 여러 가지 상징을 분간해야 한다. 성경의 역사적 비판은 여러 가지 상징에 대한 본뜻을 찾는데 우리에게 큰 도움을 주었으니 그 대표적인 것이 곧 요나서이다.

③ 성경에 기록된 묵시는 진보적이다. 신약은 구약의 완성이라는 관념에도 나타났거니와 하나님께서 그 구원의 묵시를 시대를 따라 역사를 통해 나타내셨으니, 그것이 성경의 내용이다. 따라서 구약의 모든 예언의 실현으로 예수가 세상의 구주로 나셨으니, 모든 권리의 표준이 예수이다.

④ 성경에 포함된 여러 가지 기사의 식별을 성경을 토대로 하지 않고 다른 신학적 철학적 입장으로 해석해서는 안 된다. 성경의 수많은 기사 이적이나 말세론의 해석 같은 것이 더욱 그러하다.

⑤ 복음서와 서신들의 교훈을 기계적으로 사용하여 어떤 구절의 인용으로 어떤 문제를 해결할 수 있다는 관념을 버려야 한다. 성경의 내용 식별에는 최대한 겸손과 주의와 반성이 요구된다.

⑥ 성경은 하나님의 영감으로 기록한 책이므로 성령의 감동으로 영감을 받아 읽고 해석할 때, 성경의 참 뜻을 알 수 있는 것이다.

(3) 하나님의 말씀인 성경

성경에 기록된 하나님의 말씀은 기계적으로 기록된 것이 아니라, 하나님께서 사람들에게 계시하신 말씀이다. 신약에 나타난 '말씀(로고스)'이란 다음과 같은 뜻을 지니고 있다.

① 하나님이 그리스도를 통해서 인간에게 나타내신 복음(메시지)의 내용, 곧 사도들이 전도로 증언한 것(막 4:14-20; 행 16:6; 계 1:2; 행 15:17; 고전 1:18; 빌 3:16).

② 복음 선언에서 나타난 생명, 행동, 믿음을 위한 진리의 전체, 곧 복음의 축복을 받기 위해서는 그 전부를 받아들여야 할 진리(골 1:5; 딛 1:9; 벧전 2:8, 3:1; 약 1:22; 고후 4:2).

③ 세상의 창조와 섭리에 나타난 하나님의 활동적인 능력(벧후 3:5; 히 1:3).

④ 신자들의 믿음의 생각과 교회 안에서의 하나님의 구원하시는 활동(히 4:12, 6:5; 약 1:18; 엡 5:26; 골 3:16).

⑤ 요한의 독특한 사상인 영원히 활동하시는 창조적 이성으로 나타나신 하나님의 영원하신 존재, 곧 세상을 창조하시고 사람에게 생명과 이해력을 주시고, 마침내 예수 그리스도로 나타내신 이(요 1:14; 요일 1:1; 계 19:13) 등이다.

'하나님 말씀'이란 살아계신 인격적인 하나님의 창조로써 나타난 활동과, 인간에게 보이시는 묵시, 특히 복음에 타나나시고 활동하시는 이를 뜻한다. 여기서 '복음'이란 말은, 첫째, 복음의 내용, 곧 하나님 자신이 자기를 주시고 자기를 나타내시는 구원의 활동으로 그리스도 안에서 나타내신 것. 둘째, 처음 간증자들의 전도와 교훈으로 선언된 복음. 셋째, 신자들의 마음과 생활에서 복음을 유효하게 만드는 것 등과 같이 객관적 의미를 포함한다.

이러한 여러 가지 의미에서 '말씀'이란, 말보다 더 좋은 상징이 없을 것이다. 그리스도를 '하나님의 말씀'이라 부르는 데는 기독교 진리의 가장 깊은 근거와 높은 표준이 단지 글로 쓰여 문헌에 보존된 것에 있는 것이 아니라, 살아계신 말씀인 그리스도에게 있는 것이다.

성경을 하나님의 말씀으로 생각한 것은 기독교 사상에 있어서 상당히 후인 종교개혁 이후부터 더욱 현저해졌다. 그러나 칼빈은 성경의 말씀과 하나님의 말씀을 동일시하지 않았다. "하나님은 성경에 기록된 말씀을 자기의 살아계신 말씀에 조화시켜 그 구원의 활동에 있어서 같은 효과를 내게 하시는 바, 성경의 말씀과 하나님의 구원하시는 말씀은 그리스도 안에서 합일된다."(파머).

(4) 성경은 전도의 권위 있는 기초이다.

복음을 설교의 형식으로 세상에 공포하는 것은 일찍부터 인간을 구원하시려는 하나님의 활동에 없어서는 안 될 것으로 생각해 왔다. 복음의 전파는 그 성질상 필연적인 것이다. 전도는 기회 있는 대로 복음의 말씀(곧 그리스도)을 사람들 앞에 전하며 그를 증언하는 것이다. 교회의 오랜 전통인 전도(설교)는 원칙적으로 성경을 토대로 해왔다.

성경을 기초로 한 설교는 전도자에게 무게와 권위를 준다. 이는 밖에서 오는 피상적인 것이 아니라 내적 영적인 것이다. 성경에 입각한 전도자의 올리는 기도와 공포하는 믿음은 비록 부족할지라도 하나님의 살아계신 말씀에 끌어올림을 입어 하나님의 인류 구원의 목적을 이루는데 크게 이바지할 것이다.

3. 구 약

1) 구약성경의 형성

(1) 구약성경의 기록 과정

마침내 문서화하여 책에 기록된 하나님의 말씀은 먼저 역사적 사건과 하나님의 사람들의 생활과 말 속에 구체적으로 나타났다.

그것이 긴 역사 속에 여러 기자들의 손을 통하여 차례로 기록되었고, 오랜 시일에 걸쳐 하나님의 백성에 의하여 읽혔고, 신비스러운 과정을 통해서 경전으로 채택되었다. 이렇게 성경은 긴 역사를 통하여 형성된 것이다.

성경이 하나님의 말씀인 것이 사실이지만, 동시에 그 어느 부분도 사람들의 글이 아닌 것이 없다. 즉 특정한 저자들이 고유한 환경 속에서 하나님의 감동으로 기록한 책들이 모여서 성경이 된 것이다. 그러므로 성경은 역사적인 검토와 문학적인 연구의 대상이 될 수 있다.

이제 구약 성경으로부터 시작하여 그 속에 포함된 책들이 대개 어떤 경로를 거쳐서 기록되었는가 하는 것을 역사적으로 진술해 보기로 하자.

구약성경은 물론 유대교의 경전이기도 하다. 우선 유대인들이 자기들의 경전인 구약성경을 어떻게 생각하였는가 하는 것을 한두 가지 대표적 문헌을 통해서 알아보자.

요세푸스(Josephus)라는 유대인 학자는 이렇게 말했다.

"성경은 하나님의 영감으로 된 것이며, 일정한 계시의 기간에만 기록된 것이다. 즉 모세로부터 아닥사스다 왕 때까지 기록된 것이다. 또한 성경은 그 내용 자체의 거룩한 성격 때문에 세속적 문헌과는 구별되는 것이며, 그것을 다치기만 해도 손이 부정을 탄다. 그러한 손은 결례(潔禮)의 의식을 통해서만 깨끗함을 얻을 수 있다. 성경에 포함되는 책의 수는 제한되어 있다(어떤 곳에서는 22권, 어떤 곳은 24권). 또한 단어 하나도 변해서는 안 된다."

이와 같은 요세푸스와 그 시대 유대인들은 성경의 각 저자들이 하나님의 영감을 받아서 기록했기 때문에 성경은 신인적 권위가 있다고 생각했다. 아닥사스다 왕 때에는 이미 그 경전이 완성되었다고 보았다.

그러나 에스드라4서 14장 18-48절(100 A.D.)에 의하면, 경전이 점진적으로 형성된 것이 아니라 에스라 때에 단번에 되었다고 말한다. 즉, 예루살렘 함락 후 30년이 되는 해(557 B.C.)에 에스라가 환상을 보았다는 것이다. 기도의 응답으로 그는 하나님의 성령을 충만히 받아 이미 불타서 없어진 구약성경을 40일간에 걸쳐서 다섯 명의 조수에게 불러주어 받아쓰게 했다는 것이다. 그때에 쓴 것이 정경 24권, 비밀서가 70권이라고 한다. 이 70권은 지혜 있는 사람만을 위해서 기록한 것이라고 한다. 다시 말해서, 에스라가 하나님의 능력으로 구약 전체를 암송하여 불러 주었다는 것이다.

구약성경이 이렇게 해서 이루어졌다는 생각은 2세기의 그리스도인들에게까지 번졌고, 에스라 때에 구약정경이 단번에 다 완성되었다는 설은 유대교와 기독교 개신교에서도 채택하게 된 것이다.

(2) 구약성경의 구분

현재 우리가 가지고 있는 구약성경은 39권으로 구성되어 있으며, 그 배열은 율법서, 역사서, 시가서, 예언서의 순으로 되어있다. 그러나 본래 유대인들은 그것을 다르게 구분하고 있다. 즉 오늘날까지 히브리어 원어성경에는 율법(토라), 예언서(네비임), 성문서(케투빔)의 세 부류로 구분한다. 언제부터 이렇게 구분했는지는 확실하지 않으나 우리가 가진 가장 낡은 문서적 증거에 의하면 적어도 주전 180년경까지 잡을 수 있다.

우리들은 지금 39권으로 된 구약경전을 구약성경이나 구약전서라고 부르고 있다. 그러나 원어성경에는 그런 이름 대신 오늘까지도 율법서(토라), 예언서(네비임), 성문서(케투빔)라는 명칭을 붙인다. 이것은 세 가지의 책들이 합쳐서 하나가 되었다는 것을 보여주는 것이다. 또 세 가지 명칭의 순서는 그 세 부분이 성경으로 채택된 역사적 순서를 말해주는 것도 된다. 즉 율법이 먼저 되고, 예언이 되고, 성문서의 경전이 되었다는 것이다.

율법 속에는 구약의 첫 다섯 권인 창세기, 출애굽기, 레위기, 민수기, 신명기가 들어있다. 예언서는 전기 예언서와 후기 예언서로 다시 나뉘었는데, 전기 예언서는 여호수아, 사사기, 사무엘서(상, 하 한 권), 열왕기서(상, 하 한 권) 이렇게 네 권이 속하고, 후기 예언서에는 이사야, 예레미야, 에스겔, 12 소선지(12 권이 한 권으로 되었다)가 속했다. 이리하여 예언서 부문에는 모두 여덟 권이 들어 있다.

성문서 부분에는 여러 가지 책들이 모여 있다. 시편, 잠언, 욥기, 전도서, 아가, 룻기, 애가, 에스더·느헤미야(한 권), 역대기(상, 하 한 권), 다니엘 이상 11 권의 책이 있다. 그 중에 다섯 두루마리라는 명칭을 가진 책들은 유대인의 명절과 특별한 관계를 가진 것으로 솔로몬의 아가는 유월절에, 룻기는 추수감사절인 오순절에, 예레미야애가는 예루살렘 멸망을 기념하는 아브(Ab)월 9일에, 전도서는 장막절에, 에스더는 부림절에 각각 읽었다.

이렇게 도합 24 권은 오늘날 우리가 가진 39 권의 책에 해당하는 것이며, 정통 유대교가 경전으로 전수하였고, 정통적 기독교회가 오늘날까지 구약 경전으로 받아들이는 책들이다.

2) 율법서

유대인들이 성경의 모든 부분을 거룩한 것으로 여긴 것이 사실이지만 성경의 매 부분을 똑같은 수준에 놓지는 않았다. 그 중에서 율법을 가장 높이 평가해 성경하면 우선 율법을 생각하게끔 되었다. 그래서 흔히 그들은 성경을 예루살렘 성전과 비교하며, 성문서를 성전의 바깥 뜰에, 예언서를 성소에, 그리고 율법서는 지성소에 비길 수 있는 것으로 생각했다.

또, 그들은 율법의 선재설까지 주장하며 모세보다도 1천대 이전에, 세상 창조보다도 974대 전에 율법이 창조되었다고 말한다. 메시아가 오시면 예언서와 성문서는 폐지될 것이지만, 율법만은 영원히 남아 있게 된다는 것이다.

율법은 완전하게 하나님께서 모세에게 준 것이고, 따라서 율법의 한 글자라도 모세 자신이 창안한 것이라고 말하는 사람은 죄를 받는다고까지 말한다. 예언서와 성문서가 아무리 훌륭한 것이라 하더라도 율법에 대한 전승, 설명, 해설에 불과한 것이라고 보는 것이 유대인들의 전통적 견해다.

이렇게 오경은 하나님께서 모세에게 불러주어 쓰게 한 것이라고 보는 유대인들의 견해가 거의 그대로 기독교에도 전해 들어왔고, 오늘날까지 많은 사람들이 그대로 믿고 있다.

오경의 저자나 편집자가 누구인지를 확실히 알지는 못한다. 그러나 우리 보수 진영에서는 유대인들의 전통을 이어 받거나, 특별히 예수의 말씀에 근거하여 오경의 실제 저자를 모세로 인정하고 있다. 예수는 그 당시의 전통대로 오경의 모세 저작권을 그대로 인정하신 것이 사실이다. 그래서 신앙이 두터운 그리스도인들이 예수의 권위와 그의 지식의 무오성을 내세우며 예수가 인정하신 오경의 모세 저작권은 부동의 진리라고 주장하게 된다.

그런데 여기에 한두 가지 생각할 만한 여지가 있다. 우리 한글을 세종대왕의 한글이라고 부르지만 세종대왕이 직접 글을 만들었다는 말은 아니다. 그때 학자들을 동원해서 만든 것이다. 함무라비 법전도 함무라비 왕이 직접 만든 법은 물론 아닐 것이다.

모세는 이스라엘의 국부라고 할 만한 인물로 민족의 해방과 영도의 공을 세웠고, 십계명을 비롯하여 여러 가지 법을 받아 선포한 분이다. 그들에게는 법의 창시자요, 국부이다. 그러므로 그를 저자라고 부르게 된 것은 당연한 일이다. 예수님도 유대인의 한 사람으로서 그 전통을 따르신 것은 자연스러운 일인 것이다.

모세 시대에 글이 있었던 것은 사실이지만, 이스라엘의 역사나 설교가 언제 문서화되었는지는 확실히 알 수 없다. 족장시대와 그리고 가나안 정복 이전에도 여러 가지 이야기들과 법률을 모은 것이 구두로 대대에 전승되었다는 것이 확실하다. 많은 율법과 이야기들과 찬양시들이 구전과 문서로 형성되었을 것으로 본다.

다윗 시대(1010~970 B.C.)에 우선 여러 뭉치로 수집된 성문(成文) 자료들이 입수되었던 것 같다. 또 이 시대에 왕궁의 기록들과 공식 연감들이 수록되기 시작하였다. 이때부터 문서 활동이 이스라엘 민족생활 속에 점점 증가하게 되었다.

먼저 남유다 왕국에서 솔로몬 왕(970~930 B.C.)의 사망 후에 고대 이스라엘 역사 문서가 생긴 것으로 보인다. 그 문서에는 처음부터 하나님을 여호와라는 이름으로 불렀다는 것이다. 그리고 이 문서는 이스라엘과 남왕국인 유다에 관심을 집중하고 있는 것이 특색이다. 그래서 그것을 여호와라는 말의 첫 글자를 따서 소위 'J문서'라고 부른다. 그것은 또한 유대 지방을 중심으로 기술한다는 의미에서도 그러하다.

그리고 북이스라엘에서도 또 하나의 문서가 생겼다고 본다. 이미 언급된 것과 같이 오경에는 아브라함과 기타 족장들이 하나님을 알고 있었지만, 여호와라는 이름을 가진 하나님으로는 알지 못했다고 생각하는 사상과, 그 반면에 처음부터 여호와라는 이름이 사용되는 사상이 섞여있다. 북이스라엘에서 생긴 소위 'E문서'는 하나님께서 모세에게 여호와라는 이름을 계시하시기까지는 하나님을 여호와라고 부르지 않는다. 'E'라는 것은 하나님을 히브리어로 '엘로힘(Elohim)'이라고 발음하기 때문이기도 하지만, 북쪽 지방을 일명 '에브라임(Ephraim)'이라고도 했기 때문이다.

이렇게 북쪽에서 된 이야기에는 창조 기사부터 시작하지 않고 아브라함의 역사에서 출발한다. 여기에는, 특히 북이스라엘 나라에 유난히 주의를 기울이고 묘사하는 것을 볼 수 있다. 이런 사실들을 보아서 이 문서는 결국 북쪽 나라에서 이스라엘의 초기 역사를 보여주려는 목적으로 작성된 것이라고 생각되는 것이다. 이것은 전자보다 1 세기 이상 늦게(750 B.C.) 편집되었을 것이라고 말한다.

북이스라엘이 B.C. 721년에 멸망한 후, 'J'와 'E'가 하나로 편성되었을 것이라고 말한다. 이것을 'JE문서'라고 부르는 것이다.

B.C. 621년에 유다 요시야 왕 때에 성전에서 발견된 책을 학자들은 현재의 신명기와 대동소이한 것이라고 말한다. 신명기를 Deuteronomy 라고 부르기 때문에 그 문서를 'D문서'라고 부르게 되었다. 이때에 발견된 문서는 즉각적으로 하나님의 말씀으로 수락되었고, 유대나라의 법으로 삼는 데까지 이르렀다(왕하 23:3).

어떤 학자들은 그 다음으로 된 것을 'H문서'라고 말한다. 'H'는 거룩의 법전(Holiness Code)을 대표하는 기호이다. 그 문서의 내용은 거룩에 대한 규칙과 원리를 규정한 것이라고 말한다. "나 여호와 너희 하나님은 거룩하니 너희도 거룩하라"(레 19:2)고 한 이스라엘 종교의 근본정신을 발휘하는데 필요한 교훈과 원리와 법칙들이 점차로 자라 한 개의 문서를 이루었는데, 그것이 지금의 레위기 17장부터 26장에 들어있는 것이다. 이것은 B.C. 550년경에 편집되어 발표된 것으로, 그 때까지 편집 확대되어 내려오던 경전에 자연적으로 첨가되기에 이르렀다고 한다.

끝으로, 이스라엘 민족의 바벨론 포로시대와 포로이후 시대에는 비록 정치적으로 독립을 잃었을지라도 유대인 고유의 종교적, 문화적 생활을 확립해 보려는 노력이 있었던 것이다. 이 목적을 위해서 제사장의 무리와 기타 학자들이 선민 역사의 줄거리와 그들의 종교제도와 스룹바벨 성전의 의식법과 절차들을 수집 편찬하기에 이르렀다. 그것은 주로 제사장들에 의해서 작성되었다고 해서 '제사장 문서(Priestly

Document)'라고 부르며, 'P'라고 표시하게 되었다. 그 속에도 레위기의 나머지 제사법과 오경의 나머지 역사 부분들을 포함한다고 말한다.

이것의 특색은 창세기 1장의 창조 역사를 말할 때처럼 고상하고 엄숙하다는 점이다. 그것은 이스라엘의 위대한 종교적 제도나 절기들의 기원을 말해주는 이야기들을 많이 포함하고 있다. 예를 들면, 여기의 창조 설화는 안식일의 절대적 중요성을 설명해 준다. 그리고 족보를 매우 중요시한다. 제사장에게 있어서는 계보의 성결이 무엇보다도 긴요한 것이기 때문이다. 이것이 에스라시대에 완성되었고, 에스라가 B.C. 444년에 백성들에게 읽어준 것이 바로 이 문서일 것이라고 말한다.

그 후 100년 동안 하나님의 인도 아래, 오경은 완전히 오늘날의 형태와 같이 낙착되었고, 하나님께서 주시는 말씀이요, 이스라엘에게 주시는 교훈과 법도인 것을 아무도 의심하지 않게 되었다. 이리하여 주전 400년경에 창세기, 출애굽기, 레위기, 민수기, 신명기, 이렇게 다섯 권이 제일 먼저 성경으로 수락되었다. 그러므로 주전 400년경에 성경이라는 큰 건물의 첫 단계가 낙착되어 완성되었으며, 구약 정경의 첫 부분이 생겨난 것이다.

이상의 언급된 문서설(Documentary Hypothesis)은 물론 문자 그대로 가설이요, 일개의 학설이어서 아무도 확실성을 가지고 그대로 주장할 도리는 없는 것이다. 다만 그것이 지금까지 인간의 문학적 추구를 통하여 얻은 하나의 설명이라고 보는 것이다.

그러나 우리는 율법서인 오경이 모세에 의한, 모세로 인하여 기록되었다고 믿는 것이 성경적임을 알아야 한다.

3) 예언서

오경이 비록 율법이라는 이름을 가지고 있기는 하지만, 그것은 이스라엘로 하여금 계약의 하나님께 신실한 백성이 되게 하려는 예언자들의 꾸준한 투쟁과 노력을 통해서 점진적으로 이루어진 책이다. 유대교에서는 이스라엘 민족 중 역대의 위대한 인물들을 모두 예언자라고 불렀다. 아브라함, 이삭, 야곱, 다윗, 욥, 에스라, 모르드개 등도 다 예언자였다고 말하며, 유대 학자들은 이스라엘 역사에 있어서 남자 예언자가 40명, 여자 예언자가 7명이라고 계수한다.

이렇게 유대 민족에게 있어서 예언자가 차지했던 위치는 높고 또 중요했다. 예언자는 하나님의 사람이다. 하나님의 영을 받아 하나님의 힘으로 사물을 관찰하고 판단하며, 그가 주시는 말씀을 받아 그것에 의해서 정황을 진단하고, 그 시대 인간에게 서슴지 않고 하나님의 말씀을 선포하는 사람들이다.

위에서 말한 바와 같이 오경도 하나님의 영에 감동을 받은 숨은 예언자들의 손을 거쳐서 오늘의 형태로 낙착되었고, 예언자들의 문서 활동은 멈춤이 없이 계속 되었다. 구약성경의 둘째 부분인 예언서가 율법에 뒤이어 형성된 사실이 그것을 말해 준다.

예언서들은 북이스라엘에서도 생기고 남유다에서도 생겼다. 예언서라면 우리의 인상이 예언이라는 글자에 의하여 참 의미를 흐리게 된다. 예언자나 선지자라는 말은 장래의 일을 미리 말하거나 미리 아는 사람이라는 의미밖에 보여주지 않는다. 그래서 예언이라면 으레 장래 일만을 미리 말한 것이라고 오해하고 그렇게 해석하려고 한다.

그러나 '예언자'란 말로 번역되는 히브리어 '나비'는 그러한 시간 개념을 가진 것이 아니다. 한마디로 말해서 하나님의 감동을 받아 하나님의 말씀을 대변하는 사람을 가리킬 뿐이다. 그러므로 그는 하나님께서 말하라고 그에게 명하는 것이면, 그것이 과거의 것이든지 또는 미래의 것이든지를 막론하고 충성스럽게 그것을 전할 책임을 가지는 것이다. 따라서 예언이란 어휘는 참 예언자의 기능 중의 일부분만을 나타내는 말이라고 보아야 한다.

전기 예언서란 여호수아, 사사기, 사무엘, 열왕기 등의 네 권이다. 우리는 보통 이것을 역사서라 부른다. 그런데 그날의 유대인들은 그것들을 예언서라고 불렀다. 거기에 무슨 예언이 들어있겠냐는 말이다. 여호수아와 갈렙의 인도로 요단을 건널 때로부터 이스라엘 민족이 바벨론에 포로되어 갔던 사건까지 엮은 역사를 예언이라고 부르는 것은 어찌된 일인가? 두말할 것 없이 하나님의 사람 '나비'들이 하나님을 믿는 신앙적 입장에서 그 역사를 관찰하고 해석해주는 책들이기 때문이다.

후기 예언서의 이사야, 예레미야, 에스겔, 12 소선지를 보더라도 그렇다. 거기에는 주로 예언자 자신의 설교가 시적으로 적혀 있고, 산문조의 서술이 부분적으로 들어 있으며, 순수한 예고적 예언은 그리 많지 않다.

율법은 이스라엘 백성의 시초부터 다루어 약속의 땅, 가나안 접경에 도달할 때까지를 해설해 주는데, 예언서는 하나님께서 자기 백성을 그들의 유업의 땅에서 어떻게 취급하셨는가 하는 것과, 또 어떻게 그들을 고집과 죄에서 건지시려고 참고 노력하셨는가 하는 것을 주요 제목으로 하고 있다.

유대인의 전설에 의하면 여호수아 자신이 여호수아서를 썼다고 한다. 유대인들은 여호수아부터 사무엘까지를 예언자로 간주하였으니, 그런 의미에서 전 예언서를 예언서라고 불러야 한다고 생각했을 것이다. 그러나 그 책들의 참 저자가 누구인지는 확정할 수 없을 것 같다. 그러므로 막연히 예언자들의 글이라고 생각하는 데서 멈출 수밖에 없다.

어쨌든 이 책들은 역사책이 아닌 것이 분명하고, 그들의 참 목적과 기능은 예언자들의 원리를 역사적 사건을 통해서 사람들에게 보여주는 일이다. 다시 말해서, 역사적 경험을 통하여 히브리인에게 체험케 한 하나님의 뜻을 그의 예언자들을 통하여 히브리 인과 그 밖의 모든 사람에게 가르치는 책이 곧 예언서들이다.

예언서 기자들은 사건을 그대로 분석하는 데 관심을 가졌던 것이 아니라, 사건들이 하나님의 뜻을 어떻게 실현하고 설명해 주느냐 하는

데 관심을 두었던 것이다. 예언서들은 하나님의 행동으로서의 역사를 묘사하였고, 예언자들의 말, 곧 그들의 경고와 약속이 다 같이 참되다는 것을 보여주려고 한다. 단순한 인간의 사건들을 기록하려는 것이 아니라, 하나님께서 이스라엘 민족 안에서 또는 그들을 통해서 행하신 바를 기록 보존하여 후세대에게 읽히려는 데 그 목적이 있다.

여호수아서와 사사기는 가나안 정복과 정착 이래 수집되었던 구전 자료 또는 성문 자료들을 기초로 하여 형성되었을 것이고, 사무엘서와 열왕기서는 사무엘의 생애와 사업으로부터 시작하여 주전 6세기 유대 왕국이 멸망할 때까지의 기록된 여러 가지 문서들을 기초로 했을 것이다. 그러나 그런 단순한 사건 기록만으로써는 충분하지 않을 것이다. 그 사건들 속에서 하나님의 구원의 행위를 발견하고 신앙으로 하나님의 뜻에 응답하도록 하는 데는 하나님의 사람, 곧 예언자들의 해석이 필요했고, 그들의 특수한 예언자적 역사 편찬이 요구되었다. 이와 같이 예언서의 형성도 하나님의 간섭과 여러 예언자들의 오랜 노력에 의해서 점진적으로 된 것이다.

후기 예언서 경우에 있어서는 이사야와 예레미야와 에스겔 등 위대한 예언자들이 자기들에게 주신 하나님의 말씀을 부분적으로나마 기록에 남겨두었던 것이 있었을 것이고, 그 밖에는 그 예언자들의 제자들이 그들의 스승의 말과 행동을 기록에 남겨 보존했던 것으로 보인다. 이렇게 예언자의 생전에, 혹은 죽은 직후에 그 예언자들의 메시지를 담은 문서들이 이스라엘의 문학적 유산의 일부분이 되었다. 그리고 그들의 메시지가 주로 시 형식으로 표현되었기 때문에 그들의 제자와 그 밖의 독자들에게 퍽 인상적이었고, 그것을 기억하거나 후대에 전달하는데 퍽 용이하였으리라고 생각된다. 이렇게 된 예언 문서가 정경으로 수락되었다는 것은 자연스럽고 또 불가피한 일이라고 본다.

예언자들의 말이 구두로 또는 문서로써 오랜 시일에 걸쳐 전달되는 동안, 그 자체가 지닌 권위와 감화력은 그것을 읽는 사람으로 하여금 감동 감화를 받게 했으며, 반성과 위로와 격려를 받게 하였던 것이다.

특히 자기 나라를 잃고 이방 나라 바벨론에 포로가 되었을 때, 경건한 유대인들은 예언자들의 말이 필요 불가결의 것이었다.

예언자들의 신랄한 경고와 예언을 등한시하고 무시하던 민족이 이제 망국의 운명과 포로생활의 쓰라린 고통을 직접 당하게 될 때, 예언자들을 통하여 들려오던 하나님의 말씀이 새삼스럽게 기억되며, 동시에 예언자들의 예고와 경고가 그 얼마나 진실성을 가졌던가 하는 것을 스스로 뼈저리게 느낄 수 있었던 것이다.

그들이 포로에서 해방되어 돌아온 후에도 형편은 그리 호전된 것이 아니었다. 그때에도 여전히 예언자들의 글에서 격려와 위로를 받아야만 했다. 그리고 전기 예언서의 역사와 후기 예언서의 약속을 읽는 중에 그들은 새 희망을 얻을 수 있었다. 이를테면, 그들이 하나님께 복종하고 그 법도 안에 있기만 하면 반드시 영광의 날이 오고야 말리라는 확신이었다.

이렇게 포로시대와 그 이후 시대에 있어서 예언자들은 이스라엘의 파리한 영혼에 대한 절대적인 양식이 되었던 것이다. 예언서는 곧 그 사람들에게 하나님의 말씀이었다.

그러면 언제 예언서가 정경으로 인정되었는가? 먼저 다니엘서에서 어떤 힌트를 얻을 수 있다고 본다. 다니엘서는 B.C. 165년경에 나타난 책이라고 보는 것이 학계의 정견이다. 다니엘서는 예언적 성격을 가진 것이어서 예언서와 같이 되어야 할 책이다. 그러나 히브리 원어성경에는 언제나 성문서 속에 들어있는 것을 볼 수 있다. 그러면 이것은 다니엘서가 나타날 무렵에는 이미 예언서들이 종결되고 확정되어 있었으므로, 아무리 훌륭한 내용의 예언서라 하더라도 그 이상 다른 것을 첨가할 수 없었다는 것을 의미하지 않겠느냐 하는 것이다.

그러므로 예언서가 적어도 B.C. 165년경의 다니엘서 때까지는 성경으로 인정되었었다고 보아도 안전할 것이다. 그렇게 하여 주전 2세기 초에 구약성경은 그 둘째 부분을 첨가하여 가지게 된 셈이다. 즉 율법과 예언서의 두 부분이 성경으로 채택되어 있었다고 볼 수 있다.

4) 성문서(成文書)

구약성경의 세 번째 부분은 히브리어로 '케투빔(Kethubim)'이라 하고, 헬라어로는 '하기오그라파(Hagiographa)'라고 한다. 이 성문서는 성질이 다른 여러 책들을 모아서 이루어졌기 때문에 율법이나 예언서처럼 동질적 통일성을 가진 것이 되지 못한다. 거기에 속한 여러 책들이 개별적으로 대중의 수납에 의해서 성경으로 간주된 것이지, 율법이나 예언서처럼 전체적으로 또는 공식적 결정에 의해서 성경의 정경에 들어오게 된 것이 아니다. 그것들은 오랫동안 율법과 예언서에 대한 비공식 부록으로서의 역할을 했다.

이렇게 성문서가 제2차적인 성격의 것으로 간주되었던 것은 구약성경을 보통 "율법과 예언자"란 말로 호칭했던 사실에서 나타난다. 신약성경에서만 하더라도 그러한 실례를 여러 번 찾을 수 있다.

예수께서 이런 말씀을 하셨다. "내가 율법이나 선지자(예언자)를 폐하러 온 줄로 생각하지 말라"(마 5:17). 또 "그러므로 무엇이든지 남에게 대접을 받고자 하는 대로 너희도 남을 대접하라 이것이 율법이요 선지자니라"(마 7:12). 또는 "율법과 선지자는 요한의 때까지요, 그 후부터는 하나님 나라의 복음이 전파되어 사람마다 그리로 침입하느니라"(눅 16:16).

그리고 예수께서는 모세와 모든 예언자들로부터 시작하여 성경 전체에서 자기 자신에 대한 일을 제사장들에게 설명해 주셨다(눅 24:27)고 누가가 기록했다. 비시디아 안디옥 회당에서도 낭독된 것이 율법과 예언서였다(행 13:15). 각 회당에서 안식일마다 모세의 글이 낭독되었다고도 기록되었다(행 15:21). 예수께서 나사렛 회당에서 읽으신 것도 예언자 이사야의 글이었다(눅 4:17). 이렇게 회당에서 공중예배에 낭독하는 것은 율법과 예언서였으며, 율법과 예언서는 곧 구약성경을 가리키는 말이었던 것을 알 수 있다.

여기서 우리는 성문서가 율법이나 예언서와 똑같은 수준에 서지 못하였다는 것을 알 수 있다. 그러면 성문서에 속하는 11 권의 책이 어떻게 해서 이스라엘 성전, 곧 구약성경의 일부분이 되었는가 하는 것을 알아보아야 하겠다.

옛날에는 인쇄술이 없었기 때문에 책을 일일이 손으로 써서 만들었다. 그렇게 노고를 들여서 만드는 책이기 때문에 사람에게 인기가 없거나, 읽히지 않는 경우에는 오래가지 않아서 그 자취를 감추게 되는 것이었다. 이런 사실에 비추어 볼 때, 성문서는 우선 일반 백성이 널리 알고 읽던 인기 있는 책들이었던 것을 알 수 있다. 그 책들이 없어지지 않고 계속 보존되었다는 것은 사람들이 그것을 애독했다는 증거가 아닐 수 없다.

유대인들은 어떤 책이든지 성경이 되기 위해서는 우선 히브리어로 기록되었어야 한다고 생각했다. 그리고 역사를 취급하는 책일 경우에는 그 역사가 반드시 히브리인 역사의 고전적 시대에 대한 역사여야만 한다고 생각했다.

우리가 또 한 가지 기억해야 할 것은 모든 참된 예언적 영감이 말라기에서 끝나고, B.C 450년 이래 하나님의 음성은 잠잠하였다는 확신이 유대인들 사이에 있었다는 사실이다. 그러니까 어떤 책이든지 정경에 들기 위해서는 우선 에스라 이전에 기록되었어야만 한다고 생각하게 되었을 것이다. 다시 말해서, 어떤 책의 저자가 에스라 이후의 사람이면 그 책은 정경에 들 희망이 없다는 말이다.

그러나 거기에도 한 가지 예외가 있다. 만일 어떤 책이 익명으로 된 것으로 누가 쓴 것인지를 알 수 없는 경우지만 사람들이 그 책을 매우 좋아하고 귀하게 여기는 때에는 그것을 과거의 어떤 위대한 인물의 책으로 돌릴 수 있으며, 따라서 정경에 속하는 책들이 될 수 있었다.

룻기를 사무엘의 저작이라고 말하고, 모든 시편을 다윗에게 돌렸다. 열왕기와 애가를 예레미야가 썼다고 말하게 되었다. 에스라, 느헤미야를 에스라의 글이라고 했으며, 역대기를 쓰는 데도 에스라가 관여했다고 보았다. 솔로몬의 아가는 실제로 솔로몬의 글이거나, 혹은 적어도 히스기야 시대의 것이라고 말한다. 에스더서는 그 대회(The Great Synagogue)의 회원들의 작품이거나, 혹은 그들의 편집이라고 말한다.

이와 같이 성문서에 속하는 책들이 정경으로 간주될 수 있었던 것은 그것들의 절대적 가치가 인정되면서, 동시에 그것이 익명의 책들이어서 영감이 작용하던 옛 시대의 인물들의 작품으로 취급될 수 있었기 때문이다.

다니엘서의 경우도 그렇다. 다니엘서가 실제로 나타난 것은 B.C. 165년경이라는 것은 모두 다 아는 사실이다. 그러나 포로 시대의 큰 인물인 다니엘의 실제적 기록이라고 간주되었다.

이상에서 성문서가 어떻게 유대인들의 정경으로 간주되고 존경을 받게 되었는가 하는 것을 살펴보았다. 그러나 그것은 공식적으로 유대인의 정경으로 채택되기까지는 역시 상당한 시간을 필요로 하였다.

주후 90년경 얌니아(Jamnia)에서 유대 랍비들과 학자들의 권위 있는 회의가 열렸고, 그 회의에서 구약성경의 책들이 최종적으로 낙착되어 그 수가 오늘날 우리의 구약성경의 그것과 똑같은 것으로 결정되었다. 그때 어떤 학자들은 구약 책 중 어떤 것들에 대하여, 특히 성문서에 속하는 몇 책에 대하여 의심을 표시한 일이 있지만, 구약성경의 내용에 대해서 문제를 삼거나 논란을 일으킨 일은 전혀 없었다. 이렇게 구약성경은 1,000년의 긴 역사를 거쳐서 한 개의 거룩한 총서로서, 그리고 정경으로 채택되고 낙착되었다.

여기서 우리가 알아야 할 것은 구약성경에 속하는 책들이 성경으로서의 위치를 차지하게 된 것이 어떤 회의나, 교회의 어떤 위원회의 결정이나, 명령에 의한 것이 아니라는 사실이다. 실은 그 책들이 하나님의 말씀이라는 것을 역사와 경험이 명백하게 그리고 효과적으로 증명해주었기 때문에 성경으로 채택된 것이다.

얌니아 회의나 그 밖의 어떤 회의가 어떠어떠한 책이 구약성경에 들 수 있는 책이라고 결정할 때에는, 이미 경험이 증명해 놓은 것을 단순히 반복하고 확인하는 데 불과하였다. 그러한 회의가 이 책들을 성경이 되게 하거나 하나님의 말씀이 되게 한 것이 아니라, 사람들이 이미 그것들을 그렇게 믿고 받아들이고 있다는 사실을 단순히 시인하고 수락하는 것뿐이었다.

구약성경의 책들이 성경으로 수락된 것은 사람들이 그 속에서 하나님을 만났고, 하나님은 사람을 만났기 때문이다. 하나님이 그 책들 속에서 말씀하시니 사람이 어찌 감히 그것들을 폐할 수 있겠는가 말이다.

4. 신 약

1) 신약성경의 형성

구약성경과 마찬가지로 신약성경도 여러 저자에 의해서 오랜 기간에 걸쳐, 또 복잡한 역사를 통해서 집성되어 이루어졌다. 신약성경 역시 하늘에서 기록하여 사람에게 떨어진 것이 아니고, 또 하나님께서 어떤 사람에게 불러 주어 기록하게 하신 것도 아니다.

그리스도 교회는 본래 신약성경을 가지지 않고 그것이 없는 상태에서 출발했다. 구약 시대의 계시에 뒤이어 "이 모든 날 마지막에는 아들을 통하여 우리에게 말씀하셨으니"(히 1:2)라고 했다. 즉 최종적이고 가장 효과적이며, 또 가장 거창한 사건을 역사 속에 일으키셨다. 임마누엘 곧 하나님이 우리 인간과 같이 계시는 놀라운 사건이 마지막 때에 우리에게 주신 하나님의 계시요, 말씀이었다.

구약의 예언자들을 통해서 약속하셨던 대로 메시아가 나타나 땅에서 33년 동안 놀라운 일을 하시고, 마침내 죽으시고 부활하시고 승천하시는 사건이 역사 속에 일어났다. 육체를 입으신 하나님의 아들 예수 그리스도의 입에서 나오는 말씀뿐 아니라, 그 사건이 하나도 남김없이 인간들을 향한 하나님의 말씀일 수밖에 없다.

그리스도의 출현은 곧 "온 백성에게 미칠 큰 기쁨의 좋은 소식"(눅 2:10)이었고, 하나님께서 사람들에게 들려주시고 보내주시는 복음이었다. 그리스도의 출현과 그의 생은 인간과 상관이 없는 하나의 평범한 사건이 아니었다. 그의 생은 하나에서 백까지 절대적으로 우리 인간의 운명과 관계를 가진 것으로서, 우리를 그 비참한 운명에서 건져주시기 위한 사건이기에 그 사건이 귀하고 가장 큰 기쁜 소식이었다.

이렇게 사건이 먼저 있은 후, 하나님은 그의 '영'을 보내셨다. "진리의 성령이 오시면 그가 너희를 모든 진리 가운데로 인도하시리니 그가 스스로 말하지 않고 오직 들은 것을 말하며 장래 일을 너희에게 알리시리라"(요 16:13).

성령의 운동으로 인해서 교회가 설립되었고, 성장하고 확장되었다. 초대교회는 구약성경을 물려받았다. 예수님과 제자들과 초대교회는 예루살렘과 유다지방의 유대인들로 구성되어서 구약성경이 그들의 성경일 수밖에 없었다. 구약을 정경으로 하고 있었지만, 당시에 신약은 어느 한 부분도 가리지 않은 채 오랫동안 발전하며 내려왔다.

그러면 어떻게 신약성경이 기록되게 되었으며, 27권을 정경으로 채택하였는가 하는 것이 우리가 생각해 볼 문제이다.

(1) 초대교회와 신약성경

초대교회는 이미 구약을 정경으로 가지고 있었다. 그것이 신앙과 생활의 표준이 되는 정경이었다. 그러므로 그들은 다른 성경이 있어야 한다는 생각을 가지지 않고 살았다. 그들은 구약성경에서 하나님의 계시를 보았고, 하나님의 활동과 그리스도에 대한 약속을 찾아낼 수 있었다. 구약성경이 말하는 하나님의 뜻과 약속이 그리스도와 그의 교회에서 실현되고 성취된 것을 그들은 발견했다. 구약성경에 대한 그들의 신뢰감과 감격이 두려워서 무엇이 모자란다는 느낌은 전혀 가지지 않았다.

그리스도인들은 물론 그리스도의 사건으로 인해서 생겨난 사람들이다. 그들이 구약성경을 정경으로 가지고 있다는 점에서 유대인들과 근본적으로 차이가 없다. 그들에게 구약성경은 이미 문서화한 성경이었지만, 그리스도의 사건은 생생한 산 역사였다. 그들은 그리스도의 목격자들과 그들의 생생한 보고와 증언을 들었으며, 감격하여 황홀한 생활을 하고 있었을 것이다. 그리스도가 확실히 살아 계셔서 그들 속에 활동하고 계신다는 것을 느낄 만큼 감격은 벅찬 것이었다.

그러므로 그리스도와 그의 사업에 대한 어떤 기록의 필요성을 조금도 느끼지 않았다. 그들은 구약의 약속과 예언을 가졌고, 그것의 성취인 그리스도의 사건을 목도하고 증언을 듣고, 기뻐하는 것으로 충분하였다.

그리스도의 증언이 구두로 전해져서 복음이 완전히 형성되는 과정에 있어서는 사도들과 일부 제한된 사람들만이 목격한 예수의 처형(십자가), 부활, 승천 등 예수의 말기의 사도들의 증언이 우선 필요하였다. 그뿐 아니라 예수의 사건에 대한 사도들의 해석이 또 불가결의 요소였다. 그러므로 이 해석이 문서화되어 신약성경이 형성되기에 앞서 사도들과 초대 그리스도인들의 구두 증언과 사색의 시기가 얼마동안 있을 수밖에 없었다.

그리스도의 사건에 대한 질문에 사도들은 설명과 해석을 줄 수밖에 없었다. 예수는 누구며, 왜 태어났으며, 기적의 목적과 죽음과 부활의 뜻을 사도들은 곳곳에서 구두로 전도하며 예수를 증언하는 가운데 자연히 수반될 수밖에 없는 일이었다. 이와 같이 신약성경의 문서화 이전에 복음 사건에 대한 해석 시대가 있었던 것이다.

신약성경이 곧 나타나지 않은 또 하나의 원인은 교회가 종말적 기대를 강하게 가졌다는 것이다. 예수의 사건에서 하나님의 산 역사를 목격한 그리스도인들은 새 질서가 싹트기 시작한 것을 실감했고, 그리스도가 조만간 다시 오셔서 심판하시고 새 세계를 완성하실 것이라는 확신을 가지고 있었다. 그러므로 교회는 앞날을 계획할 필요가 없었다.

또한 오순절 성령강림 사건으로 초대 기독교인들은 종말적 분위기에 압도될 수밖에 없었다. 성령을 통해서 그리스도의 사건을 바로 해석하고, 성령의 권능으로 담력을 얻고, 위로와 기쁨을 누리며 기적을 행하였다. 그러므로 초대교회는 구약성경이나 어떤 신약 문헌에 의존하였다기보다 오히려 그리스도와 성령을 통한 하나님의 계시와 구속 활동에 중점을 두고 있었던 것을 알 수 있다.

또한 인쇄술이 발명되지 못한 그 시대에 있어서는 특수한 사정 외에는 글을 써서 남겨둔다는 것이 극히 어렵고 드문 일이었다. 랍비들은 글쓰기를 싫어했고, 수세기를 내려오면서 구두로 율법을 전수해 주었다. 파피루스는 아주 진귀하고 비싼 것이어서 보통 사람은 손쉽게 사용할 수 없었다. 특별한 이유와 필요성 없이는 신약 문헌이 생겨날 수가 없었다고 생각된다.

(2) 구두 전승의 신빙성

기독교 복음이 구전되던 시대가 30년 이상 흘렀다. 제일 먼저 기록된 마가복음도 그 저술 연대를 60년 이전으로 볼 수 없었다. 그것은 구전시대가 적어도 한 세대 이상이었다고 보아야 할 것이다. 그러면 복음의 내용이 이 사람 저 사람을 거쳐서 어떤 면에서 변질되거나 확대되거나 왜곡되는 일이 있지 않았을까 하여 어떤 학자들은 부정적인 견해를 가지고 복음 기록의 신빙성을 의심하고 있다.

그러나 오늘날 우리가 가지고 있는 대로의 복음사화들이 예수의 생애와 말씀에 대한 신뢰할 만한 기사라고 단정할 수 있는 두 가지 근거가 있다.

첫째, 옛날에는 사람의 기억력이 현대인의 기억력과 비교할 때 차이가 있다. 현대인은 많은 인쇄물 때문에 기억력을 상실하였다. 필요한 때 책을 참고하고 기록이 이용되므로 암기하는 노력을 하지 않는다. 그러나 옛날에는 사람들이 책을 만들기가 어렵고 비싸기 때문에 어떤 지식을 갖고자 할 때 머리 속에 기억해 두는 길밖에 없었다. 현대인은 많은 것을 배우므로 책에 의존하지만, 옛날에는 암송하는 것을 큰 일로 했다. 고대 히브리의 랍비들은 구약을 암송했다.

둘째, 예수의 생애와 그의 교훈은 사도들이 계속 설교하던 자료들이었다는 것이다. 예수의 이야기가 계속 반복되고 설교할 때마다 사용되니 조그만 탈선도 공격을 받게 마련이다. 특히, 기독교회가 예수의 생애와 교훈에 최대의 권위를 두고 있었던 터이므로 교회의 공통적 기억에 어긋나는 발언이나 해설은 당장에 지탄을 받을 수밖에 없었을 것이다. 다시 말해서, 한 사람의 기억에 근거하여 설교하는 것이 아니고, 회중의 공동적 기억을 토대로 하여 설교를 하는 것이었다.

그러므로 우리가 가지고 있는 복음 사화는 어떤 개인들의 기억에 근거하고 이루어진 것이 아니라 교회의 기억, 즉 초대교회의 공동적 기억에 근거했다고 본다. 다시 말해서, 오랜 구전시대를 통하면서도 그러한 공동적 기억의 제재와 감사를 받으면서 내려온 것이기 때문에 어떤 개인의 장난에 의해서 변하거나 조작되거나 왜곡되지 않았다는 말이다.

예수에 대한 이야기와 그의 교훈은 아주 초기로부터 일정한 형태로 고정되어 변함없이 구전시대를 통과했다고 생각한다.

(3) 신약성경의 형성 개시

역사는 흐르기 마련이다. 사도들과 예수의 목격자들이 영구히 살아있을 수는 없었다. 주후 70년경에는 사도 요한을 제외한 모든 사도가 순교했고, 그들의 산 증언도 들을 수가 없었다. 구전시대는 불가불 끝날 수밖에 없었다. 이제는 글로 써서 전하는 수밖에 없었다.

교회사가 '유세비우스'는 복음서 기록에 관해 이렇게 설명했다. "마태는 히브리인들에게 전도하다가 그들을 떠나 다른 사람들에게 전도하러 가려고 할 때 그의 복음을 기록하여 '그 자신이 거기에 있지 못하는 손실을 보상하였다'고 교회사에 기록했다." '이레니우스'는 이렇게 말했다. "그들(베드로와 바울)이 죽은 후에 베드로의 제자이며 통역자이던 마가는 베드로가 설교한 것을 글로 써서 우리에게 주었다."

바울의 추종자이던 누가도 역시 바울이 설교하던 복음을 책에 기록했다. '제롬'의 말에 의하면, "요한이 죽기 바로 전에 다행히도 급히 서둘러서 그의 복음서를 완료하였다."고 한다. 물론 이런 진술들이 어느 정도 역사적 신빙성을 가졌는지는 알 수 없다. 그러나 복음을 문서화했다는 것이 그 큰 전도자들의 사별을 보상하기 위한 시도였다는 것을 그들이 보여준다고 말할 수 있다. 사도들의 산 음성이 사라지자 그것을 보충 대용하기 위해서 나타난 것이 문서화된 복음서이다.

기독교가 발전함에 따라서 유대를 넘어 희랍 로마사회로 번지게 되었다. 로마는 유대지방과 달라서 글을 쓰고 책을 출판하여 팔고 사는 일이 성행하는 사회였다. 이렇게 기독교가 문화적 세계로 확대되어 나갈 때에 기록된 문서의 가치가 얼마나 크다는 것을 자연히 인식하기 시작했다. 마가복음이 제일 먼저 로마에서 저술되고 발행되었다고 보는 것이 정설이라면, 그것은 우연적 사건이 아니라 당연지사라고 보아야 한다.

초대교회의 선교운동이 급속히 전개되어 갈 때 기록된 말씀의 가치는 형언할 수 없을 만큼 고귀한 것이었으리라고 생각된다. 기독교가 요원의 불길처럼 소아시아와 유럽으로 전파되어 갈 때 조급한 심정으로 땅 끝까지 가서 증언하려는 선교사와 전도자들은 한 곳에 오래 머물러 있을 도리가 없었다. 교회가 독립할 만큼 뿌리가 박히기만 하면 곧 다른 지방으로 옮겨가야 하고, 또 박해로 인해서 부득이 떠나야 하는 경우도 있었다.

이런 경우에 제일 좋은 방법은 예수의 생애와 교훈을 글로 적어서 남겨두는 일이었을 것이다. 혹은 어떤 사정으로 전도자를 자신이 직접 가지 못하는 경우에도 문서화한 복음을 전해 줌으로써 대신하는 경우도 있었을 것이다. 이와 같이 전도 내용의 문서화는 선교 과정에 있어서 불가피한 일이었다.

그리스도의 재림을 기다리면서 긴장된 생활을 하던 초대교회는 재림이 지연되는 것을 체험하면서 생각을 돌릴 수밖에 없었다. 그들은 우선 현실적 문제에 관심을 둘 수밖에 없었다. 재림 신앙으로 소홀하던 교회 문제에도 관심을 기울이게 되었다. 앞으로 교회를 위하여 문서화된 말씀을 남겨야 한다는 생각을 가지게 되었다.

산 사람은 말을 하게 마련이다. 살아있는 교회는 언제나 활동하며 의견을 발표할 수밖에 없다. 초대교회는 활발한 교회였다. 복음을 오해하고 곡해하는 사람들도 있었다. 많은 사람들이 사사로운 계시를 주창하고 자기들 나름의 복음을 가졌다고 고집하였다. '제롬'은 누가복음 서론을 생각하면서 말하기를 "누가는 너무 서둘러서 글을 쓴 자들을 정정하기 위해서 복음서를 기록했다."고 지적했다. 교회는 거짓 복음들과 왜곡된 신학과 비윤리적 윤리를 판단하고 가려내기 위해서 표준적이고도 공적인 문서 복음이 요구되었다.

교회는 호교적인 목적을 위해서도 문서가 필요했다.

첫째, 예수가 메시아이신 증거를 위하여 예수의 생애에 대한 기록을 필요로 했다. 예수의 생애는 처음부터 마지막까지 구약 예언의 성취였다는 것을 보여줄 수 있는 기록이어야만 했다. 마태복음은 특별히 이런 목적에서 기록된 문서라고 본다.

둘째, 박해가 일어났을 때, 우선 로마 정부에 대해서도 예수가 선한 사람이었다는 것을 로마인들에게 보여주기 위해서, 그리고 기독교는 건전하고 유익한 종교라는 것과, 또 예수는 죄인이나 혁명가가 아니라는 것을 확신케 하기 위해서 예수의 생애와 교훈을 문서화할 필요가 있었다. 정부의 공격을 받을 때 그것을 막아내기 위해서 문서화된 복음서가 요구되며, 개인이 박해를 받을 때 예수의 수난 기사를 읽는다든가, 그의 임재의 위로를 말씀으로 격려를 받으며 인내할 수 있었던 것이다.

셋째, 전도자들이 이교 사회에서 전도할 때에 전혀 사상이 다르고 이해가 다른 사회인에게 복음을 전하기 위해서는 사상 전달의 방법으로써 그 사회가 쓰는 개념과 어휘와 사고방식을 매개로 사용하는 것이 유리하다.

제4복음의 서론이 교양 있는 헬라인들을 상대한 것이라고 본다면, 복음서 기자는 그러한 사회인에게 효과적인 전도를 시도한 사람이라고 볼 수 있다. 이런 문서를 읽는 그 당시 헬라 사람들은 좀 더 쉽게 복음을 이해했을 것이다. 전도자들은 이런 문서를 이용하여 보다 효과적인 전도를 했다고 볼 수 있다.

교회 지도자들은 어려운 문제들을 해결해야 할 책임이 있다. 이럴 때마다 예수의 적절한 말씀을 찾을 수 있다면 그 이상 좋은 해결책이 없는 것이었다. 예수의 교훈과 생애를 실은 기록이 있어서 거기서 말씀을 인용할 수 있다면, 그 말씀의 권위가 문제를 해결해 줄 수 있는 것이다. 그렇게 교회의 실제를 해결하고 판단하고, 표준을 찾기 위해서 문서화한 복음들이 요구되었던 것이다.

초대교회는 무엇보다도 예수의 말씀을 가장 중요시 하였다. 물론 유대사회에서 생겨난 교회는 가장 귀한 교훈까지라도 습관상 구전으로 전승하였지만, 일단 교회가 더 넓은 세계로 확장되고 예수의 고귀한 생애와 말씀을 잃어버리지 않기 위해서 기록에 남겨둘 수밖에 없었다. 고정적으로 보관하는 최선의 길은 글로 적어두는 일이었기 때문이다. 다시 말해서, 예수의 말씀과 생애가 귀중하며 잃어서는 안 되었기에 필연적으로 문서화 될 수밖에 없었던 것이다.

이스라엘과 하나님은 계약을 맺은 관계에 있어서 그 계약 유지의 기본 조건은 하나님의 율법을 지켜야 한다는 것이었다. 이런 계약을 맺음으로 구약의 계약이 필요했고, 이제 그리스도와 맺은 새 계약 시대에 신약성경이 나타나게 되었다는 것은 자연스러운 일이다.

초대교회는 성령의 역사가 아주 활발한 교회였으므로 성령으로 예언하는 자도 많았고 방언하는 자도 많았다. 이런 일이 도를 넘을 때 탈선적 행동이 나타났고, 오히려 교회에 손해를 가져오는 일들이 되었다. 그래서 바울 사도는 고린도 교회와 데살로니가 교회에 주의를 준 일까지 있었다. 실상 어느 것이 정말 성령의 감동으로 나오는 발언인지 알 도리가 없었다. 그러므로 좀 더 구두 발언보다는 신빙할 만한 성문화한 복음서도 요구되었던 것이다.

신약 문헌의 대부분은 어떤 개체 교회, 혹은 교회의 작은 단체를 위해서 기록된 것들이다. 그런데 이 교회들은 이 편지들을 반복해서 읽음으로써 생활의 여러 가지 위기와 문제들을 해결하는 데 참 좋은 도움이 된다는 사실을 발견했다. 바울 사도도 이 편지들이 그 예정된 교회뿐 아니라 더 광범위하게 사용될 수 있다는 확신을 가졌다. 실제로 바울은 골로새서가 라오디게아 교회에서 읽히고, 라오디게아를 통하여 오는 편지를 골로새에서 읽으라고 명령한 것을 볼 수 있다.

이렇게 성문화된 문헌들이 광범위하게 세력을 가지고 영향을 주었다는 실제적 경험은 더 많은 문헌을 생기게 하는 동기가 되었고, 마침내는 그 문헌들이 수집되고 널리 반포되어 결국 정경에 포함되는 데까지 이르게 된 것이다.

2) 복음의 형식

현재 우리가 가지고 있는 4개의 복음서를 보면, 구전시대에도 그 같은 형태로 전승된 것이 아닌가 생각되지만, 실은 구전시대에는 예수의 생애와 교훈이 단편적인 이야기로 전해졌다고 보는 것이 옳다. 사도들이 설교할 때 예수의 생애의 많은 내용과 교훈을 한 번에 처음부터 끝까지 내려갈 도리는 없는 것이다. 생애와 교훈의 토막토막의 이야기가 일정한 형태로 고정되는 결과에 이르렀을 것이다. 근자에 신약학자들은 이렇게 고정된 이야기들과 교훈자료들을 몇 가지 형식으로 분류하여 취급한다.

첫째, 선언적 이야기이다. 이야기가 내포하고, 또 목표하고 나가는 어떤 고귀한 격언(말씀)을 위해서 보존되었다는 것이다. 그러니까 그 격언이 전적으로 중요성을 가졌고, 그 사건은 보옥 같은 말씀에 대한 배경이나 틀이 되어주는 데 불과하다고 말한다.

둘째, 설화 또는 이야기 형식이다. 예수가 자연이나 사람에게 대하여 기적적 능력을 구사하는 광경을 묘사하는 이야기들이다. 그것들은 예수의 어떤 격언적 말씀을 간직하려는 목적에서가 아니고 어떤 뜻있는 사건, 그 자체를 기억케 하기 위해서 있는 이야기들이다. 이 유형은 거의 예외 없이 똑같은 형식을 따르고 있다.

셋째, 설교의 형식이다. 이것들은 전후 관계가 없이 고립적으로 보존된 예수의 말씀들이다. 그리고 교훈을 목적으로 하는 말씀들을 수집해 놓은 것이다. 이러한 것의 가장 좋은 실례는 예수의 산상수훈이라 할 수 있다. 이 경우에는 예수의 말씀이 아주 경구적이고 기억하기에 매우 쉬운 것이어서 어떤 전후 관계라든가 이야기 같은 것을 배경으로 가져야 할 필요성을 느끼지 않는다.

넷째, 성전(聖傳)이란 형식이다. 이것은 어떤 성인이나 성소와 관련된 비상한 사건들에 대해서 교훈할 목적으로 기록된 이야기들을 말한다.

다섯째, 신화(神話)라는 형식이다. 신화는 사람의 언어를 가지고 근본적으로 진술할 수 없는 것을 인간의 언어와 인간의 그림으로써 진술하려고 시도한 이야기를 가리킨다.

이상과 같이 학자들은 예수에 대한 이야기와 그의 교훈을 여러 형식으로 분류하고 있다. 이러한 유형으로 초대교회에 유포되고 고정된 것이 복음기자들에 의해서 자료로 사용되었다고 보는 것이다.

3) 신약성경의 실제적 출현

일단 구전시대가 지나고 문서 운동이 시작되자, 기독교 문헌이 우후죽순 격으로 사방에서 생겨나게 되었다. 누가는 자기보다 먼저 복음사건을 저술하려고 붓을 든 사람들이 많이 있었다고 말했다. 제롬은 그의 4복음 서론에서 다른 많은 복음서들을 언급했다. 애굽인의 복음, 도마복음, 맛디아복음, 바돌로매복음, 12 사도의 복음, 바실리데스복음, 에벨레스복음 등등이다. 그는 이어서 말하기를 복음서들을 일일이 다 말하자면 시간이 모자랄 정도라고 하였고, 그것들이 대개는 위험하고 이단적인 것이라고 지적했다. 사도행전도 여러 가지 나타났다. 도마행전, 안드레행전, 빌립행전, 베드로행전, 요한행전, 바울행전, 데클라행전 등이다.

요한계시록 외에도 베드로계시록이라는 것이 있었다. 이렇게 많이 나타나는 기독교 문서들 중에서 비록 짧은 시간이기는 하지만 어떤 교회에서 성경으로 수락되어 사용되었던 것이 적지 않게 있었다. 물론 그것들을 전체교회가 다 같이 수락했던 것은 아니다. 그 실례로는 12사도의 교훈, 클레멘트의 제1로마서, 바나바서, 헤르마스의 목자 등을 들 수 있다.

그러면 그렇게 많은 문서들 중에서 왜 어떤 것은 성경으로 채택되고, 어떤 것은 버림을 받았을까? 어떤 것은 자취를 감추고 또 어떤 것은 사사롭게 읽을 수 있도록 용납되거나 추천을 받았는가? 그리고 어째서 어떤 것은 마침내 완전히 신약성경에 끼어들 수 있게 되었을까?

성경으로 채택이 된 것은, 그 책이 교회의 공중예배에서 읽혔어야 한다는 것이다. 일단 어떤 책이 공중예배에 낭독되기 시작하면 그것은 보통 문서들 중에서 두각을 나타내고 특별한 존재로 취급을 받게 되는 것이었다. 어떤 책이 공중 예배에서 낭독된다는 것과, 그것이 정경이 된다는 것과는 거의 같은 의미를 가진 것이라고 말할 수 있다. 그러나 어떤 책을 공중예배에서 읽어야 하느냐 하는 결정을 누가 할 것이냐가 문제다.

초대교회는 성령 충만의 특색을 가지고 있었다. 그때에는 성령의 사람들이 있었다. 예언자들과 사도들과 교사들이 그런 사람들이었다. 그들이 어떤 결정을 내리면 사람들은 그 결정에 복종해야만 했다. 그들은 신앙생활을 감시하는 보초병이요, 파수꾼이다. 무엇이든지 신앙을 해치거나, 왜곡하거나, 사람의 마음과 사상을 정로(正路)에서 이탈시키는 것이 있으면 재빨리 발견하여 경고하는 것이었다. 그러므로 어떤 문서가 나타났을 때 그것을 승인하거나 거절하는 것도 그들의 책임이요, 또 권리이기도 하였다. 그러므로 교회는 공중예배에 어떤 책을 사용할 것인지, 또 어떤 책을 인정할 수 있는지를 결정할 수 있었다. 그와 같이 그 책이 교회에 의해서 승인되는 것은 자연히 그 책을 마침내 성경으로 채택하게 하는 첫 단계가 된 것이다.

이렇게 성령의 사람과 교회가 어떤 책을 선택하는 표준은 그 책이 사도적 권위를 가졌는가 아닌가에 있었다. 다시 말해서 그것이 어떤 사도의 저술이든지 그렇지 않으면 적어도 사도들과 직접 접촉하던 사람이 쓴 것이라야 한다는 것이다.

4) 사도적 권위의 정당성

초대교회가 사도적 저작권을 정경 선정의 표준으로 삼았다는 것은 너무도 당연한 일이다. 교회에서 사도들은 어느 누구도 가질 수 없었던 권위를 가지고 있었다.

히브리 사상에 있어서는 보냄을 받은 자는 어떤 의미에서 보낸 자와 동동하다고 생각되었다. 그래서 하나님께로부터 보냄을 받은 예수는 그를 보내신 하나님과 동등하시며, 예수가 보내신 사도들은 곧 예수와 동동하다는 생각을 할 수 있었다. 사도라는 말 자체가 곧 '보냄을 받은 자'라는 뜻을 가진 말이기 때문이다.

사도는 예수의 최고 대표자들이요, 그의 메시지를 전하는 최고의 기관이요, 그의 목적의 해석자로서 응당 존경을 받을 사람들이었다. 예수는 "내 아버지께서 나라를 내게 맡기신 것 같이 나도 너희에게 맡겨"(눅 22:29)라고 하셨고, "너희를 영접하는 자는 나를 영접하는 것이요"(마 10:40)라고 하셨다. 그러므로 사도들의 말을 예수의 말씀처럼 권위 있게 존경하는 것은 당연한 일이다.

기독교는 사실의 종교다. 하나님께서 역사적 정황 속에 들어오셨다는 사실들 위에 세워진 종교가 바로 기독교다. 그러므로 제일 중요한 문제는 이 사실들이 참이냐 하는 것이었다. 초대 교회에 있어서 가장 중요한 문제가 이것이었다. 그 당시 영지주의자들과 같은 많은 이단 종파들이 일어나서 자기들은 그들 나름의 계시를 가지고 있노라고 주장했다.

바실리데스라는 사람은 소위 베드로의 통역이었다고 하는 글라우키아스(Glaukias)로부터 특별한 정보를 들었다고 주장한다. 발렌티누스는 그의 기독교가 소위 바울의 친구였다고 하는 데오다스(Theodas)를 통해서 왔다고 주장했다. 또 어떤 사람은 예수가 친히 몇몇 택함 받은 사람들에게 주신 사사로운 계시에서 자기들의 고유한 교훈을 얻었다고 주장하였다.

이와 같은 이단들의 주장에서 낙찰시킬 수 있는 유일한 길은 목격자들의 증언을 듣는 일밖에 없다. 그런 일을 할 수 있는 사람들은 사도들뿐이었다. 예수를 직접 보고, 그의 말씀을 직접 듣고, 그의 죽음과 부활을 묵도한 사람들이 곧 사도들이었기에 그들의 증언과 그들의 글은 권위를 가져서 마땅한 것이었다.

이와 같이 어떤 책을 판별할 때에 그것이 사도의 글이냐 아니냐 하는 표준을 가지고 했다는 것은 참으로 잘한 일이고, 또 옳은 일이었다. 터툴리안(Tertullian)이 복음서들을 설명할 때도 이런 표준을 가지고 한 것을 볼 수 있다. 마태복음과 요한복음은 이미 그 명칭에 사도의 이름이 붙어 있기 때문에 사도적 저작권 문제에 걸리지 않고 무난히 통과하였다. 그러나 마가복음과 누가복음은 어떤가? 터툴리안은 이렇게 말했다. "마가가 편찬한 것은 마가가 베드로의 통역이었으므로 베드로의 것이라고 주장할 수 있으며, 누가의 기록에 대해서는 그것을 바울에게 돌리는 것이 사람들의 습관이 되어 있다." 그러므로 우리가 마가복음이나 누가복음을 수락하는 것은 사도였던 사람들과 직접 사귄 사람들이 썼다는 데서 권위를 인정하는 것이다.

어떤 책이 신약성경 정경 속에 들게 되기까지는 여러 단계를 거쳐야만 하는 것이었다. 우선 그것이 기록되어야 하고, 다음에는 그 기록된 책이 교회에서 널리 읽혀야 한다. 그 다음에는 그리스도의 생활과 교리에 유용한 것으로 인정되고 수락되어야 한다. 그리하여 교회의 공적 예배에서 낭독될 수 있는 것이 되고, 다음에는 어떤 지방에서만 아니라, 온 교회가 채택하고 수락해야만 한다. 끝으로 교회의 결정에 의해서 공식적으로 승인을 받아야 한다.

그러므로 이제는 신약성경이 집성되는 실제적 과정을 좀 더 상세하게 검토해 보아야 하겠다.

5) 복음의 형성과 집성

죄로 인해 죽을 인생을 구원하시기 위해서 사람의 몸을 입은 하나님의 성육신 사건은 문자 그대로 복된 소식이요, 기쁜 소식일 수밖에 없다. 예수의 사건 자체가 복음이었고, 그에 대한 가르침이 곧 복음이었다. 이 복음은 우선 구두로 전달되었고, 전도자들과 교사들에 의해서 직접 선포되었던 것이다.

그러나 이와 같은 구전시대는 지나갔다. 복음서들이 오늘의 형태로 나타나기 전에 예수의 교훈을 모아 놓은 일종의 자료 문헌들이 있었을 것이다. 예컨대, 현재 학자들이 이름 붙인 Q자료 같은 것이 있어서 마태나 누가가 자기들의 복음서를 쓸 때 자료로 사용했으리라는 것이다.

Q라는 것은 본래 자료라는 뜻을 가진 독일어의 'Quelle'를 대표하는 말이다. 신약에 나타난 4복음서가 기록된 후에도 많은 복음서들이 교계에 나돌아 도리어 교회에 혼잡을 조성하였던 것으로 보인다. 많은 거짓 복음과 유해한 사이비 복음서들이 나돌고 있었던 것이 사실이다. 그러던 것이 어떻게 복음만이 남아 전해졌을까? 이것은 누가 시켜서가 아니라, 복음서 자체가 지닌 그 진리성과 권위가 독자들을 압도하고 무언중에 감화를 주어 자연히 복음으로 수락할 수 있게 되었다고 본다.

그러나 교회가 어째서 네 개의 복음을 그냥 가지고 있는가? 그 수를 줄이거나 하나로 통일 시키려는 의도는 없었던가? 서로 약간씩 다른 네 개의 복음서가 있다는 것은 확실히 곤란을 가져다주었던 것이 사실이다.

예컨대, 마태복음과 누가복음에 나타난 예수의 족보가 각각 다르다. 또한 요한복음은 성전을 청결케 한 사건을 예수의 생애에 초기를 둔 반면에, 다른 세 복음은 그 말기에 두었다. 첫 세 복음은 예수가 유월절 후에 십자가에 달린 것으로 기술하였는데, 요한복음은 유월절 전에 십자가를 지신 것으로 기록했다. 예수의 부활 사건도 복음서마다 차이점을 가진다. 이런 것들을 아는 교회가 4개의 복음서를 하나로 만들어 조화시켜 보려는 의도를 가지지 않았던가? 주후 180년경에 타시안이란 이단 사람이 소위《디아데사론》이라는 책을 만들었다. 이것이 바로 4복음서를 종합한 것이었다. 얼마 동안은 이것이 매우 영향이 컸었고, 4복음을 대신할 수 있는 것같이 보였다. 그러나 결국은 실패하고, 얼마 후에는 그 책이 종적을 감추고 말았다.

교회는 서슴없이 4복음을 그대로 간직하였고, 네 복음이 있으므로 해서 여러 가지 문제가 생김에도 불구하고 복음서를 하나로 만들려는 운동을 배격하였다. 그 중요한 이유는 교회가 사도적 증언을 무엇보다도 존중히 여겼기 때문이며, 4복음서들이 모두 사도적 권위를 가진 것이기 때문이다. 4복음서들이 모두 사도적 권위를 가진 것이었으므로 기독교 신앙의 기본적 문서로서의 위치를 견지하여 온 것이다.

6) 바울서신의 집성(集成)

신약 문서들 중에서 제일 먼저 기록된 것이 바울 서신이고, 제일 먼저 한 책으로 수집된 것도 바울서신들이다. 주후 100년경에는 이미 바울 서신들이 한 책으로 수집되어 널리 알려졌고, 또 수납되었던 것이 확실하다. 그러나 왜 바울의 편지들이 수집되고 모든 교회의 공통적 이유가 되었는지를 생각해 볼 때 기이한 느낌을 가지지 않을 수 없다.

바울은 거의 모든 경우에 있어서 어떤 지방의 잠정적 형편을 다루어 취급하면서 글을 썼다. 무지하고 위험스러운 이단사상들이 대두하거나 실제적인 문제들이 일어나 어떤 교회의 평화를 위협하는 경우가 생길 때, 바울은 직접 찾아가서 그 모든 문제를 일일이 해결해 줄 길이 없어 그런 잘못된 생각을 가진 자들과 대항하기 위해, 또한 실제 문제에 있어서 좋은 해결책을 제시하기 위해, 또 교회의 화평과 통일을 유지하게 하려고 편지를 써 보낸 것이었다.

바울의 편지들은 어떤 서재나 도서관에서 조용히 앉아 연구하여 작성된 신학적 서적이 아니었다. 어떤 특정된 시간에 어떤 특정 교회가 당면한 급박한 정황을 취급하려는 목적에서 기록된 것들이었다. 다이스만(Deismann)은 말하기를 "바울은 기존 유대인 서한들에다 몇 개의 새로운 글을 첨가하려는 따위의 생각은 전혀 없었고, 자기 나라의 거룩한 문학(성경)을 보충하겠다는 생각은 더구나 없었다. 그의 말이 세계 역사에서 어떤 자리를 차지하리라는 예감을 전혀 가지지 않았었고, 다음 세대에까지 그것이 남아 있으리라는 생각도 없었을 것이며, 앞으로 사람들이 자기의 말을 성경이라고 하여 우러러 보리라는 생각은 꿈에도 하지 않았던 것이다."라고 했다.

우리에게 사도행전밖에 없었더라면 바울이 편지를 썼다는 사실을 알 도리가 없었을 것이라는 말이다. 바울을 숭배하며 따라다니던 누가가 사도행전 13장 이하에서 바울의 전기를 전적으로 썼지만, 바울이 편지를 썼다는 이야기는 한 마디도 하지 않았다. 그리고 때로는 바울 자신도 자기의 편지들이 정말 모든 사람에게 읽혀질 것인가 하는 데 대해서 확신이 없었던 것 같다. 데살로니가에 편지를 써 보내면서 "내가 주의 이름으로 여러분에게 간청합니다. 이 편지를 모든 형제들에게 읽어주시오."라고 간곡히 부탁한 것으로 보아 그의 심정을 짐작할 수 있다.

바울의 편지 중에 더러는 완전히 자취를 감추어 없어진 것도 있다. 고린도 교회로 간 편지 중에 적어도 한두 개는 남아 있지 않은 것이 사실이다. 이러한 사실에도 불구하고 바울의 서신들이 한 책으로 모아지고 온 교회의 귀중한 소유물이 되어 마침내 성경으로서의 권위를 가지게 된 것은 어찌된 일인가? 여기에 대해서는 몇 가지 설이 있다.

자연적으로 성장했다는 설이 있다. 어떤 교회가 바울에게서 온 편지를 간직하고 애독한다. 그 이웃 교회도 역시 바울의 편지를 받았고, 또 그 사실이 첫째 교회에 알려진다. 그러면 그 이웃 교회가 서로 편지의 사본을 청하여 가진다. 어떤 방식으로 점점 편지가 수집되어 나간다. 장소에 따라 각 교회가 얻을 수 있는 편지의 수효는 다소 차이가 있었을 것이지만 서서히 1세기 말에 가서는 바울의 서신이 모두 한 책으로 수집되기에 이르렀다는 것이다.

주후 90년 이전에 생긴 글에는 바울의 편지에 대해서 언급하거나 참고한 흔적이 없고, 주후 90년 이후의 글에는 바울의 편지가 많이 인용되고 그것을 익숙히 알고 있다는 증거가 뚜렷이 나타나 있다. 주후 60년 이전에 기록된 공관복음서에나 심지어 바울의 제자인 누가의 복음서에서도 바울의 언어나 사상의 흔적을 찾아볼 수 없다. 그러나 주후 90년 이후에 되어졌다고 보이는 4 복음서, 야고보서, 베드로서, 요한서신 등은 언어와 사상이 들어 있다고 본다. 주후 90년 이후로는 갑작스럽게 기독교 사회에 많은 편지들이 쏟아져 나오기 시작한 것이 사실이다. 계시록은 일곱 교회로 보내는 편지로 시작한다.

왜 일련의 편지를 가지고 한 책의 서두를 삼게 되었을까? 왜 소아시아 여러 교회로 보내는 편지를 이렇게 한 곳으로 모아 놓았을까? 이것은 혹시 그 당시에 편지를 모아 책으로 묶어 발표하는 전례가 있었던 것을 암시하는 것이 아닐까? 히브리서, 야고보서, 유다서, 요한 서신 등을 볼 때 그것들은 정말 편지라고 하기보다는 형식을 가진 논문이라고 해도 과언이 아니다. 이것은 결국 그 당시에 편지를 써 내는 것이 하나의 유행처럼 되어 있었다는 것을 말해 주는지도 모른다.

어쨌든 클레멘트가 고린도로 가는 편지를 쓴 것이 그 후 얼마 안 되었을 때 일이고, 폴리갑이 이그나시우스의 일곱 편지를 모아 발행한 것이 같은 시대의 일이다. 이와 같이 주후 90년을 넘어서면서 편지 쓰는 일이 활발해진 것이 사실이다.

7) 그 밖의 책의 수집

4 복음과 바울서신 이외에는 일찍이 그만한 어떤 종류의 집성체로

든지 수집된 책들이 있었던 것 같지 않다. 사도행전은 신약 정경에 끼어들어 복음서와 서신을 연결하는 적절한 다리의 역할을 하게 되기 전까지 어떤 특수한 수집 속에 있지 않았다. 물론 누가복음과는 자매관계를 가진 책이었지만, 누가복음이 분리되어 4 복음이 따로 수집됨에 따라 사도행전은 외롭게 독립되고 영구히 버려진 책과 같이 취급되었을지 모른다.

그러나 마침내 사도행전은 예수의 생애와 서신이 기록되던 사이의 자연적 연결을 지어주는 책으로 인정을 받게 되었다. 그때까지는 완전히 분리된 책으로 취급을 받은 것 같다.

공동서신이 한 그룹으로 모인 것은 상당히 후대의 일이었고, 그 과정이 퍽 느렸다. 어쨌든 초기에는 그런 수집체가 있었던 것 같지 않다. 제2세기 말까지도 베드로전서와 요한1서만이 보편적으로 수락되었으니 말이다.

요한계시록은 처음에 널리 알려졌고 인정되었었다. 그렇게 높이 인정된 묵시서는 비단 요한계시록만이 아니었다. 헤르마스의 목자와 베드로계시록도 널리 사용되고 상당히 인정을 받았었다. 이렇게 제1세기 때 기독교도들은 묵시문서들을 환영하였고, 미래에 대하여 빛을 던져주는 영감 있는 글이라고 해서 수납하였었다.

제2세기 후반경에 이르러서는 이 묵시서들이 인기를 많이 잃게 되었다. 그 이유는 세상의 마지막이 임박했다고 하는 약속이 성취되지 않았기 때문이었을 것이다. 그뿐 아니라 몬타니스트(Montanist)와 같은 그룹들이 과도하게 성령의 시대를 주장하며 성령의 인도를 받아 제멋대로 복음과 어긋나는 발언을 자행하는 운동이 일어났기 때문이기도 한 것이다. 복음의 중심은 예수 그리스도이어야 하고 터무니없는 묵시적 예고에다 중점을 두어서는 안 된다고 판단했기 때문이다.

《헤르마스의 목자》라는 책은 로마서 16장 14절에 나오는 "헤메", 곧 바울의 제자가 쓴 책이라는 허황한 근거 때문에 일시 유포되고 사용되었지만 오래지 않아서 버림을 받았다. 베드로계시록은 베드로라는 이름 때문에 상당한 인기를 끌었지만, 교회의 전반적인 용납을 받지 못하였다. 지금은 그것이 단편적으로 밖에 남아 있지 않다. 다만 요한 계시록만이 교회의 광범한 수락을 받았다. 그러면서도 일부의 반대를 받아 왔다. 그리하여 계시록이 정경으로 채택되어 상당히 견고한 위치를 얻기까지는 200년 이상이나 싸움을 겪어야 했던 것이다.

8) 성경으로서의 인정

초대교회에 나타나 유포되던 많은 기독교 문서들 중에 이미 우리가 논한 4 복음서나, 바울서신이나, 사도행전 등 국한된 책들만이 잡다한 유사문서들을 물리치고 남달리 거룩하고 영감 된 하나님의 말씀으로 인정을 받기에 이르렀다. 그렇게 된 것은 어느 개인이나 단체가 제멋대로 어떤 책을 영감된 것이라고 판단하거나 인정했다고 해서가 아니라, 그 자체가 사도적 저작인 동시에 내재적으로 가지고 있는 자증적인 품질이 독자에게 자연적으로 신언으로서의 권위를 나타내 보여 주었기 때문이다.

책 그 자체가 지닌 거룩한 권위와 가치가 아니었다면 아무리 잘난 사람이 그것을 하나님의 말씀이라고 말해도 사람들이 그것을 채택하지 않았을 것이고, 실상 시간이 흐름에 따라 많은 것이 도태를 당하고 몇 개만이 남아있다는 사실 자체가 곧 좋은 증거가 된다. 어떤 책이 사도적 권위를 가질 뿐 아니라, 먼저 채택된 다른 책들과 내용적으로 예배에 사용하게 될 때 마침내 성경으로서의 권위를 인정받게 되는 것이었다.

교회는 좀 더 명확하게 어느 책은 성경이고, 어느 책은 성경이 될 수 없다고 하는 확실한 한계를 그을 수밖에 없는 특수한 시기에 도달하였다. 즉, 제2세기 중엽에 접어들자 열광적 시대는 지나가고 제도화한 교회시대에 이르게 되었다. 교회는 이미 예언이 역사하는 곳이 못되고 사람들이 교회로 마구 밀려들어 세상과 교회의 차별이 없어지고 말았다. 교회가 세속화하여 이방 사상, 문화, 철학과 혼동되기에 이르렀다.

이런 때에 몬타누스(Montanus)란 사람이 나타났다. 그는 기독교로 개종하고 소아시아에서 명성을 떨치게 되었다. 그는 교회는 세상으로부터 깨끗하게 분리해야 한다고 주장했다. 몬타누스는 몬타니즘이 낙착되어 몬타니스트가 되어 성령의 이름으로 예언을 하고 그리스도의 조속한 재림을 예고했다. 거기서 몬타누스는 스스로 자기를 약속된 보혜사라고 하며, 교회를 위하여 새 환상과 새 메시지를 가지고 왔노라고 주장했다. 그리고 자기를 통해서 하나님의 새로운 계시가 나타난다고 주장했으니 성경은 계속 늘어날 수밖에 없었다. 그러므로 기독교회가 마침내 성경을 마감하지 않으면 안 될 단계에 이르렀다. 제2세기 말경에 이르러 교회는 신약정경을 한정하고 원칙적으로 성경 산출이 이미 끝났다는 데 합의하게 되었다.

2세기 말까지 나타난 신약정경 형성의 과정을 요약해 보면 거의 모든 교회가 공통적으로 4 복음서, 사도행전, 바울서신 13 권, 베드로전서, 요한1서를 정경으로 소유하고 인정하였으며, 히브리서, 야고보서, 베드로후서, 요한2, 3서, 유다서와 요한계시록에 대해서는 아직 통일적인 수납을 하지 않았다. 반면에 클레멘트1서, 바나바서, 헤르마스의 목자, 12 사도 교훈 같은 다른 기독교 문서들이 몇몇 교회 저작가에 의해서 성경으로 채택되었다. 그러나 대다수는 그것을 배척하였다.

이제 3세기와 4세기 초에 걸쳐서 문제된 책들을 가려내는 과정이 있었다. 그리하여 더러는 정경으로, 더러는 외경으로 인정을 받기에 이르렀다. 정경문제를 주의 깊게 조사 연구한 교부들 중에 가이사랴의 유세비우스를 들 수 있다. 그는 그의 교회사에서 정경의 한계에 대한 과거 저술가들의 발표를 인용하고, 그의 조사의 결과를 종합하여 놓았다. 저작가가 미상이기 때문에 이의를 받았지만 그 책들의 가치는 누구도 의심할 수 없다. 그리고 그 내용으로 보아서 확실히 사도적인 것들이므로 그들이 성경 정경에 들어갈 수밖에 없었고, 그러기 위해서는 어떤 사도의 이름을 빌리지 않을 수 없었다.

어쨌든 교회가 오랫동안 고민하며 이의를 제기했다는 사실에는 상당한 이유가 있었고, 또 마침내는 그 모든 풍파를 물리치고 사필귀정으로 그 책들이 자기 자리를 차지하게 된 것도 당당한 이유가 있는 것이다.

우리는 이제 정경 형성의 마지막 단계에 이르렀다. 예루살렘의 시릴(Cyril)은 교회 회원이 되려고 준비하는 사람들에게 신약성경의 목록을 강의하면서 계시록을 제외한 모든 책을 소개했다고 한다. 그런데 주후 367년에 애굽 알렉산드리아의 감독 아타나시우스(Athanasius)는 그의 부활절 서신을 자기 교구의 여러 교회로 보내면서 지금의 신약성경과 똑같은 내용의 목록을 제시하였다.

이제 그 편지의 내용을 인용하면 다음과 같다. "나는 서슴지 않고 신약성경에 속하는 책들을 다시 진술하려 합니다. 그것은 다음과 같습니다. 4 복음서 곧 마태에 의한 것, 마가에 의한 것, 누가에 의한 것, 그리고 요한에 의한 것이 있고, 그 뒤에 사도행전과 사도들의 공동서신 7 권인데 야고보의 것 하나, 베드로의 것 둘, 요한의 것 셋, 그 뒤에 유다의 것이 있습니다. 그것들 외에 사도 바울의 14 서신이 있는데 그것들은 로마서, 고린도서 두 개, 갈라디아서, 에베소서, 빌립보서, 골로새서, 데살로니가서 둘과 그리고 히브리인에게 보낸 편지입니다. 그 뒤에 요한계시록이 있습니다."

이 일이 있은 후 서방에서는, 즉 힙포레기우스(Hippo Regius)에서와 아프리카의 카르타고(Carthago)에서 전자는 주후 393년, 후자는 주후 397년에 각각 대표로 모여 27 권을 신약성경으로 정식 채택하였으며, 그것이 마침내 제롬의 라틴어 번역을 통하여 전 서방교회에 유포 사용되게 되었다.

5. 성경의 편찬

1) 고대 사본

옛날에 사본을 만드는데 흔히 사용되던 방식은 두 가지가 있다. 하나는 개인이 어떤 대본을 놓고 한자 한자 옮겨 써서 만드는 법이다. 여기에서 그 본문 속에 우발적으로 변화가 생기는 것은 불가피한 일이다.

새로 된 사본의 정확성은 사서인(寫書人)이 그 언어와 또 그 글의 내용에 얼마나 익숙하냐 하는 것과, 또 그가 얼마나 주의해서 일하느냐에 달려 있는 것이다. 또 한 가지 방법은 사서실(寫書室)에서 책을 만드는 방식이다. 여기에는 어떤 대본을 큰 소리로, 천천히, 그리고 명료하게 읽는 사람이 하나 있고, 여러 서사들이 그 사람을 둘러앉아 그것을 받아서 쓴다. 그러니까 서사의 수만큼 단번에 여러 개의 사본이 생기게 된다.

성경이 문서화 되었지만 그 재료들은 파피루스나 가죽 종이어서 그 원본들이 오래남아 있을 수가 없었다. 그래서 필요에 의하여 사본들을 만들어 보관하고 전달할 수밖에 없었다.

다행인지 불행인지 지금은 성경의 원본이 단 한조각도 남아 있지 않고, 다만 그 사본들이 남아 있을 뿐이다. 1947년까지는 구약성경 사본 중 제일 낡은 것이 주후 제9세기 말에 된 것이었다. 이것은 주후 5세기와 6세기에 맛소라(Massora) 학자라고 하는 유대인 학자들에 의해서 편찬된 것으로, 그때까지 띄어쓰기도 없고, 모음이나, 억양기호나, 구두점도 없음으로 인해 일어났던 혼란과 불확실성을 없이하려고 비상한 노력에 의하여 고정된 띄어쓰기, 모음, 억양, 구두점 등을 붙여서 소위 맛소라 원문을 이루어 놓았던 것이다.

1947년에 이스라엘의 사해 서북 연안 쿰란(Qumran)이란 곳에 있는 동굴들 속에서 고대의 두루마리 책들을 발견했다. 거기서 구약의 에스더를 제외한 모든 책의 사본들을 얻을 수 있었다. 비록 손상된 것들이 대부분이기는 하지만 이 두루마리와 그 조각들은 기독교 발생 전후 1, 2백년간의 것들로 판명되었다. 그러므로 지금까지 알려진 9세기 사본보다 무려 천년이나 더 오래된 것들이라는 점에서 학계에 커다란 경이와 기쁨을 주고 있는 것이다. 이로 인해 일반적으로 그 오래된 사본들과 맛소라 원문이 일치한다는 사실을 발견하게 되었다.

신약 사본에 있어서는 19세기 동안에 중요한 고대 사본들이 많이 발견되었다. 1859년에 독일 학자 티센도르프(C. von Tischendorf)가 시내산에 있는 한 수도원에서 유명한 시내산 사본(Codex)을 발견하였다. 그것은 제4세기의 것으로 훌륭한 양피에 기록된 헬라어 성경 사본으로서 지금은 대영 박물관에 보존되어 있다. 또한 1906년에 프리어(C. L. Freer)가 애굽 카이로 고물상인에게서 산 4복음서 사본은 4세기 말 내지 5세기 초의 것으로 지금은 미국 워싱턴 프리어 미술관에 보관되어 있다. 이것을 워싱턴 사본이라 부른다.

1930년경에 영국의 골동품 수집가인 비이티(A. Chester Beatty)가 얻은 고대 사본들 중에 중요한 헬라어 성경 사본이 세 개 들어 있는데, 제3세기의 것이라는 점에서 중요성을 가진다. 1935년에 고문서 학자 로버츠(C. H. Roberts)가 발견한 작은 사본 조각은 신약 사본 중 가장 오래된 것으로 알려져 있으며, 제2세기 전반기의 것으로 보고 있다. 요한복음 18장의 내용 중, 약 30 단어를 포함하고 있는 작은 조각 두 개이다.

또 스위스 사람 보드머(Martin Bodmer)가 입수한 헬라어 고대 사본들 중에 신약성경 사본들이 끼여 있었고, 그 중의 하나가 1956년에 발표되었다. 그것은 요한복음의 처음 14장을 완전히 보존하고 있으며, 나머지는 부분적으로 가지고 있다. 그 연대를 주후 200년경으로 잡고 있다.

2) 인쇄본 성경

15세기 중엽에 인쇄술이 발명되면서부터 사본 시대는 끝나게 되었다. 성경이 처음 인쇄본으로 나온 것은 1456년 마인츠(Mainz)의 요한 구텐베르크(Johann Gutenberg)에 의해 출판된 라틴 벌게이트였다.

히브리어 구약성경이 처음 출판된 것은 1488년 롬바르디(Lombardy)에 있는 송키노(Soncino) 출판사에 의해서였다. 그러나 헬라어 신약성경이 출판된 것은 16세기 초의 일이다. 즉, 16세기 초에 스페인에 있는 알칼라(Alcala) 곧 콤풀툼(Compultum)의 지메네스(Ximenes)라는 추기경이 굉장한 폴리글롯(여러 나라 말로 대조시킨 성경) 성경을 만들 계획을 세웠다. 여섯 권으로 된 책으로 구약의 매 페이지에 세 개의 주란(column)을 두는데, 가운데는 히브리어 원문, 한편에는 라틴어, 또 한편에는 70인역을 두기로 하였다.

그리고 신약 부분은 두 개의 주란으로 만드는데, 헬라어와 라틴어를 대조시키려는 것이었다. 그 중에서 이 신약 부분을 담은 책을 1514년에 제일 먼저 출판했지만, 1520년에 다른 구약 부분과 함께 교황의 승인을 받기까지는 세상에 내놓지 못하였다.

이러는 동안 스위스 바젤에 살던 프로벤(Froben)이라는 인쇄업자는 지메네스가 폴리글롯 성경을 출판한다는 소문을 들었다. 그 틈에 헬라어 신약성경을 출판하면 타산이 맞으리라는 생각을 한 끝에 1515년 4월 유명한 인문주의자 데시데리우스 에라스무스(Desiderius Erasmus)의 도움을 얻어 헬라어 신약성경을 편집하게 되었다. 그러나 그는 폴리글롯 성경보다 먼저 출판하려는 급한 마음에, 그 당시에 얻을 수 있었던 헬라어 사본을 마구 주워 모아 편집하였으므로 크게 환영받지 못했다.

3) 한글 성경

우리가 가지고 있는 한글 성경은 어떻게 번역된 것인가? 이것을 알기 전에 우선 어떻게 한국에 성경이 들어왔는가를 알아 볼 필요가 있다. 한국에 성경이 소개된 것은 1832년에 화란 선교사 구츨라프 목사를 통해서라고 말한다. 그가 홍주 고대도에 얼마동안 머무르면서 주기도문을 한글로 번역하였다고 하니, 그것이 한글 성경 번역의 시작이라 할 수 있을 것이다.

성경이 한국어로 번역되기는 1873년 스코틀랜드 연합 장로회 선교사 로스(John Ross)가 만주에서 많은 한국인을 만나는 일에서 시작된다. 한국 선교에 착안하게 된 로스 목사는 한국이 쇄국정책을 쓰기 때문에 한국 내에 발을 디디지 못하고 계속 만주에 머무르면서 성경 번역을 통한 전도를 시도하게 되었다. 만주 봉천을 근거로 하고 전도 사업을 시작한 로스 목사는 마침내 서상륜(徐相崙)이라는 한국 청년을 만났다. 이것이 1875년 봄이었다.

그때부터 서상륜은 로스 목사에게 한국말을 가르쳤고, 동시에 한문 성경에서 한글로 번역하는 일을 시작하였다. 그 때에 서씨 이외에 이응찬(李應贊), 백홍준(白鴻俊) 등 두 사람이 이 사업에 협조하여 1882년 말에 처음으로 완성된 것이 누가복음이었다고 한다.

1882년 한국에 문호가 개방되고 신교 선교사들이 자유로 입국할 수 있게 되자, 처음으로 입국한 선교사가 알렌 의사였고(1884), 그 이듬해에 언더우드(H. G. Underwood), 아펜젤러(H. G. Appenzeller) 선교사가 도착했다. 이렇게 선교를 시작한 선교사들은 성경 사업의 시급성을 느껴 1887년에 한국 성경 위원회를 조직했고, 1893년에는 공선 번역 위원회를 조직했다.

초대 번역 위원은 언더우드, 아펜젤러, 스크랜톤, 트롤롭(M. N. Trollope, 성공회 주교), 게일(J. S. Gale), 레이놀즈(W. D. Reynolds) 제씨였다. 이 번역 위원회에 의하여 1900년에 신약성경을 완역했지만 미흡한 점이 많이 발견되어 계속 개역할 것을 작정하고 착수했다.

1904년에 신약전서가 개역 완료되고, 1906년에는 그것을 재수정하여 결정본으로, 그리고 공인역으로 출판하였으니, 1937년에 다시 개역

성경이 나타날 때까지 계속 사용된 성경이다. 구약성경은 1910년 4월 2일 오후 2시에 완역되어 1911년에 신약성경과 같이 성경전서로 간행되었다.

이렇게 하여 신구약 성경 전부가 한글로 번역된 셈이다. 이때까지는 주로 영어 번역과 한문 성경을 대본으로 하였던 것이다. 가령 원어 성경을 참고했더라도 그 원어 성경은 현대 비평판 성경이 아니라, 공인 원문(Textus Receptus)이었을 것이므로 우리의 개역성경(1937)이나 새번역성경(1967)과 상당히 차이가 있었던 것이다. 즉 개역성경과 새번역성경은 최근의 비평판 성경들을 대본으로 하고 번역되었기 때문이다. 1937년에 나온 현행 개역성경은 특히 신약성경에 있어서 웨스트코트-호르트나 네슬판 헬라어 성경을 번역한 것이기에 옛날 공인 원문을 대본으로 한 영어성경에서 번역된 구역 한글 성경과 차이가 있을 수 밖에 없다.

우리는 지금 과거의 많은 학자들의 정성스러운 노고의 결과로써 성경 원본에 거의 가까운 본문을 가졌고, 또 그것을 양심적으로, 그리고 최대의 성실성을 가지고 번역하려는 성경 번역자들의 손을 거쳐 오늘 이 시간 이곳의 사람들에게 가장 이해되기 쉬운 글로 번역된 성경을 가지고 있다.

우리의 손에 있는 번역된 성경도 다름 아닌 하나님의 말씀이요, 그의 계시이다. 하나님은 그의 말씀을 누구에게나 주시기를 원하신다. 그의 말씀은 생명을 주시는 것이기 때문이다.

제7편

요약교회사

1. 고대의 교회

1) 왜 교회사를 알아야 하는가?

교회사는 하나님의 아들 예수께서 강림하심으로써 시작된다. 예수의 강림은 이 지상에서 가장 중대한 사건이었다. 이는 세계 연대의 기원을 이룰 만큼 역사의 전환점이 되었던 것이다. 세계의 역사를 충분히 공부하려면 기독교회사를 연구하여 기독교가 어떤 영향을 미쳤다는 것을 고찰해야 한다. 그러므로 세계의 정치적 관계, 경제적 발전, 일반적 도덕 등 국제 관계를 잘 알려면 반드시 교회사와 관련해서 알아야 한다. 그 이유는 기독교가 과거 19세기 동안 너무나 많은 영향을 세계 각 분야에 미쳤기 때문이다. 그러므로 교회사를 이해하게 되면 세계 역사를 비롯한 모든 문화도 이해할 수 있게 되는 것이다.

예수께서 오셨을 때의 시대적 상황을 보면 희랍인은 철학, 사상 또는 문화적인 면에 있어서 예수가 오실 준비로 큰 공헌을 했고, 로마제국은 정치적으로 막강한 세력을 잡고 지배했는데, 법률, 질서, 조직 같은 실제적인 면에 있어서 큰 공헌을 했다고 본다.

2) 교회사의 구분

그리스도가 세상에 계실 때부터 주후 100년까지를 사도시대라 하고, 100년부터 325년까지를 순교자 시대, 325년부터 590년까지를 교회 성장시대로 구분한다.

한편 고대와 중세의 분기점은 그레고리 1세가 교황으로 취임한 590년으로 잡는다. 그리고 중세의 끝은 루터가 종교개혁을 시작한 1517년으로 구분한다. 그리고 근세는 종교개혁 이후부터 현대까지를 말하며,

그 중 1800년에서 오늘에 이르기까지를 최근세로 보기도 한다.

3) 박해 속의 교회

기독교 역사는 초대교회 때부터 박해가 심했으며, 초대교인들은 그 당대에 메시아가 곧 재림하실 것이라고 바라고 있었다.

예수 자신이 하나님의 아들로서 참 메시아 되심을 증언하셨으므로 바리새인들은 전통적 의식의 파괴를 염려하여 기독교 신자를 가혹하게 박해하기 시작했다. 그 첫 번째로 스데반이 돌에 맞아 순교했다. 그리하여 신자의 일부는 동서 사방으로 흩어졌는데, 그들은 가는 곳마다 예수의 복음을 전했다.

기독교는 계속 많은 박해를 받아 순교자가 나게 되었는데, 주후 100년부터 325년까지를 순교자 시대라고도 한다. 그러는 가운데서도 헌신적인 교회 지도자들의 열심 있는 전도와 충성된 생활은 주께 영광을 돌렸지만, 그들의 용감한 복음 전파는 혹독한 박해를 불러들이게 되었다.

로마의 박해는 주후 64년에 네로(Nero) 황제 때에 시작되어 디오클레시안(Diocletian) 황제의 치세 후, 즉 주후 320년경까지 계속되었다.

박해의 원인으로는 기독교가 이교(異教)를 부인하며, 미신을 공격하고, 국가 지상주의를 배격하였다는 것과, 사회생활 면에도 사치 오락을 금하며, 황제 숭배를 거절하는 것 등을 들 수 있다. 이로 인하여 많은 신앙인들이 직업에 방해를 받았으며, 드디어는 각종 형벌을 당하게 되었다. 그러나 교회는 이 박해 시대에도 지하에서 비밀리에 모이며 갖은 고난과 순교까지 당해 가면서도 신앙생활을 계속했다.

살아남은 기독교인들은 숨거나 피신하여 지내면서도 자기의 돈독한 신앙을 버리지 않았다. 그들은 카타콤이라는 지하의 동굴과 통로 속에 피난하여 박해자들의 잔악한 손에서 벗어날 수 있었다. 카타콤은 여러 세기 동안에 걸쳐서 일어났던 신앙인에 대한 박해의 사실을 증언하여 주고 있는 것이다. 이 카타콤은 길고 좁은 길에 회랑(回廊)이 있는데, 본래는 기독교인들이 죽은 사람을 위하여 만들었던 것이다.

이 박해 때에 안디옥의 감독인 익나티우스(Ignatius)를 비롯하여 폴리갑(Polycarp) 등 많은 순교자가 나타났다. 그러나 그러한 박해에도 불구하고 그들은 예수는 구주시고 하나님의 아들임을 확신시키며, 교회와 국가의 분야를 명확하게 하고, 참 진리를 세상에 알려주는 생활을 하였다.

4) 콘스탄틴과 기독교

325년부터 590년까지는 거의 모든 황제가 기독교에 대하여 호의를 가지고 기독교의 발전을 위해 힘썼다. 이 시기는 콘스탄틴(Constantine) 대제로부터 시작되었는데, 이 대제는 기독교 최초의 황제였으며, 또한 교회의 최초 보호자였다.

콘스탄틴의 어머니 헬레나는 신중하고 경건한 여자로서 성자의 반열에 있었다고 기독교 역사가들은 기록하고 있다. 콘스탄틴이 전쟁에 나갈 때에 전날 밤 천사가 일러준 대로 진두에 십자가를 그린 군기를 세우고 병사들의 방패에는 그리스도라는 헬라어의 첫 글자를 쓰게 한 다음에 싸움터로 나갔다. 그 결과, 콘스탄틴과 그의 군대는 312년에 밀비안에서 막센티우스 군에게 결정적인 타격을 가하여 승리했다는 것은 유명한 이야기로 전해온다.

콘스탄틴은 법률을 개정하여 십자가 형벌을 폐지하며 여러 가지 면을 크게 쇄신하였다. 그리고 교회의 대회 결의는 국가의 법률이 되게 하고, 주일을 성수하게 하며, 교직자에게 병력과 세금을 면제하는 등 호교적인 황제로 나타났다.

특히, 신앙의 자유와 함께 우매한 미신의 행동을 제재했으며, 도처에 교회를 설립했다. 이렇게 신앙의 자유가 찾아오자 교회 생활이 박해를 받을 때보다 속화되고, 비성경적으로 나가고, 여러 가지 좋지 못한 것이 교회에 들어오게 되었다. 그리하여 교회가 많이 세워지고 교세가 늘어가는 것은 기쁜 일이나 교인들의 부패상은 점점 늘어났다.

박해가 가시자 대두된 것은 교리적인 문제들이었다. 이때 아리우스라는 사람이 그리스도의 신성에 대하여 이설적인 견해를 가지고 있었는데, 그로 인하여 그와 그의 추종자들은 그리스도의 신성을 반대한다는 이유로 321년에 열린 알렉산드리아 회의에서 정죄를 받아 파문당했다.

그 후, 아리우스 일파는 자기들의 견해를 열심으로 주장했고, 그 때문에 교회는 바야흐로 신학의 논쟁으로 돌입하게 되었다. 콘스탄틴 대제는 여기에 깊은 관심을 가지고 그 격심한 논쟁을 진정시킬 방도를 찾으려고 교회 회의를 개최하도록 힘썼다. 그리하여 325년 6월 14일부터 42일간 니케아에서 회집된 회의에는 318명이 참석했으며, 그 중 서방 대표는 7명뿐이었고, 대부분이 동방 대표였다. 회원 파벌로는 이단파, 중간파, 정통파가 있었는데, 중간파가 대부분이었다.

이단자로 된 아리우스의 신학은 ① 삼위일체를 부인하여 예수는 시작이 있고, 하나님은 끝이 없는 분이며, ② 예수의 신성을 부인하여 그는 하나님의 최초의 창조자일 뿐이며, ③ 하나님의 내재성을 부인하여 하나님은 인간에게 초월하여 계신다고 주장했다.

한편 정통주의의 대표적인 아다나시우스의 신학은 ① 인간의 죄인됨을 아프게 느끼고, 예수로만 구원 얻음을 확신하며, ② 그리스도는 하나님과 동일 본질[아리우스는 유사(類似) 본질]임을 강조했고, ③ 그리스도는 완전한 신이시며 완전한 사람이심을 믿었으며, ④ 성부 성자 성령은 다 동일 본질임을 확신하고 삼위일체를 완성한다고 믿었다.

니케아 대회의 결의 사항은, 첫째로 신경을 제정하였는데 이단파가 제출한 신경은 부결되었으며, 중간파가 제출한 신경을 수정하여 채용했다. 이것이 유명한 니케아 신조이다. 둘째, 부활주일을 제정했다. 예수께서 주일에 부활했으므로 부활절을 주일에 지키는 것을 원칙으로 하고, 춘분 후 첫 만월이 지난 첫 주일로 통일시키기로 결정했다. 셋째, 이단자를 처벌하였다. 아리우스 외에 이단인 몇 감독은 파면, 혹은 추방하고 그의 글들은 불태워 버렸다.

5) 동서 교회의 인물

니케아 대회의 교부들 중에 동서교회의 유명한 인물은 다음과 같다.

(1) 동방교부

① 유세비우스(260-340): 학식과 신앙이 겸존하고 교회 역사가로 유명하다.

② 아다나시우스(296-373): 집사장이었다가 후에 감독이 되었는데, 니케아 대회의 중심인물이지만 박해로 다섯 차례나 추방당하기도 했다.

③ 크리소스톰(346-407): 문학, 법률학, 신학을 많이 연구한 이로서 대설교가로도 유명하다. 그는 왕후의 죄악을 공격하다가 모함을 당해 추방되기도 했다.

(2) 서방교부

① 암부로스(340-397): 관리로서 진리를 수호하다가 감독이 되었으며, 진리 수호로 황제의 명령에도 불복한 대담한 감독이다.

② 제롬(342-420): 로마에 가서 고문학을 연구하고 수도원을 설립했다. 성경을 번역하는데 성경학자로 알려졌다.

6) 어거스틴

가장 위대한 교부 중의 한 사람인 어거스틴은 354년에 북아프리카 누미디아의 타가스테 읍에서 출생했다. 어거스틴의 어머니 모니카는 온순하고 경건한 기독교 신앙을 가진 여자였다. 그러나 그는 자기 어머니의 훈계를 잊어버리고 18세 되었을 때, 한 여자와 관계하여 아들까지 낳았으나 그 아이는 어려서 죽고 말았다.

어거스틴은 영혼을 만족시킬 수 있는 철학을 탐구하다가 결국 마니교에 빠져 들어갔다. 어거스틴은 이 위험한 마니교에 들어가 9년 동안이나 지냈다. 이때까지 어거스틴은 자기에게 만족이나 확신을 줄 수 있는 철학을 찾지 못했다. 그래서 그는 회의를 품고 로마로 갔다. 그는 로마에 있은 지 1년이 채 안되어 밀란으로 갔다가 거기서 암부로스 감독의 설교를 듣게 되었다. 그의 설교가 어거스틴의 어둔 심령에 빛을 주기 시작하자, 그는 성경을 읽으며 거기에서 그의 안타까운 심령을 채워줄 분은 하나님이신 것을 깨달았다. 그리고 그는 13년 동안 같이 살아온 여자와 인연을 끊었다. 그리고 회의 사상과 마니교와의 모든 관계도 끊었다.

어거스틴은 플라톤의 교훈을 통해 진리는 물질계 이외에서 찾아야 된다는 것을 알았다. 그는 피조물을 보아 보이지 않는 하나님을 인식할 수 있었으며, 영원히 변치 않는 분이라는 확신을 얻게 되었다. 그는 자신이 하나님 앞에서 얼마나 큰 죄인인가를 깨달았다. 특히, 그는 로마서 13장 13-14절을 통해 새 사람으로 바뀌었다. 그 후 어거스틴은 의심이 사라지고 죄를 용서 받았다는 확신이 생겼다. 그 어머니의 기도는 드디어 응답되었던 것이다.

어거스틴은 391년에 힙포(Hippo)의 신부가 되었고, 395년에는 힙포의 감독으로 취임하여 35년간 임지에서 계속 봉사했으며, 76세에 참회의 성례를 마치고, 430년 8월에 세상을 떠났다.

그는 성경의 정경(正經)을 결정하는데 많은 영향을 주었으며, 위대한 신학자로, 신앙의 옹호자로서 이단을 물리치고, 분파주의에 대항하여 꾸준히 싸웠다. 그는 《신(神)의 도성》과 《참회록》을 비롯하여 많은 저서를 남겼다. 어거스틴의 죄와 은혜에 관한 교훈과 주장은 교회 전체에 큰 감화를 주었다.

2. 중세의 교회

1) 교회의 양상

(1) 교황의 권세

그레고리(Gregory) 1세가 590년에 로마에 있는 교황 자리에 앉은 것은 교회사에 있어서 한 전환점을 이루었다. 때는 고대가 끝나고 중세로 접어들던 시기였다. 그레고리는 최후의 교부였고, 로마 감독이었으며, 중세 최초의 신학자요, 교황이었다.

그레고리 1세 이전에 있던 로마의 감독, 곧 교황 중에도 상당히 큰 세력과 감화력을 가졌던 사람이 있었다. 그러나 교황들이 교회와 국가에 있어서 최고의 권력을 가지고 있던 때는 역시 그레고리 1세 시대부터 루터가 종교개혁을 시작하던 때까지였다.

그레고리 1세는 가톨릭교회의 교리, 조직, 또는 교규(教規)에 있어서 여러 면으로 큰 영향을 끼친 사람이었다. 가톨릭주의의 주요한 원칙은 거의가 이 그레고리 1세 때부터 움텄던 것이다. 그는 수도생활을 하는 중 590년(50세경)에 원로원, 교직자 및 백성들의 총의로 교황 자리에 오르게 되었다.

그의 업적은 교황의 호를 채용했으며, 성경을 주해하고, 교회의 규칙을 쇄신하며, 교직을 팔고 사는 것을 엄금하고, 교직자에게 결혼을 금해 놓았다. 정통 신앙을 확립하고 교회의 전형적인 예배의 순서를 제정하며 교회의 음악도 발전시켰다. 그는 작은 죄와 큰 죄를 구분하고 작은 죄는 연옥에서 사함 받는다고 주장했으며, 타인의 중보적 기도로 연옥에 있는 죄인이 구원을 받는다고 했다.

연옥교리는 베드로전서 3장 19절을 근거한 것으로 불완전한 신자가 천국에 들어가기 전 중간 상태에서 수련을 겪는 기간이 있다는 학설

(신교는 이를 반대)로서 그의 연옥설은 신앙의 한 요목이 되었다. 이때부터 교황의 지위는 확고해졌고, 그 권세는 날로 더하여 갔다.

(2) 유럽의 선교

유럽이 개종한 역사는 약 천년 동안에 걸쳐서 이루어진 것인데, 한 나라씩 개종되어 11세기 초에 이르러서는 스칸디나비아 반도의 여러 나라 왕들이 기독교를 받아들여 자기 나라의 공인된 종교로 삼기까지 이르렀다.

유럽 대륙에 있어서 기독교의 전도사업이 시작된 것은 고드(Goths)족들에 의해서였다. 이들은 종족간의 전쟁을 하는 중에 포로로 잡혀온 기독교인들에게서 복음을 받게 되었는데, 고드족을 위하여 열심으로 복음 사업을 한 위대한 사도는 울필라스(Ulfilas)였다.

투어스(Tours)의 감독 마르틴은 병사, 수도사, 감독 및 선교사로서 일생을 보낸 사람이었다. 그는 군인이었으므로 선교 사업도 군대식의 방법을 사용했다. 또 그는 프랑크족에게 선교를 했는데, 프랑크 왕 클로비가 자기 부인에게서 감화를 받아 세례를 받으므로 인하여 많은 기독교인이 생겼다. 그 후 피핀(Pippin)의 아들 말텔(715-741)이 정권을 확장하려고 독일과 화란에 선교사를 파송했다.

켈트 교회에서는 영국 여러 섬과 유럽 본토로 패트릭을 파송하여 선교하게 되었다. 그는 어느 날 환상을 보고 아일랜드로 가기로 결심하고는 부모와 친구들이 말리는 것도 뿌리치고 떠났다. 그는 열심과 온순한 태도로 높고 낮은 사람들의 친구가 되어 수십 개 처에 교회를 세우고 수천 명의 개종자에게 세례를 베풀었다.

독일의 사도라고 일컫는 보니페이스(Boniface, 672-755)는 영국인 수도사로 귀족 출신이며 고등교육을 받은 학자였다. 그는 교황의 임명을 받아 독일 전도의 사명을 띠고 나가서 눈부신 활동을 했다. 보니페이스는 이교적인 예배가 성행되는 것을 발견하고, 그들에게 복음을 전한 결과, 많은 사람을 기독교로 개종하게 하여 세례를 베푸는 큰 성과를 거두었다.

그는 어느 날 이교도들 앞에서 그들이 믿고 의지하는 큰 참나무를 직접 도끼로 찍었다. 그들은 그에게 놀랍게도 아무 탈이 없는 것을 보고 수천 명이 개종하므로 세례를 베풀기도 했다. 그는 특히 조직력이 있었으며 수도원을 세운 후, 학교와 여자 수도원까지 설립했다.

(3) 이슬람교

이슬람교의 창시자 마호멧(570-632)은 아라비아의 메카에서 출생했다. 그가 6세 때에 어머니는 죽었다. 마호멧은 신령, 징조, 꿈 따위를 믿으며 변변히 교육을 받지 못하고 양치는 집에서 소년기를 보냈다.

마호멧은 25세 때 자기보다 15세나 위인 부자 과부 카딩야와 결혼했다. 그는 610년, 즉 40세가 되던 해에 환상을 보고 전도하라는 부름을 받게 되었다고 한다. 그의 종교는 유대교, 기독교 및 아라비아의 이교사상을 혼합하여 여기에 마호멧이 본 환상과 그가 상상하는 바를 보탠 것이었다. 이 교리의 중심은 창조주격인 알라신, 그리고 중요시하는 코란경, 예언자들, 그 중에서 최후이며 유일한 예언자가 마호멧 자신이라고 했다.

그는 다섯 가지 실행할 의무를 정해 놓았다.

첫째, 알라신 외에는 신이 없으며, 마호멧은 알라신의 예언자라는 신조를 외우는 일. 둘째, 메카를 향하여 기도드리는 일. 셋째, 이슬람교의 달력으로 9월에는 30일 동안 금식하는 일. 넷째, 자선사업을 하는 일. 다섯째, 메카를 순례하는 일 등이다.

마호멧은 당시 정치가, 조직가, 행정가로서 설득력과 지도력을 가진 인물이었다. 이슬람교는 여러 종족과 국가에 큰 영향을 미쳤고, 또한 그 신앙을 전파하기 위하여 많은 지역을 정복했다. 이 종교는 코란경과 칼로써 그 특징을 삼았으며, 그 보상은 지상에서의 노획물이었고 죽은 후에 정욕적 쾌락을 누리는 낙원이었다.

631년에는 메카에 모슬렘(마호멧 교도들)만 살게 되어 결국 이슬람

순례자들의 신성시하는 곳이 되었다. 632년에는 아라비아가 이슬람교도들에게 정복되고, 그 다음 100년 동안에 북아프리카, 팔레스틴, 소아시아, 러시아, 스페인 등이 마호멧교의 군대에게 정복을 당했다. 한때 기독교의 방파제가 되어 있었던 국가들이 하나씩 하나씩 마호멧교에게 굴복을 당하고 말았다.

이슬람교는 무력을 써서 나라를 정복하고 무리하게 자기들의 종교를 믿게 했으며, 불복하는 이에게는 중한 세금을 내게 하거나, 또는 칼로 죽이기도 했다. 이슬람교의 발전으로 기독교 및 서방문화는 심한 충돌이 일어나 많은 문제들이 생기게 되었다.

그 중에서도 중요한 사건이 중세기 후반에 일어났던 십자군 사건인데, 이것은 기독교 역사에 있어서 큰 오점(汚點)이었다.

2) 로마교회의 성장

(1) 샤를마뉴 대제

샤를마뉴(Charlemagne, 742-814)의 아버지가 세상을 떠나 그에게 왕권을 계승했을 때는 그의 나이 26세였다. 그는 얼마 안 되어 그의 아버지에게서 물려받은 영토를 배나 확장시켰으며, 그 당시 암담하던 시대에 그 나름대로의 문예부흥을 일으켰다.

샤를마뉴는 자기 제국 안에서 농업, 공업, 상업의 진흥을 위하여 최선을 다했다. 그는 교회인으로서도 모범적이었기에 꼭 교회에 출석했으며 십일조를 바쳤고, 부하들로 측면에서 교회를 잘 유지하게 했다. 그가 정복한 국가에는 그 백성들로 하여금 그리스도를 믿게 했다. 그는 자기의 정책을 끝까지 수행하여 결국 색슨족을 굴복시켰고, 그의 명령에 끝까지 복종하지 않는 자들은 죽였고 그 나머지는 세례를 받게 했다.

샤를마뉴 대제는 국토를 넓히고 억지로라도 속국 백성들에게 기독교를 믿게 하기 위하여 각국을 정복했다. 그는 수도원, 교회 등에 많은 기부를 했고, 감독들과 협력하여 교구를 혁신하는데 진력했다. 그는 또한 46년 동안 나라를 다스렸는데, 유력한 군주로서, 교회의 옹호자로서 생애를 보냈다. 그는 걸출한 인물로 선견지명이 있는 사람이었으나, 한편 색슨족에 대한 처사를 보면 잔인한 폭군이었음을 알 수 있다.

(2) 신성 로마제국

샤를마뉴 대제는 여러 차례 로마를 방문했는데, 주후 800년 겨울 크리스마스에 교황 레오(Leo) 3세가 로마제국의 황제 샤를마뉴의 머리에 관을 씌워 주었다. 이것이 세상 역사나 교회사에서 신성 로마제국이라 불리는 제국의 시초였다. 이 일은 샤를마뉴에게 큰 권세와 위풍을 더해주는 일이 되었으며, 제국의 권세를 교회에서도 인정하는 것으로, 그는 이 세상의 최고의 지위에 오르게 된 것이라고 생각하게 되었다. 또 교황에게는 황제 대관의 권한이 있음을 확인하는 일도 되어서 크게 이로운 일이었다. 레오 3세는 교황이 왕이나 황제에게 그 왕위를 줄 수 있는 권한이 있다는 선례를 세워놓은 것이었다.

그들은 믿기를 하나님께서는 세상을 다스릴 권세를 로마제국에게 위임하셨다고 했다. 샤를마뉴 대제는 자기 이상의 권위를 인정하지 않는 너무나 절대적인 군주였다. 그러므로 주권 안에 또 주권이 있다는 것이 그에게는 마음에 들지 않았다. 그는 믿기를 국가와 교회는 각기 할 일이 달라 교회는 영적인 일만 주관할 것이고, 국가는 세속적인 일을 주관해야 된다고 했다. 누구도 감히 샤를마뉴 대제의 이 주장에 반대할 사람이 없었다. 그러나 이 둘은 서로 밀접한 관계를 맺어 피차 협력하지 않으면 안 된다는 이론이 당시에 많이 강조됐다.

그는 죽기까지 늘 교회에 깊은 관심을 가졌던 인물이었다. 그러므로 신성 로마제국이란 기독교적 로마제국을 말한다.

(3) 동방(희랍)교회와 서방(로마)교회

동방과 서방이 오랫동안 같이 내려오다가 어떻게 갈라졌는지 알아야 할 필요가 있다. 이들은 다 교부시대부터 계승을 주장했는데, 교리도 같고, 경전도 같으며, 예배의 형식도 같았다.

동방교회는 자기들만이 정통이라고 주장하는 반면, 로마교회는 자기들대로 또 정통교회라 주장했다. 동방(희랍)교회는 그들의 신조를 자랑했고, 서방(로마)교회는 주권, 곧 지배권을 자랑했다. 두 교회의 차이점은 다음과 같다;

① 동방(희랍)교회에서는 성령이 성부에게서만 나온다고 가르치고, 서방(로마)교회에서는 성부와 성자에게서 나온다고 가르친다.

② 서방(로마)교회에서는 교황의 세계적인 권위와 무오성을 주장하지만, 동방교회에서는 이를 반대한다.

③ 서방(로마)교회에서는 동정녀 마리아의 무죄성을 주장하지만, 동방교회에서는 이를 반대한다.

④ 동방(희랍)교회에서는 하급 교직들의 결혼하는 것을 허락하는데, 서방(로마)교회는 교직자 누구나 독신생활 할 것을 명한다.

⑤ 동방교회는 서방교회에서 누룩 없는 떡을 사용하였음은 잘못이라고 했다.

그러나 두 교회의 사이를 더 벌려 놓은 것은 교회 안의 화상(畵像) 문제였다.

제7세기 전까지는 동·서교회를 물론하고 회당 안에 그리스도, 사도들, 성자들 및 순교자들의 초상이나 화상이 많이 걸려 있었다. 처음에 이것들을 비치한 목적은 그리스도 교회의 진리를 잘 깨닫지 못하는 사람들에게 가르치기 위함이었다. 그러나 얼마 안 되어 당치않은 숭배의 대상이 되었다. 그 앞에서 절을 하거나 입을 맞추는 일 같은 것은 보통이었으며, 실제로 그 초상이나 화상에 대하여 예배를 드리는 일도 많았다.

화상숭배는 찬반으로 말이 많았으나, 마침내 희랍교회에서는 벽에 화상을 그린다든지 모자이크하는 것만 용인했고, 예배의 대상이 될 만한 초상과 조각상은 모두 없애버렸다. 그러나 로마교회에서는 그런 제한이 없었다.

동·서 교회는 1054년에 크게 분열되고 말았다. 분리된 원인이 많으나 크게 충돌된 것은 동방교회 총주교가 로마 사절이 있는 데서, 추기관 험버트가 작성한 논쟁문을 불태워 버린 것이었다. 교황이 보낸 로마 사절들은 성 소피아 교회의 제단에 파문장을 놓고서 발에 붙은 먼지까지 털어버리고 물러 나갔다. 이 때의 보복으로 총주교는 로마교회를 파문했다. 1054년 7월 16일 동·서방교회가 서로 파문장을 발송하므로 완전히 분열되어, 희랍정통교회와 로마가톨릭교회로 갈라지게 되었다. 인종상의 차이, 언어의 부동(不同), 그리고 로마교회가 샤를마뉴 대제에게 왕관을 수여한 것 등도 이유 중에 포함되었다고 본다.

3) 교권의 성쇠(盛衰)

(1) 십자군

십자군 운동은 기독교 지도자들과 서부 유럽의 군대가 빼앗긴 성지를 마호멧 교도인 터키인들로부터 회수하기 위하여 1096년에서 1270년 사이에 일으켰던 원정대라 할 수 있고, 또 한편으로는 이교적인 백성과 이단자들에게 대항한 교회의 협동 운동이었다고 할 수 있다.

이 십자군 운동은 유럽 역사에 있어서 가장 극적이고 이해하기 어려운 사건 중의 하나이다. 이 십자군은 그리스도의 십자가의 이름 밑에서 거룩한 목적으로 싸움을 한 군대들이었다.

기독교 순례자들은 4세기 초 콘스탄틴 이후로 늘 성지를 순례했다. 그러나 그 후 터키인들이 11세기에 이 성지를 점령하게 된 이후에는 형세가 완전히 달라졌다. 이들은 기독교 신자들을 모욕하고 심지어는 죽이기도 했다.

이 때에 은둔자 피터(Peter)는 성지를 순례하고, 팔레스틴에 있는 기독교인들이 받는 부당한 대우를 목격하고 분이 치밀었다. 그는 유럽 각지로 돌아다니면서 이교도들과 대항할 십자군을 일으켜야 한다고 선전한 결과 이 운동이 일어나게 됐다. 그리하여 1095년에 클레르몽 회의에서는 교황 우르바노 2세가 십자군을 승인하고 이를 위하여 축복했다. 십자군은 1096년 처음으로 20만 명의 남녀 청년 및 소년을 거느리고 피터의 지휘 하에 예루살렘을 향하여 떠났다. 마침내 1097년 7월 15일에 예루살렘을 함락하여 기독교 왕국을 세웠다. 이 때에 많은 회교도들이 참살을 당했다.

1147년부터 1149년까지 회교인들이 예루살렘을 위협하자, 성 버나드의 선동으로 프랑스와 독일 왕까지 호응하여 제2차 출전을 했으나, 소아시아에서 강적 터키군에게 패하고 분산하여 귀국하게 되었다. 그러나 그 때에 회교도들의 자체 내란으로 예루살렘 왕국을 얼마간 유지해 나갈 수 있었다.

십자군 싸움은 제8차까지 나가게 되었다. 1212년에는 3만여 명의 소년소녀가 성지로 향했으나 중도에서 참혹하게 죽고, 사로잡혀 가고, 유리하게 되었다.

십자군 전쟁의 실패의 원인은, 처음의 목적을 잃고 또 종교열도 식고 오합지중으로 재물을 약탈하고 불순행동으로 나갔기 때문이었다. 그러나 이 전쟁의 결과로 유럽제국의 단결을 촉구했고, 기독교국의 의식을 환기시켰으며, 서방으로 나가려는 회교의 세력을 막았고, 무사도의 발달로 일반인의 감정을 완화하게 했다.

또 봉건제도의 붕괴로 새로운 종교의 기운을 촉진시켰고, 동서방간의 문화교류로 지식의 부흥이 일어났고, 해운업이 발달하여 상공업이 번영하고, 로마교회의 재정면에서 수입이 증가했다.

(2) 스콜라철학

스콜라철학은 기독교와 희랍의 철학이 혼합된 것이라 하겠다. '스콜라'란 샤를마뉴 대제가 세운 궁정학교 명칭에서 유래한 것으로, 스콜라 철학은 9세기에서 12세기까지를 초기로 보고, 13세기를 그 전성기로 보고, 14세기에서 15세기를 쇠퇴기로 본다.

이것은 신앙과 지성, 종교와 철학의 유기적인 조화로 본다. 그러므로 신학을 그 시대사조에 맞추어 재조정하는 것이었다. 이 시대를 3기로 나누어 보면;

제1기: 에르기나(810-877), 안셀름(1033-1109), 아벨라더스(1079-1142).

제2기: 토마스 아퀴나스(1227-1274), 던스 스코투스(1274-1308).

제3기: 옥컴의 윌리엄으로 그는 이성으로 알 수 있는 진리의 이원성을 주장했다. 그리고 국가와 사회의 상호 분리를 주장했다.

(3) 탁발교단

빈한한 생활을 서약하고 구걸로 생계를 이어가는 수도단을 구걸 수도사라고도 한다. 그 종류도 여럿인데, ① 시도교단은 1098년 시도가 창설하여 감독에게 승인을 받았다. ② 갈멜산 교단은 십자군 때 이태리 잔유병들이 모여서 된 엄숙주의 파였다. ③ 부라몬 교단은 1121년에 건설하여 엄한 금욕주의를 강조하며 설교도 했다. ④ 어거스틴 교단은 13세기 이태리의 은둔하는 수도사들이 중심이 된 교단이었다. ⑤ 프랜시스 교단과 도미닉 교단은 교황이 탁발교단으로 인정했다.

프랜시스(1182-1226)는 이태리의 부유한 가정에서 태어나 중병 후 변화를 받아 그리스도를 본받는 생활로 나섰다. 그레고리 9세는 그에게 성 프랜시스라는 칭호를 주었다. 민중들 중에는 그를 광인처럼 대하는 이도 있었으나, 그는 기적도 많이 행했다. 그는 2인조 전도대(소형제단)를 조직하여 각처에 파송했으며, 인노센트 3세에게서 교단의 허락을 받아내는 데 성공했다.

1221년에는 귀족, 학자, 부자 등 3,000여 명이 그의 단원이기도 했으며, 1224년에는 부인걸식 전도단도 창설했는데, 이것도 교황이 인준해 주었다. 그들은 탁발, 전도, 사랑의 봉사를 기본 정신으로 했다. 프랜시스는 자연계의 새들에게도 감화를 주었다는 말이 전해진다.

도미닉(1170-1221)은 스페인 출신으로 15세에 왈랜지아 대학에 입학하여 10년간 연구한 학자였다. 그는 지방 감독 보좌로 있다가 1216년에 교단의 인준을 받았는데, 당시의 카다리 이교파를 교화시키려 노력했고, 걸식 전도 하면서 가는 곳마다 참회를 강조했으며 사죄 권리를 행사했다. 프랜시스 교단을 모방한 점이 많으며 전도, 교육, 설교를 강조했다. 묵상보다는 활동을 강조하고, 의식보다는 봉사생활을 강조했다.

(4) 로마교회의 쇠퇴

가톨릭교회는 세계적인 교회로 되었고, 인노센트 3세 때에는 그 전성기를 이루었다. 교황인 그레고리 7세(1073-1085)는 그와 맞서게 된 독일의 하인리히 4세인 황제를 파문하고 폐위를 선고했다. 궁지에 몰린 황제는 할 수 없이 교황을 만나기 위해 카노사 성을 찾아 3일간이나 맨발로 문 밖에 서서 용서를 빌고 교황으로부터 파문의 해제를 받았다. 이것은 얼마나 그 당시 교황의 위세가 컸던가를 말해준다.

인노센트 3세는 "국왕은 교황의 명령에 복종해야 한다."고 했다. 이리하여 교권이 남용되고, 예전(禮典)이 한낱 형식화 되어갔다. 신앙은 미신적인 경향으로 흐르고, 강압적인 교권령은 위선적이고, 이론을 따지며 나가다가, 13세기 후반부터 쇠퇴하기 시작했다. 교황제도는 극도로 속화되어 교황은 실제로 그 권위를 떨어뜨리게 되었고, 이대로 나가서는 안 되겠다는 기운이 이미 루터의 개혁 이전에 움트기 시작했다.

문예부흥기 중의 교회 형편은 참으로 비참한 것이었다. 교회의 상황은 종교개혁을 요구하게 되었고, 그 당시 어떤 형태이든 종교개혁의 전조는 꼭 있어야만 했다. 그러나 너무도 막강한 터 위에 있던 로마교회에는 그런 개혁의 불길이 당장은 별 영향을 주지 못했다.

① 왈도(Waldo)는 프랑스 상인으로서 종교심을 각성시키기 위해 성경번역 사업에 많은 돈을 투자했다. 그는 성경은 신앙과 행위를 가르치는 근본을 삼아야 한다고 했다.

② 존 위클리프(1320-1384)는 색슨의 혈통을 타고난 영국인으로 개혁

운동의 새벽별같이 나타난 사람이었다. 옥스퍼드 대학 교비생으로 그는 후에 목사가 되었지만, 그전 1366년에는 왕의 신부가 되기도 했다. 이 때에 그는 벌써 교황이 교회의 사건에 있어서는 최상권을 가지고 있다는 데 반대하고 있었다.

그는 라틴어 성경을 영어로 번역하고 교회의 모든 법은 성경에 기준해야 된다고 했다. 그는 특별히 성상(聖像)숭배, 화체설(化體說), 연옥설, 속죄부 판매하는 것 등을 반대했다. 특히 그는 성찬의 화체설을 반대하고 공재설(共在說)을 주장했다.

③ 존 후스(1369-1415)는 보헤미아의 개혁운동의 인물로 교황정치의 부패를 공격했다. 그는 능력 있는 설교자로 프라하에서 가장 감화를 많이 끼치는 목회자이며 속죄부 판매의 반대자였다. 왕의 요구로 은거생활을 하게 되었고, 거기에서 교회론을 썼으며, 그 후 왕은 그의 교리를 설교하지 못하도록 금했다. 마침내 그는 이단으로 몰려 1415년에 화형을 당했다.

④ 제롬 사보나롤라(1452-1498)는 이태리 출신으로 볼로냐의 도미닉 수도원에 들어가서 성경과 어거스틴의 저서를 탐독했으며, 1481년에는 플로렌스로 가서 학문을 닦았다. 그는 진정한 종교개혁의 예언자였다. 사보나롤라는 설교로써 대담하게 교직자들의 죄악과 수도사들의 부패상을 공박했다. 그로 인하여 그는 백성들의 신임과 존경을 받게 되어 행정관이 되었다.

플로렌스에서 개혁운동이 일어나자, 교황은 그의 마음을 돌려보려고 그를 추기경으로 임명했다. 그러나 사보나롤라는 정의의 결심에서 교황의 비행을 공격했다. 마침내 교황 알렉산더 6세는 이를 파문하여 백성을 미혹하는 죄목으로 나무에 달아 죽게 했다.

이렇듯 종교개혁은 갑자기 일어난 것이 아니고, 그 뿌리는 중세기부터 있었던 것이다.

3. 근세의 교회

1) 종교개혁시대

(1) 종교개혁의 여명

종교개혁은 여러 세기 동안 종교적인 불안과 불만 및 소란이 쌓이고 쌓였다가 일어났던 것이다. 교황과 교회의 직분자들은 교회의 개혁에 대해서는 거들떠보지도 않았다.

유대인의 생활에 큰 영향을 끼친 문예부흥 정신은 프로테스탄트 종교개혁에 있어서 완성과 최고의 발전을 이루었다.

암흑시대인 중세로부터의 각성은 남부유럽에 있어서의 문예부흥(14세기 말에서 16세기 초에 일어난 학술·예술상의 혁신운동)으로부터 시작되어 급속히 북방으로 발전되어 나갔다.

독일의 문예부흥은 프로테스탄트 개혁이라고도 말할 수 있었다. 문예부흥과 종교개혁 시대인 15세기와 16세기의 정치계는 불안과 소란 중에 있었다. 독일에 있어서의 직접적인 종교개혁의 원인 중 하나는 교황청에서 로마에 베드로 성당을 짓기 위한 재정을 마련하는 속죄부 매매였다. 백성들은 지은 죄의 형벌을 면하기 위해 많은 돈을 내놓았다. 고행 대신에 재물을 바치게 하고 돈만 내면 연옥에도 가지 않게 된다고 가르쳤다. 각처에서 이 악폐는 성행되었고, 이것은 루터로 하여금 크게 격분하는 원인이 되었다. 하나님께서는 이런 상황에서 루터를 도구로 쓰셔서 교회에 혁신의 운동이 일어나게 하셨다.

(2) 마르틴 루터

마르틴 루터는 중부 독일에 있는 아이슬레벤에서 1483년 11월 10일에 7 남매 중 맏아들로 태어났다.

루터가 18세 때는 유명한 엘풀트 대학생이 되었다. 그는 졸업 후에 어거스틴 파의 수도단에 들어갔다. 어거스틴 파는 규칙이 엄격하고, 신학 지식을 함양하는데 가장 좋은 수도단으로 여겨졌기 때문이다. 그는 여기서 성경 중 로마서와 갈라디아서를 연구하고 깨닫는 중에, 구원의 확신은 자기 노력이나 의로운 행실이나 교회의 전통을 지킴으로써 얻을 수 없다는 것을 깨닫는 중에 마음의 평안을 얻었다. 마침내 루터는 수도사가 되고, 1507년에는 신부가 되고, 1508년에는 비텐베르크 대학의 교수가 되었다.

루터는 1510년에 로마로 파견되어 고행을 하며 스칼라 산타(Scala Santa)의 28 계단을 무릎을 굽혀 올라가고 있을 때 "의인은 믿음으로 살리라"는 성경말씀이 그의 귀를 울렸다. 고행으로는 마음의 평안과 구원을 얻을 수 없다는 것을 깨달았다. 그는 로마에서 돌아와 다시 신부 겸 비텐베르크 대학의 교수가 되었다. 마침내 1517년 10월 31일 루터는 비텐베르크 교회의 정문에다 공개적으로 토의하고자 하는 제목 95개조를 내걸었다. 그 때에 공개토론은 이루어지지 못했으나 그것은 널리 퍼져나갔다.

그가 내건 주장의 골자를 살펴보면;

① 사람은 선행의 어떤 공로로써가 아니고, 그리스도를 믿음으로 의롭다함을 얻게 되고 구원을 얻는다.
② 성경은 믿음과 생활을 위한 유일한 표준적인 권위이다.
③ 속죄부는 죄를 사할 수 없다.
④ 연옥에 있는 영혼에게는 속죄부가 무효이다.
⑤ 전승(傳承)은 성경에 기초를 둔 것만이 가치가 있다.

등인데, 이로 인해 1520년 루터는 교황으로부터 파문을 당했다. 그 후 그는 보름스회의에 호출되었을 때, 친구의 만류와 그 위험을 무릅쓰고 회의에 참석하여 자기의 주장을 피력했다. 그는 1546년에 세상을 떠나기까지 종교개혁의 활동을 굽히지 않고 계속했으며, 교리문답서 등을 완성했다.

루터의 개혁운동의 영향은 그 발상지인 독일 밖으로 멀리 퍼졌으며 이 운동은 츠빙글리, 칼빈, 존 낙스 및 그 밖의 개혁가들을 통하여 더욱 넓게 퍼지게 되었고, 스칸디나비아의 여러 나라 덴마크, 노르웨이, 아이슬란드, 스웨덴 등지로 들어갔다.

(3) 존 칼빈

칼빈은 1509년 7월 10일 파리 동북 느와용에서 태어났는데, 아버지는 법률가였으며 어머니는 독실한 신자였다.

칼빈은 성직록으로 14세에 파리 대학에 들어가 신학과 철학을 공부했다. 그는 아버지의 권유로 올린스 대학에서 법률을 공부했으며, 인문주의 대학에서 아버지가 사망한 후 자기 원대로 헬라어와 히브리어를 공부했다.

1532년 4월에 저서 세네카의 《관용론 주해》를 출판했는데, 이때에 벌써 그의 학재와 총명을 보여 주었다.

그는 1533년경에 성경을 통하여 하나님의 부르심을 받고 급격한 구원의 체험을 하게 되었으며, 또 하나님의 뜻에 복종해야 된다는 강한 의식을 가지게 되었다. 친구 니콜라스 콥이 파리 대학 총장이 됐는데 그 취임 강연문을 작성했다. 그 내용이 루터의 개혁을 제창한 것이라 하여 체포령이 내리자 콥과 피신을 했다. 1534년 느와용에 돌아와 성직록을 사퇴하고 잠시 투옥되었다가 방면된 후 바젤에 왔다.

그는 26세 때 《기독교 강요》 초판을 출판하여 프랜시스 I 세에게 봉정했다. 그의 《기독교 강요》는 가장 조직적인 프로테스탄트의 신학이었다. 그는 1559년 《기독교 강요》 최종판이 나왔을 때, 4부로 나누어 제1부는 창조와 섭리와 지배자로서의 하나님, 제2부는 그리스도를 통한 하나님의 구속, 제3부는 성령, 제4부는 교회와 정치의 관계를 취급했다.

칼빈은 삼위일체 하나님을 강조하고, 참새 한 마리도 그의 뜻이 아니면 떨어지지 않는 의미로 하나님의 섭리를 말했다. 칼빈은 처음에 가톨릭교회로부터 떠나기를 원했던 것 같지는 않다. 그러나 그 당시의 상황을 보고 교회를 혁신하지 않으면 안 되겠다고 마음을 작정하게 되었다.

칼빈은 율법과 의무를 의식하면서도 자발적으로 하나님의 뜻에 복종하는 것이었다. 그는 하나님은 영원 전부터 어떤 자는 구원으로, 어떤 자는 멸망으로 예정했다는 이중 예정을 주장했다.

칼빈은 사람이 구원을 목표로만 하여 살 것이 아니라, 하나님의 영광을 제일 되는 목적으로 삼아야 한다고 했다. 성찬론에 있어서 칼빈은 츠빙글리와 루터의 중간을 취한 영적 임재설을 주장했다.

칼빈의 주요 사상은 ① 전적 타락 ② 무조건 선택 ③ 제한된 구속 ④ 불가항력적 은총 ⑤ 보존(구원)의 확실성 등이다.

그러자 알미니우스(1560-1609)가 칼빈의 사상에 전적으로 상반(相反)된 주의로 나섰다. 알미니우스는 화란 출생으로 라이든 대학을 수학한 후 교수가 되었는데, 그의 제자들이 조직화한 알미니안파 신앙 5개조는 칼빈이 주장하는 교리의 반대설로 되어 있다.

2) 근세교회의 발전상

(1) 경건주의

가톨릭풍의 의식과 미신적으로 흐르는 교회풍에 대한 청결운동이 일어나게 되었다. 1643년에는 신교 교회의 신조와 조직을 토의하기 위하여 웨스트민스터 회의가 열렸다. 이 때 청교도 의원들의 의견이 크게 반영되었으나 청교도의 득세는 오래가지 못했다.

그 대표적인 인물은 존 후퍼(1500-1555), 존 밀턴(1608-1674), 존 번연(1628-1688) 등이다. 찰스 2세는 철기병을 이끌고 공화정치를 시행한 크롬웰이 사망하여 그 힘이 약해지자, 왕정을 복고(復古)하고 청교도의 목사들을 대부분 투옥하는 만행으로 심한 탄압을 가했다.

청교도(Puritan)들은 아주 순결한 프로테스탄트 예배 의식과 신앙생활의 태도를 갈망하여 아메리카 대륙으로 갔던 것이다. 이 때에 근세 과학과 철학이 많이 발달하게 되는데 코페르니쿠스(1473-1543), 케플러(1571-1630), 갈릴레오(1564-1642), 뉴턴(1642-1727) 같은 과학자와 데카르트(1596-1650), 베이컨(1561-1626), 스피노자(1632-1677), 로크(1632-1704), 루소(1712-1778) 같은 철학자들이 나타났다.

자연 신교와 계몽사상이 기독교를 외적으로 이지적인 면에서 공격했다. 이에 대해 경건주의와 모라비안파는 독일을 중심으로 하여 내적으로 정서면에서 반동을 일으켰다.

경건주의는 생명 없는 전통주의에 대항하여 일어난 것으로, 생활과 규범에 순결한 교리를 세우려는 운동이었다. 즉, 이지에 호소함보다 감정에 호소하는 것이었다. 경건주의는 마침내 극단의 금욕주의를 초래하게 했다.

독일 30년 전쟁 후, 신교는 쇠퇴되어 각국에 분산되는 때, 로마교회 박해로 모라비아에서 보헤미아로 피난 온 후스일파를 진젠돌프 백작이 자기 영토 내에 거주하게 하여 1727년 8월에 모라비안 교회를 조직했다.

진젠돌프(1700-1760)는 모라비안 교회 지도자로서, 비텐베르크 대학에서 법학과 신학을 연구했고 전도에 힘쓴 사람이었다. 그는 경건주의와 모라비안주의를 연결해준 사람이었다. 그는 또한 존 웨슬레에게 큰 감화를 준 사람이었다. 경건주의의 결과는 성경연구를 자극했고, 신학의 공론을 실제적인 방면으로 대각성시켰으며, 성령의 감화와 개인의 거듭남에 많은 영향을 끼쳤다.

(2) 부흥의 움직임

경건주의가 독일 교회의 영적 생활을 고무하고 있을 무렵에 영국의 청교도주의는 벌써 영국, 스코틀랜드, 아일랜드, 유럽 대륙 및 아메리카의 교회 생활에 큰 영향을 끼치고 있었다. 이와 같은 청교도주의가 영국에서 성행한 후에는 하나의 반동적인 물결이 일어났는데, 그것은 곧 자연주의와 자연신론으로, 그 당시 영국을 휩쓸었던 것이다.

독일에 있어서는 경건주의 시대가 지난 뒤에, 합리주의의 물결이 계몽주의라는 형태로 나타났고, 프랑스에서는 합리주의와 불신앙 사상으로 나타났다. 이렇게 시대적으로 새 물결을 갈망하는 때에 존 웨슬레를 비롯한 찰스 웨슬레(1708-1788) 및 조지 휫필드, 존 윌리암스, 플레처(1729-1770) 같은 인물이 나타났다. 이 복음주의 운동이 확장되어 결국은 감리교회를 이루게 되었다.

(3) 존 웨슬레

존 웨슬레(1703-1791)는 영국 목사의 19 남매 중의 열다섯 번째로 영국 엡워드에서 출생했다. 그의 어머니 수산나는 경건한 신앙인이었고, 그는 어머니의 영향을 많이 받았다. 존의 아우 찰스는 옥스포드 대학에서 작은 단체를 이루어 찰스 방에서 모였는데, 처음에는 '거룩한 클럽'이라고 부르게 되었다. 나중에 메도디스트(Methodist)라고 불렀다. 엡워드에서 1729년에 존이 옥스포드로 돌아와서는 이 클럽에 가입했다. 존은 나이도 많고 학식도 많았으므로 곧 그들의 지도자가 되었다.

이 클럽은 회를 집행하는 순서나 단원들의 생활양식이 매우 규칙적이었기 때문에 규칙적이라는 뜻으로 '메도디스트'라는 이름을 붙이게 되었다. 사랑을 강조하고 알미니안 신학설을 택했고 "나의 교구는 전세계다"라는 구호로 복음 전도 운동에 힘썼다. 그는 체험과 인격적 성화설을 강조했으며, 감독정치로 중앙집권적 조직을 구성하고 감독은 총회서 투표하게 했다.

알미니안 교리는 ① 하나님의 은혜는 차별이 없으며, 그리스도는 전 죄인을 위해 십자가에 달리셨다. ② 지옥에 가는 것은 그 사람 자신의 책임이다. ③ 자기 구원에 대하여 성령의 확증을 얻을 수 있다. ④ 원죄는 믿지만 완전 타락을 믿지 않는다. ⑤ 이신득의 경험자도 거룩되기 위해 노력해야 한다는 것 등이었다.

그들은 사회의 도덕생활상으로 신앙부흥을 일으키고 구제에도 힘썼다. 존 웨슬레는 1791년 88세로 세상을 떠났다. 그는 큰 성공을 이룩한 사람이며 감리교회를 남겨 놓았다.

3) 늘어나는 교단

(1) 복음주의 연합 형제교회

18세기 말에 '연합 그리스도 형제단'이라는 교파가 생겼다. 독일인 개혁파 윌리엄 오터바인과 메노나이트파 마틴 뵘은 자기들의 회심자를 모아놓고 회의를 열어 연합 그리스도 형제단이란 독특한 교회 단체를 조직하여 오터바인과 뵘이 감독으로 선출되었다. 교리는 알미니안주의이고, 조직과 정치 역시 어느 정도 감리교회와 같다. 이 연합 형제단은 개혁, 교육, 선교 사업에 관심을 기울였다.

(2) 구세군(Salvation Army)

창설자 윌리엄 부드(1829-1912)에 의해 1878년에 군인처럼 복장을 하고 모두 군대식으로 조직체를 형성했다. 죄악과 싸우는 군대 조직의 교단으로 일정한 구역을 가지고 있으며 구호사업에도 힘쓰고 있다.

(3) 오순절교회(Pentecostal Church)

1880년 미국 내 오순절의 성령의 역사를 동경하는 신자들이 조직한 것이다. 교회는 감리교와 침례교의 혼합된 교리를 채용하고 있다.

(4) 침례교(Baptist Church)

1608년 화란으로 망명한 청교도 존 스미드에 의해 이루어졌고, 미국은 1639년 로저 윌리엄스와 존 클라크에 의해 시작되었다. 교리면에서 교회와 국가의 분리를 주장하고, 유아세례를 반대하며, 전신 침례를 주장한다.

그 외에 중생, 성결, 재림, 신유를 요제로 한 '성결교회', 성화, 방언,

신유를 주장하는 '하나님의 성회', 1895년에 설립하여 성화를 강조하고 성경의 완전 영감된 것을 주장하는 '나사렛교회' 등 많은 교파가 일어났다.

4) 세계적인 복음운동

(1) 세계적 전도

윌리엄 캐리(Carey, 1761-1834)는 영국 태생으로 선교의 아버지로 불린다. 특히, 그는 설교로 큰 감화를 주고 헌신적이며 봉사적 정신으로 활동을 했다. 인도 선교에 힘썼으며, 학교도 설립하여 후진을 양성했고, 인도에서 세상을 떠났다.

로버트 모리슨(1782-1834)은 영국 출신으로 중국의 최초 선교사였다. 그는 당시의 많은 사람을 믿게 하지는 못했으나, 그의 심은 복음의 씨가 후일에 많은 열매를 맺게 했다.

데이비드 리빙스턴(1813-1873)은 가장 감화를 많이 끼친 선교사 중의 한 사람이었다. 그는 스코틀랜드에서 출생했다. 리빙스턴은 아프리카에서 30년간 선교를 했다. 그는 주님께 대한 굳은 신념으로 말로 할 수 없는 고난, 굶주림, 연거푸 일어나는 병고, 육체적 쇠약, 갖은 역경 가운데서 죽기까지 선교의 임무를 충실히 감당했다. 그는 영국의 위대한 아프리카 선교사요, 탐험가였다.

(2) 대부흥운동

조나단 에드워드(1703-1758)는 대부흥운동 지도자였다. 그는 미국회중교회 신학자였다. 조나단은 상당히 조숙하여 6세에 라틴어 공부를 시작했으며, 17세에 대학을 졸업했다. 그는 19세에 목회생활을 시작했는데, 처음에는 별 성과가 없다가 1734년부터 교인들이 감화를 받아 변화를 일으켜 교회는 크게 부흥하기 시작했다. 특별히 그의 설교는 능력이 있었다.

디 엘 무디(1837-1899)는 19세기의 부흥사로 그의 생애를 통해서 많은 사업과 감화를 주었다. 무디는 교육을 제대로 받을 만한 처지가 되지 못했으나 그의 사명에 최선을 다했다. 그는 유명한 주일학교 지도자이며, 위대한 설교가일 뿐 아니라, 예배당 건축가로도 유명했다. 무디가 세계에 직접적으로 큰 영향을 끼친 것은 부흥사로서 활동했을 때 일이다. 그의 설교는 솔직하고 성경적이었다. 그는 하나님의 사랑을 강조하며, 사람들로 하여금 스스로 옳은 행동을 하게 하는 동기를 일으켜 주었다.

5) 한국의 선교

(1) 천주교

한국에 천주교가 전래된 것은 1777년에 경기도에 살던 권철신(權哲身)과 정약용(丁若鏞)이 북경으로부터 그리스도에 대한 성경을 읽음으로부터였다. 1794년 청국인 신부 주문모(Jacques Vellozo)가 한국에 처음 들어와 강완숙 댁에 5년간 있으면서 교리서를 가르쳤다.

1801년 한국의 김대건(金大建) 신부는 강경을 거쳐 서울에 잠입하여 서울서 반년 쯤 지낸 다음, 마포를 떠나 황해도 연안을 답사하려고 떠났으나 연평도에서 군교(軍校)에게 잡혔다. 그러나 그의 재지(才智)가 뛰어남을 보고 군교는 상부의 엄벌을 지연시켰으나 마침내 그는 25세 되던 해에 새남터에서 칼을 받고 목이 떨어져 순교했다.

(2) 희랍정교회

1900년 러시아 선교사가 입국했다가 러일전쟁으로 철수했으며, 그 후 강화 조약체결로 다시 한국에 들어왔다. 그러다가 러시아 혁명 당시 중단되었으나, 그 후 남은 교인들이 신앙을 유지해 왔다. 한인 신부가 주도하고 있으나 역시 미국 헬라교관구에 속해 있다.

(3) 신교

1832년 화란 선교사 칼 구츨라프(K. F. A. Gutzlaff)가 한인선교를 위해 40일 동안 충청도 홍천 고금도와 금강 입구에 상륙하여 전도한 일이 있었다.

그 후 1865년 스코틀랜드의 선교사 토머스(R. T. Thomas)가 선교하기 위해 한국에 왔다가 대동강에서 순교했으며, 1872년 스코틀랜드의 선교사 존 로스(J. Ross)와 존 매킨타이어(J. McIntyre)가 만주에서 이주해 오는 한국인들에게 전도했다.

본격적인 한국 선교사업은 1882년 한미조약이 체결됨으로 전도의 문이 열리기 시작했다. 미국 북장로회는 1884년 알렌(H. Allen) 의사 부부를 선교사로 보냈으나, 그는 얼마 되지 않아 주한 미국 공사가 되었다. 그 뒤를 이어 들어온 게일(J. S. Gale), 에비슨(O. R. Avison) 박사가 서울을 중심으로 의료, 전도, 교육사업을 시작했으며, 1893년에 마포삼열(S. H. Moffet), 배위량(W. M. Baird) 두 박사는 평양을 중심으로 전도하며 학교를 설립했다.

호주장로교는 1889년에 데이비스(J. H. Davis) 목사와 그의 누이동생(Miss. M. T. Davis)이 한국에 들어와 경상남도 일대에서 선교사업을 시작했다. 1894년에 에담슨(A. Adamson) 목사가 열심으로 전도와 사회사업을 하며, 특히 나병환자를 위하여 힘쓰게 되었다.

남장로회는 1892년에 테일러(B. Taler) 목사 부부와 최부인(M. S. Tate) 등이 입국하여 전라도와 충청남도 일대를 중심하여 전도하며 사회사업을 시작했다.

캐나다장로회는 처음에 공식으로 선교사를 파송하지 않았다. 맥켄지(W. Mckenzie) 목사(30세)는 1893년 10월에 서울에 와서 있다가, 황해도 장연의 솔내(松川)에서 한복을 입고 전도하다가 1년 2개월 만에 병사했다. 그 후 솔내교회가 캐나다 선교부에 청원한 결과, 1898년에 프우트(W. R. Foote) 목사, 멕크레 목사, 그리어슨 박사 등 세 사람을 선교사로 파송했다. 그들의 선교는 함경도를 중심해서 선교하게 된 캐나다 장로회 선교의 시작이 되었다.

이상의 장로교가 합하여 1912년 9월에 총회를 조직했다.

북감리회는 1885년에 아펜젤러 부부를 보내 선교하게 되었다. 한 달 후에 스크랜톤(W. Scranton)과 그의 모친 스크랜톤(Mrs. M. F. Scranton) 여사가 입국했다. 그 후 존스(G. H. Jones), 케이블(E. M. Cable), 모리스(C. D. Moris), 노블(W. A. Noble), 커틀러(M. M. Cutler) 등 여러 선교사들이 한국에 와서 경기도, 충청도, 강원도, 황해도, 평안도를 중심하여 전도와 교육과 의료 사업에 힘썼다.

남감리회는 선교의 경우가 다르다. 1895년 윤치호(尹致昊)가 미국 유학 당시, 미국 남감리교 전도국에 청원하여 헨드릭스(E. R. Hendrix) 감독과 리드(C. F. Reid) 목사를 파송 전도함으로써 시작되었다. 1930년 12월 남·북 감리교회 연합으로 제1회 총회를 열고 기독교 조선감리교회를 조직했다.

성결교는 미국의 감리교 신자였던 카우만(C. E. Cowman) 목사와 그의 친구 킬보른(E. A. Kilbourne) 목사가 동양에 복음을 전하겠다는 일념에서 시작되었다. 1901년 일본 동경에서 동양선교회 복음 전도관이라는 간판을 걸고 구령운동을 시작했다. 한국에 성결교가 정식으로 창설된 것은 1907년 일본에서 동양선교회의 성경학원을 졸업한 김상준과 정빈, 두 사람이 귀국하여 서울 무교동 중앙교회 터에 복음 전도관을 설립한 것이었다. 그 후 1921년 9월에 성결교회로 이름을 고쳤다.

침례교는 구한국 시대에 대한 기독교라고 했고, 일제강점기에 동아 기독교라 하다가 대한기독교 침례회라고 했다. 캐나다 토론토 대학생의 기독청년회에서 1889년 12월에 펜윅(M. C. Fenwick) 씨를 파송했는데 인천에서 단신으로 침례교를 전했다.

구세군은 1908년 10월, 본영 런던에서 호가트(R. Hoggart) 정령이 서울에 구세군영을 창설하면서 시작했다. 그는 노방전도와 자선사업에 힘을 기울였다.

YMCA[기독청년회]는 1903년 10월 31일에 황성기독청년이라고 이름하여 창립되고 지(智), 덕(德), 체(體)의 삼육(三育)을 치중하여 청년의 인격을 양성하는 기관이 되었다.

한국에 기독교가 들어온 후 장로교회는 특히 네비우스(Nevius) 방법을 채택하여 사경회, 성경학원, 신학교로서 교인과 교역자의 성경지식을 급속히 보급시키게 되었다.

1907년에는 평양을 중심으로 하여 큰 부흥의 불길이 일어나 많은 사람들이 회개하고, 타락한 이들이 주께 돌아오는 역사가 나타났다.

일제강점기 말에 일본 정신 앙양의 일환으로 신사참배 문제가 제기되어 이에 굴복하지 않는 기독교인에게 많은 탄압이 있었다. 이때 신앙의 지조를 지키기 위해 주기철 목사를 비롯하여, 수많은 교직자와 성도가 순교했다.

한국의 교회는 모든 국민과 함께 8.15를 맞이하고 국토가 양단된 비애를 안은 채 6.25 전쟁을 겪었다. 총소리는 멈추었으나 지금도 남북이 오고 가지를 못한다.

오늘날 이 땅에는 열심 있는 전도자들에 의하여 교세가 양적으로 많이 증가했다. 그러나 사이비 종교의 속출과 연속된 교파, 교단의 분열로 인해 뜻있는 성도들의 아픈 가슴은 가시지를 않고 있다.

제8편

기독교 교리

〈요약〉

루이스 벌코프

1. 서 론(序論)

1) 종교(宗敎)

(1) 종교의 본질

성경은 인간이 하나님의 형상대로 창조되었다고 가르쳐 준다. 이 인간이 범죄하여 타락했다고 해서 하나님의 형상을 지닌 자로서의 위치를 완전히 잃어버린 것은 아니다. 비록 인간의 죄 된 성품은 종교를 끊임없이 반대하지만, 종교의 씨앗만은 아직도 전 인류에게 남아 있는 것이다.

지구상의 모든 민족과 종족들에게는 각기 다른 형태이긴 하지만 종교가 존재한다는 것을 선교사들은 증언해주고 있다. 많은 사람들이 종교를 욕된 것으로 비난하지만, 종교야말로 인류에게 준 최대의 축복 중의 하나인 것이다. 종교는 인간 생활의 가장 심오한 근원을 다룰 뿐만 아니라, 인간의 사상과 감정과 욕망을 지배한다고 볼 수 있다.

종교란 과연 무엇인가? 우리는 하나님의 말씀을 연구할 때에만 비로소 진정한 종교의 본질이 무엇인가를 알게 된다. 영어에서 '종교'(religion)란 말은 성경의 원어인 히브리어나 헬라어에서 파생한 것이 아니라, 라틴어에서 나온 것으로 영어성경에 네 곳에만 있다(갈 1:13-14; 약 1:26-27).

구약에서는 종교를 '주님을 향한 경외'라고 설명했다. 여기 '경외'라는 말은 공포의 감정이 아니라, 하나님을 두려워하는 마음에서 우러나오는 존경의 감정이며, 사랑과 신뢰가 조화를 이룬 감정인 것이다. 이 종교는 구약 성도들이 율법계시에 대해 경건한 호응을 보인 것이며, 신약에서는 율법보다는 복음에 대해 반응을 나타낸 것으로 신앙과 경건의 태도를 뜻하는 것이다.

성경에 비추어 보면, 종교는 인간의 하나님에 대한 관계, 곧 하나님의 절대적 존엄성과 무한한 능력을 의식하고, 인간 자신의 비천함과 연약한 상태를 깨닫는 것이라 하겠다. 그러므로 종교란 하나님에 대한 의식적이고 자발적인 영적 관계, 특히 감사의 예배와 사랑의 봉사행위에서 표현되는 것으로 정의될 수 있다. 이러한 종교적 예배와 봉사의 태도는 인간 스스로에 의한 것이 아니라, 하나님에 의해서만 이루어지는 것이다.

(2) 종교의 자리

인간 정신에 있어서 종교의 자리가 어디에 있느냐 하는 문제를 살필 때 몇 가지 그릇된 견해들이 있다.

어떤 사람은 종교를 지식의 일종으로 생각하여 지성(知性: intellect)에 종교의 자리를 둔다. 또 어떤 사람은 종교를 하나님에 대한 일종의 직접적인 느낌으로 간주하여 감정(感情: feelings)에서 종교의 자리를 찾기도 한다. 또 어떤 사람은 종교란 무엇보다 도덕적 행위로 성립되는 것으로 생각하고, 종교의 자리를 의지(意志: will)에 두기도 한다. 그러나 위의 견해들은 모두 한편만 보는 관점이기 때문에 종교를 마음의 문제라고 주장하는 성경의 가르침과는 어긋난다고 볼 수 있다.

성경 심리학에 의하면, 마음은 영혼의 중심적 기관이라고 한다. 인간의 마음에서부터 인간의 모든 생활, 사상, 감정 그리고 의지의 모든 문제가 나오는 것이다(잠 4:23, "모든 지킬 만한 것 중에 더욱 네 마음을 지키라 생명의 근원이 이에서 남이니라"). 종교는 한 인간의 지혜, 지성, 감정, 그리고 그의 도덕생활을 내포하고 있기 때문에 이렇게 보는 것이 종교의 본질에 대한 바른 견해라 하겠다.

(3) 종교의 기원

지난 수년 동안 종교의 기원 문제에 대한 특별한 관심이 집중되어, 이 문제를 설명하려고 여러 차례 계속적으로 노력해 봤으나 성공하지 못하고 말았다. 어떤 학자는, 종교란 어떤 간교하고 기만적인 제사장이 하나의 돈벌이로 생각한 데서 시작되었다고 하지만, 이 설명은 오늘날 완전히 인정받을 수 없게 되었다. 다른 학자는, 종교를 생명 없는 물체, 혹은 서물(庶物)에 대한 숭배나 조상들의 영혼 숭배에서 비롯되었다고 주장한다. 그러나 인간들이 어떻게 하여 생명이 없는 혹은 생명이 있는 대상에 대한 숭배사상을 갖게 되었는가 하는 문제가 제기되므로 이 주장 역시 종교의 기원에 대한 설명이 되지 못한다. 또 다른 학자는 종교를 자연 숭배, 곧 자연의 신비와 능력에 대한 숭배나 마술의 광범한 실행에서 기원되었다는 견해를 주장한다. 그러나 이 이론 역시 비종교적인 인간이 어떻게 종교적이 되었느냐 하는 문제에 대하여 다른 학설 이상의 설명을 하지 못한 셈이다.

성경만이 종교의 기원에 관한 믿을만한 설명을 해주고 있다. 성경은 우리에게, 종교적인 예배를 받기에 합당한 유일한 대상자이신 하나님이 계심을 말해주고 있다. 더욱이 성경은, 인간이 자기 능력으로 하나님을 찾을 수 없었기 때문에, 하나님께서 자연을 통해서와 특히 그 자신의 거룩한 말씀을 통해서 자신을 계시하였음을 확실하게 말해주고 있다. 또한 하나님께서는 인간에게 예배와 봉사를 요구하고 계시며, 어떠한 예배와 봉사를 기뻐 받으시는가를 하나님이 스스로 결정하신다고 성경은 설명해 주고 있다.

마지막으로, 성경은 하나님께서 인간을 창조하시되 자기 형상을 따라 지으셔서 이 계시를 이해하고 따를 수 있는 능력을 주셨으며, 또한 하나님과 교제하고 하나님을 영화롭게 하고 싶은 마음이 나도록 인간의 마음속에 자연적인 충동을 심어주셨다고 가르치고 있다.

[참고할 성구]

(1) 종교의 본질

신 10:12-13 "이스라엘아 네 하나님 여호와께서 네게 요구하시는 것이 무것이냐 곧 네 하나님 여호와를 경외하여 그의 모든 도를 행하고 그를 사랑하며 마음을 다하고 뜻을 다하여 네 하나님 여호와를 섬기고 내가 오늘 네 행복을 위하여 네게 명하는 여호와의 명령과 규례를 지킬 것이 아니냐"

시 111:10 "여호와를 경외함이 지혜의 근본이라 그의 계명을 지키는 자는 다 훌륭한 지각을 가진 자이니 여호와를 찬양함이 영원히 계속되리로다"

전 12:13 "일의 결국을 다 들었으니 하나님을 경외하고 그의 명령들을 지킬지어다 이것이 모든 사람의 본분이니라"

요 6:29 "예수께서 대답하여 이르시되 하나님께서 보내신 이를 믿는 것이 하나님의 일이니라 하시니"

행 16:31 "이르되 주 예수를 믿으라 그리하면 너와 네 집이 구원을 받으리라 하고"

(2) 종교의 자리

시 51:10 "하나님이여 내 속에 정한 마음을 창조하시고 내 안에 정직한 영을 새롭게 하소서"

잠 4:23 "모든 지킬 만한 것 중에 더욱 네 마음을 지키라 생명의 근원이 이에서 남이니라"

마 5:8 "마음이 청결한 자는 복이 있나니 그들이 하나님을 볼 것임이요"

(3) 종교의 기원

창 1:27 "하나님이 자기 형상 곧 하나님의 형상대로 사람을 창조하시되 남자와 여자를 창조하시고"

신 4:13 "여호와께서 그의 언약을 너희에게 반포하시고 너희에게 지키라 명령하셨으니 곧 십계명이며 두 돌판에 친히 쓰신 것이라"

겔 36:26 "또 새 영을 너희 속에 두고 새 마음을 너희에게 주되 너희 육신에서 굳은 마음을 제거하고 부드러운 마음을 줄 것이며"

2) 계시(啓示)

(1) 계시에 대한 일반적 고찰

종교에 대한 고찰을 한 후에는 그 기원이 되는 계시에 대하여 고찰하지 않을 수 없게 된다. 만일 하나님이 자신을 계시하지 않으셨다면 종교는 없었을 것이다. 또 하나님이 자신을 스스로 알리지 않으셨다면, 인간은 하나님에 대한 어떠한 지식도 가질 수 없으며, 인간 그대로 버려두신다면 하나님을 찾을 길이 없을 것이다. 이 계시는 자연계에 나타난 하나님의 계시와 성경에 나타난 하나님의 계시로 구별할 수 있다.

물론 무신론자들과 불가지론자들은 계시를 믿지 않는다. 범신론자들은 그들의 사상체계 속에 계시를 허용하지는 않지만 가끔 계시에 대하여 언급하기는 한다. 자연신론자들은 자연계에 나타난 하나님의 계시는 인정하나, 성경에 나타난 특별계시의 필연성과 실재성, 심지어는 특별계시의 가능성까지도 부인한다. 그러나 우리는 일반계시와 특별계시를 다 믿는다.

(2) 일반계시

하나님의 일반계시는 시간상으로 특별계시보다 앞선다. 일반계시는 인간에게 구술(口述)적 전달 형식으로 오는 것이 아니라, 자연 사건과 자연세력과 자연 법칙을 통하여 오는 것이다. 성경은 일반계시를 다음과 같은 구절에서 언급하고 있다.

시 19:1-2; 롬 1:19-20, 2:14-15.

① 일반계시의 불충분성

펠라기우스파와 합리주의자들과 자연신론자들은 일반계시만으로 현재 인간의 요구에 적합한 것으로 간주하는데 반하여, 로마 가톨릭과 프로테스탄트는 일반계시만으로는 충분하지 못하다고 본다.

이 일반계시는 하나님의 아름다운 창조세계에 남아있는 죄의 암영(暗影)에 의해 희미하게 되고 말았다. 창조주의 솜씨가 완전히 지워진 것이 아니고 흐려지고 희미해진 것이다. 일반계시는 하나님에 관한 충분한 지식과 영적인 일에 대한 충분한 지식을 전달하여 주지 못하므로 인간이 영원한 미래를 건설할 수 있는 확고한 기초를 제공하여 주지 못한다. 종교를 순수하게 하나의 자연적 근거에만 세우려는 자들의 현재의 종교적 혼란이 바로 일반계시의 불충분성을 분명하게 증명하여 준다.

일반계시가 일반적 종교에도 합당한 기초를 제공하여 주지 못하므로 참 종교에 대해서는 더욱 그러하다. 심지어 이방 민족들은 어떤 가상적 특별 계시에 호소한다. 결국 일반계시로서는 죄인들의 영적인 요구를 완전히 만족시킬 수 없다.

그러므로 일반계시는 하나님의 선과 지혜와 능력에 관한 다소의 지식을 전달하여 주지만, 그리스도가 구원의 유일한 길이라는 사실을 알려 주지 못한다.

② 일반계시의 가치

그러나 위에 언급한 내용이 일반계시가 전혀 무가치하다는 것은 아니다. 일반계시는 아직도 이교(異敎)의 진정한 확립 요소를 설명해 주는데, 이 계시로 말미암아 이방인들은 그들 자신이 하나님의 후손임을 깨닫고(행 17:28), 하나님을 발견하게 되었고(행 17:27), 자연 속에서 하나님의 영원하신 능력과 신성을 보고(롬 1:19-20), 본성으로 율법의 일을 행하게 되었다(롬 2:14). 또 그들은 죄와 무지의 암흑 속에서 생활하며 하나님의 진리를 곡해하지만, 말씀의 조명(요 1:9)과 성령의 일반적 작용(창 6:3)에는 참여하는 것이다. 뿐만 아니라, 하나님의 일반계시는 그의 특별계시의 배경을 형성해 주므로, 특별계시는 일반계시 없이 완전히 이해될 수 없는 것이다. 과학과 역사는 성경기록에 대해 빛을 던져

주는 일을 계속하고 있다.

(3) 특별계시

자연 속에 나타난 일반계시와 함께 우리는 성경에서 구체화 되어있는 특별계시를 받아들인다. 성경은 분명히 하나님의 특별계시의 책인데, 이 계시 속에는 사실과 말씀이 병행하여, 말씀은 사실을 해석하고 사실은 말씀에게 본질을 제공해 준다.

① 특별계시의 필요성

특별 계시는 세상에 죄가 들어옴으로 필요하게 되었다. 자연에 나타난 하나님의 솜씨는 희미해지고 부패하게 되었다. 인간은 영적으로 둔하여져서 고통을 받게 되어 과오와 불신앙의 종노릇을 하게 되었고, 우매함과 고집으로 계시의 본래 흔적까지도 명확히 알 수 없게 되고, 하나님의 보다 깊은 계시를 이해할 수 없게 되고 말았다. 그러므로 하나님께서 자연의 진리를 재해석하고 구속의 새로운 계시를 제공하여 줌으로써 인간의 마음을 조명하여 오류의 구덩이에서 벗어나도록 해야만 하셨다.

② 특별계시의 방법

하나님께서는 특별계시 혹은 초자연적 계시를 주시되 다음과 같은 방법을 사용하셨다.

a. 하나님의 현현(顯現): 하나님께서는 자신이 존재하심을, 불과 연기의 구름 속(출 3:2, 33:9; 시 78:14, 99:7)에서와, 폭풍(욥 38:1; 시 18:10-16) 속에서와, 세미한 음성(왕상 19:12) 속에서 나타내 보여 주셨는데, 이 모든 것은 자신의 영광을 드러내는 하나님의 나타나심(임재)의 증거인 것이다. 구약에 보면 삼위(三位) 중 제2위 되신 여호와의 사자의 현현이 두드러진다(창 16:13, 31:11; 출 23:20-23; 말 3:1). 인간들 속에 나타나신 하나님의 인격적 현현은 예수 그리스도의 성육신에 이르러 최절정에 달했

다. 그리스도 안에서 말씀이 육신이 되고 그 말씀이 우리 가운데 거하게 되었던 것이다.

b. 직접적 전달: 하나님은 가끔 모세와 이스라엘 자손들에게 직접 말씀하신 것(신 5:4)처럼, 인간이 들을 수 있는 음성으로 인간에게 말씀하셨다. 성령의 내적 작용으로 선지자들에게 자신의 메시지를 전해 주셨다(벧전 1:11). 하나님은 꿈과 환상의 방법과 '우림과 둠밈'의 방법으로 자신을 계시하셨다(민 12:6, 27:21; 사 6장). 신약에 보면 그리스도는 아버지의 뜻을 나타내기 위해서 나타나셨으며, 사도들은 하나님의 영으로 말미암은 계시 전달의 기관이 되었다(요 14:26; 고전 2:12-13; 살전 2:13).

c. 이적: 성경에 나타난 이적은 인간에게 놀라움만 주는 하나의 단순한 경이적 사건이 아니라, 하나님의 특별계시의 필연적인 한 방편으로 간주되어야 한다. 이 이적들은 하나님의 특별한 능력의 표현이며, 자신의 특별한 임재(나타나심)의 증표이며, 때로는 영적 진리를 상징하며, 다가올 하나님의 나라와 구속적 능력의 징조인 것이다. 이적 중에 최대의 이적은 성육신(成肉身, 예수께서 사람의 몸을 입으시고 탄생)하신 사건이다. 하나님의 창조 전체가 그리스도 안에서 회복되어가며 본래의 아름다움을 되찾게 된 것이다(딤전 3:16; 계 21:5).

③ 특별계시의 특성

이 하나님의 특별계시는 구원의 계시인데, 죄인과 세상에 대한 하나님의 구원의 계획과, 이 구원계획의 실현 방법을 보여주는 계시이다. 이 특별계시야 말로 인간의 마음을 조명하여 그의 뜻을 선한 데로 이끌어 주며, 거룩한 사랑으로 채워주고, 그에게 하늘나라의 집을 준비하게 하는 계시인 것이다. 특별계시는 우리에게 구속의 메시지를 전해줄 뿐 아니라, 구속의 사건을 알게 해 준다. 우리를 지식으로 부하게 할 뿐 아니라 죄인을 성도로 변하게 하며 우리 생활을 변화시켜준다. 그리고 이 계시는 분명히 진보적이다. 속죄의 위대한 진리가 처음에는 희미하게 나타나고, 점진적으로 분명해지고, 마침내 신약에 와서 이 지리의 충족함과 아름다움이 현저해진다.

[참고할 성구]

(1) 일반계시

시 8:1 "여호와 우리 주여 주의 이름이 온 땅에 어찌 그리 아름다운지요 주의 영광이 하늘을 덮었나이다"

시 19:1-2 "하늘이 하나님의 영광을 선포하고 궁창이 그의 손으로 하신 일을 나타내는도다 날은 날에게 말하고 밤은 밤에게 지식을 전하니"

롬 1:20 "창세로부터 그의 보이지 아니하는 것들 곧 그의 영원하신 능력과 신성이 그가 만드신 만물에 분명히 보여 알려졌나니 그러므로 그들이 핑계하지 못할지니라"

(2) 특별계시

민 12:6-8 "이르시되 내 말을 들으라 너희 중에 선지자가 있으면 나 여호와가 환상으로 나를 그에게 알리기도 하고 꿈으로 그와 말하기도 하거니와 내 종 모세와는 그렇지 아니하니 그는 내 온 집에 충성함이라 그와는 내가 대면하여 명백히 말하고 은밀한 말로 하지 아니하며 그는 또 여호와의 형상을 보거늘 너희가 어찌하여 내 종 모세 비방하기를 두려워하지 아니하느냐"

히 1:1 "옛적에 선지자들을 통하여 여러 부분과 여러 모양으로 우리 조상들에게 말씀하신 하나님이"

벧후 1:21 "예언은 언제든지 사람의 뜻으로 낸 것이 아니요 오직 성령의 감동하심을 받은 사람들이 하나님께 받아 말한 것임이라"

3) 성경(聖經)

(1) 계시(啓示)와 성경(聖經)

'특별계시'란 말은 한 가지 의미로만 사용된 것이 아니다. 이 말은 메시지 전달과 이적적 사실을 통한 하나님의 직접적인 자기 전달을 의미하는 것이다. 선지자들과 사도들은 이따금 기록하라는 하나님의 명령을 받기 오래 전에도 하나님으로부터 메시지를 받아왔다. 현재 이 메시지들이 성경에 포함되어 있지만, 이것이 성경 전체의 구성요소가 된 것은 아니다. 성경에는 초자연적 방법으로 계시되지 않은 것이 많이 있지만 연구와 전에 받은 영감의 결과도 많이 포함되어 있다.

그러나 특별계시란 말은 진정한 역사적 기반을 가진 구속적 진리와 구속적 사실의 총체인 성경 전체를 표현하는데 사용된다. 그런데 이 구속적 진리와 구속적 사실들은 성경에 나타난 진리이며, 이 성경이 성령에 의하여 무오(無誤)하게 영감 되었다는 사실이 구속 진리의 신적 보증이 된다고 할 수 있다. 이러한 사실로 보아 모든 성경만이 인간을 위한 하나님의 특별계시라고 할 수 있는데, 이 하나님의 특별계시는 성경을 근거하여 지금도 생명과 광명과 거룩함을 제공하여 주는 것이다.

(2) 영감성에 대한 성경적 증거

모든 성경은 하나님의 영감(靈感)에 의해 쓰인 것이며, 믿음과 행위의 절대 표준인 것이다. 어떤 사람은 성경의 영감교리를 간혹 부인하기도 하지만, 이는 잘못이다. 왜냐하면 성경의 영감교리는 인간의 창작적 산물이 아니라, 성경에 근거한 교리이기 때문이다. 이 교리는 많은 성경의 증거를 갖지만, 여기서는 그 중 몇 구절만 지적하고자 한다.

구약 성경의 저자들은 주님께서 그들에게 명령하시는 것을 기록하도록 거듭 거듭 지시를 받아왔다(출 17:14, 34:27; 민 33:2; 사 8:1, 30:8; 렘

25:13, 30:2; 겔 24:1; 단 12:4; 합 2:2). 구약 선지자들은 주님의 말씀을 전한다고 의식했으므로, "이와 같이 주께서 말씀하셨느니라" 또는 "주님의 말씀이 내게 임하셨느니라"의 형태(렘 36:27, 32; 겔 26, 27, 31, 32, 39장)로 그들의 메시지를 소개했다. 바울은 자신의 말을 "성령이 가르치신 말씀"(고전 2:13)이라 했고, 그리스도가 내 안에서 말씀하신다고(고후 13:3) 주장했으며, 데살로니가인들에게 보내는 메시지를 하나님의 말씀이라고 표현했다(살전 2:13).

히브리서 저자는 구약 메시지를 인용할 때 하나님의 말씀 또는 성령의 말씀이라고 전제하면서 인용했다(히 1:5, 3:7, 4:3, 5:6, 7:21). 성경의 영감성을 증명하는 가장 중요한 구절은 "모든 성경은 하나님의 감동으로 된 것으로 교훈과 책망과 바르게 함과 의로 교육하기에 유익하니"(딤후 3:16)이다.

(3) 영감의 성질

영감설에는 특별히 피해야 할 극단적인 두 가지 그릇된 견해, 곧 기계적 영감설과 동력적(動力的) 영감설이 있다.

① 기계적 영감설(Mechanical Inspiration)

이 학설은 하나님께서 성경의 저자인 인간으로 하여금 성경의 글자 하나하나를 받아쓰게 하셨다는 학설이다. 즉 저자인 인간을 저술가의 손에 쥐여진 펜처럼 수동적으로 사용하셨다는 것이다. 이 학설에 의하면, 저자들의 마음이 그들 저서의 내용과 형식에 아무런 영향을 주지 못했다고 한다.

그러나 성경적인 입장에서 보면, 이 학설은 그릇된 설이다. 성경의 인간 저자들은 실제 저자로서, 경우에 따라서는 그들이 받은 명령에 근거가 되는 자료들을 수집하기도 하고(왕상 11:41, 14:29; 대상 29:29; 눅 1:1-4), 시편 여러 곳을 보면 그들 자신의 경험을 기록하기도 했고, 그들의 저서를 자신의 독특한 문체로 표현하기도 했다. 이사야의 문체는 예레미야의 문체와 다르며, 요한의 문체는 바울의 문체와 같지 않다.

② 동력적 영감설(Dynamic Inspiration)

이 학설에 의하면, 하나님께서 영감 과정에 있어서 저자들을 감동시키셨지만, 그들의 저서를 기록하는 데는 직접적인 관련이 없다는 것이다. 저자들의 심적, 영적생활이 감동을 받아 최절정에 달하므로 사물을 보다 분명히 관찰하고 그들의 바른 영적 가치에 대한 보다 심오한 판단을 하게 되었다는 것이다. 이러한 영감은 성경의 저서들이 기록될 시기에만 국한된 것이 아니라, 이는 저자들의 영구한 특성이므로 그들 저서에 간접적으로 영향을 미친다는 것이다. 이 저자들에게 주신 영감은 일반 모든 신자들에게 주는 영적 조명과는 정도의 차이만 있을 뿐이다. 이 학설은 영감에 대한 성경적인 견해가 되지 못한다.

③ 유기적 영감설(Organic Inspiration)

영감에 대한 성경적 견해는 성령께서 성경의 저자들을 유기적(有機的)인 방법으로 감동시켜, 그들의 내적 인간성, 곧 저자들의 성격과 기질, 은사와 재능, 교육과 교양, 용어와 문체를 그대로 사용하여 조화를 이루게 하셨다는 것이다. 성령께서는 저자들의 마음을 조명하셨고, 기억을 새롭게 하여 기록하도록 고취시키셨고, 기록함에 있어 죄의 영향을 받지 않도록 주장하셨으며, 그의 사상을 표현함에 있어 심지어 용어 선택까지도 지도하셨던 것이다. 성령께서는 한순간이라도 저자들의 능력을 자유롭게 내버려 두지 않으셨다. 그들은 자신의 연구조사의 결과를 쓸 수 있었고, 그들 자신의 경험도 기록할 수 있었으며, 자신의 문체나 용어의 특징을 나타낼 수도 있었던 것이다.

(4) 영감의 범위

성경의 영감 범위에 관한 문제에도 여러 가지 학설들이 있다.

① 부분적 영감(Partial Inspiration)

합리주의의 영향을 받아, 어떤 학자들은 성경 전체의 영감을 부인하거나 부분만 영감되었다고 주장한다. 어떤 학자는 구약의 영감성은 부인하면서도 신약의 영감성은 인정한다. 또 어떤 학자는 성경의 도덕적 교훈이나 종교적 교훈은 영감되었지만, 역사적 부분은 많은 연대적, 고고학적, 과학적 오류가 있다고 주장한다. 또 다른 학자는 산상보훈만이 영감되었다고 주장하기도 한다. 이러한 견해를 택하는 학자들은 이미 그들의 성경을 상실하고 말았다. 왜냐하면 이런 견해의 상당한 차이는 성경의 어느 부분이 영감되고 어느 부분이 영감되지 않았는가를 아무도 확실히 결정할 수 없기 때문이다. 또 성경의 사상만은 영감되었지만 용어의 선택은 저자의 인간적 지혜에 완전히 의존한다는 학설도 있다. 그러나 이 주장은 사상이 용어와 분리될 수 없으며, 실상 용어 없는 정확한 사상이란 불가능하다는 의문을 남기게 된다.

② 완전 영감(Plenary Inspiration)

성경 자체의 증명에 따르면, 성경의 모든 부분이 영감되었다고 한다. 예수님과 사도들은 어떤 난제를 해결하기 위하여 '성경'(Scripture) 또는 '성경들'(the Scriptures)이라 하면서 구약성경을 자주 인용했다. 그와 같은 호소는 곧 하나님에 대한 호소와 같은 것이었다. 그런데 그들이 인용한 구약의 책들 중에 어떤 책은 역사서라는 것을 명심해야 한다. 히브리서는 하나님의 말씀, 혹은 성령의 말씀인 구약의 구절을 계속 인용한다. 베드로는 바울의 서간을 구약의 분서들과 동일한 위치에 두었고(벧후 3:16), 바울은 모든 성경은 영감된 것이라고 했다(딤후 3:16).

우리는 보다 깊은 단계에 들어가 성경의 영감이 사용된 낱말에까지 확장된다고 말할 수 있다. 성경이 축자적(逐字的, verbally)으로 영감되었다고 해서 기계적으로 영감되었다는 말은 아니다. 축자적 영감교리는 완전히 성경에 근거한 교리이다. 주님께서 모세와 여호수아에게 기록할 것을 실제로 일러주셨다는 사실을 우리는 여러 곳에서 찾아 볼 수 있다(레 3, 4장, 6:1, 24, 7:22, 28; 수 1:1, 4:1, 6:2). 선지자들은, 여호와께서 그의 말씀을 자기들의 입술에 두시고(렘 1:9), 그의 말씀을 백성에게 전하도록 지도하신다고 한다(겔 3:4, 10-11). 사도 바울은 여호와의 말씀을 성령이 가르치신 말씀이라고 표현했고(고전 2:13), 바울과 예수님은 한 개의 낱말을 가지고 이론을 펴셨음을 본다(마 22:43-45; 요 10:35; 갈 3:16).

(5) 성경의 완전성

개혁주의 학자들은 로마가톨릭과 일부 신교 종파와 반대되는 성경 영감론을 택한다. 로마가톨릭은 성경의 권위를 교회에 두었는데 반하여, 개혁주의는 성경의 권위가 영감된 하나님 말씀 자체에 있다고 주장한다. 개혁주의자들은 교회가 성경의 절대적 필요성을 인정하지 않는다는 로마가톨릭의 주장에 반대하며, 하나님 백성의 마음속에 역사하는 성령의 내적 조명이나 성령의 말씀을 성경보다 높이는 개혁파 일부 종파들의 견해에도 반대하여, 은혜의 신적(神的) 방편으로서의 성경의 필요성을 주장한다. 또 그들은 로마가톨릭과는 반대로 성경의 명백성을 옹호한다. 또 그들은 성경에는 인간이 이해하기에 너무 심오한 신비로운 진리들을 포함하고 있음을 부인하지 않으면서 구원에 필요한 지식은 성경 어디에서나 동일하게 분명하지는 않지만 단순한 방법으로 전달된 것이므로 구원을 열망하는 자라면 누구나 교회나 성직자의 해석에 의존하지 않고 스스로 이 구원의 지식을 얻을 수 있다고 주장한다. 끝으로 개혁주의자들은 성경의 충족성을 옹호했으므로, 로마가톨릭의 전통의 필요성과 재침례파의 내적 조명의 필요성을 부인했다.

[참고할 성구]

(1) 성경의 영감

고전 2:13 “우리가 이것을 말하거니와 사람의 지혜가 가르친 말로 아니하고 오직 성령께서 가르치신 것으로 하니 영적인 일은 영적인 것으로 분별하느니라"

살전 2:13 "이러므로 우리가 하나님께 끊임없이 감사함은 너희가 우리에게 들은 바 하나님의 말씀을 받을 때에 사람의 말로 받지 아니하고 하나님의 말씀으로 받음이니 진실로 그러하도다 이 말씀이 또한 너희 믿는 자 가운데에서 역사하느니라"

딤후 3:16 "모든 성경은 하나님의 감동으로 된 것으로 교훈과 책망과 바르게 함과 의로 교육하기에 유익하니"

(2) 성경의 권위

사 8:20 "마땅히 율법과 증거의 말씀을 따를지니 그들이 말하는 바가 이 말씀에 맞지 아니하면 그들이 정녕 아침 빛을 보지 못하고"

(3) 성경의 필요성

딤후 3:15 "또 어려서부터 성경을 알았나니 성경은 능히 너로 하여금 그리스도 예수 안에 있는 믿음으로 말미암아 구원에 이르는 지혜가 있게 하느니라"

(4) 성경의 명백성

시 19:7 "여호와의 율법은 완전하여 영혼을 소성시키며 여호와의 증거는 확실하여 우둔한 자를 지혜롭게 하며"

시 119:105 "주의 말씀은 내 발에 등이요 내 길에 빛이니이다"

시 119:130 "주의 말씀을 열면 빛이 비치어 우둔한 사람들을 깨닫게 하나이다"

(5) 성경의 충족성

시 19:6, 119:105

2. 신 론(神論)

1) 하나님의 본질

(1) 하나님에 관한 지식

하나님을 아는 가능성은 몇 가지 사실에 의해 부인되어 왔다. 그러나 인간이 하나님을 완전히 알 수 없음은 사실이다. 그렇다고 인간이 하나님에 관한 어떠한 지식도 가질 수 없다는 말은 아니다. 인간은 하나님을 단지 부분적으로 알 수 있으니 그나마 인간 자신의 능력에만 맡겨두면 인간은 하나님을 발견할 수도 없게 될 것이다.

① 선천적 지식(Innate Knowledge)

인간은 하나님에 관한 선천적(先天的) 지식을 갖는다. 그렇다고 하나님의 형상대로 지음 받은 인간이 하나님을 알만한 자연적인 능력을 소유했다는 말은 아니다. 또한 인간이 나면서부터 하나님에 관한 어떤 지식을 세상에 가지고 태어났다는 것도 아니다. 이것은 단지 정상적인 상태 하에서 인간에게 하나님에 관한 일정한 지식이 자연히 생겨났다는 것을 의미하는 것이다. 물론 이 지식은 일반적 성질의 지식인 것이다.

② 후천적 지식(Acquired Knowledge)

인간은 하나님에 관한 선천적 지식을 가질 뿐 아니라, 하나님의 일반계시와 특별계시를 통하여 배움으로 하나님에 관한 지식을 획득한다. 이 지식은 인간편의 노력 없이 얻게 되는 것이 아니라, 하나님 지식에 대한 인간의 의식적이고, 계속적인 추구의 결과인 것이다. 이 후천적인 지식은 다만 인간이 하나님을 알 수 있는 능력을 가지고 태어나기 때문에 가능해진다. 그리고 이 지식은 인간으로 하여금 하나님에 관한 선천적 지식의 영역을 넘어서게 한다.

(2) 특별계시에 나타난 하나님에 관한 지식

하나님을 정의하기란 불가능하지만, 하나님의 존재에 대한 일반적인 서술은 가능하다. 아마 하나님을 무한한 완전성을 지니신 순수한 영이시라고 말하는 것이 가장 적합할 것이다. 이러한 서술방법은 다음과 같은 요소들을 내포하고 있다.

① 하나님은 순수한 영(靈)이시다.

성경은 하나님에 관해 정의를 내리려 하지 않는다. 그러나 우리는 사마리아 여인에 대한 예수님의 말씀 곧 "하나님은 영이시다"에서 하나님에 관한 정의에 가장 가까운 표현을 찾을 수 있다. 이 말은 하나님이 본질적으로 영이시며, 영의 완전한 관념에 속하는 모든 특질들이 하나님 안에 있다는 것이다. 하나님이 순수한 영이시라는 사실은 하나님은 어떤 종류의 육체를 가지셨거나 인간의 눈으로 볼 수 있는 분이라는 개념을 부인한다.

② 하나님은 인격적이시다.

하나님이 영이시라는 사실은 그의 인격성을 뜻한다. 왜냐하면 영이란 지적이고 도덕적인 존재이기 때문이다. 그리고 우리가 하나님을 인격적 존재라고 말할 때, 하나님이 자신의 생활과정을 결정하실 수 있는 이성적 존재임을 의미하는 것이다. 오늘날 많은 사람들이 하나님의 인격성을 부인하고 하나님을 비인격적 힘 또는 세력으로 안다. 그러나 성경의 하나님은 인간들과 교제할 수 있고, 인간들이 의지할 수 있고, 인간들의 생활 속에 들어와 인간의 어려움을 도우시는 인격적인 하나님이시다. 더욱이 하나님은 예수 그리스도 안에서 자신을 인격적 존재로 나타내셨다.

③ 하나님은 무한히 완전하시다.

하나님은 무한한 완전성으로 말미암아 모든 피조물과 구별되신다. 하나님은 그의 존재하심과 선하심에 있어서 제한을 받지 않으시며 완전하시다. 하나님은 한계나 제한이 없으실 뿐 아니라, 도덕적 완전성과 영광스런 존엄으로 모든 피조물 위에 뛰어나신 분이시다. 이스라엘 자손들은 홍해를 건넌 후에 하나님의 위대하심을 노래했다. "여호와여 신(神) 중에 주(主)와 같은 자가 누구니이까 주와 같이 거룩함으로 영광스러우며 찬송할 만한 위엄이 있으며 기이한 일을 행하는 자가 누구니이까"(출 15:11). 오늘날 어떤 철학자들은 하나님을 유한하시며, 발전적이시며, 투쟁도 하시며, 고난당하시며, 인간과 같이 실패와 승리를 경험하시는 분으로 추론하지만 이는 비성경적이다.

④ 하나님과 그의 완전성은 동일하시다.

단순성이란 하나님의 근본적인 특성 중의 하나인데, 이것은 하나님이 이질적(異質的)인 요소들로 이루어지신 분이 아니시며, 그의 존재하심과 속성이 동일하시다는 것을 의미하는 것이다. 하나님의 완전성은 인간에게 계시해 주신 하나님 자신을 말하는 것이다. 하나님의 완전성은 단순히 하나님의 존재를 뜻하는 것이다. 왜냐하면 하나님은 진리시며 생명이시며 빛이시며 사랑이시며 의로우신 분이심을 성경이 증언해주기 때문이다.

[참고할 성구]

(1) 하나님에 관한 지식

요일 5:20 "또 아는 것은 하나님의 아들이 이르러 우리에게 지각을 주사 우리로 참된 자를 알게 하신 것과 또한 우리가 참된 자 곧 그의 아들 예수 그리스도 안에 있는 것이니 그는 참 하나님이시요 영생이시라"

요 17:3 "영생은 곧 유일하신 참 하나님과 그가 보내신 자 예수 그리스도를 아는 것이니이다"

(2) 하나님은 영이시다.

요 4:24 "하나님은 영이시니 예배하는 자가 영과 진리로 예배할지니라"

딤전 6:16 "오직 그에게만 죽지 아니함이 있고 가까이 가지 못할 빛에 거하시고 어떤 사람도 보지 못하였고 또 볼 수 없는 이시니 그에게 존귀와 영원한 권능을 돌릴지어다 아멘"

(3) 하나님은 인격이시다.

말 2:10 "우리는 한 아버지를 가지지 아니하였느냐 한 하나님께서 지으신 바가 아니냐 어찌하여 우리 각 사람이 자기 형제에게 거짓을 행하여 우리 조상들의 언약을 욕되게 하느냐"

요 14:9 "나를 본 자는 아버지를 보았거늘 어찌하여 아버지를 보이라 하느냐"

(4) 하나님은 무한히 완전하시다.

출 15:11 "여호와여 신 중에 주와 같은 자가 누구니이까 주와 같이 거룩함으로 영광스러우며 찬송할 만한 위엄이 있으며 기이한 일을 행하는 자가 누구니이까"

시 147:5 "우리 주는 위대하시며 능력이 많으시며 그의 지혜가 무궁하시도다"

2) 하나님의 명칭

하나님께서는 사람과 사물에 명칭을 붙이셨는데, 그 명칭들은 의미를 가지며, 사람과 사물의 본성을 밝혀주는 명칭들이다. 이런 의미는 하나님께서 자신에게 붙이신 명칭에도 적용된다. 성경은 하나님의 명칭을 단수로 가끔 말하는데, 그런 경우에 그 명칭은 일반적으로 특별히 그의 백성과의 관계에서(출 20:7; 시 113:3) 하나님을 표명하는 칭호이며, 또는 단순히 하나님 자신을 나타낸다(잠 18:10; 사 50:10). 하나님의 하나의 일반적인 명칭은 다면적 존재성을 표현해 주는 여러 개의 특수한 명칭들로 나눌 수 있다. 이러한 명칭들은 인간이 조작해낸 용어가 아니라, 하나님 자신에 의해 주어진 명칭이다.

(1) 구약에 나타난 명칭

구약 명칭들 중 어떤 것들은 하나님이 지고(至高)하신 분임을 나타낸다. 엘(El)과 엘로힘(Elohim)은 하나님이 강하고 능력이 있으신 분으로 마땅히 경외의 대상임을 지적해 주며, 엘욘(Elyon)은 숭고한 자, 즉 숭배와 예배의 대상으로서 하나님의 지고성(至高性)을 지시해 주고, 아도나이(Adonai)는 항상 모든 인간의 소유주와 지배자인 '주'를 뜻한다.

또 다른 명칭들은 하나님이 그의 피조물과 우호적 관계에 들어간다는 것을 표현해 준다. 족장들이 부르던 명칭은 하나님의 위대성을 강조하는 '샤다이' 또는 '엘 샤다이'라는 명칭인데, 이는 자기 백성의 위안과 축복의 근원되신 하나님을 강조하신 명칭이다. 이 명칭은 하나님이 자연력을 지배하시고, 그들로 하여금 자신의 목적에 이바지 하도록 역사하심을 말해준다. 그러나 유대인들에 의해 신성시되던 하나님의 가장 존엄한 명칭은 '야웨'인데, 이 명칭의 기원과 의미는 출애굽기 3:14-15에 나타나 있다. 이 명칭은 하나님이 항상 동일하시며, 특별히 그의 언약 관계에서 불변하시며, 그의 약속성취에 있어 신실하심을 말해준다. 또 이 명칭은 가끔 '만군의 여호와'라는 강한 형태로 나타나기도 하는데, 이는 천군천사에 의해 둘러싸인 영광의 왕 되신 여호와를 묘사한 것이다.

(2) 신약에 나타난 명칭

신약의 명칭은 구약명칭들을 헬라어로 표시한 것뿐이다.

① 하나님(Theos)

이는 단순히 하나님을 가리키는 용어로서 신약에 나타난 가장 보편적인 명칭이다. 이 명칭은 자주 '나의 하나님' '당신의 하나님' '우리의 하나님' '당신들의 하나님' 등과 같이 소유격으로 표시된다. 하나님은 그리스도 안에서 그의 자녀들 개개인의 하나님이시다. 이런 개인적인 형태는 구약의 보편적인 명칭인 '이스라엘의 하나님'이라는 국가적 형태를 대신한 것이다.

② 주(主, Kurios)

이 명칭은 하나님을 나타낼 뿐 아니라, 그리스도를 말하는 '주님'을 지칭하는 말이다. 이 명칭은 의미상으로 볼 때 '아도나이'에 가깝지만, 아도나이와 여호와의 양면적인 용어로서, 만물의 소유주요 특히 그의 백성의 소유주이시며 지배자이신 하나님을 지칭하는 용어이다.

③ 아버지(Pater)

이 명칭은 신약에서 새로운 명칭으로 소개됐다고 말하기도 한다. 그러나 그렇지 않다. 왜냐하면 '파테르'라는 명칭 역시 이스라엘을 대하시는 하나님의 특별한 관계를 표현하기 위하여 구약에서도 사용되었기 때문이다(신 32:6; 사 63:16). 신약의 이 명칭은 신약에서 모든 신자들의 아버지 되시는 하나님을 지칭하므로 보다 개인적인 명칭인 것이다. 어떤 때는 이 명칭이 만물의 창조주 되신 하나님을 지칭하기도 하며(고전 8:6; 엡 3:14; 히 12:9; 약 1:17), 또 그리스도의 아버지 되시는 삼위의 제1위를 지칭하기도 한다(요 14:11, 17:1).

[참고할 성구]

(1) 하나님의 일반적 명칭

출 20:7 "너는 네 하나님 여호와의 이름을 망령되게 부르지 말라 여호와는 그의 이름을 망령되게 부르는 자를 죄 없다 하지 아니하리라"

시 8:1 "여호와 우리 주여 주의 이름이 온 땅에 어찌 그리 아름다운지요 주의 영광이 하늘을 덮었나이다"

(2) 하나님의 특별한 명칭

창 1:1 "태초에 하나님(엘로힘)이 천지를 창조하시니라"

출 6:3 "내가 아브라함과 이삭과 야곱에게 전능의 하나님(엘 샤다이)으로 나타났으나 나의 이름을 여호와로는 그들에게 알리지 아니하였고"

시 86:8 "주(아도나이)여 신들 중에 주와 같은 자 없사오며 주의 행하심과 같은 일도 없나이다"

말 3:6 "나 여호와는 변하지 아니하나니 그러므로 야곱의 자손들아 너희가 소멸되지 아니하느니라"

마 6:9 "그러므로 너희는 이렇게 기도하라 하늘에 계신 우리 아버지여 이름이 거룩히 여김을 받으시오며"

계 4:8 "거룩하다 거룩하다 거룩하다 주(큐리오스) 하나님 곧 전능하신 이여 전에도 계셨고 이제도 계시고 장차 오실 이시라"

3) 하나님의 속성(屬性)

하나님께서는 자기 자신을 그의 명칭 가운데 계시하실 뿐 아니라, 그의 속성 즉 신적(神的) 존재의 완전성 가운데서 자기 자신을 계시하신다. 이 하나님의 속성은 비공유적(절대적) 속성과 공유적(보편적) 속성으로 구별되는데, 비공유적 속성은 피조물에게서는 그 흔적도 찾아볼 수 없으나, 공유적 속성은 피조물에게서도 찾아볼 수 있는 속성이다.

(1) 절대적 속성(非共有的 屬性)

절대적 속성(비공유적 속성)은 하나님과 피조물이 절대적으로 구별됨을 강조하는데 다음과 같은 속성들이 있다.

① 하나님의 독립성(自存性)

이 속성(屬性)은 하나님께서 자기 자신 안에서 자신의 존재의 기반을 가지시며, 인간과는 달리 자기 자신 외에 어떤 것에도 의존하시지 않으신다는 것을 의미하는 것이다(自存性). 하나님은 그의 존재하심에 있어서 독립적이시며, 그의 모든 덕과 행위에 있어서 독립적이시므로 모든 피조물로 하여금 자신을 의존하도록 하신다. 이런 개념은 '여호와'라는 명칭 가운데서 구체적으로 나타났는데, 다음 성구에 명백히 표현되어 있다(시 33:11, 115:3; 사 40:18; 단 4:35; 요 5:26; 롬 11:33-36; 행 17:25; 계 4:11).

② 하나님의 불변성(不變性)

성경은 하나님께서 불변하신 분이심을 가르쳐 준다. 하나님은 그의 신적 존재와 자신의 완전성에 있어서 영원히 동일하시며, 자신의 목적과 약속에 있어서도 언제나 동일하신 분이시다(민 23:19; 시 33:11, 102:27; 말 3:6; 히 6:17; 약 1:17). 그렇다고 해서 하나님이 활동하시지 않으시는 분이심을 뜻하는 것은 아니다. 성경은 말하기를 하나님은 왕래하시며, 자신을 숨기기도 하시며, 나타내기도 하시는 분이시라 한다. 하나님은 후회하시기도 한다고 하지만, 이 말은 단지 하나님에 대해 인간적 화법(話法)으로 표현한 것뿐이므로(출 32:4; 욘 3:10), 실제로는 인간 편에서의 변화를 지적하는 것이다.

③ 하나님의 무한성(無限性)

이 속성은 하나님이 제한을 받지 않으시는 분이심을 의미한다. 우리는 하나님의 무한성에 대해 몇 가지 면을 말할 수 있다.

a. 절대적 완전성: 하나님의 존재와 관련시켜 하나님의 무한성을 생각할 때, 절대적 완전성이라 부른다. 하나님은 그의 지식과 지혜에 있

어서나, 그의 선과 사랑에 있어서나, 그의 의와 거룩하심에 있어서 제한을 받지 않으신다(욥 11:7-10; 시 145:3).

b. 영원성: 하나님의 무한성을 시간과 관련시켜 말할 때, 하나님의 영원성이라 부른다. 영원이란 성경에서 항상 끝없는 기간으로 표현되지만(시 90:2, 102:12), 실제로는 하나님께서는 시간을 초월하시므로 시간의 제한을 받지 않으신다는 것을 의미하는 것이다. 하나님에게는 과거나 미래는 없고, 영원한 현재만 있을 뿐이다.

c. 무변성(無邊性): 하나님의 무한성을 공간과 관련시켜 말할 때, 하나님의 무변성(편재성)이라 부른다. 하나님께서는 어느 곳에든지 존재하시며, 모든 공간을 채우시면서, 모든 피조물 가운데 거하시지만, 결코 공간에 의해 제한을 받지 않으신다(왕상 8:27; 시 139:7-10; 사 66:1; 렘 23:23-24; 행 17:27-28).

d. 단일성(단순성): 하나님의 단순성이란 하나님께서는 영과 육으로 형성된 것처럼 여러 부분의 성질로 이루어지신 분이 아니므로, 나누이지 않으시는 분임을 의미한다. 그렇다고 삼위란 하나님의 본체가 여러 부분의 본질로 구성되어진 것이라는 말이 아니다. 하나님의 완전한 존재는 각 위(位)에 종속된다. 그러므로 하나님과 그의 속성이 하나이요, 또 하나님은 생명이시며 빛이시며 사랑이시며 의로우시며 진리라고 할 수 있다.

(2) 보편적 속성(共有的 屬性)

하나님의 보편적 속성(공유적 속성)은 인간에게서도 유사한 것을 찾아볼 수 있는 속성이다. 그러나 명심해야 할 것은 인간에게 있는 속성은 유한하며, 하나님의 무한하고 완전한 속성에 비할 때 불완전한 속성이라는 것이다.

① 하나님의 지식(知識)

하나님의 지식이란, 하나님의 독특한 방법으로 그 자신을 아시며,

가능성 있는 일과 실재하고 있는 일을 다 아시는 그의 완전성이라고 정의할 수 있다. 하나님께서는 자기 자신 안에 이러한 지식을 소유하고 계시므로 외부로부터 이러한 지식을 받아들이지 않으신다. 이 하나님의 지식은 완전하며 그의 지성 안에 항상 현존한다. 또 이 지식은 총포괄적이므로 전지(全知)라고 칭한다. 하나님은 과거, 현재, 미래의 모든 것을 아시며, 실제로 존재하는 것뿐만 아니라, 가능적인 모든 것까지도 아신다(왕상 8:29; 시 139:1-16; 사 46:10; 겔 11:5; 행 15:18; 요 21:17; 히 4:13).

② 하나님의 지혜(智慧)

하나님의 지혜는 그의 지식의 독특한 한 국면이다. 하나님의 지혜는 최고의 가치 있는 목적을 설정하시고, 그 목적의 실현을 위해 최선의 방법을 택하시므로 자신의 지식을 나타내시는 그의 덕행이다. 하나님께서 모든 것을 다 이용하시는 궁극적인 목적은 자신의 영광을 위함이다(롬 11:33; 고전 2:7; 엡 1:6, 12, 14; 골 1:16).

③ 하나님의 선(善)

하나님은 그 자신이 선이시다. 즉 완전히 거룩한 선이시다. 그러나 여기서 생각하려는 것은 선이 아니다. 여기서 생각하려는 것은 행동으로 나타내신 하나님의 선, 곧 타자(他者)에 대한 선행에서 나타나는 신적인 선을 언급하려는 것이다. 하나님의 선이란, 자신으로 하여금 모든 피조물을 친절하고 관대하게 취급하도록 자극시기시는 신적 완전성을 말한다(시 36:6, 104:21, 145:8-9, 16; 마 5:45; 행 14:17).

④ 하나님의 사랑(愛)

이 속성은 하나님의 가장 중심적인 속성이라고 자주 불리는데, 과연 하나님의 다른 완전성보다 더 중심적인 속성으로 간주해야 할는지는 의문이다. 하나님께서는 이 사랑의 속성에 의해 자신의 완전성과 자기 형상의 반영체인 인간을 보고 즐거워하신다. 이 속성은 몇 가지 관점에서 고찰된다.

a. 은혜(grace): 죄를 용서하시므로 나타내시는 하나님의 과분한 사랑을 하나님의 은혜라고 부른다(엡 1:6-7, 2:7-9; 딛 2:11).

b. 자비(mercy), 긍휼(tender compassion): 죄의 결과를 짊어진 자들의 비참을 제거하려는 사랑을 하나님의 자비 또는 긍휼이라고 말할 수 있다(눅 1:54, 72, 78; 롬 15:9, 9:16, 18; 엡 2:4).

c. 오래 참으심(long suffering): 하나님의 교훈과 경고에 무관심한 죄인들을 용서해 주시는 하나님의 사랑을 하나님의 오래 참으심 또는 관용이라고 칭한다(롬 2:4, 9:22; 벧전 3:20; 벧후 3:15).

⑤ 하나님의 거룩하심(聖)

하나님의 거룩성이란;

a. 모든 피조물들과 절대적으로 구별되시며, 무한한 존엄으로 모든 피조물을 초월하시는 신적 완전성이라 말할 수 있다(출 15:11; 사 57:15).

b. 하나님은 모든 도덕적 불순성이나 죄로부터 구별되시므로 도덕적으로 완전하심을 의미한다. 거룩하신 하나님 앞에 설 때 인간은 죄를 깊이 깨닫게 된다(욥 34:10; 사 6:5; 합 1:13).

⑥ 하나님의 의(義)

하나님의 의(義)란 하나님이 자신의 거룩성에 위배되는 모든 것으로부터 자신을 거룩한 존재로 보존하시는 신적 완성이라 정의할 수 있다. 하나님께서는 그의 의에 의해 세상을 도덕적으로 통치해 가시며, 적당한 법을 인간에게 부과시키므로 순종하는 자를 보상하시며, 불순종하는 자를 벌하신다(시 99:4; 사 33:22; 롬 1:32).

a. 상 주시는 공의(公義): 보상을 줌으로 나타내시는 하나님의 공의를 말한다.

b. 벌 주시는 공의(公義): 벌을 내리심으로 나타내시는 하나님의 공

의를 말한다.

상 주시는 공의는 실제로 하나님의 사랑의 표현이며, 벌 주시는 공의는 하나님의 진노를 표현함이다.

⑦ 하나님의 진실성(眞實性)

하나님의 진실성이란 하나님이 그의 내적 존재하심에 있어서 참되시며, 그의 계시에 있어서 참되시며, 그의 백성과의 관계에 있어서 항상 참되심을 나타내시는 신적 완전성이라 할 수 있다. 하나님은 우상들과는 다른 참 신이시며, 존재하는 사물의 실상 그대로를 아시며, 그의 약속을 이행하심에 있어서 신실하시다. 이 속성을 약속 이행 면에서 볼 때 이를 하나님의 신실성이라고 할 수 있다(민 23:19; 고전 1:9; 딤후 2:13; 히 10:23).

⑧ 하나님의 주권(主權)

하나님의 주권은 두 가지 견지(주권적 의지와 주권적 능력)에서 고찰될 수 있다.

a. 주권적 의지: 하나님의 의지(意志)는 만물의 궁극적 원인으로 나타난다(엡 1:11; 계 4:11). 신명기 29장 29절에 보면 하나님의 의지는 감추어진 의지와 계시된 의지, 둘로 구별되어 있다. 감추어진 의지란 하나님 속에 감춰진 하나님의 섭리의 의지이며, 결과에 의해서만 알려질 수 있는 의지인데 반하여, 계시된 의지란 율법과 복음에서 보여주신 하나님의 교훈적 의지이다. 피조물들에 관계된 하나님의 의지는 절대적으로 자율적이시다(욥 11:10, 33:13; 시 115:3; 잠 21:1; 마 20:15; 롬 9:15-18; 계 4:11). 인간의 죄 된 행위까지도 하나님의 주권적 의지작용에 달려 있다(창 50:20; 행 2:23).

b. 전능(주권적 능력): 전능(주권적 능력)이란 하나님의 의지를 집행하시는 능력을 말한다. 하나님께서 전능하시다함은 하나님께서 무엇이든지 모든 것을 하실 수 있다는 것을 의미하는 것은 아니다. 성경은

하나님이 하실 수 없는 것들이 있다고 가르쳐 준다. 즉 하나님은 거짓말을 하실 수 없으며, 죄를 지으실 수 없으며, 자신을 부인하실 수도 없다(민 23:19; 삼상 15:29; 딤후 2:13; 히 6:18; 약 1:13, 17). 그러므로 이것은 하나님께서 성취하기로 결정하셨던 것이면 무엇이든지 그의 뜻을 따라 수행하실 수 있다는 것을 의미하는 것이며, 그가 원하시면 그 이상으로 행하실 수 있다는 것을 의미하는 것이다(창 18:14; 렘 32:27; 슥 8:6; 마 3:9, 26:53).

[참고할 성구]

(1) 절대적(비공유적) 속성

요 5:26(독립성) "아버지께서 자기 속에 생명이 있음 같이 아들에게도 생명을 주어 그 속에 있게 하셨고"

말 3:6(불변성) "나 여호와는 변하지 아니하나니 그러므로 야곱의 자손들아 너희가 소멸되지 아니하느니라"

약 1:17 "온갖 좋은 은사와 온전한 선물이 다 위로부터 빛들의 아버지께로부터 내려오나니 그는 변함도 없으시고 회전하는 그림자도 없으시니라"

시 90:2(영원성) "산이 생기기 전, 땅과 세계도 주께서 조성하시기 전 곧 영원부터 영원까지 주는 하나님이시니이다"

시 102:27 "주는 한결같으시고 주의 연대는 무궁하리이다"

시 139:7-10(편재성) "내가 주의 영을 떠나 어디로 가며 주의 앞에서 어디로 피하리이까 내가 하늘에 올라갈지라도 거기 계시며 스올에 내 자리를 펼지라도 거기 계시니이다 내가 새벽 날개를 치며 바다 끝에 가서 거주할지라도 거기서도 주의 손이 나를 인도하시며 주의 오른손이 나를 붙드시리이다"

렘 23:23-24 "여호와의 말씀이니라 나는 가까운 데에 있는 하나님이요 먼 데에 있는 하나님은 아니냐 여호와의 말씀이니라 사람이 내게 보이지 아니하려고 누가 자신을 은밀한 곳에 숨길 수 있겠느냐 여호와가 말하노라 나는 천지에 충만하지 아니하냐"

(2) 보편적(공유적) 속성

요 21:17(전지) "주님 모든 것을 아시오매 내가 주님을 사랑하는 줄을 주님께서 아시나이다"

히 4:13(전지) "지으신 것이 하나도 그 앞에 나타나지 않음이 없고 우리의 결산을 받으실 이의 눈앞에 만물이 벌거벗은 것 같이 드러나느니라"

시 104:24(지혜) "여호와여 주께서 하신 일이 어찌 그리 많은지요 주께서 지혜로 그들을 다 지으셨으니 주께서 지으신 것들이 땅에 가득하니이다"

시 86:5(선) "주는 선하사 사죄하기를 즐거워하시며 주께 부르짖는 자에게 인자함이 후하심이니이다"

시 118:29(선) "여호와께 감사하라 그는 선하시며 그의 인자하심이 영원함이로다"

요 3:16(사랑) "하나님이 세상을 이처럼 사랑하사 독생자를 주셨으니 이는 그를 믿는 자마다 멸망하지 않고 영생을 얻게 하려 하심이라"

느 9:17(은혜) "주께서는 용서하시는 하나님이시라 은혜로우시며 긍휼히 여기시며 더디 노하시며 인자가 풍부하시므로 그들을 버리지 아니하셨나이다"

롬 9:18(자비) "그런즉 하나님께서 하고자 하시는 자를 긍휼히 여기시고 하고자 하시는 자를 완악하게 하시느니라"

엡 2:4-5 "긍휼이 풍성하신 하나님이 우리를 사랑하신 그 큰 사랑을 인하여 허물로 죽은 우리를 그리스도와 함께 살리셨고(너희는 은혜로 구원을 받은 것이라)"

민 14:18(오래 참으심) "여호와는 노하기를 더디하시고 인자가 많아 죄악과 허물을 사하시나 형벌 받을 자는 결단코 사하지 아니하시고 아버지의 죄악을 자식에게 갚아 삼사대까지 이르게 하리라 하셨나이다"

롬 2:4 "혹 네가 하나님의 인자하심이 너를 인도하여 회개하게 하심을 알지 못하여 그의 인자하심과 용납하심과 길이 참으심이 풍성함을 멸시하느냐"

출 15:11(거룩) "여호와여 신 중에 주와 같은 자가 누구니이까 주와 같이 거룩함으로 영광스러우며 찬송할 만한 위엄이 있으며 기이한 일을 행하는 자가 누구니이까"

사 6:3 “거룩하다 거룩하다 거룩하다 만군의 여호와여 그의 영광이 온 땅에 충만하도다”

시 89:14(의) “의와 공의가 주의 보좌의 기초라 인자함과 진실함이 주 앞에 있나이다”

시 145:17 “여호와께서는 그 모든 행위에 의로우시며 그 모든 일에 은혜로우시도다”

벧전 1:17 “외모로 보시지 않고 각 사람의 행위대로 심판하시는 이를 너희가 아버지라 부른즉 너희가 나그네로 있을 때를 두려움으로 지내라”

민 23:19(신실성) “하나님은 사람이 아니시니 거짓말을 하지 않으시고 인생이 아니시니 후회가 없으시도다 어찌 그 말씀하신 바를 행하지 않으시며 하신 말씀을 실행하지 않으시랴”

딤후 2:13 “우리는 미쁨이 없을지라도 주는 항상 미쁘시니 자기를 부인하실 수 없으시리라”

엡 1:11(주권) “모든 일을 그의 뜻의 결정대로 일하시는 이의 계획을 따라 우리가 예정을 입어 그 안에서 기업이 되었으니”

계 4:11 “우리 주 하나님이여 영광과 존귀와 권능을 받으시는 것이 합당하오니 주께서 만물을 지으신지라 만물이 주의 뜻대로 있었고 또 지으심을 받았나이다”

신 29:29(의지) “감추어진 일은 우리 하나님 여호와께 속하였거니와 나타난 일은 영원히 우리와 우리 자손에게 속하였나니 이는 우리에게 이 율법의 모든 말씀을 행하게 하심이니라”

욥 42:2(전능) “주께서는 못 하실 일이 없사오며 무슨 계획이든지 못 이루실 것이 없는 줄 아오니”

마 19:26 “예수께서 그들을 보시며 이르시되 사람으로는 할 수 없으나 하나님으로서는 다 하실 수 있느니라”

눅 1:37 “대저 하나님의 모든 말씀은 능하지 못하심이 없느니라”

4) 삼위일체(三位一體)

(1) 삼위일체의 교리 개관

① 이 교리의 진술

성경은 가르치기를 하나님은 본질상 한 분이시나 이 한 분 안에 성부, 성자, 성령이라 불리는 삼위가 존재한다고 말한다. 이 삼위는 보편적 의미로서의 세 분이 아니다. 즉 그들은 세 개체가 아니라 오히려 신적 본질이 그 안에 존재하는 세 가지 양상이요, 형태인 것이다. 동시에 이들은 서로 인격적 관계를 확립할 수 있는 성질을 각각 가지고 있다. 성부는 성자에게 말씀하실 수 있으며, 반대로 성자는 성부에게 말씀하실 수 있으며, 성부와 성자는 성령을 파송할 수 있는 것이다. 삼위일체 교리의 오묘한 신비는 삼위 중 각 위가 신적 본질의 완전성을 소유하고 있으며, 삼위의 테두리를 벗어나 밖에서 존재할 수 없다는 것이다. 그런데 존재의 순서에 있어서나 그들의 사역에 반영된 순서에서 볼 때 삼위 중 성부가 제1위요, 성자가 제2위요, 성령이 제3위라고 말할 수는 있지만, 이 세 위는 본질상 그 어느 한 위가 다른 위에 종속되는 일이 없다.

② 삼위일체 교리의 성경적 증명

a. 구약의 증거: 구약에는 하나님에게 한 위 이상이 존재함을 지석해 주는 구절들이 있다. 하나님은 자신을 복수로 나타내시기도 했으며(창 1:26, 11:7), 여호와의 천사는 한 신적 위로 나타났으며(창 16:7-13, 18:1-21, 19:1-22), 여호와의 영도 또 다른 하나의 위로 표현되었다(사 48:16, 63:10). 이외에도 메시아에 대해 말하고 있으며, 다른 두 인격에 대하여도 언급하고 있는 구절들이 있다(사 48:16, 61:1, 63:9, 10).

b. 신약의 증거: 계시의 진전으로 말미암아 신약은 더욱 명백한 증

거들을 갖는다. 가장 유력한 증거는 구속의 사실에 잘 나타나 있다. 성부는 성자를 세상에 보내시고, 성자는 성령을 보내신다.

더욱 이에 대한 명백한 증거가 몇 개 있다. 즉 예수님의 명령(마 28:19)과 사도의 축복(고후 13:13)과 그 외 누가복음 3:21-22, 1:35; 고린도전서 12:4-6; 베드로전서 1:2에 잘 나타나 있다.

c. 삼위일체 교리에 대한 그릇된 견해: 이 교리는 종교개혁시대에는 쏘시니안 학파들에 의해 부인되었고, 오늘날에는 유니테리안파와 현대주의자들에 의해 논박을 받는데, 그들은 삼위일체를 성부 하나님과 인간 예수와 하나님의 영이라고 칭하는 신적 영향력이라는 그릇된 주장을 한다.

(2) 삼위의 개별적 고찰

① 성부 하나님

'아버지'란 말은 만물의 창조자(고전 8:6; 히 12:9; 약 1:17)요, 이스라엘의 아버지요(신 32:6; 사 63:16), 성도들의 아버지(마 5:45, 6:6, 9, 14; 롬 8:15) 되시는 삼위 하나님께 적용되는 말이다. 더 깊은 의미로 보면 성부란 말은 제2위와의 관계를 표현하기 위해 삼위일체의 제1위에 적용되는 용어이다(요 1:14, 18, 8:54, 14:12-13). 이것은 본래부터 아버지 격이므로 지상의 모든 아버지는 이것의 희미한 반영에 불과한 것이다. 성부의 독특한 특성은 그가 영원으로부터 성자를 낳으신다는 것이다. 특별히 그의 사역은 구속사업을 계획하시며, 창조하시며, 섭리하시며, 삼위일체를 구속의 계획 속에서 나타내는 일이다.

② 성자

삼위 중 제2위는 성자 또는 하나님의 아들이라고 불린다. 그러나 성자가 이러한 명칭을 가지게 된 것은 그가 성부의 독생자(요 1:14, 18, 3:16, 18; 갈 4:4)일 뿐 아니라 하나님의 선택된 메시아가 되기 때문이며

(마 8:29, 26:63; 요 1:49, 11:27), 성령의 작용으로 말미암은 그의 특별한 탄생에 의한 것이다(눅 1:32, 35). 삼위 중 제2위인 성자의 특별한 특성은 그가 영원 전부터 성부에게서 출생했다는 것이다(시 2:7; 행 13:33; 히 1:5). 영원한 출생에 의해서 성부는 신적 존재에 있어 성자의 인격적 존재의 원인이 되신다. 특별히 성자의 사역은 중재의 사명이므로, 그는 창조의 사역을 중재하셨고(요 1:3, 10; 히 1:2-3), 또 구속의 사역도 중재하신다(엡 1:3-14).

③ 성령

쏘시니안파와 유니테리안파와 현대주의자들은 성령을 단순한 하나님의 능력이나 영향력이라고 말하지만, 성령은 분명히 하나의 인격이라고 성경은 우리에게 가르쳐 주고 있다(요 14:16-17, 26, 15:26, 16:7-15; 롬 8:26). 성령은 지식(요 14:26)과 감정(사 63:10; 엡 4:30)과 의지(행 16:7; 고전 12:11)를 가지신다. 성경은 말하기를 성령이 말하시며, 탐구하시며, 증언하시며, 명령하시며, 계시하시며, 노력하시며, 중재하시는 분으로 표현한다. 또 그는 분명히 자신의 능력과는 구별되신다(눅 1:35, 4:14; 행 10:38; 고전 2:4). 성령의 특별한 특성은 그가 성부와 성자로부터 발생된다는 것이다(요 15:26, 16:7; 롬 8:9; 갈 4:6), 성령의 사명은 창조와 구속을 완성하는 것이라 할 수 있다(창 1:3; 욥 26:13; 눅 1:35; 요 3:34; 고전 12:4-11; 엡 2:22).

[참고할 성구]

(1) 삼위일체

사 61:1 "주 여호와의 영이 내게 내리셨으니 이는 여호와께서 내게 기름을 부으사 가난한 자에게 아름다운 소식을 전하게 하려 하심이라 나를 보내사 마음이 상한 자를 고치며 포로된 자에게 자유를, 갇힌 자에게 놓임을 선포하며"

마 28:19 "그러므로 너희는 가서 모든 족속을 제자로 삼아 아버지와 아들과 성령의 이름으로 세례를 베풀고"

고후 13:13 "주 예수 그리스도의 은혜와 하나님의 사랑과 성령의 교통하심이 너희 무리와 함께 있을지어다"

(2) 영원한 출생

시 2:7 "내가 여호와의 명령을 전하노라 여호와께서 내게 이르시되 너는 내 아들이라 오늘 내가 너를 낳았도다"

요 1:14 "말씀이 육신이 되어 우리 가운데 거하시매 우리가 그의 영광을 보니 아버지의 독생자의 영광이요 은혜와 진리가 충만하더라"

(3) 성령의 발생

요 15:26 "내가 아버지께로부터 너희에게 보낼 보혜사 곧 아버지께로부터 나오시는 진리의 성령이 오실 때에 그가 나를 증언하실 것이요"

5) 하나님의 작정(作定)

(1) 하나님의 작정의 일반적 의미

하나님의 작정이란, 하나님께서 장차 발생할 모든 일들을 미리 정하시는 그의 영원하신 계획 혹은 영원하신 목적이라 정의할 수 있다. 이 하나님의 작정은 여러 가지 특성을 내포하고 있기 때문에 실질상은 단일한 작정이지만, 우리는 가끔 하나님의 작정을 복수형으로 말하곤 한다. 하나님의 작정은 창조와 구속에 있어서 하나님의 모든 사역을 포함하며, 인간의 죄된 행위를 제외한 모든 행위를 내포한다. 그러나 하나님의 작정은 죄가 세상에 들어옴을 명백히 드러내 주지만 하나님을 우리 인간의 범죄행위의 책임자로 만들지는 않는다. 그러므로 죄와 관련된 하나님의 작정은 허용적인 작정이라 말할 수 있다.

① 하나님의 작정의 특성

하나님의 작정은 인간이 항상 이해할 수 없으므로 하나님의 지혜에 근거한 것이다(엡 3:9-11). 하나님의 작정은 영원 전에 형성된 것이므로 영원적이시다(엡 3:11). 하나님의 작정은 효과적이므로 작정 안에 있는 모든 것은 분명히 발생한다(사 46:10). 하나님의 작정은 불변적이다. 왜냐하면 하나님은 신실하시고 참되신 분이시기 때문이다(욥 23:13-14; 사 46:10; 눅 22:22). 하나님의 작정은 무조건적이다. 즉 하나님의 계획의 성취는 인간의 어떤 행위에 근거하지 않으시고 오히려 인간의 행위를 명백히 하신다. 하나님의 작정은 총포괄적이다. 하나님의 작정 안에 인간의 선악간의 행위(엡 2:10; 행 2:23)와 일어날 수 있는 모든 사건(창 50:20)과 인간 생명의 기간(욥 14:5; 시 39:4)과 거할 장소(행 17:26)까지도 포함된다. 하나님의 작정이 세상에 들어온 죄와 관련지을 때는 허용적이다.

② 작정교리에 대한 반대설

많은 사람들이 작정교리를 믿지 못하는데, 특별히 다음의 세 가지 반대설을 생각하고자 한다.

a. 인간의 도덕적 자유와 모순된다: 그러나 성경은 하나님이 인간의 자유로운 행위를 작정하셨을 뿐만 아니라, 그래서 인간은 자유로우므로 자기 행위에 책임을 져야 한다고 명백히 가르쳐 준다(창 50:19-20; 행 2:23, 4:27-29). 우리는 이 양면을 함께 조화시킬 수는 없지만 그렇다고 해서 그것이 본래부터 모순되었다고 성경이 증명해주지 않는다.

b. 인간으로 하여금 구원받으려는 노력을 게을리 하게 한다: 만일 하나님이 인간들의 구원여부를 결정하셨다면, 인간들은 인간의 노력과 완전무관한 것이라고 느낄 수 있다고 주장하지만, 이는 그릇된 견해다. 왜냐하면 인간은 하나님이 자기에 관해 어떻게 작정하셨는지를 알지 못하기 때문이다. 더욱이 하나님은 인간의 최종적 운명을 결정하셨을 뿐만 아니라, 그 실현되는 방법까지 작정하신 것이다. 목적이란,

지정된 방법의 결과로서만 작정됨을 생각할 때, 하나님의 작정은 인간을 낙망하게 하지 않고 오히려 더욱 격려시켜 준다.

c. 하나님을 죄의 조작자로 만든다: 그러나 작정은 다만 하나님을 죄의 장본인들인 도덕적 존재자들의 창조자로 만들 뿐이라고 말할 수 있다. 죄가 작정 가운데 들어있는 것만은 사실이지만, 하나님이 자신의 직접적 행위에 의해 죄를 산출하지는 않으셨다. 그러나 하나님이 죄와 관련된 문제 역시 인간으로서는 충분히 해결할 수 없는 신비로 남아있다고 보아야 마땅하다.

(2) 예정

예정이란, 도덕적 피조물을 향한 하나님의 계획과 목적인 것이다. 예정 속에는 선인과 악인, 즉 모든 인류, 천사와 마귀, 중보자이신 그리스도를 포함한다.

① 선택

성경은 선택을 다음과 같은 몇 가지 면으로 말하고 있다.

a. 하나님의 구약 백성인 이스라엘의 선택(신 4:37, 7:6-8, 10:15; 호 13:5). b. 특별한 직무와 특별한 봉사를 위한 인물의 선택(신 18:5; 삼상 10:24; 시 78:70). c. 구원 받을 개개인의 선택(마 22:14; 롬 11:5; 엡 1:4). 이들 중 맨 마지막 것이 우리가 고찰하고자 하는 선택이다. 그러므로 선택이란 인류 중 얼마를 예수 그리스도 안에서 예수 그리스도로 말미암아 구원하려는 하나님의 영원한 목적이라고 정의할 수 있다.

② 유기(遺棄, 버리심)

선택교리는 하나님이 인생 전부를 다 구원하기로 예정하지 않으셨다는 것을 자연히 암시해 준다. 하나님께서 인생 중 일부만을 구원하시기로 목적하셨다는 말은 나머지는 자연히 구원하지 않기로 목적하셨다는 것임을 알 수 있다. 이는 성경적 근거를 갖는다(마 11:25-26; 롬

9:13, 17-18, 21-22, 11:7-8; 벧후 2:9; 유 4). 유기란 하나님의 특별한 은혜의 작용 속에서 어떤 사람을 간과하시고, 그들의 죄를 따라 그들에게 벌하시려는 하나님의 영원한 목적이라 정의할 수 있다.

그러므로 유기는 실제로 이중적인 목적이 있으니, a. 구원의 은총을 베푸심에 있어 어떤 사람을 간과하시고, b. 그들의 죄를 따라 그들에게 벌하시려 함이다.

③ 예정론에 대한 반대설

이 예정교리는 하나님으로 하여금 불공평의 책임을 지게 하는 것이라고 말하지만, 이것은 그릇된 견해이다. 우리 인간은 인간이 하나님에 대해 어떤 권리요청을 할 때나, 하나님께서 인간에게 영원한 구원을 베푸실 의무가 있다고 할 때만 불공평이란 말을 쓸 수 있는 것이다.

그러나 전 인류가 하나님의 축복을 상실해 버린 이 마당에서 상황은 아주 다른 것이다. 인간은 어느 누구도 하나님을 향해 왜 어떤 사람은 선택하고 나머지는 버리셨느냐에 대한 설명을 요청할 권리는 없다. 만일 하나님께서 한 사람도 구원하지 않으셨다 해도 하나님은 절대적으로 공평하신 것이다.

[참고할 성구]

(1) 하나님의 작정

엡 1:11 "모든 일을 그의 뜻의 결정대로 일하시는 이의 계획을 따라 우리가 예정을 입어 그 안에서 기업이 되었으니"

시 33:11 "여호와의 계획은 영원히 서고 그의 생각은 대대에 이르리로다"

사 46:10 "내가 시초부터 종말을 알리며 아직 이루지 아니한 일을 옛적부터 보이고 이르기를 나의 뜻이 설 것이니 내가 나의 모든 기뻐하는 것을 이루리라 하였노라"

(2) 예정

시 2:7 “내가 여호와의 명령을 전하노라 여호와께서 내게 이르시되 너는 내 아들이라 오늘 내가 너를 낳았도다”

엡 1:4-5 “곧 창세전에 그리스도 안에서 우리를 택하사 우리로 사랑 안에서 그 앞에 거룩하고 흠이 없게 하시려고 그 기쁘신 뜻대로 우리를 예정하사 예수 그리스도로 말미암아 자기의 아들들이 되게 하셨으니”

롬 11:5 “그런즉 이와 같이 지금도 은혜로 택하심을 따라 남은 자가 있느니라”

롬 9:13 “기록된바 내가 야곱은 사랑하고 에서는 미워하였다 하심과 같으니라”

롬 9:18 “그런즉 하나님께서 하고자 하시는 자를 긍휼히 여기시고 하고자 하시는 자를 완악하게 하시느니라”

6) 창조(創造)

작정의 시행은 창조 사업부터 시작된다. 이 창조사업은 모든 계시의 시작이요, 기초이며 모든 종교생활의 근원인 것이다.

(1) 창조에 관한 일반적 고찰

창조란 말은 성경에서 항상 동일한 의미로 사용되지는 않는다. 엄밀한 의미로 정의하자면 창조란 하나님께서 그의 영광을 나타내시기 위해 부분적으로는 먼저 있었던 물질을 사용하지 않고 창조하시고, 한편으로는 본질상 불충분한 물질로부터 우주와 그 안에 있는 만물을 산출해 내신 하나님의 사역이라고 정의할 수 있다. 창조사역은 삼위일체 하나님의 사역으로 나타나 있다(창 1:2; 욥 26:13, 33:4; 시 33:6; 사 40:12-13; 요 1:3; 고전 8:6; 골 1:15-17). 우리는 범신론과는 반대로 창조가 하나님의 자유로우신 행위임을 주장한다. 하나님께서는 세상을 필요로 하지 않으셨다(엡 1:11; 계 4:11). 또 우리는 자연신론에 반대하여 하나님이 세상을 창조하셨으므로, 이 세상은 항상 하나님을 의존함으로 존속한다는 것을 주장해야만 한다. 그리고 하나님은 세상을 나날이 유지해 나가신다(행 17:28; 히 1:3).

① 창조의 시기

성경은 우리에게 하나님께서 태초에 세상을 창조하셨다는 사실, 곧 현 물질세계의 시작을 가르쳐 준다. 이 태초 전에는 끝없는 영원이 존재한다고 본다. 창조사역의 첫 부분은 엄밀히 무(無)에서의 창조이며, 기존 재료를 사용하지 않은 창조였다(창 1:1). 무에서의 창조란 표현은 성경에서는 직접 찾아볼 수 없지만, 외경 중의 한 책에만 기록되어 있을 뿐이다(마카비2서 7:28). 그러나 이러한 개념은 다음의 성구에 분명히 잘 나타나 있다(창 1:1; 시 33:9, 148:5; 롬 4:17; 히 11:3).

② 창조의 궁극적 목적

어떤 학자들은 창조의 궁극적 목적을 인간의 행복에서 찾으려 한다. 그들은 말하기를 하나님은 자신에게서 충족함을 가지시는 분이시기 때문에 자신을 궁극적 목적으로 삼을 수 없다고 주장한다. 그러나 하나님이 인간을 위해 존재하지 않고, 인간이 하나님을 위해서 존재한다는 것은 분명한 사실이다. 그러므로 피조물은 창조의 궁극적 목적이 될 수 없다. 성경은 말하기를 하나님께서 자신의 영광을 나타내기 위하여 세상을 창조하셨다고 한다. 자연계에 나타난 하나님의 영광은, 피조물의 찬양을 받기 위해 벌려놓은 하나의 허황한 구경기리로서 꾸며진 것이 아니라, 피조물의 안녕을 촉진시키고, 피조물들로 하여금 창조주를 찬양하도록 이끌어 주는데 그 목적이 있다(사 43:7, 60:21, 61:3; 겔 36:21-22, 39:7; 눅 2:14; 롬 9:17, 11:36; 고전 15:28; 엡 1:5-6, 12, 14, 3:9-10; 골 1:16).

③ 창조교리에 대한 이설(異說)

창조교리를 반대하는 자들은 세상을 설명하기 위해 세 가지 그릇된 이론을 주장한다.

a. 이원론(二元論): 어떤 학자는 본래의 물질은 영원한 것인데, 이 물질로부터 세상이 우연히 또는 고도의 직접적인 힘에 의해 발생됐다고 주장한다. 그러나 이 이론은 불가능하다. 왜냐하면 두 영원자가 함께 존재할 수 없으므로, 두 개의 무한자가 병립할 수 없기 때문이다.

b. 유출설(流出說): 다른 학자들은 하나님과 세상이 본질상 하나라고 주장하며, 세상은 신이 존재할 때 필연적으로 생겼다고 주장한다. 그러나 이 견해는, 하나님에게서 자기 결정의 능력을 박탈하였으며, 인간에게서는 그들의 자유와 도덕적 책임의 특징을 빼앗아 버리게 되고 말았다. 또 이 이론은 하나님을 세상의 모든 악의 책임자로 만들고 말았다.

c. 진화론(進化論): 또 다른 학자들은 진화론을 주장하는데, 이 이론 역시 분명히 잘못된 견해이다. 왜냐하면, 진화란 우주의 기원에 대한 타당한 설명을 제공하지 못하기 때문이다. 이 이론은 이미 기존물을 전제한 것이기 때문이다.

(2) 영적 세계의 창조

하나님은 물질계뿐 아니라 영적 세계도 창조하셨다.

① 천사들의 존재에 대한 증명

현대 자유주의 신학은 영적 세계의 존재를 부인한다. 그러나 성경은 천사들의 존재와 그들의 참 인격성을 증명해 주고 있다(삼하 14:20; 마 24:36; 유 6; 계 14:10). 어떤 학자들은 천사들을 공허한 존재라고 주장하는데, 이는 성경에 어긋나는 이론이다. 천사들은 우수한 영적 존재이며(엡 6:12; 히 1:14, 혹 어떤 때는 육체적 형체를 취하기도 하지만), 살과 뼈도 없으므로(눅 24:39), 볼 수도 없는 존재이다(골 1:16). 천사 중에도 어떤 천사는 선하고 거룩하며, 선택받은 존재(막 8:38; 눅 9:26; 고후 11:14; 딤전 5:21; 계 14:10)인데 반하여, 나머지 천사는 그들 본래의 위치에서 타락함으로 악한 존재가 되고 말았다(요 8:44; 벧후 2:4; 유 6).

② 천사의 부류

분명히 몇 가지 천사의 부류가 있다.

a. 그룹: 성경은 천사의 부류 중 그룹들에 대하여 말하는데, 이들은 하나님의 능력과 존엄과 영광을 선포하며, 에덴동산에서나 성막과 성전에서나 지상에 임재하실 때에 하나님의 거룩성을 호위한다(창 3:24; 출 25:18; 삼하 22:11; 시 18:10; 시 80:1, 99:1; 사 37:16).

b. 스랍: 천사들 중에는 스랍들이라 불리는 천사가 있는데, 이에 대하여는 이사야 6:2-3, 6에만 언급되어 있다. 스랍들은 하늘의 보좌를 옹위하여 시종들며, 하나님을 찬송하며, 하나님의 명령을 준행할 준비를 하고 있다. 또 그들은 화해의 목적을 수행하며, 인간으로 하여금 하나님께 올바로 접근하도록 준비시킨다.

c. 가브리엘과 미가엘: 성경에는 가브리엘과 미가엘이라 불리는 두 천사가 있다. 가브리엘(단 8:16, 9:21; 눅 1:19, 26)의 특별한 업무는 신적 계시를 인간에게 전달하며, 그 계시를 해석해 주는 것이다. 미가엘(단 10:13, 21; 유 9; 계 12:7)은 천사장이라고 불리는데(유 9), 그는 하나님 백성의 대적을 대항하여 여호와의 전투를 대행하는 용감한 전사(戰士)다. 성경에는 이 천사들 외에도 통치와 권세와 보좌와 주관자라는 일반적인 명칭으로 기록되어 있다(엡 1:21, 3:10; 골 1:16, 2:10; 벧전 3:22). 이러한 명칭들은 천사들 사이에도 등급과 위엄의 차이가 있음을 지적하는 것이다.

③ 천사들의 하는 일(업무, 봉사)

천사들은 하나님을 계속적으로 찬양하고 있다고 한다(시 103:20; 사 6장; 계 5:11). 죄가 세상에 들어온 이후로, 천사들은 구원 받은 자들을 위해 봉사하며(히 1:14), 죄인들의 회개를 기뻐하며(눅 15:10), 신자들을 돌보며(시 34:7, 91:11), 작은 자를 보호하며(마 18:10), 교회 안에 계시며(고전 11:10; 엡 3:10; 딤전 5:21), 신자들을 아브라함의 품으로 인도한다(눅 16:22). 또 천사들은 하나님의 특별계시를 전달하며(단 9:21-23; 슥 1:12-14), 하나님의 백성들에게 하나님의 축복을 전달하며(시 91:11-12; 사 63:9; 단 6:22; 행 5:19), 하나님의 대적들에 대한 심판을 집행하기도 한다(창 19:1, 13; 왕하 19:35; 마 13:41).

④ 악한 천사들

선한 천사가 있을 뿐만 아니라, 하나님을 대적하며, 하나님의 일을 방해하기를 즐겨하는 악한 천사도 있다. 악한 천사들도 본래는 선하게 창조되었지만 그들 본래의 위치를 유지하지 못하게 되었다(벧후 2:4; 유 6). 악한 천사들의 특별한 죄는 성경에 나타나 있지 않지만, 그들은 아마도 하나님을 대항했으며, 신적 권위를 열망했을 것이다(살후 2:4, 9). 사탄은 천사들 중 높은 위치를 가진 자로서 타락한 천사들 중에 공인된 우두머리가 되었다(마 25:41, 9:34; 엡 2:2). 사탄과 그의 무리들은 초인간적 능력으로 하나님의 일을 파괴하고자 하며, 심지어는 선택받은 자까지라도 우매하게 하여 미혹하려 하고, 간악한 방법으로 죄인들에게 범죄하도록 미혹한다.

(3) 물질세계의 창조

우리는 창세기 1장 1절에서 천지의 원시적 창조 기록을 찾아 볼 수 있다. 창세기 1장 2절 이하는 제2차적 창조, 곧 6일간의 창조사역의 완성에 대해 기록하고 있다.

① 창조의 기간

창조의 기간 중에서 문제시 되는 것은 창조 시의 날들이 보통 우리가 말하는 하루 24시간이냐 하는 문제이다. 지질학자들과 진화론자들은 창조의 날을 시간적으로 오랜 기간이라고 말한다.

'날'이란 말은 성경에서 항상 24시간만을 의미하는 것은 아니었다(창 1:5, 2:4; 시 50:15; 전 7:14; 슥 4:10). 그러나 창조론에 있어서 '날'이란 용어에 대한 문자적 해석은 다음의 이론에 의해 주장된다.

a. 히브리어 '욤'(yom: 날)은 원래 정상적인 날을 의미하는 것이므로 이 문맥이 다른 해석을 요하지 않는 한, 본래의 의미 그대로 이해되어야 한다. b. 아침과 저녁이란 말의 반복은 이 문자적 해석을 지지해 주는 것이다. c. 여호와께서 구별하사 거룩하게 하신 안식일은 분명히 정상적인 하루이다. d. 출애굽기 20:9-11에 보면, 이스라엘은 엿새 동안 일하고 일곱째 날에 쉬도록 명령을 받았다. 왜냐하면 여호와께서 엿새 동안 천지를 만드시고 일곱째 날에 안식하셨기 때문이다. e. 마지막 3일은 분명히 정상적인 하루임에 틀림없다. 왜냐하면 이 날들은 지구와 태양과의 관계에 의해 결정되었기 때문이다. 그러므로 이 날들이 정상적인 날인데, 어찌 다른 날들이 정상적인 날이 아니겠는가?

② 6일 동안의 사역

a. 첫날에는 빛이 창조되었는데, 빛과 어둠이 분리됨으로 밤과 낮이 생기게 하셨다. 이 이론은 태양과 달과 별들이 넷째 날에 창조되었다는 관념과 모순이 되지 않는다. 왜냐하면 이것들은 빛 자체가 아니라 빛의 운반체들이기 때문이다. b. 둘째 날의 일은 분리하는 일인데, 궁창을 만들므로 물이 위 아래로 나누이는 작업이었다. c. 셋째 날에도 분리작업이 바다와 땅이 분리되는 가운데 계속되었다. 그뿐 아니라 풀과 나무들의 식물계가 창조되었고, 하나님께서는 그의 권능의 말씀으로 각기 그 종류대로 씨 맺는 꽃 없는 나무와 채소와 과수를 땅에 자라게 하셨다. d. 넷째 날의 태양과 달과 별은 다양한 목적을 따로 봉사하도록, 곧 낮과 밤을 나누며, 기후 상황의 징조를 나타내며, 계절과 날과 연한의 계속을 결정하고, 지구를 위한 빛으로서 활동하기 위하여 창조되었다. e. 다섯째 날의 사역은 공중과 물속에 사는 새와 물고기를

창조한 일이다. f. 마지막 여섯째 날은 창조사역의 절정이라 규정할 수 있다. 이 날에 지상 동물 중 최고의 계급이 창조되었는데, 모든 창조사역은 하나님의 형상대로 지어진 인간의 창조에 의해 절정에 이르게 되었던 것이다. 인간의 육체는 땅의 흙으로부터 형성된 반면에 그의 영혼은 하나님의 직접적인 창조인 것이다. g. 일곱째 날에 하나님께서는 그의 창조의 사역을 끝마치시고 쉬셨고 그의 창조사역을 보고 기뻐하셨다.

처음 3일과 다음 3일의 창조내용에는 평행되는 유사성이 있다.

첫째 날, 빛의 창조. 둘째 날, 궁창(공간)의 창조와 물의 분리. 셋째 날, 물과 마른 땅의 분리. 인간과 짐승이 거처할 땅의 준비. 넷째 날, 빛을 가진 물체의 창조. 다섯째 날, 공중의 새와 바다의 물고기 창조. 여섯째 날, 땅의 짐승과 육축과 기는 것과 인간의 창조.

③ 진화론

진화론자들은 만물의 기원에 대한 성경적 입장을 반대하여 만물기원의 진화론적 입장을 주장한다. 그들은 모든 종류의 식물과 동물은 (인간도 포함) 물론 지성, 도덕, 종교와 같은 생활의 여러 형태마저도, 자연력의 산물인 완전한 자연적 과정에 의해 발전되었다고 믿는다. 그러나 이것은 단순한 하나의 가정이므로 잘못된 이론이며, 성경적 창조론과 완전히 불일치한 논리이다.

[참고할 성구]

(1) 창조의 사실

창 1:1 "태초에 하나님이 천지를 창조하시니라"

시 33:6 "여호와의 말씀으로 하늘이 지음이 되었으며 그 만상을 그의 입 기운으로 이루었도다"

요 1:3 “만물이 그로 말미암아 지은바 되었으니 지은 것이 하나도 그가 없이는 된 것이 없느니라”

히 11:3 “믿음으로 모든 세계가 하나님의 말씀으로 지어진 줄을 우리가 아나니 보이는 것은 나타난 것으로 말미암아 된 것이 아니니라”

(2) 창조의 궁극적 목적

사 43:6-7 “내가 북쪽에게 이르기를 내놓으라 남쪽에게 이르기를 가두어 두지 말라 내 아들들을 먼 곳에서 이끌며 내 딸들을 땅 끝에서 오게 하며 내 이름으로 불려지는 모든 자 곧 내가 내 영광을 위하여 창조한 자를 오게 하라 그를 내가 지었고 그를 내가 만들었느니라”

시 19:1 “하늘이 하나님의 영광을 선포하고 궁창이 그의 손으로 하신 일을 나타내는도다”

시 148:13 “여호와의 이름을 찬양할지어다 그의 이름이 홀로 높으시며 그의 영광이 땅과 하늘 위에 뛰어나심이로다”

(3) 천사들

시 103:20 “능력이 있어 여호와의 말씀을 행하며 그의 말씀의 소리를 듣는 여호와의 천사들이여 여호와를 송축하라”

히 1:14 “모든 천사들은 섬기는 영으로서 구원 받을 상속자들을 위하여 섬기라고 보내심이 아니냐”

유 6 “또 자기 지위를 지키지 아니하고 자기 처소를 떠난 천사들을 큰 날의 심판까지 영원한 결박으로 흑암에 가두셨으며”

(4) 창조의 시기

창 1:1 “태초에 하나님이 천지를 창조하시니라”

출 20:11 “이는 엿새 동안에 나 여호와가 하늘과 땅과 바다와 그 가운데 모든 것을 만들고 일곱째 날에 쉬었음이라 그러므로 나 여호와가 안식일을 복되게 하여 그 날을 거룩하게 하였느니라”

7) 섭리(攝理)

하나님께서는 세상을 창조하셨을 뿐 아니라, 창조하신 세상을 유지하시고 계시기 때문에 자연히 창조교리 다음에는 섭리교리를 생각하는 것이 합당한 것이다. 섭리란 하나님께서 그의 모든 피조물을 보존하시며, 세상에 발생하는 모든 사건 속에서 활동하시며, 만물을 정해진 목적에 맞도록 이끄시는 하나님의 사역이라고 정의할 수 있다. 섭리는 세 가지 요소를 포함하는데, 그 첫째는 존재에 관계된 것이며, 둘째는 활동에 관한 것이며, 셋째는 만물의 목적에 관한 것이다.

(1) 하나님의 섭리의 요소

하나님의 섭라는 세 가지 요소로 나눌 수 있다.

① 보존

보존은 하나님께서 만물을 유지하시는 하나님의 계속적인 사역이다. 세상은 별개의 존재로서, 하나님의 한 부분이 아니지만, 계속적인 존재의 근거를 갖는다. 세상은 만물을 존재하게 하시고 활동하게 하시는 신적 권능의 계속적인 행사를 통하여 유지된다(시 136:25, 145:15; 느 9:6; 행 17:28; 골 1:17; 히 1:3).

② 협력

협력이란 하나님께서 그의 모든 피조물과 협력하시며 피조물로 하여금 그들의 해야 할 일을 행하도록 역사하시는 하나님의 사역이라 정의할 수 있다. 이것은 세계 속에 자연력과 인간의 의지와 같은 실제적 제2의 원인들이 있다는 것을 의미하는 것이며, 이 원인들이 하나님과 떨어져서는 일할 수 없다는 것을 주장하는 것이다. 하나님께서는 피조물의 선악간의 모든 행위 속에서까지라도 역사하신다. 하나님께서는 피조물을 행동하도록 자극시키며, 순간순간마다 그들의 행동에 함께 해 주신다. 그러나 우리는 하나님과 인간을 동일한 원인으로 생각해서는 안 된다. 하나님께서는 제1원인이요, 인간은 제2원인에 불과하기 때문이다. 그렇다고 한 팀을 이룬 말들이 각기 그 일에 한 부분을 담당한 것처럼, 우리 인간도 일의 한 부분을 각기 하고 있는 것처럼 생각해서는 안 된다. 하나님과 인간이 행한 동일한 행위라도, 전체적인 의미로 볼 때 하나님의 행동인 동시에 인간의 행동인 것이다. 또한 우리 인간 신인(神人) 협력교리가 인간의 죄악 행위에 대한 책임을 하나님께 돌리는 것이라는 그릇된 관념을 가져서는 안 된다(신 8:18; 시 104:20-21, 30; 암 3:6; 마 5:45, 10:29; 행 14:17; 빌 2:13).

③ 통치

통치란 하나님께서 만물을 그들의 존재하는 목적에 맞도록 다스리시는 하나님의 계속적인 활동이라 할 수 있다. 하나님은 신구약에서 우주의 왕(다스리는 자)으로 표현되었다. 하나님께서는 그가 다스리시는 피조물의 성질에 맞도록 자신의 법칙을 적용시키셨다. 즉 육체적 세계의 통치와 영계의 통치와는 다르다. 하나님의 통치는 우주적이시며(시 103:19; 단 4:34-35), 가장 무의미한 것까지도 포함하며(마 10:29-31), 얼른 보기에 우연적인 것까지도 포함하며(잠 16:33), 인간의 선악간의 모든 행위까지라도 하나님의 통치 속에 들어있다고 할 수 있다(빌 2:13; 창 50:20; 행 14:16).

(2) 섭리교리에 대한 그릇된 견해

① 자연신론적 관념

이 관념은 하나님의 세상에 대한 관념이 가장 일반적 성질이라는 견해이다. 이 견해에 의하면, 하나님께서는 세상을 창조하셨고, 세상의 법칙을 확립하셨고, 세상을 움직이게 해 놓으시고는 세상에서 손을 떼셨다고 주장한다. 또 하나님께서 시계태엽처럼 세상을 잘 돌아가게 해 놓고 손을 떼셨다가 무엇인지 잘못될 때면 그때에만 하나님께서 간섭하신다는 것이다. 그러므로 이 견해에 따르면, 하나님은 저 멀리 계신 분에 불과하다고 할 수밖에 없다.

② 범신론적 관념

범신론자들은 하나님과 세상을 구별하지 않고, 이 둘을 동일시하므로 섭리교리를 인정하지 않는다. 또 세상에 제2원인이 없다고 보며, 하나님을 세상에서 일어나는 모든 사건의 직접적인 조정자라고 본다. 심지어는 인간의 행위까지도 하나님의 행위라고 주장하는데, 그래서 하나님은 저 멀리 계신 분이 아니라 가까이 계신 분이라고 주장한다.

(3) 비상섭리(이적)

우리는 일반섭리와 특별섭리로 구별하는데, 이 특별섭리 속에서 이적은 중요한 위치를 차지한다. 이적은 하나님의 초자연적인 역사로, 제2원인의 중재 없이 성취되는 하나님의 사역인 것이다. 하나님께서는 제2원인을 사용하시는 경우, 하나님은 제2원인을 비상의 방법으로 사용하시므로, 결국 제2원인을 사용하되 비상의 방법을 사용한 것이므로 초자연적인 것이다. 어떤 학자는 이적이란 자연법칙을 어기는 것이므로 불가능한 것으로 간주하는데, 이는 잘못된 견해이다. 소위 자연법칙이란, 다만 자연계에서 일하시는 하나님의 통상적인 방법을 표현해 주는 것뿐이다. 그러므로 하나님께서 일정한 질서를 따라 일하신다는 사실은 하나님께서 이런 질서를 떠날 수 없다는 말이 아니며, 하나님께서 일하실 때 이런 질서를 어기거나 혼란시키지 않고 특별한 결과를 일으킬 수 없다는 것을 의미하는 것이 아니다. 인간도 어떤 경우에는 자연법칙을 방해하지 않고 자연법칙을 깨뜨릴 수 있다. 인력의 법칙이 있음에도 불구하고, 이 법칙을 혼란시키지 않고도, 인간은 손을 들어 공중에 공을 던질 수 있다. 인간에게도 가능한 것이 어찌 전능하신 하나님에게 불가능한 것일 수 있는가? 그러므로 이적은 계시의 방도임에 틀림이 없다(민 16:28; 렘 32:20; 요 2:11, 5:36).

[참고할 성구]

(1) 보존

시 36:6 "여호와여 주는 사람과 짐승을 구하여 주시나이다"

느 9:6 "오직 주는 여호와시라 하늘과 하늘들의 하늘과 일월성신과 땅과 땅 위의 만물과 바다와 그 가운데 모든 것을 지으시고 다 보존하시오니 모든 천군이 주께 경배하나이다"

골 1:17 "또한 그가 만물보다 먼저 계시고 만물이 그 안에 함께 섰느니라"

(2) 협력

신 8:18 "네 하나님 여호와를 기억하라 그가 네게 재물 얻을 능력을 주셨음이라"

암 3:6 "성읍에서 나팔이 울리는데 백성이 어찌 두려워하지 아니하겠으며 여호와의 행하심이 없는데 재앙이 어찌 성읍에 임하겠느냐"

빌 2:13 "너희 안에서 행하시는 이는 하나님이시니 자기의 기쁘신 뜻을 위하여 너희에게 소원을 두고 행하게 하시나니"

(3) 통치

시 103:19 "여호와께서 그의 보좌를 하늘에 세우시고 그의 왕권으로 만유를 다스리시도다"

단 4:3 "그의 나라는 영원한 나라요 그의 통치는 대대에 이르리로다"

딤전 6:15 "기약이 이르면 하나님이 그의 나타나심을 보이시리니 하나님은 복되시고 유일하신 주권자자이며 만왕의 왕이시며 만주의 주시요"

(4) 이적과 표적

출 15:11 "여호와여 신 중에 주와 같은 자가 누구니이까 주와 같이 거룩함으로 영광스러우며 찬송할만한 위엄이 있으며 기이한 일을 행하는 자가 누구니이까"

시 72:18 "홀로 기이한 일들을 행하시는 여호와 하나님 곧 이스라엘의 하나님을 찬송하며"

막 2:10-11 "그러나 인자가 땅에서 죄를 사하는 권세가 있는 줄을 너희로 알게 하려 하노라 하시고 중풍병자에게 말씀하시되 내가 네게 이르노니 일어나 네 상을 가지고 집으로 가라 하시니"

요 2:11 "예수께서 이 첫 표적을 갈릴리 가나에서 행하여 그의 영광을 나타내시매 제자들이 그를 믿으니라"

3. 인간론(人間論)

-하나님과 관계된 인간-

1) 원시상태의 인간

지금까지 우리는 하나님에 관한 교리를 말해 왔지만, 이제부터는 하나님의 솜씨의 금관(金冠)이라 할 수 있는 인간에 대하여 살펴본다.

(1) 인간성의 본질적 요소

인간은 영혼과 육체, 두 부분으로 구성되어 있다는 것이 통상적인 견해이다. 이 견해는 인간이 그렇게 느끼는 바이며(自意識), 인간은 육체와 영혼으로 구성(마 6:25, 10:28)되었거나 육체와 영(靈)으로 구성(전 12:7; 고전 5:3, 5)되었다고 말하는 성경의 연구에 의해 나온 것이다.

어떤 학자는 영혼과 영이 서로 다른 요소이므로, 인간은 육체와 혼과 영, 세 부분으로 구성되었다고 주장한다(비교; 살전 5:23). 그러나 혼과 영이 서로 교체적으로 사용되었다는 것이 분명하다. 죽음은 때때로 혼(魂)의 떠남으로 표현(창 35:18; 왕상 17:21)되기도 했고, 또 어떤 때는 영(靈)의 떠남으로 표현(눅 23:46; 행 7:59)되기도 했다. 어떤 경우에는 혼이 죽었다고 했고(계 6:9, 20:4), 또 어떤 경우에는 영이 죽었다고 했다(벧전 3:19; 히 12:23). 이 두 가지 용어는 다른 관점일 뿐이므로, 인간이 소유한 동일한 영적 요소라고 할 수 있다. 영(靈)은 생명과 행동의 원리로서, 육체를 지배하며, 혼(魂)은 인격의 주체로서 생각하며 느끼며 의지하며, 정서의 좌소(座所)가 되기도 한다.

(2) 개인 영혼의 기원

개인 영혼의 기원에 관하여는 다음의 세 가지 견해가 있다.

① 선재설(先在說)

어떤 학자들은 사람의 영혼이 육체를 입고 세상에 오기 전에 있었다고 주장한다. 이 학설은 인간이 죄인으로 출생한다는 사실에 대한 다소의 근거를 가져다준다.

그러나 오늘날 이 견해는 거의 환영을 받지 못하고 있다.

② 유전설(遺傳說)

이 학설에 따르면 인간은 육체와 마찬가지로 영혼을 그들의 부모에게서 유전 받는다고 한다. 이는 루터교회의 견해이다. 하와의 영혼 창조에 대한 기록이 성경에 없고, 후손들이 그들 조상의 허리에 있었다는 사실에 근거한 학설이다(창 46:26; 히 7:9-10). 뿐만 아니라 이는 동물의 경우, 육체와 혼이 가족적 특성의 유전과 죄의 타락성의 유전에 의해 부모에게서 자녀에게로 전해진다는 사실에 근거를 갖는데, 그것은 육체에 관한 문제라기보다 혼에 관해 더욱 그러하다는 것이다.

그러나 몇 가지 난제가 있다. 이 학설은 부모를 영혼의 창조자로 만들며, 인간의 영혼이 여러 부분으로 나눌 수 있다고 가정하며, 더 나아가서는 예수님의 무죄성(無罪性)을 위태롭게 만든다.

③ 창조설(創造說)

이 학설은 개인 영혼이 하나님의 직접적인 창조인데, 그 시기는 명백히 알 수 없다고 주장한다. 영혼은 순수하게 창조되었지만, 인류 전체가 짊어지게 된 죄의 복잡성으로 말미암아 출생 이전이라 해도, 영혼은 죄 된 것이라고 본다. 이 견해는 개혁주의 노선의 보편적인 견해로, 인간의 육체와 영혼은 서로 다른 기원을 갖는다는 성경적 증거(전 12:7; 사 42:5; 슥 12:1; 히 12:9)를 가지며, 영혼의 영적인 본질과 잘 조화되며, 예수님의 무죄성을 옹호하는 성경적인 학설이다.

그러나 난제가 없는 것은 아니다. 이 학설로는 가족적 특성의 유전에 대한 설명을 주지 못하며 하나님을 죄 된 영혼의 창조자로 만드는 것처럼 보일는지 모른다.

(3) 하나님의 형상으로서의 인간

성경은 인간이 하나님의 형상대로 창조되었다고 가르친다. 창세기 1장 26절에 의하면 하나님께서는 "우리의 형상을 따라 우리의 모양대로 우리가 사람을 만들"자고 하셨다. 형상과 모양이란 용어는 분명히 동일한 것이라 할 수 있다. 성경은 이 두 용어가 상호 교체적으로 사용되었다는 사실을 증명해 준다(창 1:26-27, 5:1, 9:6; 고전 11:7; 골 3:10; 약 3:9). 모양이란 말은 아마도 형상이 거의 같거나 매우 유사하다는 사실을 강조한 것 같다.

① 로마가톨릭의 견해

로마가톨릭은 하나님의 형상을 영혼의 영성(靈性), 의지의 자유, 불멸성과 같은 인간이 부여받은 몇 가지 자연적 은사들 가운데서 찾으려고 한다. 하나님께서는 이러한 자연적 은사에다 인간으로 하여금 저속한 본성을 제어하기 위해 본래적 의(義)라 칭하는 초자연적인 은사를 주셨다고 한다. 이것은 인간의 모양이 하나님과 닮게 구성되었다는 것 같이 생각된다.

② 루터파의 견해

루터파교회는 전적으로 로마가톨릭의 견해에 동의하지는 않는다. 그들의 일반적인 견해는 하나님의 형상이 창조시에 인간에게 부여해 준 영적 성질 곧 참 지식과 의(義)와 거룩 속에서만 존재한다는 것이다. 이것들이 본래적 의를 가리키는 것인지도 모르므로, 이 견해는 너무 한정적이다.

③ 개혁파의 견해

개혁주의는 하나님의 자연적 형상과 도덕적 형상을 구별한다. 자연적 형상은 둘 중 보다 광범한 것으로 인간의 영적, 합리적, 도덕적 불멸의 본질 속에 존재한다고 말할 수 있다. 그런데 이 형상은 죄로 말미암아 아주 상실되지는 않았지만 모호하게 되었다고 한다. 도덕적 형상은 보다 제한된 의미의 하나님의 형상이며, 참 지식과 의와 거룩 속에 존재하는 형상인데, 죄로 말미암아 상실했었으나 그리스도에 의해 회복된 것이다(엡 4:24; 골 3:10). 넓은 의미로 보면 인간은 아직도 하나님의 형상을 지속하고 있기 때문에, 인간을 하나님의 형상 또는 하나님의 형상을 지닌 자라고 부를 수 있다(창 9:6; 고전 11:7, 15:49; 약 3:9).

(4) 행위계약 속에 있는 인간

하나님께서는 인간과 계약관계를 맺으셨다. 이 본래의 계약을 행위계약이라고 부른다.

① 행위계약의 성경적 증명

a. 바울은 아담과 그리스도를 비교했다(롬 5:12-21).

아담 안에서 모든 인류는 죽었으나, 그리스도 안에서 그에게 속한 자는 살아나게 된다. 이것은 그리스도가 하나님 안에 있는 자의 대표자가 된 것 같이 아담이 전 인류의 대표이었다는 것을 의미한다.

b. 호세아 6:7에 "그들은 아담처럼 언약을 어기고"라고 기록되었으니, 아담의 죄는 계약의 위반이라고 부를 수 있다.

② 행위계약의 요소

a. 계약의 당사자: 계약은 항상 두 당사자 사이에 이루어지는 것이다. 이 때 계약의 당사자들은 우주의 주권자 되시는 삼위일체 하나님과 인류의 대표자 되는 아담이다. 이 양편은 매우 불균형하므로, 자연히 계약은 타협의 성격을 인간에게 부과한다.

b. 계약의 약속: 계약의 약속은 가장 고상한 의미로 생명의 약속이라고 할 수 있는데, 생명은 죽음의 가능성을 초월하고 있다. 그런데 이

약속은 신자들이 마지막 아담이신 그리스도로 말미암아 받게 된다.

c. 계약의 조건: 계약의 조건은 절대적 순종이었다. 선악을 알게 하는 열매를 먹지 말라는 엄한 명령은 순수한 순종에 대한 시험이었던 것이다.

d. 계약의 형벌: 총괄적 의미로 여기서 형벌이란 육체적, 영적, 영원적인 죽음인 것이다. 죽음은 육체와 영혼의 분리일 뿐 아니라, 근본적으로 하나님으로부터의 영혼의 분리를 말하는 것이다.

e. 계약의 상징: 생명나무가 하나의 상징이었다면, 이 계약의 유일한 상징이었을 것이다. 생명나무는 생명의 상징과 보증으로 지명된듯하다.

③ 행위계약의 유효성

알미니안파들은 행위계약이 완전히 폐기되었다고 말한다. 그러나 이것은 그릇된 견해다. 완전한 순종의 요구는 아직도 그리스도의 의(義)를 받아들이지 않는 자들을 위하여 존속한다(레 18:5; 갈 3:12). 이런 인간들은 이러한 요구에 응하지 못했지만, 그 조건은 유효한 것이다. 그러나 이 계약은 그리스도 안에 있는 자들에게 더 이상 필요하지 않게 되었던 것이다. 왜냐하면 그리스도께서 그들을 위하여 법적 요구에 응하셨기 때문이다. 그러므로 이 계약이 타락 후 무력하게 되었으므로, 생명의 길이 되지 못하는 것이다.

[참고할 성구]

(1) 인간 본질의 요소

마 10:28 "몸은 죽여도 영혼은 능히 죽이지 못하는 자들을 두려워하지 말고 오직 몸과 영혼을 능히 지옥에 멸하실 수 있는 이를 두려워하라"

롬 8:10 "또 그리스도께서 너희 안에 계시면 몸은 죄로 말미암아 죽은 것이나 영은 의로 말미암아 살아 있는 것이니라"

(2) 영혼의 창조

전 12:7 “흙은 여전히 땅으로 돌아가고 영은 그것을 주신 하나님께로 돌아가기 전에 기억하라”

히 12:9 “또 우리 육신의 아버지가 우리를 징계하여도 공경하였거든 하물며 모든 영의 아버지께 더욱 복종하며 살려 하지 않겠느냐”

(3) 하나님의 형상으로 창조된 인간

창 1:27 “하나님이 자기 형상 곧 하나님의 형상대로 사람을 창조하시되 남자와 여자를 창조하시고”

창 9:6 “다른 사람의 피를 흘리면 그 사람의 피도 흘릴 것이니 이는 하나님이 자기 형상대로 사람을 지으셨음이니라”

(4) 하나님 형상의 회복

약 3:9 “이것으로 우리가 주 아버지를 찬송하고 또 이것으로 하나님의 형상대로 지음을 받은 사람을 저주하나니”

엡 4:24 “하나님을 따라 의와 진리의 거룩함으로 지으심을 받은 새 사람을 입으라”

골 3:10 “새 사람을 입었으니 이는 자기를 창조하신 이의 형상을 따라 지식에까지 새롭게 하심을 입은 자니라”

(5) 행위계약

호 6:7 “그들은 아담처럼 언약을 어기고 거기에서 나를 반역하였느니라”

고전 15:22 “아담 안에서 모든 사람이 죽은 것 같이 그리스도 안에서 모든 사람이 삶을 얻으리라”

2) 죄의 상태에 있는 인간

(1) 죄의 기원

성경은 가르쳐 주기를 최초의 죄는 낙원에 있었던 아담과 하와의 범죄 결과로 세상에 들어 왔다고 한다. 이 최초의 죄는 뱀의 형태로 가장한 사탄의 시험에 의해 발생된 것인데, 사탄은 인간의 마음속에 의혹과 불신의 씨를 뿌렸던 것이다. 성경은 타락 사건의 유혹자인 뱀은 다만 사탄의 도구였다고 분명히 지적해 준다(요 8:44; 롬 16:20; 고후 11:3; 계 12:9). 최초의 죄는 인간이 선악을 알게 하는 열매를 따 먹은 데 있다. 이 열매를 먹음은 단순히 하나님께서 금(禁)하셨던 것이기 때문에 죄 된 것이다. 열매를 먹음은 인간이 자기의 뜻을 하나님의 뜻에 무조건적으로 복종시키려 하지 않았다는 것을 나타내준 것이며, 몇 가지 요소를 내포하는 것이다. 선악과를 먹음은 그 자체가 지적인 면에서는 불신앙과 자만심을, 의지 면에서는 하나님과 같이 되려는 욕망을, 감정 면에서는 금지된 열매를 먹으려는 호기심을 나타내는 것이다. 그 결과로 인간은 엄밀한 의미로 보면 하나님의 형상을 상실하고 전적으로 타락하여 죽음의 지배하에 있게 되고 말았다(창 3:19; 롬 5:12, 6:23).

(2) 죄의 본질

① 죄는 특별 악이다.

오늘날 많은 사람들이 악(惡)이란 말 대신에 죄라는 말을 많이 사용하지만, 이것은 그리 좋지 못한 것 같다. 왜냐하면 죄란 말은 보다 특수한 의미가 있기 때문이다.

② 죄는 절대적 성질을 가진다.

죄의 본질은 악의 일종 즉 인간이 책임져야 할 도덕적 악을 나타내는 것인데 이로 말미암아 인간은 정죄(定罪) 아래 놓이게 된 것이다.

③ 죄는 하나님의 뜻에 관계된다.

오늘날 죄를 단순히 이웃에 대한 잘못으로 간주하는 경향이 있지만,

이는 완전히 그 요점을 파악하지 못한 것이라고 할 수 있다. 왜냐하면 그와 같은 잘못은 하나님의 뜻에 완전히 어긋날 때에만 죄라고 말할 수 있기 때문이다. 죄란 불법이며(요일 3:4), 하나님의 율법에 대한 복종의 결여이며, 신적 율법에 의해 요구된 사랑과는 반대되는 것이다. 성경은 항상 죄를 율법과 관련시켜 생각한다(롬 1:32, 2:12-14, 4:15, 5:13; 약 2:9-10; 요일 3:4).

④ 죄는 죄책과 오염을 내포한다.

죄란, 첫째로 인간으로 하여금 형벌에 빠뜨리게 하는 죄책(롬 3:19, 5:18; 엡 2:3)이며, 다음은 선천적 부패성 또는 도덕적 오염이라 정의할 수 있다. 모든 인간은 아담 안에서 죄가 있으므로 부패한 성질을 가지고 태어난다(욥 14:4; 렘 17:9; 사 6:5; 롬 8:5-8; 엡 4:17-19).

⑤ 죄는 인간 마음에 자리 잡고 있다.

죄는 인간의 마음에 그 좌소(座所)를 가지므로, 이 중심에서부터 지·정·의, 즉 인간 전체에 영향을 미치며 육체를 통해 나타난다(잠 4:23; 렘 17:9; 마 15:19-20; 눅 6:45; 히 3:12).

⑥ 죄는 외부적 행위만은 아니다.

우리는 로마가톨릭과는 달리, 죄란 외부적 행위에만 있지 않고 악한 사상과 악한 감정과 마음의 악한 의도까지 내포한다(마 5:22, 28; 롬 7:7; 갈 5:17, 24)고 믿는다.

(3) 인류생활에 있어서의 죄

세 가지 점을 고려해 보자.

① 아담의 죄와 후손의 죄

이 관계도 세 가지로 설명되어 왔다.

a. 실재설: 가장 최초의 설명은 실재설인데, 이 설에 의하면 하나님께서 본래 하나의 일반적 인간성을 창조하셨는데, 이 인간성은 시간의 흐름 속에서 많은 부분 곧 인류 각 개개인으로 분류되었다는 것이다. 아담은 이 일반적 인간성 전체를 소유했는데, 죄를 지음으로 그것이 유죄가 되어 더럽혀졌다는 것이다. 그러므로 자연히 모든 개인적 인간성도 이러한 죄책(罪責)과 오염을 공유하게 되었다는 것이다.

b. 대표설: 개혁시대의 대표적인 학설로, 이 견해에 의하면 아담은 그의 후손과 이중적 관계를 가지는데, 그는 자연히 인생의 머리가 되었고 언약의 머리로서 인생의 대표이었던 것이다. 아담이 인류의 대표로서 범죄했을 때, 이 죄는 인류에게 전가되었으며, 그 결과 모든 인류는 부패한 상태 하에서 탄생하게 되었던 것이다. 이 학설이 우리 개혁주의의 견해이다.

c. 간접전가설(間接轉嫁說): 이 이론은 그리 잘 알려지지 않은 것이지만, 아담의 죄책(罪責)은 직접적으로 우리에게 관계되지 않는다고 주장한다. 아담의 부패는 그의 후손에게 전가되며, 이 부패성은 인간들을 개인적으로 죄 되게 만든다는 것이다. 아담의 후손들은 그들이 아담 안에서 유죄하기 때문에 부패한 것이 아니라 그들이 부패하기 때문에 죄 된다는 것이다.

② 원죄와 본죄

우리는 죄를 원죄와 본죄로 구분한다. 모든 인간은 죄된 상태와 죄의 신분에서 출생하므로, 이것은 원죄(原罪)라고 부르는데, 이것이 본죄(本罪)의 뿌리인 것이다.

a. 원죄: 원죄는 죄책과 죄의 오염을 포함한다. 아담의 죄책은 우리에게 전가되었다. 아담이 우리의 대표자로서 범죄했기 때문에 우리는 그 안에서 죄 된 인간인 것이다. 그 뿐 아니라 우리는 또 아담의 부패성을 상속하고 죄를 향한 적극성을 갖는다. 그러므로 인간은 본질상 전적으로 타락되었다고 할 수 있다. 이것은 모든 인간이 하는 바가 악

하다는 것을 의미하는 것이 아니라, 죄가 인간의 본질 전체를 부패시켰고, 인간으로 하여금 어떤 영적 선이라도 행할 수 없게 한다는 것을 의미하는 것이다. 인간은 아직도 그의 동료와의 관계에서 가치 있는 일을 하고자 할는지 모르지만, 인간이 최선의 일이라 하더라도 그런 행위가 하나님을 사랑함에 의해 충동된 것이 아니며, 하나님을 순종함으로 행해진 것이 아니기 때문에 근본적으로 불완전한 것이다. 이 전적 타락과 전적 무능력은 펠라기우스파와 알미니안파와 현대주의자들에 의해 부인되었지만, 성경은 분명히 전적 타락과 무능력을 입증해주고 있다(렘 17:9; 요 5:42, 6:44, 15:4-5; 롬 7:18, 23-24, 8:7-8; 고전 2:14; 고후 7:1; 엡 2:1-3, 4:18; 딤후 3:2-4; 딛 1:15; 히 11:6).

b. 본죄: 본죄란 말은 외부적 행위의 죄뿐 아니라, 원죄로 인해 일어나는 의식적인 죄 된 생각, 욕망, 결심 등을 말하는 것이다. 그것들은 개인이 그의 고유의 성질과 경향으로부터 구별하여 행동한 죄이다. 원죄는 하나이지만, 본죄는 여럿이다. 본죄는 교만, 질투, 증오, 감각적 육욕, 악한 욕망과 같은 내적 생활의 죄이며, 사기, 도둑, 살인, 간음 등과 같은 외적 생활의 죄이기도 하다. 이들 중에는 용서 받을 수 없는 죄, 즉 성령을 모독하는 죄가 있다. 이 죄를 범한 후에는 심령의 변화가 불가능하며, 그것을 위해 기도할 필요가 없다는 것이다(마 12:31; 막 3:28-30; 눅 12:10; 히 6:4-6, 10:26-27; 요일 5:16).

③ 죄의 보편성

성경과 경험을 통하여 볼 때, 죄가 보편적이라는 사실을 알 수 있다. 심지어 펠라기우스파까지도 그들은 죄를 나쁜 환경이라든가 악한 실례라든가 또는 그릇된 교육과 같은 외부적 조건의 탓으로 돌리기는 하지만, 죄의 보편성만은 부인하지 않는다. 성경에는 죄의 보편성을 의미하는 구절들이 많다(왕상 8:46; 시 143:2; 잠 20:9; 전 7:20; 롬 3:1-12, 19, 23; 갈 3:22; 약 3:2; 요일 1:8, 10). 그뿐 아니라 성경은 인간이 나면서부터 죄 된다고 가르치는데, 이 죄의 보편성은 모방의 결과로 인정할 수 없는 것이다(욥 14:4; 시 51:5; 요 3:6). 심지어 유아라도 죄의 결과인 죽음의 지배하에 있으므로 죄 되다고 할 수 있는 것이다(롬 5:12-14). 모든 인간은 날 때부터 정죄(定罪) 아래 있으므로 그리스도 예수 안에 있는 구속이 필요한 것이다. 어린아이들도 이 원칙에서 결코 제외될 수 없다(요 3:3, 5; 엡 2:3; 요일 5:12).

[참고할 성구]

(1) 죄책

롬 5:18 "그런즉 한 범죄로 많은 사람이 정죄에 이른 것 같이 한 의로운 행위로 말미암아 많은 사람이 의롭다 하심을 받아 생명에 이르렀느니라"

요일 3:4 "죄를 짓는 자마다 불법을 행하나니 죄는 불법이라"

엡 2:3 "전에는 우리도 다 그 가운데서 우리 육체의 욕심을 따라 지내며 육체와 마음의 원하는 것을 하여 다른 이들과 같이 본질상 진노의 자녀이었더니"

(2) 죄의 오염

렘 17:9 "만물보다 거짓되고 심히 부패한 것은 마음이라 누가 능히 이를 알리요마는"

롬 7:18 "내 속 곧 내 육신에 선한 것이 거하지 아니하는 줄을 아노니 원함은 내게 있으나 선을 행하는 것은 없노라"

롬 8:5 "육신을 따르는 자는 육신의 일을, 영을 따르는 자는 영의 일을 생각하나니"

(3) 죄의 좌소는 인간의 마음이다.

마 15:19 "마음에서 나오는 것은 악한 생각과 살인과 간음과 음란과 도둑질과 거짓 증언과 비방이니"

히 3:12 "형제들아 너희는 삼가 혹 너희 중에 누가 믿지 아니하는 악한 마음을 품고 살아 계신 하나님에게서 떨어질까 조심할 것이요"

(4) 아담의 죄책은 우리에게 전가되었다.

롬 5:12 "그러므로 한 사람으로 말미암아 죄가 세상에 들어오고 죄로 말미암아 사망이 들어왔나니 이와 같이 모든 사람이 죄를 지었으므로 사망이 모든 사람에게 이르렀느니라"

롬 5:19 "한 사람이 순종하지 아니함으로 많은 사람이 죄인 된 것 같이 한 사람이 순종하심으로 많은 사람이 의인이 되리라"

고전 15:21-22 "사망이 한 사람으로 말미암았으니 죽은 자의 부활도 한 사람으로 말미암는도다 아담 안에서 모든 사람이 죽은 것 같이 그리스도 안에서 모든 사람이 삶을 얻으리라"

(5) 인간의 전적 부패성(렘 17:9; 롬 7:18, 8:5)

(6) 죄의 보편성

왕상 8:46 "범죄하지 아니하는 사람이 없사오니 그들이 주께 범죄함으로 주께서 그들에게 진노하사 그들을 적국에게 넘기시매 적국이 그들을 사로잡아 원근을 막론하고 적국의 땅으로 끌어간 후에"

시 143:2 "주의 종에게 심판을 행하지 마소서 주의 눈앞에는 의로운 인생이 하나도 없나이다"

롬 3:12 "다 치우쳐 함께 무익하게 되고 선을 행하는 자는 없나니 하나도 없도다"

요일 1:8 "만일 우리가 죄가 없다고 말하면 스스로 속이고 또 진리가 우리 속에 있지 아니할 것이요"

3) 은혜계약 안에 있는 인간

우리는 이 교리에 대해 잘 알기 위해서 구속의 계약과 은혜의 계약을 구별한다. 이 둘은 밀접한 관계이므로 한 가지로 생각할 수 있으니, 곧 전자(구속의 계약)는 후자(은혜의 계약)의 영원한 기초가 된다.

(1) 구속의 계약

구속의 계약은 스가랴 6장 13절에서 나온 명칭인데, "평화의 의논"이라 불린다. 그것은 삼위를 대표하시는 성부와 선택 받은 자의 대표이신 성자 사이의 언약인 것이다.

① 성경적 근거

구속의 계획이 하나님의 영원한 작정 속에 있었다는 사실은 분명하다(엡 1:4, 3:11; 딤후 1:9). 그리스도는 그가 세상에 오시기 전에 그에게 맺으신 계약에 대하여 말씀하시고, 또 성부로부터 받은 부탁에 대해 거듭거듭 언급하셨다(요 5:30, 43, 6:38-40, 17:4-12). 또 그리스도께서는 분명히 한 계약의 머리가 되신다(롬 5:12-21; 고전 15:22). 시 2:7-9에 보면 계약의 당사자들에 대해 언급되어 있고, 하나의 약속이 지시되어 있다. 또 시 40:7-8에서 메시아는 죄의 희생제물이 됨으로 하나님의 뜻을 행하려는 준비를 나타낸다.

② 구속계약에 있어서의 성자

그리스도께서는 구속계약의 머리가 되실 뿐 아니라, 보증이 되신다(히 7:22). 보증인은 타인의 법적 의무를 자신이 책임지는 인물이다. 그리스도께서는 죄인을 대신하여 죄의 형벌을 짊어지셨고, 자기 백성을 위한 법적 요구에 응하셨다. 그렇게 함으로 그리스도는 생명을 주는 영(靈)이신 마지막 아담이 되었던 것이다(고전 15:45). 그리스도에게 있어서 이 계약은 그가 본래적 계약의 요구에 응하셨던 행위계약이었으나 우리에게 있어서는 이 계약이 은혜계약의 영원한 기초가 된다. 이 계약의 효능은 선택받은 자에게 제한되어 있다. 그들은 다만 구속을 받으며 그리스도가 죄인을 위해 이룩하신 영광을 상속 받을 뿐이다.

③ 구속계약의 요구와 약속

a. 구속계약의 요구: 성자 자신은 죄가 없지만 인간의 현재의 나약

성을 책임지도록 성부께서 그에게 요구하셨다(갈 4:4-5; 히 2:10-11, 14-15, 4:15). 즉 성자는 선택자를 위해 형벌을 받으시고 영생을 제공하기 위해서는 자신을 법아래 처하게 해야 하며(시 40:8; 요 10:11; 갈 1:4, 4:4-5), 또 성령의 새롭게 하심으로 자신의 공적을 자기 백성에게 적용하셔서, 그들로 하여금 하나님께 대한 헌신의 생활을 유지하게 해야 했다(요 10:28, 17:19-22; 히 5:7-9).

b. 구속계약의 약속: 성부께서는 성자를 위하여, 몸을 준비하시고(히 10:5), 성령으로 기름 부으시며(사 42:1, 61:1; 요 3:34), 그의 사역을 지원하며(사 42:6-7; 눅 22:43), 그를 사망 권세에서 건져 내어 자기 오른편에 있게 하며(시 16:8-11; 빌 2:9-11), 교회의 설립을 위해 성령을 보낼 수 있게 하시며(요 14:26, 15:26, 16:13-14), 택한 자를 불러내시고 보호하며(요 6:37, 39-40, 44-45), 헤아릴 수 없이 많은 상속자를 그에게 허락할 것이라고 성자에게 약속하셨다(시 22:27, 72:17).

(2) 은혜의 계약

하나님께서는 구속계약에 근거해서 은혜의 계약을 확립하셨다. 이에 대해서 몇 가지 특별한 고찰이 필요하다.

① 계약의 당사자들

하나님께서는 계약에 있어서 제1 당사자이시다. 하나님께서는 계약을 확립하시며, 제2의 당사자와의 관계를 결정하신다. 그런데 제2의 당사자가 누구인가를 결정하기란 그리 쉽지 않다. 개혁파의 통상적 견해는 제2 당사자가 그리스도 안에서 선택 받은 죄인들이라고 한다. 그러나 우리는 여기서 이 계약이 두 가지 면에서 생각되어야 한다는 것을 명심해야 한다.

a. 목적 자체로서의 계약: 상호 친교 또는 생명의 교통의 언약, 즉 계약의 목적 그 자체는 역사의 과정 속에서 성령의 역사로 말미암아 실현되는 것이다. 계약이란 어떤 특권이 영적 목적을 위해 증진되는

상태를 나타내는 것이며, 하나님의 약속은 산 믿음에 의해 받아들여지며, 그렇게 해서 약속된 축복은 완전히 실현되는 것이다. 이렇게 생각해 볼 때 이 계약은, 하나님과 그리스도 안에 있는 택함 받은 죄인과의 은혜로운 계약으로서, 하나님께서 택함 받은 죄인들에게 구원의 축복과 함께 자신을 제공해 주시고, 택함 받은 죄인은 하나님과 그의 모든 은혜로운 선물을 믿음으로 받아들이기로 체결한 은혜로운 협정이라고 정의할 수 있다(신 7:9; 대하 6:14; 시 25:10, 14, 103:17-18).

b. 목적에 대한 수단으로서의 계약: 이것은 영적 목적을 실현하기 위한 순수한 법적인 협정을 말한다. 성경은 이스마엘, 에서, 엘리의 악한 아들들, 그리고 죄 가운데서 죽은 패역한 이스라엘 백성들과 같은 사람들처럼 약속이 결코 실현되지 않은 경우까지도 포함한 계약에 대해 가끔 언급한 것은 분명하다. 따라서 이 계약은 하나님께서 모든 믿는 자에게는 구원의 축복을 보증해 주신 순수한 법적인 협정이라 간주할 수 있을 것이다. 우리가 이 언약을 이처럼 넓은 의미로 생각해본다면, 우리는 하나님께서 그 언약을 믿는 자들과 그의 자녀들에게 이룩하셨다고 말할 수 있다(창 17:7; 행 2:39; 롬 9:1-4).

② 은혜계약의 약속과 요구

모든 계약은 양면성을 갖는데, 그것은 어떤 특권을 제공하며 동시에 어떤 의무를 부과한다.

a. 은혜계약의 약속: 모든 다른 약속들도 포함하고 있는 이 계약의 주요 약속은 "나는 너희와 너희 후손들의 하나님이 되리라"고 자주 반복하신 말씀 속에 내포되어 있다(렘 31:33, 32:38-40; 겔 34:23-25, 30-31, 36:25-28; 히 8:10; 고후 6:16-18). 이 계약의 약속은 현세적인 축복, 칭의, 하나님의 영, 끝없는 생명 속에서의 영화의 약속 등과 같은 다른 모든 약속들을 포함한다(욥 19:25-27; 시 16:11, 73:24-26; 사 43:25; 렘 31:33-34; 겔 36:27; 단 12:2-3; 갈 4:4-6; 딛 3:7; 히 11:7; 약 2:5).

b. 은혜계약의 요구: 은혜계약은 행위계약이 아니어서 공로가 될 만

한 어떤 행위를 요구하진 않지만, 그러나 인간에게 요구하는 것이 있으며 의무를 부과시킨다. 인간은 계약의 요구에 응함으로써는 아무것도 얻지 못하며 하나님께서 약속한 축복을 자기에게 주실 것이라는 뜻에 자신을 맡길 뿐이다. 더욱이 계약의 요구까지도 하나님의 약속에 의해 이루어진다는 것을, 즉 하나님께서 인간에게 요구하는 모든 것도 주신다는 것을 명심해야 한다.

하나님께서 자기와 계약 관계에 있는 자들에게 요구하시는 것은 두 가지다. 첫째, 계약관계에 있는 인간들은 계약과 그 계약의 약속들을 믿음으로 받아들임으로 계약의 생활을 시작해야 한다는 것이다. 둘째, 인간들은 그들 속에 있는 새 생명의 원리를 따라 새로운 순종심으로 자신을 하나님께 바쳐야 한다는 것이다.

③ 은혜계약의 특성

a. 은혜로운 계약이다: 은혜의 계약은 죄인들을 향한 하나님의 은혜의 열매와 표현이므로 은혜로운 계약이다. 이 계약은 시종일관 은혜다.

b. 영원한 계약이다: 인간은 계약을 깨뜨리지만 하나님께서는 항상 계약에 대해 참되시므로 은혜계약은 영원하고 폐할 수 없는 계약이다.

c. 특수한 계약이다: 은혜계약의 범위가 광범위하지만, 이 계약은 특정한 인간만을 포함하므로 특수한 계약이다. 신약시대의 계약은 그 계약이 구약에서처럼 유대인에게만 제한되지 않고, 모든 민족에게 다 미치게 된다는 의미에서 볼 때 보편적이라 할 수 있을 것이다.

d. 단일한 계약이다: 은혜계약은 단일성이 그 특성이므로, 계약 이행의 형태는 변하지만 어느 시대에 있어서나 본질적으로 동일하다. 본질적으로 약속이 동일하며(창 17:7; 히 8:10), 복음도 동일하며(갈 3:8), 믿음의 요구도 동일하며(갈 3:6-7), 중보자도 동일하다(히 13:8).

e. 조건적인 동시에 무조건적인 계약이다: 은혜계약은 그리스도의 공로에 의존하므로 조건적이라 할 수 있으며, 또 계약이 가져다주는

생활의 기쁨은 신앙의 훈련에 의존하므로 조건적이라 할 수 있다. 그러나 은혜계약은 인간의 어떤 공로라도 의존하지 않으므로 무조건적이라 할 수 있다.

f. 유언적 계약이다: 은혜 계약은 하나님 편에서의 자유롭고 주권적인 처분이므로 유언(遺言)적이라 할 수 있다. 그것은 히브리서 9장 16절의 "유언은 유언한 자가 죽어야 되나니"에서 나온 것이므로 유언적 계약이라 할 수 있는데, 이 말은 다음 몇 가지 사실을 강조한다. ㉠ 은혜계약은 하나님의 자유로운 협정이다. ㉡ 은혜 계약의 신약적 의미는 그리스도의 죽음으로 말미암아 소개되었다. ㉢ 하나님께서는 그가 요구하시는 바를 계약 속에서 주신다.

g. 계약의 중보자: 은혜 계약은 중보자가 있다는 변에서 행위계약과는 다르다. 그리스도께서는 새 계약의 중보자로 나타나셨다(딤전 2:5; 히 8:6, 9:15, 12:24). 또 그리스도께서는 그가 하나님과 인간 사이에 화목하도록 중재하신다는 면과 그가 화평의 실질적 성취를 위해 필요한 모든 것을 행할 충분한 능력을 소유하셨다는 면에서 중보자이시다. 그리스도께서는 보증인으로서(히 7:22), 우리의 죄를 담당하시고 죄의 형벌을 받으시고 율법을 완성하심으로 화평을 회복하신 것이다.

④ 은혜계약 안에 있는 회원

a. 계약 안에 있는 성인: 성인(成人)들은 믿음으로만 순수한 합법적 협정으로서의 계약에 들어갈 수 있으며, 은혜계약에 들어가면 동시에 생명의 교통의 계약에 들어가는 것이다. 그러므로 그들은 곧 완전한 계약 생활에 들어가게 된다.

b. 계약 안에 있는 신자의 자녀들: 그러나 믿는 자들의 자녀들은 믿음에 의한 합법적 협정으로서의 계약에 들어가긴 하지만, 이것은 그들이 곧 생명의 교통으로서의 계약에 들어간다는 것을 의미하는 것은 아니며, 그런 의미에서 그들이 계약에 들어갈 것이라는 것도 의미하지 않는다.

그러나 하나님의 약속은 계약 생활이 그들의 생애 속에서 실현될 것이라는 올바른 확신을 준다. 우리는 신자의 자녀들이 신앙을 반역하지 않는 한, 그들이 새 생명을 소유하고 있다고 전제해야 할 것이다. 그들이 자라면 그들은 자발적으로 진실한 신앙을 고백하므로 계약적 책임을 받아들이게 될 것이다. 이것이 실패할 때는 그들 자신이 계약의 파괴자가 된다.

c. 계약 안에 있는 비중생자: 앞서 말한 것을 보아 비중생자도 일시적으로 순수한 합법적 관계를 맺는 계약 속에 들어갈 것이라 본다(롬 9:4). 그들은 계약의 자녀들로서 인정되며, 그 요구에 복종하며, 계약의 직무를 분담한다. 또 그들은 세례의 증표를 받고 계약의 평범한 축복을 기뻐하며 성령의 특별한 역사에까지도 참여하게 된다. 그러나 만일 그들이 이에 수반되는 책임을 받아들이지 않는다면 그들은 계약의 파괴자로 인정될 것이다.

⑤ 계약의 시대적 경륜

a. 계약의 최초 계시: 계약의 첫 번째 계시는 창세기 3:15에서 찾아볼 수 있으니 그것은 항상 원복음(原福音), 또는 어머니의 약속이라고 불린다. 이것은 계약의 형식적인 확립이라 말할 수는 없다.

b. 노아와의 계약: 노아와의 계약은 모든 혈육 있는 자와의 계약으로 매우 일반적인 성질이 있다. 그것은 단지 자연적인 축복이므로, 흔히 자연의 계약 또는 일반 은총의 계약이라고 불린다. 그러나 은혜 계약과 밀접한 관계가 있다. 또 이 계약은 하나님의 은혜의 산물(열매)이며, 은혜 계약의 실현을 위해 절대적으로 필요한 자연적이고 현세적인 축복을 보증하는 것이다.

c. 아브라함과의 계약: 아브라함과의 계약은 계약의 형식적인 확립을 나타내는 것이다. 이 계약은 구약의 특수한 통치의 시작인데, 이것은 아브라함과 그의 후손에게만 국한된다. 신앙은 현저하게 계약의 필연적 요구로서 나타나며, 할례는 계약의 증표가 된다.

d. 시내산에서의 계약: 시내산에서의 계약은 본질적으로 아브라함과 맺은 계약과 동일하지만, 형식면에서는 달리 이스라엘 전체 민족과 맺은 계약이므로 국가적인 계약이었다. 이 계약은 율법의 수행을 강력히 강조하지만, 그것은 행위계약이 회복된 것으로서 간주되어서는 안 된다. 율법은 죄의식을 증가시켰으며(롬 3:20), 그리스도에게로 인도하는 초등교사가 되었다(갈 3:24). 그리하여 유월절이 제2의 성례로 첨가되었다.

e. 신약의 새 계약: 신약에 계시된 새 계약(렘 31:31; 히 8:8, 13)은 본질적으로 구약의 계약과 동일하다(롬 4장; 갈 3장). 신약의 계약은 특정한 민족이나 사람의 장벽을 깨뜨리고, 그 축복이 모든 나라의 백성에게 확장된다는 의미에서 우주적(보편적)이다. 그 계약의 축복은 보다 충만하고 보다 영적이며, 세례와 성찬은 구약 성례를 대신하게 되었다.

[참고할 성구]

(1) 계약의 당사자

창 3:15 "내가 너로 여자와 원수가 되게 하고 네 후손도 여자의 후손과 원수가 되게 하리니 여자의 후손은 네 머리를 상하게 할 것이요"

창 17:7 "내가 내 언약을 나와 너 및 네 대대 후손 사이에 세워서 영원한 언약을 삼고 너와 네 후손의 하나님이 되리라"

출 19:5-6 "세계가 다 내게 속하였나니 너희가 내 말을 잘 듣고 내 언약을 지키면 너희는 모든 민족 중에서 내 소유가 되겠고 너희가 내게 대하여 제사장 나라가 되며 거룩한 백성이 되리라"

렘 31:31-33 "여호와의 말씀이니라 보라 날이 이르리니 내가 이스라엘 집과 유다 집에 새 언약을 맺으리라 이 언약은 내가 그들의 조상들의 손을 잡고 애굽 땅에서 인도하여 내던 날에 맺은 것과 같지 아니할 것은 내가 그들의 남편이 되었어도 그들이 내 언약을 깨뜨렸음이라 여호와의 말씀이니라 그러나 그 날 후에 내가 이스라엘 집과 맺을 언약은 이러하니 곧 내가 나의 법을 그들의 속에 두며 그들의 마음에 기록하여 나는 그들의 하나님이 되고 그들은 내 백성이 될 것이라 여호와의 말씀이니라"

행 2:39 "이 약속은 너희와 너희 자녀와 모든 먼 데 사람 곧 주 우리 하나님이 얼마든지 부르시는 자들에게 하신 것이라 하고"

(2) 계약의 약속과 요구

〈앞의 창 17:7; 출 19:5, 6; 렘 31:33 참고〉

창 15:6 "아브람이 여호와를 믿으니 여호와께서 이를 그의 의로 여기시고"

출 19:5 "세계가 다 내게 속하였나니 너희가 내 말을 잘 듣고 내 언약을 지키면 너희는 모든 민족 중에서 내 소유가 되겠고"

시 25:14 "여호와의 친밀하심이 그를 경외하는 자들에게 있음이여 그의 언약을 그들에게 보이시리로다"

시 103:17-18 "여호와의 인자하심은 자기를 경외하는 자에게 영원부터 영원까지 이르며 그의 의는 자손의 자손에게 이르리니 곧 그의 언약을 지키고 그의 법도를 기억하여 행하는 자에게로다"

갈 3:7, 9 "그런즉 믿음으로 말미암은 자들은 아브라함의 아들인줄 알지어다 … 그러므로 믿음으로 말미암은 자는 믿음이 있는 아브라함과 함께 복을 받느니라

(3) 계약의 특성

a. 영원성

창 17:19 "내가 그와 내 언약을 세우리니 그의 후손에게 영원한 언약이 되리라"

사 54:10 "산들이 떠나며 언덕들은 옮겨질지라도 나의 자비는 네게서 떠나지 아니하며 나의 화평의 언약은 흔들리지 아니하리라 너를 긍휼히 여기시는 여호와께서 말씀하셨느니라"

사 24:5 "땅이 또한 그 주민 아래서 더럽게 되었으니 이는 그들이 율법을 범하며 율례를 어기며 영원한 언약을 깨뜨렸음이라"

b. 유일성 〈갈 3:7 위의 것 참조〉

롬 4:11 "그가 할례의 표를 받은 것은 무할례시에 믿음으로 된 의를 인친 것이니 이는 무할례자로서 믿는 모든 자의 조상이 되어 그들도 의로 여기심을· 얻게 하려 하심이라"

c. 유언적(서약적)

히 9:17-18 "유언은 그 사람이 죽은 후에야 유효한즉 유언한 자가 살아 있는 동안에는 효력이 없느니라 이러므로 첫 언약도 피 없이 세운 것이 아니니"

(4) 언약의 중보자

딤전 2:5 "하나님은 한 분이시요 또 하나님과 사람 사이에 중보자도 한 분이시니 곧 사람이신 그리스도 예수라"

히 7:22 "이와 같이 예수는 더 좋은 언약의 보증이 되셨느니라"

히 8:6 "그러나 이제 그가 더 아름다운 직분을 얻으셨으니 그는 더 좋은 약속으로 세우신 더 좋은 언약의 중보자시라"

4. 기독론(基督論)

1) 그리스도의 명칭과 본질

(1) 그리스도의 명칭

그리스도의 가장 중요한 명칭들은 다음과 같다.

① 예수(Jesus)

예수란 이름은 히브리어 여호수아(수 1:1; 슥 3:1) 또는 예수아(스 2:2)의 헬라어 형태이다. 이 명칭은 '구원하다'라는 히브리어에서 파생된 것으로 구주되시는 그리스도를 가리키는 것이다(마 1:21). 구약에 나타난 그리스도의 두 가지 모형은 동일한 이름, 즉 눈의 아들 여호수아와 여호사닥의 아들 여호수아이다.

② 그리스도(Christ)

그리스도란 이름은 '기름부음을 받은 자'란 뜻으로, 구약의 메시아에 대한 신약적 형태이다. 구약에 보면 선지자(왕상 19:16), 제사장(출 29:7), 왕(삼상 10:1)은 성령의 상징인 기름부음을 받았던 것이다. 그들은 기름부음을 받음으로 그들 각자의 직무를 위해 구별되었고, 그것을 위해 자격을 얻었다. 그리스도는 선지자, 제사장, 왕의 세 가지 직무를 위해 성령으로 기름부음을 받으셨다. 역사적으로는 이 기름부음이 그리스도께서 성령으로 잉태되었을 때와 세례 받으셨을 때 이루어졌던 것이다.

③ 인자(人子, Son of Man)

그리스도에게 적용된 이 명칭은 다니엘 7:13에 근거한 것으로, 예수께서 자신에게 적용하신 가장 통상적인 명칭이며, 다른 사람들은 이 명칭을 거의 사용하지 않았다. 인자란 명칭은 예수님의 인간성의 표시이지만, 그 역사적 기원을 보면 그것은 그의 초인간적 특성을 지적해 주며, 또한 그리스도께서 위엄과 영광으로 하늘의 구름을 타고 장차 오심을 지적해 주는 것이다(단 7:13; 마 16:27-28, 26:64; 눅 21:27).

④ 하나님의 아들(Son of God)

그리스도는 몇 가지 의미로 '하나님의 아들'이라고 불리는데, 그 이유는 다음과 같다. 삼위(三位) 중 제2위이시며, 자신이 하나님이시며(마 11:27), 기름부음 받은 메시아이시며(마 24:36), 그의 탄생이 성령의 초자연적 역사에 의한 것이기 때문이다(눅 1:35).

⑤ 주(主, Lord)

예수님 당시의 사람들은, 우리가 선생님이란 말을 존칭어로 사용하듯, 존칭어인 이 명칭을 예수님에게 적용했다. 그 명칭이 특별한 깊은 의미를 갖게 된 것은 그리스도의 부활 사건부터이다. 주(主)란 명칭은 교회의 주인이며 통치자 되시는 그리스도를 의미하며(롬 1:7; 엡 1:17), 하나님께 대한 명칭으로도 표현되어 있다(고전 7:34; 빌 4:4-5).

(2) 그리스도의 본성

성경은 그리스도께서 두 가지 성품 즉 인성과 신성을 가지신 분으로 가르쳐 준다. 이것은 하나님께서 육신으로 나타나신바 위대한 신적 신비인 것이다(딤전 3:16).

① 두 가지 본질(성품)

a. 신성(神性)

오늘날 많은 사람들이 그리스도의 신성을 부인하므로, 이에 대한 성경적 증거를 강조하는 것이 필요한 줄로 안다.

구약→사 9:6; 렘 23:6; 미 5:2; 말 3:1.

신약→마 11:27, 16:16, 26:63-64; 요 1:1, 18; 롬 9:5; 고전 2:8; 고후 5:10; 빌 2:6; 골 2:9; 히 1:1-3; 계 19:16.

b. 인성(人性)

예수의 인성은 문제시 되지 않는다. 사실상 아직도 많은 사람들이 주장하고 있는 예수의 유일한 신성(神性)은 그의 완전한 인간성의 표현인 것이다. 예수의 인성에 관한 증거도 많이 있다. 예수님께서는 자신을 사람(요 8:40)이라 말씀하셨고, 다른 사람에 의해서도 그렇게 불렸다(행 2:22; 롬 5:15; 고전 15:21). 예수님께서는 인성의 본질적 요소, 즉 육체와 영혼을 소유하셨다(마 26:26, 38; 눅 24:39; 히 2:14). 그뿐 아니라 그는 인간의 정상적인 성장과정(눅 2:40, 52)을 따르셨고, 인간적 욕망과 고통에도 영향을 받으셨다(마 4:2, 8:24; 눅 22:44; 요 4:6, 11:35, 12:27; 히 2:10, 18, 5:7-8). 그러나 예수님께서는 참 인간이시지만, 죄가 없으시다. 다시 말하면 죄를 짓지 않으셨으며, 죄를 지으실 수도 없다(요 8:46; 고후 5:21; 히 4:15, 9:14; 벧전 2:22; 요일 3:5). 그리스도께서 하나님과 인간이 되셔야 함은 필연적인 것이었다. 그가 우리를 대신하여 고난을 받아 죽기 위해서는 인간이 되어야 했고, 또 그가 인간의 죄를 속량할 수 있기 위해서도 죄 없으신 인간이 되셔야만 했다. 또 그가 무한한 가치의 희생을 제공하고, 하나님의 진노로부터 인간을 건지실 수 있기 위해서는 하나님이 되셔야 했다(시 40:7-10, 130:3).

② 한 인격 속에 결합된 두 성품

그리스도께서는 인성을 가지셨지만 인간의 인격은 아니시다. 중재자의 인격은 불변하시는 하나님의 아들이시다. 그리스도께서는 인간이 되심으로 하나의 인간 인격으로 변한 것도 아니요, 또한 하나의 인간 인격을 취하신 것도 아니시다. 그리스도께서는 그의 신성에 덧붙여 인성을 취하셨는데, 그 인성은 다만 독립적 인격으로 발전할 수 없으나, 하나님의 아들의 인격 속에서 인격적이 된 인성인 것이다. 이런 인성을 취하신 후 중보자의 인격은 신적일 뿐 아니라 동시에 신인(神人)

적인 것이다. 그는 인성과 신성의 모든 본질을 소유하신 신인(神人)이시다. 그는 신적 의지와 인적 의지를 소유하셨듯이, 신적 의식과 인적 의식을 소유하고 계시다. 이 진리는 인간으로서는 측량할 수 없는 신비인 것이다. 성경은 분명히 그리스도 인격의 단일성을 지적해준다. 말하시는 의식이 인적이든, 신적이든, 관계없이 말하는 분은 언제나 동일한 인격(요 10:30, 17:5, 비교: 마 27:46; 요 19:28)이시다. 인간의 속성과 행동은 가끔 신적 칭호로 표현된 인격으로 묘사되고(행 20:28; 고전 2:8; 골 1:13-14), 신적 속성과 행동도 가끔 인간적 칭호로 표현된 인격으로 묘사된다(요 3:13, 6:62; 롬 9:5).

③ 이 교리에 관한 오류

초대교회 당시 알로기파와 에비온파는 그리스도의 신성을 부인했다. 개혁시대의 쏘시니안파와 유니테리안파와 오늘의 현대주의자들도 이러한 부인설을 따른다. 초대 교회의 아리우스는 그리스도의 완전한 신성을 부당한 것으로 보았으며 그리스도를 반신(半神)으로 간주한데 반해, 아폴리나리스는 그리스도의 완전한 신성을 인정하지 않고 신적 로고스가 그리스도 안에서 인간의 영을 대신해서 취한 것이라고 주장했다. 네스토리안파는 한 인격 속에서의 두 본질의 결합을 부인했으며, 유티커스파는 두 본질을 완전히 분간하지 않았다.

[참고할 성구]

(1) 그리스도의 신성

사 9:6 "이는 한 아기가 우리에게 났고 한 아들을 우리에게 주신 바 되었는데 그의 어깨에는 정사를 메었고 그 이름은 기묘자라, 모사라, 전능하신 하나님이라, 영존하시는 아버지라, 평강의 왕이라 할 것임이라"

렘 23:6 "그의 날에 유다는 구원을 받겠고 이스라엘은 평안히 살 것이며 그의 이름은 여호와 우리의 공의라 일컬음을 받으리라"

요 1:1 "태초에 말씀이 계시니라 이 말씀이 하나님과 함께 계셨으니 이 말씀은 곧 하나님이시니라"

롬 9:5 "조상들도 그들의 것이요 육신으로 하면 그리스도가 그들에게서 나셨으니 그는 만물 위에 계셔서 세세에 찬양을 받으실 하나님이시니라 아멘"

골 2:9 "그 안에는 신성의 모든 충만이 육체로 거하시고"

(2) 그리스도의 인성

요 8:40 "지금 하나님께 들은 진리를 너희에게 말한 사람인 나를 죽이려 하는도다 아브라함은 이렇게 하지 아니하였느니라"

마 26:38 "이에 말씀하시되 내 마음이 매우 고민하여 죽게 되었으니 너희는 여기 머물러 나와 함께 깨어 있으라 하시고"

눅 24:39 "내 손과 발을 보고 나인 줄 알라 또 나를 만져보라 영은 살과 뼈가 없으되 너희 보는 바와 같이 나는 있느니라"

히 2:14 "자녀들은 혈과 육에 속하였으매 그도 또한 같은 모양으로 혈과 육을 함께 지니심은 죽음을 통하여 죽음의 세력을 잡은 자 곧 마귀를 멸하시며"

(3) 인격의 단일성

요 17:5 "아버지여 창세전에 내가 아버지와 함께 가졌던 영화로써 지금도 아버지와 함께 나를 영화롭게 하옵소서"

요 3:13 "하늘에서 내려온 자 곧 인자 외에는 하늘에 올라간 자가 없느니라"

고전 2:8 "이 지혜는 이 세대의 통치자들이 한 사람도 알지 못하였나니 만일 알았더라면 영광의 주를 십자가에 못 박지 아니하였으리라"

2) 그리스도의 신분

우리는 가끔 '신분'과 '상태'라는 말을 상호 교차해서 사용한다. 그러나 우리가 그리스도의 신분에 대해 말할 때, 우리는 율법과 율법 앞에 선 그리스도와 관계를 설명하기 위해 보다 특수한 의미로 '신분'이란 말을 사용한다. 그리스도께서는 낮아지셨을 때는 율법 아래 있는 종이었으나 높아지셨을 때는 율법을 초월한 주님이시다. 자연히 이 두 가지 신분은 생명의 상태와 조화를 이루면서 동반하게 되며, 이들은 몇 가지 단계로 언급된다.

(1) 낮아지신 신분

낮아지신 신분은 그리스도께서 우주의 주권적인 통치자로서 자신의 것이었던 신적 위엄을 버리시고, 종의 형체로 인성을 취하셨으며, 최고의 율법 수여자이신 그가 율법의 요구와 율법의 저주 아래 굴복하게 되셨다는 데 있다(마 3:15; 갈 3:13, 4:4; 빌 2:6-8). 그리스도의 이 신분은 그에 상응하는 상태로 나타나는데, 우리는 흔히 다음 몇 가지 단계로 구분한다.

① 그리스도의 성육신(成肉身)

하나님의 아들은 인성을 취하심으로 육신이 되셨다(요 1:14; 요일 4:2). 그리스도께서는 실제로 마리아에게서 나심으로 인류 중의 한 사람이 되셨던 것이다. 그런데 만일 그가 재세례파의 주장과 같이 하늘에서부터 그의 인간성을 부여받으셨다면, 성육신은 참된 것이 아니었을 것이다. 성경은 동정녀 탄생을 가르쳐 준다(사 7:14; 마 1:20; 눅 1:34-35). 이 이상한 출생은 시초부터 죄의 오염에서 그리스도의 인성을 보호해 준 성령의 초자연적인 역사(눅 1:35)에 의한 것이었다.

② 그리스도의 고난

우리는 가끔 그리스도의 고난이 그의 최후적 고통에만 국한된 것처럼 말하지만 이는 잘못된 것이다. 그리스도의 전 생애가 고난의 생활이었다. 그의 생활은 만주의 주가 종이 되신 생활이었으며, 죄로 저주받은 세상에서 무죄한 자의 생활이었다. 사탄은 그를 공격했고, 그의 백성은 그를 배반했으며, 그의 대적들이 그를 괴롭혔다. 영혼의 고난은 육체의 고난보다 더 격렬한 것이었다. 그리스도께서는 악마에 의해 유혹받으셨고, 자기 주위의 불의한 세상에 의해 억압을 받으셨고, 자기에게 지워진 죄 짐에 의해 눌림을 받으셨으므로, 그는 슬픔의 사람이었으며 질고를 아는 자이셨다(사 53:3).

③ 그리스도의 죽으심

우리는 그리스도의 죽으심에 대해 말할 때, 자연히 그의 육체적 죽음을 생각한다. 그는 어떤 불의한 사건의 결과로 죽은 것이 아니며, 어떤 암살자의 손에 의해 죽은 것이 아니라, 법적 판결에 의해 죽으신 것이며, 죄인으로 간주되셨던 것이다(사 53:12). 그는 로마의 십자가 형벌을 받으심으로 우리를 위해 저주를 대신 짊어지시고 저주된 죽음을 죽으셨던 것이다(신 21:23; 갈 3:13).

④ 그리스도의 장사 지냄

그리스도의 죽음이 마치 그의 고난의 최후 단계였던 것처럼 생각될 것이다. 그는 십자가상에서 "다 이루었다"라고 외치지 아니했던가? 그러나 이 말은 아마도 그의 능동적 고난을 말해주는 것일 것이다. 그의 장례는 확실히 하나님의 아들 된 자로서 인식했던바 낮아지심의 한 형태인 것이다. 인생이 흙으로 돌아감은 죄에 대한 형벌인 것이다(창 3:19). 다음의 성구들에 나타난 바와 같이 구원자가 무덤에 머무심은 하나의 낮아지신 신분이다(시 16:10; 행 2:27, 31, 13:34-35). 이는 우리에게서 무덤에 대한 공포를 제거해 준다.

⑤ 지옥에 내려가심

사도신경에 있는 "그가 음부에 내려가시고"란 말은 여러 가지로 해석된다(우리나라 사도신경에서는 빠짐, 역자주). 로마가톨릭은 그리스도가 구약 성도들을 해방하기 위해서 그들이 갇혀있는 선조 림보(limbus Patrum)에 내려가셨다고 말하며, 루터파는 그리스도께서 그의 죽음과 부활 기간에 흑암의 권세에 대한 그의 승리를 선포하며 기념하기 위해 음부에 내려가셨다고 본다. 아마도 다음과 같은 사실을 말하는 상징적 표현이 될 것이다. a. 그는 동산에서와 십자가 위에서 지옥의 고통을 당하셨고, b. 그는 사망의 상태에 있어서 가장 낮아지신 상태에 들어가셨다(시 16:8-10; 엡 4:9).

(2) 높아지심의 신분

높아지심의 신분으로 그리스도께서는 죄에 대한 형벌을 지불하시고 죄인을 위하여 의와 영생을 준비하시므로 계약적 의무인 율법의 지배로부터 벗어나시게 되었다. 그뿐 아니라 그는 훌륭한 존귀와 영광으로 면류관을 쓰시게 되었다. 여기에서는 네 단계로 구분되어야 한다.

① 부활

그리스도의 부활은 육체와 영혼의 단순한 재결합으로 된 것이 아니라, 자기 안의 인간성, 즉 육체와 영혼이 그 본래의 아름다움과 강함을 회복하고 최고의 자리에 이름으로 된 것이다. 그리스도 이전에 부활한 자들과는 달리 그리스도께서는 영적인 육체를 가지시고 부활하셨다(고전 15:44-45). 그런 이유로 그리스도께서는 잠자는 자의 첫 열매(고전 15:20)와 죽은 자들 가운데 먼저 나신 자(골 1:18; 계 1:5)라고 불릴 수 있는 것이다. 그리스도의 부활은 세 가지 의미를 갖는다.

a. 그리스도의 부활은 그리스도가 율법의 모든 요구에 응하셨다는데 대한 하나님의 선포였다(빌 2:9). b. 그리스도의 부활은 성도의 칭의와 중생과 최종 부활을 상징하신 것이다(롬 6:4-5, 9; 고전 6:14, 15:20-22).

c. 그리스도의 부활은 우리의 칭의와 중생과 부활의 원인이 되는 것이다(롬 4:25, 5:10; 엡 1:20; 빌 3:10; 벧전 1:3).

② 승천

승천은 어떤 의미에서 부활의 필연적 완성이었으나 승천도 독자적 의미를 가졌다고 본다.

우리는 누가복음 24:50-53; 사도행전 1:6-11에서 이에 대한 이중적 설명을 찾아볼 수 있다. 바울은 에베소서 1:20, 4:8-10; 디모데전서 3:16에서 이에 대해 언급하였고, 히브리서도 승천의 의미에 대해 강조했다(히 1:3, 4:14, 6:20, 9:24). 승천은 지상에서 하늘로, 한 장소에서 다른 곳으로 옮겨가는 그리스도의 인성을 따른 중보자의 유형적인 상승이라고 묘사될 수 있다. 그것은 그리스도의 인성의 현저한 영화를 내포한 것이다. 루터파는 승천에 대한 다른 견해를 갖는다. 그들은 승천을 하나의 조건의 변화라고 보며, 그것으로 말미암아 예수님의 인성이 어떤 신적 속성의 완전한 기쁨에 들어가시어서 영구히 편재하시게 되었다고 생각한다.

우리의 대제사장이 되시는 그리스도께서는 승천하심으로 그의 희생을 성부께 나타내기 위해 성소에 들어가 보좌에서 중보자의 역할을 하신다(롬 8:34; 히 4:14, 6:20, 9:24). 그는 우리가 있을 거처를 예비하시기 위해 승천하신 것이다(요 14:1-3). 우리는 이미 그와 더불어 하늘 거처에 거하게 되었고, 그의 승천하심으로 우리도 하늘에 있는 거처에 대한 확신을 가지게 되었다(엡 2:6; 요 17:24).

③ 하나님의 우편에 계심

그리스도께서는 승천하신 후, 하나님의 우편에 앉아 계시게 되었다(엡 1:20; 히 10:12; 벧전 3:22). 자연히 '하나님의 우편'이란 표현은 문자적으로 취급될 수 없으나 권능과 영광의 거처를 말하는 상징적 지시로 이해해야 한다. 그리스도께서는 하나님의 우편에 계시는 동안에 그의 교회를 다스리시며, 보호하시며, 우주를 통치하시며, 그의 완전한 희생에 근거해서 그의 백성을 위해 중재의 역할을 하신다.

④ 육체적 재림

그리스도께서 살아 있는 자와 죽은 자를 심판하러 오실 때 그리스도의 높아지심은 최절정에 달하게 된다. 분명히 그의 재림은 육체적이고 유형적이 될 것이다(행 1:11; 계 1:7). 그리스도께서 심판하시러 오실 것이라는 사실은 성경 여러 곳에 분명히 나타나 있다(요 5:22, 27; 행 10:42; 롬 2:16; 고후 5:10; 딤후 4:1). 그리스도의 재림 시기는 우리에게 알려지지 않았다. 그는 세상을 심판하러 오실 목적과 자기 백성의 구원을 완성하실 목적으로 오실 것이다. 재림은 그의 구속사역의 완전한 승리를 나타내주는 것이다(고전 4:5; 빌 3:20; 골 3:4; 살전 4:13-17; 살후 1:7-10, 2:1-12; 딛 2:13; 계 1:7).

[참고할 성구]

(1) 낮아지신 신분

갈 3:13 "그리스도께서 우리를 위하여 저주를 받은바 되사 율법의 저주에서 우리를 속량하셨으니 기록된바 나무에 달린 자마다 저주 아래에 있는 자라 하였음이라"

갈 4:4-5 "때가 차매 하나님이 그 아들을 보내사 여자에게서 나게 하시고 율법 아래에 나게 하신 것은 율법 아래에 있는 자들을 속량하시고 우리로 아들의 명분을 얻게 하려 하심이라"

빌 2:6-8 "그는 근본 하나님의 본체시나 하나님과 동등됨을 취할 것으로 여기지 아니하시고 오히려 자기를 비워 종의 형체를 가지사 사람들과 같이 되셨고 사람의 모양으로 나타나사 자기를 낮추시고 죽기까지 복종하셨으니 곧 십자가에 죽으심이라"

(2) 성육신

요 1:14 "말씀이 육신이 되어 우리 가운데 거하시매 우리가 그의 영광을 보니 아버지의 독생자의 영광이요 은혜와 진리가 충만하더라"

롬 8:3 "율법이 육신으로 말미암아 연약하여 할 수 없는 그것을 하나님은 하시나니 곧 죄로 말미암아 자기 아들을 죄 있는 육신의 모양으로 보내어 육신에 죄를 정하사"

(3) 동정녀 탄생

사 7:14 "그러므로 주께서 친히 징조를 너희에게 주실 것이라 보라 처녀가 잉태하여 아들을 낳을 것이요 그의 이름을 임마누엘이라 하리라"

눅 1:35 "천사가 대답하여 이르되 성령이 네게 임하시고 지극히 높으신 이의 능력이 너를 덮으시리니 이러므로 나실 바 거룩한 이는 하나님의 아들이라 일컬어지리라"

(4) 지옥(하데스)에 내려가심

시 16:10 "이는 주께서 내 영혼을 스올에 버리지 아니하시며 주의 거룩한 자를 멸망시키지 않으실 것임이니이다"

엡 4:9 "올라가셨다 하였은즉 땅 아래 낮은 곳으로 내리셨던 것이 아니면 무엇이냐"

(5) 부활

롬 4:25 "예수는 우리가 범죄한 것 때문에 내줌이 되고 또한 우리를 의롭다 하시기 위하여 살아나셨느니라"

고전 15:20 "그러나 이제 그리스도께서 죽은 자 가운데서 다시 살아나사 잠자는 자들의 첫 열매가 되셨도다"

(6) 승천

눅 24:51 "축복하실 때에 그들을 떠나 하늘로 올려지시니"

행 1:11 "이르되 갈릴리 사람들아 어찌하여 서서 하늘을 쳐다보느냐 너희 가운데서 하늘로 올려지신 이 예수는 하늘로 가심을 본 그대로 오시리라 하였느니라"

(7) 우편에 계심

엡 1:20 "그의 능력이 그리스도 안에서 역사하사 죽은 자들 가운데서 다시 살리시고 하늘에서 자기의 오른편에 앉히사"

히 10:12 "오직 그리스도는 죄를 위하여 한 영원한 제사를 드리시고 하나님 우편에 앉으사"

(8) 재림

행 1:11 "이르되 갈릴리 사람들아 어찌하여 서서 하늘을 쳐다보느냐 너희 가운데서 하늘로 올려지신 이 예수는 하늘로 가심을 본 그대로 오시리라 하였느니라"

계 1:7 "볼지어다 그가 구름을 타고 오시리라 각 사람의 눈이 그를 보겠고 그를 찌른 자들도 볼 것이요 땅에 있는 모든 족속이 그로 말미암아 애곡하리니 그러하리라 아멘"

3) 그리스도의 직무

성경은 그리스도에게 세 가지 직무 곧 선지자, 제사장, 왕의 직무가 있다고 가르쳐 준다.

(1) 선지자직(先知者職)

구약(신 18:15, 비교; 행 3:23)은 그리스도께서 선지자로 오실 것을 예언했다. 그리스도는 누가복음 13:33에서 자신을 선지자라고 말씀하셨고, 아버지로부터 메시지를 가져오셨다고 말씀하셨다(요 8:26-28, 12:49-50, 14:10, 24). 그리고 장래 일을 예고하셨으며(마 24:3-35; 눅 19:41-44), 독특한 권위로 말씀하셨다(마 7:29). 그러므로 백성들이 그를 선지자로 인정했다는 사실은 이상한 일이 아니다(마 21:11, 46; 눅 7:16, 24:19; 요 6:14,

7:40, 9:17). 선지자는 꿈이나 환상 또는 언어 전달을 통해 하나님의 계시를 받아서 선지자적 활동을 하는 가운데 이 계시를 구술적으로나 가시적으로 백성에게 전달해 주었다(출 7:1; 신 18:18; 민 12:6-8; 사 6장; 렘 1:4-10; 겔 3:1-4, 17).

그의 일은 과거, 현재, 미래를 모두 포함한 것이었다. 그의 중요한 일 중의 하나는 백성들을 위해 율법을 도덕적이고 영적인 면에서 해석하는 것이었다. 그리스도께서는 구약시대에 이미 선지자로 일하셨다(벧전 1:11, 3:18-20).

그는 지상에 계시는 동안 선지자의 일을 행하셨고, 승천하신 후에는 성도들을 통하여 성령의 역사로 그 사명을 계속하셨다(요 14:26, 16:12-14; 행 1:1). 지금도 그의 선지자적 사명은 말씀의 역사와 신자들의 영적인 조명을 통하여 계속된다. 이 사명은 현대 자유주의 신학에서도 유일하게 인정해 주는 그리스도의 직능인 것이다.

(2) 제사장직(祭司長職)

구약은 오실 구속주가 제사장이시라는 것을 예언하고 예시했다(시 110:4; 슥 6:13; 사 53장). 신약에서는 그를 제사장이라고 부른 책이 하나 있는데, 히브리서이다. 거기에는 여러 번 반복적으로 이 사실을 밝혀 주고 있다(히 3:1, 4:14, 5:5, 6:20, 7:26, 8:1). 그러나 다른 저서들도 그의 제사장적 사역에 대해 말하고 있다(막 10:45; 요 1:29; 롬 3:24-25; 고전 5:7; 요일 2:2; 벧전 2:24, 3:18). 예언자는 하나님을 백성들에게 소개하는 일을 하지만 제사장은 백성을 하나님 앞에 나타내는 일을 한다. 이 둘 다 선생이었으나 예언자는 도덕적인 것을 가르친 데 반해, 제사장은 예법(제사법)을 가르쳤다. 뿐만 아니라, 제사장들은 하나님께 나아가는 특권을 가졌으며, 백성을 대신하여 하나님께 말씀드리는 특권을 가졌다. 우리는 히브리서 5:1, 3에서 제사장이 백성 중에서 그들의 대표로 뽑혀 하나님의 인정을 받고, 백성의 유익을 위해 활동하며, 속죄를 위하여 제물과 희생을 드린다는 것과 또 백성을 위해 중재의 역할을 한다는 것을 볼 수 있다.

① 그리스도의 희생적 사역

제사장으로서의 그리스도께서 하시는 일은 무엇보다 사죄를 위한 희생을 드리는 것이라고 하겠다. 구약의 희생은 다가올 그리스도의 위대한 희생을 예시해 주는 형태였다(히 9:23-24, 10:1, 13:11-12). 그러므로 그리스도께서는 "하나님의 어린 양"(요 1:29)이요, "유월절 양"(고전 5:7)이라 불린다. 신약은 여러 곳에서 그리스도의 제사장직 사역에 대해 분명히 말해 주고 있다(막 10:45; 요 1:29; 롬 3:24-25, 5:6-8; 고전 5:7, 15:3; 갈 1:4; 엡 5:2; 벧전 2:24, 3:18; 요일 2:2, 4:10; 계 5:12). 이는 특히 히브리서에 잘 나타나 있다(히 5:1-10, 7:1-28, 9:11-15, 24-28, 10:11-14, 19-22, 12:24, 13:12).

② 그리스도의 중재

제사장이신 그리스도는 죄를 위한 큰 희생을 드릴 뿐만 아니라, 그의 백성을 위해 중재의 역할을 하기도 하신다. 그리스도께서는 요한복음 14:16에서 함축적으로 우리의 보혜사(parakletos)라고 불렸다. 그리고 요한일서 2:2에 나타난 이 용어는 분명히 돕기 위해 부름 받은 자, 타인의 소송을 변호하는 자를 의미한다. 신약(롬 8:34; 히 7:25, 9:24; 요일 2:1)은 그리스도를 중보자로 말해주고 있다. 그리스도의 중보적 사역은 그의 희생에 근거를 두고 있다. 그것은 가끔 잘못 생각되는 것처럼 중보적 기도에만 국한되지 않는다. 그는 하나님께 자신의 희생을 드림으로 자기 백성을 위한 신령한 축복을 요구하며, 사탄과 율법과 양심의 고소로부터 이런 신령한 축복을 보호하며, 이들을 대적하여 일어나는 모든 것에 대해 용서해 줄 것을 확증하며, 성령의 역사를 통하여 그들의 예배와 봉사를 하나님께 바친다. 이러한 중보적 역할은 성질상 국한된 것으로 선택받은 자에게만 관계되어 있다. 이미 믿었든지 아직 불신앙 속에 살든지 간에 선택받은 모든 자를 포함한다는 것이다(요

17:9, 20).

(3) 왕직(王職)

하나님의 아들이신 그리스도는 자연적으로 하나님의 우주적 통치에 함께 참여하신다. 이와 관련해서 우리는 중재인으로서 그리스도가 부여 받으신 왕권에 대해서 말하는 것이다. 그러므로 이러한 왕권은 교회를 향한 영적 왕권과 우주를 향한 왕권의 이중적인 의미를 갖는다.

① 영적 왕권

성경은 여러 곳에서 이에 대해 말한 바 있다(시 2:6, 132:11; 사 9:6-7; 미 5:2; 슥 6:13; 눅 1:33, 19:38; 요 18:36-37; 행 2:30-36). 그리스도의 왕권은 자기 백성을 향한 그의 통치인 것이다. 그것은 영적이라고 불린다. 왜냐하면 그의 왕권이 영적 영역에 속한 것이며, 신자들의 마음과 생활 속에서 이루어지며, 죄인을 구원하려는 영적 목적을 가지며, 영적 수단인 말씀과 성령에 의해 실시되기 때문이다.

그리스도의 왕권은 교회의 모임과, 교회를 통치하심과, 교회를 보호하심과, 교회를 완성하심에 이바지한다. 이 왕권은 신약이 말하는 '하나님의 나라' 또는 '하늘나라'와 동일한 것을 뜻한다. 엄밀한 의미로 보면 무형(보이지 않는) 교회의 회원인 신자들만이 그 나라의 시민인 것이다.

그러나 '하나님의 나라'란 말은 가끔 복음이 전파되는 곳에 사는 모든 자, 즉 유형(보이는) 교회에 거하는 모든 자를 포함하는 넓은 의미로 사용된다(마 13:24-30, 47-50). 한편 이 하나님 나라는 인간의 마음과 생활 속에 있는 현재적이고 영적인 실존(마 12:28; 눅 17:21; 골 1:13)이며, 다른 한편으로는 예수의 재림 때까지 실현되지 않을 미래적 소망인 것이다(마 7:21; 눅 22:29; 고전 15:50; 딤후 4:18; 벧후 1:11). 미래의 왕국은 본질상 하나님의 지배가 인간의 마음속에서 확립되며, 인정되는 것으로서 현재의 것과 동일한 것이다. 그러나 이 말은 미래의 왕국이 유형적이며 완전하게 될 것이라는 면에서는 다르다고 볼 수 있다. 어떤 사람은 그리스도의 왕권이 그의 재림으로 끝날 것이라는 견해를 주장하지만, 성경은 그것이 영원히 지속될 것이라고 분명히 가르쳐 준다(시 45:6, 72:17, 89:36-37; 사 9:6; 단 2:44; 삼하 7:13, 16; 눅 1:33; 벧후 1:11).

② 우주적 왕권

그리스도께서는 부활하신 후, 그의 제자들에게 "하늘과 땅의 모든 권세를 내게 주셨으니"(마 28:18)라고 말씀하셨다. 고린도전서 15:27과 에베소서 1:20-22에서도 이와 같은 진리를 가르쳐 준다. 우주적 왕권은 하나님의 아들 되신 그리스도의 원래의 왕권과는 그 미치는 영역이 동일하지만 혼동되어서는 안 된다. 이러한 왕권은 그의 교회를 위하여 중보자 되신 그리스도께 맡겨진 우주를 다스리는 권한인 것이다. 그리스도께서는 중보자로서, 개인과 국민의 운명을 다스리며 세상의 생활을 지배하시며, 이 왕권을 그의 구속적 목적에 이바지하게 하시며, 그 왕권을 통하여 세상에서 일어나는 위험으로부터 그의 교회를 보호하신다. 이 왕권은 하나님 나라의 대적들을 물리칠 때까지 지속될 것이며, 그 목적이 성취되면 우주적 왕권은 성부에게로 반환될 것이다(고전 15:24-28).

[참고할 성구]

(1) 선지자로서 그리스도

신 18:18 "내가 그들의 형제 중에서 너와 같은 선지자 하나를 그들을 위하여 일으키고 내 말을 그 입에 두리니 내가 그에게 명령하는 것을 그가 무리에게 다 말하리라"

눅 7:16 "모든 사람이 두려워하며 하나님께 영광을 돌려 이르되 큰 선지자가 우리 가운데 일어나셨다 하고 또 하나님께서 자기 백성을 돌보셨다 하더라"

(2) 제사장으로서의 그리스도

시 110:4 "여호와는 맹세하고 변하지 아니하시리라 이르시기를 너는 멜기세덱의 서열을 따라 영원한 제사장이라 하셨도다"

히 3:1 "그러므로 함께 하늘의 부르심을 받은 거룩한 형제들아 우리가 믿는 도리의 사도이시며 대제사장이신 예수를 깊이 생각하라"

히 4:14 "그러므로 우리에게 큰 대제사장이 계시니 승천하신 이 곧 하나님의 아들 예수시라 우리가 믿는 도리를 굳게 잡을지어다"

(3) 제사장으로서의 특성

히 5:1, 5 "대제사장마다 사람 가운데서 택한 자이므로 하나님께 속한 일에 사람을 위하여 예물과 속죄하는 제사를 드리게 하나니 … 또한 이와 같이 그리스도께서 대제사장 되심도 스스로 영광을 취하심이 아니요 오직 말씀하는 이가 그에게 이르시되 너는 내 아들이니 내가 오늘 너를 낳았다 하셨고"

(4) 그리스도의 희생적 사역

사 53:5 "그가 찔림은 우리의 허물 때문이요 그가 상함은 우리의 죄악 때문이라 그가 징계를 받으므로 우리는 평화를 누리고 그가 채찍에 맞으므로 우리는 나음을 받았도다"

막 10:45 "인자가 온 것은 섬김을 받으려 함이 아니라 도리어 섬기려 하고 자기 목숨을 많은 사람의 대속물로 주려 함이니라"

요 1:29 "이튿날 요한이 예수께서 자기에게 나아오심을 보고 이르되 보라 세상 죄를 지고 가는 하나님의 어린 양이로다"

벧전 2:24 "친히 나무에 달려 그 몸으로 우리 죄를 담당하셨으니 이는 우리로 죄에 대하여 죽고 의에 대하여 살게 하려 하심이라 그가 채찍에 맞음으로 너희는 나음을 얻었나니"

요일 2:2 "그는 우리 죄를 위한 화목 제물이니 우리만 위할 뿐 아니요 온 세상의 죄를 위하심이라"

(5) 중재사역

롬 8:34 "누가 정죄하리요 죽으실 뿐 아니라 다시 살아나신 이는 그리스도 예수시니 그는 하나님 우편에 계신 자요 우리를 위하여 간구하시는 자시니라"

히 7:25 "그러므로 자기를 힘입어 하나님께 나아가는 자들을 온전히 구원하실 수 있으니 이는 그가 항상 살아 계셔서 그들을 위하여 간구하심이라"

요일 2:1 "만일 누가 죄를 범하여도 아버지 앞에서 우리에게 대언자가 있으니 곧 의로우신 예수 그리스도시라"

(6) 시온의 왕으로서 그리스도

시 2:6 "내가 나의 왕을 내 거룩한 산 시온에 세웠다 하시리로다"

사 9:7 "그 정사와 평강의 더함이 무궁하며 또 다윗의 왕좌와 그의 나라에 군림하여 그 나라를 굳게 세우고 지금 이후로 영원히 정의와 공의로 그것을 보존하실 것이라 만군의 여호와의 열심이 이를 이루시리라"

눅 1:32-33 "그가 큰 자가 되고 지극히 높으신 이의 아들이라 일컬어질 것이요 주 하나님께서 그 조상 다윗의 왕위를 그에게 주시리니 영원히 야곱의 집을 왕으로 다스리실 것이며 그 나라가 무궁하리라"

(7) 우주의 왕으로서의 그리스도

마 28:18 "예수께서 나아와 말씀하여 이르시되 하늘과 땅의 모든 권세를 내게 주셨으니"

엡 1:22 "또 만물을 그 발아래에 복종하게 하시고 그를 만물 위에 교회의 머리로 삼으셨느니라"

고전 15:25 "그가 모든 원수를 그 발아래에 둘 때까지 반드시 왕 노릇 하시리니"

4) 그리스도의 속죄

제사장으로서 그리스도께서 하시는 일 중에서 좀 더 생각할 것이 있으니, 그것은 곧 구속 진리이다

(1) 속죄의 원인과 필연성

속죄의 원인은 마치 그것이 죄인을 향한 그리스도의 동정에 있는 것같이 자주 묘사되는 때가 있다. 이 이론에 의하면, 하나님은 진노하시며 죄인의 멸망에 골똘하신 분이시지만, 사랑의 그리스도께서는 그 중간에 서시어 죄인을 구원하신다고 말하며, 그리스도는 모든 영광을 받으나, 성부께서는 그의 명예를 훼손당하신다고 주장한다. 그러나 성경은 우리에게 속죄가 그 원인을 하나님의 참된 기쁨 속에서 찾는다고 가르쳐 준다(사 53:10; 눅 2:14; 엡 1:6-9; 골 1:19-20). 속죄는 하나님의 사랑과 공의에 근거한 것이라고 말하는 것이 합당하다. 즉 사랑은 죄인들에게 피할 길을 제공해 주었고, 공의는 율법의 요구에 응해야 한다고 가르쳐 주었다(요 3:16; 롬 3:24, 26). 어떤 학자들은 속죄의 필연성을 부인하면서, 하나님은 어떤 만족을 얻음이 없이도 죄인을 용서할 수 있다고 주장한다. 그러나 성경은 의롭고 거룩한 하나님께서 죄를 간과할 수 없으시므로 이에 대해 반응을 일으키신다고 가르친다(출 20:5, 23:7; 시 5:5-6; 나 1:2; 롬 1:18, 32). 그뿐 아니라, 하나님께서는 죄인들에게 사형을 선고하셨던 것이다(창 3:3; 롬 6:23).

(2) 속죄의 성질

다음의 특성들에 주의해야 한다.

① 속죄는 하나님께 만족을 드렬 수 있었다.

속죄는 주로 죄인을 감화하여 그의 마음에 회개를 불러일으키므로,

죄인을 하나님께로 돌아가도록 공헌했다고 흔히 말한다. 그러나 이는 잘못된 것이다. 왜냐하면 만일 어떤 사람이 다른 사람에게 잘못을 저지르면 범죄자에게가 아니라 해를 당한 편이 보상되어야 하기 때문이다. 이 말은 속죄의 제1차적인 목적이 하나님을 죄인에게 화해시키는 것이었다는 것을 의미한다. 하나님께 대한 죄인의 화해는 제2차적 목적으로 간주될 것이다.

② 속죄는 대리적 속죄였다.

하나님께서는 죄인들의 개인적 속죄를 요구하셨지만, 죄인들은 그 요구에 응할 수 없었다. 이런 사실로 미루어 볼 때, 하나님께서는 그리스도를 인간의 대리자로 세워 사람을 대신해야 한다고 작정하셨던 것이다. 그리하여 그리스도께서는 우리의 대리자로서 죄의 형벌을 짊어지시고 인간을 위해 영원한 구원을 이루셨던 것이다. 그런 이유로 우리는 이 속죄를 대리적 속죄라고 말할 수 있다. 이런 경우에 범죄를 당한 편에서 속죄를 위한 준비를 했다고 할 수 있다. 구약의 희생은 그리스도의 속죄사역을 예시해 주는 것이었다(레 1:4, 4:20, 31, 35, 5:10, 16, 6:7, 17:11). 우리는 우리의 죄가 그리스도 위에 놓였으며(사 53:6), 그가 죄를 짊어지셨고(요 1:29; 히 9:28), 죄인을 위해 그의 생명을 바치셨다(막 10:45; 갈 1:4; 벧전 3:18)는 것을 알 수 있다.

③ 속죄는 그리스도의 능동적이며 피동적인 순종을 포함한다.

그리스도의 속죄는 이중적 순종으로 구별하는 것이 통례이다. 그리스도의 능동적 순종은 그가 영생을 얻게 할 조건으로 죄인을 위하여 율법을 준수하신 데 있다. 그리스도의 피동적 순종은 그가 죄의 형벌을 담당하시고, 그의 백성의 빚을 탕감함으로써 고난을 당하신 데에 있다. 그러나 우리가 이를 둘로 구별하긴 하지만, 이들을 결코 분리시켜서는 안 된다. 그리스도께서는 그의 고난당하심에 있어서도 능동적이셨고, 율법을 복종하심에 있어서도 피동적이셨다. 성경은 우리에게 그리스도께서는 율법의 형벌을 담당하셨고(사 53:8; 롬 4:25; 갈 3:13; 벧전 2:24), 죄인으로 하여금 영생을 얻도록 공을 세워 놓으셨던 것이다(롬 8:4, 10:4; 고후 5:21; 갈 4:4-7).

(3) 속죄의 범위

모든 교파 중 로마가톨릭과 루터파와 알미니안파들은 그리스도의 속죄를 우주적이며 보편적인 것으로 간주한다. 이 말은 그들의 견해대로 모든 인간이 구원 얻는다는 것을 의미하는 것이 아니라, 그리스도께서는 모든 사람을 예외 없이 구원하기 위해 고난당하시고 죽으셨다는 것을 의미하는 것이라 한다. 그러므로 그들은 의도된 취지가 성취되지 않았다고 주장한다. 그리스도께서는 모든 사람을 실제로 구원하신 것이 아니고, 다만 구원할 가능성만을 확립해 놓으신 것이라고 주장한다. 또 그들의 실제적 구원은 그들 자신의 선택에 의존한다고 주장한다.

한편, 개혁파 교회는 제한 속죄를 믿는다. 그리스도께서는 선택받은 자만을 구원할 목적으로 고난당하시고 죽으셨으며, 그 목적은 실제로 성취되었던 것이다. 그리스도께서는 구원을 가능하게 했을 뿐 아니라 그의 생명을 버려 주신 모든 자 하나 하나를 실제로 구원하신다(눅 19:10; 롬 5:10; 고후 5:21; 갈 1:4; 엡 1:7). 성경은 그리스도께서 자기 백성을 위해 생명을 버리셨다(마 1:21)고 말한다. 즉 그의 양무리(요 10:11, 15)와 교회(행 20:28; 엡 5:25-27) 곧 선택받은 자를 위하여 생명을 버리셨다고 지적한다(롬 8:32-35).

성경은 가끔 그리스도께서 세상을 위하여(요 1:29; 요일 2:2, 4:14) 또는 모든 자를 위하여(딤전 2:6; 딛 2:11; 히 2:9) 죽으셨다고 말하는데, 이것은 분명히 그가 세상 모든 민족(유대 민족만이 아니라 다른 민족도 구원받을 수 있다는 것을 의미)의 백성을 위하여, 또는 모든 종류와 모든 계급(특수 계급이 아니라 어떤 계급의 사람이라도 구원받을 수 있는 것을 강조)의 백성을 위해 죽으셨다는 것을 의미하는 것이다.

[참고할 성구]

(1) 속죄의 원인

사 53:10 "여호와께서 그에게 상함을 받게 하시기를 원하사 질고를 당하게 하셨은즉 그의 영혼을 속건제물로 드리기에 이르면 그가 씨를 보게 되며 그의 날은 길 것이요 또 그의 손으로 여호와께서 기뻐하시는 뜻을 성취하리로다"

골 1:19-20 "아버지께서는 모든 충만으로 예수 안에 거하게 하시고 그의 십자가의 피로 화평을 이루사 만물 곧 땅에 있는 것들이나 하늘에 있는 것들을 그로 말미암아 자기와 화목하게 되기를 기뻐하심이라"

(2) 대속

사 53:6 "우리는 다 양 같아서 그릇 행하여 각기 제 길로 갔거늘 여호와께서는 우리 모두의 죄악을 그에게 담당시키셨도다"

막 10:45 "인자가 온 것은 섬김을 받으려 함이 아니라 도리어 섬기려 하고 자기 목숨을 많은 사람의 대속물로 주려 함이니라"

고후 5:21 "하나님이 죄를 알지도 못하신 이를 우리를 대신하여 죄로 삼으신 것은 우리로 하여금 그 안에서 하나님의 의가 되게 하려 하심이라"

벧전 2:24 "친히 나무에 달려 그 몸으로 우리 죄를 담당하셨으니 이는 우리로 죄에 대하여 죽고 의에 대하여 살게 하려 하심이라 그가 채찍에 맞음으로 너희는 나음을 얻었나니"

(3) 능동적 순종과 영생

마 3:15 "예수께서 대답하여 이르시되 이제 허락하라 우리가 이와 같이 하여 모든 의를 이루는 것이 합당하니라 하시니 이에 요한이 허락하는지라"

마 5:17 "내가 율법이나 선지자를 폐하러 온 줄로 생각하지 말라 폐하러 온 것이 아니요 완전하게 하려 함이라"

갈 4:4-5 "때가 차매 하나님이 그 아들을 보내사 여자에게서 나게 하시고 율법 아래에 나게 하신 것은 율법 아래에 있는 자들을 속량하시고 우리로 아들의 명분을 얻게 하려 하심이라"

요 10:28 "내가 그들에게 영생을 주노니 영원히 멸망하지 아니할 것이요 또 그들을 내 손에서 빼앗을 자가 없느니라"

롬 6:23 "죄의 삯은 사망이요 하나님의 은사는 그리스도 예수 우리 주 안에 있는 영생이니라"

(4) 제한 속죄

마 1:21 "아들을 낳으리니 이름을 예수라 하라 이는 그가 자기 백성을 그들의 죄에서 구원할 자이심이라 하니라"

요 10:26-28 "너희가 내 양이 아니므로 믿지 아니하는도다 내 양은 내 음성을 들으며 나는 그들을 알며 그들은 나를 따르느니라 내가 그들에게 영생을 주노니 영원히 멸망하지 아니할 것이요 또 그들을 내 손에서 빼앗을 자가 없느니라"

행 20:28 "여러분은 자기를 위하여 또는 온 양 떼를 위하여 삼가라 성령이 그들 가운데 여러분을 감독자로 삼고 하나님이 자기 피로 사신 교회를 보살피게 하셨느니라"

5. 구원론(救援論)

-구원사역의 적용 교리-

1) 성령의 일반적 작용: 일반은총

그리스도로 말미암아 성취된 구원사역에 관한 고찰 다음에는 자연히 성령의 특별한 역사에 의해 죄인들의 심령과 생활에 적용되는 구속 진리에 대한 논제가 따르게 된다.

(1) 일반 은총의 성질

일반 은총에 대해 말할 때 명심해야 할 것이 있다.

① 일반 은총이란 마음을 갱신시키지는 않지만, 인간에게 성령으로 말미암아 죄를 제재하고, 사회생활에서 질서를 유지하며, 시민의 의를 증진시켜 도덕적 감화를 불러일으키는 성령의 일반적 작용이다.

② 일반 은총이란 하나님께서 자기에게 선하게 보이는 분량대로 모든 인간에게 차별 없이 나누어 주시는 일반적 복이다.

알미니안파와는 달리, 우리는 일반 은총이 죄인으로 하여금 영적 선을 행하게 하거나, 믿음과 회개로 하나님께 돌아가게 할 수 없다는 견해를 갖는다. 일반 은총은 인간에 의해 거절될 수 있으며 항상 다소 거절되는데, 기껏해야 사회적, 시민적, 도덕적, 종교적인 생활의 외면에만 영향을 미친다. 그리스도가 택함 받은 자만을 구원하기 위하여 죽으셨음에도 불구하고 회개하지 않는 자와 유기된 자를 포함한 전 인류는 그의 죽음에서 큰 유익을 얻는다. 일반 은총의 복은 그리스도 사역의 간접적인 결과로 간주할 수 있다.

(2) 일반 은총의 방법

다음과 같은 몇 가지 방법이 있다.

① 일반 계시의 빛

이 방법 중 가장 중요한 것은 하나님의 일반 계시의 빛이다. 이 일반 계시의 빛을 떠나서는 모든 다른 방법은 불가능하며 헛된 것이다. 그것이 모든 사람에게 비치면 자연인의 양심을 지도한다.

② 정치

인간의 정치는 이 목적에 종사한다. 웨스트민스터 고백서에 따르면, 정치는 악한 경향을 억제하고, 선한 질서와 예절을 촉진하기 위하여 제정된 것이다.

③ 여론

여론은 그것이 하나님의 율법과 조화되는 곳에서는 중요한 수단이 된다. 그것은 여론 판단에 민감한 사람들의 행위에 엄청난 영향을 끼친다.

④ 신적 형벌과 보상

신적 형벌과 보상도 세상에서 도덕적 선을 권장한다. 형벌은 흔히 인간의 범행을 막으며, 보상은 인간에게 선하고 의로운 일을 하도록 격려한다.

(3) 일반 은총의 효과

다음의 결과는 일반 은총의 작용에 기인된 것이다.

① 형(刑)의 집행유예

인간에게 사형의 집행은 연기된다. 하나님은 죄인에게 사형을 완전히 집행하지 않으셨고, 지금도 그렇게 하시지 않고 인간에게 회개할 시간을 주신다(롬 2:4; 벧후 3:9).

② 죄에 대한 제재

죄는 개인과 민족들의 생활에서 억제시 된다. 죄로 말미암아 인간 생활에 들어온 부패성이 지연되고 있으며, 아직은 그 파괴적 활동을 수행하도록 허용되어 있지 않다(창 20:6, 31:7; 욥 1:12, 2:6).

③ 진리, 도덕, 종교에 대한 의식(意識)

인간은 아직도 진리, 선, 미에 대한 의식을 가지며, 어느 정도 이것을 인정하며, 진리와 도덕과 종교의 어떤 형태에 대한 갈망을 보여준다(롬 2:14-15; 행 17:22).

④ 세상적 의

자연인은 자연적 선 또는 시민의 의, 즉 영적 가치는 결여되었지만, 하나님의 율법과 외부적으로 조화를 이루는 일을 행할 수 있다(왕하 10:29-30, 12:2, 14:3; 눅 6:33).

⑤ 자연적 복

모든 인간은 하나님으로부터 수많은 과분한 복을 받는다(시 145:9, 15-16; 마 5:44-45; 눅 6:35-36; 행 14:16-17; 딤전 4:10).

[참고할 성구]

(1) 성령의 일반적 작용

창 6:3 "여호와께서 이르시되 나의 영이 영원히 사람과 함께 하지 아니하리니 이는 그들이 육신이 됨이라 그러나 그들의 날은 일백이십 년이 되리라 하시니라"

사 63:10 "그들이 반역하여 주의 성령을 근심하게 하였으므로 그가 돌이켜 그들의 대적이 되사 친히 그들을 치셨더니"

롬 1:28 "또한 그들이 마음에 하나님 두기를 싫어하매 하나님께서 그들을 그 상실한 마음대로 내버려 두사 합당하지 못한 일을 하게 하셨으니"

(2) 죄의 금지

창 20:6 "하나님이 꿈에 또 그에게 이르시되 네가 온전한 마음으로 이렇게 한 줄을 나도 알았으므로 너를 막아 내게 범죄하지 아니하게 하였나니 여인에게 가까이 하지 못하게 함이 이 때문이니라"

창 31:7 "그대들의 아버지가 나를 속여 품삯을 열 번이나 변경하였느니라 그러나 하나님이 그를 막으사 나를 해치지 못하게 하셨으며"

시 105:14 "그러나 그는 사람이 그들을 억압하는 것을 용납하지 아니하시고 그들로 말미암아 왕들을 꾸짖어"

(3) 비중생자에 대한 선행

왕하 10:30 "여호와께서 예후에게 이르시되 네가 나 보기에 정직한 일을 행하되 잘 행하여 내 마음에 있는 대로 아합 집에 다 행하였은즉 네 자손이 이스라엘 왕위를 이어 사대를 지내리라 하시니라"

눅 6:33 "너희가 만일 선대하는 자만을 선대하면 칭찬 받을 것이 무엇이냐 죄인들도 이렇게 하느니라"

롬 2:14-15 "율법 없는 이방인이 본성으로 율법의 일을 행할 때에는 이 사람은 율법이 없어도 자기가 자기에게 율법이 되나니 이런 이들은 그 양심이 증거가 되어 그 생각들이 서로 혹은 고발하며 혹은 변명하여 그 마음에 새긴 율법의 행위를 나타내느니라"

(4) 전 인류에 행한 비공로적 복

시 145:9 "여호와께서는 모든 것을 선대하시며 그 지으신 모든 것에 긍휼을 베푸시는도다"

마 5:44-45 "나는 너희에게 이르노니 너희 원수를 사랑하며 너희를 박해하는 자를 위하여 기도하라 이같이 한즉 하늘에 계신 너희 아버지의 아들이 되리니 이는 하나님이 그 해를 악인과 선인에게 비추시며 비를 의로운 자와 불의한 자에게 내리주심이라"

딤전 4:10 "이를 위하여 우리가 수고하고 힘쓰는 것은 우리 소망을 살아 계신 하나님께 둠이니 곧 모든 사람 특히 믿는 자들의 구주시라"

2) 부르심과 중생

(1) 부르심(召命, Calling)

일반적으로 부르심이란, 하나님께서 죄인으로 하여금 그리스도를 통하여 제공된 구원을 받도록 초대하시는 하나님의 은혜로운 행위라고 정의할 수 있을 것이다. 이 부르심은 외적이며, 또는 내적인 것이다.

① 외적 부르심

성경은 다음의 성구들에서 이에 대하여 말하고 있다(마 28:19, 22:14; 눅 14:16-24; 행 13:46; 살후 1:8; 요일 5:10).

외적 부르심이란 죄의 용서와 영생을 얻기 위하여 믿음으로 그리스도를 영접하도록 하는 열망적인 권고로서, 죄인들을 향하여 그리스도 안에 있는 구원을 제시하고 제공하는 것이라 할 수 있다. 이 정의로 보아 외적 부르심은 다음의 세 가지 요소를 포함한다고 볼 수 있다.

첫째, 복음적 사실과 복음직 개념의 세시. 둘째, 회개하고 예수 그리스도를 믿게 하는 초청. 셋째, 용서와 구원의 약속. 그 약속은 조건적이며, 그 약속의 성취는 진정한 믿음과 회개의 방법에서만 기대될 수 있다.

a. 우주적 부르심: 외적 부름은 그 부름이 복음을 듣는 모든 자에게 온다는 의미로 볼 때 우주적이라 할 수 있다. 그 부름은 어떤 시대나, 어떤 민족이나, 어떤 계급이나, 어떤 인간에게만 국한되지 않고, 택한

자뿐만 아니라 유기된 자에게도 온다(사 45:22, 55:1; 겔 3:19; 욥 2:32; 마 22:2-8, 14; 계 22:17).

b. 진정한 부르심: 자연적으로 이 부름은 하나님으로부터 내려오는 것으로서 진정한 의미를 갖는다. 하나님은 죄인들을 좋은 믿음 가운데로 부르시며, 그들이 그 부르심의 초청을 받아들이기를 열망하시며, 회개하고 믿는 자들에게는 신실하게 영생을 약속하신다(민 23:19; 시 81:13-16; 잠 1:24; 사 1:18-20; 겔 18:23, 32, 33:11; 마 23:37; 딤후 2:13). 외적 부르심에서 하나님은 죄인을 향한 요구를 계속하신다. 만일 인간이 그 부름에 반응하지 않는다면 그 인간은 하나님의 요구를 멸시하는 것이므로 그의 죄가 증가된다. 또 외적 부르심이란 하나님이 세상의 모든 사람들로부터 택한 자를 모으시기 위하여 정하신 방법인데(롬 10:14-17), 비록 죄인들이 이 부름을 욕되게 하더라도 하여간 죄인을 위한 하나의 복으로 간주되어야 한다(사 1:18-20; 겔 3:18-19; 암 8:11; 마 11:20-24, 23:37). 끝으로 이 부르심은 또한 죄인을 정죄함에 있어서, 하나님을 공의로우시다고 한다. 만일 죄인들이 구원의 제공을 멸시한다면 그들의 죄는 아주 명백하게 드러난다(요 5:39-40; 롬 3:5-6, 19).

② 내적 부르심

우리가 하나님의 부르심에 대해 두 가지 면으로 구별했는데, 이 내적 부르심이 진정한 부르심이다. 이 내적 부르심이란 성령의 역사로 외적 부르심을 효과 있게 만드는 것이다. 내적 부르심은 항상 성령의 역사에 의해 구원적으로 적용된 하나님의 말씀을 통하여 죄인들에게 이른다(고전 1:23-24). 외적 부르심과는 달리, 이 내적 부르심은 구원을 유효하게 하는 능력 있는 부르심이다(행 13:48; 고전 1:23-24). 이뿐 아니라 이 부르심은 후회 없는 부르심이며(롬 11:29), 결코 변경되지 않으며 취소되지 않는 부르심이다. 이 내적 부르심을 받은 사람은 분명히 구원될 것이다. 하나님의 영은 말씀의 선포를 통하여 그 말씀의 권위를 유효하게 하시므로, 인간은 하나님의 음성을 듣는다. 그것은 성령에 의해서 계몽된 지력(知力)에 호소하므로, 인간은 그것을 의식한다. 그리고 내적 부르심은 항상 일정한 목적에 인도되며, 그 부르심은 예수 그리스도와의 교제를 이룩하게 하는 부르심이며(고전 1:9), 복을 누리게 함이며(벧전 3:9), 자유를 위함이며(갈 5:13), 화평하기 위함이며(고전 7:15), 거룩함을 위함이며(살전 4:7), 소망을 위함이며(엡 4:4), 영생을 위함이며(딤전 6:12), 하나님의 나라와 영광을 위한 부르심이다(살전 2:12).

(2) 중생(Regeneration)

하나님의 소명과 중생은 서로 가장 밀접한 관계를 가지고 있는데, 여기서는 중생에 관하여 몇 가지로 생각하려 한다.

① 중생의 본질

중생이란 말은 항상 동일한 의미로 사용되지는 않는다. 우리의 신앙고백서는 여기에다 회심을 포함시켜 넓은 의미로 사용한다. 오늘날에는 보다 협의의 의미를 갖는다. 엄밀한 의미로 중생이란 새 생명의 원리를 인간 속에 뿌리시고 영혼의 지배적인 성향(性向)을 거룩하게 하시는 하나님의 행위라고 정의할 수 있다. 앞의 정의에 덧붙여 좀 더 이해하기 쉬운 의미로 말하면, 중생이란 생명의 원리와 영혼의 지배적인 성향에 있어서 일어나는 근본적인 변화이므로, 그 인간 전인격(全人格)에 영향을 미친다(고전 2:14; 고후 4:6; 빌 2:13; 벧전 1:8). 중생은 순간적으로 완성되는 것이다. 성화와 같이 점진적인 과정이 아닌 것이다. 우리는 중생함으로 사망에서 생명으로 옮겨간다(요일 3:14). 그러므로 중생은 인간에 의해 직접적으로는 파악되지 않으나, 그 결과에 따라 알려질 수 있는 하나님의 비밀 된 사역인 것이다.

② 중생하게 하시는 분

하나님이 중생의 주체자가 되신다. 성경은 중생을 성령의 사역이라고 말해준다(요 1:13; 행 16:14; 요 3:5, 8). 우리는 알미니안파와는 반대로 중생이 전혀 인간의 사역이 아니라, 하나님의 영의 독자적인 역사라고 본다. 중생의 사역에는 하나님과 인간의 협동작용이란 있을 수 없다. 뿐만 아니라 엄밀한 의미에서 중생은 새 생명을 심는 것으로서, 성령의 직접적이고 즉각적인 역사라고 말할 수 있다. 중생은 복음의 사역이 도구로써 사용될 수 없는 것으로 보기 때문에 하나의 독창적인 사역인 것이다. 야고보서 1:18; 베드로전서 1:23은 설교의 말씀이 중생에 있어 도구로써 사용된다고 증언하지만, 이 구절들은 신생(新生)을 포함하는 넓은 의미로서의 중생에 대해 말해주는 것이다. 중생은 보다 총괄적 의미로 볼 때 확실히 말씀의 방편을 통하여 이루어진다.

③ 중생의 필요성과 구원 순서에 있어서의 그 위치

성경은 분명히 중생의 절대적 필요성에 대해 명확히 말해준다(요 3:3, 5, 7; 고전 2:14; 갈 6:15).

중생의 필요성은, 인간은 본래 허물과 죄로 죽은 자이므로 하나님의 은총을 기뻐하고 하나님과의 교제를 즐기기 위하여 새로운 영적 생명을 부여 받아야 한다는 사실에서 비롯된다. 문제가 되는 것은 소명과 중생 중에 어느 것이 먼저 일어나느냐 하는 문제이다. 이에 대한 대답으로서는 성인의 경우에는 외적 부르심이 항상 선행하지만, 엄밀한 의미로는 중생과 일치한다고 말할 수 있다. 새 생명을 심는 것이라 할 수 있는 중생은 내적 부르심보다는 앞서며, 외적 부르심은 넓은 의미에서의 중생 또는 신생(新生)보다 앞선다.

우리는 이 순서의 지시를 루디아의 전환에서 찾아볼 수 있다(행 16:14). "두아디라 시에 있는 자색 옷감 장사로서 하나님을 섬기는 루디아라 하는 한 여자가 말을 듣고 있을 때(외적 부르심), 주께서 그 마음을 열어(엄밀한 의미에서의 중생) 바울의 말을 따르게 하신지라(내적 부르심)."

[참고할 성구]

(1) 외적 부르심

막 16:15-16 "또 이르시되 너희는 온 천하에 다니며 만민에게 복음을 전파하라 믿고 세례를 받는 사람은 구원을 얻을 것이요 믿지 않는 사람은 정죄를 받으리라"

마 22:14 "청함을 받은 자는 많되 택함을 입은 자는 적으니라"

행 13:46 "바울과 바나바가 담대히 말하여 이르되 하나님의 말씀을 마땅히 먼저 너희에게 전할 것이로되 너희가 그것을 버리고 영생을 얻기에 합당하지 않은 자로 자처하기로 우리가 이방인에게로 향하노라"

(2) 유기된 자의 부르심

잠 1:24-26 "내가 불렀으나 너희가 듣기 싫어하였고 내가 손을 폈으나 돌아보는 자가 없었고 도리어 나의 모든 교훈을 멸시하며 나의 책망을 받지 아니하였은즉 너희가 재앙을 만날 때에 내가 웃을 것이며 너희에게 두려움이 임할 때에 내가 비웃으리라"

벧전 3:19-20 "그가 또한 영으로 가서 옥에 있는 영들에게 선포하시니라 그들은 전에 노아의 날 방주를 준비할 동안 하나님이 오래 참고 기다리실 때에 복종하지 아니하던 자들이라"

(3) 부르심의 심각성

겔 18:23 "주 여호와의 말씀이니라 내가 어찌 악인이 죽는 것을 조금인들 기뻐하랴 그가 돌이켜 그 길에서 떠나 사는 것을 어찌 기뻐하지 아니하겠느냐"

겔 18:32 "주 여호와의 말씀이니라 죽을 자가 죽는 것도 내가 기뻐하지 아니하노니 너희는 스스로 돌이키고 살지니라"

겔 33:11 "너는 그들에게 말하라 주 여호와의 말씀이니라 나의 삶을 두고 맹세하노니 나는 악인이 죽는 것을 기뻐하지 아니하고 악인이 그의 길에서 돌이켜 떠나 사는 것을 기뻐하노라 이스라엘 족속아 돌이키고 돌이키라 너희 악한 길에서 떠나라 어찌 죽고자 하느냐 하셨다 하라"

마 23:37 "예루살렘아 예루살렘아 선지자들을 죽이고 네게 파송된 자들을 돌로 치는 자여 암탉이 그 새끼를 날개 아래에 모음 같이 내가 네 자녀를 모으려 한 일이 몇 번이더냐 그러나 너희가 원하지 아니하였도다"

(4) 중생의 필연성

렘 13:23 "구스인이 그의 피부를, 표범이 그의 반점을 변하게 할 수 있느냐 할 수 있을진대 악에 익숙한 너희도 선을 행할 수 있으리라"

요 3:3, 7 "예수께서 대답하여 이르시되 진실로 진실로 네게 이르노니 사람이 거듭나지 아니하면 하나님의 나라를 볼 수 없느니라 … 내가 네게 거듭나야 하겠다 하는 말을 놀랍게 여기지 말라"

(5) 중생과 말씀

약 1:18 "그가 그 피조물 중에 우리로 한 첫 열매가 되게 하시려고 자기의 뜻을 따라 진리의 말씀으로 우리를 낳으셨느니라"

벧전 1:23 "너희가 거듭난 것은 썩어질 씨로 된 것이 아니요 썩지 아니할 씨로 된 것이니 살아있고 항상 있는 하나님의 말씀으로 되었느니라"

3) 회심(回心)과 믿음

중생에서 이룩된 변화가 의식적인 생활 가운데서 나타나기 시작할 때, 이를 우리는 회심이라고 부른다.

(1) 회심에 대한 일반적 고찰

성경은 회심에 대해 항상 동일한 의미로 말하지는 않는다. 우리가 여기서 생각할 회심이란 중생 받은 자로 하여금 그들의 의식적 생활 가운데서 믿음과 회개를 통하여 하나님께 돌아오게 하시는 하나님의 행위라고 정의할 수 있다. 이 정의를 통해 보면 하나님이 회심의 창시자이심을 알 수 있고, 이에 대해 성경(행 11:18; 딤후 2:25)은 명백히 증언해 주고 있다. 중생은 새 생활의 의식적인 변화를 통하여 저절로 발생하는 것이 아니라, 성령의 특별한 역사를 통하여서만 일어나는 것이다(요 6:44; 빌 2:13). 그러나 중생에 있어서는 하나님만 역사하시고 인간은 피동적인데 반하여, 회심에 있어서는 인간은 협동하도록 요청을 받는다(사 55:7; 렘 18:11; 행 2:38, 17:30). 그러나 그런 경우에 인간은 다만 하나님께서 주시는 능력으로 행하는 것뿐이다. 회심은 중생과 같이 순간적인 변화이지, 성화와 같은 점진적인 과정이 아니다. 그러나 중생과는 달리 회심은 인간의 무의식적 생활에서 일어난다기보다는 오히려 의식적인 생활 가운데서 일어나는 변화인 것이다. 회심은 모든 성인에게 반드시 필요한 것이지만(겔 33:11; 마 18:3), 그렇다고 회심이 반드시 각 사람의 생활에서 현저한 전환점으로 나타나야만 되는 것은 아니다.

성경은 나아만(왕하 5:15), 므낫세(대하 33:12-13), 삭개오(눅 19:8-9), 에디오피아 내시(행 8:30 이하), 고넬료(행 10:44 이하), 바울(행 9:5 이하), 루디아(행 16:14) 등과 같은 사람의 회심을 예로 들어 말해준다. 이 외에도 국민적인 회심(욘 3:10), 마음의 변화는 일어나지 않는 일시적인 회심(마 13:20-21; 딤전 1:19-20; 딤후 4:10; 히 6:4-6), 반복적인 회심(눅 22:32; 계 2:5, 16, 22, 3:3, 19)이 있다. 회심에는 엄밀한 의미에서 반복을 인정하지 않지만, 이 반복이란 말은 회심의 반복이 아니라, 흐려졌던 새 생명의 회복적인 활동을 말한다. 회심에는 두 가지 요소가 있는데, 소극적인 요소인 회개와 적극적인 요소인 믿음으로 이루어지며, 이에 대한 개별적 고찰이 필요하다.

(2) 회심의 소극적 요소인 회개

회개란 과거를 돌아보는 것으로서, 죄인의 의식적인 생활 가운데서 죄를 쫓아버림으로 일어나는 변화라고 정의할 수 있는 것이다.

① 회개의 요소

회개는 세 가지 요소를 포함하고 있다.

a. **지적 요소**: 이것은 과거의 생활이 자신의 비행과 추행과 무력함을 수반하는 죄의 생활이라고 생각하는 것이다(롬 3:20).

b. **감정적 요소**: 이것은 거룩하고 의로우신 하나님을 대항하여 범한 죄를 슬퍼함이다(고후 7:9-10).

c. **의지적 요소**: 이것은 목적의 변화에서 일어나는 요소인데, 죄로부터의 내적인 전환과 죄를 용서받고 씻어 버리고자 하는 성향(性向)을 말함이다(롬 2:4). 회개는 본래 하나님의 율법에 의해 인간 내부에서 일어나는 작용이다.

② 로마가톨릭의 개념

로마가톨릭은 회개에 대해 외적 관념을 가지므로, 그들에 따르면 회개는 선천적 죄에 대하여 슬퍼함이 아니라, 외적 형벌에 대한 공포로부터 일어나는 것에 불과한 개인적 범죄에 대하여 슬퍼함이며, 죄를 용서해 줄 수 있는 신부에게 말하는 고백이며, 금식 고행(채찍질)과 성지순례 등과 같은 고해성사의 외부적 행위에 의한 배상의 표준으로 이루어진다고 주장한다.

이와 반대로 성경은 회개를 전적으로 내부적 작용, 즉 죄에 대한 통회하는 태도로 보므로, 그 결과로 일어나는 생활의 변화와 혼동해서는 안 된다.

(3) 회심의 적극적 요소인 믿음

회개와는 달리 믿음은 앞을 내다보는 것이다.

① 믿음의 종류

성경은 믿음에 대하여 항상 동일한 의미로 말하지 않는다.

a. **역사적 믿음**: 성경은 역사적 믿음에 대해 언급하고 있는데, 이 신

앙은 아무런 실제적인 도덕적, 영적 반응 없이 성경진리를 지적으로 받아들이는 것이라고 본다. 그런 믿음은 진리를 진지하게 받아들이지 않고 진리에 대한 진정한 관심을 나타내지 않는다(행 26:27-28; 약 2:19).

b. 일시적 믿음: 성경은 일시적 믿음에 대해서도 말하고 있는데, 이 신앙은 중생한 자의 마음에는 뿌리박지 못하는 것으로서, 양심의 어떤 자극과 감정의 흥분으로 종교의 진리를 받아들이는 것이라 할 수 있다. 이것을 일시적이라 칭하는 이유(마 13:20)는 영속적 성질이 없으므로 시련과 박해 시에는 믿음을 유지하지 못하기 때문이다(히 6:4-6; 딤전 1:19-20; 요일 2:19 비교).

c. 이적적 믿음: 성경은 또한 이적적인 믿음에 대해서도 말하고 있는데, 이 신앙은 이적이 자기에 의하여 또는 자신을 위하여 행해질 수 있다는 개인적 확신이다(마 8:11-13, 17:20; 막 16:17-18; 요 11:22, 40; 행 14:9). 이 믿음은 구원적 신앙을 수반할 수도 있고, 수반하지 않을 수도 있다.

d. 구원적 믿음: 성경은 구원적 신앙에 대해 말할 뿐 아니라, 구원적 믿음의 필연성을 강조한다. 이 신앙은 인간 마음속에 자리 잡고 있으며, 또한 중생한 생명에 뿌리박고 있는 것이라 할 수 있다. 이 신앙의 씨는 중생의 밭에 뿌려지고, 점차적으로 능동적 믿음으로 된다. 그러므로 구원적 신앙이란 성령에 의해 마음속에 일어나는 복음진리에 대한 개인적 확신이며, 그리스도 안에서의 하나님의 약속에 대한 진실한 신뢰라고 정의할 수 있다.

② 믿음의 요소

우리는 진정한 구원적 믿음의 요소를 세 가지로 구분한다.

a. 지적 요소(지식): 하나님의 말씀 안에 계시된 진리에 대해 적극적인 인식, 즉 죄인의 마음속에 일어나는 진리에 대한 영적 통찰력이 있다. 이 요소는 절대적으로 하나의 확실한 지식으로서 하나님의 약속에 근거한다. 이 지식은 신자에게 복음의 기본적 진리에 대해 어느 정도

의 개념을 제공하기에 충분해야 된다.

b. 감정적 요소(찬동): 하이델베르크 요리 문답은 이런 요소에 대해 구분해서 말하지 않는다. 왜냐하면 이 요소가 구원받는 믿음에 관한 지식 속에 실제로 포함되어 있기 때문이다. 이 요소가 그 대상의 중요성에 대해 강한 확신을 갖게 해주는 것은 구원받는 지식의 특성인데, 이것을 찬동이라고 한다.

c. 의지적 요소: 이 요소는 구원받는 믿음의 으뜸가는 요소가 된다. 그것은 사죄와 영적 생명의 근원되시는 그리스도께 대한 인격적 신뢰인데, 이 신뢰는 그리스도에게 범죄한 영혼의 항복을 포함하는 것이다.

마지막 분석에 의하면, 구원받는 믿음의 대상은 예수 그리스도이시며, 구원의 약속은 그리스도 안에서 주어지는 것이다(요 3:6, 18, 36, 6:40; 행 10:43; 롬 3:22; 갈 2:16). 이 신앙은 인간에게서 난 것이 아니라 하나님의 선물이다(고전 12:8-9; 갈 5:22; 엡 2:8). 그러나 이 신앙의 수행은 하나님의 자녀들이 반복적으로 권고 받는 인간의 활동인 것이다(롬 10:9; 고전 2:5; 골 1:23; 딤전 1:5, 6:11).

③ 믿음의 확신

감리교에서는 믿는 자는 곧 자기가 하나님의 자녀라는 것을 확신한다고 하지만, 이것은 그가 궁극적 구원을 확신하고 있다는 것을 의미하는 것이 아니다. 왜냐하면 그가 은혜에서 떨어질는지도 모르기 때문이다. 올바른 견해는 비록 정도의 차이는 있을지라도 하나님께 대한 신뢰를 포함하는 진정한 믿음이란 자연히 안전과 보호의 의미를 수반하는 것이다. 이 확신은 신자의 영구한 의식적 소유물이 아니다. 그리스도인은 언제나 충실한 신앙생활을 영위하는 것이 아니므로, 항상 영적 부합을 의식하는 것은 아니다. 그는 회의와 불안정에 의해 동요될는지도 모르므로, 확신을 얻도록 권고를 받는다(고후 13:5; 히 6:11; 벧후 1:10; 요일 3:19). 이 확신은 기도함으로써, 하나님의 약속을 명상함으로써, 또는 참된 그리스도인의 생활의 진전에 의해 얻을 수 있는 것이다.

[참고할 성구]

(1) 하나님은 회심의 창시자이시다.

행 11:18 "그들이 이 말을 듣고 잠잠하여 하나님께 영광을 돌려 이르되 그러면 하나님께서 이방인에게도 생명 얻는 회개를 주셨도다 하니라"

딤후 2:25 "거역하는 자를 온유함으로 훈계할지니 혹 하나님이 그들에게 회개함을 주사 진리를 알게 하실까 하며"

(2) 인간은 회심에 협력한다.

사 55:7 "악인은 그의 길을, 불의한 자는 그의 생각을 버리고 여호와께로 돌아오라 그리하면 그가 긍휼히 여기시리라"

행 17:30 "알지 못하던 시대에는 하나님이 간과하셨거니와 이제는 어디든지 사람에게 다 명하사 회개하라 하셨으니"

(3) 회심의 필요성

겔 33:11 "너는 그들에게 말하라 주 여호와의 말씀이니라 나의 삶을 두고 맹세하노니 나는 악인이 죽는 것을 기뻐하지 아니하고 악인이 그의 길에서 돌이켜 떠나 사는 것을 기뻐하노라 이스라엘 족속아 돌이키고 돌이키라 너희 악한 길에서 떠나라 어찌 죽고자 하느냐 하셨다 하라"

마 18:3 "이르시되 진실로 너희에게 이르노니 너희가 돌이켜 어린 아이들과 같이 되지 아니하면 결단코 천국에 들어가지 못하리라"

(4) 역사적인 신앙

행 26:27-28 "아그립바 왕이여 선지자를 믿으시나이까 믿으시는 줄 아나이다 아그립바가 바울에게 이르되 네가 적은 말로 나를 권하여 그리스도인이 되게 하려 하는도다"

약 2:19 "네가 하나님은 한 분이신 줄을 믿느냐 잘하는도다"

(5) 일시적인 신앙

마 13:20-21 "돌밭에 뿌려졌다는 것은 말씀을 듣고 즉시 기쁨으로 받되 그 속에 뿌리가 없어 잠시 견디다가 말씀으로 말미암아 환난이나 박해가 일어날 때에는 곧 넘어지는 자요"

요일 2:19 "그들이 우리에게서 나갔으나 우리에게 속하지 아니하였나니 만일 우리에게 속하였더라면 우리와 함께 거하였으려니와 그들이 나간 것은 다 우리에게 속하지 아니함을 나타내려 함이니라"

(6) 이적적인 신앙

마 17:20 "만일 너희에게 믿음이 겨자씨 한 알 만큼만 있어도 이 산을 명하여 여기서 저기로 옮겨지라 하면 옮겨질 것이요 또 너희가 못할 것이 없으리라"

행 14:9-10 "바울이 말하는 것을 듣거늘 바울이 주목하여 구원 받을 만한 믿음이 그에게 있는 것을 보고 큰 소리로 이르되 네 발로 바로 일어서라 하니 그 사람이 일어나 걷는지라"

(7) 구원받는 신앙의 대상이신 그리스도

요 3:16 "하나님이 세상을 이처럼 사랑하사 독생자를 주셨으니 이는 그를 믿는 자마다 멸망하지 않고 영생을 얻게 하려 하심이라"

요 6:40 "내 아버지의 뜻은 아들을 보고 믿는 자마다 영생을 얻는 이것이니 마지막 날에 내가 이를 다시 살리리라 하시니라"

(8) 굳건한 확신의 필연성

히 6:11 "우리가 간절히 원하는 것은 너희 각 사람이 동일한 부지런함을 나타내어 끝까지 소망의 풍성함에 이르러"

벧후 1:10 "그러므로 형제들아 더욱 힘써 너희 부르심과 택하심을 굳게 하라 너희가 이것을 행한즉 언제든지 실족하지 아니하리라"

4) 칭의(稱義)

(1) 칭의의 성질과 요소

① 칭의의 성질

칭의란 예수 그리스도의 완전한 의에 근거해서, 죄인을 의롭다 선언하시는 하나님의 법적 행위라고 정의할 수 있다. 칭의는 중생이나 회심이나 성화와 같이 갱신(更新)의 행위나 갱신의 과정이 아니므로, 죄인의 상태에 영향을 미치는 것이 아니라 죄인의 신분에 영향을 준다. 칭의는 몇 가지 특별한 점에서 성화와 차이가 있다. 칭의(Justification)는 죄인 밖에서, 즉 하나님의 법정에서 발생하는 것으로서, 죄책을 제거해 주며, 단번에 영원히 완성되는 행위인데 반하여, 성화는 인간 내부에서 일어나는 것으로서, 죄의 오염을 제거해 주며 계속적으로 일생을 걸쳐 행해지는 과정이다.

② 칭의의 요소

우리는 칭의에 있어서 두 가지 요소를 구별한다.

a. 소극적 요소(예수 그리스도의 의에 근거한 죄의 용서): 칭의에서 허락된 바 그 용서는 과거, 현재, 미래의 모든 죄에 적용되는 것이므로 반복을 인정하지 않는다(시 103:12; 사 44:22; 롬 5:21, 8:1, 32-34; 히 10:14). 이 말은 우리가 죄의 용서를 위해 더 이상 기도할 필요가 없다는 것을 의미하는 것이 아니다. 왜냐하면 죄책의 인식이 그대로 남아있어, 용서받지 못했다는 감정(분리된 감정)을 조장시키므로, 사죄의 확신에 대한 위안을 반복적으로 요청할 필요가 있도록 하기 때문이다(시 25:7, 32:5, 51:1; 마 6:12; 약 5:15; 요일 1:9).

b. 적극적 요소(하나님의 자녀로서 양자됨): 칭의로 인해 하나님은 믿는 자들을 그의 자녀로 삼으신다. 즉 하나님께서는 신자들을 자녀의

위치에 두시고, 그들에게 영원한 상속권은 물론 자녀의 모든 권세를 부여하신다고 말할 수 있다(롬 8:17; 벧전 1:4). 신자들의 이러한 법적 아들 됨은 중생과 성화를 통한 도덕적 아들 됨과는 구별되어야 한다. 이 둘 다 다음의 성구에서 잘 나타나 있다(요 1:12-13; 롬 8:15-16; 갈 4:5-6).

(2) 칭의의 시간

칭의란 용어는 항상 동일한 의미로 사용되지는 않는다. 그래서 어떤 학자들은 사중적(四重的) 칭의, 즉 영원으로부터 오는 칭의, 그리스도의 부활로 인한 칭의, 믿음으로 말미암는 칭의, 마지막 심판에서의 공적 칭의를 말한다.

① 영원으로부터 오는 칭의

관념적인 의미로 이 칭의를 설명해 보면, 그리스도의 의(義)는 구속의 뜻으로 신자들에게 이미 설명된 것이므로 영원으로부터 온 것이라고 말할는지 모르나, 이 설명은 죄인의 칭의에 대한 성경적 의미는 아니다. 우리는 하나님의 영원한 뜻 가운데서 작정된 것과, 역사의 과정에서 실현되는 결과를 구별해야만 한다.

② 그리스도의 부활로 인한 칭의

그리스도의 부활로 인한 칭의에 대한 말은 몇 가지 이유가 있다. 어떤 의미에서 부활은 그리스도에 대한 칭의였으며, 그리스도 안에 있는 모든 신자가 의롭다함을 얻었다고 할는지 모른다. 그러나 이러한 칭의는 보편적이고 순수한 객관적인 처사이므로, 이것을 죄인에 대한 개인적 칭의와 혼동해서는 안 된다.

③ 믿음으로 말미암는 칭의(진정한 칭의 교리)

성경은 죄인의 칭의에 대해 말할 때, 의롭다 하시는 하나님의 은혜를 주관적으로, 또 개인적으로 적용하고 전용하는 것을 말한다. 그래서 우리가 믿음으로 의롭다함을 받는다고 일상적으로 표현한다.

이 말은 칭의란, 우리가 믿음으로 그리스도를 영접할 때 얻는 것이라는 사실을 의미하는 것이다. 그러므로 믿음이란 칭의의 도구요, 칭의가 전용되는 기관이라고 할 수 있다. 인간은 믿음으로 말미암아 그리스도의 의를 자신에게 적용하는데, 이 그리스도의 의(義)로 말미암아 인간은 하나님 앞에서 의롭다하심을 얻는다.

믿음은 그 믿음이 그리스도를 소유하는 한(롬 4:5; 갈 2:16) 의(義)로 여겨진다고 볼 수 있다. 우리는 인간이 자신의 본래적 의나 자신의 믿음에 근거해서 의롭다함을 받는다고 주장하는 로마가톨릭과 알미니안파의 잘못을 경계해야 한다. 인간 자신의 의나 믿음은 인간의 칭의에 근거해서 얻을 수 없는 것이다. 이 인간 자신의 의나 믿음은 예수 그리스도의 완전한 의 안에서만 발견될 수 있는 것이다(롬 3:24, 10:4; 고후 5:21; 빌 3:9).

(3) 칭의 교리에 대한 반대

이 교리에 대한 몇 가지 반대설이 대두된다.

a. 어떤 학자는 인간이 그리스도의 공로에 근거해서 의롭다함을 받는다면, 인간은 은혜로 구원받는 것이 아니라고 주장한다. 그러나 칭의는 그것이 내포하고 있는 모든 것과 더불어 하나님의 은혜로운 사역인 것이다. 그리스도의 선물과, 하나님이 그리스도의 의를 우리에게 전가하심과, 하나님이 죄인을 의롭다 칭하심은 처음부터 끝까지 모두가 은혜인 것이다.

b. 또 어떤 학자는 죄인을 의롭다 선언하는 것이 하나님에게 있어서 무가치한 것이라고 말한다. 그러나 하나님은 죄인들이 자신들로 말미암아 의롭다함을 받았다고 선언하지 않으시고, 죄인들은 다만 예수 그리스도의 의로 옷 입게 되었다고 선언하신다.

c. 마지막으로 어떤 학자들은 칭의 교리가 인간들로 하여금 그들의 도덕적 생활을 무관심하게 만들기 쉽다고 주장한다. 만일 죄인들이 행

위와는 상관없이 의롭다함을 받는다면, 왜 죄인들이 개인적 경건에 마음을 써야만 하는가? 그러나 칭의는 생명력 있는 그리스도와의 관계에 기초하므로 이것은 진정한 경건 생활을 위한 확실한 보증이 된다. 그리스도와 실제로 생명력 있는 연합을 이룩한 자는 도덕적인 면에서 무관심할 리가 없다.

[참고할 성구]

(1) 칭의의 일반적 고찰

롬 3:24 "그리스도 예수 안에 있는 속량으로 말미암아 하나님의 은혜로 값없이 의롭다하심을 얻은 자 되었느니라"

고후 5:21 "하나님이 죄를 알지도 못하신 이를 우리를 대신하여 죄로 삼으신 것은 우리로 하여금 그 안에서 하나님의 의가 되게 하려 하심이라"

(2) 믿음으로 말미암은 칭의

롬 3:28 "그러므로 사람이 의롭다하심을 얻는 것은 율법의 행위에 있지 않고 믿음으로 되는 줄 우리가 인정하노라"

롬 4:5 "일을 아니할지라도 경건하지 아니한 자를 의롭다 하시는 이를 믿는 자에게는 그의 믿음을 의로 여기시나니"

갈 2:16 "사람이 의롭게 되는 것은 율법의 행위로 말미암음이 아니요 오직 예수 그리스도를 믿음으로 말미암는 줄 알므로 우리도 그리스도 예수를 믿나니 이는 우리가 율법의 행위로써가 아니고 그리스도를 믿음으로써 의롭다함을 얻으려 함이라"

(3) 칭의와 죄의 용서

시 32:1-2 "허물의 사함을 받고 자신의 죄가 가려진 자는 복이 있도다 마음에 간사함이 없고 여호와께 정죄를 당하지 아니하는 자는 복이 있도다"

행 13:38-39 "그러므로 형제들아 너희가 알 것은 이 사람을 힘입어 죄 사함을 너희에게 전하는 이것이며 또 모세의 율법으로 너희가 의롭다하심을 얻지 못하던 모든 일에도 이 사람을 힘입어 믿는 자마다 의롭다하심을 얻는 이것이라"

(4) 양자됨과 영생의 상속

요 1:12 "영접하는 자 곧 그 이름을 믿는 자들에게는 하나님의 자녀가 되는 권세를 주셨으니"

갈 4:4-5 "때가 차매 하나님이 그 아들을 보내사 여자에게서 나게 하시고 율법 아래에 나게 하신 것은 율법 아래에 있는 자들을 속량하시고 우리로 아들의 명분을 얻게 하려 하심이라"

롬 8:17 "자녀이면 또한 상속자 곧 하나님의 상속자요 그리스도와 함께 한 상속자니 우리가 그와 함께 영광을 받기 위하여 고난도 함께 받아야 할 것이니라"

(5) 그리스도의 의에 근거한 칭의

롬 3:21-22 "이제는 율법 외에 하나님의 한 의가 나타났으니 율법과 선지자들에게 증거를 받은 것이라 곧 예수 그리스도를 믿음으로 말미암아 모든 믿는 자에게 미치는 하나님의 의니 차별이 없느니라"

롬 5:18 "그런즉 한 범죄로 많은 사람이 정죄에 이른 것 같이 한 의로운 행위로 말미암아 많은 사람이 의롭다하심을 받아 생명에 이르렀느니라"

5) 성화와 성도의 견인(堅忍)

칭의의 교리 다음에는 자연히 성화의 교리가 따르게 된다. 칭의의 상태는 하나님에게 헌신된 성화의 생활을 요청하고 있다.

(1) 성화의 본질과 특성

성화(聖化)란 죄인을 순결하게 하시며, 죄인의 전 성질(性質)을 하나님의 형상으로 새롭게 하시며, 죄인으로 하여금 선행을 행할 수 있도록 하시는 성령의 계속적이고 은혜로우신 작용이라고 정의할 수 있다. 성화는 인간의 내부생활에서 일어난다는 면에서 볼 때, 칭의와 다르다. 성화는 법적 행위가 아니라 재창조적(원기를 북돋우는) 행위이며, 대체로 장기적 과정이며, 현세 생활에서는 완전에 도달할 수 없는 것이다. 성화는 결정적으로 하나님의 초자연적인 사역이지만, 신자는 하나님이 그의 뜻대로 정해 주신 수단을 부지런히 사용함으로 성화에 있어 하나님과 상호 협력할 수 있으며 또 그렇게 해야 한다(고후 7:1; 골 3:5-14; 벧전 1:22). 성화란 중생에서 이미 주어진 것들로부터 단순히 초래되는 것이 아니라, 새 생활에 힘을 북돋우며, 증진시키며, 견고하게 하는 것이라고 볼 수 있다.

성화는 두 부분으로 구성되는데, 하나는 인간성의 오염과 타락의 점진적 제거이며(롬 6:6; 갈 5:24), 다른 하나는 하나님께 헌신하도록 하는 새 생활의 점진적인 발전(롬 6:4-5; 골 2:12, 3:1-2; 갈 2:19)이다. 성화는 인간의 마음에서 일어나므로, 자연히 전 생애에 영향을 준다(롬 6:12; 고전 6:15, 20; 살전 5:23). 내적 인간의 변화는 외적 생활에 있어서의 변화를 반드시 동반해야 한다. 인간이 성화작용에서 상호 협력해야만 한다는 사실은 악과 유혹에 대한 반복적인 경고(롬 12:9, 16-17; 고전 6:9-10; 갈 5:16-23)와 거룩한 삶을 위한 끊임없는 권고(미 6:8; 요 15:4-7; 롬 8:12-13, 12:1-2; 갈 6:7-8, 15)에서부터 오는 것이다.

(2) 현세에 있어서의 성화의 불완전성

성화가 인간의 각 부분에 영향을 주지만, 신자의 영적 성장은 현세에서 불완전한 채로 남아있다고 볼 수 있다. 신자들은 그들이 살아있는 한 죄와 더불어 투쟁해야만 한다(왕상 8:46; 잠 20:9; 약 3:2; 요일 1:8). 신자들의 생활은 육과 영 사이의 항구적인 투쟁의 생활인데, 심지어 가장 잘 믿는 자라도 아직도 죄를 고백해야 하며(욥 9:3, 20; 시 32:5, 130:3; 잠 20:9; 사 64:6; 단 9:7; 롬 7:14; 요일 1:9), 죄를 용서받기 위해 기도해야 하며(시 51:1-2; 단 9:16; 마 6:12-13; 약 5:15), 보다 더 완전하기 위해 노력해야 한다(롬 7:7-26; 갈 5:17; 빌 3:12-14). 이 진리는 소위 완전주의자들에 의해 부인되는데, 그들은 인간이 현세에서 완전에 도달할 수 있다고 주장한다. 또 그들은 성경이 성도들에게 완전하게 되기를 명령하며(마 5:48; 벧전 1:16; 약 1:4), 어떤 사람을 완전하다고 말하며(창 6:9; 욥 1:8; 왕상 15:14; 빌 3:15), 하나님께로부터 난 자는 죄를 짓지 않는다고 언급한 사실(요일 3:6, 8-9, 5:18)에 근거해서 말한다.

그러나 우리가 완전하기 위해 노력해야만 한다는 사실은 어떤 인간이 이미 완전하다는 것을 증명하는 것이 아니다. 그뿐 아니라 '완전'이란 말은 항상 죄에서의 자유를 의미하는 것이 아니다. 노아와 욥과 아사는 완전한 자라고 불렸지만, 역사는 그들이 죄가 없지는 않다는 것을 분명히 증명해 준다. 또 요한은 분명히 새 사람은 죄를 짓지 않는다는 사실과, 신자는 죄 가운데 살지 않는다는 사실을 언급하였다. 그러나 바로 그 요한 자신이 만일 우리가 죄 없다 하면 스스로 속이고, 또 진리가 우리 속에 있지 아니하다고 말해준다(요일 1:8).

(3) 성화와 선행

성화는 자연히 선행의 생활로 인도한다. 이러한 선행의 생활은 성화의 열매라고 부를 수 있다. 선행은 완전한 행위가 아니라, 하나님께 대한 사랑의 원리와 하나님께 대한 신앙의 원리에서 솟아 나오는 행위(마 7:17-18, 12:33, 35; 히 11:6)이며, 계시된 하나님의 뜻을 의식적으로 순종함으로써 행해지는 행위(신 6:2; 삼상 15:22; 약 2:8)이며, 하나님의 영광을 그 궁극적 목적으로 삼는 행위(고전 10:31; 골 3:17, 23)이다. 그런데 이와 같은 선행은 하나님의 성령에 의해 중생된 자들만이 행할 수 있다. 그러나 이 말이 비중생된 자는 어떠한 선도 행할 수 없는 것을 의미(참고; 왕하 10:29-30, 12:2, 14:3; 눅 6:33; 롬 2:14)하는 것은 아니다. 비중생된 자라도 하나님의 일반 은총을 따라 외적으로 율법에 맞는 행위를 할 수 있으며, 훌륭한 목적에 기여할 수도 있다. 그러나 그들의 행위는 언제나 근본적으로 불완전한 것이다. 그 이유는 그들이 하나님께 대한 사랑의 영적 뿌리로부터 분리되며, 하나님의 율법에 대한 진정한 내적 순종을 나타내지 못하며, 하나님의 영광을 목적하지 못하기 때문이다. 로마가톨릭과는 반대로, 신자의 선행에 대하여 하나님께서 값없는 은혜를 상으로 주시기로 약속하시긴 했지만, 그것이 공로가 되지 못한다는(눅 17:9-10; 엡 2:8-10; 딛 3:5) 사실을 우리는 주장해야 하며, 율법폐기론자들을 반대해서는 선행의 필요성을 주장해야 한다(골 1:10; 딤후 2:21; 딛 2:14; 히 10:24).

(4) 성도의 견인(堅忍)

'성도의 견인'이란 표현은 자연히 신자들이 구원의 길에서 인내하는 계속적인 활동을 암시해 주는 것이다. 그러나 사실상 여기의 견인이란 신자의 활동이라기보다는 하나님의 사역인데 신자들도 이 활동에 참가해야만 한다. 엄밀히 말하면 인간의 구원에 대한 확실은 하나님이 인내하신다는 사실에 근거한다.

그러므로 "견인 은혜"란 심중에 일어나는 신적 은혜가 계속되고 완성되도록 역사하는 바, 신자 내부에서의 성령의 계속적인 작용이라고 정의할 수 있다. 성경(요 10:28-29; 롬 11:29; 빌 1:6; 살후 3:3; 딤후 1:12, 4:18)은 분명히 이 교리에 대해 가르쳐 준다. 우리가 현세에서 구원의 확신을 얻을 수 있는 것은 우리가 하나님의 이러한 견인 은혜를 믿을 때뿐이다(히 3:14, 6:11, 10:22; 벧후 1:10).

이 교리는 개혁주의 노선 외에서는 찬성을 받지 못한다. 이 교리는 배교에 대해 경고하는 말씀(히 2:1, 10:26)과 신자들에게 구원의 길을 계속 유지하도록 권고하는 말씀(마 24:13; 골 1:23; 히 3:14)과 심지어는 배교의 경우를 기록한 말씀(딤전 1:19-20; 딤후 2:17-18, 4:10)과 모순된다고 한다. 그러한 경고와 권고는 타락할 가능성을 가정하는 것 같으며, 또 배교의 실례는 그 가능성을 완전히 증명해주는 것 같다. 그러나 사실상 그 경고와 권고는 다만 하나님이 간접적으로 역사하시며, 인간에게 견인 은혜의 사역에 협력하기를 원하신다는 것을 증명하는 것이다. 그리고 성경에 언급된 배교자는 참 신자들이었다는 증거가 없다(참조; 롬 9:6; 요일 2:19; 계 3:1).

[참고할 성구]

(1) 하나님의 사역으로서의 성화

살전 5:23 "평강의 하나님이 친히 너희를 온전히 거룩하게 하시고 또 너희의 온 영과 혼과 몸이 우리 주 예수 그리스도께서 강림하실 때에 흠 없게 보전되기를 원하노라"

히 2:11 "거룩하게 하시는 이와 거룩하게 함을 입은 자들이 다 한 근원에서 난지라 그러므로 형제라 부르시기를 부끄러워하지 아니하시고"

(2) 성화에 있어서의 인간의 협동

고후 7:1 "그런즉 사랑하는 자들아 이 약속을 가진 우리는 하나님을 두려워하는 가운데서 거룩함을 온전히 이루어 육과 영의 온갖 더러운 것에서 자신을 깨끗하게 하자"

히 12:14 "모든 사람과 더불어 화평함과 거룩함을 따르라 이것이 없이는 아무도 주를 보지 못하리라"

(3) 옛 사람의 종결

롬 6:6 "우리가 알기니와 우리의 옛 사람이 예수와 함께 십자가에 못 박힌 것은 죄의 몸이 죽어 다시는 우리가 죄에게 종노릇 하지 아니하려 함이니"

갈 5:24 "그리스도 예수의 사람들은 육체와 함께 그 정욕과 탐심을 십자가에 못 박았느니라"

(4) 새 사람의 출발

엡 4:24 "하나님을 따라 의와 진리의 거룩함으로 지으심을 받은 새 사람을 입으라"

골 3:10 "새 사람을 입었으니 이는 자기를 창조하신 이의 형상을 따라 지식에까지 새롭게하심을 입은 자니라"

(5) 현세에 있어서의 불완전한 성화

롬 7:18 "내 속 곧 내 육신에 선한 것이 거하지 아니하는 줄을 아노니 원함은 내게 있으나 선을 행하는 것은 없노라"

빌 3:12 "내가 이미 얻었다 함도 아니요 온전히 이루었다 함도 아니라 오직 내가 그리스도 예수께 잡힌바 된 그것을 잡으려고 달려가노라"

(6) 선행의 성격

삼상 15:22 "사무엘이 이르되 여호와께서 번제와 다른 제사를 그의 목소리를 청종하는 것을 좋아하심 같이 좋아하시겠나이까 순종이 제사보다 낫고 듣는 것이 숫양의 기름보다 나으니"

고전 10:31 "그런즉 너희가 먹든지 마시든지 무엇을 하든지 다 하나님의 영광을 위하여 하라"

히 11:6 "믿음이 없이는 하나님을 기쁘시게 하지 못하나니 하나님께 나아가는 자는 반드시 그가 계신 것과 또한 그가 자기를 찾는 자들에게 상 주시는 이심을 믿어야 할지니라"

(7) 성도의 견인

요 10:28-29 "내가 그들에게 영생을 주노니 영원히 멸망하지 아니할 것이요 또 그들을 내 손에서 빼앗을 자가 없느니라 그들을 주신 내 아버지는 만물보다 크시매 아무도 아버지 손에서 빼앗을 수 없느니라"

딤후 1:12 "이로 말미암아 내가 또 이 고난을 받되 부끄러워하지 아니함은 내가 믿는 자를 내가 알고 또한 나의 의탁한 것을 그 날까지 그가 능히 지키실 줄을 확신함이라"

딤후 4:18 "주께서 나를 모든 악한 일에서 건져내시고 또 그의 천국에 들어가도록 구원하시리니 그에게 영광이 세세무궁토록 있을지어다 아멘"

6. 교회론(敎會論)

-은혜의 방편-

1) 교회의 성질

(1) 교회에 대한 일반적 고찰

교회에 관해 구약에 주로 사용된 용어는 '부르다'라는 뜻의 동사에서 파생된 것이며, 신약의 용어는 '불러내다'라는 뜻의 동사에서 나온 것이다. 이 두 명칭은 모두가 교회를 '하나님에 의해 부름 받은 회중'으로 표현한다.

① 신약용어의 다양한 의미

대개 이 용어는 일반적으로 예배를 목적하고 모였든 그렇지 않든 간에 지교회(支敎會)를 의미한다(행 5:11, 11:26; 롬 16:4; 고전 11:18, 16:1). 때때로 이 용어는 가정적인 교회, 곧 집에 있는 교회를 의미한다(롬 16:5, 23; 고전 16:19; 골 4:15). 가장 포괄적인 의미로 이 말은 하늘에서나 지상에서나를 불문하고, 믿는 자의 모든 무리를 표현하는 것이다(엡 1:22, 3:10, 21, 5:23; 골 1:18, 24).

② 교회의 본질

로마가톨릭과 신교는 교회의 본질적인 성질에 관한 견해에 차이가 있다. 구교는 주교, 대 주교, 추기경, 교황과 같은 고위 성직자와 함께 주로 사제들로 구성되고 있는 외부적이고 유형적인 조직체로서의 교회에서 그 본질을 찾는다. 신교는 이러한 외적인 관념을 깨고 성도들의 무형적이고 영적인 교통에서 교회의 본질을 찾는다. 교회는 그 본질적인 성질에서 볼 때 모든 시대의 성도들 외에는 아무도 포함하지 않는다. 교회는 불신자로서는 참가할 수 없는 예수 그리스도의 영적인 지체(肢體)인 것이다.

③ 교회의 구별

a. 투쟁적 교회와 승리적 교회: 지상에 현존하는 교회는 거룩한 투쟁을 하는 것이므로 투쟁적 교회라 할 수 있다. 반면에 천상의 교회는 세상의 창검 대신에 승리의 종려나무로 대치되므로 승리적 교회라 할 수 있다.

b. 유형교회와 무형교회: 이 구별은 지상에 존재하는 교회에 적용되는 것인데, 이 교회가 영적 성질에 관계되는 한에 있어서는 무형적이므로, 누구는 교회에 속하고 누구는 속하지 않는가를 분명히 결정하기란 불가능하다. 그러나 이 교회가 교인들의 신앙고백과 행위 면에서, 말씀과 성례의 사역 면에서, 또 교회의 외적 조직과 정치 면에서는 유형적인 것이다.

c. 유기체로서의 교회와 조직체로서의 교회: 이 구별은 유형적 교회에만 적용된다. 유기체로서의 교회는 성도들의 교제 면에서와 세상에 대한 공동적인 반항에서 유형적이며, 또 조직체로서의 교회는 직무와 형체 면에서 유형적이다.

④ 교회의 정의

무형적 교회란 하나님의 영(靈)으로 말미암아 부름 받아 택함 받은 자의 영적 무리라고 할 수 있으며, 또는 단순히 성도들의 영적 회합이라고 정의할 수 있다. 유형적 교회란 참 신앙을 어린아이와 같이 고백하는 자들의 단체라고 정의할 수 있다. 우리는 무형교회와 유형교회의 회원이 완전히 동일하지 않다는 사실에 주의를 기울여야 한다.

(2) 교회의 속성(屬性)과 표지(標識)

교회에는 세 가지 속성과 세 가지 표지 또는 외적 특성이 있다.

① 교회의 속성

다음과 같은 세 가지 속성이 있다.

a. 교회의 통일성: 로마가톨릭의 주장을 따르면, 이 속성은 전 세계에 퍼져있는 조직체로서의 통일성을 의미하는데, 신교는 예수 그리스도의 영적인 몸의 통일성을 의미한다.

b. 교회의 거룩성: 로마가톨릭은 교회의 거룩성을 교회의 교리, 도덕적 교훈, 예배, 권징의 거룩성에서 찾으려 하는데 반하여, 프로테스탄트는 완전한 성결로 이끄는 새 생활을 영위함으로써, 그리스도 안에서 거룩하고, 원리 면에서 거룩한 그러한 교회의 회원들 가운데 둔다.

c. 교회의 보편성: 로마가톨릭은 특별히 교회의 보편성을 주장하는데, 그 이유는 구교가 전 지구상에 퍼져 있으며, 모든 종파들의 총수보다 많은 회원을 가지고 있기 때문이라고 한다. 반면에 신교는 무형적 교회를 진정한 보편적 교회로 보는데, 그 이유는 교회가 모든 시대와 모든 지역의 모든 신자들을 포함하기 때문이다.

② 교회의 표지(標識) 혹은 외적 특성

교회의 속성이 본래 무형교회에 속하는데 반하여, 교회의 표지는 유형교회에 속하며, 참 교회를 구별해 내는 데는 세 가지 특성이 있다.

a. 말씀의 참된 전파: 말씀의 참된 전파는 교회의 가장 중요한 표지이다(요일 4:1-3; 요이 9). 이 말은 말씀 전파가 완전하고 절대적으로 순수해야 된다는 것을 의미하는 것이 아니라, 말씀전파가 기독교의 근본에 있어서 참되어야 하며, 믿음과 행위에 지배적 영향을 끼쳐야 한다는 것을 의미하는 것이다.

b. 성례의 정당한 집행: 로마가톨릭교와 같이 성례가 말씀과 분리되어서는 안 된다. 성례는 신적 제도에 따라서, 합법적 성직자들에 의해 성도들과 그의 자손들에게만 집행되어야 할 것이다(마 28:19; 막 16:16; 행 2:42; 고전 11:23-30).

c. 권징의 신실한 시행: 이것은 교리의 순수성을 유지하며 성례의

거룩성을 보호하는데 꼭 필요한 것이다(마 18:18; 고전 5:1-5, 13, 14:33, 40; 계 2:14-15, 20).

[참고할 성구]

(1) 교회의 단일성

요 10:16 "또 이 우리에 들지 아니한 다른 양들이 내게 있어 내가 인도하여야 할 터이니 그들도 내 음성을 듣고 한 무리가 되어 한 목자에게 있으리라"

요 17:20-21 "내가 비옵는 것은 이 사람들만 위함이 아니요 또 그들의 말로 말미암아 나를 믿는 사람들도 위함이니 아버지여, 아버지께서 내 안에, 내가 아버지 안에 있는 것 같이 그들도 다 하나가 되어 우리 안에 있게 하사 세상으로 아버지께서 나를 보내신 것을 믿게 하옵소서"

엡 4:4-6 "몸이 하나요 성령도 한 분이시니 이와 같이 너희가 부르심의 한 소망 안에서 부르심을 받았느니라 주도 한 분이시요 믿음도 하나요 세례도 하나요 하나님도 한 분이시니 곧 만유의 아버지시라 만유 위에 계시고 만유를 통일하시고 만유 가운데 계시도다"

(2) 교회의 거룩성

출 19:6 "너희가 내게 대하여 제사장 나라가 되며 거룩한 백성이 되리라 너는 이 말을 이스라엘 자손에게 전할지니라"

벧전 2:9 "그러나 너희는 택하신 족속이요 왕 같은 제사장들이요 거룩한 나라요 그의 소유된 백성이니 이는 너희를 어두운 데서 불러내어 그의 기이한 빛에 들어가게 하신 이의 아름다운 덕을 선포하게 하려 하심이라"

(3) 교회의 보편성

시 2:8 "내게 구하라 내가 이방 나라를 네 유업으로 주리니 네 소유가 땅 끝까지 이르리로다"

계 7:9 "이 일 후에 내가 보니 각 나라와 족속과 백성과 방언에서 아무도 능히 셀 수 없는 큰 무리가 나와 흰 옷을 입고 손에 종려가지를 들고 보좌 앞과 어린 양 앞에 서서"

(4) 진리보존의 필연성

딤후 1:13 "너는 그리스도 예수 안에 있는 믿음과 사랑으로써 내게 들은 바 바른 말을 본받아 지키고"

딤후 2:15 "너는 진리의 말씀을 옳게 분별하며 부끄러울 것이 없는 일꾼으로 인정된 자로 자신을 하나님 앞에 드리기를 힘쓰라"

딛 2:1 "오직 너는 바른 교훈에 합당한 것을 말하여"

(5) 정당한 성례 집행의 필연성

행 19:4-5 "바울이 이르되 요한이 회개의 세례를 베풀며 백성에게 말하되 내 뒤에 오시는 이를 믿으라 하였으니 이는 곧 예수라 하거늘 그들이 듣고 주 예수의 이름으로 세례를 받으니"

고전 11:28-30 "사람이 자기를 살피고 그 후에야 이 떡을 먹고 이 잔을 마실지니 주의 몸을 분별하지 못하고 먹고 마시는 자는 자기의 죄를 먹고 마시는 것이니라 그러므로 너희 중에 약한 자와 병든 자가 많고 잠자는 자도 적지 아니하니"

(6) 권징의 필연성

마 16:19 "내가 천국 열쇠를 네게 주리니 네가 땅에서 무엇이든지 매면 하늘에서도 매일 것이요 네가 땅에서 무엇이든지 풀면 하늘에서도 풀리리라 하시고"

딛 3:10-11 "이단에 속한 사람을 한두 번 훈계한 후에 멀리하라 이러한 사람은 네가 아는 바와 같이 부패하여 스스로 정죄한 자로서 죄를 짓느니라"

2) 교회의 정치와 권세

그리스도께서는 교회의 머리되시며, 모든 권위의 근원이 되신다(마

23:10; 요 13:13; 고전 12:5; 엡 1:20-23, 4:11-12, 5:23-24). 그는 교회를 다스리시되 강제적으로 하지 않으시고, 말씀과 성령에 의해 다스리신다. 교회의 모든 직원들은 그리스도의 권위로 옷 입은 자이므로, 그의 말씀의 지배에 순종해야 할 것이다.

(1) 교회의 직원

신약에 보면, 교회의 직원은 두 종류로 나타나 있다.

① 특수 직원

a. 사도: 교회 직원 중에 가장 중요한 직원은 사도직이다. 엄밀한 의미로 특수 직원이란 명칭은 예수님에 의해 직접 택함 받은 그 제자와 바울에게만 적용되지만, 이 칭호는 사도적 인물들에게도 적용된다(행 14:4, 14; 고전 9:5-6; 고후 8:23; 갈 1:19). 사도들은 일정한 특별 자격을 가진다. 그들은 그리스도에게 직접 부름을 받고(갈 1:1), 부활하신 그리스도를 보았으며(고전 9:1), 영감 받음을 의식했고(고전 2:13), 이적을 행했으며(고후 12:12), 그들의 사역을 행하는데 충만한 복을 받았다(고전 9:1).

b. 선지자: 또한 신약성경은 선지자들에 대해 말하는데 이들은 교회에 대한 교훈을 말하도록 특별한 은사를 받은 인물들인데, 어떤 때는 미래사를 예고하기도 한다(행 11:28, 13:1-2, 15:32; 엡 4:11).

c. 전도자: 또 신약은 전도자에 관해 언급하고 있는데, 이들은 사도들의 일을 돕는 자들이다(행 21:8; 엡 4:11; 딤후 4:5).

② 보통 직원

사도행전은 특별히 장로에 대해 자주 언급하고 있다(행 11:30, 14:23, 15:2, 6, 22, 16:4, 20:17, 21:18). 그와 병행해서 감독이란 칭호가 사용되는데, 이는 동일한 직원을 가리키는 것이다(행 20:17, 28; 딤전 3:1, 5:17, 19; 딛 1:5, 7; 벧전 5:1-2). 이 두 칭호는 모두 동일 계급의 직원들에게 적용되는데, 장로란 칭호는 그들의 나이를 강조한 것이며, 감독은 감시자로서의 직무를 강조한 것이다. 장로는 본래 교사가 아니지만 가르치는 직능이 그들의 직책과 관련이 되어 있다(엡 4:11; 딤전 5:17; 딤후 2:2).

디모데전서 5:17에 보면 어떤 장로는 단순히 치리만 했으나, 다른 어떤 장로는 가르치기도 했다. 이뿐 아니라, 신약(빌 1:1; 딤전 3:8, 10, 12)은 집사에 대해 언급하고 있다. 집사직의 제도는 사도행전 6:1-6에 기록되어 있다는 것이 일반적 견해이다.

(2) 교회의 회의

개혁교회는 많은 정치체제를 가지고 있다. 이들 서로의 관계는 주의 깊은 순서에 의해 구분된다. 이 여러 회의는 당회, 노회, 총회를 말하는 것이다. 당회는 지교회의 목사와 장로로 구성되고, 노회는 일정한 지역 내에 각 지교회의 목사 1인과 장로 1인으로 구성되며, 총회는 각 노회에서 파송된 같은 수의 목사와 장로로 구성된다.

① 지교회의 정치

지교회의 정치는 전형적인 특징을 갖고 있다. 교인들에 의해 피택된 목사와 장로는 교회의 관리를 위한 하나의 당회를 구성한다(행 14:23, 20:17; 딛 1:5). 장로는 교인들에 의해 선택되나 그들의 권위를 교인(인간)들에게서 받은 것이 아니라, 교회의 주가 되시는 예수 그리스도에게서 직접 받는 것이라고 본다. 모든 지교회는 교회의 사건을 정치하기 위해 충분히 구비된 하나의 완성적인 교회이다. 그러나 지교회는 공통적 일치점을 근거로 해서 다른 교회와 관련을 맺으므로 지교회는 완전히 독립될 수가 없다. 교회헌장은 지교회의 권리와 이익을 수호하지만 한편으로는 연합된 교회의 공통의 권리와 이익을 보장해 준다.

② 주요 회의 또는 대회의(大會議)

지교회가 교회의 연합성을 보다 잘 이룩하기 위해 관계를 맺는 경우, 노회나 대회와 같은 대 회의가 필요한 것이다. 사도행전 15장에 기록된 예루살렘 회의는 하나의 대 회의적 성질을 말해주는 것이다. 회중의 직접 대표자들은 당회를 구성하며 이 회원 중에 일정한 수가 노회의 총대로 파송되며, 또 이 노회원 중 일부가 총회의 총대가 된다.

교회 회의는 본질상 교회적인 사건들, 곧 교리와 도덕, 교회 정치와 권징에 관한 문제들만을 취급한다. 그러나 대 회의는, 성질상 소회의(小會議)에 속하나 어떤 이유에서 거기서 해결 할 수 없는 사건들, 또는 성질상 소회의의 영역에 속하나 일반교회에 관계된 사건들까지도 다루게 된다. 그리고 대 회의의 결정은 권고적이라고만 솔직히 선언된 경우를 제외하고는 다 권위적인 것이다.

(3) 교회의 권세

교회의 권세는 영적이다. 그 이유는 교회의 권세가 성령에 의해 주어지며(행 20:28), 성령의 권세의 표명인 동시에(요 20:22-23), 오로지 신자들에게만 관계되며(고전 5:12-13), 영적인 방법으로만 집행되기(고후 10:4) 때문이다. 또한 교회의 권세는 대리적인 권세인데, 이 권세는 그리스도에게서 나온 것이며, 그의 이름으로 시행된다. 이 교회의 권세는 세 가지로 나누어진다.

① 교리권(교훈권): 가르치는 권세

교회는 진리를 수호하며, 오고 오는 세대에 진리를 신실하게 전하고, 불신의 모든 세력으로부터 진리를 보수(保守)하도록(딤전 1:3-4; 딤후 1:13; 딛 1:9-11) 위임을 받은 것이다. 그러므로 교회는 말씀을 세계 모든 민족들에게 끊임없이 전파해야 하고(사 3:10-11; 고후 5:20; 딤전 4:13; 딤후 2:15, 4:2; 딛 2:1-10), 신조와 신앙고백을 작성해야 하며, 장래 사역자들의 훈련을 위해 준비해야만 한다(딤후 2:2).

② 치리권

하나님은 질서의 하나님이시므로 교회의 모든 것들이 단정하고 질서 있게 되기를 원하신다(고전 14:33, 40). 그러기 위해서 하나님은 교회 일들의 적절한 규정을 제공해 주셨고, 그리스도의 법을 실행한 교권을 교회에 주셨다(요 21:15-17; 행 20:28; 벧전 5:2). 이 교권은 권징의 권한도 포함한다(마 16:19, 18:18; 요 20:23; 고전 5:2, 7, 13; 살후 3:14-15; 딤전 1:20; 딛 3:10).

교회 권징의 목적은 두 가지인데, 하나는 교인들의 입교와 출교에 관한 그리스도의 법을 시행하는 목적이며, 다른 하나는 교인들로 하여금 그리스도의 법에 순종하게 함으로써 그들의 영적 교훈을 촉진시키려는 목적이다. 만일 병든 교인이 있으면, 교회는 먼저 그를 치료하려고 노력할 것이다. 그러나 만일 이를 실패한다면 절단해야 할 것이다. 교회는 공적인 범죄가 있으면 비록 정식적인 고소가 없더라도 치리해야 하며, 개인적 범죄인 경우에는 마태복음 18:15-18에 언급된 규칙을 적용해야 한다.

③ 봉사권

그리스도께서는 그의 제자들을 전도만 하도록 하실 뿐 아니라 모든 질병들을 낫게 하기 위하여 파송하셨다(마 10:1, 8; 눅 9:2, 10:9, 17). 초대 교인들 중에는 신유의 은사를 받은 자들이 더러 있었다(고전 12:9-10, 28, 30). 이러한 특별한 은사는 사도시대가 지난 후로부터는 중단되었다. 그때로부터 자선의 봉사는 교회로 하여금 가난한 사람을 돌보게 하는데 크게 국한되었다. 주님은 이러한 의무를 암시하신 바 있다(마 26:11; 막 14:7). 초대 교회는 유무상통하는 생활을 실천하므로 아무도 생활에 궁핍한 자가 없었다(행 4:34). 그 후 "접대를 일삼도록" 일곱 집사를 임명하여, 그들로 하여금 가난한 자들에게 구제를 공평하게 분배할 수 있게 하였다(행 6:1-6). 그 후 집사라는 말이 계속 나온다(롬 16:1; 빌 1:1; 딤전 3:8-12). 특히 신약은 가난한 자를 위해 물품을 모아 분배해 주는 일을 크게 강조하고 있다(행 11:29, 20:35; 고전 16:1-2; 고후 8:13-15, 9:1, 6-7; 갈 2:10, 6:10; 엡 4:28; 딤전 5:10, 16; 약 1:27, 2:15-16; 요일 3:17).

[참고할 성구]

(1) 그리스도는 교회의 머리

엡 1:22-23 "그를 만물 위에 교회의 머리로 삼으셨느니라 교회는 그의 몸이니 만물 안에서 만물을 충만하게 하시는 이의 충만함이니라"

골 1:18 "그는 몸인 교회의 머리시라 그가 근본이시요 죽은 자들 가운데서 먼저 나신 이시니 이는 친히 만물의 으뜸이 되려 하심이요"

(2) 사도의 특별한 자격

고전 9:1-2 "내가 자유인이 아니냐 사도가 아니냐 예수 우리 주를 보지 못하였느냐 주 안에서 행한 나의 일이 너희가 아니냐 다른 사람들에게는 내가 사도가 아닐지라도 너희에게는 사도이니 나의 사도됨을 주 안에서 인친 것이 너희라"

고후 12:12 "사도의 표된 것은 내가 너희 가운데서 모든 참음과 표적과 기사와 능력을 행한 것이라"

(3) 장로와 감독의 직무

행 14:23 "각 교회에서 장로들을 택하여 금식 기도하며 그들이 믿는 주께 그들을 위탁하고"

딤전 3:1 "미쁘다 이 말이여, 곧 사람이 감독의 직분을 얻으려 함은 선한 일을 사모하는 것이라 함이로다"

딛 1:5 "내가 너를 그레데에 남겨 둔 이유는 남은 일을 정리하고 내가 명한 대로 각 성에 장로들을 세우게 하려 함이니"

(4) 특정한 장로의 가르치는 기능

딤전 5:17 "잘 다스리는 장로들은 배나 존경할 자로 알되 말씀과 가르침에 수고하는 이들에게는 더욱 그리할 것이니라"

딤후 2:2 "또 네가 많은 증인 앞에서 내게 들은 바를 충성된 사람들에게 부탁하라 그들이 또 다른 사람들을 가르칠 수 있으리라"

(5) 집사의 직무

딤전 3:10 “이에 이 사람들을 먼저 시험하여 보고 그 후에 책망할 것이 없으면 집사의 직분을 맡게 할 것이요”

(6) 장로의 사역의 영적 본질

행 20:28 “여러분은 자기를 위하여 또는 온 양 떼를 위하여 삼가라 성령이 그들 가운데 여러분을 감독자로 삼고 하나님이 자기 피로 사신 교회를 보살피게 하셨느니라”

벧전 5:2-3 “너희 중에 있는 하나님의 양 무리를 치되 억지로 하지 말고 하나님의 뜻을 따라 자원함으로 하며 더러운 이득을 위하여 하지 말고 기꺼이 하며 맡은 자들에게 주장하는 자세를 하지 말고 양 무리의 본이 되라”

(7) 권징의 권세

마 18:18 “진실로 너희에게 이르노니 무엇이든지 너희가 땅에서 매면 하늘에서도 매일 것이요 무엇이든지 땅에서 풀면 하늘에서도 풀리리라”

요 20:23 “너희가 누구의 죄든지 사하면 사하여질 것이요 누구의 죄든지 그대로 두면 그대로 있으리라 하시니라”

3) 하나님의 말씀과 성례

(1) 하나님의 말씀

가톨릭에서는 가장 중요한 은혜의 방편을 성례라고 하지만, 하나님의 말씀이야말로 은혜의 가장 중요한 방편이 되는 것이다.

① 말씀과 성령

‘은혜의 방편’이란 말은 보다 넓은 의미로 사용될 수 있지만, 여기서는 교회가 사용하기로 한 방편의 표명이란 뜻으로 사용된다. 여기서 우리가 ‘말씀’이라고 말할 때는 인격적인 말씀(삼위 중 제2위)이나 능력 있는 창조의 말씀(시 33:6)을 말하는 것이 아니라, 성경에 포함되어 있고 교회에 전해진 하나님의 말씀을 특히 언급하는 것이다(벧전 1:25).

그것은 하나님의 은혜의 말씀이므로 은혜의 가장 중요한 방편인 것이다. 한편 강조할 점은 전파되는 말씀인데, 이것은 다른 방법으로 인간에게 전해지는 것이니, 즉 가정에서와 학교에서 대화나 종교적 문학의 방편으로 소개될 수 있는 것이다. 그 말씀은 성령의 역사를 통하여서만 은혜의 방편의 효과가 된다. 그 말씀만은 믿음과 회심을 일으키는데 충족하지 않지만 꼭 필요한 도구인 것이다.

한편 성령은 믿음과 회심을 일으킬 수 있기는 하지만, 말씀을 떠나서는 통상적인 역사를 하지 않는다. 말씀전파는 성령의 역사에 의해서 결실을 맺을 수 있다.

② 은혜의 방편으로서의 말씀인 두 부분

은혜의 방편인 말씀은 두 부분, 즉 율법과 복음으로 구성된다.

a. 율법: 은혜의 방편으로서 율법은 먼저 인간으로 하여금 죄를 자각하게 하며(롬 3:20), 율법의 요구에 응하기에 무능력함을 깨닫게 하고, 그리스도께로 인도하는 초등교사가 되게 하시는 목적이 있다(갈 3:24). 또한 율법은 신자들의 생활규칙이므로, 그들의 의무를 상기시키며 생명과 구원의 길로 인도해 준다.

b. 복음: 복음은 예수 그리스도 안에 나타난바 구원의 방도의 명백한 표시이다. 복음은 죄인들로 하여금 그리스도께로 와서 믿고 회개하도록 권고하며, 진정으로 회개하고 믿는 자에게 금생과 내생에 있어 구원의 모든 복을 약속해 준다. 또 복음은 믿는 모든 자를 위한 구원에 이르는 하나님의 능력이다(롬 1:16; 고전 1:18).

(2) 성례의 일반적 고찰

하나님의 말씀은 은혜의 한 방편으로 완전하다. 그러나 성례는 말씀을 떠나서는 완전하지 못하다. 이 말은 로마가톨릭과 반대되는 견해인데, 로마가톨릭은 성례가 구원에 필요한 전부라고 가르친다. 말씀과 성례는 다음과 같은 면에서 차이가 있다.

첫째, 말씀은 절대적으로 필요한 것인데 반해, 성례는 그렇지 않다.

둘째, 말씀은 믿음을 일으키며 믿음을 강하게 하나, 성례는 믿음을 강하게만 한다.

셋째, 말씀은 전 세계를 대상한 것인데 반해, 성례는 신자들과 그들의 후손들을 위해서만 시행되는 것이다.

다음 몇 가지 면에서 관찰해 보라.

① 성례의 구성 부분

성례는 세 부분으로 나눌 수 있다.

a. 외적, 가견적 표시: 성례는 각각 외적인 요소를 포함한다. 이 외적 요소는 세례에 있어서는 물이요, 성찬에 있어서는 떡과 포도주이다. 이 외적 요소만을 받는 자는 성례를 받았다고 말할는지 모르나 성례가 의미하는바 모든 것을 받은 것이 아니며, 성례의 가장 중요한 것을 받지 못한 것이라고 할 수 있다.

b. 내적, 영적 은혜의 표징: 이 표징은 성례가 의미하는 바를 가리키는 것으로서 성례의 내부적 요소인 것이다. 이 요소는 믿음의 의(롬 4:11), 사죄(막 1:4), 즉 믿음과 회개(막 1:4, 16:16) 또는 그리스도의 죽음과 부활을 통한 그리스도와의 연합 등을 말하는 것이다.

c. 표시(表示)와 표징과의 연합: 이것은 실질상 성례의 본질을 말하는 것이다. 성례가 믿음으로 받아지는 곳에는 하나님의 은혜가 동반된다. 성례란 그리스도로 말미암아 제정된 거룩한 제도로서, 이 제도를 통하여 그리스도 안에 나타난 하나님의 은혜가 감각적 표시에 의하여 신자들에게 제시되고, 확증되고, 적용되는 것이며, 한편 신자들은 하나님께 그들의 신앙과 순종을 표현하게 되는 것이다.

② 성례의 수(數)

구약시대에는 두 가지 성례, 즉 할례와 유월절 예식이 있었다. 할례는 아브라함 시대에 제정된 것이었으며, 유월절은 모세 당시에 시작된 것이다. 이 두 예식은 모두 구약의 제사 제도와 조화되는 유혈(有血) 성례였다. 신약교회에도 역시 두 가지 성례, 즉 무혈(無血) 예식인 세례와 성찬이 있었다. 그리스도가 완전한 희생을 드린 후로는 더 이상 피흘림이 필요 없게 되었다. 로마교회는 부당한 방법으로 견진, 고해, 신품(按手), 혼배(結婚), 종유예식(終油) 등을 추가함으로 성례의 수를 확대시켰다.

③ 구약성례와 신약성례의 비교

로마교회는 이 둘을 서로 본질상 차이가 있는 것으로 본다. 즉 구약성례는 단순 예표에 불과하므로, 받는 자의 법적 위치에만 영향을 주고, 받는 자의 영적 상태에는 아무런 영향을 주지 못하며, 받는 자의 신앙에 의해 영향이 좌우 된다고 본다. 신약성례는 받는 자의 영적 상태와는 관계없이, 다만 성례행위에 의해서 받는 자의 심령에 영적 은혜가 있다고 주장한다. 그러나 사실 본질상 차이는 없다(롬 4:11; 고전 5:7, 10:1-4; 골 2:11).

그러나 다음과 같은 몇 가지 상이점이 있기는 하다.

a. 구약성례는 영적 의미 이외에 국가적 국면이 있으며,

b. 구약성례는 장차 올 그리스도의 희생을 예시하는 것인데 반해 신약성례는 완성된 희생의 회고이며,

c. 구약성례는 성례를 받는 자에게 신약성례가 주는 정도의 영적 은혜의 풍부한 양(量)을 전하지 못했다.

[참고할 성구]

(1) 은혜의 수단인 말씀

롬 10:17 "그러므로 믿음은 들음에서 나며 들음은 그리스도의 말씀으로 말미암았느니라"

고전 1:18 "십자가의 도가 멸망하는 자들에게는 미련한 것이요 구원을 받는 우리에게는 하나님의 능력이라"

(2) 율법의 두 가지 기능

롬 3:20 "그러므로 율법의 행위로 그의 앞에 의롭다하심을 얻을 육체가 없나니 율법으로는 죄를 깨달음이니라"

롬 7:7 "그런즉 우리가 무슨 말을 하리요 율법이 죄냐 그럴 수 없느니라 율법으로 말미암지 않고는 내가 죄를 알지 못하였으니 곧 율법이 탐내지 말라 하지 아니하였더라면 내가 탐심을 알지 못하였으리라"

요일 5:3 "하나님을 사랑하는 것은 이것이니 우리가 그의 계명들을 지키는 것이라 그의 계명들은 무거운 것이 아니로다"

(3) 복음의 기능

롬 1:16 "내가 복음을 부끄러워하지 아니하노니 이 복음은 모든 믿는 자에게 구원을 주시는 하나님의 능력이 됨이라 먼저는 유대인에게요 그리고 헬라인에게로다"(비교; 고전 1:18).

(4) 성례의 영적 의미

롬 4:11 "그가 할례의 표를 받은 것은 무할례시에 믿음으로 된 의를 인친 것이니 이는 무할례자로서 믿는 모든 자의 조상이 되어 그들도 의로 여기심을 얻게 하려 하심이라"

고전 5:7 "너희는 누룩 없는 자인데 새 덩어리가 되기 위하여 묵은 누룩을 내버리라 우리의 유월절 양 곧 그리스도께서 희생 되셨느니라"

골 2:12 "너희가 세례로 그리스도와 함께 장사되고 또 죽은 자들 가운데서 그를 일으키신 하나님의 역사를 믿음으로 말미암아 그 안에서 함께 일으키심을 받았느니라"

요 6:51 "나는 하늘에서 내려온 살아 있는 떡이니 사람이 이 떡을 먹으면 영생하리라 내가 줄 떡은 곧 세상의 생명을 위한 내 살이니라 하시니라"

4) 세례(洗禮)

그리스도께서는 부활하신 후 세례식을 제정하였다(마 28:19; 막 16:16). 그리스도께서는 그의 제자들에게 모든 족속을 제자로 삼아 아버지와 아들과 성령의 이름으로 세례를 베풀라고 명령하셨다. 다시 말하면, 삼위일체 하나님과 특별한 관계를 맺게 하라고 명하신 것이다.

예수님은 세례의 형식에 대하여 규정하려 하지 않으셨지만, 회가 그 필요성을 느꼈을 때 이 제정의 말씀을 선택하였던 것이다. 현재의 형식은 2세기초 이전에 사용되었던 것이다. 신교에서는 공인된 목사에 의해 삼위일체 하나님의 이름으로 시행되는 세례를 합법적인 것으로 간주하는데 반하여, 로마가톨릭은 세례를 구원에 절대적으로 필요한 것으로 간주함으로 어린 아이가 위독할 때는 신부 이외의 다른 사람에게도 특히 조산원에게도 세례를 베풀도록 허락하고 있다.

(1) 세례의 바른 양식(樣式)

침례교회는 세례의 합당한 양식이 침례(浸禮)라고 말할 뿐 아니라, 심지어는 침례가 세례의 본질에 속한다고 주장하며, 다른 어떤 방법으로 시행된 세례는 세례가 아니라고 한다. 또 그들은 세례의 근본적인 관념이 그리스도의 죽음과 부활관념(롬 6:3-6; 골 2:12)이라고 주장하며, 세례는 침례에 의해서만 상징적으로 표시되는 것이라 한다. 그러나 성경은 분명히 성결이 세례의 상징에 있어 본질적인 것이라고 말해주고 있다(겔 36:25; 요 3:25-26; 행 22:16; 딛 3:5; 히 10:22; 벧전 3:21). 또한 세례는 침수(浸水)와 마찬가지로 물을 뿌리는 형식이나 붓는 형식에 의해서도 상징될 수 있는 것이다(레 14:7; 민 8:7; 겔 36:25; 히 9:19-22, 10:22).

따라서 세례의 양식은 그리 중요하지 않은 것이다. 그러므로 세례는 침수의 형식에 의해 집례될 수 있으며, 붓는 형식이나 뿌리는 형식에 의해서도 집례될 수 있는 것이다. 그러나 침례파는 신약이 침례에 의한 세례만을 정당시 한다고 주장한다. 그러나 그런 주장을 증명할 수는 없다.

예수께서는 세례의 어떤 형식을 제정하지 않으셨고, 성경은 결코 어떤 특별한 양식을 강조하지도 않는다. 예수께서 사용하신 'Baptize'란 말은 꼭 '담그다'란 뜻을 의미하는 것이 아니라 '씻어 정결하게 하다'란 뜻을 의미하는 것이다. 신약에서 우리는 침례에 의한 세례라고 확증할 만한 예를 한 번도 찾아볼 수 없다.

세례요한에게 운집한 무리들과 오순절에 회심한 3천 명도 침수(浸水)에 의해 세례를 받은 것이 아닌 듯하다. 또한 이 양식은 사도행전 9:18, 10:47, 16:33-34에 언급된 경우에서도 사용된 것 같지 않다.

(2) 세례의 합당한 대상

세례는 성인과 영아에게 베푼다.

① 성인 세례

세례는 신자와 그의 후손을 위해 시도되는 것이다. 예수께서는 분명히 세례 제정의 말씀을 주로 성인세례를 심중에 두고 말씀하셨던 것이다. 왜냐하면 제자들이 그들의 선교사업을 성인들에게서부터 시작했기 때문이다. 예수님의 교훈은 신앙고백이 세례보다 앞서야 한다는 것을 의미하는 것이다(막 16:16). 오순절 베드로의 말씀을 받아들인 자들은 세례를 받았다(행 2:41, 8:37, 16:31-34). 그러므로 교회는 세례를 받고자 하는 모든 성인들에게 신앙 고백을 요구해야 한다. 그러한 고백이 이루어지면 그 진실성을 의심할 아무런 이유가 없는 한 교회는 그 고백을 표면적 가치로 받아들여야 한다.

② 영아 세례

침례교회는 영아 세례의 정당성을 부인하는데, 그 이유는 영아들이 믿음을 가질 수 없기 때문이며, 신약에 영아에게 세례를 주라는 명령이 없으며, 그런 세례의 단순한 예를 기록한 일이 없기 때문이다. 그러나 이는 영아 세례가 비성경적이라는 증거는 되지 못한다.

a. 영아 세례의 성경적 근거: 영아 세례는 성경의 단일한 구절에 근거한 것이 아니라 성경적 사상의 산물이다. 아브라함과 맺은 언약은 그것이 국가적 국면이긴 했지만, 주로 영적인 언약이었다(롬 4:16-18; 갈 3:8-9, 14). 이러한 언약은 아직도 유효하며, 본질상 현시대의 새 언약과 동일한 것이다(롬 4:13-18; 갈 3:15-18; 히 6:13-18). 영아들은 언약의 혜택에 참여하였으며, 할례의 표를 받았으며, 이스라엘 회중의 한 부분으로 계산되었다(대하 20:13; 욥 2:16). 할례는 신약에 와서 언약에 들어가는 표와 증표로써 세례와 대치된다(행 2:39; 골 2:11-12).

새 언약은 옛 언약보다 은혜로운 것으로 성경(사 54:13; 렘 31:34; 히 8:11)에 나타나 있으므로, 새 언약은 영아를 좀처럼 배제하지 않는다. 이는 마태복음 19:14; 사도행전 2:39; 고린도전서 7:14 등의 구절들의 견해와도 역시 다르다. 뿐만 아니라 전 가족이 세례를 받았는데, 이는 영아를 제외했다는 것이 아니다(행 16:15, 16:33; 고전 1:16).

b. 영아 세례의 근거와 작용: 개혁파 노선의 어떤 학자는 영아가 가정적(假定的) 중생에 근거해서 세례를 받는다고 주장하며, 또 어떤 사람은 영아는 중생의 약속을 포함하는 하나님의 총포괄적, 언약적 약속에 근거해서 세례를 받는다는 입장을 취한다. 이 후자의 견해가 보다 받아들일 만한 가치가 있다. 언약적 약속은 영아 세례의 확실한 객관적 근거를 제공해 준다. 그러나 영아세례가 어떻게 영적 생명을 강하게 하기 위한 은혜의 방편으로서의 기능을 발휘할 수 있느냐 하는 문제가 일어나는데, 그 대답은 영아들이 세례 받을 때 중생되었다고 하면 세례는 그 시행시에 중생의 생명을 강하게 하는 것이며, 세례의 의미가 보다 명백히 이해된 후에는 믿음이 더 견고해질 수 있다는 것이다. 그러므로 세례의 작용이 세례의 시행 순간에만 필연적으로 제한된다고 말할 수는 없는 것이다.

[참고할 성구]

(1) 세례의 제정

마 28:19 "그러므로 너희는 가서 모든 족속을 제자로 삼아 아버지와 아들과 성령의 이름으로 세례를 베풀고"

막 16:15-16 "또 이르시되 너희는 온 천하에 다니며 만민에게 복음을 전파하라 믿고 세례를 받는 사람은 구원을 얻을 것이요 믿지 않는 사람은 정죄를 받으리라"

(2) 정결의 상징인 세례

행 22:16 "이제는 왜 주저하느냐 일어나 주의 이름을 불러 세례를 받고 너의 죄를 씻으라 하더라"

벧전 3:21 "물은 예수 그리스도께서 부활하심으로 말미암아 이제 너희를 구원하는 표니 곧 세례라 이는 육체의 더러운 것을 제하여 버림이 아니요 하나님을 향한 선한 양심의 간구니라"

(3) 할례 내용인 세례

골 2:11-12 "또 그 안에서 너희가 손으로 하지 아니한 할례를 받았으니 곧 육의 몸을 벗는 것이요 그리스도의 할례니라 너희가 세례로 그리스도와 함께 장사되고 또 죽은 자들 가운데서 그를 일으키신 하나님의 역사를 믿음으로 말미암아 그 안에서 함께 일으키심을 받았느니라"

(4) 아브라함 언약의 영원한 적용

롬 4:16 "그러므로 상속자가 되는 그것이 은혜에 속하기 위하여 믿음으로 되나니 이는 그 약속을 그 모든 후손에게 굳게 하려 하심이라 율법에 속한 자에게뿐만 아니라 아브라함의 믿음에 속한 자에게도 그러하니 아브라함은 우리 모든 사람의 조상이라"

갈 3:29 "너희가 그리스도의 것이면 곧 아브라함의 자손이요 약속대로 유업을 이을 자니라"

(5) 신약교회의 자녀와 세례

마 19:14 "예수께서 이르시되 어린 아이들을 용납하고 내게 오는 것을 금하지 말라 천국이 이런 사람의 것이니라 하시고"

행 2:39 "이 약속은 너희와 너희 자녀와 모든 먼 데 사람 곧 주 우리 하나님이 얼마든지 부르시는 자들에게 하신 것이라 하고"

고전 7:14 "믿지 아니하는 남편이 아내로 말미암아 거룩하게 되고 믿지 아니하는 아내가 남편으로 말미암아 거룩하게 되나니 그렇지 아니하면 너희 자녀도 깨끗하지 못하니라 그러나 이제 거룩하니라"

5) 성찬(聖餐)

성찬은 예수님께서 돌아가시기 전 유월절에 제정된 것이다(마 26:26-29; 막 14:22-25; 눅 22:19-20; 고전 11:23-25).

이 새로운 성례는 유월절 음식의 중심적인 요소와 직결된다. 양고기와 함께 먹는 떡은 새로운 용도로 봉헌되었으며, 축복의 잔이라고 칭하는 제3의 포도주잔도 그와 마찬가지였다. 떡과 포도주는 주님의 찢어진 살과 흘리신 피를 상징하는 것이니, 이런 것을 먹고 마심은 그리스도의 희생의 열매에 대한 영적 유용성을 지적해 주는 것이며, 그 성례 전체는 그의 구속적 죽음에 대한 계속적인 기념인 것이다.

(1) 표징과 인침으로서의 성찬

① 표징

다른 모든 성례와 마찬가지로 성찬은 무엇보다도 하나의 표징인 것이다. 그 표징은 떡과 포도주의 유형적 요소들뿐 아니라, 그런 것을 먹고 마심까지 포함하는 것이다. 그것은 주님의 죽으심에 대한 하나의 상징적 표시(고전 11:26)이며, 신자가 그리스도의 십자가에 못 박히심과 부활하신 주님의 생명과 능력에 참여함을 상징하는 것이다. 뿐만 아니라 성찬은 거기에 참여하는 자의 고백행위인 것이다. 성찬에 참여하는 자들은 그리스도를 구주로 믿는 신앙을 고백하며, 그들의 왕 되신 그리스도께 대한 충성을 고백하는 것이다.

② 인침

그러나 성찬은 표징만이 아니고 하나의 인침이니, 이것은 그 표시하는 사물에 부착되어 그 실현의 보증이 되는 것이다. 성찬은 성찬에 참여하는 신자들로 하여금 그들이 그리스도께서 고통스럽고 수치스러운 죽음에 자신을 내주심으로써 보여주신 그 위대한 사랑의 대상이라는 것을 확신시켜 주며, 언약의 모든 약속과 복음의 모든 풍요함이 그들의 것임을 확신시켜 주며, 더 나아가서는 구원의 축복이 실제 소유에 있어서 그들의 것이라는 것을 확신시켜 준다.

(2) 성찬에 있어서의 그리스도의 임재

성찬에 있어서의 그리스도의 실재성에 관한 문제는 오랜 논쟁의 대상이 되어 왔으며, 아직도 상당한 견해의 차이가 있다. 여기서는 네 가지 견해를 생각하고자 한다.

① 로마교회의 견해

로마교회는 성찬에 있어서 육체적 의미로 그리스도의 임재를 말한다. "이는 내 몸이니"라는 예수의 말에 근거해서 볼 때, 실상은 그리스도의 살과 피로 변한다고 주장한다. 그러나 이 견해는 몇 가지 반대주장을 면하지 못한다. 첫째, 육신으로 제자들 앞에 서 계신 예수께서 그가 손에 그의 살을 가지고 있었다고 전혀 말할 수 없다. 둘째, 성경은 떡이 변화되었다고 생각할 만한 때에도 그것을 떡이라고 말했다(고전 10:17, 11:26-28). 셋째, 떡과 포도주의 모양과 냄새와 맛인데, 그것을 실제 살과 피라고 믿는 것은 상식에 어긋나는 것이다.

② 루터파의 견해

루터파는 떡과 포도주가 그대로 존재하지만, 그리스도의 전 인격, 즉 살과 피가 그 요소(떡과 포도주)들 속에(in), 그 요소들 밑에(under), 그 요소들과 함께(along with) 임재한다고 주장한다. 그리스도께서 손에 떡을 가지셨을 때, 그가 자기 몸을 그것과 함께 가지고 있었으므로, "이는 내 살이니라"고 말씀하실 수 있었다는 것이다. 떡 받는 모든 자는 그가 신자이건 아니건 간에 살을 받는 것이라고 한다. 이 견해는 로마 가톨릭 교리를 크게 발전시킨 것이 못 된다. 이 견해는 예수의 말씀을 "이는 내 몸을 동반한다."는 부당한 의미로 해석하는 것이다. 뿐만 아니라 이 견해는 그리스도의 몸이 편재한다는 불가능한 개념을 만들어 내고 말았다.

③ 츠빙글리의 견해

츠빙글리는 성찬에 있어서 그리스도의 육체적 임재를 부인하지만, 그리스도는 신자들의 신앙 속에 영적으로 임재한다고 주장한다. 츠빙글리에 의하면 성찬은 주로 하나의 단순한 표징이나 상징, 또는 그리스도의 죽으심에 대한 기념, 또는 믿는 자들 편에서 하나의 고백 행위에 불과하다고 한다. 그러나 그의 이런 견해는 성찬을 하나님께서 그리스도 안에서 신자들을 위해 행하시는 단순한 날인과 보증으로 간주하는 것 같은 인상을 준다.

④ 칼빈의 견해

칼빈은 중간적 입장을 취한다. 칼빈은 육체적, 장소적 임재 대신에 그리스도의 영적 임재를 가르친다. 그는 츠빙글리와는 달리 성례의 깊은 의미를 강조한다. 칼빈은 성찬을 하나님께 대 한 헌신의 보증으로 보기보다는 하나님께서 신자를 위해 행하시는 날인과 보증으로 보았다. 십자가 위에서의 그리스도의 희생의 공덕과 효과는 성령의 능력에 의해서 신자들에게 임재하며 실제적으로 전달된다고 볼 수 있다.

(3) 성찬과 그 참여자

성찬은 무조건 모든 사람을 위해서 제정된 것이 아니라, 성찬의 영적 의미를 이해하는 신자들만을 위해서 효과 있는 것이다. 아직 분별할 수 있는 연령에 이르지 못하는 아이들은 성례에 참여함이 합당하지 않다. 심지어 진실한 신자라도 성찬에 참여할 자격이 없는 영적 상태 하에 있게 될는지도 모르므로 자신을 주의 깊게 살펴보아야 한다(고전 11:28-32).

불신자는 자연히 성찬에서 제외된다. 이 성례에서 받은 은혜는 말씀의 도구를 통해서 받는 은혜와 그 종류로 보아 다를 바 없다. 성례는 단순히 말씀의 효과와 이미 받은바 은혜의 분량에 부가된 것뿐이다. 이 성례의 영적 유익의 희열은 그 참여자의 신앙에 의존하는 것이다.

[참고할 성구]

(1) 성찬의 제정

고전 11:23-27 "내가 너희에게 전한 것은 주께 받은 것이니 곧 주 예수께서 잡히시던 밤에 떡을 가지사 축사하시고 떼어 이르시되 이것은 너희를 위하는 내 몸이니 이것을 행하여 나를 기념하라 하시고 식후에 또한 그와 같이 잔을 가지시고 이르시되 이 잔은 내 피로 세운 새 언약이니 이것을 행하여 마실 때마다 나를 기념하라 하셨으니 너희가 이 떡을 먹으며 이 잔을 마실 때마다 주의 죽으심을 그가 오실 때까지 진하는 것이니라 그러므로 누구든지 주의 떡이나 잔을 합당하지 않게 먹고 마시는 자는 주의 몸과 피에 대하여 죄를 짓는 것이니라"

(2) 표징과 인침으로서의 성찬

마 26:26-27 "그들이 먹을 때에 예수께서 떡을 가지사 축복하시고 떼어 제자들에게 주시며 이르시되 받아서 먹으라 이것은 내 몸이니라 하시고 또 잔을 가지사 감사 기도 하시고 그들에게 주시며 이르시되 너희가 다 이것을 마시라"

고전 10:16 "우리가 축복하는바 축복의 잔은 그리스도의 피에 참여함이 아니며 우리가 떼는 떡은 그리스도의 몸에 참여함이 아니냐"

(3) 고백 행위로서의 성찬

고전 11:26 "너희가 이 떡을 먹으며 이 잔을 마실 때마다 주의 죽으심을 그가 오실 때까지 전하는 것이니라"

(4) 성찬의 바람직한 참여와 자아성찰

고전 11:27-29 "그러므로 누구든지 주의 떡이나 잔을 합당하지 않게 먹고 마시는 자는 주의 몸과 피에 대하여 죄를 짓는 것이니라 사람이 자기를 살피고 그 후에야 이 떡을 먹고 이 잔을 마실지니 주의 몸을 분별하지 못하고 먹고 마시는 자는 자기의 죄를 먹고 마시는 것이니라"

7. 종말론(終末論)

1) 육체적 죽음과 사후의 중간 상태

(1) 육체적 죽음

육체적 죽음은 성경에 여러 가지로 나타나 있다. 성경은 육체적 죽음을 영혼의 죽음과 구별해서 말하고 있으며(마 10:28; 눅 12:4), 또는 동물적 생명의 종결이나 상실로 언급하고 있으며(눅 6:9; 요 12:25), 또는 육체와 영혼의 분리라고 가르쳐 주고 있다(전 12:7; 약 2:26). 육체적 죽음은 결코 멸절이 아니라, 육체와 영혼의 분리에 의한 육체적 생명의 종결인 것이다. 펠라기우스피와 쏘시니안파는 인간이 죽어야 할 존재로 창조되었다고 가르치지만, 이 견해는 성경에 어긋나는 것이다. 성경은 죽음이 죄의 결과요, 죄의 형벌이라고 가르쳐 준다(창 2:17, 3:19; 롬 5:12, 17, 6:23). 죽음은 인간생활에 있어서 자연적 과정이라고 보기보다는 인간의 마음에 공포와 두려움을 가져다주는 신적 진노의 표현(시 90:7, 11)이며, 하나의 심판(롬 1:32)이며, 정죄(롬 5:16)이며, 저주(갈 3:13)이다.

그러나 죽음이 죄에 대한 형벌이며, 신자가 죄책에서 구속 받았다고 한다면, 왜 신자들이 아직도 죽어야 하느냐 하는 문제가 제기된다. 그렇지만 죽음이 신자들에게는 형벌이 아니라, 성화 과정의 중요한 요소로 간주되어야 한다는 것은 분명한 사실이다. 이는 성도의 죄에 대한 죽음의 성취를 말하는 것이다.

(2) 중간 상태

인간의 죽음과 그 후 일반적 부활 사이의 중간 상태에 관한 견해는 상당히 다양하다. 그러므로 그중 중요한 이론들에 대해 논의할 필요가 있다.

① 스올-하데스의 현대적 개념

이 개념은 현대에 상당히 성행하는 개념으로서, 경건한 자나 악한 자나 누구든지 죽은 후에는 구약에서 스올(Sheol)이라고 부르며, 신약에서는 하데스(Hades)라고 부르는 중간지대에 내려간다는 것이다. 그곳은 보상이나 형벌의 장소가 아니라, 모든 자의 동일한 운명의 장소이며, 지상생활의 약화된 반영에 불과한 음침한 장소이며, 생활의 흥미를 잃고 삶의 희열이 슬픔으로 변해가는 약화된 인식과 침체된 무능력의 장소이다.

그러나 이런 개념은 거의 성경적 이론과 일치하지 않는다. 스올(Sheol)과 하데스(Hades)란 말이 항상 경건한 자와 악인이 함께 내려가는 장소를 의미한다면, 그 곳에 내려가는 것을 악한 자들을 향한 경고로서 어떻게 지지할 수 있겠는가?(시 9:17; 잠 5:5, 7:27, 9:18, 15:24). 또 하나님의 진노가 스올에서 불붙고 있는 것으로 성경은 어떻게 경고할 수 있었겠는가?(신 32:22).

부자는 하데스에서 그의 눈을 들어 쳐다보면서 자기가 있는 곳을 '고통하는 곳'(눅 16:23, 28)이라고 했다. 스올(Sheol)과 하데스(Hades)란 말은 항상 동일한 의미로 사용되지 않았지만, 가끔 무덤(창 42:38; 시 16:10)으로, 어떤 때는 죽음의 상태나 조건(삼상 2:6; 시 89:48)으로, 또 어떤 때는 영원한 형벌의 장소(신 32:22; 시 9:17; 잠 9:18)로 의미되었다.

② 연옥, 선조림보, 유아림보

a. 연옥(煉獄): 로마교회에 의하면, 죽을 때 완전한 자들의 영혼은 즉시 천국에 들어가게 되지만(마 25:46; 빌 1:23), 완전히 정화되지 못한 자의 영혼(즉 이는 많은 신자들의 상태이다)은 연옥이라 불리는 정화의 장소에 들어간다고 한다. 거기 거하는 기간은 개인의 형편에 따라 다른데, 경건한 친구와 친척의 기도, 선행, 미사에 의해 단축될 수 있다는

것이다. 그러나 이 교리는 성경적인 근거가 없다.

b. 선조림보(Limbus Patrum): 로마교회에 의하면, 선조림보는 그리스도께서 죽으신 후부터 부활하실 사이에 오셔서 해방시켜 줄 때까지 구약성도들이 억류되었던 곳이라 한다.

c. 유아림보(Limbus Infantum): 유아림보는 세례 받지 못한 모든 아이들의 영혼이 거하는 처소라 한다. 그들은 적극적 형벌을 당하지 않지만 천국의 복에서 제외되고, 아무런 구원의 소망이 없이 거기에 거한다. 이 견해 역시 성경적 근거가 없다.

③ 영혼의 수면

영혼이 죽으면 무의식적 휴식이나 수면상태에 들어간다는 견해는 과거 여러 종파의 지지를 받아 왔지만, 오늘날의 영국의 어빙파와 미국의 럿셀파의 중요한 교리가 되었다. 이 견해는 지성을 떠나서는 인식의 지속성을 믿을 수 없다는 자들에게 하나의 특별한 매혹이 된다. 그들은 죽음이 영혼의 잠(마 9:24; 행 7:60; 살전 4:13)이라는 사실과 죽은 자는 의식하지 못한다는 것(시 6:5, 30:9, 115:17, 146:4)을 성경적 근거로 삼는다. 그러나 전자는 단순히 죽은 육체와 잠자는 육체의 유사성 때문에, 죽음을 단순히 잠자는 것으로 말한 것이고, 후자는 단순히 죽은 자는 현세에 대한 인식을 할 수 없고, 현세의 활동에 참여할 수 없다는 것을 강조한 것뿐이다. 성경은 믿는 자가 사후에 즉시 의식적 생활을 향유하는 것으로 표현해 주고 있다(눅 16:19-31, 23:43; 고후 5:8; 빌 1:23; 계 6:9).

④ 멸절설과 조건적 영생설

이 교리에 의하면, 악인은 죽은 뒤 의식적 존재가 되지 못한다고 한다. 멸절설은 인간이 불멸하게 창조되었다 하더라도 죄악 속에 계속 거하는 자들은 하나님의 적극적 행동에 의해 불멸성을 박탈당하게 된다고 가르친다. 그러나 조건적 영생설에 의하면 인간은 사멸하도록 창조되었지만 믿는 자들만은 그리스도 안에서 불멸의 선물을 받는다고 한다. 악인은 궁극적으로 완전히 멸망하거나 모든 의식을 잃게 된다는 것이다. 그 결과는 두 경우 모두 마찬가지다.

이러한 교리들은 성경이 영생을 그리스도 안에서 주시는 하나님의 선물(요 10:27-28; 롬 2:7, 6:23)이며, 죄인들은 죽음과 멸망으로 위협 당한다(시 73:27; 말 4:1; 벧후 2:12)고 표현한 사실을 근거로 삼으려 한다. 그러나 성경은 분명히 죄인들이 계속해서 존재할 것이며(마 25:46; 계 14:11, 20:10), 악인의 형벌의 등급(눅 12:47-48; 롬 2:12)이 있다고 가르치고 있다.

⑤ 제2의 시련

어떤 학자들은 죄로 죽은 자들이 사후에 그리스도를 영접할 기회가 있을 것이라고 주장한다. 또 누구든지 예수를 알고 영접할 좋은 기회를 제공받지 않고서는 멸망 받지 않을 것이라고 말한다. 그런 학자들은 에베소서 4:8-9; 고린도전서 15:24-28; 빌립보서 2:9-11; 골로새서 1:19-20; 베드로전서 3:19, 4:6 등의 성경구절을 이론적 근거로 삼고자 한다. 그런데 이런 성구들은 그런 이론을 증명해 주는 구절이 아니다. 그뿐 아니라, 성경은 사후의 불신자의 상태를 변할 수 없는 고정된 상태로 표현하고 있다(전 11:3; 눅 16:19-31; 요 8:21, 24; 벧후 2:4, 9; 유 7, 13). 그들의 심판은 그들의 육신으로 행한 것에 의존한다(마 7:22-23, 10:32-33, 25:34-46; 고후 5:9-10; 살후 1:8).

[참고할 성구]

(1) 죽음은 죄의 형벌

롬 5:12 “이러므로 한 사람으로 말미암아 죄가 세상에 들어오고 죄로 말미암아 사망이 들어왔나니 이와 같이 모든 사람이 죄를 지었으므로 사망이 모든 사람에게 이르렀느니라"

롬 6:23 "죄의 삯은 사망이요 하나님의 은사는 그리스도 예수 우리 주 안에 있는 영생이니라"

(2) 성도는 죽음에서 승리한다.

고전 15:55-57 "사망아 너의 승리가 어디 있느냐 사망아 너의 쏘는 것이 어디 있느냐 사망의 쏘는 것은 죄요 죄의 권능은 율법이라 우리 주 예수 그리스도로 말미암아 우리에게 승리를 주시는 하나님께 감사하노니"

(3) 음부(스올)는 형벌의 장소

시 9:17 "악인들이 스올로 돌아감이요 하나님을 잊어버린 모든 이방 나라들이 그리하리로다"

잠 15:24 "지혜로운 자는 위로 향한 생명 길로 말미암음으로 그 아래에 있는 스올을 떠나게 되느니라"

눅 16:23 "그가 음부에서 고통 중에 눈을 들어 멀리 아브라함과 그의 품에 있는 나사로를 보고"

(4) 성도는 죽음 직후에 그리스도와 함께 거한다.

고후 5:8 "우리가 담대하여 원하는 바는 차라리 몸을 떠나 주와 함께 있는 그것이라"

빌 1:23 "내가 그 둘 사이에 끼었으니 차라리 세상을 떠나서 그리스도와 함께 있는 것이 훨씬 더 좋은 일이라 그렇게 하고 싶으나"

(5) 불신자도 사후에 계속 존재한다.

마 25:46 "그들은 영벌에, 의인들은 영생에 들어가리라 하시니라"

눅 12:47-48 "주인의 뜻을 알고도 준비하지 아니하고 그 뜻대로 행하지 아니한 종은 많이 맞을 것이요 알지 못하고 맞을 일을 행한 종은 적게 맞으리라 무릇 많이 받은 자에게는 많이 요구할 것이요 많이 맡은 자에게는 많이 달라 할 것이니라"

계 14:11 "그 고난의 연기가 세세토록 올라가리로다 짐승과 그의 우상에게 경배하고 그의 이름 표를 받는 자는 누구든지 밤낮 쉼을 얻지 못하리라 하더라"

(6) 사후에 도피가 있을 수 없다.

눅 16:26 "그뿐 아니라 너희와 우리 사이에 큰 구렁텅이가 놓여 있어 여기서 너희에게 건너가고자 하되 갈 수 없고 거기서 우리에게 건너올 수도 없게 하였느니라"

벧후 2:9 "주께서 경건한 자는 시험에서 건지실 줄 아시고 불의한 자는 형벌 아래에 두어 심판 날까지 지키시며"

2) 그리스도의 재림

신약은 그리스도의 초림이 있은 후 재림이 있을 것이라고 분명히 가르치고 있다. 예수님께서 그의 다시 오심을 여러 번 말씀하셨으며(마 24:30, 25:19, 26:64; 요 14:3), 천사도 예수님의 승천 시에 그의 재림에 주의를 환기시켰으며(행 1:11), 바울 서신에서도 재림에 대하여 여러 번 언급하고 있다(빌 3:20; 살전 4:15-16; 살후 1:7, 10; 딛 2:13; 히 9:28).

(1) 재림 전의 대 사건들

성경에 보면, 여러 가지 중요한 사건들이 그리스도의 재림 전에 일어난다고 했다.

① 이방인의 부르심

천국 복음은 그리스도에 재림 전에 온 세계에 전해져야만 한다(마 24:14; 막 13:10; 롬 11:25)고 성경은 말해준다. 이 구절들이 내포하고 있는 뜻은 전 국민이 완전히 복음화 되어 복음이야말로 국민생활에 능력이 되며, 결신(決信)을 촉구하는 목표가 되어야 한다는 것이다.

② 이스라엘의 회심

고린도후서 3:15과 로마서 11:25-29은 이스라엘의 회심을 말해 주는데, 특히 로마서는 이 회심을 시간적 종말과 관련시키는 것 같다. 어떤 학자들은 이 구절들을 들어서 이스라엘 전체 또는 국가적 이스라엘이 결국은 주님에게로 돌아올 것이라고 주장한다. 그러나 로마서 11:26의 '온 이스라엘'이라는 표현은 단순히 고대 언약 백성으로부터 선택하여 낸 충족한 무리를 의미할 것이다. 이 모든 구절은 이스라엘 많은 무리가 세상 끝 날에 주님께 돌아올 것이라는 것을 의미하는 것이다.

③ 큰 배도와 큰 재난

성경은 끝 날이 가까울수록 크게 배도(背道)하는 일이 있을 것이라고 여러 번 가르쳐 주고 있다. 세상 끝 날에 죄악이 증가할 것이며, 많은 사람의 사랑이 식어질 것이다(마 24:12; 살후 2:3; 딤후 3:1-7, 4:3-4). 하늘에 사무친 악으로 인하여, 천지가 시작된 후로 전무후무한 무서운 재난이 초래될 것이다. 그 날들을 감하지 아니했더라면, 구원을 얻을 영혼이 없었을 것이지만, 택한 자들을 위해 그 날들을 감할 것이다.

④ 적그리스도의 출현

적그리스도의 영은 이미 사도시대에도 분명히 있었으며(요일 4:3), 많은 적그리스도들이 그들의 모습을 드러내었다(요일 2:8). 그러나 성경은 우리에게 가르치기를 끝 날에 개인이 악의 화신으로서 일어날 것이라 한다. 즉 "죄악의 사람"이요, "그는 대적하는 자라 신이라고 불리는 모든 것과 숭배함을 받는 것에 대항하여 그 위에 자기를 높이고 하나님의 성전에 앉아 자기를 하나님이라고 내세우느니라"(살후 2:4).

⑤ 표적과 기사

성경은 이상한 표적을 세상 끝 날이 시작되는 징조로서 말해 주고 있다. 전쟁, 기근, 지진이 각처에 있을 것이니 이것이 재난의 시작이며,

이 재난은 우주의 재생 전에 일어날 것이다. 그러므로 하늘에 무서운 징조가 나타날 것이며, 그 때에 하늘의 권세가 흔들릴 것이다(마 24:29-30; 막 13:24-25; 눅 21:25-26).

(2) 재림 그 자체

앞서와 같은 징조가 있은 후에는 하늘의 구름을 타고 오시는 인자(人子)를 보게 될 것이다.

① 재림의 시기

어떤 학자는 그리스도의 재림이 임박했다고 믿는다. 즉 어느 때든지 방금 그 일이 일어날 것으로 믿는다. 그러나 성경은 앞서 말한 사건들과 징조들이 재림 전에 앞서 일어난다고 가르쳐 준다. 하나님 편에서 볼 때, 재림은 언제나 가까운 것이다(히 10:25; 약 5:9; 벧전 4:5). 그러나 그 누구도 그 확실한 때를 결정적으로 말할 수 없으며, 심지어는 천사들이나 인자라도 알 수 없다(마 24:36).

② 재림의 양식(樣式; 모습)

그리스도의 인격은 다시 오실 것이다(인격적 재림). 그는 이미 오순절 날에 영으로 오셨으나, 육체로 다시 오실 것이므로(형태적, 육체적 재림), 각 사람의 눈이 볼 수 있을 것이다(가견적 재림; 마 24:30, 26:64; 행 1:11; 딛 2:13; 계 1:7). 많은 징조가 재림 전에 일어나겠지만, 그의 재림은 사람들이 생각하지 않은 때 불시에 일어날 것이다(돌발적 재림). 하늘의 구름이 그의 마차가 될 것이며(마 24:30), 천사들은 그의 호위병이며(살후 1:7), 천사장들은 그의 전령관이 되며(살전 4:16), 하나님의 성도들은 그의 영광스런 수행원이 될 것이다(영광의 재림; 살전 3:13; 살후 1:10).

③ 재림의 목적

그리스도께서는 미래의 시대, 곧 사물의 영원한 상태를 도입하실 목적으로 재림하실 것인데, 그는 두 가지 사건 즉, 부활과 최후 심판을 통해 이러한 목적을 실행하실 것이다(요 5:25-29; 행 17:31; 롬 2:3-16; 고후 5:10; 빌 3:20-21; 살전 4:13-17; 벧후 3:10-13; 계 20:11-15, 22:12).

(3) 천년왕국

어떤 이는 그리스도의 재림이 천년왕국 전에 또는 천년왕국 후에 될 것이라고 믿는다.

① 후천년설

후천년설은 그리스도의 재림이 천년왕국 후에 될 것이라고 가르쳐 준다. 천년왕국은 우리가 지금 살고 있는 복음시대라고 생각되는데, 이 시기 끝에 그리스도께서 나타나실 것이라 한다. 복음은 세상 끝 날에 현재보다 훨씬 효과적이 될 것이며, 의와 평화의 시대와 풍요한 영적 축복의 시대로 인도하여 드릴 것을 예기한다. 현재에도 어떤 학자는 천년왕국이 진화의 완전한 자연적 과정의 거대한 결과가 될 것을 기대한다. 그러나 이 모든 개념은 세상 끝 날에 배도하는 일이 있을 것이라고 말하는 성경의 가르침에 부합하지 않는 것 같다.

② 전천년설

전천년설에 의하면, 그리스도께서 재림하실 지상 위에 다윗의 왕국을 재건하시고 천 년 동안 예루살렘을 통치하실 것이라 한다. 이 이론은 선지서들과 요한계시록 20:1-6의 여자(如字)적 해석에 근거한 것이라고 볼 수 있다. 전천년설은 하나님 나라를 지상적 왕국과 국가적 왕국으로 만드는 반면에, 신약은 하나님 나라를 현재에도 존재하는 영적, 우주적 왕국으로 표현하고 있다(마 11:12, 12:18; 눅 17:21; 요 18:36-37; 골 1:13). 신약은 그리스도의 그와 같은 지상적이고 일시적인 왕국에 대해 말한 일이 없지만, 그의 하늘(딤후 4:18)의 영원한 왕국(벧후 1:11)에 대하여만 말해 주고 있다. 뿐만 아니라, 이 이론은 요한계시록 20:

1-6에 근거한 것인데, 이 구절은 하늘의 한 장면을 나타내 주며, 유대와 지상적 국가적 왕국이나 장차 예수께서 다스릴 곳인 팔레스틴에 대해 언급한 일이 없다.

[참고할 성구]

(1) 이방인을 부르심

마 24:14 "이 천국 복음이 모든 민족에게 증언되기 위하여 온 세상에 전파되리니 그제야 끝이 오리라"

롬 11:25-26 "형제들아 너희가 스스로 지혜 있다 하면서 이 신비를 너희가 모르기를 내가 원하지 아니하노니 이 신비는 이방인의 충만한 수가 들어오기까지 이스라엘의 더러는 우둔하게 된 것이라 그리하여 온 이스라엘이 구원을 받으리라"

(2) 이스라엘의 회심

고후 3:15-16 "오늘까지 모세의 글을 읽을 때에 수건이 그 마음을 덮었도다 그러나 언제든지 주께로 돌아가면 그 수건이 벗겨지리라"

(3) 큰 배도와 큰 재난

마 24:9-13 "그 때에 사람들이 너희를 환난에 넘겨주겠으며 너희를 죽이리니 너희가 내 이름 때문에 모든 민족에게 미움을 받으리라 그 때에 많은 사람이 시험에 빠져 서로 잡아주고 서로 미워하겠으며 거짓 선지자가 많이 일어나 많은 사람을 실족하게 되어 서로 잡아 주고 서로 미워하겠으며 거짓 선지자가 많이 일어나 많은 사람을 미혹하겠으며 불법이 성하므로 많은 사람의 사랑이 식어지리라 그러나 끝까지 견디는 자는 구원을 얻으리라"

마 24:21-22 "이는 그 때에 큰 환난이 있겠음이라 창세로부터 지금까지 이런 환난이 없었고 후에도 없으리라 그 날들을 감하지 아니하면 모든 육체가 구원을 얻지 못할 것이나 그러나 택하신 자들을 위하여 그 날들을 감하시리라"

(4) 적그리스도가 나타남

살후 2:8-9 "그 때에 불법한 자가 나타나리니 주 예수께서 그 입의 기운으로 그를 죽이시고 강림하여 나타나심으로 폐하시리라 악한 자의 나타남은 사탄의 활동을 따라 모든 능력과 표적과 거짓 기적과"

요일 2:18, 22 "아이들아 지금은 마지막 때라 적그리스도가 오리라는 말을 너희가 들은 것과 같이 지금도 많은 적그리스도가 일어났으니 그러므로 우리가 마지막 때인 줄 아노라 … 아버지와 아들을 부인하는 그가 적그리스도니"

(5) 그리스도의 재림

마 24:44 "이러므로 너희도 준비하고 있으라 생각하지 않은 때에 인자가 오리라"

빌 3:20 "그러나 우리의 시민권은 하늘에 있는지라 거기로부터 구원하는 자 곧 주 예수 그리스도를 기다리노니"

딛 2:13 "복스러운 소망과 우리의 크신 하나님 구주 예수 그리스도의 영광이 나타나심을 기다리게 하셨으니"

3) 부활, 마지막 심판, 무궁세계

(1) 부활

성경은 그리스도께서 재림하실 때, 죽은 자가 부활할 것이라고 가르쳐 준다. 구약은 이에 대하여 분명히 말해 주고 있다(사 26:19; 단 12:2). 신약은 이에 대해 충분한 증명을 제공해 준다(요 5:25-29, 6:39-40, 44, 11:24-25; 고전 15장; 살전 4:13-17; 계 20:13).

① 부활의 성질

성경은 우리에게 그리스도의 부활과 같은 육체적 부활을 기대하라고 말씀해 준다. 그리스도 안에서의 구속은 육체도 포함될 것이다(롬

8:23; 고전 6:13-20). 그러한 부활은 고린도전서 15장과 로마서 8:11에서 분명히 가르쳐 주고 있다. 부활은 의로운 자나 악한 자들 모두를 포함한 것이다. 그러나 그것은 다만 의로운 자만을 위한 구원과 영화(榮化)의 행위가 될 것이다.

② 부활의 시기

성경에 의하면, 일반적 부활은 그리스도의 재림이나 세상 끝 날과 일치할 것이며, 최후심판 바로 직전에 있을 것이다(요 5:27-29, 6:39-40, 44, 54, 11:24; 고전 15:23; 빌 3:20-21; 계 20:11-15).

전천년설 주장자들은 이중적 부활을 주장하는데, 그 중 하나는 그리스도의 재림시의 의로운 자의 부활이요, 다른 하나는 천년 후 세상 끝 날의 불의한 자의 부활이라고 가르쳐 준다. 그러나 성경은 의인과 악인 모두의 부활이 한순간에 일어나는 것으로 가르쳐 준다(단 12:2; 요 5:28-29; 행 24:15). 성경은 악한 자의 심판을 그리스도의 재림과 관련시켜 말해 주며(살후 1:7-10), 의로운 자의 부활이 마지막 날에 일어날 것이라고 말해 준다(요 6:39-40, 44, 54, 11:24).

(2) 최후 심판

부활의 교리는 최후심판 교리와 바로 연결된다. 성경은 궁극적 심판이 집행될 것을 분명히 언급하고 있다(시 96:13, 98:9; 전 3:17, 12:14; 마 25:31-46; 롬 2:5-10; 고후 5:10; 딤후 4:1; 벧전 4:5; 계 20:11-14).

① 심판주와 그 보조자들(심판의 주체)

중보자 되신 그리스도께서는 심판주가 될 것이다(마 25:31-32; 요 5:27; 행 10:42, 17:31; 빌 2:10; 딤전 4:1). 이러한 명예는 그의 구속사업에 대한 보상으로 그리스도에게 주어진 것이다. 천사들은 그를 보조할 것이며(마 13:41-42, 24:31, 25:31), 성도들도 그의 심판사역에 다소나마 참여할 것이다(고전 6:2-3; 계 20:4).

② 심판 받을 무리들(심판의 대상)

인류 개개인이 심판대 앞에 서야 한다는 사실은 성경에 분명히 나타나 있다(전 12:14; 마 12:36-37, 25:32; 롬 14:10; 고후 5:10; 계 20:12). 어떤 학자는 말하기를 의로운 자는 심판에서 제외된다고 한다. 그러나 이것은 마태복음 13:30, 40-43, 49, 25:31-36; 고린도후서 5:10에 어긋난다. 마귀도 분명히 심판을 받게 될 것이다(마 8:29; 고전 6:3; 벧후 2:4; 유 6).

③ 심판의 시기

최후 심판은 자연히 세상 끝 날에 될 것이며, 죽은 자의 부활 후에 즉시 이루어질 것이다(요 5:28-29; 계 20:12-13). 심판의 기간은 결정될 수 없는 것이다. 성경은 심판 날이라고 말하고 있지만, 이것은 필연적으로 24 시간의 하루라는 것을 의미하는 것은 아니다. 또한 이것은 천년이 하루와 같다는 하루를 의미한다고 주장하는 전천년설자들의 주장도 근거가 없는 것이다.

④ 심판하는 표준

성도들과 죄인들이 심판받게 된 표준은 분명히 하나님의 계시된 의지(意志)일 것이다. 이방인들은 자연법을 따라 심판받을 것이니, 즉 유대인들은 구약계시에 의해 심판을 받을 것이요, 복음의 충만한 계시를 안 자들은 복음으로 심판을 받을 것이다(롬 2:12). 하나님은 인간 각자에게 합당한 것을 베푸실 것이다.

(3) 최후 상태

최후심판은 각 개인의 최후 상태가 어떨 것인가를 분명히 말해준다.

① 악인의 최후상태

악인은 지옥이라 불리는 형벌의 장소로 보내진다. 어떤 학자는 지옥이 하나의 장소임을 부인하고 다만 하나의 상태로 간주하지만, 성경은 분명히 장소적인 용어를 사용한다. 예를 들면, 성경은 "풀무의 불"(마 13:42), "불 못"(계 20:14-15), "옥"(벧전 3:19)으로 표현하는데, 이 용어 모두가 장소적인 용어이다.

이런 곳에서 그들은 완전히 신적 은총을 빼앗길 것이며, 생활의 끊임없는 불안을 경험할 것이며, 영육 간에 적극적인 고통을 당할 것이며, 양심의 번뇌와 실망에 빠지게 될 것이다(마 8:12-13; 막 9:47-48; 눅 16:23, 28; 계 14:10, 21:8). 그들의 형벌은 등급이 있을 것이다(마 11:22, 24; 눅 12:47-48, 20:47). 그들이 당하는 형벌은 영원할 것이 분명하다. 어떤 학자는 영속과 영원이란 말이 단순히 오랜 기간을 의미하는 것이기 때문에, 영원한 형벌을 부인한다. 그러나 이는 그 용어의 통상적 의미가 아니므로, 그 용어들이 장래 형벌에 적용될 때, 이 같은 제한된 의미를 가질 수 없다고 할 수 있다. 뿐만 아니라, 다른 표현이 이 형벌에 대하여 사용되었는데, 이는 끝없는 형벌을 지적하는 것이다(막 9:43, 48; 눅 16:26).

② 의인의 최후상태

신자의 최후 상태는 현세가 지나가고, 새 창조가 이룩되기 전에 이루어질 것이다. 이 미래의 창조는 전적으로 새 창조가 아니라, 오히려 그것은 현 우주의 갱신인 것이다(시 102:26-27; 히 12:26-28). 천국은 성도들이 영원히 거할 처소가 될 것이다. 어떤 학자는 천국을 단순히 하나의 상태라고 생각할지 모르나, 성경은 분명히 천국을 하나의 장소로 언급하고 있다(요 14:2; 마 22:12-13, 25:10-12). 의로운 자는 천국을 기업으로 얻을 뿐 아니라, 완전한 새 창조를 상속할 것이다(마 5:5; 계 21:1-3).

의인의 보상은 영생이니 즉 끝없는 생명일 뿐 아니라, 현재의 불완전이나 불안이 없으며, 모든 면에서 완전한 생(生)인 것이다. 이러한 생명의 충만은 하나님과의 교제를 통해서 이루어지는데, 이것이 바로 영생의 본질인 것이다(계 21:3). 모든 사람이 완전한 복락을 누릴 것이지만, 이 천국의 복락(福樂)에도 등급이 있는 것이다(단 12:3; 고후 9:6).

[참고할 성구]

(1) 일반적 부활

단 12:2 "땅의 티끌 가운데에서 자는 자 중에서 많은 사람이 깨어나 영생을 받는 자도 있겠고 수치를 당하여서 영원히 부끄러움을 당할 자도 있을 것이며"

요 5:28-29 "이를 놀랍게 여기지 말라 무덤 속에 있는 자가 다 그의 음성을 들을 때가 오나니 선한 일을 행한 자는 생명의 부활로, 악한 일을 행한 자는 심판의 부활로 나오리라"

행 24:15 "그들이 기다리는 바 하나님께 향한 소망을 나도 가졌으니 곧 의인과 악인의 부활이 있으리라 함이니이다"

(2) 육체의 부활

롬 8:11 "예수를 죽은 자 가운데서 살리신 이의 영이 너희 안에 거하시면 그리스도 예수를 죽은 자 가운데서 살리신 이가 너희 안에 거하시는 그의 영으로 말미암아 너희 죽을 몸도 살리시리라"

고전 15:35 "누가 묻기를 죽은 자들이 어떻게 다시 살아나며 어떠한 몸으로 오느냐 하리니"

(3) 마지막 날, 그리스도 재림시의 부활

고전 15:22-23 "아담 안에서 모든 사람이 죽은 것 같이 그리스도 안에서 모든 사람이 삶을 얻으리라 그러나 각각 자기 차례대로 되리니 먼저는 첫 열매인 그리스도요 다음에는 그가 강림하실 때에 그리스도에게 속한 자요"

살전 4:16 "주께서 호령과 천사장의 소리와 하나님의 나팔소리로 친히 하늘로부터 강림하시리니 그리스도 안에서 죽은 자들이 먼저 일어나고"

요 6:40 "내 아버지의 뜻은 아들을 보고 믿는 자마다 영생을 얻는 이것이니 마지막 날에 내가 이를 다시 살리리라 하시니라"

(4) 그리스도의 마지막 심판

고후 5:10 "이는 우리가 다 반드시 그리스도의 심판대 앞에 나타나게 되어 각각 선악간에 그 몸으로 행한 것을 따라 받으려 함이라"

딤후 4:1 "하나님 앞과 살아 있는 자와 죽은 자를 심판하실 그리스도 예수 앞에서 그가 나타나실 것과 그의 나라를 두고 엄히 명하노니"

계 20:12 "또 내가 보니 죽은 자들이 큰 자나 작은 자나 그 보좌 앞에 서 있는데 책들이 펴 있고 또 다른 책이 펴졌으니 곧 생명책이라 죽은 자들이 자기 행위를 따라 책들에 기록된 대로 심판을 받으니"

(5) 영원한 상과 형벌

마 25:46 "그들은 영벌에, 의인들은 영생에 들어가리라 하시니라"

롬 2:6-8 "하나님께서 각 사람에게 그 행한 대로 보응하시되 참고 선을 행하여 영광과 존귀와 썩지 아니함을 구하는 자에게는 영생으로 하시고 오직 당을 지어 진리를 따르지 아니하고 불의를 따르는 자에게는 진노와 분노로 하시리라"

살후 1:9 "이런 자들은 주의 얼굴과 그의 힘의 영광을 떠나 영원한 멸망의 형벌을 받으리로다"

(6) 상과 형벌의 정도

단 12:3 "지혜 있는 자는 궁창의 빛과 같이 빛날 것이요 많은 사람을 옳은 데로 돌아오게 한 자는 별과 같이 영원토록 빛나리라"

눅 12:47-48 "주인의 뜻을 알고도 준비하지 아니하고 그 뜻대로 행하지 아니한 종은 많이 맞을 것이요 알지 못하고 맞을 일을 행한 종은 적게 맞으리라 무릇 많이 받은 자에게는 많이 요구할 것이요 많이 맡은 자에게는 많이 달라 할 것이니라"

고후 9:6 "이것이 곧 적게 심는 자는 적게 거두고 많이 심는 자는 많이 거둔다 하는 말이로다"

제9편

장로고시를 위한 예상문제

장로고시 예상문제

〈공 통〉

□ 성 경 □

[문1] 신약을 구분하라.

답 (1) 복음서: 마태복음, 마가복음, 누가복음, 요한복음 (2) 역사서: 사도행전 (3) 서신: ① 바울서신: 로마서, 고린도전·후서, 갈라디아서, 에베소서, 빌립보서, 골로새서, 데살로니가전·후서, 디모데전·후서, 디도서, 빌레몬서, 히브리서 ② 공동서신: 야고보서, 베드로전·후서, 요한1서, 2서, 3서, 유다서 (4) 묵시: 요한계시록

[문2] 공관(共觀)복음이란 무엇인가?

답 마태, 마가, 누가복음이다. 말씀과 기사 내용이 공통점이 있다는 의미에서 공관복음이라고 한다.

[문3] 마태복음 1장에 나오는 예수님의 족보에 기록된 여인들은?

답 다말, 라합, 룻, 밧세바, 마리아

[문4] 예수님이 탄생하신 곳과 누구를 피해 어디로 가셨으며 다시 오셔서 사신 곳은?

답 베들레헴→헤롯 왕을 피해 애굽→나시렛 동네

[문5] 갈릴리 해변에서 부름 받은 제자들은 누구누구인가?

답 베드로, 안드레, 야고보, 요한 (마 4:18-21)

[문6] 예수의 12 제자 이름은?

답 베드로, 안드레, 야고보, 요한, 빌립, 바돌로매, 도마, 마태, 알패오의 아들 야고보, 다대오, 가나나인 시몬, 가룟 유다 (마 10:2-4)

[문7] 예수라는 이름의 뜻은 무엇인가?
답 "자기 백성을 그들의 죄에서 구원할 자"라는 뜻이며, 한마디로 말해서 '구원'이라는 뜻이다 (마 1:23)

[문8] '임마누엘'이란 뜻은 무엇인가?
답 "하나님이 우리와 함께 계시다" (마 1:23)

[문9] 예수께서 마귀에게 받으신 시험과 이기신 말씀이 무엇인가?
답 (1) 돌로 떡이 되게 하라/ "사람이 떡으로만 살 것이 아니요 하나님의 입으로부터 나오는 모든 말씀으로 살 것이라"
(2) 성전 꼭대기에서 뛰어내리라/ "주 너의 하나님을 시험하지 말라"
(3) 마귀가 높은 산으로 데리고 가서 내게 경배하면 천하 만국과 그 영광을 주리라/ "사탄아 물러가라 기록되었으되 주 너의 하나님께 경배하고 다만 그를 섬기라" (마 4:3-10)

[문10] 산상보훈(山上寶訓)은 어디에 있는가?
답 마태복음 5장, 6장, 7장

[문11] 팔복음을 간단히 쓰시오.
답 ① 심령이 가난한 자는 천국이 그들의 것임 ② 애통하는 자는 위로를 받을 것임 ③ 온유한 자는 땅을 기업으로 받음 ④ 의에 주리고 목마른 자는 배부를 것임 ⑤ 긍휼히 여기는 자는 긍휼히 여김을 받음 ⑥ 마음이 청결한 자는 하나님을 볼 것임 ⑦ 화평하게 하는 자는 하나님의 아들이라 일컬음을 받을 것임 ⑧ 의를 위하여 박해를 받은 자는 천국이 그들의 것임 (마 5:3-10)

[문12] 성도를 세상의 소금과 빛이라 한 내용의 성경 말씀은 어디 있는가?
답 마 5:13-16

[문13] 마태복음 중에 주기도문이 기록되어 있는 곳은?
답 마 6:9-13

[문14] 마 6:33-34의 내용을 기록하라.

답 "너희는 먼저 그의 나라와 그의 의를 구하라 그리하면 이 모든 것을 너희에게 더하시리라 그러므로 내일 일을 위하여 염려하지 말라 내일 일은 내일이 염려할 것이요 한날의 괴로움은 그 날로 족하니라"

[문15] 베드로의 장모가 무슨 병을 앓았으며 어떻게 나았는가?

답 열병, 예수님이 그의 손을 만지심으로 나음 (마 8:14-15)

[문16] 마태복음 11:28-29의 내용을 쓰시오.

답 "수고하고 무거운 짐 진 자들아 다 내게로 오라 내가 너희를 쉬게 하리라 나는 마음이 온유하고 겸손하니 나의 멍에를 메고 내게 배우라 그리하면 너희 마음이 쉼을 얻으리니"

[문17] 마태복음 13장에는 몇 가지 비유가 있는가?

답 ① 씨 뿌리는 비유 ② 가라지 비유 ③ 겨자씨 비유 ④ 누룩 비유 ⑤ 보화 비유 ⑥ 진주 비유 ⑦ 그물 비유

[문18] 형제가 죄를 범하면 교회가 어떻게 할 것인가?

답 먼저 그 사람과 상대하여 권고하고, 듣지 않으면 한두 사람을 데리고 가서 두세 증인의 입으로 확증하게 하도록 할 것, 그래도 듣지 않으면 교회에 말하고, 교회의 말도 듣지 않거든 이방인과 세리 같이 여기라 (마 18:15-17)

[문19] 마태복음 25장에 나오는 비유는?

답 ① 열 처녀 비유 ② 달란트 비유 ③ 양과 염소 비유

[문20] 예수님의 최후만찬, 겟세마네 동산의 기도, 잡히심 등의 기사는 마태복음 몇 장에 나오는가?

답 마태복음 26장

[문21] 마태복음 27장을 대별(大別)해 보시오.

답 ① 1-26절, 빌라도 앞의 예수님 ② 27-56절, 못 박히심 ③ 57-66절, 장사지냄

[문22] 마태복음 28:19-20을 외워 쓰시오.

답 "그러므로 너희는 가서 모든 족속을 제자로 삼아 아버지와 아들과 성령의 이름으로 세례를 베풀고 내가 너희에게 분부한 모든 것을 가르쳐 지키게 하라 볼지어다 내가 세상 끝 날까지 너희와 항상 함께 있으리라 하시니라"

[문23] 베드로의 신앙고백을 쓰시오.

답 "주는 그리스도시요 살아 계신 하나님의 아들이시니이다"(마 16:16)

[문24] 온 율법과 선지자의 강령은 무엇인가?

답 마음을 다하고 목숨을 다하고 뜻을 다하여 주 하나님을 사랑하는 것과 이웃을 자기 자신 같이 사랑하는 일 (마 22:37-40)

[문25] 예수님의 십자가상 7 언을 쓰시오

답 ① "아버지여 저들을 사하여 주옵소서 자기들이 하는 것을 알지 못함이니이다"(눅 23:34)

② "오늘 네가 나와 함께 낙원에 있으리라"(눅 23:43)

③ "여자여 보소서 아들이니이다"(요 19:26)

④ "엘리 엘리 라마 사박다니"(마 27:46)

⑤ "내가 목마르다"(요 19:29)

⑥ "다 이루었다"(요 19:30)

⑦ "아버지 내 영혼을 아버지 손에 부탁하나이다"(눅 23:46)

[문26] 예수 인자가 땅에서 가진 권세는 무엇인가?

답 죄를 사하는 권세 (막 2:10)

[문27] '달리다굼'이란 말의 뜻은?

답 "소녀야 일어나라" (막 5:41)

[문28] 예수의 형제들의 이름은?

답 야고보, 요셉, 유다, 시몬 (막 6:3)

[문29] 예수의 십자가를 대신 진 사람은?
답 구레네 사람 시몬 (막 15:21)

[문30] 요한의 세례와 예수의 세례의 다른 점은?
답 요한은 물 세례, 예수는 성령과 불의 세례 (눅 3:16)

[문31] 빌라도가 예수를 심문하다가 세 번 군중에게 한 말은?
답 나는 그에게서 죽일 죄를 찾지 못하였다 (눅 23:22)

[문32] 누가복음 15장에 무슨 무슨 비유가 나오며, 그 공통점은 무엇인가?
답 ① 양 잃은 비유 ② 돈 잃은 비유 ③ 탕자 비유: 죄인이 회개하고 하나님께 돌아옴의 기쁨

[문33] 부자와 나사로 비유는 어디에 나오는가?
답 눅 16:14-31

[문34] 불의한 재판관에게 와서 호소한 과부의 비유는 무슨 뜻인가?
답 항상 기도하고 낙망하지 말아야 할 것을 가르치기 위한 비유 (눅 18:1)

[문35] 12 제자 중 의심 많던 제자는 누구인가?
답 도마: 손과 옆구리의 상처를 만져보고야 믿겠다고 예수의 부활을 의심했음.

[문36] 예수의 처음 이적(표적)은 무엇인가?
답 가나의 혼인잔치에서 물을 포도주로 변화시킴 (요 2:1-11)

[문37] 예수께서 눈물을 흘리신 일을 기록한 곳은?
답 ① 요 11:35, 나사로의 무덤에서 ② 눅 19:41, 예루살렘 성을 보고

[문38] 예수께서 죽은 자를 살리신 일이 몇 번 있는가?
답 ① 마 9:25, 야이로의 딸 살림. ② 눅 7:14-15, 나인성 과부의 아들 살림. ③ 요 11:43-44, 나사로 살림

[문39] 예수의 새 계명은?
답 요 13:3, "서로 사랑하라"

[문40] 예수의 시체를 장례한 사람은?
답 아리마대 요셉과 니고데모 (요 19:38)

[문41] 사도행전과 누가복음의 수신자는 누구인가?
답 데오빌로

[문42] 오순절에 임한 역사를 한마디로 말하면 무엇인가?
답 성령 충만

[문43] 용서에 대한 그리스도의 교훈은?
답 일곱 번뿐 아니라 일곱 번을 일흔 번까지라도 용서하라 (마 18:22)

[문44] 복음서에서 예수님이 말씀하신 자신의 별명을 열거하라.
답 인자, 길, 진리, 생명, 생명의 떡, 선한 목자, 양의 문, 빛, 부활

[문45] 사도행전 1장 8절을 외워 쓰시오.
답 "오직 성령이 너희에게 임하시면 너희가 권능을 받고 예루살렘과 온 유대와 사마리아와 땅 끝까지 이르러 내 증인이 되리라 하시니라"

[문46] 스데반이 임종할 때에 한 말은?
답 "주예수여 내 영혼을 받으시옵소서 주여 이 죄를 그들에게 돌리지 마옵소서"(행 7:59-60)

[문47] 성령을 속인 죄로 죽은 부부는?
답 아나니아와 삽비라 (행 5:1-11)

[문48] 초대교회의 일곱 집사의 이름은?
답 스데반, 빌립, 브로고로, 니가노르, 디몬, 바메나, 니골라 (행 6:5-6)

[문49] 초대교회의 첫 순교자는?
답 스데반 (행 7:59-60)

[문50] 사도행전 8장에 빌립이 어디 갔다 오는 누구에게 전도했는가?
답 예루살렘에 예배하고 돌아가는 에디오피아 여왕 간다게의 국고를 맡은 관리인 내시에게 전도함.

[문51] 고넬료의 신앙의 미덕을 쓰시오.
답 ① 온 집안과 더불어 하나님을 경외함. ② 백성을 많이 구제함. ③ 하나님께 항상 기도함. ④ 그의 직속 부하가 그의 신앙을 인정함. ⑤ 주의 종을 겸손히 영접함. ⑥ 말씀을 들으려는 태도와 일가친척 친구를 모이게 함. ⑦ 주의 종이 하신 말씀은 주께서 명하신 것으로 앎. (행 10장)

[문52] 안디옥 교회가 파송한 첫 선교사는?
답 바나바와 사울(바울) (행 13:2-3)

[문53] 바울과 바나바는 왜 다투었는가?
답 ① 바나바는 마가를 데리고 순회전도 할 것을 주장하고, ② 바울은 이에 반대함으로 실라를 택하여 동행함. (행 15:36-40)

[문54] 바울이 고린도에서 만난 동업자는 누구인가?
답 아굴라와 브리스길라 부부 (행 18:1-3)

[문55] 바울의 강론에 졸다가 삼층에서 떨어져 죽었던 청년은?
답 유두고 (행 20:9)

[문56] 바울이 로마로 갈 때에 함께 배를 탄 사람은 몇 명이며, 풍랑을 만나 며칠간 굶었으며, 그 광풍 이름은?
답 ① 276명 ② 14일간 ③ 유라굴로

[문57] 사도행전 본문 중에 바울이 예수님께서 친히 하신 말씀이라고 한 것이 있다. 무엇인가?

답 "주는 것이 받는 것보다 복이 있다"(행 20:35)

[문58] 로마서를 둘로 구분하라.
답 ① 1-11장: 믿음의 교리
② 12-16장: 행함의 교리

[문59] 로마서 1장 17절을 외워 쓰시오.
답 "복음에는 하나님의 의가 나타나서 믿음으로 믿음에 이르게 하나니 기록된 바 오직 의인은 믿음으로 말미암아 살리라 함과 같으니라"

[문60] 국민의 의무를 분명히 가르친 곳은 어디인가?
답 로마서 13장

[문61] "부지런하여 게으르지 말고 열심을 품고 주를 섬기라 소망 중에 즐거워하며 환난 중에 참으며 기도에 항상 힘쓰며"는 어디에 나오는가?
답 롬 12:11-12

[문62] 첫째 아담과 둘째 아담은 누구인가?
답 첫째 아담은 창조시 인류의 시조, 둘째 아담은 예수 그리스도

[문63] 고린도 교회의 분파는?
답 ① 바울파 ② 아볼로파 ③ 게바파 ④ 그리스도파 (고전 1:11-12)

[문64] 고린도전서 1장 18절을 외워 쓰시오.
답 "십자가의 도가 멸망하는 자들에게는 미련한 것이요, 구원을 받는 우리에게는 하나님의 능력이라"

[문65] 그리스도 안에서 스승이 몇 명이며 아버지는?
답 그리스도 안에서 일만 스승이 있으되, 아버지는 많지 아니함 (고전 4:15)

[문66] 신약성경 중 결혼문제를 상세히 기록한 곳은?
답 고린도전서 7장

[문67] 남자가 여자에게서 났는가, 여자가 남자에게서 났는가?
답 여자가 남자에게서 났다 (고전 11:8)

[문68] 성찬식은 무엇을 기념하는 예식인가?
답 떡은 주님의 몸을 기념하고, 잔은 주님의 새 언약의 피를 기념한다. (고전 11:24-25)

[문69] 바울이 받은 고난을 상술한 곳은 성경 어디에 나오는가?
답 고후 6:4-10, 11:23-33

[문70] 신약은 헌금의 태도를 어떻게 가르치고 있는가?
답 "각각 그 마음에 정한 대로 할 것이요 인색함으로나 억지로 하지 말지니 하나님은 즐겨 내는 자를 사랑하시느니라"(고후 9:7)

[문71] 갈라디아서의 요지는 무엇인가?
답 믿음으로 의롭다함을 얻음(以信得義)

[문72] 성령의 9가지 열매는 무엇인가?
답 사랑, 희락, 화평, 오래 참음, 자비, 양선, 충성, 온유, 절제 (갈 5:22-23)

[문73] 바울의 자랑은 무엇인가?
답 주 예수 그리스도의 십자가 (갈 6:14)

[문74] 에베소서를 두 부분으로 나누시오.
답 ① 1-3장: 교리적 교훈
② 4-6장: 실생활 교훈

[문75] 하나님의 전신갑주는 어떤 것인가?
답 ① 허리에는 진리의 띠
② 가슴에는 의의 호심경
③ 발에는 평안의 복음의 신
④ 손에는 믿음의 방패

⑤ 머리에는 구원의 투구
⑥ 손에는 성령의 검인 하나님의 말씀 (엡 6:13-17)

[문76] 세례의 뜻은 무엇인가?
답 그리스도와 함께 옛 사람은 장사되고, 죽은 자들 가운데서 그를 일으키신 하나님의 역사를 믿음으로 말미암아 그리스도 안에서 새 사람으로 일으키심을 받는 일 (골 2:12)

[문77] 데살로니가전서 5장 16-18절을 외워 쓰시오.
답 "항상 기뻐하라 쉬지 말고 기도하라 범사에 감사하라 이것이 그리스도 예수 안에서 너희를 향하신 하나님의 뜻이니라"

[문78] 디모데전서 3장 1-7절을 외워 쓰시오.
답 "미쁘다 이 말이여, 사람이 감독의 직분을 얻으려 함은 선한 일을 사모하는 것이라 함이로다 그러므로 감독은 책망할 것이 없으며 한 아내의 남편이 되며 절제하며 신중하며 단정하며 나그네를 대접하며 가르치기를 잘하며 술을 즐기지 아니하며 구타하지 아니하며 오직 관용하며 다투지 아니하며 돈을 사랑하지 아니하며 자기 집을 잘 다스려 자녀들로 모든 공손함으로 복종하게 하는 자라야 할지며 (사람이 자기 집을 다스릴 줄 알지 못하면 어찌 하나님의 교회를 돌보리요) 새로 입교한 자도 말지니 교만하여져서 마귀를 정죄하는 그 정죄에 빠질까 함이요 또한 외인에게서도 선한 증거를 얻은 자라야 할지니 비방과 마귀의 올무에 빠질까 염려하라"

[문79] 디모데는 누구의 믿음을 계승했는가?
답 외조모 로이스와 어머니 유니게 속에 있던 믿음 (딤후 1:5)

[문80] "그러나 너는 배우고 확신한 일에 거하라 너는 네가 누구에게서 배운 것을 알며 또 어려서부터 성경을 알았나니 성경은 능히 너로 하여금 그리스도 예수 안에 있는 믿음으로 말미암아 구원에 이르는 지혜가 있게 하느니라 모든 성경은 하나님의 감동으로 된 것으로 교훈과 책망과 바르게 함과 의로 교육하기에 유익하니 이는 하나님의 사람으로 온전하게 하며 모든 선한 일을 행할 능력을 갖추게 하려 함이라"는 성경 어디에 있는가?

답 디모데후서 3장 14-17절

[문81] 바울이 옥중에서 낳은 아들은?
답 오네시모 (몬 1:10)

[문82] 디도서 2장 14절을 외워 쓰시오.
답 "그가 우리를 대신하여 자신을 주심은 모든 불법에서 우리를 속량하시고 우리를 깨끗하게 하사 선한 일을 열심히 하는 자기 백성이 되게 하려 하심이라"

[문83] "하나님의 말씀은 살아 있고 활력이 있어 좌우에 날선 어떤 검보다도 예리하여 혼과 영과 및 관절과 골수를 찔러 쪼개기까지 하며 또 마음의 생각과 뜻을 판단하나니"는 어디에 있는가?
답 히브리서 4장 12절

[문84] 야고보서와 갈라디아서의 조화를 약술하시오.
답 야고보서는 행함으로 구원 얻음을 강조하고, 갈라디아서는 믿음으로 구원 얻음을 강조한다.

[문85] 베드로전서 5장 1-4절을 외워 쓰시오.
답 "너희 중 장로들에게 권하노니 나는 함께 장로 된 자요, 그리스도의 고난의 증인이요 나타날 영광에 참여할 자니라 너희 중에 있는 하나님의 양 무리를 치되 억지로 하지 말고 하나님의 뜻을 따라 자원함으로 하며 더러운 이득을 위하여 하지 말고 기꺼이 하며 맡은 자들에게 주장하는 자세를 하지 말고 오직 양 무리의 본이 되라 그리하면 목자장이 나타나실 때에 시들지 아니하는 영광의 관을 얻으리라"

[문86] 주님의 날수 계산과 세상의 날수 계산의 차이가 어떠한가?
답 주께는 하루가 천 년 같고 천 년이 하루 같다 (벧후 3:8)

[문87] 유다서의 제목은 무엇인가?
답 성도에게 단번에 주신 믿음의 도를 위하여 힘써 싸우라는 것임

[문88] 계시록에 나온 아시아 일곱 교회의 이름은?
답 에베소, 서머나, 버가모, 두아디라, 사데, 빌라델비아, 라오디게아 교회

[문89] 계시록에 나타난 일곱 교회와 그 특징은 무엇인가?
답 ① 에베소 교회: 처음 사랑을 잃음 ② 서머나 교회: 세속화 ③ 버가모 교회: 세속화 ④ 두아디라 교회: 이세벨 용납 ⑤ 사데 교회: 살았다 하나 실상 죽음 ⑥ 빌라데비아 교회: 칭찬 받음 ⑦ 라오디게아 교회: 미지근함

[문90] 계시록에 나타난 재앙들은 무엇인가?
답 ① 일곱 인 재앙 ② 일곱 나팔 재앙 ③ 일곱 대접 재앙

[문91] 계시록 22장 20-21절을 외워 쓰시오.
답 "이것들을 증언하신 이가 이르시되 내가 진실로 속히 오리라 하시거늘 아멘 주 예수여 오시옵소서 주 예수의 은혜가 모든 자들에게 있을지어다 아멘"

[문92] 로마서의 주제와 야고보서의 주제는 무엇인가?
답 로마서 주제는 믿음으로 의롭다함을 얻음, 야고보서 주제는 실천하는 믿음이 산 믿음이다.

[문93] 예수님의 행적에 대해 다음 묻는 말에 답하라.
답 ① 출생지: 베들레헴 ② 피난처: 애굽 ③ 성장지: 나사렛 ④ 전도 시작지: 갈릴리지방 ⑤ 수난주간에 거한 곳: 베다니 ⑥ 이방 여행지: 두로와 시돈 ⑦ 죽으신 곳: 골고다

[문94] 신약성경을 기록한 저자는?
답 마태, 마가, 누가, 요한, 바울, 베드로, 야고보, 유다

[문95] 예루살렘 공의회의 결정사항은 무엇인가?
답 이방인도 그리스도를 믿는 자는 우상의 더러운 것과 음행과 목매어 죽인 것과 피를 멀리하면 할례를 받지 않아도 됨을 가결함 (행 15장)

[문96] 구약을 구분하시오.

답 ① 모세오경: 창세기, 출애굽기, 레위기, 민수기, 신명기 (5권)/ ② 역사서: 여호수아, 사사기, 룻기, 사무엘상·하, 열왕기상·하, 역대기상·하, 에스라, 느헤미야, 에스더 (12권)/ ③ 시가서: 욥기, 시편, 잠언, 전도서, 아가서, 예레미야애가 (6권)/ ④ 선지서: ⓐ 대선지서: 이사야, 예레미야, 에스겔, 다니엘 (4권)/ ⓑ 소선지서: 호세아, 요엘, 아모스, 오바댜, 요나, 미가, 나훔, 하박국, 스바냐, 학개, 스가랴, 말라기 (12권)

[문97] 창조의 순서를 쓰시오.

답 ① 빛 ② 궁창 ③ 육지와 바다 ④ 일월성신 ⑤ 어류와 조류 ⑥ 육축과 사람

[문98] 아담과 하와가 지은 죄는?

답 선악을 알게 하는 나무의 열매를 먹지 말라 하신 하나님의 말씀에 순종하지 않고 먹음이다.

[문99] 아담이 지은 죄의 결과는 무엇인가?

답 ① 뱀에게: 배로 다니고 흙을 먹고 여자와 원수가 되게 하고, 뱀의 후손도 여자의 후손과 원수가 되게 하고, 여자의 후손은 뱀의 머리를 상하게 하고, 뱀은 여인의 후손의 발꿈치를 상하게 함. ② 하와에게: 임신과 해산의 고통, 남편의 다스림을 받음. ③ 아담에게: 땅이 저주를 받아 평생에 수고하여야 그 소산을 먹고, 땅이 가시덤불과 엉겅퀴를 내고 얼굴에 땀을 흘려야 먹을 것을 먹고, 흙으로 돌아감.

[문100] 바벨탑을 쌓은 이유는?

답 성읍과 탑의 꼭대기를 하늘에 닿게 하여 그들의 이름을 내고 온 지면에 흩어짐을 면하자는 것 (창 11:4)

[문101] 하나님이 아브람에게 허락하신 복은 무엇인가?

답 ① 큰 민족을 이루고 ② 복을 주시고 ③ 네 이름을 창대하게 하고 ④ 복이 되고 ⑤ 축복하는 자에게 복을 주고, 저주하는 자에게 저주하고 ⑥ 모든 민족이 너로 말미암아 복을 얻으리라 (창 12:2-3)

[문102] 아브라함에게 축복한 제사장은 누구인가?
답 멜기세덱 (창 14:17-20)

[문103] 하나님이 홍수를 다시 주지 않겠다는 언약의 증거는?
답 무지개 (창 9:13)

[문104] 아브라함과 사라의 뜻은?
답 아브라함: 여러 민족의 아버지(창 17:5) / 사라: 여러 민족의 어머니, 여주인 (창 17:19)

[문105] 야곱의 아들들의 이름을 모계별로 적으라.
답 ① 레아: 르우벤, 시므온, 레위, 유다, 잇사갈, 스불론 ② 라헬: 요셉(므낫세, 에브라임), 베냐민 ③ 빌하: 단, 납달리 ④ 실바: 갓, 아셀

[문106] 이드로는 누구며 모세에게 무슨 제도를 가르쳤는가?
답 모세의 장인이며, 모세의 단심제 재판 제도를 고쳐 하나님을 두려워하며 진실하며 불의한 이익을 미워하는 자로 천부장, 백부장, 오십부장, 십부장의 사심제로 하여 큰 재판은 모세가 하고 작은 재판은 그들로 하게 가르침 (출 18:21)

[문107] 모세가 바로 앞에 내린 10 재앙은?
① 피 ② 개구리 ③ 이 ④ 파리 ⑤ 가축의 죽음 ⑥ 악한 종기 ⑦ 우박 ⑧ 메뚜기 ⑨ 암흑 ⑩ 처음 난 것의 죽음

[문108] 유대인의 3 대 명절은?
답 ① 유월절, 무교절-애굽에서 해방된 기념일로서 매년 정월 14-21일에 지키는 절기
② 오순절, 맥추절, 초실절, 칠칠절-추수를 감사하는 절기, 유월절 후 50일째 되는 절기
③ 초막절, 장막절-이스라엘 백성의 40년간 광야에서의 초막생활을 기념하는 절기 (매년 7월 15일부터 7일간)

[문109] 아래 기록한 사실은 각각 출애굽기 몇 장에 기록되었는가?

① 불붙는 가시덤불 ② 유월절 ③ 10계명 ④ 금송아지

답 ① 출 3장 ② 출 12장 ③ 출 20장 ④ 출 32장

[문110] 제사장은 어느 지파 사람이어야 되는가?

답 레위 지파이며 아론의 아들들이 대제사장이 된다.

[문111] 레위기의 다섯 가지 제사제도는?

답 번제, 소제, 화목제, 속죄제, 속건제

[문112] 안식년과 희년이란?

답 ① 안식년: 7년에 한 번씩 지키되 6년간은 지주가 경작하고 제7년째 되는 해는 땅을 쉬게 하며, 자연 소출은 지주와 동거자와 가축과 거류하는 자들의 먹을 것으로 삼는다.

② 희년: 일곱 안식년을 지난 해, 즉 50년에 한 번씩 지키게 되며, 모든 소유는 각각 기업대로 돌아간다. 토지와 종과 모든 소유도 돌려준다. (레 25장)

[문113] 나실인의 금지사항 3가지는?

답 ① 포도주, 독주, 포도나무 소산을 금함

② 삭도를 머리에 대지 않을 것

③ 시체를 가까이하지 말 것

[문114] 해산 후 결례의 기간은?

답 남아 해산 후 33일, 여아 해산 후 66일 (레 12:2-5)

[문115] 여호와를 어떻게 사랑하라 하였는가?

답 "마음을 다하고 뜻을 다하고 힘을 다하여 사랑하라" (신 6:5)

[문116] 도피성은 무엇인가?

답 부지중에 오살한 자가 복수자의 보복을 피하게 하는 성이다.

[문117] 애굽에서 나온 자 중에 가나안에 들어간 사람은?
답 여호수아와 갈렙

[문118] 사사들의 이름을 쓰시오.
답 옷니엘, 에훗, 삼갈, 드보라, 기드온, 돌라, 야일, 입다, 입산, 엘론, 압돈, 삼손, 엘리 (삿 3-16장, 삼상 4:18)

[문119] 이스라엘의 초대 왕은 누구며 그의 실수는 무엇인가?
답 사울 왕이며, 실수는 길갈에서 사무엘이 오기를 기다리다 자기가 번제와 화목제를 드린 것과 다윗을 질투하여 죽이려 함.

[문120] 왜 다윗은 사울을 죽이지 아니하였는가?
답 하나님의 기름 부음 받은 자를 치지 않을 것을 여호와께서 명하셨기 때문.

[문121] 솔로몬 성전의 두 기둥은?
답 오른편 기둥은 야긴, 왼편 기둥은 보아스.

[문122] 열왕기상·하에 나타난 3 대 선지자를 써라.
답 나단, 엘리야, 엘리사

[문123] 유다와 이스라엘 분국의 첫 왕은?
답 유다 르호보암(남쪽 솔로몬의 아들), 이스라엘 여로보암(북왕국)

[문124] 남북조의 마지막 왕과 멸망당한 나라는?
답 ① 남유다는 시드기야 왕 때 바벨론 왕 느부갓네살에게,
② 북이스라엘은 호세아 왕 때 앗수르 왕 살만에셀에게

[문125] 고레스 왕 조서의 요점은 무엇인가?
답 포로 해방과 성전 건축을 허락함

[문126] 부림절이란 무슨 절기인가?
답 하만이 전 유대인을 죽이려던 악한 꾀가 에스더 왕후에 의하여 그의 머리

에 돌아가고, 유대인들이 보복 승리한 절기 (에 9:21-32)

[문127] 욥이 당한 큰 세 가지 시험은 무엇인가?
답 ① 많은 재산이 갑자기 없어지고, ② 열 자녀가 일시에 압사했고, ③자신의 몸에 병이 온 것.

[문128] 욥의 세 친구의 이름은?
답 엘리바스(데만 인), 빌닷(수아 인), 소발(나아만 인).

[문129] 아가서에 나오는 중요한 인물은?
답 솔로몬 왕과 술람미 여인

[문130] 예레미야가 소명 받을 때 본 두 징조는?
답 ① 살구나무 가지 ② 끓는 가마 (렘 1:11-13)

[문131] 제사장이 결혼하지 못하는 여자는?
답 과부와 이혼한 여자, 제사장의 과부는 결혼할 수 있음 (겔 21:44)

[문132] 다니엘의 별명은?
답 벨드사살 (단 1:7)

[문133] 다니엘의 세 친구 이름은?
답 사드락, 메삭, 아벳느고

[문134] 호세아서의 교훈은?
답 호세아가 음란한 아내와 결혼하여 음란한 자식을 낳고, 그 아내가 거듭 배반함에도 계속 용서와 사랑을 베풀게 함으로 하나님을 배반하는 이스라엘을 용서하시고 사랑하시는 하나님의 사랑을 교훈하심이다.

[문135] 요나서의 교훈은?
답 ① 여호와 하나님은 유대인의 하나님만이 아니요, 온 인류의 하나님이다-이방 전도의 필요성 ② 하나님의 절대적인 주권과 지배 ③ 하나님이 주시는

고난은 훈련이지 형벌이 아님 ④ 하나님의 뜻은 구원이지 멸망이 아님

[문136] 십일조를 강조한 성경구절은?

답 말라기 3:8-12

[문137] 다음 성경의 장명을 쓰시오.

답 (1) 창 1장; 창조 (2) 창 22장; 이삭을 번제로 드림 (3) 마 5-7장; 산상보훈 (4) 출 20장; 십계명 (5) 눅 15장; 탕자 비유 (6) 왕상 8장; 성전봉헌 (7) 고전 13장; 사랑 (8) 이사야 53장; 메시아 예언 (9) 히 11장; 믿음 (10) 요 11장; 나사로 부활 (11) 마 13장; 비유 (12) 마 25장; 열 처녀 (13) 눅 10장; 선한 사마리아인 (14) 요 2장; 물로 포도주 (15) 출 14장; 홍해 가름 (16) 수 6장; 여리고성 함락 (17) 삼상 17장; 다윗과 골리앗 (18) 왕상 18장; 갈멜산 (19) 사 6장; 소명 (20) 말 3장; 십일조 (21) 마 1장; 족보 (22) 요 21장; 사명 (23) 행 6장; 일곱 집사 (24) 행 2장; 오순절 성령강림 (25) 고전 15장; 부활 (26) 고후 9장; 헌금 (27) 고전 12장; 은사 (28) 히 12장 환난 중에 소망 (29) 에 9장; 부림절 (30) 계 22장; 신천신지

[문138] 다음 산들에 대하여 아는 바를 쓰시오.

답 ① 모리아산: 아브라함이 독자 이삭을 드리고, 여부스 사람 오르난의 타작마당, 솔로몬이 이곳에 예루살렘 성전을 건축함.

② 호렙산: 모세가 소명 받은 산, 모세가 반석을 쳐 물을 내고, 엘리사가 망명 중 이 산에서 새 임무를 받음.

③ 시내산: 모세가 율법 받은 산.

④ 에발산: 그리심산과 마주 있는 산으로 여호수아가 가나안에 들어갈 때에 이 산에서 저주를 선포함.

[문139] 다음 낱말의 뜻을 쓰시오.

답 (1) 고르반: 부모에게 드릴 것을 하나님께 드림이 되었다(막 7:11)

(2) 에바다: 열려라(막 7:34)

(3) 아겔다마: 피밭(행 1:19)

(4) 여호와 이레: 여호와께서 준비하심(창 22:14)

(5) 모세: 물에서 건져냄(출 2:10)

(6) 이가봇: 영광이 이스라엘에서 떠남(삼상 4:21-22)
(7) 에벤에셀: 여호와께서 여기까지 도우셨다-도움의 돌(삼상 7:12)
(8) 여두둔: 찬송
(9) 마스길: 교훈
(10) 셀라: 올림
(11) 메네 메네 데겔 우바르신: 메네는 왕의 나라를 셈하여 끝났다. 데겔은 왕을 저울에 달아보니 부족함이 드러났다. 우바르신은 왕의 나라가 나뉘어서 메대와 바사 사람에 주게 됨 (단 5:26-28)
(12) 여호와 살롬: 여호와는 평강
(13) 식가욘: 허둥대다, 비틀거리다(시 7편)
(14) 아멘: 진실(참), 확실, 이루어주소서.
(15) 할렐루야: 여호와를 찬양하라
(16) 벧엘: 하나님의 집
(17) 만나: 이것이 무엇이냐
(18) 여호와 닛시: 여호와의 기
(19) 달리다굼: 소녀야 네게 이르노니 일어나라
(20) 알파와 오메가: 처음과 나중

[문140] 다음의 여자들은 누구의 아내인가?
답 (1) 사라: 아브라함의 아내
(2) 고멜: 호세아 선지자의 아내
(3) 밧세바: 우리아의 아내였다가 다윗의 아내가 됨
(4) 이세벨: 아합 왕의 아내
(5) 브리스길라: 아굴라의 아내
(6) 엘리사벳: 사가랴의 아내(눅 1:5)
(7) 삽비라: 아나니아의 아내
(8) 마리아: 요셉의 아내
(9) 라헬: 야곱의 아내
(10) 한나: 엘가나의 아내
(11) 나오미: 엘리멜렉의 아내
(12) 리브가: 이삭의 아내
(13) 아비가일: 나발의 아내였다가 다윗의 아내가 됨

(14) 룻: 말론의 아내였다가 보아스의 아내가 됨
(15) 살로매: 세베대의 아내
(16) 십보라: 모세의 아내
(17) 에스더: 아하수에로 왕후
(18) 요게벳: 아므람의 아내, 모세의 어머니
(19) 하와: 아담의 아내
(20) 하갈: 아브라함의 아내, 사라의 몸종인데 아브라함의 첩이 됨

[문141] 신구약의 총 장과 절은 얼마인가?

답 신약 - 260장 7,985절
구약 - 929장 23,109절
총 - 1,189장 31,094절

□ 정 치 □

〈예장통합측〉

[문1] 대한예수교장로회의 정치원리는 무엇인가?

답 (1) 양심자유 (2) 교회자유 (3) 진리와 행위 (4) 교회직원의 선택 (5) 치리 (6) 권징

[문2] 세계기독교 정치형태를 쓰시오.

답 (1) 장로회정치-지교회 교인들이 장로를 선택하고, 그들로 당회를 조직하여 치리권을 행사하게 하는 주권이 교인들에게 있는 민주정치로 당회, 노회, 총회의 삼심제의 치리회가 있는 정치이다.

(2) 교황정치-교황이 전 세계 교회의 전권을 가지고 다스리는 전제정치이다. 교황 밑에는 추기경 회의가 있다.

(3) 감독정치-감독이 교회를 주관하여 각 교회 목사를 임명하여 관리하는 정치이다.

(4) 자유정치-다른 회의 관할과 치리를 받지 않고 각 지교회가 자유로 행정하는 정치이다.

(5) 조합정치-자유정치와 비슷하나 지교회 대표로서 조직된 연합회가 있어 피차 유익한 문제를 의논하지만 교회에 명령하거나 주관하는 권한이 없고 치리나 권징과 예식과 도리 해석을 각 교회가 자유로 하는 정치이다.

[문3] 장로회 정치는 언제부터 있었는가?

답 모세(출 30:16, 18:25-26; 민 11:16)와 사도(행 14:23, 18:4; 딛 1:5; 벧전 5:1; 약 5:14) 때부터 있던 제도이다.

[문4] 장로회 정치의 특색은 무엇인가?

답 (1) 주권이 교인들에게 있는 민주정치이다.

(2) 삼심제도로 당회, 노회, 총회의 세 치리회가 있다.

[문5] 교회의 정의를 쓰시오.

답 하나님이 만민 중에서 자기 백성을 택하신 무리를 가리켜 교회라 한다. 이 무리가 하나님의 교회요, 예수님의 몸이요, 성령의 전이다.

[문6] 교회를 어떻게 구별하는가?

답 교회는 두 가지로 구별하여 무형교회와 유형교회로 나눌 수 있다. 무형(無形)교회는 불가견(不可見)교회라고도 하는데 하나님만 아시는 교회이다. 유형교회는 가견(可見)교회라고 하는데 온 세계에 흩어져 있는 교회이다.

[문7] 지교회란 무엇인가?

답 지교회란 예수를 믿는 무리가 일정한 장소에서 하나님께 예배하며, 성결하게 생활하며, 성경의 교훈과 교회정치에 의하여 공동예배로 모이는 것을 말한다. 지교회(支敎會)라고 부르는 것은 장로회 정치에 있어서 중심치리회가 노회이기 때문이다. 즉 교회를 설립하거나 당회를 조직하게 하는 것은 당회에 있지 않고 노회에 있기 때문이다.

[문8] 지교회 설립의 요건은 무엇인가?

답 다음의 세 가지 요건을 갖추어야 한다. (1) 세례교인 15인 이상 (2) 일정한 회집처 (3) 노회의 승인

[문9] 조직교회와 미조직교회란 무엇인가?

답 조직(組職)교회란 당회가 조직된 교회요, 미조직(未組職)교회란 당회가 조직되지 않은 교회를 말한다.

[문10] 교인을 정의하라.

답 교인이란 성부, 성자, 성령의 삼위일체이신 하나님을 믿는 자인데, 그리스도인이라고도 부른다.

[문11] 교인을 구분하여 약술하라.

답 (1) 세례교인(입교인): 입교인이란 유아세례교인으로 15세 이상이 되어 신앙을 고백한 자요, 세례교인이란 학습교인으로 15세 이상이 되어 신앙을 고백한 자로 입교인이나 세례교인은 다 같은 권리와 의무가 있다.

(2) 유아세례교인: 입교인이나 세례교인의 자녀로 4세 미만인 때 세례를 받은 자.
(3) 원입교인: 예수를 믿기로 결심하고 공동예배에 참석하는 자.

[문12] 교인의 의무는 무엇인가?
답 교인은 공동예배에 출석하며 헌금과 교회치리에 복종할 의무와 전도할 의무가 있다.

[문13] 교인의 권리는 무엇인가?
답 세례교인 입교인은 성찬에 참여할 권리와 공동의회의 회원권이 있다.

[문14] 교인의 이명(移名)이란 무엇인가?
답 교인이 이주하거나 기타 사정으로 지교회를 떠날 때에는 6개월 이내에 소속 당회에 이명 청원을 하여야 한다. 이명증서가 새로 소속되는 당회에 접수되고 본시 소속되었던 당회에 접수통지가 있어야 한다.

[문15] 교인의 출타신고(出他申告)란 무엇인가?
답 교인이 학업, 병역, 직업 등 이유로 지교회를 떠나 6개월 이상 있게 될 경우에는 소속당회에 이를 신고하여야 하는데 이것을 출타신고라 한다.

[문16] 교인의 자격은 어느 때 정지되는가?
답 교인이 신고 없이 교회를 떠나 의무를 행하지 않고 1년 이상 지나면 회원권이 정지되고, 2년 이상을 지나면 실종교인(失踪教人)이 된다.

[문17] 교인의 자격이 정지되었다가 어떻게 복권 될 수 있는가?
답 교인의 회원권이 정지되었다가 다시 본교회로 돌아왔을 때에는 6개월을 경과한 후 당회의 결의로 복권 될 수 있다. 그러나 실종교인은 1년이 지난 후에야 당회가 복권을 결의할 수 있다.

[문18] 교회 직원을 구분하라.
답 교회 직원은 항존직과 임시직으로 구분한다.

[문19] 항존직과 임시직이란 무엇인가?

답 **항존직**(恒存職)이란 항상 있어야 할 직원이란 말이다. 교회의 항존직은 장로(목사 포함), 집사, 권사를 말한다. 장로에는 두 가지가 있으니 설교와 치리를 겸한 자를 목사라 하고 치리만하는 자를 장로라 하며, 시무는 70세가 되는 해의 연말까지로 한다.

임시직(臨時職)이란 교회사정상 임시로 설치한 직원으로 전도사와 서리집사이며, 그 시무기간은 1년으로 연임할 수 있다.

[문20] 목사의 의의를 쓰시오.

답 목사는 노회의 안수로 임직을 받은 그리스도 복음의 사역자로 복음전파와 성례를 거행하고 목회를 하는 자이다.

[문21] 목사의 자격을 쓰시오.

답 (1) 무흠한 입교인으로 7년을 경과한 자.

(2) 신앙이 신실한 자.

(3) 30세 이상 된 자로서 총회 직영 신학대학원을 졸업한 후 2년 이상 교역 경험을 가진 자. 단, 군목과 선교목사는 예외로 한다.

(4) 총회 직영 신학대학을 졸업한 후 2번 이상 교역 경험을 가진 자.

(5) 총회 목사고시에 합격한 자.

(6) 교수의 능이 있는 자.

(7) 행위가 복음에 합당한 자.

(8) 자기의 가정을 잘 다스리는 자.

(9) 외인에게 존경을 받는 자.

[문22] 목사의 칭호를 쓰라.

답 (1) 위임목사 (2) 임시목사 (3) 부목사 (4) 전도목사 (5) 기관목사 (6) 선교목사 (7) 원로목사 (8) 공로목사 (9) 무임목사 (10) 은퇴목사

[문23] 위임목사와 임시목사는 각각 어떻게 다른가?

답 (1) 위임목사란 지교회의 청빙을 받아 노회의 위임을 받은 목사

(2) 임시목사란 노회의 허락을 받아 임시로 시무하는 목사이며 시무기간은 3년이다.

[문24] 부목사란?

답 부목사는 위임목사를 보좌하는 목사이다. 임기는 1년이며 연임할 수 있다. 단, 부목사는 위임목사를 바로 승계할 수 없고 해교회 사임 후 2년 이상 지나야 해교회 위임(임시)목사로 시무할 수 있다.

[문25] 원로목사와 공로목사의 다른 점은 무엇인가?

답 **원로목사**는 한 교회에서 20년 이상을 시무하던 목사가 시무를 사면할 때 교회가 명예를 보존하기 위하여 원로목사로 추대한 목사이다. 원로목사는 공동의회에서 투표하여 노회의 허락을 받아야 하고 그 예우는 지교회 형편에 따른다.

공로목사는 한 노회에서 20년 이상 시무하여 공이 있는 목사가 시무 사면을 청원할 때 그 공로를 기념하기 위해 노회의 결의로 추대한 목사.

◎ **다른 점**

① 원로목사는 한 교회에서 20년 이상 시무, 공로목사는 한 노회에서 20년 이상 시무.

② 원로목사는 공동의회에서 투표하여 노회에서 허락, 공로목사는 노회의 결의로 추대.

③ 원로목사는 봉급을 정하나 청원, 공로목사는 봉급이 없다.

[문26] 무임목사란?

답 무임목사는 노회의 결의에 의한 시무처가 없는 목사이다. 정당한 이유 없이 3년 이상 계속 무임으로 있으면 목사직이 자동 해직된다.

[문27] 목사의 직무는 무엇인가?

답 (1) 하나님의 말씀으로 교훈

(2) 성례를 거행

(3) 교인을 축복

(4) 장로와 협력하여 치리권을 행사

[문28] 위임목사의 청빙절차는 어떠한가?

답 당회의 결의로 공동의회를 소집하고 출석회원 3분의 2 이상의 가표를 얻어 노회에 청빙 청원한다(청빙서에는 세례교인 과반수의 날인과 이력서, 당회록,

공동의회록 사본이 첨부되어야 함).

[문29] 임시목사의 청빙절차는 어떠한가?
답 당회가 결의한 다음 제직회의 동의를 얻어 노회에 청빙을 청원한다.

[문30] 기관목사의 청빙절차는 어떠한가?
답 그 기관(이사회)의 결의로 대표자가 노회에 청빙을 청원한다(시무기간은 그 기관이 정함, 정치 5장 36조).

[문31] 목사와 장로의 다른 점은?
답 (1) 설교와 치리를 겸한 장로를 목사라고 하며, 목사는 노회에 속한다.
(2) 치리만 하는 자를 장로라고 하며, 장로는 당회에 속한다.

[문32] 다른 노회 목사의 청빙 절차를 쓰라.
답 (1) 교회 또는 기관이 청빙서를 노회에 제출.
(2) 노회는 결의에 의하여 그 청빙서를 목사가 속한 노회에 발송.
(3) 청빙서를 받은 노회는 그 청빙서가 가하다고 인정할 때 이명증서와 함께 그 서류를 청빙한 노회에 환송.
(4) 이명 접수한 노회는 즉시 발송한 노회에 이명 접수 회신을 발송

[문33] 다른 교파 목사 청빙 절차를 쓰라.
답 청빙 받을 목사가 본 총회 산하 노회에 가입하기 전에는 청빙을 받을 수 없고, 본 총회 노회에 가입하는 절차는 다음과 같다.
(1) 본 총회가 인정하는 교파에 소속한 목사로서 본 총회 직영 신학대학 졸업자와 동등한 자격을 가져야 한다. 본 총회 직영 신학대학에서 1년 이상 특별과목을 수학하고 총회 목사고시에 합격한 후 노회석상에서 목사 서약을 한 자라야 한다.
(2) 외국에서 임직된 장로교파 목사도 타교파 목사와 같은 절차를 밟아야 한다.

[문34] 목사안수를 받으려면 어떤 절차를 밟아야 하는가?
답 (1) 목사고시에 합격된 자.

(2) 노회 지도하에서 2년 이상의 교역 경험을 가진 자.
(3) 신체가 건강하고 모든 행위가 복음에 합당한 자.
(4) 지교회 또는 기관에서 목사 청빙을 받은 자.
(5) 이상 조건이 구비되면 노회석상에서 서약하고 목사 안수한다.

[문35] 목사의 사임을 쓰라.

답 목사의 사임에는 자의사임과 권고사임이 있다.
(1) 자의사임은 목사가 부득이한 형편으로 노회에 시무사면을 청원하는 것이요,
(2) 권고사임은 지교회가 목사의 시무를 해약하고자 하면 노회는 그 이유를 조사하여 시무사면을 권고하는 것이다.

[문36] 목사의 자의사직을 쓰라.

답 목사가 직무를 감당하기 어려워 사직원을 노회에 제출하면 노회는 이를 심사하여 처리한다.

[문37] 목사의 휴무절차는 어떠한가?

답 시무 중에 있는 목사가 신체 휴양이나 신학연구, 기타 사정으로 당회의 결의를 얻어 3개월 이상 시무 교회를 떠나게 될 때에는 노회의 허락을 받아야 한다.

[문38] 장로의 직무를 쓰라.

답 장로는 교회의 택함을 받고 치리회원이 되어 목사와 협력하여 행정과 권징을 관리하며, 교회의 신령상 관계를 살피며, 교인들이 교리를 오해하거나 도덕적으로 부패하지 않도록 권면하며 회개하지 않는 자가 있으면 당회에 보고한다.

[문39] 장로의 자격을 쓰라.

답 (1) 상당한 식견과 통솔의 능력이 있는 자.
(2) 무흠 세례교인으로 7년을 지난 자.
(3) 40세 이상 된 자.

[문40] 장로의 선택 절차는?

답 (1) 세례교인 30명 이상이면 당회 결의로 노회에 장로선거를 청원한다.

(2) 노회에서 장로선거 허락을 얻으면 당회의 결의로 공동의회를 열어 투표수의 3분의 2 이상의 득표로 장로를 선출한다.

(3) 투표에서 선출된 자는 당회 아래서 6개월 이상 교양을 받는다.

(4) 노회에 장로 시취 청원을 하여 장로고시에 합격하여야 한다.

(5) 장로고시에 합격한 자를 당회의 결의로 임직한다.

[문41] 집사가 하는 일은 무엇인가?

답 (1) 교회봉사 (2) 헌금수납 (3) 구제에 관한 일

[문42] 집사의 자격은 무엇인가?

답 (1) 교우의 신임을 받는 자.

(2) 진실한 신앙이 있는 자.

(3) 지혜의 분별력이 있는 자.

(4) 5년간 무흠 세례교인인 자.

(5) 30세 이상 된 남자.

(6) 딤전 3:8-10에 해당한 자.

[문43] 교인이 일생에 몇 번 안수 받을 수 있는가?

답 세 번 안수 받을 수 있다.

(1) 집사 될 때 (2) 장로 될 때 (3) 목사 될 때(그러나 집사도 안 되고, 장로도 안 되고, 목사가 되는 사람은 일생 한 번 안수 받게 된다).

[문44] 권사의 직무는 무엇인가?

답 교회의 택함을 받고, 제직회의 회원이 되며, 교역자를 도와 궁핍한 자와 환난 당한 교우를 심방하고 위로하며, 교회에 덕을 세우기 위해 힘쓴다.

[문45] 권사의 자격은 어떠한가?

답 (1) 무흠 세례교인으로 5년을 경과하고 30세 이상 된 여자.

(2) 행위가 복음에 적합하고 교인에게 모범이 되는 자.

[문46] 집사, 권사, 장로의 선택 방법을 쓰라.

답 (1) 당회의 결의로 공동의회를 열고,

(2) 장로는 투표수 3분의 2 이상의 득표로 선출하고, 집사와 권사는 과반수의 득표로 선출함.

[문47] 장로, 집사, 권사의 임직 절차는?

답 (1) 장로, 집사, 권사의 임직은 지교회에서 거행함.

(2) 장로의 임직은 선거 후 6개월 이상 당회 아래서 교양을 받고 노회 장로고시에 합격한 후에 임직함.

(3) 집사, 권사는 선거 후 3개월 이상 당회 아래서 교양을 받고 당회가 시취 임직함.

[문48] 장로, 집사, 권사의 사임에 대해 쓰라.

답 사임에는 자의사임과 권고사임이 있다.

(1) 자의사임: 특별한 사정이 있을 때 시무를 사임하는 것.

(2) 권고사임: 교인 반수 이상이 시무를 원하지 않으면 당회의 결의로 권고사임 하게 하는 것

[문49] 장로, 집사, 권사의 사직은?

답 사직에는 자의사직과 권고사직이 있다.

(1) 자의사직: 장로, 집사, 권사가 범법은 하지 않았으나 교회에 덕이 되지 못할 때 자의로 하는 사직.

(2) 권고사직: 집사, 권사에게 당회가 권고하여 하는 사직.

(참고: 사임은 시무를 사임하는 것이요, 사직은 직분을 사퇴하는 것이다)

[문50] 휴직장로의 복직 절차를 쓰라.

답 (1) 자의사임한 장로가 복직하려면 당회원 3분의 2 이상의 결의로 복직할 수 있다.

(2) 권사사임의 경우는 그 권고사임 이유가 해소되어야 하며 당회원 3분의 2 이상의 찬성이 있은 후 1년이 지나도록 별 이의가 없음이 확인되면 당회가 복직을 허락할 수 있다.

(3) 자의사직한 장로의 복직에는 당회결의로 시무신임을 얻어야 하며 임직

때와 같은 서약을 한다.

[문51] 원로장로란 무엇인가?
답 한 교회에서 20년 이상 시무하던 장로가 노후에 시무를 사면할 때 교회가 그 명예를 보존하고자 하여 공동의회 결의로 원로장로로 추대한 장로이다.

[문52] 은퇴장로란 무엇인가?
답 70세 정년이 되어 은퇴한 장로로 당회와 제직회의 언권회원이 될 수 있다.

[문53] 전도사의 직무는 무엇인가?
답 전도사는 목사 밑에서 일하는 자와 당회장 밑에서 교회를 맡아 일하는 자로 구분할 수 있다. 전도사는 당회 또는 목사가 관리하는 지교회를 시무하는 자이다.

[문54] 전도사의 자격을 쓰라.
답 (1) 신학교 또는 성서학원을 졸업한 자.
(2) 무흠 입교인으로 5년 이상 된 자.
(3) 노회 전도사고시에 합격한 자.

[문55] 서리집사란 무엇인가?
답 진실한 무흠 세례교인 중에서 25세 이상 된 자로 당회에서 임명한다.

[문56] 치리회는 몇이나 있는가?
답 (1) 당회 (2) 노회 (3) 총회, 셋이다.

[문57] 각급치리회의 회원은 누구인가?
답 어느 치리회나 회원은 목사와 장로이다.

[문58] 각급치리회의 권한은?
답 (1) 교회의 평화와 질서를 유지하며,
(2) 교회의 행정과 권징을 장리한다.
(3) 각급치리회는 자체의 규칙을 제정할 수 있다(헌법의 범위 안에서).

[문59] 당회의 조직을 쓰라.

답 (1) 지교회를 시무하는 목사, 부목사, 장로 2인 이상으로 조직한다.

(2) 당회 조직은 세례교인 30명 이상이 있어야 하며, 장로 2인을 동시에 선택할 수 있다.

(3) 장로 증원은 세례교인 30명 비례로 1인씩 증원할 수 있다.

[문60] 당회의 개회 성수를 쓰라.

답 당회장과 장로의 과반수 출석(단, 대리 당회장은 성수에 포함되지 않는다.)

[문61] 당회장은 누가 될 수 있는가?

답 (1) 당회장은 지교회 시무목사가 된다.

(2) 임시당회장은 당회장이 결원되었을 때 노회가 이를 파송한다.

(3) 대리당회장은 당회장이 유고할 때 또는 기타 사정이 있을 때 당회장이 위임한 자 또는 당회원이 합의하여 청한 자로 당회장직을 대리하게 할 수 있다. 대리당회장은 결의권이 없다.

(4) 미조직교회의 당회권은 당회장이 행사한다.

(5) 대리당회장 및 미조직교회 당회장은 은퇴목사에게도 이를 맡길 수 있다.

[문62] 당회의 직무를 쓰라.

답 (1) 교인의 신앙과 행위를 통찰하며 세례, 입교할 자를 문답, 세례식, 성찬식 관장.

(2) 이명증서 발송과 접수.

(3) 예배주관 소속기관과 단체 감독, 신령적 유익 도모.

(4) 장로, 집사, 권사의 선거와 그 임직.

(5) 각종 헌금 수집할 방안을 수립, 협의 실시.

(6) 노회 총대 선정 및 파송.

(7) 범죄자 소환, 심문, 증인의 증언 청취와 범죄자를 권징.

(8) 지교회 부동산 관리.

[문63] 당회 소집 회집은 언제 하는가?

답 (1) 당회장이 필요하다 할 때.

(2) 당회원의 과반수가 소집을 요구할 때.
(3) 상회(上會)가 소집을 지시할 때

[문64] 당회록의 기재와 관리 요령은?
답 (1) 회집일시, 장소, 회원출석 상황, 결의안을 쓸 것.
(2) 당회장과 서기의 날인.
(3) 년 1차씩 노회의 검사를 받아야 한다.

[문65] 당회가 비치하여야 할 각종 명부는?
답 (1) 세례교인(입교인) 명부
(2) 유아세례교인 명부
(3) 책벌 및 해벌교인 명부
(4) 실종교인 명부
(5) 이명교인 명부
(6) 혼인 명부
(7) 별세 명부
(8) 비품 대장

[문66] 노회의 조직 규정을 쓰라.
답 노회는 일정 구역 안에 있는
(1) 시무목사 30인 이상과
(2) 당회 30처 이상과
(3) 세례교인(입교인) 3,000명 이상 있어야 조직할 수 있으며
(4) 노회 소속 목사와 당회에서 파송한 총대장로로 조직한다.

[문67] 당회에서 노회에 총대장로 파송 규정은?
답 (1) 세례교인 100명까지 1인
(2) 세례교인 200명까지 2인
(3) 세례교인 500명까지 3인
(4) 세례교인 1,000명까지 4인
(5) 세례교인 1,000명을 초과할 때는 매 천명 당 1인씩 증원 파송할 수 있다.

[문68] 노회원의 자격은?

답 (1) 회원권이 구비된 자[① 위임목사, 임시목사, 부목사, 전도목사, 기관목사, 선교목사, 선교통역자/ ② (서기가 천서를 접수 호명한) 총대장로]

(2) 언권회원: 원로목사, 공로목사, 무임목사, 은퇴목사, 증경노회장

[문69] 노회의 성수는?

답 시무목사 과반수와 총대장로 과반수의 출석으로 개회할 수 있다.

[문70] 노회의 직무는 무엇인가?

답 (1) 노회 구역 안에 있는 교회, 기관, 단체를 총찰.

(2) 당회에서 제출한 헌의, 문의, 청원, 진정에 관한 사항을 접수 처리.

(3) 당회에서 제출한 행정심판소송, 상소, 위탁판결 및 직할판결에 관한 사항을 처리.

(4) 당회록검사, 권징에 대한 해석.

(5) 신학생 신학졸업생 관리, 목사의 임직, 위임, 해임, 전임, 이명, 권징에 관한 사항을 처리.

(6) 장로 선택 및 임직허락, 장로 및 전도사 자격고시 관장.

(7) 노회는 지교회를 설립, 분립, 합병, 폐지하고 당회를 조직하며 목사 청빙, 전도, 교육, 재정관리 등 일체 상황을 지도.

(8) 총회에 제출하는 청원 헌의, 문의, 진정, 상소, 위탁판결에 관한 사건을 상정하고 노회 상황보고, 총회총대 선정파견, 총회지시 상황 실행.

(9) 각 지교회 및 기관의 부동산관리 재산문제 사건을 처결.

[문71] 노회의 회집은?

답 노회는 다음 경우에 노회장이 소집한다.

(1) 정기노회는 개회 1개월 전에 소집 통지하고 예정된 시일과 장소에서 회집한다.

(2) 임시노회는 시무처가 다른 목사 3인, 장로 3인의 소집청원으로

(3) 임시노회는 10일 전에 소집통지를 내고 통지한 안건만 처리한다.

(4) 노회장이 참석하지 못하면 부회장이 사회하고, 부회장도 참석하지 못하면 가장 최근에 물러난 증경노회장이 사회한다.

[문72] 노회록 검사는?
답 노회록은 년 1차씩 총회의 검사를 받아야 한다.

[문73] 노회가 비치할 각종 명부를 써라.
답 (1) 위임목사 명부
(2) 임시목사, 부목사 명부
(3) 기관목사 명부
(4) 전도목사 명부
(5) 원로목사, 공로목사 명부
(6) 무임목사 명부
(7) 은퇴목사 명부
(8) 신학생 및 신학졸업생 명부
(9) 장로 명부
(10) 전도사 명부
(11) 지교회 명부
(12) 책벌 및 해벌 명부
(13) 목사 이명 명부
(14) 별세 목사 명부
(15) 선교사 명부
(16) 비품 대장

[문74] 시찰위원이란 무엇인가?
답 지교회를 시찰하고 중요사건을 협의 지도하기 위해 노회가 둔 위원이다(시찰구역과 위원의 정원은 노회가 정한다).

[문75] 총회란 무엇인가?
답 총회는 대한예수교장로회의 최고 치리회이다.

[문76] 총회는 어떻게 조직하는가?
답 총회는 각 노회에서 파송한 동수의 총대목사와 총대장로로 조직하되 1,500명 이내로 한다.

[문77] 총회의 개회 성수는?

답 (1) 노회의 과반수의 출석

(2) 총대목사의 과반수

(3) 총대장로의 과반수

[문78] 총회의 직무는 무엇인가?

답 (1) 총회는 산하 노회와 교회, 그리고 산하 단체를 총찰한다.

(2) 노회에서 합법적으로 제출한 서류를 접수 처리한다.

(3) 각 노회록 검사.

(4) 장로회헌법, 교리, 정치, 예배모범을 해석할 전권이 있다.

(5) 노회의 설립, 분립, 합병, 폐지를 주관한다.

(6) 목사의 자격을 고시하고 규칙에 의하여 다른 교파 교회와 연락하며, 교회를 분열케 하는 쟁론을 진압하고, 성결의 덕을 세우기 위해 힘쓴다.

(7) 신학대학을 설립하고 관리하여 교역자를 양성한다.

(8) 교육사업, 선교사업, 사회사업 등의 사업을 계획 실천한다.

(9) 노회재산에 분규가 있을 때 처리한다.

[문79] 총회는 언제 회집하는가?

답 1년에 1차, 예정된 일시와 장소에서 정기로 회집한다.

[문80] 총회에 임시총회가 있는가, 없는가?

답 총회는 임시총회가 없다.

[문81] 총회총대의 자격 발효는 언제부터인가?

답 총회총대는 서기가 접수하여 호명한 후에 회원권이 성립된다.

[문82] 공동의회란 무엇인가?

답 지교회 세례교인을 회원으로 모이는 회를 공동의회라고 한다.

[문83] 공동의회는 어떻게 소집하는가?

답 당회의 결의로 당회장이 소집한다.

[문84] 공동의회는 어떤 경우에 당회 결의로 소집할 수 있는가?

답 (1) 당회가 소집할 필요가 있다고 생각될 때.

(2) 제직회의 청원이 있을 때.

(3) 무흠 세례교인 3분의 1 이상의 청원이 있을 때.

(4) 상회의 지시가 있을 때.

[문85] 공동의회가 결의할 사항은 무엇인가?

답 (1) 당회가 제시한 사항

(2) 예산 및 결산

(3) 직원 선거

(4) 상회가 지시한 사항.

[문86] 공동의회의 개회 성수는?

답 공동의회는 회집된 회원으로 개회할 수 있다.

[문87] 공동의회는 어떤 방법으로 결의하는가?

답 명시된 사항이 아니면 다수결로 하고 인선은 무기명 투표로 한다.

[문88] 공동의회 회장은 누구이며 서기는 누가 되는가?

답 회장은 당회장이 되고, 서기는 당회 서기가 된다.

[문89] 제직회 회원은 누구누구인가?

답 시무목사, 장로, 안수집사, 권사, 전도사, 서리집사

[문90] 제직회 소집은 언제 하는가?

답 (1) 제직회장이 필요하다 생각될 때

(2) 제직회원 3분의 1 이상이 소집을 요구할 때 제직회장이 소집한다.

[문91] 제직회장은 누가 되는가?

답 조직된 교회에서는 당회장, 미조직교회에서는 당회장의 승인으로 전도사가 임시회장이 될 수 있다.

[문92] 제직회의 성수는?

답 제직회원 출석수로

[문93] 제직회의 결의사항은 무엇인가?

답 (1) 공동의회에서 결정한 예산 집행
(2) 재정에 관한 일반수지, 예산, 결산
(3) 구제비의 수입 및 지출
(4) 기타 특별헌금 취급
(5) 기타 중요한 사항

[문94] 기관이나 단체를 조직하려면

답 소속회나 기관이나 단체를 조직하려면 그 치리회의 허락, 치리회의 감독과 재정의 검사를 받아야 한다.

[문95] 교회의 재산은 어떻게 보존하는가?

답 (1) 총회의 재산은 대한예수교장로회 총회재단법인에 편입 보존한다.
(2) 교회부동산은 대한예수교장로회 ○○노회유지재단에 편입 보존한다.

[문96] 재단법인에 편입되지 않은 재산은 어떻게 되는가?

답 재단법인에 편입되지 않은 지교회 재산도 본 장로회 재산관리규정에 따른다.

[문97] 총회와 관계된 선교동역자란 무엇인가?

답 대한예수교장로회와 관계 있는 선교동역자는 미국장로교회, 호주연합교회 등 본교단과 선교협정을 체결하고 총회의 인준을 받은 세계동역교회에서 파송한 자를 말한다.

[문98] 헌법을 어떻게 개정할 수 있는가?

답 (1) 교회정치, 권징, 예배와 예식을 개정하려면 총회는 출석회원 3분의 2 이상의 결의로 개정안을 작성하여 각 노회에 수의한다.
(2) 각 노회는 수의한 개정안을 노회 과반수의 가결과 각 노회에서 투표한 총수의 과반을 얻어야 한다.

(3) 각 노회는 수의된 개정안의 가부 투표수를 종합하여 즉시 총회장에게 보고한다.
(4) 총회장은 개정안의 투표결과를 수합하여 가결된 결과를 즉시 공고하여야 한다.

[문99] 교리의 개정은 어떻게 하는가?
답 총회는 회원 3분의 2 이상의 가결로 개정안을 작성하여 각 노회에 수의하며, 각 노회에서도 투표총수의 3분의 2 이상의 가표를 얻어야 한다.

[문100] 헌법개정위원이란 무엇인가?
답 헌법개정위원이란 헌법을 수정, 개정하려고 총회에서 선정한 15인 이상의 위원을 일컫는다(개정위원은 목사가 과반수이어야 한다).

□ 권 징 □

〈예장 통합측〉

[문1] 권징의 뜻은 무엇인가?
답 (1) 권징은 예수 그리스도께서 교회에 주신 권리를 행사하여 그의 세우신 법도를 시행하는 것.
(2) 각 치리회가 헌법과 헌법이 위임한 제 규정 등을 위반하여 ① 범죄한 교인 ② 범죄한 직원 ③ 범법한 하급 치리회를 권고 또는 징계하는 것.

[문2] 권징의 목적을 쓰라.
답 (1) 범죄 방지
(2) 교회의 신성과 질서 유지
(3) 범죄자의 회개를 촉구하여 올바른 신앙생활을 하게 함.

[문3] 범죄란 무엇인가?
답 (1) 신앙과 행위가 성경이나 헌법 또는 본 헌법에 의거 제정된 제 규정을 위

반한 행위.

(2) 예배 방해 행위.

(3) 이단 행위와 그에 동조한 행위.

(4) 기독교인으로서 심히 부도덕한 행위.

(5) 치리회 석상에서 폭언, 폭행, 기물파괴 행위 등.

(6) 타인에게 범죄하게 한 행위.

[문4] 재판은 어떻게 하는 것인가?

답 (1) 모든 교인(직원)은 재판을 받아 자기를 방어할 권리를 가진다.

(2) 재판을 받지 않고는 권징할 수 없다.

(3) 재판은 1심은 당회인 치리회에서, 2심은 노회 상설재판국에서, 3심은 총회 상설재판국에서 관장한다.

(4) 재판은 고소(고발)가 접수된 후 4개월 이내에 끝마쳐야 한다.

[문5] 본 장로회가 판결로써 정하는 벌은 어떤 것인가?

답 (1) 교인에게 과하는 벌: ① 견책 ② 수찬정지(유기 및 무기) ③ 출교

(2) 직원에게 주는 벌: ① 시무정지(유기 및 무기) ② 시무해임 ③ 정직(유기 및 무기) ④ 면직

(3) 치리회에 과하는 벌: ① 결의무효 ② 결의취소 ③ 상회 총대 파송정지

[문6] 범죄의 고소와 고발은 누가 어떻게 하는가?

답 (1) 다른 사람의 범행으로 인하여 피해를 입은 자는 고소할 수 있고, 피해자가 아니라도 범행이 확실하면 고발할 수 있다.

(2) 고소(고발)에는 고소(고발)장을 만들어 소속 치리회에 제출하면 된다.

(3) 기소위원은 소속 치리회에서 선정하되, 노회의 기소위원은 목사, 장로 동수로 한다. 단, 폐회 중에 기소위원의 결원이 있을 때에는 임원회에서 선정한다.

(4) 당회의 기소위원은 당회원 중에서 선정한다.

(5) 고소, 항소, 상고함에는 별도 정하는 바에 따라 기탁금(소송실비)을 예납케 한다.

(6) 승소인에게 예납된 기탁금 전액을 환불하고 패소인의 기탁금 전액은 치리회에 귀속시킨다.

[문7] 고소, 고발의 시한은 언제까지인가?

답 (1) 범죄사건 발행 후 고소는 5년, 고발은 3년. 단, 안 날로부터 2년이 지나면 고소(고발)할 수 없다.

(2) 당연무효 또는 원인무효 행위에 대하여는 시한을 적용하지 아니한다.

[문8] 기소의 결정은 어떻게 하는가?

답 (1) 고소(고발)장이 치리회(당회, 노회)에 제출되면 기소위원을 소집하여 기소케 한다.

(2) 노회가 폐회인 때에는 임원회에서 1개월 이내에 기소위원을 소집하여 기소케 한다.

(3) 기소가 되면 즉시 재판국을 열어 재판케 한다.

(4) 권징의 필요가 있는데도 고소(고발)가 없으면 소속치리회의 임원회에서 기소토록 결의하여 기소위원에게 통지하면 즉시 기소하여야 한다.

(5) 기소위원은 매 정기노회 때에 선정하되 목사, 장로 각 2인으로 한다.

[문9] 원고, 피고 및 증인 소환의 합법적 방법을 쓰라.

답 (1) 재판국은 기소위원과 피고인을 재판기일에 소환하여 구두변론으로 심리한다.

(2) 당사자 및 증인 등의 소환은 서면(등기우편)으로 하되 10일 전에 하여야 한다.

[문10] 재판의 절차를 쓰라.

답 (1) 재판석상에서 기소위원의 기소장 낭독.

(2) 기소하게 된 이유 설명.

(3) 당사자의 구두변론.

(4) 증거 제출 및 증인심문 신청.

(5) 증거조사와 증인심문 및 답변, 반대심문.

(6) 변론.

(7) 판결선고 및 판결문 송달.

[문11] 피고는 어떠한 경우에 이의를 제출할 수 있는가?

답 (1) 재판국의 구성이 잘못되었거나 적법하게 개정되지 않았을 때.

(2) 치리회가 소송을 간섭하여 판결에 영향을 미칠 우려가 있을 때.
(3) 기타 판결 결과에 중대한 오류를 가져올 염려가 있을 때.

[문12] 원고, 피고 간에 화해한 사건도 재판할 수 있는가?
답 화해가 성립이 되더라도 그 범죄가 중하고 뚜렷하여 정직 이상의 벌에 해당이 될 때에는 판결하여야 한다.

[문13] 재판국원에 대한 원고나 피고의 기피 신청은 어떠한 때 할 수 있는가?
답 (1) 재판국원 중에 당사자의 친족이 있어 판결에 영향을 미칠 염려가 있을 때.
(2) 그 판결결과에 따라 이해관계가 있는 재판국원이 있을 때.
(3) 해당 당회 및 노회의 재판국원이 있을 때.

[문14] 변호인은 누가 선임하는가?
답 (1) 피고인은 언제든지 변호인을 선정하여 변호를 받을 수 있다. 단, 변호인은 본 장로회의 무흠 세례교인 중에서 선정하여야 한다.
(2) 변호인에게는 실비의 여비를 지급하여야 한다.

[문15] 증인의 자격은 어떠한가?
답 (1) 증인은 무흠 세례교인이어야 하고 선서에 대하여 책임질 능력이 있어야 한다.
(2) 꼭 필요한 증인이 교인이 아닐 때에는 재판국의 결의로 선서하지 않고 증언할 수 있다.

[문16] 위탁판결의 청원은 어떤 경우에 하는가?
답 치리회가 다음 사건과 같이 판결이 어려울 경우에는 직속 상급치리회에 보고하고 위탁판결을 청원할 수 있음.
(1) 판결의 전례가 없는 사건.
(2) 판결이 극히 어려운 사건.
(3) 형편상 처리하기 어려운 사건.

[문17] 상소할 수 있는 사유에는 어떠한 것이 있는가?

답 제1심 및 제2심 판결에 대하여 다음과 같은 사유로 불복이 있으면 당사자는 상소할 수 있다.

(1) 법을 잘못 적용하여 재판하였을 때.

(2) 재판절차를 잘못하였을 때.

(3) 판결이유가 부당할 때.

(4) 증거(증인)의 채택이 잘못되었을 때.

(5) 사실 인정을 잘못하였을 때.

[문18] 항소와 상고는 어떻게 다른가?

답 (1) 항소: 당회 재판에 대하여 노회재판국에 상소하는 것.

(2) 상고: 노회 재판에 대하여 총회재판국에 상소하는 것.

[문19] 상소하는 방식은 어떠하며 언제까지 하여야 유효한가?

답 (1) 상소하려면 판결을 통고받은 후 20일 이내에 상소장을 판결한 치리회(당회, 노회재판국)에 제출하여야 한다.

(2) 상소장에는 주소, 성명, 원 판결표시, 불복사유 등을 기재하여야 한다.

(3) 상소에는 소정의 소송비용을 예납하여야 한다(소송비용 예납증 첨부).

[문20] 교회, 노회, 총회, 재판국원은 각각 몇 명씩인가?

답 (1) 교회: 3인 이상 5인 이하(당회원 2인 이하의 당회는 재판국을 구성할 수 없고 노회에 위탁판결)

(2) 노회: 9인(목사 5, 장로 4)

(3) 총회: 15인(목사 8, 장로 7)

[문21] 총회재판국원의 임기는?

답 총회재판국원: 3년(매년 임원회에서 1/3을 개선)

[문22] 가중시벌이란 무엇인가?

답 시벌 받은 자가 회개의 증거가 없고 또 다른 범행을 자행할 때에는 재판하여 가중시벌할 수 있다.

[문23] 해벌의 조건은 어떠한 것인가?

답 시벌 중인 자가 회개의 정이 뚜렷하면 치리회의 결의로 치리회 석상에서 자복하게 한 후 해벌할 수 있다.

[문24] 출교 받은 자의 해벌 규례는?

답 출교 받은 교인은 해벌이 되어도 수찬정지로 2년이 경과하여야 하고 그 후 치리회의 결의가 있어야 수찬정지가 해벌됨.

[문25] 재판건과 행정건의 구별은?

답 교인과 직원에 대하여 범죄사건으로 소송한 사건은 재판건이라 하고 기타는 행정건이라 함.

[문26] 원고, 피고 없이 궐석재판을 할 수 있는가?

답 (1) 두 번 소환에도 피고인이 정당한 이유 없이 불출석하였을 때에는 궐석한 대로 재판을 한다.

(2) 피고인의 두 번 불출석으로 궐석판결을 함에 있어서 정직 이상의 중벌을 과할 때에는 변호인을 선정하고 그 변론을 거쳐서 판결해야 한다.

□ 예배와 예식 □

〈예장통합측〉

[문1] 교회의 존재 목적이 무엇인가?

답 성령의 역사 아래서 예배와 그 의의 사역을 통하여 하나님을 영화롭게 하고 영원토록 그를 즐거워하는 데 그 존재의 목적이 있다.

[문2] 교회에 모인 성도가 하나님의 은총 앞에 드려야 할 것이 무엇인가?

답 영광과 찬양과 감사이다.

[문3] 교회의 예배에 참여한 성도들의 마땅한 임무는 무엇인가?
답 그리스도의 증인으로서 역사와 사회 속에 하나님의 뜻이 성취되도록 해야 한다.

[문4] 주일은 왜 거룩하게 지켜야 하고, 또 어떻게 지켜야 하는가?
답 (1) 주일을 기념하는 것은 인류의 당연한 의무이다.
(2) 육신의 모든 사업을 정돈하고 조속히 준비할 것이요,
(3) 성경에 가르친 대로 그 날은 거룩함에 거리낌 없이 할 것이다.

[문5] 예배의 기본 배열은 어떠한가?
답 (1) 하나님 앞에 나아감.
(2) 찬송, 고백, 기도.
(3) 말씀 선포.
(4) 감사와 응답.
(5) 성례전.
(6) 찬송과 위탁의 말씀과 축도.

[문6] 찬송을 어떻게 불러야 하는가?
답 정신을 모으고 그 뜻을 깨달으며 곡조를 맞추어 주께 우리의 마음을 다해 부를 것이다.

[문7] 예배의 공식 기도는 어떻게 할 것인가?
답 간단한 기도로 하되 겸비한 태도로 영생하신 하나님의 무한한 권위를 숭배하며 겸손한 마음으로 할 것이다.

[문8] 공중 기도의 내용 순서를 쓰시오.
답 (1) 영광 (2) 감사 (3) 자복 (4) 간구 (5) 중보기도

[문9] 예배시간에 교인들이 가져야 할 태도를 쓰라.
답 엄숙한 태도와 공경하는 마음으로 예배하고, 목사가 낭독하거나 인용하는 성경 외에는 다른 것을 보지 말 것이다.

[문10] 예배에 있어서 시와 찬미와 찬양의 목적이 무엇인가?
답 (1) 하나님께 영광 (2) 예배에 참여한 사람들에게는 감격을 이룸

[문11] 성례전은 누구에 의하여 집례되어야 하는가?
답 평신도는 집례할 수 없고 반드시 하나님의 사역자로 부름을 받은 목사에 의하여 집례되어야 한다.

[문12] 세례는 어떻게 거행하는가?
답 세례 받을 자가 당회 앞에서 신앙을 고백하고 회중 앞에서 서약을 한 후 세례를 베푼다.

[문13] 성찬식은 어떻게 거행하는가?
답 성찬식은 당회가 작정하되 덕을 세우기에 합당한대로 하여야 한다.

[문14] 유아세례는 어떤 어린아이에게 베푸는가?
답 세례교인의 자녀로서 4세 미만 된 어린아이에게 베푼다.

[문15] 금식일을 어떻게 지켜야 하는가?
답 금식일에는 간절한 기도와 특별한 자복을 하며 종일토록 하나님 앞에서 자복하는 마음으로 지낼 것이다.

[문16] 은밀기도는 무엇인가?
답 은밀기도는 주님이 명령하신 것으로 시간을 정하여 개인적으로 기도하며 자기를 살펴볼 것이다.

[문17] 시벌이란 무엇인가?
답 범법자에게 내리는 벌로서 재판석에서 비밀히 책하거나 유기 책벌을 행하는 것이다.

[문18] 해벌이란 무엇인가?
답 벌을 받았던 자가 회개하므로 시벌했던 것을 풀어주는 것이다.

□ 정 치 □

〈예장 고신, 합동측〉

[고신측과 상충되는 답은 〈고〉로 표시하고 상충되는 번호만을 따라 답했으며, 그 외의 별도 답이 없는 것은 두 교단 같음]

[문1] 교회정치 형태를 대별(大別)하라.
답 ① 교황정치 ② 감독정치 ③ 자유정치 ④ 조합정치 ⑤ 장로회정치

[문2] 교회정치 형태를 약술(略述)하고 장로회정치를 상술(詳述)하라.
답 (1) 교황정치; 교황 1인의 독재정치.
(2) 감독정치; 감독 1인이 교회를 주관하되 그 중 감리교파는 평신도의 참정권을 다소 인정하는 경향이 있음.
(3) 자유정치; 철저한 개교회주의의 정치로써 주권이 피택자(성직자)에게 있지 않고, 교인(선거인)에게만 있는 정치. 종적인 조직은 물론 횡적인 조직조차 부정함.
(4) 조합정치; 자유정치를 방불할 개교회주의의 정치이나 종적인 조직만 부정하고 횡적인 조직은 인정하되 협의체일 뿐 아무 권한이 없음.
(5) 장로회정치; ① 주권이 교인에게 있는 민주정치. ② 주권자(교인)에게 피택된 성직자(목사, 장로)에 의해 조직되는 치리회(당회, 노회, 대회, 총회)에 의해 교회를 다스리는 공화정치. ③ 3심제도와 성직 평등, 자치권과 타치권(他治權)을 인정하는 정치.

[문3] 치리회가 무엇인가?
답 〈합〉 ① 당회 ② 노회 ③ 대회 ④ 총회
〈고〉 ① 당회 ② 노회 ③ 총회

[문4] 장로회정치의 3심제를 설명하라.
답 치리권을 행사하는 사람의 식견이 천박하여 그릇 판단할 수 있으므로 치리회의 위계적(位階的) 조직으로 세 번 심판받을 권리를 보장하는 제도임.

[문5] 〈합〉 장로회정치는 대회제를 실시하면 4심제인가, 3심제인가?

답 ① 3심제이다. ② 대회제 하에서는 대회가 최종 심의회가 되기 때문에 당회, 노회, 대회 등 3심제가 옳고, 총회가 최종 심의회가 되는 교회의 도리나 헌법 사건은 원심이 항상 노회이기 때문에 역시 3심제이다(정치 제11장 제4조 8). ③ 대회제를 폐지하였으니 모든 최종 심의회가 총회이니, 곧 당회, 노회, 총회로 역시 3심제 그대로이다.

[문6] 장로회정치의 자치권과 타치권을 설명하라.

답 ① 자치권; 치리회가 자기 관할 구역 안에서 가지는 전권통치권.
② 타치권; 공동구역(상급치리회의 관할 구역) 내의 타회에 대한 공동 감시권, 즉 당회원이 당회 내에서는 전권 통치권을 가지고 그 동일인이 노회원으로서는 타 당회까지 치리권이 미친다는 말이다.

[문7] 치리회의 위계적(位階的) 조직은 무엇인가?

답 각 치리회가 가지는 고유한 특권은 상회도 침해하지 못한다는 뜻에서 그 조직이 횡적(橫的)인 성격을 가질 수 있으나 그 밖에는 상회가 하회를 관할하게 하는 조직인 것이 사실이므로 당회의 상회는 노회요, 노회의 상회는 대회요, 혹은 총회라는 뜻에서 종적(縱的)이다. 이것을 위계적 조직이라고 한다.

[문8] 장로회정치의 성직 평등이란 무엇인가?

답 교황정치나 감독정치 하의 성직에는 교황이나 대감독 밑의 성직에 계급(추기경, 대주교, 주교, 신부)을 두나 장로회정치의 성직은 평등하여 계급이 없다는 말이다.

[문9] 교권을 구분하고 설명하라.

답 구분; 성직자의 권세(치리권)와 평신도의 권세(기본권)가 곧 그것이다. 첫째, 성직자의 권세란 교리권 내지 교훈권과 치리장로와 함께 행사하는 치리권이니 곧 장립(정문 제254문답)과 노회("노회에서 위임한 권세" 정문 제200문답)로 말미암는다. 둘째, 평신도의 권세란 성직자를 선거하는 권세요, 또는 저희가 선출한 치리장로로 하여금 저희(기본권자)를 대표하게 하여 치리하게 하는 치리장로의 치리권이다. 셋째, 교황정치나 감독정치는 성직자의 치리권 밖에 다른 치리권을 인정하지 않고(감리교회 제외), 자유정치와 조합정치는 평신도의 치리권 외에 다른 치리권을 인정하지 않으나, 장로회정치는 이 양권세를 동등하게 하며 상호 견제하게 한다.

[문10] 장로회정치의 원리는?

답 ① 양심자유 ② 교회자유 ③ 교회의 직원과 그 책임 ④ 진리와 행위와의 관계 ⑤ 직원의 자격 ⑥ 직원선거권 ⑦ 치리권 ⑧ 권징

[문11] 양심자유 원리를 설명하라.

답 ① 사람은 이성적인 판단과 도덕적인 판단에 하나님이 아무 구애를 받지 아니하고 자유하도록 하셨다는 뜻이요. ② 그러나 그 자유의 범위와 한계는 오직 성경이라 함이다. ③ 그런즉 성경 교훈은 제 마음에 맞든지 안 맞든지 복종하는 것이 양심자유다.

성경이 명하지 아니한 일에 대하여는 비록 신앙과 예배 등 종교적 관계라 할지라도 각기 자기 양심대로 판단할 자유가 있다.

[문12] 교회자유 원리를 설명하라.

답 ① 양심자유 원리와 본질적으로 동일하나 양심자유는 개인을 전제로 한 원리요, 교회자유는 단체, 즉 교회를 전제로 한 것이 다를 뿐이다. ② 그런즉 양심자유 원리에 따라 용인할 수 있는 일도 합당한 교회 공동생활로 말미암는 필연적인 제약은 불가피한 경우가 있다. 혼자 드리는 예배시간은 아무 때도 좋다. 그러나 일단 교회가 시간을 정하면 제 마음에 안 들어도 따를 수밖에 없음과 같다. ③ 자기 교회의 입회규칙, 입교인 및 직원자격, 교회정치의 일체 조직도 오직 교회의 의사대로만 하는 것이 교회자유이다.

그러나 치리회의 위계적 조직에 따르는 하회 관할은 침해가 아니다. 성경교훈에 의함이니 순복이 도리어 교회자유이다.

[문13] 교회의 직원과 그 책임원리를 설명하라.

답 ① 주께서 복음전파와 성도 관리로 교회에 덕을 세우도록 직원을 설치하셨으니 교회 직원의 본분이 곧 그것이다. ② 현대 교회가 복음전파에만 집착하고 이단을 따르거나 악행자 징출을 외면하는 일은 부당하다.

[문14] 진리와 행위와의 관계 원리를 설명하라.

답 ① 진리를 빙자한 악행과 선행을 핑계하는 비진리를 함께 배제하는 원리이다. ② 선행의 열매 맺는 진리와 진리에 터전한 선행만을 인정하는 원리이다.

[문15] 직원의 자격 원리를 설명하라.

답 ① 임직 서약대로 믿고 지킬 자여야 한다. ② 즉 성경과 교리, 신조, 정치, 권징조례, 예배모범에 대해서이다. ③ 장로교 신앙 없는 자는 장로교 교인은 물론 직원이 될 수 없다.

[문16] 직원 선거권 원리를 설명하라.

답 ① 교회 직원은 오직 그 교회에서만 뽑는다. ② 그러나 상회의 관할권을 배제하지는 않는다.

[문17] 치리권 원리를 설명하라.

답 ① 치리회가 가지는 신성유지권(神聖維持權)과 질서유지권(秩序維持權)은 성경 교훈에 합당하도록 행사해야 한다. ② 성경 교훈에 미치지 못하는 것과 지나쳐 엄중하게 되는 것을 다 배제한다.

[문18] 권징 원리를 설명하라.

답 ① 신성유지와 질서유지를 위해 범법자를 징책하거나 제척하는 원리로 ② 당사자는 물론 타인에게도 공평하다는 공인을 얻어야 하며, 특히 주님의 돌보심과 은총이 있어야 효력이 있다.

[문19] 양심자유 원리가 유린되는 정치형태를 쓰라.

답 ① 교황정치 ② 감독정치

[문20] 교회자유 원리가 유린되는 정치형태를 쓰라.

답 ① 자유정치 ② 조합정치

[문21] 기본교권과 치리교권의 본바탕을 이루는 원리를 말하라.

답 기본교권은 양심자유 원리에 터전하고, ② 치리교권은 교회자유 원리에 본

바탕을 둔다.

[문22] 양심자유 원리와 교회자유 원리를 비교 설명하라.

답 ① 양심자유는 개인을 전제하고, 교회자유는 교회(단체)를 전제한 것이 다를 뿐 다 같이 성경 교훈에 순복해야 하고, 그 밖의 문제는 이성적인 판단과 도덕적인 판단에 아무 속박을 받지 않는다는 원리이다. ② 이 두 원리는 본질적으로 동일하며 동등하며 상호 견제하는 것이 장로회 정치이다.

[문23] 3심제와 진리와 행위와의 관계 원리를 비교 설명하라.

답 ① 다 같이 인간의 오실(誤失)과 악행을 방지하려는 목적으로 설정된 것. ② 진리와 행위와의 관계 원리는 자율적인 방지책이요, 3심제도는 제도적인 방지책이다.

[문24] 교회를 구별하라.

답 ① 유형교회 ② 무형교회

[문25] 무형교회 교인이 되는 요건은?

답 하나님의 선택이니 곧 100% 천국 갈 백성이다.

[문26] 유형교회 교인이 되는 요건은?

답 "성부, 성자, 성령 삼위일체 되신 하나님을 공경하노라"고 하는 신앙고백이다.

[문27] 유형교회가 혼란하게 되는 이유를 설명하라.

답 ① 거짓 신앙고백이 가능하기 때문에, ② 택함 받은 하나님의 자녀도 다 믿음이 완숙하지 못한 형편에 있기 때문이다.

[문28] 지교회가 무엇인가?

답 노회의 관할을 받는 각처에 세워진 교회를 가리킨다.

[문29] 지교회 설립의 5대 요건을 쓰라.

답 ① 교인, 즉 예수를 믿는다고 공언하는 자들과 그 교인 ② 일정한 장소 ③

하나님 경배와 거룩한 생활 ④ 예수의 나라를 확장 ⑤ 성경 교훈에 의한 공동예배.

[문30] 헌법상 교회의 종류와 뜻을 설명하라.

답 ① 조직교회; 시무장로가 있어 목사와 합해 당회가 조직된 교회. ② 미조직교회; 시무장로가 없어 당회를 조직하지 못한 교회 ③ 허위교회; 담임목사의 자리가 빈 교회

[문31] 교회 직원을 구분하라.

답 (1) 창설직(12 사도)
(2) 항존직[장로 2반(목사와 장로)과 집사]
(3) 임시직; ① 전도사 ② 전도인 ③ 권사 ④ 남녀 서리집사
(4) 준직; ① 강도사 ② 목사후보생

[문32] 창설직이 무엇이며, 왜 그렇게 부르는가?

답 ① 12사도이다. ② 교회 창설 사역을 수행했기 때문이다.

[문33] 창설직의 임기를 쓰라.

답 ① 교회 창설이 끝나기까지이다. ② 12 사도가 종신하기까지이다.

[문34] 창설 직원의 3대 특권을 쓰라.

답 ① 성령으로 말미암아 진리 교훈과 성경 기록에 오류가 없는 특권 ② 이적을 행하는 권능 ③ 사람에게 안수함으로 성령을 받게 하는 권능.

[문35] 항존직의 뜻과 항존할 이유를 말하라.

답 ① 뜻; 항상 존재해야 할 직분의 준말이다. ② 이유; 교회의 항존직무를 수행하게 하기 위하여.

[문35] 교회의 항존 직무는 무엇인가?

답 ① 교리권 내지 교훈권을 가지고 말씀 수호 ② 봉사권을 가지고 구제하며 봉사하는 일 ③ 치리권을 가지고 다스리는 일.

[문37] 임시직원이란 무엇인가?
답 ① 전도사 ② 전도인 ③ 권사 ④ 남녀 서리집사이니 교회 사정에 의하여 임시로 세우는 직분이다.

[문38] 임시직원의 필요성은?
답 ① 항존직원이 없어도 교회의 항존직무는 외면할 수 없기 때문에, ② 항존직원을 방조하게 하려고, ③ 여자에게 일하게 하는 길이기에, ④ 항존직원으로 양성하는 방도로 삼으려고.

[문39] 임시직원과 항존직원의 공통점과 상이점을 비교하라.
답 (1) 공통점; 하는 일이 같은 교회의 항존 직무이다. (2) 상이점; ① 항존직원은 직무의 전담수행자요, 임시직원은 그 방조자이다. ② 항존직원은 안수임직하는 종신직이요, 임시직의 직분은 시무기간 동안에만 국한한다. 즉, 사면하면 평신도이다.

[문40] 임시직의 임기를 쓰라.
답 ① 정기임시직; 곧, 서리집사이니 1년이다. ② 부정기임시직; 시무기간을 법으로 정하지 않은 전도사, 전도인, 권사인데, 특별 사유가 없는 한 종신에까지 신장할 수 있고, 혹은 아주 짧은 기간으로 단축할 수도 있다.

[문41] 임시직원에게 명예직을 줄 수 있는가의 여부를 밝혀 설명하라.
답 ① 임시직원에게는 명예직을 줄 수 없다. ② 명예직은 시무하지 않는 직원에게 주는 것인데, 항존직은 종신직이니 사면해도 직분이 있어 명예직을 주는 것이 타당하나, 임시직은 시무하지 않으면 평신도일 뿐 직분이 없으므로 직분 없는 자의 명예직은 부당하다.

[문42] 명예직을 줄 수 있는 직분을 쓰라.
답 아무 규정도 없다.

[문43] 전도사의 자격을 말하라.
답 ① 특별한 경우 외에는 신학생과 신학 졸업자로 한다. ② 타노회에서 전도사 고시 받은 자와 총회신학 졸업자는 필답고시를 면제한다.

[문44] 전도인의 정의를 쓰라.
답 불신자에게 전도하는 교역자이다.

[문45] 전도사와 전도인을 비교하라.
답 ① 전도사는 노회의 고시를 거쳐 당회가 세워 주로 교회 안에 들어온 교인을 상대로 사역하고, 전도인은 노회 고시 없이 당회가 세워 교회 밖에서 전도하여 불신자를 교회로 들여보내는 사역을 한다. ② 두 직분은 다 같이 조직교회에서는 당회의 허락이 없는 한 제직회원이 되지 못하고 미조직교회에서만 회원이 되고, 전도사는 혹 당회장의 허락으로 임시회장이 된다. ③ 두 직분은 다 같이 부정기 임시직이다. ④ 전도사는 본질적으로 목사의 직무와 같아서 교리권 내지 교훈권과 치리권을 방조하나, 전도인은 전도하는 직무가 있을 뿐이다.

[문46] 권사의 직무와 본질적으로 동일한 직무를 가진 직분을 쓰라.
답 서리집사이다.

[문47] 권사와 집사를 비교 설명하라.
답 ① 권사는 임시직이요, 집사는 항존직이다. ② 집사는 항상 제직회원이요, 권사는 조직교회의 경우 당회의 허락이 없으면 제직회원이 아니고, 미조직교회에서는 제직회원이 된다. ③ 집사는 봉사권을 전담 수행하나 권사는 방조 수행할 뿐이다. ④ 집사는 심방직무 외에도 구제비와 일반재정 수납의 직무가 있으나, 권사는 심방직무뿐이다.

[문48] 명예권사는 가능한가?
답 ① 권사는 임시직이므로 사면과 동시 평신도일 뿐이니 불가능하다. ② 헌법상 규정이 없으니 불가능하다.

[문49] 서리집사의 정의를 쓰라.
답 ① 안수집사의 서리 ② 집사직무를 1개년간 맡아 일하도록 교회나 당회의 세움을 받은 자.

[문50] 서리집사를 선정하는 방법을 쓰라.
답 ① 교회(공동의회)에서 선정. ② 목사가 선정. ③ 당회에서 선정.

[문51] 서리집사와 안수집사의 직무상 차이점을 쓰라.
답 ① 아무 차이도 없다. ② 서리집사가 안수집사를 방조하나 그 직무는 본질적으로 같다.

[문52] 항존직과 임시직의 직무상 차이점은 무엇인가?
답 임시직이 항존직을 방조하나 그 직무는 본질상 동일함.

[문53] 준직원이 무엇인가?
답 강도사와 목사후보생이 다 같이 목사가 되기 위해 공부하는 자인데, 강도사는 신학을 마치고 교회 안에서 실천으로 공부하고 목사후보생은 아직 신학교에서 공부하는 자이다.

[문54] 목사의 11 칭호를 쓰고 약술하라.
답 ① 위임목사; 조직교회에서 허락한 임기 종신의 시무목사. ② 임시목사; 임기 1년의 시무목사. ③ 부목사; 위임목사를 보좌하는 임기 1년의 임시목사. ④ 원로목사; 동일한 교회를 20년 이상 시무한 목사에게 사면 후에도 노회의 종신 정회원이 되게 하는 명예목사. ⑤ 공로목사; 20년 이상 목사로 목회한 현저한 공로 있는 목사에게 사면 후에도 노회의 종신 정회원이 되게 하는 명예목사. ⑥ 무임목사; 시무처가 없이 지내는 목사. ⑦ 전도목사; 교회 없는 지방에서 개척하는 목사. ⑧ 지방목사; 약한 교회들을 돌보는 직무를 맡은 목사. ⑨ 종군목사; 군대 안에서 목회하는 목사. ⑩ 교육목사; 기독교 교육기관에서 일하는 목사. ⑪ 선교사; 타민족을 위해 외지에서 일하는 목사.

〈고〉 ① 위임목사; 임기 만 70세까지 시무한다. 단, 상회권은 가진다. ② 부목사; 목사를 돕는 목사인데 재임 중에는 당회원권이 있고, 당회장이 유고시에는 이를 대리할 수 있다. ③ 원로목사; 지교회에서 시무한 목사가 만 70세에 이르러 노회에 시무사면서를 제출할 경우에 본교회에서 명예직을 보존하고자 하면 정식 공동의회를 소집하여 생활비를 작정하여 원로목사로 투표한 후에 노회의 승낙을 얻어 명예직위를 수여하는 목사. ④ 공로목사; 목사가 다년간 지교회를 시무하다가 신병 혹은 만 70세가 됨으로 인하여 노회에 사면하고자 할 때에 그 공로를 기념하기 위하여 노회가 공로목사의 명예를 수여하는 목사. ⑤ 무임목사.

[문55] 목사 위임의 필수 선행 요건을 말하라(단, 노회에서 언권은 있으나 투표권은 없다).

답 교회 조직이 선행되어야 한다.

[문56] 미조직교회에 위임목사를 허락할 수 없는 이유를 설명하라.

답 ① 종신 시무할 위임목사를 법적으로 견제할 교인의 대표자인 장로가 없으니 결국 목사 1인의 독재정치로 기울어지겠기 때문이다. ② 종신 시무할 위임목사와 장로가 각각 동등한 권한으로 교인을 다스리는 것이 장로회정치요, 목사 홀로 종신 시무케 하므로 기본권 행사를 못하게 함은 성직권에 치우친 것이요, 장로회정치가 아니기 때문이다.

[문57] 목사 위임식을 당교회가 반대할 수 있는가?

답 ① 지교회의 청원으로 노회가 허락하고 청원대로 위임식을 거행하려는데 당회가 반대할 이유가 없다. ② 공동의회의 결의는 곧 그 교회의 확정된 의사이니 장로들도 순종함이 옳고, 교회가 이같이 노회에 청원하여 노회가 그 청원대로 집행하는 위임식을 반대함은 곧 상회모독이요, 거역함이니 마땅히 권징할 것이다.

[문58] 부목사에게 당회원권이 있는지의 여부를 말하라.

답 〈합〉 부목사는 치리권이 없는 목사이므로 당회원이 될 수 없다.

〈고〉 재임 중에는 당회원권이 있고, 당회장의 유고시에는 이를 대리할 수 있다(정치 20조 제3항 7).

[문59] 목사와 장로가 치리회에서 동등하다는 사실을 설명하라.

답 ① 목사의 권리가 장로보다 크면 교황정치나 감독정치가 되고, 장로의 권리가 목사보다 크면 조합정치나 자유정치가 되기 때문에 이를 동등하게 하고 상호견제를 이루게 하지 아니하고서는 장로회정치 원리에 부합하지 않기 때문에 동등할 수밖에 없다. ② 각급치리회는 목사, 장로가 같은 치리권을 가진 구성원(회원)이다. ③ 당회와 노회는 부득이하나 대회와 총회는 회원수를 목사, 장로가 동수가 되게 했다. ④ 목사 1인과 장로 1인으로 구성된 당회에서 장로가 반대하면 노회의 허락으로만 처결케 했다(9장 제2조).

[문60] 장로의 자격을 쓰라.

답 ① 만 30세 이상 된 남자 입교인으로 ② 흠 없이 5년을 경과하고 ③ 상당한 식견과 통솔력이 있으며, ④ 딤전 3:1-7에 해당한 자임.

[문61] 무흠 5년의 뜻을 쓰라.

답 ① 수세 후 권징조례에 의해 벌 받음이 없이 5년을 경과한 자란 뜻. ② 책벌 받은 자는 해벌 후 5년을 경과한 자란 뜻.

[문62] 이명을 가지고 온 교인은 언제부터 선거권이 있는가?

답 이명이 접수된 직후부터임.

[문63] 장로의 5대 직무를 쓰라.

답 ① 교회의 신령적 관계를 총찰함. ② 도리 오해나 도덕상 부패를 방지함. ③ 교우를 심방하며 위로, 교훈, 간호함 ④ 교인의 신앙을 살피고 위하여 기도함. ⑤ 특별히 심방할 자를 목사에게 보고함.

[문64] 장로의 권한을 쓰라.

답 ① 강도와 교훈은 그의 전무 책임은 아니나, ② 각 치리회에서는 목사와 같은 권한으로 각항 사무로 처리함.

〈고〉 ① 단, 각급 치리회장이 되지 못한다.

[문65] 장로를 반드시 그 교회 교인이 선거할 이유를 쓰라.

답 ① 장로회정치는 주권이 교인에게 있는 민주정치이기 때문이다. ② 나를 대표할 자를 내가 속해 있는 교인이 아닌 다른 교인이 뽑는다면 이는 양심자유 원리에 위배되기 때문이다.

[문66] 목사와 장로의 일반적 칭호를 아는 대로 쓰라.

답 ① 목사; 목자, 그리스도의 종, 그리스도의 사역자, 신약의 집사 장로, 교회의 사자, 그리스도의 사신, 복음의 사신, 교사, 전도인, 청지기 등 11가지(제4장 제1조). 장로; 교인의 대표자 한 가지뿐임(제5장 제4조).

[문67] 장로의 직무를 요약하라.

답 ① 목사와 협동하여 ② 행정과 권징을 관리하며 ③ 지교회 혹은 전국 교회의 신령적 관계를 총찰한다.

[문68] 헌법상 성직 가운데서 심방과 무관한 직분을 가려내라.

답 전체 직분이 다 심방해야 한다. 다만 당회의 방침에 따라야 하고 그 감독하에서 행해야 함.

[문69] 집사가 왜 항존직원이 되어야 하는가?

답 구제와 봉사는 교회의 항존직무요, 또 그 대상은 항상 있어 잠시도 외면할 수 없기 때문임.

[문70] 항존직원의 직무를 쓰고 그 중 구심점(求心點)을 이루어야 할 직무를 말하라.

답 (1) 직무; ① 목사—말씀전파와 수호의 직무 및 다스리는 직무. ② 장로—다스리는 직무. ③ 집사—구제와 봉사의 직무.
(2) 구심점; 말씀에 대한 목사의 직무가 그 구심점이 되어야 함.

[문71] 교회정치의 필요성을 말하라.

답 교회란 성도가 서로 교통하는 공동생활이니 질서유지와 신성유지는 불가피하고, 이를 위한 제도와 조직(즉, 정치)은 있을 수밖에 없음.

[문72] 치리권이 왜 치리회에 있어야 하겠느냐?

답 ① 개인에게 있으면 오실(誤失)이 많거나 부패하기 쉽기 때문이다. ② 단체(치리회)에 있으면 그 회원들이 함께 행사하게 되니 오실율(誤失率)이 줄고 부패를 방지하는 일에 유익이 되기 때문이다.

[문73] 치리회의 위계적 조직을 시인하면서도 각급 치리회가 동등하다는 규정은 무엇을 의미하는가?

답 ① 장로회정치는 상회가 하회를 관찰한다는 의미에서 위계적(즉, 종적) 조직이요, 각급 치리회의 고유한 특권에 대하여 침해를 받지 아니한다는 의미에서 동등(즉, 횡적)하다.

② 각급 치리회는 다 같이 목사 장로로 구성되는데, 저들이 행사할 목사권과 장로권은 상회에서나 하회에서 항상 동일하기 때문에 동등하나, 각기 공동 감시권에 따르는 사회의 관할을 시인해야 한다는 점에서 위계적이다.

[문74] 각급 치리회가 가지는 전국 교회의 결정권이란 무엇인가?

답 ① 각급 치리회가 가지는 고유한 특권에 따르는 결정은 그것이 바로 전국적인 결정권 행사가 된다는 말이다(설혹 개교회의 결정이라고 해도 그 효력이 전국에 미친다는 뜻이다).

② 어느 치리회의 결정이든지 주 예수 그리스도의 이름으로 그 뜻을 받들어 결정하는 것이니 그 결정은 예수 그리스도를 믿는 전국 교회에 그 효력이 미친다는 뜻에서 전국교회의 결정이 된다.

[문75] 치리회를 회집할 수밖에 없는 이유를 말하라.

답 치리권이 개인에게 있지 아니하니 모이지 않고서는 치리권을 행사할 수 없기 때문이다.

[문76] 치리회 회집시에 기도할 이유가 무엇인가?

답 해야 할 일이 신령한 일이요, 하나님의 일인데 기도하지 않고서는 하나님의 뜻을 따라 처결할 수 없기 때문이다.

[문77] 국사(國事) 관계와 육신상 일에 대한 교회의 권세를 쓰라.

답 아무 권세도 없고 도덕상 또는 신령상 일에 대하여 치리하는 권세만 있다(정문 제183문답).

[문78] 당회 조직의 3 요건을 쓰라.

답 ① 세례교인 25인 이상 ② 평신도를 대표하는 치리장로 ③ 당회장권을 가진 목사

〈고〉 ① 세례교인 30인 이상(②와 ③은 동일)

[문79] 당회장권을 받지 못한 임시목사가 그 교회 당회원권을 갖는가?

답 없음

[문80] 타 당회원을 보조당회원으로 삼을 수 있겠는가?

답 ① 치리장로란 각각 자기 교회 교인만 대표하니 보조당회원은 부당하다. ② 보조당회원을 인정하면 양심자유 원리를 위배하니 부당하다. ③ 자기를 다스릴 치리장로를 자기가 뽑는 것이 장로회정치이기에 보조당회원은 부당하다.

[문81] 당회의 성수를 말하라.

답 ① 장로 2인이 있으면 목사와 장로 1인 출석으로 성수가 됨. ② 장로 3인 이상이 있으면 장로 과반수와 목사의 출석으로 성수가 됨. ③ 장로 1인이 있으면 목사 장로가 다 나와야 하되 장로가 반대하면 노회에 보고하여 처결할 수 있음.

[문82] 원로목사나 공로목사가 교회를 사면하면서 그 교회 당회장권만을 가질 수 있는가?

답 불가함.

[문83] 당회장을 구분하고 설명하라.

답 (1) 당회장; 그 지교회의 담임목사 또는 노회의 특별결의로 당회장권까지 맡긴 임시목사.

(2) 대리당회장; 본교회 목사의 신병 혹은 출타 등 사유로 당회가 본교회 목사와 합의하여 그 노회 소속 목사에게 맡기는 당회장.

(3) 임시당회장; ① 목사 청빙시까지 노회가 파송하는 당회장. ② 노회 파송이 없는 경우 회집시마다 당회가 청하는 당회장. ③ 목사가 없어도 재판사건과 중대사건을 제한, 사건의 처리를 위한 장로 당회장.

[문84] 당회장과 임시당회장의 다른 점은 무엇인가?

답 ① 당회장은 으레 노회가 보내나, 임시당회장은 노회 파송이 없는 경우 해당 교회 당회가 청하기도 함. ② 임시당회장은 그 임기가 목사를 청빙할 때까지이거나 회집되는 당회가 폐회하는 때까지의 짧은 기간이지만, 당회장은 위임목사의 경우 종신이고, 임시목사의 경우 1년간이다. ③ 권한에는 아무 차이가 없다.

[문85] 당회장이 당회에서 회원권과 회장권을 다 행사할 수 있으니 두 표의 권리가 있다는 주장이 옳은가?

답 ① 옳지 아니함. ② 목사와 장로 1인으로 구성된 당회에서 장로가 반대하면 노회에 보고하여 처결한다는 규정이 옳지 않음을 실증함. ③ 보통의 규칙 (8) 정치문 제613문답(13)이 부당하다고 하였음.

[문86] 치리장로들의 권세가 가장 부패하기 쉬운 경우를 말하고 그 방비책을 쓰라.

답 ① 허위 지교회의 장로들이 목사를 청하지 않고 있으면 장로 독재가 가능하므로 가장 부패하기 쉽고, ② 노회권의 대표자인 목사 혹은 임시당회장으로 견제하게 하는 방비책이 있을 뿐임.

[문87] 당회의 8대 직무를 요약하라.

답 ① 교인의 신행을 총찰함. ② 교인의 입회, 퇴회 관계 주장. ③ 예배와 성례 거행. ④ 장로와 집사 임직. ⑤ 각종 헌금 수집을 주장. ⑥ 권징 관계. ⑦ 신령적 유익 도모, 각 기관 감독. ⑧ 노회 총대 파송 및 청원과 보고.

[문88] 이명증서(移名證書)가 무엇인가?

답 교인의 교적을 옮기는 치리회의 증서임.

[문89] 제명이란 무엇인가?

답 (1) 권징조례에 의해 판결로만 처리하게 되는 제명출교를 말함.

(2) 교적부에서 이름을 지우는 행정적인 제명으로 ① 이명증서를 발급한 후 그것을 접수하였다는 치리회의 통지가 왔을 때. ② 교인이 사망하였을 때, ③ 출교가 확정되었을 때, ④ 교인이 이명 없이 타 교파에 가입하였을 때 (권제7장 제53조) 등이다.

[문90] 당회의 권한 여하를 쓰라.

답 ① 예배모범대로 집회 시간, 처소, 예배의식 등을 전관함.

② 교회 소속 부동산 관계 장리.

[문91] 당회 회집을 말하라.

답 (1) 1년에 1회 이상 정기회로 모일 것.

(2) ① 당회장이 필요로 인정할 때 ② 장로 반수 이상의 청원이 있을 때 ③ 상회의 명령이 있을 때에 회집하되,

(3) 만일 목사가 없는 경우에는 필요에 응하여 장로 과반수가 소집할 수 있다.

[문92] 당회의 소집권이 노회에도 있는가?

답 ① 노회에는 소집을 명령할 수 있을 뿐 소집권은 당회가 가짐.

② 결국 노회의 명령이 있어도 당회가 부당하다고 여길 때에는 불응권이 있고, 상회는 명령 불복으로 처결할 권이 있다.

[문93] 연합당회가 무엇인가?

답 교회 공동사업의 편리를 위해 각 교회 당회원을 회원으로 구성하는 치리권이 없는 연합기구이다.

[문94] 당회장의 범과에 관한 본교회의 권한 범위를 쓰라.

답 당회장은 본 당회 치리권 하에 있지 아니하므로 본교회에서 논란함은 부당하고, 혹 노회에 보고할 수 있다.

[문95] 연합당회가 행할 수 있는 권징의 범위 여하는?

답 치리권이 없으므로 권징할 수 없다.

[문96] 노회는 어떻게 조직하는가?

답 (1) 일정한 지방이 있어야 하고,

(2) 그 지방 안에 목사 5인 이상이 있어야 하며,

(3) 당회가 파송하는 총대장로와 합하여 조직한다.

(4) 총대장로 수는 교인 비례로 정하는데; ① 세례교인 200명 미만이면 1인, ② 200명 이상 500명 미만이면 2인, ③ 500명 이상이면 3인이다.

〈고〉 (3) 5처 이상의 당회에서 파송한 장로로 조직한다.

[문97] 노회원을 구분하고 설명하라.

답 ① 정회원이니 곧 모든 시무목사와 원로, 공로목사이다(회원권을 구비함). ②

총대장로이니 노회 서기의 점명 후부터 회원권을 구비함. ③ 무임목사이니 투표권이 없고(위원회 내의 투표권은 있음), 상회 총대 피선거권은 있다.

[문98] 헌법상 노회원권의 다섯 가지는 무엇인가?
답 ① 언권 ② 투표권(선거권과) 혹은 가부권 ③ 위원회에서의 투표권 ④ 총대권(상회 총대 피선거권) ⑤ 언권 방청

[문99] 노회 성수의 3 요건을 쓰라.
답 ① 예정한 장소에 모일 것. ② 예정한 날짜에 모일 것. ③ 정회원 목사와 총대장로 각 3인 이상이 모일 것.

[문100] 노회 총찰의 대상을 쓰라.
답 그 구역 안에 있는 당회와 지교회와 목사, 전도사, 강도사, 목사후보생과 미조직교회를 총찰한다.

[문101] 시찰위원의 3대 직무는 무엇인가?
답 (1) 지교회의 다음 네 가지 형편에 대하여 시찰하는 일; ① 신령상 형편 ② 재정 형편 ③ 전도 형편 ④ 주일학교 등 교회 소속 각 회의 형편.
(2) 목사가 일하는 형편.
(3) 당회, 제직회 및 기타 문의와 청원건에 대한 협의 상정권.

[문102] 시찰회가 가지는 권징권의 한계를 말하라.
답 권징권이 아주 없다.

[문103] 임시노회 소집 청원을 회장이 기각할 수 있는가?
답 요건을 갖춘 합법 청원을 회장이 기각할 수 없고 회집해야 한다.

[문104] 임시노회는 몇 안건 이상이 되어야 하는가?
답 안건수에 대한 제한 규정이 없으니 한 건이라도 무방하다.

[문105] 10일 선기의 뜻을 쓰라.
답 ① 임시노회 소집통지서를 10일 선기해서 발송해야 한다는 뜻인데 ② 발송

일까지 11일이 되어야 한다는 뜻이다.
〈고〉 고신은 “7일 선기”이므로 답은 7일 선기해서 8일이 되어야 한다.

[문106] 대회란 무엇인가?
답 총회가 확정한 지방안의 노회를 관할하는 상회이다(폐지중임).
〈고〉 없음

[문107] 총회란 무엇인가?
답 대한예수교장로회의 모든 지교회 및 치리회의 최고회로 그 명칭은 대한예수교장로회 총회이다.

[문108] 총회 총대를 투표로 선거한다는 뜻을 쓰라.
답 다른 선거 방법, 즉 구두호천, 전형위원 위탁, 회장 자벽, 연장순 결정, 장립순 결정 등을 모두 배제하고, 무기명 비밀투표로 해야 한다는 말이다.

[문109] 총회를 파함이 가하다는 폐회선언문의 뜻이 무엇인가?
답 총회는 형성 이전 상태로 돌아가고 상비부 등 총회가 조직한 기구가 총회의 권한을 가지고 일한다는 뜻이다.

[문110] 총회 임원회의 총회 폐회 후의 권한 여하는?
답 총회가 위탁한 일을 처리하는 권한 밖에는 아무것도 없다.

[문111] 장로를 노회가 고시할 이유가 무엇인가?
답 ① 장로는 택함을 받으면 노회원이 되기도 하니 노회고시가 당연하고, ② 목사와 동등한 치리권을 가지니 목사를 고시하는 노회가 고시함이 당연하다.

[문112] 장로, 집사 위임식이란 무엇인가?
답 ① 목사위임식과 본질상 동일하다. ② 장립받은 성직자에게 직무를 위임하는 예식이다.

[문113] 장로, 집사 취임식은 무엇인가?
답 장로, 집사 위임식을 잘못 일컫는 것이다.

〈고〉 장립받은 장로나 집사가 이명 등의 사유로 지교회에서 공동의회의 득표로 취임하는 예식이다.

[문114] 장립과 위임의 뜻을 말하라.

답 ① 장립; 평신도에게 성직자가 되게 하는 안수 임직 예식.
② 위임; 성직자에게 지교회 직무를 맡기는 예식.

[문115] 사직과 사면을 구별하라.

답 ① 사직; 직이 없는 평신도가 되겠다는 뜻.
② 사면; 직은 그냥 두고 시무만 하지 않는 것.

[문116] 목사를 청빙하는 방법을 쓰라.

답 (1) 본노회 소속 목사의 경우; ① 당회의 결의. ② 공동의회의 결의(투표수의 2/3 이상으로 가결). ③ 청빙서의 찬성(입교인 과반수의 찬동을 요한다). ④ 시찰회를 거쳐 노회에 청원.
(2) 타노회 소속 목사의 경우; ① 본교회가 할 일은 전항 (1)과 같음 ② 본노회가 행할 일; ⓐ 청빙서와 조회서를 청빙목사 소속 노회로 보냄. ⓑ 청빙목사 소속 노회의 회신과 이명이 오면 본노회가 허락함.

[문117] 다른 교파 목사의 본교단 가입절차는 어떠한가?

답 ① 총신에서 1년 이상 수학. ② 총회 강도사 고시 합격. ③ 장립을 다시 하지 않으나 정치 제5장 제10조의 임직 서약을 시킴.
〈고〉 ① 본총회가 인정하는 신학교에 1년간 신학 훈련 받음. ② 노회의 신학과 신앙상 경험과 정치에 관한 고시를 받고, ③ 1년간 교회의 청빙을 받을 수 없고 ④ 어떠한 치리회에서든지 투표권이 없다.

[문118] 임시목사의 권한을 말하라.

답 ① 노회의 허락으로 조직, 혹 미조직교회를 1년간 시무. ② 만기 후 연기 청원 가능. ③ 노회가 당회장권을 줄 수 있다. ④ 교회 각 기관을 겸직할 수 있다.

[문119] 목사 휴양 기간에 대해서 설명하라.
답 ① 2개월 이내의 휴양은 당회와 협의해서 결정함. ② 1년 미만의 휴양은 당회의 협의를 거쳐 다시 노회의 허락으로 이루어진다. ③ 1년 이상의 휴양은 위임이 자동 해제되는 기간이니 노회가 허락해도 불법이다.

[문120] 외국선교사의 노회원권은 어떠한가?
답 ① 이명을 접수하면 노회원이 되나 ② 지교회 일을 맡기면 정회원이요 ③ 기타는 본국 무임목사와 똑같은 권세가 있을 뿐이다.

[문121] 회장이란 무엇인가?
답 그 회를 인도하고 가부를 묻는 자이다(정문 제612문답).

[문122] 서기가 하는 일은?
답 의사 진행을 기록하고 문부와 서류를 보관하고 회의 허락 등본을 발부하는 등 사무를 집행하는 자이다.

[문123] 속회란 무엇인가?
답 ① 치리회 부속회의 약칭이다. ② 청년회, 전도회 등을 가리킨다.

[문124] 속회는 관할을 받아야 하는가?
답 반드시 그 관할 치리회의 감시와 감독을 받아야 한다.

[문125] 공동의회의 소집을 말하라.
답 ① 당회가 필요로 인정할 때, ② 제직회 청원이 있을 때, ③ 무흠 입교인 1/3 이상의 청원이 있을 때, 각각 당회의 결의로 소집한다.

[문126] 공동의회 소집권은 어디 있는가?
답 당회에 있고, 당회장에게 있지 아니하다.

[문 127] 공동의회의 절차를 쓰라
답 ① 당회의 결의로 소집하는데, ② 1주일 전에 시일, 장소, 안건을 광고 혹은 통지하고, ③ 출석하는 대로 개회할 수 있으나, ④ 회집수가 너무 적으면

회장의 권고로 다른 날에 다시 회집한다.

[문128] 공동의회의 성수를 쓰라.

답 일주일 전에 시일, 장소, 안건을 광고 혹은 통지하였으면 개회할 뿐 성수 규정이 없고, 혹 회장의 권고로 유회할 수 있다.

[문129] 부표를 낸 자도 목사 청빙서에 날인할 이유를 쓰라.

답 장로회정치는 소수는 다수에 복종하는 민주정치이니 부표를 냈어도 최종결정은 순종함이 옳다.

[문130] 제직회원을 설명하라.

답 (1) 조직교회의 경우; ① 목사, 장로, 집사 ② 당회가 허락한 무임장로 ③ 당회가 허락한 전도사, 전도인, 권사, 서리집사.

(2) 미조직교회의 경우; ① 목사(집사) ② 전도사, 전도인, 권사, 서리집사.

[문131] 제직회 회장을 설명하라.

답 ① 조직교회의 경우 당회장이 겸한다. ② 미조직교회의 경우 당회장 혹은 당회장이 허락한 남전도사.

[문132] 제직회의 성수를 쓰라.

답 ① 회원 과반수 출석이다. ② 단, 경미하나 긴급한 일은 성수 미달자들만으로 우선 결정하고 후결을 얻는다.

[문133] 정기 제직회는 1년에 몇 번 이상 모여야 하는가?

답 4회 이상이다.

[문134] 연합제직회란 무엇인가?

답 공동 유익을 위한 연합적인 사역을 위해 경내 목사 전도사와 제직회 파송 총대로 조직하는 치리권과 관할권이 없는 협동체이다.

[문135] 총회총대는 어떻게 뽑는가?

답 ① 각 노회가 7 당회에 목사 장로 각 1인씩 파송한다. ② 7 당회가 못 되는 경우 4 당회 이상에는 목사 장로 각 1인씩 더 파송한다. ③ 3 당회 이하 노회는 목사 장로 각 1인씩 언권회원을 파송한다.

〈고〉 ① 매 4 당회에 목사 장로 각 1인씩 파송(끝수에도 목사 장로 각 1인씩 파송한다).

[문136] 총회가 수의(垂議)한다는 말이 무엇인가?

답 하회의 가의 표결을 위해 하송하는 총회의 의안을 가리킨다.

[문137] 정치, 권징조례, 예배모범을 변경하고자 할 때, 총회는 각 노회에 수의하여 노회 과반수와 모든 노회의 투표수 몇 분의 몇 이상의 가표를 받아 변경할 수 있는가?

답 3분의 2

[문138] 신조와 요리문답을 개정하고자 할 때 총회는 그 의견을 제출하고 각 노회에 수의하여 노회 중 몇 분의 몇과 모든 투표수 3분의 2의 가표를 받고 그 다음 회에 채용할 수 있는가?

답 3분의 2

[문139] 노회에서 헌법 개정안을 총회에 헌의할 수 있는가?

답 있다. 소속 노회 3분의 1 이상이 개정하자는 헌의를 총회에 제출하면 총회는 그 의안을 각 노회에 보내어 그 결정은 법대로 준용한다.

□ 권징조례 □

〈예장고신·합동측〉

[문1] 권징이 무엇인가?

답 교회의 신성과 질서를 위해 주께서 주신 법도와 권세로 교인과 직원과 각 치리회를 치리하며 권고하는 일을 말한다.

[문2] 권징의 6대 목적을 쓰라.

답 ① 진리를 보호하며 ② 그리스도의 권병과 존영을 견고케 하며 ③ 악행을 제거하고 ④ 교회를 정결케 하며 ⑤ 덕을 세우고 ⑥ 범죄자의 신령적 유익을 도모함.

〈고〉 ※ "6대 목적"으로 국한 지워 묻지 아니하니 답을 분류 지을 필요 없다.

[문3] 범죄의 정의를 쓰라.

답 ① 교인, 직원, 치리회를 불문하고 성경에 위반되는 교훈 심술행위 등이다. ② 다른 사람으로 범죄에 이르게 하는 온갖 행위. ③ 건덕에 방해되는 것.

[문4] 성경과 교회 규칙과 관례를 어기면 다 재판건이 되는가?

답 그런 것을 어길지라도 다 재판건이 되지 아니하고, 권징조례로 금지할 일이어야 재판건이 된다.

[문5] 고소가 무엇인가?

답 책벌을 구하는 소송이다.

[문6] 기소가 무엇인가?

답 권징의 필요가 있어서 치리회가 원고가 되는 고소와 피해자 외의 제3자가 원고가 되는 책벌 요구 소송이다.

[문7] 재판건 성립의 3 요건을 쓰라.

답 ① 원고의 고소 ② 책벌할만한 범죄 ③ 마 18:15-17대로 권면해도 불응하는 악심.

[문8] 범죄하고서도 합법적으로 고소를 불가능하게 하는 묘방은 어떠한가?

답 마 18:15-17대로 권면할 때에 자복하면 고소가 불가능하다.

[문9] 죄증설명서가 무엇인가?

답 범죄의 때, 곳, 정형 등 범죄의 증거를 상세히 기록하여 고소장에 첨부하는 소송으로 문서의 일종.

[문10] 고소장이 무엇인가?
답 범죄하였다는 죄상을 기록하여 재판과 책벌을 요구하는 소송문서의 일종이다.

[문11] 재판 관할을 설명하라.
답 ① 노회; 소속목사(목사후보생, 강도사). ② 당회; 장로, 집사, 전도사, 전도인, 권사, 서리집사(목사후보생, 강도사).
※ 목사후보생과 강도사는 교적은 당회에 있고, 노회는 양성을 받는 신분상의 관할을 받음.

[문12] 변호인의 자격은?
답 본 장로회의 목사와 장로여야 한다.

[문13] 원 피고와 증인 등을 처음 소환하는 방법이 어떠한가?
답 ① 10일 이상의 기간을 두고 소환할 것. ② 소환장은 후일의 송달증서가 남도록 할 것(배달증명 혹 등기우편), ③ 피고에게 고소장과 죄증설명서 각 1통씩을 소환장에 동봉할 것.

[문14] 재차 소환의 방법 여하는?
답 ① 치리회가 적당히 기간을 정해 소환한다(10일 선기 불필요). ② 소환장은 송달증서가 남도록 발송한다. ③ 천연적 사고 없이 소환에 불응하면 시벌한 것을 소환장에 밝힌다.

[문15] 변호인과 대리인을 비교 설명하라.
답 ① 변호인: 본 장로회 목사, 장로 이상으로 하되, 원고 혹 피고를 위해 변호하는 사람.
② 대리인: 사건 당사자를 대리하는 자이니 피고 유고시에 출석하게 한다.

[문16] 피고가 본 재판회(국)에 제출하는 소원을 말하라.
답 재판회(국)의 아래와 같은 부당한 처사에 대하여 시정을 구하는 방도이다.
① 치리회가 정규 집회가 아닐 때. ② 소송에 대한 불법 간섭. ③ 양식 위반의 고소장과 죄증설명서 또는 부당한 헌법 적용. ④ 기타 중요한 하자가 있

을 때.

[문17] 재판 진행 절차를 말하라.

답 ① 증인 심문. ② 반증 증인 심문. ③ 새 증거가 있으면 유예기간 주어 공평히 처결. ④ 원피고 진술. ⑤ 회(국)원 비밀회. ⑥ 합의회. ⑦ 소장대로 유무죄 각국별 가부 표결. ⑧ 최종 결정.

[문18] 변호인의 변론 방법을 말하라.

답 ① 서면 변론 ② 출석 변론

[문19] 재판회(국)원이 그 재판에 대하여 투표권을 상실하게 되는 경우를 설명하라.

답 ① 재판할 때에 결석한 회(국)원. ② 지참이나 조퇴로 자초지종 임석하지 못한 회(국)원으로, ③ 원피고와 재판회(국)원의 동의 승낙을 얻지 못한 회(국)원.

[문20] 재판회가 정회 휴식 등 개회 때마다 호명하고 결석회원을 회록에 기재할 이유 및 최상급 재판회를 이에서 제외한 이유를 쓰라.

답 ① 회록에 결석회원을 개회 때마다 확인하고 기록할 이유는, 나중에 그 재판에 대한 투표권 유무를 판별하는 근거로 삼아 이를 객관화함으로 상소되었을 경우의 재판회(국)의 공정을 실증하도록 의무화하였고, ② 최상급 재판회는 상소가 불가능하므로 객관화할 의무에서 제외되었을 뿐이다.

[문21] 치리회가 비밀회로 회집하려면 어떻게 해야 하는가?

답 회원 3분의 1 이상의 가결로 한다.

[문22] 판결하기 전에 피소자를 행정적으로 규제할 수 있는가?

답 ① 건덕상 유익하다고 인정하면 할 수 있고, ② 규제 내용은 직무정지 성찬 참여 정지 등이다.

[문23] 교회 책벌의 종류를 쓰라.

답 ① 권계 ② 견책 ③ 정직 ④ 면직 ⑤ 수찬정지 ⑥ 제명 출교

〈고〉 ③ 근신 ④ 정직

[문24] 피고된 직원이 재차 소환이나 3차 소환에도 불응하면 어떻게 하는가?
답 ① 재차 소환 불응에는 정직이요, ② 3차 소환 불응에는 수찬정지에 처할 것이다.

[문25] 정직된 자가 1년 내에 회개의 결과가 없으면 어떻게 하는가?
답 재판 없이 면직할 수 있다.

[문26] 목사를 면직할 만한 죄를 쓰라.
답 ① 이단을 주장하는 것. ② 교회 불법 분리 행동.

[문27] 담임 해제된 자가 상소하면 그에게 처한 정직 시벌에도 불구하고 그 교회를 계속 시무할 수 있는가?
답 ① 정직된 자이므로 목사 직무를 시행할 수 없어 시무가 불가능하다.
② 다만 담임 해제가 유보된 상태이니 교회는 마땅히 드리던 생활비를 계속 지급할 것이요, 다른 목사를 청빙하거나 노회가 그것을 허락할 수 없다.

[문28] 권계나 견책 외에 담임 해제 판결을 받은 목사가 상소하면 어떻게 되는가?
답 권계나 견책은 잠시 정지하는 것으로 족하고, 상소로써 담임 해제 판결은 유보된 상태이므로 그 교회를 계속 시무하는 일에 구애받을 것이 없다.

[문29] 즉결 처단이란 무엇인가?
답 ① 치리회 석상에서 범죄하거나 다른 데서 범한 죄를 자복하면 정식 재판 절차를 거치지 아니하고 처결할 수 있다는 규정이다.
② 고소장이나 죄증설명서, 증인심문 등을 하지 아니하고 당사자의 진술만 듣고 처결할 수 있다는 규정이다.

[문30] 즉결 처단이 가능한 범죄는 무엇 무엇인가?
답 오직 치리회 석상에서 범죄하는 죄뿐이고, 다른 데서 지은 죄를 자복하면 그것도 즉결의 대상이 된다고 하였다.

[문31] 헌법상 제명의 두 종류를 말하라.
답 ① 제명 출교하는 책벌.
② 사망, 전출 등 사유로 교적부에서 이름을 지우는 행정조처.

[문32] 책벌된 자를 위하여 치리회가 해야 할 일은 무엇인가?
답 해벌되도록 힘쓸 것이다.

[문33] 피소된 남편이나 아내를 위하여 그의 아내나 남편이 증인으로 나서기를 거절하면 어떻게 하는가?
답 마땅히 용인하고 강요하지 못한다.

[문34] 증거 조사국이란 무엇인가?
답 원고, 피고, 증인 등에게 부득이한 사정이 있을 때에 원피고의 청원으로 본 치리회의 목사, 장로로 증거를 조사하는 위탁제도이다.

[문35] 재판국이 직접 재판하지 아니하고 임의로 증거 조사국을 설치하여 위탁할 수 있는가?
답 원피고의 공동 청원으로만 하고 임의로 하지 못한다.

[문36] 증인이 출석하지 않거나 이유 없이 증언을 거부하면 어떻게 할 것인가?
답 그 형편대로 거역하는 행동을 징벌할 것이다.

[문37] 치리회가 재심청구를 거절할 수 있는가?
답 재심에서 면죄할 만한 새 증거가 나타날 것이라고 여겨지지 아니하면 치리회가 재심을 거절할 수 있다.

[문38] 상소를 분류하고 약술하라.
답 ① 검사와 교정; 상회가 하회록을 검사하여 교정하는 것.
② 위탁판결; 하회 관할 재판사건을 하회 형편상 판결을 위탁하거나 그 준비 자료를 상회에 위탁하는 것.
③ 소원; 관할 치리회의 행정처결에 대하여 상회에 변경을 구하거나, 혹은 관할 치리회의 행정처결을 상회에 촉구하는 행정소송.

④ 상소; 관할 치리회의 판결에 대하여 상회에 취소나 변경을 구하는 송사.

[문39] 소원장에 의해서 책벌할 수 있는 벌은 무엇인가?

답 소원이란 책벌 요구서가 아니라 행정처결의 취소나 변경이나 촉구를 요구하는 행정소송이니 책벌할 수가 없다.

[문40] 피고가 그 재판회에 소원할 수 있는가?

답 다음과 같은 경우는 할 수 있다. ① 정규집회 아닌 데서 사건을 다루는 때. ② 비법 간섭이 있을 때. ③ 고소장이나 죄증설명서에 하자가 있는 때. ④ 기타 중요한 오실이 있을 때.

[문41] 행정처결에 동참한 회원 3분의 1 이상이 소원하는 경우 관할 치리회의 결정에 어떤 영향이 미치는가?

답 상회의 결정이 나기까지 하회의 결정이 보류된다.

[문42] 재판 계류 중 변론서나 요령서를 작성하여 직접 간접으로 선전할 때에 치리회가 어떻게 할 것인가?

답 치리회를 모독하는 행위로 규정하고 그 행동을 치리하고 그 상소를 기각할 수 있다.

[문43] 판결문이란 무엇인가?

답 고소나 상소 등 책벌 요구에 대한 재판회(국)의 최후 결정이다.

[문44] 결정서는 무엇인가?

답 행정처결의 촉구, 변경, 취소 등을 요구하는 소원에 대한 최후 결정이다.

[문45] 소원장을 받은 치리회의 최종결정문을 무엇이라고 하는가?

답 결정서

[문46] 고소장을 받은 치리회의 최종결정문을 무엇이라고 하는가?

답 판결문

[문47] 상소장을 받은 상급심에서도 죄증을 다시 일일이 조사하여 판결하는 것이 원칙인가, 하회 판결의 당부를 문서에 의해 밝히는 것이 원칙인가?

답 공소심에서는 부득이한 경우 죄증을 취급하나 상고심에는 죄증 취급을 하지 아니하고, 문서에 의한 법률심(法律審)이 옳다(권징 제9장 제95조 2).

[문48] 다음 상소에 대한 기간을 쓰라.

답 ① 위탁판결; 기간에 구애 없이 아무 때든지 할 수 있다.
② 소원; 결정 후 10일 내에 해야 한다.
③ 상소; 판결 후 10일 내에 해야 한다.

[문49] 항의란 무엇인가?

답 ① 양심자유 원리에 의한 소수 판단 존중 규정임. ② 회원 중 1인 이상 되는 소수가 관할회의 행사, 작정, 판결 등에 대하여 관심되는 것을 이유서를 첨부하여 실증하는 것임.

[문50] 항의서에는 반드시 답변서로 답변해야 하는가?

답 본 치리회가 인용한 공례와 의사를 오해한 것이 있으면 답변서로 답변하고 회록에 기록할 수 있다.

[문51] 교직이란 무엇인가?

답 흡사 호적과 같다.

[문52] 이명(移名)이란 무엇인가?

답 흡사 호적을 옮기는 전적(轉籍)과 같다.

[문53] 범죄에 대해 고소를 제기할 수 있는 기간을 말하라.

답 ① 발각 후 1년 ② 교회에 중대 영향을 끼칠만한 사건은 발각 후 3년.

[문54] 각 재판국의 조직을 쓰라.

답 ① 당회 재판; 당회 조직 및 성수 규정에 의해 직접 심리하고 당회 재판국 규정이 따로 없다.
② 노회의 재판국; 7인 이상으로 하되, 목사가 과반이 되어야 한다.

③ 대회 재판국; 목사 5인 장로 4인으로 하되, 연조제(年組制)로 매년 3분의 1씩 개선한다.

④ 총회 재판국; 목사 8인 장로 7인으로 하되 한 노회에서 2인 초과를 금하고, 연조제로 매년 3분의 1씩 개선한다.

〈고〉 ③ 없음 ④ 총회 재판국; 목사 5인 장로 4인을 국원으로 선정하되 한 노회에서 2인을 초과하지 못한다.

[문55] 각급 재판국의 성수를 쓰라.

답 (1) 당회; 재판국 규정이 없으므로 직심이 옳고 당회 성수 규정에 의할 것임.

(2) 노회 재판국; ① 국원 3분의 2 이상이 되어야 하고, ② 그 중 목사가 과반이 되어야 한다.

(3) 대회 재판국; ① 4분의 3, 즉 7인 이상이 모여야 하되, ② 그 중 과반수가 목사여야 한다.

(4) 총회 재판국; ① 11인 이상의 출석과, ② 그 중 6인 이상은 목사여야 한다.

〈고〉 (3)은 없고, (4) 총회 재판국 ① 7인으로 정함. ② 그 중 4인 이상은 목사여야 함.

[문56] 노회 재판국 판결의 효력을 말하라.

답 ① 노회 폐회 후의 판결은 공포일로부터 곧 그 노회 판결로써의 효력이 있음(즉 노회와 동등). ② 회기 중 판결은 흡사 상비부의 결정과 같으므로 본회에 보고하여 채택할 때까지 아무 효력이 없다.

[문57] 대회나 총회 재판국 판결의 효력을 설명하라.

답 대회나 총회가 채택할 때까지는 미결 상태이나 당사자 쌍방을 현상 동결케 하는 효력이 있다.

[문58] 대회나 총회 재판국 판결에 대하여 총회는 어떻게 처리하는가?

답 ① 검사하여 판결대로 채택하든지, ② 다시 그 재판국으로 환부하여 재심케 하든지, ③ 특별 재판국을 설치하여 위탁한다. ④ 혹 대회나 총회 폐회시까지 검사하지 않거나 변경이 없으면 대회나 총회 폐회시부터 각각 그 치리회의 판결로 확정된다.

[문59] 대회나 총회 재판국 판결 후에 총회에 보고하기까지 당사자 쌍방을 구속한다 함은 무슨 뜻인가?

답 당사자 쌍방에 대하여 임명, 사면, 사직, 청빙, 임직 등 신분상 변경을 일체 허용하지 아니하고 판결 이전 상태로 동결하게 한다는 뜻이다.

[문60] 담임목사가 총회 재판국에 의해 면직이나 정직 판결을 받으면 즉시 그 담임이 해제되는가?

답 아직은 예심이 끝난 정도이므로(권징 제13장 제139조) 법적으로 그 판결 효력이 미치기 이전이니 교회 시무에 구애될 것이 없다.

[문61] 상설재판국이란 무엇인가?

답 대회나 총회 재판국은 연조제로 해마다 국원 3분의 1씩 개선하는 재판국이니 사건의 유무에 불구하고 항상 조직해두는 재판국이라는 뜻이다.

〈고〉 대회 없음.

[문62] 임시재판국이란 무엇인가?

답 노회 재판국이니 곧 사건이 있어 재판이 필요할 때만 조직하는 재판국이다.

[문63] 상설재판국은 합법적으로 올라오는 모든 사건을 수시 처결할 의무와 권리가 부여되는가?

답 재판국은 한 부서요, 치리회가 아니니 임의로 사건을 접수하거나 심리하는 권이 없고, 반드시 관할 치리회에서 결의로 위탁된 사건만 처결할 뿐이다.

□ 일반상식 □

[복잡 다양한 현대생활을 하는 성도들을 가르치기 위해서는, 기독교 지도자들이 앞서서 뒤지지 않는 지식을 소유해야 한다. 다음에 선정된 일반적 상식들은 최근 시사용어들을 포함하여, 각종 고시에 빈번히 출제되는 문제들이다.]

1. 정치·군사·경제

[문1] 우리나라 헌법 제1조는?
답 ① 대한민국은 민주공화국이다. ② 대한민국의 주권은 국민에게 있고, 모든 권력은 국민으로부터 나온다.

[문2] 민주주의 근본이념으로써 링컨 대통령이 남북전쟁 때 행한 유명한 연설은?
답 국민의, 국민에 의한, 국민을 위한 정부 곧 "government of the people, by the people, for the people"

[문3] 삼권분립(三權分立)이란 무엇인가?
답 국가의 통치권을 입법·행정·사법으로 나누워 이를 독립된 기관인 국회·정부·법원에 맡겨 상호 견제하고 균형을 이루어나가는 권력 구조.

[문4] 우리나라 국민의 기본권은?
답 권리: 자유권, 수익권, 참정권, 평등권.
의무: ① 납세, ② 국방, ③ 교육, ④ 근로.

[문5] 행정부를 입법부로부터 완전히 독립시키고, 행정부의 활동에 대하여 입법부의 간섭을 배제하는 반면, 행정부도 입법부의 활동에 관여하지 않도록 하는 정부 형태를 무엇이라고 하는가?
답 대통령중심제

[문6] '패트리어트 미사일'이란 어떤 무기인가?
답 미국이 보유한 지대공(地對空) 미사일로서, 적의 공중 공격으로부터 지상군을 방어하기 위한 목적으로 개발된 방어용 무기.

[문7] '팀스피리트(Team Spirit)훈련'이란?
답 한반도에서 군사적 도발사태에 대비해 연례적으로 2월에서 4월 사이에 실시되고 있는 한·미 양국 군의 합동군사훈련으로서 주로 방어훈련이다.

[문8] 삼민주의(三民主義)란 무엇인가?
답 중국 혁명의 아버지 손문(孫文)이 주창한 중화민국의 정치적 지도이념으로, 민족주의, 민권주의, 민생주의를 말한다.

[문9] PLO란 어떤 사람들이며, 그 명칭은 무엇인가?
답 Palestine Liberation Organization의 약자로서, 현재의 이스라엘 땅에서 쫓겨난 팔레스타인의 난민들이 구성한 망명정부를 '팔레스타인 해방기구'라고 하며, PLO라 약칭한다.

[문10] IS란 무엇인가?
답 수니파 이슬람 극단주의 무장단체. 아부 바르크 알바그다디가 이끄는 조직으로 알카에다 이라크지부에서 출발해 시리아와 이라크 일부 지역을 점령하고 '이슬람국가(Islami State, IS)'를 자처함.

[문11] 아세안이란 무엇인가?
답 동남아시아 국가연합을 말하며, 1961년 필리핀, 타이, 말라야 연합(지금의 말레이시아 일부)이 구성한 동남아시아 연합(ASA)을 대체하여 1967년 창설되었다. 1984년 브루나이, 1995년 베트남, 1997년 라오스와 미얀마, 1999년 캄보디아가 추가로 가입함으로써 가입국은 모두 10개국이다.

[문12] I.A.E.A란 무엇인가?
답 International Atomic Energy Agency의 약칭으로, 국제원자력기구. 최근 원자력을 평화적 목적 외에 무기로 개발하고 있는 나라들에 대한 사찰을 수행하

고 있다.

[문13] 시오니즘(Zionism)이란 무엇인가?

답 로마제국에 의해 추방된 후 2,000년 동안 세계 각지에서 온갖 박해를 당해 온 유태 민족이 팔레스타인에 저들의 민족적 향토를 재건함으로써 구원된다고 믿고 행한 건국운동을 말하며, 이로써 1948년 이스라엘 공화국이 건국되었다.

[문14] NATO란 무엇인가?

답 북대서양조약기구(North Atlantic Treaty Organization)로서, 제2차 세계대전 이후 대소(對蘇) 냉전에 대비하여 북대서양조약(NAT)을 기반으로 하여 1949년에 설립된 안전보장 동맹기구의 총칭. 가맹국은 미국, 영국, 프랑스, 캐나다, 이탈리아, 벨기에, 룩셈부르크, 네덜란드, 노르웨이, 덴마크, 아이슬란드, 포르투갈 등 원가맹국과, 그리스, 서독, 터키 등 15개국이었으나, 1966년 프랑스의 군사위원회 탈퇴로 본부를 파리에서 브뤼셀로 옮겼다.

[문15] 아랍 연맹이란 무엇인가?

답 아랍제국의 독립과 주권의 옹호, 통일의 강화를 위한 정책과 활동을 조정하고, 각 분야에서 협력함을 목적으로 1945년 5월에 창립.

[문16] 뉴프런티어(New Frontier)란 무엇인가?

답 1961년 미국 제35대 대통령 케네디에 의해 주창된 내외정책의 캐치프레이드로서, 미국 건국 초기의 개척 정신으로 국내외 모든 문제를 적극적인 자세로 다개하고자 함.

[문17] 제3세력이란 무엇인가?

답 미국과 소련이 중심이 된 동서 양 진영의 어느 쪽에도 속하지 않는 중립주의적 정치세력을 말함. 비동맹주의, 적극적 중립주의이다.

[문18] 치외법권(治外法權)이란 무엇인가?

답 외국인이 자신이 체류하고 있는 국가의 국내법 적용을 면제받고 자기 국가의 주권을 행사할 수 있는 권리.

[문19] OPEC란 무엇인가?

답 Organization of Exporting Petroleum Countries의 약자로서, 1960년 9월에 설립된 석유수출기구. 이라크, 쿠웨이트, 사우디아라비아, 이란, 베네수엘라 등 5개국으로 출발되었으나, 그 후 카타르, 리비아, 인도네시아, 나이지리아, 알제리, 아랍에미리트 등이 가입, 현재(2007년 기준) 11개국이다. 국제석유자본에 대항, 유가인상 및 산유국의 이익을 공동으로 보호하기 위해 설립되었다.

[문20] EU란 무엇인가?

답 유럽 연합(聯合)이다. European Union의 약자. 유럽의 28개 회원국으로 이뤄진 연합이다. 1993년 11월 1일 마스트리흐트 조약에 의해 설립되었으며 전신은 유럽 경제 공동체(EEC)이다. 총 인구는 약 5억 명 정도 되며, 전 세계 국내 총생산 23% 정도를 차지한다. 공용어는 24개이며 필요에 따라서는 러시아어, 아랍어도 일부 사용된다. 2012년에는 노벨 평화상을 수상하였다.

[문21] 부가가치세(附加價植稅)란 무엇인가?

답 상품이나 용역(用役)이 생산 유통 되는 모든 단계에서 기업이 새로 만들어 내는 가치(마진)에 대해 매기는 세금.

[문22] 금융실명제란 무엇인가?

답 금융거래의 정상화와 합리적 과세 기반을 마련하기 위해 도입된 제도로서, 예금이나 증권투자 등의 금융거래시 실제의 명의로 하여야 하며, 가명이나 무기명 거래는 인정하지 않는 것.

[문23] 양도소득세(讓渡所得稅)란 무엇인가?

답 부동산·건물 등 고정자산의 영업권, 특정시설의 이용권이나 회원권 등 대통령령으로 정하는 기타 재산의 소유권 양도에 따라 생기는 양도 차익에 대해 과세하는 소득세.

[문24] 증여세(贈與稅)란 무엇인가?

답 타인으로부터 무상으로 재산을 취득하는 경우, 증여받은 재산가액을 과세표준으로 하여 그 취득자에게 부과하는 조세.

[문25] 인플레이션이란 무엇인가?
답 통화의 지나친 팽창, 즉 상품 거래량에 비하여 통화량이 과잉 증가함으로써 물가는 오르고 화폐 가치는 떨어지는 현상.

[문26] 국민총생산(GNP)이란 무엇인가?
답 한 나라의 국민이 일정기간(1년) 동안 새로이 생산한 재화와 용역의 가치를 화폐단위로 평가해서 합산한 것.

[문27] 오일달러(oil dollar)란 무엇인가?
답 원유 가격의 상승으로 산유국이 막대한 수입을 올리는데, 그 돈을 자국에 쓰고 남는 것을 말한다.

[문28] 펜타곤(Pentagon)이란 무엇인가?
답 미국 육·해·공군의 세 성(省)을 통합한 최고의 군사기관.

[문29] GDP(Gross Domestic Product)란 무엇인가?
답 국내총생산. GNP(국민총생산)에서 해외로부터의 순소득을 뺀 것이며, 어느 한 나라의 순전한 국내경제활동의 지표로 쓰인다.

[문30] APU란 무엇인가?
답 Asian Parliamentary Union의 약자로서, 아시아의원연맹.

[문31] CIA란 무엇인가?
답 Central Intelligence Agency의 약자로서, 미국중앙정보국.

[문32] EEC란 무엇인가?
답 European Economic Community의 약자로서, 유럽경제공동체.

[문33] FBI란 무엇인가?
답 Federal Bureau of Investigation의 약자로서, 미국연방수사국.

[문34] ILO란 무엇인가?

답 International Labor Organization의 약자로서, 국제노동기구.

[문35] NASA란 무엇인가?

답 National Aeronautics and Space Administration으로서, 미국항공우주국.

[문36] NPT란 무엇인가?

답 Nuclear Non-Proliferation Treaty의 약자로서, 핵확산금지조약.

[문37] G-7이란 무엇인가?

답 미국, 영국, 프랑스, 독일, 이탈리아, 캐나다, 일본의 선진공업 7개국.

[문38] 독립국가연합(CIS)란 무엇인가?

답 Commonwealth of Independent States의 약자로서, 독립국공동체를 말한다. 즉, 구 소비에트사회주의공화국연맹(USSR)이 소멸됨에 따라 11개 공화국의 독립국가가 공동체를 이룬 것임.

[문39] 국제연합(UN)이란 무엇인가?

답 The United Nations의 약자로, 제2차 세계대전 후 평화와 안전의 유지, 국제 우호 관계의 추진, 경제적·사회적·문화적·인도적 문제에 관한 국제협력을 달성하기 위해 설립된 국제평화기구.

[문40] 안전보장이사회는 무엇인가?

답 국제연합(UN) 내의 15개국 대표로 구성된다. 그 가운데서 특히 미·영·불·러·중국의 5개국은 상임이사국이다. 국제평화와 안전의 유지에 실질적으로 중요한 구속력이 있는 결정을 집행할 수 있다.

[문41] 나치즘(Nazism)이란 무엇인가?

답 독일의 히틀러가 통솔하던 국가사회주의, 즉 독일 노동당의 주장한 정치·사상 및 그 행동방침을 말한다.

[문42] 내각책임제(內閣責任制)란 무엇인가?

답 의원내각제(議員內閣制)라고도 하며, 실질적인 행정권을 담당하는 내각이 의회, 특히 하원의 다수당의 신임에 따라 조직되고, 또한 존속하는 의회중심주의의 권력분립 형태를 말함.

[문43] 원천과세(源泉課稅)란 무엇인가?

답 원천징수라고도 하며, 소득이나 수익에 대한 과세를 소득자에 종합해서 부과하지 않고, 소득·수입을 지불하는 곳에서 개별적으로 부과하는 과세방법.

[문44] 개발이익환수법(開發利益還收法)이란 무엇인가?

답 도시계획·도로·철도·수로 등 공공사업이 시행됨에 따라 주변의 지가(地價)가 현저히 상승했을 경우, 그 지가상승으로 생기는 이익 부분을 규정하는 법. 개발사업으로 인해 땅값이 상승했을 경우 개발이익금의 50%를 정부가 개발부담금으로 환수하는 내용으로, 1990년 3월 1일부터 시행되고 있다.

[문45] 청문회(聽聞會)란 무엇인가?

답 행정·입법기관이 법안의 심의·행정처분·소청(訴請)의 재결(裁決) 등을 위해서 필요한 증언을 수집하는 절차를 가리킨다.

[문46] 마스트리히 조약이란 무엇인가?

답 1993년 1월 1일부터 효력이 발생하는 조약으로, 유럽연합 창설을 목적으로 역내 국가들의 방위문제에 공동 대응하기 위한 공동안보정책.

[문47] GATT(General Agreement on Tariffs and Trade)란 무엇인가?

답 관세 및 무역에 관한 일반협정으로 1947년 10월 제네바에서 조인, 1948년부터 실시되었는데, 관세를 비롯한 각종의 무역장애를 완화하여 세계경제를 확대시킬 것을 목적으로 한다.

[문48] WTO란 무엇인가?

답 World Trade Organization의 약자로서, 7년간의 우루과이라운드(UR)의 협상이 마무리되면서 1995년 1월 1일에 설립된 세계무역기구.

[문49] DMZ란 무엇인가?

답 Demilitarized Zone의 약자로 비무장지대를 말함. 양국간의 협정에 의하여 군사적 행동이나 시설설치가 금지된 지역으로 군사분계선이라고도 함. 우리나라의 경우는 휴전으로부터 남북 각 2km의 사이를 두고 있다.

[문50] APEC이란 무엇인가?

답 아시아·태평양경제협력각료회의(Asia pacific Economic Cooperation)의 약자. 1988년 10월 일본 통산성의 제안으로 환태평양지역 내의 경제협력의 구체화를 위해 1989년 11월 오스트레일리아 캔버라에서 처음 개최되었다.

[문51] NAFTA란 무엇인가?

답 북미자유무역협정(North American Free Trade Association)의 약자. 1993년 8월 12일 미국, 캐나다, 멕시코 등 3국이 체결에 최종 합의한 자유무역협정으로, 노동과 자본의 자유로운 이동과, 동일한 노동법 및 환경보전법 적용 등으로 3국간의 무역장벽을 허무는 것이 주요내용임.

2. 사회•문화

[문52] 비자(visa)란 무엇인가?

답 사증(查證)으로서 외국인의 입국을 허가하는 증명.

[문53] 집행유예(執行猶豫)란 무엇인가?

답 3년 이하의 징역, 또는 금고의 형을 선고함에 있어서 정상을 참작할 만한 사유가 있을 때 일정한 기간 동안 형의 집행을 유예하고, 그 유예기간을 아무 사고 없이 경과할 때에는 형의 선고가 효력을 잃는 제도.

[문54] 알리바이(alibi)란 무엇인가?

답 라틴어의 "다른 곳에서"라는 뜻으로, 현장부재증명(現場不在證明)이다. 즉 피의자가 범죄가 행해진 때에 범죄의 현장 이외의 장소에 있었다는 사실을 증명하는 것을 말한다.

[문55] 인터폴(Interpol)이란 무엇인가?

답 국제형사경찰기구로서 국제범죄의 방지를 위한 국제조직. 국제규모의 형사 사건의 조사, 각국 간의 정보교환 및 수사에 상호 협력한다.

[문56] MRA(moral rearmament)란 무엇인가?

답 도덕부흥운동의 뜻으로서 1921년 미국의 부크맨(F. N. Buchman) 박사의 제창으로 영국 옥스퍼드대학 학생 사이에서 일어난 사회정화 운동이다. 절대 정직, 순결, 무사, 사랑을 신조로 하고 있다.

[문57] 게놈(Genom)이란 무엇인가?

답 배우자의 정자 및 난자에 포함되어 있는 염색체 또는 유전자의 전체를 말한다.

[문58] 그린벨트(greenbelt)란 무엇인가?

답 서울을 비롯한 대도시 주변에 설치된 녹지대(綠地帶)로서 도시환경 보전을 위한 개발제한구역을 말한다. 1971년 7월부터 실시.

[문59] 그린라운드(Green Round)란 무엇인가?

답 환경보존을 주제로 한 다자간 국제협상. 환경 피해를 초래하는 상품에는 높은 관세 등을 부과하여 국제교역에 제한을 가하자는 내용을 주목적으로 하고 있다.

[문60] 키부츠(Kibutz)란 무엇인가?

답 사유재산을 부정하고, 생산·노동·소비 등 모든 것을 집단화한 이스라엘 특유의 공동생활체.

[문61] 유기농법(有機農法)이란?

답 자연 본래의 생산력을 중시하여 화학비료나 농약을 전혀 또는 거의 사용하지 않고 야채나 과일을 기르는 농법으로, 화학비료로 인한 토양의 오염, 인체에 대한 악영향 등의 피해를 극복하기 위해 등장하게 되었음.

[문62] 생활보호대상자란?

답 부양의무자가 없거나, 부양의무자가 있어도 부양할 능력이 없는 자 가운데 65세 이상의 노쇠자, 18세 미만 아동, 임산부, 폐질 또는 심신장애로 인한 근로능력이 없는 자, 기타 생활이 어려운 자로서 보호기관(시장·군수·구청장)이 이 법에 의한 보호가 필요하다고 인정하는 자이다.

[문63] 가나안 농군학교란 어떤 학교인가?

답 1954년 김용기 장로가 농촌생활 개선과 농민의식 향상을 도모코자 설립한 학교이다. 기독교정신에 입각한 정신교육을 실시하며, 농촌지도자 및 사회지도자를 양성하고, 농촌과 사회의 부흥 발전에 이바지할 목적으로 설립된 사회교육기관.

[문64] 무형문화재(無形文化財)란 무엇인가?

답 연극·음악·공예기술 등과 같이 형태가 없는 것으로, 역사적, 예술적 가치가 있어 그 기술을 보존하고 계승시키기 위해 국가에서 문화재로 지정한 것을 말함.

[문65] 세계 7대 불가사의(不可思議)란 무엇인가?

답 ① 기자의 피라미드, ② 바빌론의 공중정원, ③ 올림피아의 제우스 상, ④ 에페소스의 아르테미스 신전, ⑤ 할리카르나소스의 마우솔레움, ⑥ 로도스의 거상, ⑦ 파로스 섬의 등대를 칭한다.

[문66] 고대 문명의 4대 발상지는?

답 ① 이집트 ② 메소포타미아 ③ 중국 ④ 인도

[문67] 노벨상이란 무엇인가?

답 스웨덴의 과학자로 다이너마이트를 발명한 노벨의 유언으로 1896년에 설립된 상(賞)이다. 기금은 70만 파운드인데 그 이자로 전 세계에서 인류복지를 위해 공헌한 물리학, 화학, 의학, 문학, 평화의 5개 부문의 대상자를 선정하여 수상한다.

[문68] 막사이사이상이란 무엇인가?

답 1957년 비행기 사고로 서거한 필리핀의 대통령 막사이사이의 품격과 공적을 추모하기 위하여 록펠러재단이 공여한 기금으로 1958년 설립된 상이다. 정부공로상, 공공사업상, 국제협조증진상, 지역사회지도자상, 언론문학상 등 5개 부분 수상.

[문69] 소파상이란 무엇인가?

답 어린이 운동의 선구자로 어린이날을 창설한 방정환 선생을 기념하기 위하여 새싹회가 제정한 상으로, 1957년부터 시작, 매년 어린이를 위한 공이 큰 사람에게 수상한다.

[문70] 캠페인(campaign)이란?

답 어떤 특정한 여론을 환기시키기 위해 신문지면이나 매스미디어를 일정 기간 동원함으로써 계속적·집중적으로 하는 언론·보도 활동.

[문71] 오피스텔(officetel)이란 어떤 건물인가?

답 사무실 겸 주거 장소로 사용할 수 있도록 설계된 건물.

[문72] 커리큘럼(curriculum)이란 무엇인가?

답 경험 영역과 교과 내용을 상호 유기적으로 융합하여 개인의 능력, 요구, 관심, 개인차에 따라 교육의 목적 달성을 위해, 어느 학년에 어떠한 교과 내용을 가르칠 것인가를 정하고 체계적 계통을 세우는 것.

[문73] 육하원칙(六何原則)이란 무엇인가?

답 신문기사의 원칙으로 '누가, 언제, 어디서, 무엇을, 왜, 어떻게'의 여섯 가지 기본 원칙으로 기사를 구성하는 것을 말한다.

[문74] 갤럽여론조사(Gallup Polls)란?

답 G. H. 갤럽이 설립한 미국 여론연구소의 여론조사를 말한다. 대통령선거의 예상, 대통령의 인기도, 책·영화·영화배우 등의 인기 등 많은 주제에 대한 여론을 조사하여 발표하고 있다.

[문75] 개방대학(開放大學)이란 무엇인가?

답 일정한 학교교육을 마쳤거나 중단한 근로청소년, 직장인 및 일반시민들에게 재교육 및 평생교육의 기회를 주어 대학과정을 이수하게 하는 대학.

[문76] 몬테소리운동이란 무엇인가?

답 Montessori movement. 이탈리아의 여성교육자 몬테소리가 제창한 과학적 유아교육운동으로, 교육방법은 정리된 환경에서 아동의 자기활동을 활발히 계발시킴과 아울러 감각의 연마를 위해 특별한 교구(教具)를 고안해냈으며, 교사는 좋은 관찰자로서 항상 아동에게 자주성을 갖도록 한다는 것이 특색이다.

[문77] 안락사(安樂死)란 무엇인가?

답 죽음에 임박한 중병환자의 고통을 덜어 편안히 죽을 수 있도록, 본인 또는 가족의 희망에 따라 약이나 주사로 생명을 중지시키는 행위.

[문78] 리우 환경협약이란 무엇인가?

답 1992년 6월 브라질 리우에서 열린 유엔환경개발회의에서 정식 서명된 기후변화협약.

[문79] 공해(公害)란 무엇인가?

답 산업의 발달과 인구의 도시집중 등으로 발생되는 대기(大氣), 수질(水質), 토양(土壤) 등의 오염·소음·진동 등이 사람의 신체에 주는 보건·위생상의 위해(危害)를 말한다.

[문80] 스모그 현상이란?

답 연무(煙霧) 또는 매연(煤煙) 현상. 주로 대도시나 공장지대의 굴뚝에서 나오는 연기, 또는 자동차 배기가스 등이 무풍상태로 인하여 지표 가까이 쌓여 안개 같이 보이는 상태.

[문81] WHO란 어떤 기구인가?

답 World Health Organization으로 '세계보건기구'의 약자. UN 전문기구의 하나로서 보건분야에서의 국제적인 협력을 도모함으로써 보건위생의 향상을 위한 국제협력을 목적으로 1946년에 창설됨.

[문82] 황사(黃砂)현상이란?

답 주로 중국 대륙 북부의 황토지대에서 강한 바람에 실려 공중으로 날아온 다량의 모래흙이 하늘로부터 내려오는 현상. 특히 봄철에 강한 계절풍을 타고 우리나라에 내습하는데, 눈병과 호흡기 계통의 질병을 유발시킬 수 있다.

[문83] 대기오염(大氣汚染)이란 무엇인가?

답 산업 활동에 의해 발생한 물질이 대기로 확산되어 그 물질의 농도와 존속 시간이 인간 및 동식물의 생활을 방해하게 되어 있는 상태.

[문84] 오존층 파괴란 무엇을 말하는가?

답 산업공해로 인해 대기성층권에 분포된 오존층이 파괴되어가는 현상으로, 1966년 영국의 남극 탐사팀이 남극 대기권의 오존층에 구멍이 뚫린 것을 발견함으로써 표면화됨. 오존층에 구멍이 뚫리면 식물의 엽록소가 감소되고, 암발생률이 높아지며, 수중생물의 먹이사슬이 파괴되기도 한다. 주로 냉장고에 사용되는 프레온가스와 자동차·비행기 등에서 나오는 일산화탄소가 원인이 되는 것으로 밝혀지고 있다.

[문85] ppm이란 단위는 무엇인가?

답 parts per million으로, 기체나 액체, 고체 중에 함유되어 있는 어떤 비율을 나타내는 단위로, 전체량의 100만분의 1을 1ppm이라고 한다.

[문86] 5대 사회악이란 무엇인가?

답 영국 사회보장제도의 아버지라 불리는 비버리지(Beveridge)가 한 말로서, 인간생활의 안정을 위협하는 '궁핍, 질병, 무지, 불결, 태만'의 다섯 가지를 가리켜 하는 말이다.

[문87] 무고죄(誣告罪)란 무엇인가?

답 타인으로 하여금 형사 처벌, 또는 징계처분을 받게 할 목적으로 허위의 사실을 경찰서·검찰청 등 공무소 또는 공무원에게 신고하는 범죄를 말한다.

[문88] 보석(保釋)이란 무엇인가?

답 구속된 피고인에 대하여 일정한 보증금을 납입시키고 피고인이 도피하거나 기타 일정한 사유가 있을 때에는 이를 몰취(沒取)할 것을 조건으로 하여 피고인을 석방하는 제도.

[문89] 선고유예(宣告猶豫)란 무엇인가?

답 범정(犯情)이 가벼운 일정한 범죄, 즉 1년 이하의 징역이나 금고(禁錮), 자격정지, 또는 벌금형을 선고할 경우에 정상을 참작하여 개전(改悛)의 정이 현저하고, 또 자격정지 이상의 형을 선고받은 전과(前科)가 없는 범인인 경우, 그 선고를 유예하여 두었다가 일정한 기간(2년)이 경과하면 면소(免訴)된 것으로 보는 제도.

[문90] 헌법재판소란 어떤 곳인가?

답 법원의 제청에 의한 법률의 위헌 여부 심판, 탄핵사건의 심판, 정당해산에 관한 심판, 국가기관 상호간·국가기관과 지방자치단체 간 및 지방자치단체 상호간의 권한 쟁의에 관한 심판, 법률이 정하는 헌법 소원(訴願)에 관한 심판을 위해 헌법상 독립기관으로 설치된 헌법기관.

[문91] 스콜라철학(Scholastic Philosophy)이란 무엇인가?

답 중세 유럽에서 형성된 신학 중심의 철학을 말한다.

[문92] 실존주의(實存主義)란 무엇인가?

답 부조리한 현실의 허무와 절망, 불안과 초조 속에서 고립된 인간이 극한 상황을 극복하고, 진정한 인간상의 확립과, 잃었던 자아의 발견을 부르짖으며 19세기의 합리주의적 관념론과 실증주의에 대한 반동으로 일어났다. 키르케고르에서 니체를 거쳐 하이데거, 야스퍼스 등으로 이어졌다.

[문93] 형이상학(形而上學)이란 무엇인가?

답 존재의 근본원리를 연구하는 학문.

[문94] 광해군 때 허준(許浚)이 중국과 한국의 의서를 모아 엮은 조선 최대의 의서(醫書)는 무엇인가?

답 동의보감(東醫寶鑑).

[문95] 목민심서(牧民心書)를 쓴 사람은?
답 실학을 집대성한 다산 정약용(丁若鏞).

[문96] 스트레스(stress)란 무엇인가?
답 적응하기 어려운 환경에 처할 때 느끼는 심리적·신체적 긴장 상태.

[문97] IQ란 무엇인가?
답 지능지수를 가리키는 intelligence quotient의 약자. 1860년 프랑스의 비네가 처음으로 실용화한 것으로, 테스트에서 얻은 정신연령을 생활연령으로 나누어 100을 곱한 수치를 말한다.

[문98] 우리나라 국적의 최초 인공위성은?
답 우리별 1호

[문99] 데이터통신(data communication)이란 무엇인가?
답 원격지간에 통신회선을 사용하여 정보나 데이터를 주고받는 것으로, 주로 컴퓨터용 데이터를 대상으로 한 통신을 말한다.

[문100] 네트워크(network)란 무엇인가?
답 서로 관계있는 방송국이 같은 시간에 같은 프로그램을 방송할 수 있도록 짜인 조직망으로, 상호관계가 있는 방송국이 어느 방송국에서도 같은 프로그램을 방송할 수 있도록 되어 있는 방송조직체.

[문101] 다큐멘터리(documentary)란?
답 기록영화·실록소설 및 사실적인 방송을 뜻하는 말로서, 일반적인 드라마와는 달리 허구(虛構)나 극적인 내용을 갖지 않는 것이 특징이다.

[문102] CNN 방송의 특징은 무엇인가?
답 Cable News Network로서, 미국 조지아주 애틀랜타에 있는 슈퍼스테이션 WTBS계의 뉴스 전문 방송망. 위성을 이용해서 미국 전역의 CATV국에 24

시간 뉴스 프로그램을 공급하고 있음.

3. 역사·종교

[문103] 병인사옥(丙寅邪獄)이란 무엇인가?

답 고종 3년(1866), 흥선대원군에 의해 천주교도들을 크게 학살한 사건으로, 프랑스 선교사 9명을 포함하여 8,000여 명의 신도가 처형당했다. 이로 인해 병인양요가 발생했다.

[문104] 조선 고종 33년(1896)에 서재필, 안창호, 이승만, 윤치호 등이 만든 개화사상과 독립정신에 의한 사회단체는?

답 독립협회

[문105] 1909년 만주 하얼빈 역에서 일본의 이토 히로부미를 살해한 사람은?

답 안중근 의사

[문106] 대한민국 정부 수립 연월일은?

답 1948년 7월 17일 헌법공포, 1948년 8월 15일 정부수립 공포.

[문107] 인도의 무저항 독립 운동가는 누구인가?

답 간디

[문108] 독립신문이란 어떤 신문인가?

답 1896년 서재필이 발행한 독립협회의 기관지로, 4면 중 3면은 순 한글이고, 1면은 영문판이었음.

[문109] 우리나라 최초의 일간지는?

답 황성신문

[문110] 종교개혁을 가장 먼저 한 사람은?

답 마르틴 루터

[문111] 장로교 교리를 체계화한 신학자는?
답 존 칼빈

[문112] 감리교를 창시한 사람은?
답 영국의 존 웨슬리

[문113] 칼빈주의 5대교리란 무엇인가?
답 ① 전적 부패 ② 무조건적 선택 ③ 제한 속죄 ④ 불가항력적 은혜 ⑤ 성도의 견인

[문114] 청교도란 무엇인가?
답 16세기 영국에서 일어난 칼빈파의 신교도들로 영국의 국교회에 반대하여 순결한 신앙과 철저한 개혁정신을 고수하였다. 그들은 신앙을 지키기 위해 미국으로 건너가 미국 건설에 개척자가 되었다.

[문115] 《참회록》《하나님의 도성》 등을 쓴 철학자이며 신학자인 사람은?
답 아우구스티누스(Augustinus, Aurelius)=어거스틴

[문116] 우리나라에서 최초로 순교한 선교사는?
답 토머스 선교사(1886년, 대동강에서)

[문117] 우리나라에 온 최초의 선교사 두 분은?
답 장로교의 언더우드와 감리교의 아펜젤러 목사

[문118] 우리나라에 최초로 설립된 교회는?
답 황해도 소래(松川)교회

[문119] 우리나라 큰 교세의 교단을 아는 대로 쓰시오.
답 예수교장로회 통합·합동·고신, 기독교감리회, 성결교, 기독교 하나님의 성회, 예수교감리회, 그리스도의 교회, 루터교, 구세군, 나사렛교단 등

[문120] N.C.C란 무엇인가?
답 National Council of Churches의 약자로서, 전국 교회협의회

[문121] W.C.C란 무엇인가?
답 World Council of Churches의 약자로서, 세계교회협의회

[문122] Y.W.C.A란 무엇인가?
답 Young Women's Christian Association, 기독교여자청년회

[문123] Y.M.C.A란 무엇인가?
답 Young Men's Christian Association, 기독교청년회

[문124] I.C.C.C란 무엇인가?
답 International Council of Christian Churches로서, 국제교회협의회

[문125] 기드온협회란 어떤 단체인가?
답 1899년에 미국에서부터 조직된 국제적 평신도 선교단체로, 기독교인들의 실업인과 전문직업인들로 구성되어 호텔, 병원, 학교, 군인, 경찰, 교도소 등에 성서를 무료로 기증· 비치하는 일을 하고 있다. 우리나라에는 1963년에 조직되어 활동하고 있다.

[문126] 미국의 흑인 인권문제로 인권운동을 하다가 암살당한 목사는?
답 마틴 루터 킹 목사

[문127] 이슬람교의 창시자와 경전은 무엇인가?
답 마호메트, 코란

[문128] 불교의 발생지와 창시자는?
답 인도의 석가모니

[문129] 우리나라 천도교의 창시자는?
답 최제우(崔濟愚)

[문130] 프랑스 혁명의 3대 정신은?
답 자유, 평등, 박애

[문131] 에큐메니즘(ecumenism)이란 무엇인가?
답 교파·교회의 차이를 초월하여 전 기독교가 일치단결하자는 세계교회주의.

[문132] 사육신(死六臣)은 누구누구인가?
답 조선 세조(世祖) 원년에 상왕(上王)인 단종(端宗)의 복위를 도모하다가 잡혀 죽임을 당한 여섯 명의 충신으로 성삼문(成三問), 박팽년(朴彭年), 하위지(河緯地), 이개(李塏), 유성원(柳誠源), 유응부(俞應孚)를 가리킨다.

[문133] 1861년 미국에서 일어난 노예해방 전쟁을 무슨 전쟁이라고 하는가?
답 남북전쟁

[문134] 비단길(Silk Road)란?
답 중국의 한무제(漢武帝) 때(B.C. 2세기) 장건에 의해 개척된 내륙 아시아를 횡단하는 고대 동서의 교통로. 중국의 비단이 유럽 대륙으로 이동된 길이라 해서 붙여진 이름이다.

4. 문학·예능

[문135] "인간은 생각하는 갈대"라고 말한 사람은?
답 파스칼

[문136] "신은 죽었다"고 선언한 철학자는 누구인가?
답 니체

[문137] 스페인이 낳은 20세기 최고의 미술가는?
답 피카소

[문138] 성악설(性惡說)을 주장한 사람은?
답 중국의 순자(荀子)

[문139] 성선설(性善說)을 주장한 사람은?
답 중국의 맹자

[문140] 《노인과 바다》의 작가는?
답 어니스트 헤밍웨이

[문141] 석좌(碩座) 제도란 무엇인가?
답 학문이나 과학기술 발전에 기여코자 하는 개인이나 기업이 연구업적이 뛰어난 사람을 위해 내놓는 기부금을 연구 활동에 이용할 수 있게 하는 제도. 원하는 대학의 교수석좌를 구성할 수도 있다.

[문142] 《부활》의 작가는?
답 톨스토이(Tolstoy)

[문143] 《실락원》의 작가는?
답 존 밀턴(J. Milton)

[문144] 《신곡(神曲)》의 작가는?
답 단테(A. Dante)

[문145] 《레미제라블(Les Misérables)》의 작가는?
답 빅톨 유고(V. M. Hugo)

[문146] 《죄와 벌》의 작가는?
답 도스토예프스키(F. M. Dostoevskii).

[문147] 제25회 바르셀로나 올림픽에서 금메달을 획득한 마라톤 선수는?
답 우리나라 황영조 선수

[문148] 유명한 오라트리오 「메시아」를 작곡한 사람은?
답 헨델

[문149] 삼원색(三原色)이란 어떤 색들을 말하는가?
답 색의 3원색은 빨강·노랑·파랑을 말하며, 빛의 3원색은 빨강·녹색·청색을 말한다.

[문150] 「모나리자」를 그린 사람은?
답 레오나르도 다빈치(Leonardo da Vinci).

[문151] 교향곡(交響曲)이란 무엇인가?
답 소나타의 구성으로 작곡되어 관현악으로 연주되는 악장이 많은 대편성의 악곡을 말함.

[문152] 오라토리오(Oratorio)란 무엇인가?
답 종교적인 소재, 즉 그리스도에 관한 이야기를 소재로 한 음악극인 종교음악의 일종.

[문153] 우리나라 최초의 한문소설은?
답 금오신화.

[문154] 《죽으면 죽으리라》를 쓴 사람은?
답 안이숙

[문155] 《천로역정》의 저자는 누구인가?
답 존 번연

[문156] 《사랑의 원자탄》은 누구의 전기를 내용으로 한 책인가?
답 손양원 목사

5. 최근 시사

[문157] 경실련(經實聯)이란 무엇인가?

답 경제 정의 실천 시민 연합. 사회 각 분야의 시민들이 모여서, 부동산 투기 등 엄청난 불로소득으로 야기된 경제적 부정 척결을 비폭력 평화 합법 운동의 방식으로 펼쳐 나가기 위해 1989년 7월 발족되었다.

[문158] IMF(국제통화기금)란 어떤 기구인가?

답 International Monetary Fund의 약자. 브레튼 우스 협정에 따라 1947년 설립된 유엔기구의 하나로, 협정 가맹국의 출자(出資)로 이루어진 국제금융 결제기관이다. 국제수지의 불균형국에 대해 외환자금을 공여하여 국제수지의 균형을 꾀하는 한편, 환시세의 안정과 다각적 결제에 의한 환거래의 자유를 확립함으로써 국제무역의 균형적 성장과 국제금융의 협력을 꾀하는 데 그 목적이 있다. 주로 환(換) 및 단기자금을 융통하며, 본부는 워싱턴에 있다. 우리나라는 1955년에 가입했고, 1997년 12월에 IMF 구제금융을 신청했다.

[문159] 치매현상이란 무엇인가?

답 흔히 '노망'이라고 불리는 치매는 두뇌의 기억세포가 파괴되면서 건망증과 혼돈상태 등 뇌기능 장애를 일으키는 뇌신경통의 진행성 불치병.

[문160] 영장실질심사제란 무엇인가?

답 법관이 구속영장을 발부하기 전, 피의자를 직접 심문한 다음 구속영장의 발부를 결정하는 제도로 1995년 4월 18일 국무회의에서 의결, 1997년 1월부터 시행되고 있다.

[문161] 스톡옵션(stock option)이란 무엇인가?

답 회사가 임직원에게 일정한 자사 주식을 일정한 가격에 살 수 있는 권리를 주는 제도를 말한다. 스톡옵션은 성과급 보너스로 이해하면 쉽다. 초기에 자금부족으로 급여를 제대로 주지 못해 인력 확보가 힘든 벤처기업은 이를 통해 우수인력을 유치할 수 있다. 당장에 월급을 못 받더라도 나중에 큰돈을 거머쥘 수 있기 때문이다. 우리나라는 1997년 4월에 증권거래법이 개정되면서 도입되었다.

[문162] 인터넷(Internet)이란 무엇인가?

답 1969년 美국방부가 개설한 세계적인 정보전산망으로, 컴퓨터로 연결하여 TCP/IP(Transmission Control Protocol/Internet Protocol)라는 통신 프로토콜을 이용해 정보를 주고받는 컴퓨터 네트워크이다. 인터넷이란 이름은 1973년 빈튼 서프와 밥 간이 '네트워크의 네트워크'를 구현하여 모든 컴퓨터를 하나의 통신망 안에 연결(Inter Network)하고자 하는 의도에서 이를 줄여 인터넷(Internet)이라고 처음 명명하였던 데 어원을 두고 있다. 이후 인터넷은 '정보의 바다'라고 불리게 되었다.

[문163] 네티즌(netizen)이란 무엇인가?

답 네트워크(network)와 시티즌(citizen)을 합성한 말로서 PC 통신인들의 사회를 지칭하는 말로 쓰인다.

[문164] 인공지능(Artificial Intelligence)에 대해서 설명하라.

답 인간이 가진 지적 능력을 컴퓨터를 통해 구현하는 기술. 인공지능이란 사고나 학습 등 인간이 가진 지적 능력을 컴퓨터를 통해 구현하는 기술이다.

[문165] 국제수지(國際收支)란 무엇인가?

답 일정기간(통상 1년)에 걸친 한 국가의 대외지급과 수취 화폐액의 집계. 국제수지는 경상수지와 지본수지로 대별된다. 전자는 무역수지와 무역외수지, 이전수지로 이루어지고, 후자는 장기자본수지와 단기자본수지로 이루어진다.

[문166] 소프트웨어(Software)는 무엇인가?

답 우리 눈에 보이지 않는 컴퓨터 요소를 말한다. 사람에 비유하면 정신에 해당되는데, 모든 프로그램이 여기에 포함된다. 예를 들면 디스켓 속에 담긴 프로그램, 운영체제 등이 있다.

[문167] EQ란 무엇인가?

답 Emotional Quotient의 약어이며, 감성적 지능지수라고 한다. 정서인식과 표현능력, 감정이입능력, 정서조절과 활동능력 등 감정 차원의 정신 능력을 재는 도구로 활용되고 있다.

[문168] 윤락가 등의 청소년 유해업소가 밀집되어 있는 지역에 지방자치단체장이 설정하는 청소년 통행금지지역을 무엇이라 하는가?

답 레드 존

[문169] 기존 핵보유국을 제외한 비핵보유국이 새로 핵무기를 보유하는 것을 금지하는 국제 간 조약을 무엇이라 하는가?

답 핵확산방지(금지)조약, NPT

[문 170] 우리나라의 표준시는?

답 동경 135°로 세계표준시보다 9시간 빠르다.

[문 171] OECD란 무엇인가?

답 Organization for Economic Cooperation and Development의 약자로 경제협력개발기구를 지칭하며, 우리나라는 1996년 10월 9일에 29번째 회원국으로 가입했다.

장로학

3차개정판3쇄 발행 2022년04월10일

지은이 임택진외 10명
펴낸이 방주석
펴낸곳 도서출판 소망
주 소 10252 경기도 고양시 일산동구 고봉로 776-92
전 화 031-976-8970
팩 스 031-976-8971
이메일 somangsa77@daum.net
등 록 1977년 5월 11일(제11-17호)

ISBN 979-11-956881-2-8 03230
책값 뒤표지에있습니다.

도서출판 소망은 말씀과 성령안에서 기도로 시작하며
영혼이 풍요로워지는 책을 만드는 데 힘쓰고 있으며
문서선교 사역의 현장에서 하나님 나라의 비전을 넓혀가겠습니다.

나의 힘이신 여호와여 내가 주를 사랑하나이다(시 18:1)